7년 연속  전체 수석 

 배출

2차 기본서

강정훈

감평행정법

강정훈 편저

박문각

박문각 감정평가사

감평행정법은 법학으로 법학을 공부함에 있어서 이런 말이 있습니다.

"헌법은 웃으며 들어갔다가 울며 나오고, 행정법은 울며 들어갔다가 웃으며 나온다."

이는 행정법 자체가 방대하고, 통일된 법전이 없는 가운데 행정청과 국민들 사이의 규범을 다루는 학문이다 보니 어렵게 느껴지기 때문입니다. 특히 감정평가사 공부를 하는 수험생들에게 행정법은 기초학문으로서 선행적으로 학습을 하여야 하는 과목입니다. 특히 감정평가사 수험생들과 관련 감정평가업계 실무진들에게 필요한 내용을 발췌한 것을 여기서 일명 "감평행정법"이라 칭하고자 합니다.

감평행정법은 용어부터가 낯설고, 어렵기 때문입니다. 공부하는 과정에서 기초용어의 해설과 이를 통한 이해와 암기를 병행하는 학습을 하셔야 합니다. 특히 감평행정법은 공익과 사익의 조화를 통한 법리 습득이 우선이지만 감정평가 및 보상법규는 실천학문으로 암기해야 할 것이 많습니다. 감평행정법은 감정평가 및 보상법규 선행학습으로 매우 중요한 과목입니다.

2024년~2025년도 감정평가사 시험 감정평가 및 보상법규에 응시하시는 수험생분들에게 알기 쉽고, 단계별 학습전략으로 효율적인 공부방법론을 구사할 수 있도록 본 교재는 구성되었습니다. 처음 공부할 때는 무엇부터 해야 할지, 어떤 것이 중요한 것인지, 공부는 어떻게 해야 하는지 등등 의문투성이 입니다. 본 교재는 체계적인 암기와 이해를 통해서 공부기간을 최단기화하는 것을 목표로 step by step 감평행정법 학습전략을 구사하여 수험생 여러분들의 감정평가 및 보상법규 정복에 일조를 하려고 합니다. 한번에 끝나는 공부가 아니라 어차피 감정평가사 2차 시험 감정평가 및 보상법규는 시험보는 당일까지 계속 반복학습하는 것이 공부인 만큼, 감평행정법의 사전 찾기식 공부방법론을 본 교재를 통해서 학습하시길 바랍니다.

본 저자는 오랜 감정평가사 공부와 강의 경험을 토대로 시험논제에 필요한 감평행정법 공부를 통해서 시험범위의 확정과 아울러 시행착오를 줄이고자 본 교재를 개정 출간하게 되었습니다. 특히 감평행정법을 통해서 감정평가 및 보상법규와의 유기적이고 체계적인 연결고리 공부를 통해서 튼튼한 기본기를 다져야 합니다.

본 교재의 특징은 다음과 같습니다.

1. 최근 공익사업을 위한 토지 등의 취득 및 보상에 관한 법률(이하 '토지보상법')이 개정되어 2023년 10월 24일자 시행된 내용을 모두 반영하였고, 토지보상법 시행령은 2022년 8월 4일자 시행된 내용을 반영하였으며, 토지보상법 시행규칙은 2023년 4월 17일자 개정된 내용을 모두 반영하였고, 2023년 12월 현재 개정된 내용을 모두 반영하였습니다.

2. 부동산 가격공시 및 감정평가에 관한 법률이 2016년 9월 1일자 분법·시행되어 부동산 가격공시에 관한 법률(이하 '부동산공시법')로 개정되었으며, 2022년 3월 30일자 시행된 부동산공시법령의 내용을 모두 반영하였고, 2023년 12월 현재 개정된 내용을 모두 반영하였습니다.

3. 감정평가 및 감정평가사에 관한 법률(이하 '감정평가법')과 시행령이 제정되어 2016년 9월 1일자 모두 반영하였으며, 2023년 8월 10일자 시행된 감정평가법령의 내용도 모두 반영하였습니다. 특히 2022년 7월 21일

개정·시행된 감정평가 및 감정평가사에 관한 법률은 감정평가 시장질서를 확립하고 공정하고 객관적인 감정평가가 이루어지도록 하기 위해 의뢰인의 불공정 행위를 제한하는 한편, 공정한 감정평가에 대한 감정평가사의 책무를 명시하고, 감정평가의 신뢰를 제고하기 위한 감정평가서 표본조사에 대한 법적 근거를 마련하면서 징계이력을 공개하도록 하는 등 감정평가사의 책임과 의무도 강화하려는 입법입니다. 또한, 감정평가산업의 환경변화에 대응하여 감정평가의 구체적인 원칙과 기준을 연구·보급할 수 있는 기관 또는 단체의 운영근거를 마련하고, 전자적인 형태의 감정평가서 발급을 허용하는 등 감정평가분야의 낡은 규제도 개선하려는 제도개선입니다. 또한 2023년 8월 10일부터 시행된 감정평가법에서는 "감정평가사의 직무와 관련하여 금고 이상의 형을 선고받아 그 형이 확정된 경우 과실범인 경우에도 자격을 취소할 수 있다"고 개정하였습니다. 감정평가사의 사회적 책임을 강조하는 규정이라고 할 수 있겠습니다.

4. 최근 2023년 제34회 감정평가사 제2차 시험에서부터 2007년 제18회 감정평가사 제2차 시험의 출제 경향까지 감정평가 및 보상법규에서 쟁점이 되고 핵심 내용이라 할 수 있는 내용들도 모두 수록하여 2023년 12월 현재 감평행정법의 출제 경향을 모두 반영하였습니다.

5. 2023년 12월 현재까지 대법원 판례정보에서 나온 토지보상법, 부동산공시법, 감정평가법 등 관련 판례를 모두 반영하여 최신의 대법원 판례 경향을 분석하여 실었습니다. 또한 행정절차법 등 관계법령의 개정 내용도 모두 반영하였습니다. 특히 수험목적상 감정평가 및 보상법규 기출문제뿐만 아니라 타 국가고시가 기출된 내용들도 반영 수록하여 객관적인 출제 경향을 반영하였습니다.

6. 특히 행정기본법(2023년 6월 28일 시행)이 제·개정되어 행정법 일반원칙인 비례의 원칙, 신뢰보호의 원칙, 부당결부금지의 원칙 등에 대한 내용이 모두 성문화되어 이에 대한 규정 내용을 모두 반영하였습니다. 부관 규정 신설된 내용과 직권취소와 철회에 대한 신설 규정, 제재처분의 기준과 체척기간 규정, 공법상 계약 규정, 과징금 규정, 행정상 강제규정, 처분에 대한 이의신청에 대한 불복 규정, 처분의 재심사 규정등 감정평가 및 보상법규에서 쟁점화될 수 있는 규정들을 모두 감평행정법 기본서에 반영하였습니다.

7. 본 저자는 "미래는 준비하는 자의 것이다"라는 좌우명으로 살아왔는데, 감평행정법은 감정평가 및 보상현장에서 가져야 할 준비된 감평행정 법리가 잘 정리되어 있습니다.

감평행정 법학은 이론과 판례가 서로를 견인하여 발전시켜 나아가는 실천적 학문입니다. 본 교재가 독자들에게 감정평가 및 보상법규 선행학습으로서 감평행정법의 길라잡이 역할을 해주리라 믿습니다. 본서 출간에 많은 도움을 주신 박문각 박용 회장님과 노일구 부장님 등 박문각 편집부 관계자 여러분들께 진심으로 감사 인사드립니다. 감평행정법 교재 편집과 자료 정리, 교정에 많은 도움을 준 김지윤 감정평가사님(33기)과 예비감정평가사 김민지님에게 고마운 마음을 전합니다.

편저자 강정훈

CONTENTS
이 책의 차례

PREFACE

PART 01 행정법 일반이론

Chapter 01 행정과 행정법

01절 행정 ········· 10

02절 법치행정의 원칙 ········· 10
1. 개설 ········· 10
2. 법치행정의 내용 ········· 11

03절 행정법의 법원(法源) ········· 14
1. 개설 ········· 14
2. 성문법원 ········· 14
3. 불문법원 ········· 17
4. 행정법의 법원(法源)의 상하관계 ········· 18

04절 행정법의 일반원칙 ········· 18
1. 개설 ········· 18
2. 평등의 원칙 ········· 19
3. 행정의 자기구속의 원칙 ········· 20
4. 비례의 원칙(과잉조치금지의 원칙) ········· 23
5. 신뢰보호의 원칙 ········· 28
6. 실권의 원칙 ········· 32
7. 부당결부금지의 원칙 ········· 34
8. 성실의무의 원칙 ········· 36
9. 권한남용금지의 원칙 ········· 36

05절 행정법의 효력 ········· 37
1. 시간적 효력 ········· 37
2. 지역적 효력 ········· 39
3. 인적 효력범위 ········· 39

06절 행정법규정의 흠결과 보충 ········· 40
1. 문제점 ········· 40
2. 행정법규정의 유추적용 ········· 40
3. 다른 법령 및 법의 일반원칙의 적용 ········· 40
4. 조리의 적용 ········· 40

Chapter 02 행정상 법률관계

01절 개설 ········· 41
1. 의의 ········· 41
2. 행정조직법적 관계 ········· 41
3. 행정작용법 관계 ········· 42

02절 공법과 사법 ········· 43
1. 개설 ········· 43
2. 구별기준 ········· 44

03절 행정상 법률관계의 당사자 ········· 45
1. 행정주체 ········· 45
2. 행정객체 ········· 49
3. 행정법관계의 특질(공정력과 구성요건적 효력) ········· 49

04절 행정법관계의 내용(공권) ········· 52
1. 개설 ········· 52
2. 개인적 공권의 성립요소 ········· 53
3. 공권과 반사적 이익의 구별 ········· 53
4. 공권의 확대화 현상 ········· 54

05절 특별행정법관계 ········· 65

06절 행정법상의 행위 ········· 65
1. 의의 ········· 65
2. 행정주체의 공법행위 ········· 65
3. 사인의 공법행위 ········· 65
4. 행정법상 사건 ········· 77

PART 02 행정작용법

Chapter 01 행정입법

01절 행정입법 개설 ········· 80

02절 법규명령 ········· 80

1. 의의 80
2. 법규명령과 행정규칙 81
3. 법규명령과 행정행위 81
4. 법규명령의 근거 82
5. 법규명령의 종류 82
6. 법규명령의 한계 83
7. 법규명령의 성립요건 및 효력요건 86
8. 법규명령의 통제 88
9. 행정입법부작위와 권리구제 94

03절 행정규칙 97
1. 개설 97
2. 행정규칙의 종류 97
3. 행정규칙의 법적 성질 및 구속력 99
4. 행정규칙의 성립 및 발효요건 110
5. 행정규칙의 통제 110

Chapter 02 행정행위

01절 행정행위의 개념 111
1. 행정행위 개념성립의 기초 111
2. 행정행위의 개념요소 111
3. 행정행위 개념과 행정쟁송법상의 처분개념 114

02절 행정행위의 분류 116
1. 법률행위적 행정행위와 준법률행위적 행정행위 116
2. 수익적 행정행위·부담적 행정행위·복효적 행정행위 121
3. 단계적 행정결정(가행정행위·예비결정(사전결정)·부분허가) 127

03절 재량권과 판단여지 136
1. 재량권과 재량행위의 개념 136
2. 재량행위와 기속행위의 구별 및 실익 136
3. 재량행위와 기속행위의 구별기준 137
4. 재량행위의 한계 및 통제 140
5. 불확정개념과 판단여지 143

04절 행정행위의 부관 146
1. 개설 146
2. 재량처분과 부관, 부관의 종류 147
3. 행정행위의 부관의 한계(허용성) 151
4. 부관의 하자와 권리구제 154

05절 행정행위의 효력 160
1. 내용적 구속력 160
2. 공정력과 구성요건적 효력 160
3. 행정행위의 존속력(확정력) 167
4. 집행력 169

06절 행정행위의 하자 169
1. 개설 169
2. 행정행위 하자의 유형 170
3. 하자의 치유와 전환 180
4. 하자의 승계 182

07절 행정행위의 취소와 철회 192
1. 행정행위의 직권 취소-위법 또는 부당한 처분의 직권취소 192
2. 행정행위의 철회 200

Chapter 03 현대행정에 있어서 행위형식의 다양화

01절 행정계획 206
1. 현대행정과 행정계획 206
2. 행정계획의 정의와 개념적 요소 206
3. 행정계획의 법적 성격 207
4. 계획재량과 통제 208
5. 행정계획과 신뢰보호(계획보장청구권) 211
6. 행정계획과 권리구제제도 213

02절 행정법상의 확약 215
1. 개설 215
2. 확약의 법적 성질 216
3. 확약의 허용성 217
4. 확약의 요건 218
5. 확약의 효력 218

CONTENTS
이 책의 차례

PREFACE

03절 공법상 계약 219
1. 공법상 계약의 개념 219
2. 공법상 계약의 유용성 222
3. 공법상 계약의 성립가능성과 자유성 222
4. 행정행위를 갈음하는 공법상 계약 223
5. 공법상 계약의 한계 224
6. 공법상 계약의 종류 224
7. 공법상 계약의 특색 224

04절 행정상 사실행위 225
1. 의의 225
2. 사실행위의 법적 근거와 한계 225
3. 행정상 사실행위에 대한 권리구제 226

Chapter 04 행정절차

01절 개설 229
1. 의의 229
2. 행정절차의 유용성 229

02절 행정절차법의 내용 230
1. 행정절차의 원칙 230
2. 행정청의 관할·협조, 송달, 기간·기한 등 232
3. 행정절차의 당사자 233
4. 처분절차 233
5. 신고절차 243
6. 입법예고절차 243
7. 행정예고절차 244
8. 행정지도절차 244

03절 행정절차의 하자 244
1. 행정절차상 하자의 의의 244
2. 행정절차상 하자의 효과 244
3. 행정절차상 하자의 치유 247
4. 행정절차상 하자와 국가배상 248

Chapter 05 행정상 의무이행확보수단

01절 개설 249
1. 의의 249
2. 행정상 의무이행확보수단의 체계 249

02절 행정상 강제집행 250
1. 행정상 강제집행의 개념 250
2. 행정상 강제집행과 법률유보 251
3. 행정상 강제집행의 종류 251

03절 행정상 즉시강제 265
1. 개념 265
2. 법적 근거 265
3. 행정상 즉시강제의 요건 및 한계 266
4. 행정상 즉시강제에 대한 구제 267

04절 행정조사 268
1. 의의 268
2. 행정상 즉시강제와의 구별 268
3. 행정조사의 법적 성질 268
4. 행정조사의 법적 근거 268
5. 행정조사의 방법 269
6. 행정조사의 한계 269
7. 행정조사와 권리구제 271

05절 새로운 의무이행확보수단 273
1. 명단의 공표 273
2. 공급거부 274
3. 과징금 275
4. 가산세, 가산금 278
5. 관허사업의 제한 278
6. 재재 처분 279

06절 행정벌 284
1. 개념 284
2. 종류 284
3. 행정형벌과 형사벌의 구별 285
4. 행정형벌의 특성 285
5. 행정질서벌(과태료) 287

Chapter 06 처분에 대한 이의신청 및 재심사

01절 처분에 대한 이의신청 290
1. 행정기본법 제36조의 제정의 의의 291
2. 처분에 대한 이의신청의 의의와 요건 291
3. 이의신청에 대한 결과통지의 기한 291
4. 처분에 대한 이의신청과 행정심판 · 행정소송 292
5. 행정심판청구 · 행정소송 제기의 기간 292
6. 이의신청의 특별법과 일반법 293
7. 이의신청의 방법과 절차 대통령령으로 규정 293
8. 처분에 대한 이의신청의 적용제외사항 294

02절 처분의 재심사 295
1. 행정기본법 제37조의 제정 취지-처분의 재심사 296
2. 처분의 재심사의 의의와 요건 296
3. 처분의 재심사 신청의 제한 297
4. 처분의 재심사 신청기한 297
5. 처분의 재심사 결과 통지의 기간 297
6. 처분의 재심사와 행정심판 · 행정소송의 관계 297
7. 처분의 재심사와 직권취소 · 철회의 관계 298
8. 처분의 재심사 방법 및 절차 등에 관한 사항 대통령령으로 규정 298
9. 처분의 재심사 적용 제외사항 298

PART 03 행정구제법

Chapter 01 행정상 손해전보

01절 행정상 손해배상 300
1. 헌법상 국가배상청구권의 보장 300
2. 국가배상법의 적용범위 300
3. 국가배상법의 법적 성격 300
4. 공무원의 직무상 불법행위로 인한 손해배상 302
5. 손해배상책임(법률효과) 317
6. 구상권 318
7. 공무원의 직접적인 배상책임의 문제 319
8. 영조물의 설치 · 관리의 하자로 인한 손해배상 321

02절 행정상 결과제거청구권 321
1. 의의 및 성질 321
2. 행정상 결과제거청구권의 근거 322
3. 행정상 결과제거청구권의 성립요건 323
4. 결과제거청구권의 내용과 한계 324
5. 쟁송절차 325

03절 행정상 손실보상 325
1. 행정상 손실보상의 개념 325
2. 행정상 손실보상의 근거 326
3. 손실보상청구권의 성질 331
4. 행정상 손실보상의 원인(요건) 332
5. 손실보상의 기준 338
6. 구체적 보상기준 340
7. 손실보상의 방법과 절차 364
8. 수용유사의 침해 · 수용적 침해 · 희생침해에 대한 보상 373

Chapter 02 행정쟁송

01절 행정심판 377
1. 개관 377
2. 행정심판의 종류 380
3. 행정심판의 대상 383
4. 행정심판의 당사자 및 관계인 384
5. 행정심판기관 388
6. 행정심판의 청구 390
7. 행정심판의 심리 394
8. 행정심판의 재결 및 조정제도 398
9. 행정심판의 불복고지 404

02절 행정소송 406
01 개설 406
1. 행정소송의 의의 406
2. 행정소송의 기능 406

CONTENTS
이 책의 차례

PREFACE

3. 행정소송의 종류 407
4. 행정소송의 한계 410
5. 행정소송의 일반적 절차 411

02 항고소송 412

Ⅰ 취소소송 412
1. 개설 412
2. 취소소송과 무효등확인소송의 관계 414
3. 취소소송의 재판관할 415
4. 취소소송의 당사자 등 417
5. 소송참가 423
6. 소송대리인 426
7. 취소소송의 제기 426
8. 소의 변경 457
9. 소제기의 효과 465
10. 취소소송과 가구제 466
11. 취소소송의 심리 474
12. 취소소송의 판결 480
13. 판결에 의하지 않는 취소소송의 종료 495
14. 상고 및 제3자에 의한 재심청구 496
15. 위헌판결의 공고 497
16. 소송비용 498

Ⅱ 무효등확인소송 498
1. 개설 498
2. 무효등확인소송의 성질과 적용법규 500
3. 재판관할 501
4. 당사자 및 참가인 501
5. 소송제기 504
6. 관련청구소송의 이송과 병합 505
7. 소의 변경 505
8. 무효등확인소송에 있어 가구제 505
9. 소송심리 506
10. 소송종료 507

Ⅲ 부작위위법확인소송 509
1. 개설 509
2. 재판관할 510
3. 당사자 511
4. 소송제기 512
5. 소의 변경 514
6. 가구제 514
7. 심리 515
8. 판결 517

03 당사자소송 518
1. 의의 518
2. 당사자소송의 특성 518
3. 당사자소송의 종류 520
4. 재판관할 530
5. 당사자 530
6. 소송제기 531
7. 관련청구소송의 이송·병합 531
8. 소의 변경 532
9. 소송심리 532
10. 소송종료 532

04 객관소송 533
1. 개념 533
2. 민중소송 534
3. 기관소송 535

부록

Chapter 01 행정기본법 538

Chapter 02 행정기본법 시행령 551

참고문헌 557

PART 01

총론

CHAPTER 01 행정과 행정법
CHAPTER 02 행정상 법률관계

행정과 행정법

01 절 행정

행정법의 규율대상이 되는 행정은 공행정(공익목적을 가진 행정)을 말한다. 행정주체의 사법상 조직이나 사법상 행위는 행정법의 규율대상이 아니다.

행정법의 규율대상이 되는 행정은 매우 다양하다. 그 이유는 행정법에 의해 규율되는 행정이 연혁상 군주의 통치작용 중에서 입법과 사법(司法)이 독립되고 남은 국가작용으로 이루어졌다는 데 기인한다(공제설). 그리하여 행정을 적극적으로 정의를 내리는 것이 매우 어렵다.

그렇지만 행정을 실질적으로 이해하기 위해서는 행정을 적극적으로 정의내릴 필요가 있다. 통설인 양태설(결과실현설)에 의하면 행정을 "법 아래서 법의 규율을 받으면서 국가목적의 적극적 실현을 위하여 행하여지는 전체로서 통일성을 가진 적극적·형성적 국가활동"이라고 정의할 수 있다(田中二郎).

그런데 행정의 다양성에 비추어 볼 때 양태설에 의한 행정의 개념 정의로도 현대행정을 충분히 표현하는 데는 불충분하다. 그리하여 현대행정을 보다 잘 이해하기 위하여는 행정의 특질을 묘사하여 이해함이 필요하다. 행정의 중요한 특징을 묘사하면, ① 공익실현을 목적으로 한다는 점, ② 적극적이고 형성적인 활동이라는 점, ③ 구체적인 효과가 있는 법 집행작용이라는 점, ④ 상하의 계층체에 의해 행하여지는 통일성을 가진 활동이라는 점, ⑤ 다양한 행위형식에 의해 행하여진다는 점이라 하겠다.

02 절 법치행정의 원칙

1. 개설

법치행정의 원칙이란 행정권도 법에 따라서 행하여져야 하며, 만일 행정권에 의하여 국민의 권익이 침해된 경우에는 이의 구제를 위한 제도가 보장되어야 한다는 것을 의미한다. 법률에 의한 행정의 원칙은 '행정에 대한 법의 지배'와 '행정구제제도'의 확립을 그 내용으로 한다. '행정에 대한 법의 지배'는 법률의 법규창조력의 원칙, 법의 우위의 원칙, 법률유보의 원칙을 포함한다.

행정기본법 제8조(법치행정의 원칙)
행정작용은 법률에 위반되어서는 아니 되며, 국민의 권리를 제한하거나 의무를 부과하는 경우와 그 밖에 국민생활에 중요한 영향을 미치는 경우에는 법률에 근거하여야 한다.

2. 법치행정의 내용

1) 법률의 법규창조력

법규를 창조하는 것은 법률, 즉 입법권의 전권에 속하는 것으로서 행정권은 법률의 수권이 없는 한 법규를 창조할 수 없다는 것을 의미한다. 이 경우 법규란 법률이든 명령이든 그 존재형식 여하를 불문하고 일반적으로 국민의 권리 · 의무에 관계하는 법규범을 의미한다. 따라서 법률의 법규창조력은 국민의 자유와 권리를 제한 · 침해하는 법은 국민의 대표로 구성되는 의회가 법률로만 규정하거나 법률의 수권에 의하여서만 규정할 수 있다는 뜻을 가진다.

2) 법률우위의 원칙 - 행정기본법 제8조 제1문 성문화

법률우위의 원칙이란 행정활동은 법률의 규정에 위반하여 행하여져서는 안 되며, 이 점은 모든 행정작용에 적용된다는 행정작용의 법률종속성을 의미한다. 여기서의 법률의 우위란 합헌적 법률우위를 뜻한다. 소극적 의미의 법률적합성의 원칙이라고도 한다. 행정작용이 법우위의 원칙을 위반하면 위법한 행정작용이 되어, 이로 인해 손해가 발생한 경우 손해배상이 인정될 수 있다. 행정기본법 제8조 제1문은 "행정작용은 법률에 위반되어서는 아니 된다."는 규정을 두어 법률우위의 원칙을 성문화하였다.[1)]

3) 법률유보의 원칙 - 행정기본법 제8조 제2문 성문화

법률유보의 원칙이란 행정이 법률에 근거하여, 법률의 수권에 의하여 행해져야 함을 의미한다. 적극적 의미의 법률적합성의 원칙이라고도 한다. 행정기본법 제8조 제2문은 "국민의 권리를 제한하거나 의무를 부과하는 경우"와 "그 밖에 국민생활에 중요한 영향을 미치는 경우"에 법률에 근거하여야 함을 규정하고 있다. 법률유보사항임에도 불구하고 법적인 근거가 없게 되면 법률유보원칙에 반하여 위법이 된다. 이때 법률의 개념은 형식적 의미의 법률을 의미하나, 행정작용의 근거는 반드시 직접적인 법률의 근거를 요하는 것이 아니고 간접적인 근거인 경우, 즉 법률의 위임에 따른 법규명령 혹은 자치법규에 의한 경우도 가능하다. 그런데 현대행정이 보이는 행정작용의 광역화와 행위형식의 다양화와 함께 개인의 행정의존도가 급격히 제고됨에 따라 법률유보의 범위는 일반적으로 확대의 경향을 보이고 있는 것이 사실이나 구체적으로 그 타당범위를 어디까지 확대하느냐가 중요한 과제가 되고 있다.

(1) 학설

① 침해유보설

이 설은, 국민의 자유 권리를 제한 또는 침해하거나 새로운 의무를 부과하는 행정작용은 반드시 법률의 근거를 요한다고 보는 견해이다. 근대국가에서는 이 설이 통설이었는데, 오늘날에는 주장되고 있지 않다.

---

1) 홍정선, 행정기본법 해설, 박영사, 2021, p.62

② 권력행정유보설

이 설은, 행정주체의 행정작용의 성격이 수익적인지 침익적인지와 상관없이 행정주체의 일방적 의사에 의하여 국민의 권리 의무를 결정하게 되는 모든 권력적 행정작용에는 법률의 근거를 요한다는 견해이다.

③ 전부유보설

이 설은, 국민주권의 원리 등을 근거로 모든 행정작용은 그 성질이나 종류를 불문하고 법률의 근거가 필요하다는 견해이다.

④ 급부행정유보설

이 설은, 법률의 유보원칙은 침해행정뿐만 아니라 수익적 행정활동인 급부행정의 전반에 대해서도 적용되어야 한다고 보는 견해이다. 이 설에서는 오늘날 국가의 급부활동과 국민생활과의 밀접한 관련성 및 급부행정의 중요성에 대한 인식을 그 배경으로 한다.

⑤ 중요사항유보설

㉠ 의의

중요사항유보설은 기본적인 규범영역에서 모든 중요한 결정은 적어도 입법자 스스로가 법률로 정하여야 한다는 이론이다. 본질성설(중요사항유보설)은 독일연방헌법재판소의 판례에 의해 채택되고 있는 이론인데 우리나라 헌법재판소도 이를 채택하고 있다.

㉡ 중요성의 판단

중요성의 판단은 고정적인 것이 아니라 개인과 공공에 대하여 얼마나 의미 있고, 중대하고, 기본적이고, 결정적인가에 따라 정해질 유동적인 것이다. 어떤 사항이 개인과 공중에 중요하면 할수록 입법자는 보다 고도로 정밀하게, 그리고 엄격하게 규정을 정립해야 한다. 중요성은 논리만의 문제가 아니라, 전통・합목적성・법의식 등의 문제이기도 하다.

㉢ 의회유보

중요사항유보설은 이중의 의미 내지 2단계로 구성된다. 1단계는 법률의 유보, 즉 입법사항의 문제이고, 2단계는 법률의 유보를 전제로 위임입법과의 관계에서 입법자가 위임입법에 위임할 수 없고 반드시 입법자 스스로 정해야 한다는 의미의 문제이다. 이러한 2단계에서의 문제, 즉 위임금지를 통해 강화된 법률유보를 의회유보라고도 부른다.

위임금지는 의회의 배타적 입법의 범위문제이기도 하며 법률유보의 강도(밀도)의 문제이기도 하다.

판례

[1] 도시환경정비사업시행인가 신청시 요구되는 토지등소유자의 동의정족수를 정하는 것은 국민의 권리와 의무의 형성에 관한 기본적이고 본질적인 사항으로 법률유보 내지 의회유보의 원칙이 지켜져야 할 영역이다. 따라서 사업시행인가 신청에 필요한 동의정족수를 자치규약에 정하도록 한 이 사건 동의요건조항(구 도시 및 주거환경정비법 제28조 제5

항)은 법률유보 내지 의회유보의 원칙에 위배된다(헌재 2012.4.24, 2010헌바1)(의회유보의 원칙).

[2] 텔레비전방송수신료는 대다수 국민의 재산권 보장의 측면이나 한국방송공사에게 보장된 방송자유의 측면에서 국민의 기본권 실현에 관련된 영역에 속하고, 수신료금액의 결정은 납부의무자의 범위 등과 함께 수신료에 관한 본질적인 중요한 사항이므로 국회가 스스로 행하여야 하는 사항에 속하는 것임에도 불구하고 한국방송공사법 제36조 제1항에서 국회의 결정이나 관여를 배제한 채 한국방송공사로 하여금 수신료금액을 결정해서 문화관광부장관의 승인을 얻도록 한 것은 법률유보의 원칙에 위반된다(헌재결정 1999.5.27. 선고 98헌바70 전원재판부[KBS수신료사건]).

[3] 법률의 시행령은 모법인 법률에 의하여 위임받은 사항이나 법률이 규정한 범위 내에서 법률을 현실적으로 집행하는 데 필요한 세부적인 사항만을 규정할 수 있을 뿐, 법률에 의한 위임이 없는 한 법률이 규정한 개인의 권리・의무에 관한 내용을 변경・보충하거나 법률에 규정되지 아니한 새로운 내용을 규정할 수는 없다(대판 2020.9.3, 2016두32992 전원합의체).

[4] 오늘날의 법률유보원칙은 단순히 행정작용이 법률에 근거를 두기만 하면 충분한 것이 아니라, 국가공동체와 그 구성원에게 기본적이고도 중요한 의미를 갖는 영역, 특히 국민의 기본권 실현에 관련된 영역에 있어서는 행정에 맡길 것이 아니고 국민의 대표자인 입법자 스스로 그 본질적 사항에 대하여 결정하여야 한다는 요구, 즉 의회유보원칙까지 내포하는 것으로 이해되고 있다. 여기서 어떠한 사안이 국회가 형식적 법률로 스스로 규정하여야 하는 본질적 사항에 해당되는지는, 구체적 사례에서 관련된 이익 내지 가치의 중요성, 규제 또는 침해의 정도와 방법 등을 고려하여 개별적으로 결정하여야 하지만, 규율대상이 국민의 기본권과 관련한 중요성을 가질수록 그리고 그에 관한 공개적 토론의 필요성 또는 상충하는 이익 사이의 조정 필요성이 클수록, 그것이 국회의 법률에 의하여 직접 규율될 필요성은 더 증대된다. 따라서 국민의 권리・의무에 관한 기본적이고 본질적인 사항은 국회가 정하여야 하고, 헌법상 보장된 국민의 자유나 권리를 제한할 때에는 적어도 그 제한의 본질적인 사항에 관하여 국회가 법률로써 스스로 규율하여야 한다(대판 2020.9.3, 2016두32992 전원합의체).

4) 결어

침해유보설은 입헌군주제하에서 타협의 소산이었다는 점에서, 급부행정유보설과 전부유보설은 실제로 적지 않은 급부작용이 구체적 법률의 근거 없이 행하여지고 있는데, 이런 급부작용에도 반드시 법적 근거가 있어야 한다는 것은 오히려 국민에게 불리한 결과만을 야기한다는 점에서, 중요사항유보설은 '본질적 사항'이 구체적으로 무엇인지가 불분명하고 모호하다는 점에서 문제점이 있다. 결국 법률유보가 필요한 영역인가에 대하여는 구체적인 사안별로 검토하는 것이 필요하다. 행정기본법 제8조 제1문과 제2문의 규정에 의하여 법치행정의 원리를 실현하도록 해야 할 것이다.

03 절 행정법의 법원(法源)

1. 개설

행정법의 법원(Rechtsquelle)이란 행정권의 조직과 작용 및 그 규제에 관한 법의 존재형식 또는 법의 선험적인 인식근거를 말한다. 행정법은 원칙적으로 성문법의 형식으로 존재하나 불문법의 형식으로 존재하는 경우도 있다.

대륙법계 국가에서는 성문법을 원칙으로 하는 데 반하여, 영・미법계 국가에서는 불문법을 원칙으로 하고 있다. 그러나 행정법의 경우는 어느 국가를 막론하고 성문법의 형식을 취함을 원칙으로 한다. 이는 법치행정의 원리표현이다. 그러나 행정법은 통일적인 단일법전이나 통칙규정을 결여하고 있다. 그 결과 행정법 전체에 대한 공통원칙의 파악은 학문적 연구에 기대할 수밖에 없다. 이러한 행정법의 규율이 미치지 못하는 분야에 대해서는 관습법, 판례법, 조리 등과 같은 불문법이 보충적으로 지배하게 된다.

행정법의 법원은 헌법, 법률, 명령 등의 성문법 외에 불문법으로는 행정선례, 관습법, 조리 등을 들 수 있다.[2)]

2. 성문법원

우리나라의 행정법은 성문법주의를 취하고 있다. 그 형식으로는 헌법, 법률, 조약, 명령, 자치법규 등이 있지만 이것들은 전체가 서로 상하의 관계에서 단계적・통일적인 법질서를 구성한다. 그리고 이들 상호 간에는 상하우열의 관계, 후법우선의 원칙, 특별법 우선의 원리가 적용되는 체계적 구조를 형성하고 있다.

1) 헌법

헌법은 국가의 통치권 전반에 관한 근본조직과 작용을 규율하는 기본법인 까닭에 그중의 행정조직과 행정작용에 관한 규정은 행정법의 법원 중 가장 기본적인 것이다.

헌법의 기본가치나 방침은 일반적으로 법률의 형식으로 구체화되므로 행정은 법률이라는 통로를 통하여 헌법과 교통하게 된다.

2) 법률

현행 헌법하에 있어서 성문의 행정법은 원칙적으로 형식적 의미의 법률, 즉 국회가 제정하는 법률의 형식으로 존재한다. 국회입법의 원칙과 법치행정의 원칙의 결과로 법률은 가장 주요한 행정법의 법원이 되고 있다. 이로 인해 기본적이거나 중요한 사항은 법률로 정하여야 하고(중요사항유보설), 국민의 기본권의 제한은 법률로 하여야 한다(헌법 제37조 제2항).

2) 대법원 1954.6.16. 선고 4285행상20 판결

3) 국제조약 · 국제법규

국제조약은 널리 국가와 국가 사이 또는 국가와 국제기관 사이의 법적 효력이 있는 합의를 말한다. 국제법규는 국제사회에서 일반적으로 그 규범성이 승인된 것(국제연합헌장 등)과 국제관습법(외교관의 면책특권 등)을 말한다.

우리나라 헌법 제6조 제1항은 "헌법에 의하여 체결 · 공포된 조약과 일반적으로 승인된 국제법규는 국내법과 같은 효력을 가진다."라고 규정하여 국제주의의 정신을 표현하고 있다. 여기서 '국내법과 같은 효력'이란 통설에 의하면 국내 법률과 같은 효력이라는 뜻으로 보지만 규율내용에 따라서는 명령과 같은 효력일 수도 있다(예 행정협정). 따라서 국제조약과 국제법규 중에서 국내행정에 관한 사항은 행정법의 법원이 된다.

판례

[1] 학교급식을 위해 위 지방자치단체에서 생산되는 우수 농수축산물과 이를 재료로 사용하는 가공식품을 우선적으로 사용하도록 하고 그러한 우수농산물을 사용하는 자를 선별하여 식재료나 식재료 구입비의 일부를 지원하며 지원을 받은 학교는 지원금을 반드시 우수농산물을 구입하는 데 사용하도록 하는 것을 내용으로 하는 위 지방자치단체의 조례안이 '1994년 관세 및 무역에 관한 일반협정'(General Agreement on Tariffs and Trade 1994)에 위반되어 그 효력이 없다(대법원 2005.9.9. 선고 2004추10 판결 [학교급식조례 사례]).

[2] 반덤핑부과처분이 WTO 협정 위반이라는 이유만으로 사인이 직접 국내 법원에 그 처분의 취소를 구하는 소를 제기하거나 협정 위반을 처분의 독립된 취소사유로 주장할 수 있는지 여부 ; 관세 및 무역에 관한 일반협정(GATT 1994) 제6조의 이행에 관한 협정은 국가와 국가 사이의 권리 · 의무관계를 설정하는 국제협정으로, 그 내용 및 성질에 비추어 이와 관련한 법적 분쟁은 위 WTO 분쟁해결기구에서 해결하는 것이 원칙이고, 사인에 대하여는 위 협정의 직접 효력이 미치지 아니한다고 보아야 할 것이므로, 위 협정에 따른 회원국 정부의 반덤핑부과처분이 WTO 협정위반이라는 이유만으로 사인이 직접 국내 법원에 회원국 정부를 상대로 그 처분의 취소를 구하는 소를 제기하거나 위 협정위반을 처분의 독립된 취소사유로 주장할 수는 없다(대법원 2009.1.30. 선고 2008두17936 판결 [반덤핑관세부과처분취소 사례]).

[3] '서비스 무역에 관한 일반협정(General Agreement on Trade in Services, GATS)' 및 '한-유럽연합 자유무역협정(Free Trade Agreement)'(이 사건 각 협정)은 국가와 국가 사이의 권리 · 의무관계를 설정하는 국제협정으로서, 그 내용 및 성질에 비추어 이와 관련한 법적 분쟁은 협정에서 정한 바에 따라 국가 간 분쟁해결기구에서 해결하는 것이 원칙이고, 특별한 사정이 없는 한 사인에 대하여는 협정의 직접 효력이 미치지 아니한다. 따라서 이 사건 각 협정의 개별 조항 위반을 주장하여 사인이 직접 국내 법원에 해당 국가의 정부를 상대로 그 처분의 취소를 구하는 소를 제기하거나 협정위반을 처분(대형마트의 영업제한처분)의 독립된 취소사유로 주장하는 것은 허용되지 아니한다(대법원 2009.1.30. 선고 2008두17936 판결 참조)(대판 전원합의체 2015.11.19, 2015두295<영업시간제한등처분취소><대형마트 영업규제사건>).

4) 명령

광의로는 국회 이외의 국가기관이 정립하는 법을 총칭하고, 협의로는 행정권에 의하여 정립하는 법을 총칭하는데, 행정법의 법원으로서 명령은 후자를 가리키고 이는 형식적 의미의 법률에 대응하는 말이다. 이에는 ① 그 발동형식에 따라서 대통령령·총리령·부령과 중앙선거관리위원회규칙·감사원규칙이 있고, ② 그 내용에 따라서 위임명령과 집행명령이 있으며, ③ 그 성질에 따라서 법규명령과 행정규칙으로 구별된다.

오늘날 행정의 양적 확대와 질적 고도화에 따라 입법사무도 능률적 분배가 요청되어 법률은 대강만을 정하고 세부적 규정은 명령에 위임하는 일이 많아 전래적·제2차적 법원임에도 불구하고 명령의 법원으로서 중요성은 더욱 커지고 있다.

대통령의 긴급명령과 긴급재정·경제명령은 엄격한 요건 아래서 예외적으로 발하여지는 명령의 일종이지만 그 효력에 있어서는 법률과 같으며, 따라서 모든 명령에 우선한다(헌법 제76조). 헌법이 직접 입법형식으로 인정한 경우, 즉 국회규칙(동법 제62조), 대법원규칙(동법 제108조), 헌법재판소규칙(동법 제113조 제2항), 중앙선거관리위원회규칙(동법 제114조 제6항)은 일반적 명령과 그 계통을 달리하기 때문에 효력의 우열을 비교하기가 어려우나 대통령령과 같은 효력을 갖는 것도 있다(국가공무원법 제4조 참조).

법규명령인 위임명령·집행명령의 법원성에 관하여는 문제가 없으나 행정규칙의 법원성에 관하여는 견해가 대립되고 있다. 생각건대, 행정규칙도 윤리, 도덕이 아닌 넓은 의미에서 법(Rechtsnorm)의 하나이며, 행정사무의 준칙과 기준이 된다는 점에서 법원으로 볼 수 있을 것이다.

5) 자치법규

지방자치단체 또는 그 기관이 법령의 범위 안에서 제정하는 자치에 관한 규정(헌법 제117조 제1항)을 말하며 지방의회가 제정하는 조례와 집행기관이 제정하는 규칙이 있다. 집행기관에는 일반사무의 집행기관(서울특별시장·광역시장·도지사·시장·군수)과 교육·체육·과학에 관한 사무의 집행기관(서울특별시·광역시·도 교육위원회 및 시·군의 교육장)의 두 종류가 있으므로 규칙에도 일반규칙(지방자치법 제23조)과 교육규칙(지방교육자치에 관한 법률 제25조)의 두 가지가 있다.

대법원 판례는 “도시 및 주거환경정비법에 의한 주택재개발 정비사업조합의 정관은 해당 조합의 조직, 기관, 활동, 조합원의 권리의무관계 등 단체법적 법률관계를 규율하는 것으로서 공법인인 조합과 조합원에 대하여 구속력을 가지는 자치법규로서 원칙적으로 조합 외부의 제3자를 보호하거나 제3자를 위한 규정이라고 볼 것은 아니다(대판 2019.10.31, 2017다282438).”라고 판시하고 있다.

3. 불문법원

행정법은 원칙적으로 성문법주의에 입각하고 있으므로 성문법이 중심적인 법원이며 불문법은 예외적인 것에 그친다. 그러나 변화・발전을 거듭하는 행정작용의 모든 분야에 성문법으로 규정하는 것은 사실상 불가능하다. 따라서 성문법이 정비되지 아니한 행정 분야에 있어서는 불문법원으로서 ① 관습법, ② 판례법, ③ 조리법 등이 적용된다.

1) 관습법

관습법이란 사회의 거듭된 관행으로 생성한 사회생활규범이 사회의 법적 확신과 인식에 의하여 법적 규범으로 승인・강행되기에 이른 것을 말한다(대판 2005.7.21, 2002다1178 전원합의체). 관습법은 통설과 판례에 의하면, 객관적 요소로서 장기적이고 일반적인 관행・관습이 있고, 주관적 요소로서 민중의 법적 확신이 있는 경우에 인정된다(법적 확신설). 다만 관습법으로 승인되었더라도 사회 구성원들이 그러한 관행의 법적 구속력에 대하여 확신을 갖지 않게 되었다거나, 사회를 지배하는 기본적 이념이나 사회질서의 변화로 인하여 그러한 관습법을 적용하여야 할 시점에 있어서의 전체 법질서에 부합하게 되지 않게 되었다면 그러한 관습법은 법적규범으로서의 효력이 부정될 수밖에 없다(대판 2005.7.21, 2002다1178 전원합의체).

2) 판례법

영・미와 같은 판례법 국가들에 있어서는 선례구속성의 원리(doctrine of stare decisis)가 타당하여 판례법(case law, judge-made-law)은 법적 구속력(legal binding force)을 갖기 때문에 그것이 법원으로서의 중요성은 크다. 즉 영・미에 있어서는 상급법원의 판례는 하급법원을 구속하며 판례의 변경을 허용하지 아니한다. 이러한 의미에서 판례법을 법관이 만든 법(judge-made-laws) 또는 재판판례법(judikatur Recht)이라 한다.

대륙법계 국가에서처럼 우리나라에서는 판례의 기속성에 관한 실정법규범으로 상급법원의 재판에 있어서의 판단은 해당 사건에 관하여 하급심을 기속한다는 법원조직법 제8조의 규정과 상고사건에서 “환송이나 이송을 받은 법원은 … 상고법원의 파기이유로 한 사실상과 법률상의 판단에 기속을 받는다”라는 민사소송법 제436조 제2항의 규정이 있다. 이는 상소제도의 특수성에서 연유하는 것으로서 대법원판결에서 판시된 법령해석과 법률적 판단은 해당 사건, 즉 ‘같은 사건에서만 하급심이 기속당한다’는 것이고 ‘동종의 다른 사건’에서까지 기속당한다는 뜻은 아니어서 이를 근거로 곧 판례의 법원성을 인정할 수는 없다.

판례법의 사실상 구속력을 인정한다고 할 때 관습법과의 차이는 ① 관습법의 경우는 동일한 행위가 관행적으로 장기간 계속되어야 하는 데 반하여, 판례법의 경우는 관행적으로 장기간 계속될 필요가 없고, ② 관습법의 경우는 관행에 대한 사회의 법적 확신을 필요로 하는데, 판례법은 국가기관인 법원의 행위 자체에 내포된 강제력의 소산이라는 데 있다.

3) 조리법

조리란 사회일반의 정의감에 비추어 반드시 그러하여야 할 것이라고 인정되는 것, 사물의 본질적 법칙 또는 법의 일반원칙을 말하는바, 대법원은 이를 사물의 조리에 따르는 이치라 하여 실정법 이전의 것으로 본다. 조리는 ① 법해석상 의문이 있는 경우에 법해석의 기본원리로서, ② 성문법, 관습법, 판례법 등이 모두 없는 경우에 최후의 보충적 법원으로서 중요한 의의를 가지고 있다(대판 1966.7.26, 66다919).

조리의 내용은 영구불변적인 것이 아니고 시대와 사회에 따라서 가변적인 것인바, 학설・판례에서 많이 논의되는 것에는 평등원칙, 신의성실의 원칙, 비례의 원리, 기득권보장의 원칙 등이 있으며 근래에는 신뢰보호의 원칙, 보충성의 원칙, 과잉급부금지의 원칙 등이 새로운 조리 내지는 법원칙으로 거론되고 있다. 조리는 그 내용이 헌법에 뿌리를 둔 법의 일반원칙이라는 점에서 이 책에서는 후술하는 행정법의 일반원칙의 문제로서 다룬다. 행정기본법 제정으로 행정법 일반원칙은 이제 성문법화되었다고 볼 수 있다.

4. 행정법의 법원(法源)의 상하관계

행정법의 법원 간에는 다음과 같은 상하관계에 있다. 헌법・법률・명령・자치법규의 순이다. 일반법원칙(조리)은 내용에 따라 헌법적 또는 법률적 지위를 가진다.

국내법과 국제법 간의 우열은 국내법우위설・국제법우위설의 대립이 있으나 국내 법률과 같은 효력을 가지는 일반적으로 승인된 국제법규, 법률, 법률에 상응하는 국제법규, 국회의 동의를 얻은 조약(헌법 제60조 제1항), 명령에 상응하는 국제법규, 일부의 행정협정, 자치법규의 순으로 볼 수 있다. 한편, 법원의 상하관계에 따라 상위법이 하위법보다 우선하지만 행정기관이 구체적인 사건에 있어서 법을 적용함에는 하위법이 우선된다고 보아야 한다. 왜냐하면 하위법이 상위법보다 구체적으로 규율하고 있기 때문이다. 다만 법령의 위헌위법이 법원에 의해서 최종적으로 확인된 경우에는 적용을 배제하여야 한다. 다만 최근에 정부는 행정기본법을 제정하여 행정법 일반원칙에 대하여 성문법화함으로써 행정법 일반원칙을 위반한 것은 이제 성문법을 위반한 것으로 볼 수 있다.

04 절 행정법의 일반원칙

1. 개설

행정법의 일반원칙이란 행정법의 모든 분야에 적용되고 지배되는 일반적 원리를 말하는데, 종래의 통설은 조리 내지는 조리법의 내용으로 설명하여 왔다. 그러나 행정기본법이 제정되면서 행정법 일반원칙은 성문법화된 점에 유의하여야 할 것이다.

일반적으로 조리 내지는 일반원칙으로 ① 평등원칙, ② 평등원칙을 근거로 한 자기구속의 법리, ③ 비례의 원칙, ④ 신뢰보호의 원칙 등이 있다.

2. 평등의 원칙 - 행정기본법 제9조 평등의 원칙 성문화

행정기본법 제9조(평등의 원칙)
행정청은 합리적 이유 없이 국민을 차별하여서는 아니 된다.

1) 의의

평등원칙이란 행정작용에 있어서 특별한 합리적인 사유가 없는 한 상대방인 국민을 공평하게 대우하여야 한다는 원칙을 말한다. 따라서 합리적 이유가 있어서 다르게 취급하는 것은 평등원칙의 위반이 아니다. 이는 모든 행정작용의 분야에 적용되며, 특히 행정의 재량권의 한계를 짓는 기능을 가지고 있다. 평등원칙은 행정에 대한 신뢰를 보호하고 예측가능성을 확보함으로써 행정법관계의 안정에 기여하는 것으로서, 기회의 균등과 자의의 금지로 요약될 수 있다.

2) 법적 근거 및 효력

헌법 제11조 제1항은 "모든 국민은 법 앞에 평등하다. 누구든지 성별・종교 또는 사회적 신분에 의하여 정치적・경제적・사회적・문화적 생활의 모든 영역에 있어서 차별을 받지 아니한다."라고 규정하여 법 앞의 평등원칙을 채택하고 있다. 여기서 '법'은 국회에 의하여 제정된 법률뿐만 아니라 모든 법(헌법, 법률, 명령 등)을 포함한다. 행정기본법 제9조에서 성문화하였다.
평등원칙은 헌법적 효력을 갖는다. 따라서 평등원칙에 위반한 행정작용은 위헌 위법한 행정작용이 된다. 또, 평등원칙에 반하는 법률은 위헌이므로 그러한 법률에 근거한 행정작용도 위법성이 인정된다.

3) 내용

어떠한 행정조치가 평등의 원칙에 반하는 것인가는 차별취급에 합리적인 이유가 있는가의 여부에 달려 있다. 합리적 이유 없는 차별취급은 두 경우로 나뉜다.

(1) 합리적 이유 없이 동일한 사항을 다르게 취급하는 경우

판례

헌법상 평등원칙은 본질적으로 같은 것을 자의적으로 다르게 취급함을 금지하는 것으로서, 일체의 차별적 대우를 부정하는 절대적 평등을 뜻하는 것이 아니라 입법을 하고 법을 적용할 때에 합리적인 근거가 없는 차별을 하여서는 아니 된다는 상대적 평등을 뜻하므로, 합리적 근거가 있는 차별 또는 불평등은 평등의 원칙에 반하지 아니한다(대법원 2018.10.25. 선고 2018두44302 판결).

(2) 상대방의 사정이 다른 경우 다르게 취급하는 것이 정당화될 수 있지만 비례성을 결여한 과도한 차별취급은 합리적인 차별이 아니므로 평등의 원칙에 반한다.

판례

> 이 사건 조항으로 인한 공무담임권의 차별효과는 앞서 본 바와 같이 심각한 반면, 국가유공자 가족들에 대하여 아무런 인원제한도 없이 매 시험마다 10%의 높은 가산점을 부여해야만 할 필요성은 긴요한 것이라고 보기 어렵고, 입법목적을 감안하더라도 일반 응시자들의 공무담임권에 대한 차별효과가 지나친 것이다. 이 사건 조항의 위헌성은 국가유공자 등과 그 가족에 대한 가산점제도 자체가 입법정책상 전혀 허용될 수 없다는 것이 아니고, 그 차별의 효과가 지나치다는 것에 기인한다(헌재결정 2006.2.23. 선고 2004헌마675 전원재판부).

4) 한계

불법 앞의 평등 요구는 인정되지 않는다.

5) 적용 예

(1) 재량권 통제의 원칙

평등의 원칙은 모든 공권력 행사를 통제하는 법원칙인데, 특히 재량권을 통제하는 원칙이다. 행정청이 재량권을 행사함에 있어 A에게 어떤 처분을 한 경우에 그 자체로는 재량권의 일탈 또는 남용인 위법이 아니라고 하더라도 이미 행해진 동종사안에서의 제3자에 대한 처분과 비교하여 불합리하게 불리한 처분에 해당하는 경우에는 평등원칙에 반하는 위법한 재량권 행사가 된다.

(2) 재량준칙과 평등원칙

재량준칙은 행정규칙으로서 직접 대외적인 구속력을 갖지는 않지만 평등의 원칙을 매개로 하여 간접적인 대외적 효력을 갖는다고 보는 것이 다수의 견해이다. 평등원칙은 재량준칙이 대외적 효력을 갖게 하는 전환규범으로서의 기능을 갖는다.

3. 행정의 자기구속의 원칙

1) 의의 및 근거

행정의 자기구속의 원칙이란 행정관행이 성립된 경우 행정청은 특별한 사정이 없는 한 같은 사안에서 행정관행과 같은 결정을 하여야 한다는 원칙을 말한다.

즉 자기구속의 원칙이란, 재량행위에 있어서 그 재량권의 행사에 관한 일정한 관행이 형성되어 있는 경우에는, 행정청은 동일한 사안에 대하여 이전에 제3자에게 한 처분과 동일한 처분을 상대방에게 하도록 스스로 구속당하는 원칙을 말한다. 이 원칙은 헌법상의 평등권에 근거하여 파생된 행정법상의 일반원칙이다. 대법원은 자기구속원칙을 정면으로 원용하지는 않았으나 이 법리에 입각하여 재량의 일탈・남용을 판단하는 기준으로 보고 있다. 반면 헌법재판소는 자기구속원칙을 행정법의 일반원칙으로 수용하고 있다.

행정의 자기구속의 원칙을 인정하는 논거로 종래에 신뢰보호원칙 내지 신의성실의 원칙이 언급되기도 하였으나, 그 논거를 평등의 원칙에서 구하는 것이 보다 타당하다. 왜냐하면 행정의 자기구속은 자유로운 판단이 가능한 영역에서 스스로 제시한 기준에 따라 자신이 그간 행한 행위로부터 특별한 사유가 없는 한 이탈할 수 없음을 의미하는데, 만약 이탈한다면 상대방의 신뢰유무를 불문하고 그것은 바로 불합리한 차별, 즉 평등의 위반을 뜻하는 것이기 때문이다. 말하자면 헌법의 평등조항은 행정청이 재량권을 평등하게 행사하는 것을 요구하기 때문이다.

2) 판례

(1) 대법원

판례

[1] 상급행정기관이 하급행정기관에 대하여 업무처리지침이나 법령의 해석적용에 관한 기준을 정하여 발하는 이른바 '행정규칙이나 내부지침'은 일반적으로 행정조직 내부에서만 효력을 가질 뿐 대외적인 구속력을 갖는 것은 아니므로 행정처분이 그에 위반하였다고 하여 그러한 사정만으로 곧바로 위법하게 되는 것은 아니다. 다만, 재량권 행사의 준칙인 행정규칙이 그 정한 바에 따라 되풀이 시행되어 행정관행이 이루어지게 되면 평등의 원칙이나 신뢰보호의 원칙에 따라 행정기관은 그 상대방에 대한 관계에서 그 규칙에 따라야 할 구속을 받게 되므로, 이러한 경우에는 특별한 사정이 없는 한 그를 위반하는 처분은 평등의 원칙이나 신뢰보호의 원칙에 위배되어 재량권을 일탈·남용한 위법한 처분이 된다.

[2] 시장이 농림수산식품부에 의하여 공표된 '2008년도 농림사업시행지침서'에 명시되지 않은 '시·군별 건조저장시설 개소당 논 면적' 기준을 충족하지 못하였다는 이유로 신규 건조저장시설 사업자 인정신청을 반려한 사안에서, 위 지침이 되풀이 시행되어 행정관행이 이루어졌다거나 그 공표만으로 신청인이 보호가치 있는 신뢰를 갖게 되었다고 볼 수 없고, 쌀 시장 개방화에 대비한 경쟁력 강화 등 우월한 공익상 요청에 따라 위 지침상의 요건 외에 '시·군별 건조저장시설 개소당 논 면적 1,000ha 이상' 요건을 추가할 만한 특별한 사정을 인정할 수 있어, 그 처분이 행정의 자기 구속의 원칙 및 행정규칙에 관련된 신뢰보호의 원칙에 위배되거나 재량권을 일탈·남용한 위법이 없다고 한 사례(대판 2009.12.24, 2009두796[신규건조저장시설사업자인정신청반려처분취소]).

위 판례는 평등원칙 및 자기구속의 법리를 명시적으로 언급하면서, 시행규칙상의 처분기준이 확립된 판례에 따라 그 자체로 법적 구속력이 없다 하더라도, 그 처분기준을 위반한 행정작용이 재량권의 남용으로서 위법하다고 판시한 점에서 의의가 있다고 할 것이다.

판례

재량준칙이 정한 바에 따라 되풀이 시행되어 행정관행이 이루어지게 되면 평등의 원칙이나 신뢰보호의 원칙에 따라 행정청은 상대방에 대한 관계에서 그 규칙에 따라야 할 자기구속을 받게 되므로, 이러한 경우에는 특별한 사정이 없는 한 그에 반하는 처분은 평등의 원칙이나 신뢰보호의 원칙에 어긋나 재량권을 일탈·남용한 위법한 처분이 된다(대법원 2014.11.27. 선고 2013두18964 판결).

위 판례도 평등의 원칙과 자기구속의 법리를 명시적으로 언급하면서 재량권을 일탈 남용한 위법한 처분이 된다고 판시하고 있다.

(2) **헌법재판소**

판례

재량권 행사의 준칙인 규칙이 그 정한 바에 따라 되풀이 시행되어 행정관행이 이룩되게 되면, 평등의 원칙이나 신뢰보호의 원칙에 따라 행정기관은 그 상대방에 대한 관계에서 그 규칙에 따라야 할 자기구속을 당하게 되고, 그러한 경우에는 대외적인 구속력을 가지게 된다 할 것이다(헌재결정 1990.9.3. 선고 90헌마13 전원재판부).

3) 기능 및 적용영역

행정의 자기구속은 스스로 정한 준칙에 의하여 모든 사람, 모든 사안을 동등하게 취급하여야 한다는 구속, 즉 모든 사람의 평등한 취급, 자의의 금지(Willkürverbot)가 행정의 자기구속의 주된 내용이다. 입법자가 정한 법률 내지 법규명령에 타율적으로 구속되는 것이 아닌, 스스로 정한 준칙에 구속된다는 자기구속의 법리는 행정의 재량영역에서 적용되고 기속행위에 있어서는 이 법리가 적용될 여지가 없다. 그리하여 재량영역에서 행정청이 재량권 행사의 준칙(재량준칙)을 정립하여 시행하는 경우에는, 행정청은 재량권이 축소되어 동종사안에 대해서는 해당 행정규칙이 정하는 바에 따라 동일하게 처분을 해야 할 자기구속을 당하게 된다. 그리고 상대방인 국민도 행정청에 대하여 제3자에게 적용한 재량준칙에 따라 동일한 처분을 내줄 것을 주장할 수 있고, 이에 위반하여 처분을 할 때에는 위법을 이유로 취소를 구하는 행정쟁송을 제기할 수 있다. 요컨대, 자기구속의 원칙은 행정조직내부규범인 행정규칙을 국가와 국민 간의 관계를 규율하는 법규로 전환시키는 전환규범(Umschaltnorm)으로서의 기능을 행한다고 하겠다.

판례

(주식회사 00건설이 공정거래위원회를 피고로 제소한 과징금감경결정취소청구소송에서) 구 '부당한 공동행위 자진신고자 등에 대한 시정조치 등 감면제도 운영고시'(2009.5.19, 공정거래위원회 고시 제2009-9호로 개정되기 전의 것) 제16조 제1항, 제2항은 그 형식 및 내용에 비추어 재량권 행사의 기준으로 마련된 행정청 내부의 사무처리준칙 즉 재량준칙이라 할 것이고, 구 '독점규제 및 공정거래에 관한 법률 시행령' 제35조 제1항 제4호에 의한 추가감면 신청 시 그에 필요한 기준을 정하는 것은 행정청의 재량에 속하므로 그 기준이 객관적으로 보아 합리적이 아니라든가 타당하지 아니하여 재량권을 남용한 것이라고 인정되지 않는 이상 행정청의 의사는 가능한 한 존중되어야 한다. 이러한 재량준칙은 일반적으로 행정조직 내부에서만 효력을 가질 뿐 대외적인 구속력을 갖는 것은 아니므로 행정처분이 이를 위반하였다고 하여 그러한 사정만으로 곧바로 위법하게 되는 것은 아니고, 다만 그 재량준칙이 정한 바에 따라 되풀이 시행되어 행정관행이 이루어지게 되면 평등의 원칙이나 신뢰보호의 원칙에 따라 행정기관은 상대방에 대한 관계에서 그 규칙에 따라야 할 자기구속을 받게 되므로, 이러한 경우에는 특별한 사정이 없는 한 그에 반하는 처분은 평등의 원칙이나 신뢰보호의 원칙에 어긋나 재량권을 일탈・남용한 위법한 처분이 된다(대판 2013.11.14, 2011두28783).

4) 재량권 통제 원리로서의 자기구속의 원칙

(1) **요건(재/선/동)**

① 행정청의 법으로부터 자유로운 영역인 재량영역에 적용된다. 이 원칙은 행정기관에 재량권이 인정되는 영역에서 그 의미를 가진다.

② 이 원칙이 적용되기 위해서는 1회 이상의 행정선례가 존재하여야 한다고 보는 것이 일반적 견해이다.

③ 행정선례와 동일한 사안이어야 한다. 이 원칙은 자의적 차별에까지 이르지 않는 재량결정에 대하여 동종의 전후 양 사안에 적용된 재량기준을 비교하여 그 위법성을 근거지우는 기능을 가지며 이로써 그에 대한 사법적 통제를 가능케 하는 역할을 수행하게 된다.

(2) **효과**

자기구속의 법률 효과는 일률적이 아닌 사실의 성질에 따라 다르게 나타난다. 즉 적극적인 내용을 가지는 행정의 자기구속은 상대방에게 행정에 대한 ① 이행청구권(예 계획집행청구권)을 발생시키며, 소극적인 경우에는 ② 차별금지 의무, 즉 불평등배제청구권을 발생시킨다. 또한 행정의 자기구속의 요건 사실이 행정의 수인 또는 부작위에 존재하는 경우에는 상대방에게 방해배제청구권을 발생시킬 수 있다. 위의 경우와 마찬가지로 이들 청구권도 손해배상 등 청구권으로 전환될 수 있다.

(3) **한계**

행정의 자기구속의 근거에 관한 평등원리설에 대하여는 위법한 행정관행의 경우에도 영속적 구속력을 인정해야 하는 불합리함이 있다는 비판이 제기된다. 이와 같은 비판을 면하기 위하여서는 행정은 스스로의 판단을 통해 그때까지 행정에 대한 자기구속의 기준이 되었던 종래의 재량기준 대신에 별개의 기준을 정립하여 새로운 행정실무를 전개하는 것도 가능하다고 해야 한다. 다만, 평등원칙에 근거한 행정의 자기구속에 의해 행정은 이후 또다시 사정을 같이하는 국민 모두에 대하여 신행정실무를 똑같이 적용하지 않으면 안 되는 구속을 받는다. 그러나 구행정실무로부터 신행정실무로 옮기는 시점에 있어서 평등원리의 조성은 어떻게 다루어야 하느냐가 또한 문제가 된다. 이 점에 관하여는 종래의 행정실무의 1회적 일탈인가 아니면 원칙적 일탈인가를 구별하여 전자의 경우에만 평등원칙 위반이 된다는 설이 있다. 그러나 이로써 비판점이 완전히 해결되는 것은 아니라고 보며, 이것이 평등원칙설이 갖는 법리상의 중대한 약점이라 하겠다.

4. 비례의 원칙(과잉조치금지의 원칙) – 행정기본법 제10조 명문화

행정기본법 제10조(비례의 원칙)
행정작용은 다음 각 호의 원칙에 따라야 한다.
1. 행정목적을 달성하는 데 유효하고 적절할 것
2. 행정목적을 달성하는 데 필요한 최소한도에 그칠 것
3. 행정작용으로 인한 국민의 이익 침해가 그 행정작용이 의도하는 공익보다 크지 아니할 것

1) 의의

비례의 원칙이란 행정주체가 구체적인 행정목적을 실현함에 있어서 그 목적과 수단 사이에 합리적인 비례관계가 유지되어야 한다는 것이다. 이런 의미에서 광의의 비례원칙은 적합성의 원칙, 필요성의 원칙과 좁은 의미의 비례의 원칙으로 구분된다.

판례

[1] 도시・군계획시설(이하 '도시계획시설'이라 한다)사업에 관한 실시계획인가처분은 해당 사업을 구체화하여 현실적으로 실현하기 위한 형성행위로서 이에 따라 토지수용권 등이 구체적으로 발생하게 된다. 따라서 행정청이 실시계획인가처분을 하기 위해서는 그 실시계획이 법령이 정한 도시계획시설의 결정・구조 및 설치기준에 적합하여야 함은 물론이고 사업의 내용과 방법에 대하여 인가처분에 관련된 자들의 이익을 공익과 사익 간에서는 물론, 공익 상호 간 및 사익 상호 간에도 정당하게 비교・교량 하여야 하며, 그 비교・교량은 비례의 원칙에 적합하도록 하여야 한다(대법원 2018.7.24, 선고 2016두48416 판결[수용재결취소 등]).

[2] 관련 규정의 문언・체제・취지 등에 더하여 다음과 같은 사정, 즉 ① 어업허가를 받거나 어업신고가 수리된 자가 갖는 어업에 대한 재산적 이익은 공유수면에서 자유로이 생존하는 수산동식물을 포획할 수 있는 지위로서 어업허가취득이나 수산동식물의 포획에 어떤 대가를 지불하는 것이 아니어서 일반 재산권처럼 보호가치가 확고하다고 보기 어려운 점, ② 한편 어업권의 특성과 그 행사 방식 등에 비추어 그 재산권의 행사가 사회적 연관성과 사회적 기능이 크다고 보이므로 입법자에 의한 보다 광범위한 제한이 허용된다고 보이는 점, ③ 구 수산업법이 손실보상 없이 어업을 제한할 수 있는 사유를 수산자원의 보존 또는 국방상 필요 등 사회적 연관성과 사회적 기능이 크다고 보이는 경우로 제한적으로 규정하고 있는 점, ④ 허가 또는 신고 어업과는 달리 면허어업은 해조류양식어업 등을 주요대상으로 하여 조업이 제한되는 해역 이외의 장소에서는 조업이 불가능한 사정을 고려하여 보상제외사유로 삼지 않는 등 제한되는 어업의 종류와 특성 및 내용에 따라 보상 여부를 달리 정하고 있는 점 등을 종합하면, 이 사건 단서 조항에서 허가・신고 어업에 대하여 '국방상 필요하다고 인정하여 국방부장관으로부터 요청이 있을 때'(제3호)에는 '공익사업을 위한 토지 등의 취득 및 보상에 관한 법률 제4조의 공익사업상 필요한 때'(제5호)와 달리 손실보상 없이 이를 제한할 수 있도록 정한 것이 재산권자가 수인하여야 하는 사회적 제약의 한계를 넘어 가혹한 부담을 발생시키는 등 비례의 원칙을 위반하였다고 보기 어려우므로 이 사건 단서 조항이 헌법에 위반된다고 볼 수 없다(대법원 2016.5.12, 선고 2013다62261 판결[손실보상 등]).

[3] 자동차가 대중적인 교통수단이고 그에 따라 자동차운전면허가 대량으로 발급되어 교통상황이 날로 혼잡해짐에 따라 교통법규를 엄격히 지켜야 할 필요성은 더욱 커지는 점, 음주운전으로 인한 교통사고 역시 빈번하고 그 결과가 참혹한 경우가 많아 대다수의 선량한 운전자 및 보행자를 보호하기 위하여 음주운전을 엄격하게 단속하여야 할 필요가 절실한 점 등에 비추어 보면, 음주운전으로 인한 교통사고를 방지할 공익상의 필요는 더욱 중시되어야 하고 운전면허의 취소는 일반의 수익적 행정행위의 취소와는 달리 그 취소로 인하여 입게 될 당사자의 불이익보다는 이를 방지하여야 하는 일반예방적 측면이 더욱 강조되어야 한다.
(출처 : 대법원 2019. 1. 17. 선고 2017두59949 판결 [자동차운전면허취소처분취소])

> [4] 사업인정이란 공익사업을 토지 등을 수용 또는 사용할 사업으로 결정하는 것으로서 공익사업의 시행자에게 그 후 일정한 절차를 거칠 것을 조건으로 일정한 내용의 수용권을 설정하여 주는 형성행위이므로, 해당 사업이 외형상 토지 등을 수용 또는 사용할 수 있는 사업에 해당한다고 하더라도 사업인정기관으로서는 그 사업이 공용수용을 할 만한 공익성이 있는지의 여부와 공익성이 있는 경우에도 그 사업의 내용과 방법에 관하여 사업인정에 관련된 자들의 이익을 공익과 사익 사이에서는 물론, 공익 상호 간 및 사익 상호 간에도 정당하게 비교・교량하여야 하고, 그 비교・교량은 비례의 원칙에 적합하도록 하여야 한다. 그뿐만 아니라 해당 공익사업을 수행하여 공익을 실현할 의사나 능력이 없는 자에게 타인의 재산권을 공권력적・강제적으로 박탈할 수 있는 수용권을 설정하여 줄 수는 없으므로, 사업시행자에게 해당 공익사업을 수행할 의사와 능력이 있어야 한다는 것도 사업인정의 한 요건이라고 보아야 한다(대법원 2011.1.27, 선고 2009두1051 판결[토지수용재결처분취소]).

2) 근거

행정기본법상 비례의 원칙은 성문의 일반적인 법원칙이다. 행정기본법상 비례의 원칙은 성문의 법규이므로, 국가의 모든 기관과 공무원들은 비례의 원칙을 준수하여야 한다. 개별법률에 비례의 원칙 규정이 없다고 하여도 공무원들은 행정기본법령을 집행할 때 일반법인 행정기본법 제10조를 근거로 활용, 적용하여야 한다.[3]

3) 내용

비례의 원칙은 다음과 같은 내용을 포함한다. 헌법재판소는 이하의 적합성・필요성・상당성 외에 목적의 정당성을 비례의 원칙의 한 내용으로 보고 있다. 그러나 목적의 정당성은 목적과 수단 사이의 이익형량의 문제가 아니므로 이 견해는 타당하지 않다. 목적의 정당성의 원칙은 일반법원칙상 당연히 인정되는 독자적 법원칙이라고 보는 것이 타당하다.

(1) 적합성의 원칙 - 행정기본법 제10조 제1호

행정기본법 제10조 제1호에는 "행정작용은 행정목적을 달성하는 데 유효하고 적절할 것"을 규정하고 있다. 적합성의 원칙이란 행정기관이 취한 조치 또는 수단이 그가 의도하는바, 목적을 달성하는 데에 적합해야 함을 의미한다.

(2) 필요성의 원칙(최소 침해의 원칙) - 행정기본법 제10조 제2호

행정기본법 제10조 제2호는 "행정작용은 행정목적을 달성하는 데 필요한 최소한도에 그칠 것"을 규정하고 있다. 일정한 목적을 달성할 수 있는 수단이 여러 가지 있는 경우에 행정기관은 관계자에게 가장 적은 부담을 주는 수단을 선택해야 함을 의미한다. 따라서 그 필요성의 원칙은 최소 침해의 원칙이라고도 일컬어진다.

---

3) 홍정선, 행정기본법 해설, 박영사, 2021, p79-80.

⑶ 상당성의 원칙(협의의 비례의 원칙) – 행정기본법 제10조 제3호

행정기본법 제10조 제3호는 "행정작용으로 인한 국민의 이익 침해가 그 행정작용이 의도하는 공익보다 크지 아니할 것"을 규정하고 있다. 상당성의 원칙이란 행정조치를 취함에 따른 불이익이 그것에 의해 달성되는 이익보다 심히 큰 경우에는 그 행정조치를 취해서는 안 된다는 원칙을 말한다. 상당성의 원칙에 있어서는 필요성의 원칙에 있어서 충분히 고려되지 않은 개인적 이익과의 비교형량이 본질적으로 요구되고 있다. 그런 반면에 일정한 재량처분에 있어서 환경배려조항이 없는 경우에는 환경이익을 고려하여 허가거부처분을 한 사례도 있다. 그러므로 어떠한 행정조치를 해야 할 긴급한 필요성이 인정되는 경우라도 그로 인하여 개인의 권익이 심대하게 침해되는 때에는 비례원칙 위반이 된다.

관련 판례로는, 법규에 명문규정이 없더라도 환경보전을 이유로 산림훼손허가를 거부할 수 있다고 본 판례[4]와 택시운송사업자가 차고지와 운송부대시설을 증설하는 내용의 자동차운송사업계획 변경인가를 신청한 것에 대하여 교통행정 및 주거환경 등의 공익을 이유로 한 거부처분이 비례의 원칙에 반하지 않는다고 한 판례[5]가 있다.

판례

[1] 행정주체가 택지개발 예정지구 지정 처분과 같은 행정계획을 입안·결정하는 데에는 비록 광범위한 계획재량을 갖고 있지만 행정계획에 관련된 자들의 이익을 공익과 사익 사이에서는 물론, 공익 상호 간과 사익 상호 간에도 정당하게 비교·교량하여야 하고 그 비교·교량은 비례의 원칙에 적합하도록 하여야 하는 것이므로, 만약 이익형량을 전혀 하지 아니하였거나 이익형량의 고려대상에 포함시켜야 할 중요한 사항을 누락한 경우 또는 이익형량을 하기는 하였으나 그것이 비례의 원칙에 어긋나게 된 경우에는 그 행정계획은 재량권을 일탈·남용한 위법한 처분이다. 또 여기서 비례의 원칙(과잉금지의 원칙)이란 어떤 행정목적을 달성하기 위한 수단은 그 목적달성에 유효·적절하고 또한 가능한 한 최소 침해를 가져오는 것이어야 하며 아울러 그 수단의 도입으로 인한 침해가 의도하는 공익을 능가하여서는 아니 된다는 헌법상의 원칙을 말한다(대법원 1996.11.29, 선고 96누10096 판결 [택지개발예정지구지정처분취소 등]).

[2] 헌법재판소는 입법자가 임의적(재량적) 규정으로도 법의 목적을 실현할 수 있음에도 여객운송사업자가 지입제 경영을 한 경우 구체적 사안의 개별성과 특수성(해당 사업체의 규모, 지입차량의 비율, 지입의 경위 등)을 전혀 고려하지 않고 그 사업면허를 필요적으로(기속적으로) 취소하도록 한 여객자동차운송사업법 제76조 제1항 단서 중 제8호 부분이 비례의 원칙의 요소인 '피해최소성의 원칙' 및 '법익균형성의 원칙'에 반한다고 결정하였다(헌재 전원재판부 2000.6.1, 99헌가11·12(병합)[여객자동차운수사업법 제1항 단서 중 제8호 부분 위헌제청]).

위 판례는 비례의 원칙 내용 중 적합성의 원칙, 필요성의 원칙, 상당성의 원칙을 종합적으로 반영하고 있다.

4) 대법원 1997.9.12. 선고 97누1228 판결
5) 대법원 2000.5.26. 선고 98누6500 판결

4) 비례원칙의 적용영역

비례원칙은 원래 행정재량권 행사를 한계 짓는 원리로서 발전하였으나 오늘날은 각 개별영역에 구체적으로 나타나 그 적용영역이 행정법 전반에 걸치는 원리로 발전되었다. 특히 재량권 행사의 한계, 경찰권발동의 한계, 급부행정의 한계가 중요하다. 이와 관련된 이론으로는 수익적 행정행위의 취소・철회에 있어서의 이익형량이론, 형량명령이론 등이 있다.

(1) 공용수용과 비례원칙

"공용수용은 공익사업을 위하여 타인의 특정한 재산권을 법률의 힘에 의하여 강제적으로 취득하는 것이므로 수용할 목적물의 범위는 원칙적으로 사업을 위하여 필요한 최소한도에 그쳐야 한다."[6)]

(2) 부관의 한계로서의 비례원칙

부관은 행정행위의 목적상 필요한 최소한에 그쳐야 한다는 내용상의 한계가 있다. 즉 부관은 주된 행정행위의 효과를 제한(또는 보충)하기 위하여 부가되는 종된 규율이므로 주된 행정행위의 목적과 아무 관계가 없는 제한을 가할 수 없는 것이고(필요성), 또한 부관은 주된 행정행위의 본질적 내용을 침해하는 정도의 제한이 되어서는 안 될 것이다(상당성).

판례

피고가 이 사건 사업계획승인처분에 부가한 부담의 실현으로 이룩되는 공익의 내용은 이 사건 아파트 입주자 및 인근 주민들의 통행, 차량진입로의 확보 등이고, 그 상대방이 위 부담을 실현하기 위해 입게 되는 불이익의 내용은 이 사건 사업부지 면적의 무려 3분의 1에 해당하는 토지를 고가로 매수하여야 하는 것인 점, … 원고들이 위 부담을 이행한다 하더라도 나머지 구간이 조속히 이루어지지 않는 한 교통난 해소에 별다른 도움이 되지 않는다고 보여지는 점, 원고들은 이 사건 사업으로 인한 주민들의 통행불편을 해소하기 위해 부가된 이 사건 승인조건 제2항, 제3항에 대해서는 다투지 아니하는 점 등에 비추어 보면, 피고가 이 사건 사업계획승인처분에 부가한 승인조건 제1항의 부담은 그로 인해 달성하려는 공익의 내용이나 정도에 비하여 이를 실현하기 위해 입게 되는 원고들의 불이익의 내용 및 정도가 훨씬 심대하여 그들 사이에 현저하게 형평을 잃어 위 부담의 부가행위는 재량권을 일탈하거나 남용한 위법한 것이다(대법원 1994.1.25. 선고 93누13537 판결).

5) 비례원칙 위반의 효과

비례원칙에 위반한 행정권발동은 적법한계를 일탈한 위법처분이 된다. 비례원칙에 위반되는 행정조치에 대한 소송방식에는 주로 원고적격의 관점에서 문제가 되는데, 침해적 처분에 의한 비례원칙을 위반한 과다한 규제에 대하여는 상대방이 항고소송, 행정상 손해배상소송을 제기할 수 있음이 당연하다. 수익적 처분에 있어서는 과소한 보호・급부나 과다한 부관 등은 항고소송이 가능하다 할 것이다. 이에 대하여 과다한 보호・급부의 경우에는 행정객체로부터의 제소는 기대하기 어렵고 제3자의 원고적격이 문제될 것이다. 이 중 효과적 처분의 경우에는 항고소송이 가능하나 평등원칙 등의 위반이라는 요소가 필요하다.

---

6) 대법원 1997.9.8. 선고 97누395 판결

5. 신뢰보호의 원칙 – 행정기본법 제12조 제1항 명문화

행정기본법 제12조(신뢰보호의 원칙)
① 행정청은 공익 또는 제3자의 이익을 현저히 해칠 우려가 있는 경우를 제외하고는 행정에 대한 국민의 정당하고 합리적인 신뢰를 보호하여야 한다.

1) 의의

행정기본법 제12조 제1항은 "행정청은 공익 또는 제3자의 이익을 현저히 해할 우려가 있는 경우를 제외하고는 행정에 대한 국민의 정당하고 합리적인 신뢰를 보호하여야 한다."고 규정하여 신뢰보호의 원칙을 선언하고 있다. 즉 신뢰보호의 원칙이란 행정기관의 적극적·소극적 언동에 대해 국민이 신뢰를 갖고 행위를 한 경우 그 국민의 신뢰가 보호가치 있는 경우에 그 신뢰를 보호하여 주어야 한다는 원칙을 말한다.

2) 법적 성질

행정기본법상 신뢰보호의 원칙은 성문의 일반법적 법 원칙이다. 국가의 모든 기관과 공무원들은 신뢰보호의 원칙을 준수하여야 한다. 개별법률에 신뢰보호의 원칙에 관한 규정이 없다고 하여도 공무원들은 행정법령을 집행할 때에 일반법인 행정기본법 제12조를 근거로 신뢰보호의 원칙을 적용하여야 한다.

3) 신뢰보호원칙의 적용요건

판례

일반적으로 행정상의 법률관계 있어서 행정청의 행위에 대하여 신뢰보호의 원칙이 적용되기 위하여는, ① 행정청이 개인에 대하여 신뢰의 대상이 되는 공적인 견해표명을 하여야 하고, ② 행정청의 견해표명이 정당하다고 신뢰한 데에 대하여 그 개인에게 귀책사유가 없어야 하며, ③ 그 개인이 그 견해표명을 신뢰하고 이에 어떠한 행위를 하였어야 하고, ④ 행정청이 위 견해표명에 반하는 처분을 함으로써 그 견해표명을 신뢰한 개인의 이익이 침해되는 결과가 초래되어야 하며, 어떠한 행정처분이 이러한 요건을 충족할 때에는, 공익 또는 제3자의 정당한 이익을 현저히 해할 우려가 있는 경우가 아닌 한, 신뢰보호의 원칙에 반하는 행위로서 위법하게 된다(대법원 1998.5.8. 선고 98두4061 판결[폐기물처리업허가신청에 대한 불허가처분취소]).

(1) 행정기관의 선행행위의 존재

① 선행조치에 해당하는 행정작용

신뢰보호원칙이 성립하기 위해서는 개인의 신뢰보호의 대상이 되는 행정기관의 선행조치가 있어야 한다. 그 선행조치에는 법령의 개정, 수익적 처분, 계획(계획 변경), 확언(내인가, 내허가), 행정지도를 비롯한 국가의 모든 행정작용이 이에 해당하며, 반드시 명시적·적극적 언동에 국한하지 않는다. 즉, 묵시적 견해표명으로도 가능하다.

판례

일반적으로 조세 법률관계에서 과세관청의 행위에 대하여 신의성실의 원칙이 적용되기 위하여는 과세관청이 납세자에게 신뢰의 대상이 되는 공적인 견해표명을 하여야 하고, 또한 국세기본법 제18조 제3항에서 말하는 비과세관행이 성립하려면 상당한 기간에 걸쳐 과세를 하지 아니한 객관적 사실이 존재할 뿐만 아니라 과세관청 자신이 그 사항에 관하여 과세할 수 있음을 알면서도 어떤 특별한 사정 때문에 과세하지 않는다는 의사가 있어야 하며 위와 같은 공적 견해나 의사는 명시적 또는 묵시적으로 표시되어야 하지만, 묵시적 표시가 있다고 하기 위하여는 단순한 과세 누락과는 달리 과세관청이 상당기간 불과세 상태에 대하여 과세하지 않겠다는 의사표시를 한 것으로 볼 수 있는 사정이 있어야 하고, 이 경우 특히 과세관청의 의사표시가 일반론적인 견해표명에 불과한 경우에는 위 원칙의 적용을 부정하여야 한다(대법원 2001.4.24. 선고 2000두5203 판결).

② 권한 있는 기관의 공적 견해표명

대법원은 이에 대해, "행정청의 공적 견해표명이 있었는지의 여부를 판단하는 데 있어 반드시 행정조직상의 형식적인 권한분장에 구애될 것이 아니고 담당자의 조직상의 지위와 임무, 해당 언동을 하게 된 구체적인 경위 및 그에 대한 상대방의 신뢰가능성에 비추어 실질에 의하여 판단하여야 한다."7)라고 한다.

즉 공적 견해의 표명의 여부는, 이를 할 수 있는 정당한 권한을 가진 기관이 아니라 할지라도 처분의 상대방이 신뢰할 가능성이 있었는지를 기준으로 판단하고, 이러한 신뢰가능성을 판단함에 있어서는 처분상대방의 주관적인 기준이 아니라 해당 언동을 하게 된 구체적인 경위 및 담당공무원의 조직상의 지위와 임무 등을 고려하여 객관적으로 판단하여야 한다는 취지로 생각된다.

(2) 보호가치 있는 신뢰

이때의 보호가치 유무의 판단은 신뢰를 얻기까지의 과정에서 당사자가 귀책사유 있는 행위를 하였는가에 의해 결정된다. 예컨대, 당사자가 사기・강박・뇌물제공・신청서의 허위기재 등에 의해 선행조치를 받은 경우에는 이 요건을 충족하지 못한다.

판례

[1] 귀책사유라 함은 행정청의 견해표명의 하자가 상대방 등 관계자의 사실은폐나 기타 사위의 방법에 의한 신청행위 등 부정행위에 기인한 것이거나 그러한 부정행위가 없다고 하더라도 하자가 있음을 알았거나 중대한 과실로 알지 못한 경우 등을 의미한다고 해석함이 상당하고, 귀책사유의 유무는 상대방과 그로부터 신청행위를 위임받은 수임인 등 관계자 모두를 기준으로 판단하여야 한다(대법원 2002.11.8. 선고 2001두1512 판결).

[2] 교통사고가 일어난 지 1년 10개월이 지난 뒤 그 교통사고를 일으킨 택시에 대하여 운송사업면허를 취소하였더라도 처분관할관청이 위반행위를 적발한 날로부터 10일 이내에 처분을 하여야 한다는

7) 대법원 1997.9.12. 선고 96누18380 판결

> 교통부령인 '자동차운수사업법 제31조 등의 규정에 의한 사업면허의 취소 등의 처분에 관한 규칙' 제4조 제2항 본문을 강행규정으로 볼 수 없을 뿐만 아니라 택시운송사업자로서는 자동차운수사업법의 내용을 잘 알고 있어 교통사고를 낸 택시에 대하여 운송사업면허가 취소될 가능성을 예상할 수도 있었을 터이니, 자신이 별다른 행정조치가 없을 것으로 믿고 있었다 하여 바로 신뢰의 이익을 주장할 수는 없다(대법원 1989.6.27. 선고 88누6283 판결).

(3) **신뢰에 기초한 상대방의 행위 및 이에 대한 처리보호**

당사자가 행정기관의 선행조치를 믿고 어떠한 행위를 하여야 한다. 신뢰보호는 그 자체가 목적이 아니라 처리보호를 위한 것이므로 당사자가 행정행위의 적법성 또는 존속성을 신뢰하여 행한 어떤 처리(행정작용을 신뢰하여 개인의 대응책, 즉 흠이 있는 건축허가를 믿고 건축에 착수한 경우와 같이 신뢰에 입각한 관계자의 처리 등의 존재)를 보호하는 것이 목적이기 때문이다.

(4) **선행조치에 반하는 행정작용**

행정청이 종래에 행한 선행조치에 반하는 행정작용을 함으로써 그 선행조치의 존속에 대한 신뢰를 바탕으로 일정한 처리를 행한 관계자의 이익을 침해하여야 한다.

판례

> 조세 법률관계에 있어서 과세관청의 행위에 대하여 신뢰보호의 원칙이 적용되기 위한 요건으로는, 첫째 과세관청이 납세자에게 신뢰의 대상이 되는 공적인 견해 표명을 하여야 하고, 둘째 과세관청의 견해 표명이 정당하다고 신뢰한 데 대하여 납세자에게 귀책사유가 없어야 하며, 셋째 납세자가 그 견해표명을 신뢰하고 이에 따라 무엇인가 행위를 하여야 하고, 넷째 과세관청이 위 견해표명에 반하는 처분을 함으로써 납세자의 이익이 침해되는 결과가 초래되어야 한다(대법원 2006.5.26. 선고 2003다18401 판결).

(5) **인과관계**

신뢰보호는 행정청의 선행조치에 반하는 행정청의 처분이 있거나, 행정청이 선행조치에 의하여 약속한 행위를 하지 않음으로써 선행행위를 신뢰한 당사자의 권익이 침해된 경우에 인정된다.

4) 신뢰보호원칙의 한계

(1) **행정의 법률적합성의 원칙과의 관계**

행정에 있어서 가장 기본적인 원칙은 법치행정의 원칙이다. 그런데 신뢰보호의 원칙을 적용하는 결과로 위법한 행정작용의 효력을 시인하는 경우가 발생하는 때에는 어떻게 할 것인가 하는 문제가 생긴다. 이에 대하여는 ① 위법한 행정작용의 효력을 시인하게 되는 경우에는 절대로 신뢰보호의 원칙은 적용될 수 없다고 하는 법률적합성우위설, ② 법률적합성과 법적 안정성은 행정국가에 있어 동등한 법원칙으로서 양자를 동위로 해석하는 법률적합성・법적안정성 동위설의 대립이 존재한다. 동위설에 의하면 합법성의 원칙과 법적 안정성이 충돌하는 경우에는 합법성의 원칙에 따른 처분을 통하여 달성하려는 공익과 행정작용의 존속에 대한 상대방의 신뢰가 침해됨으로써 발생되는 불이익을 이익형량하여 결정하여야 한다고 한다. 동위설에 의한 이익교량설이 학설・판례의 지배적 견해이다.

판례

[1] 이 사건 토석채취허가가 법적으로 가능할 것이라는 취지의 피고의 언동을 신뢰하고 이 사건 토석채취허가신청 및 그 준비에 적지 않은 비용과 노력을 투자하였다가 이 사건 불허가처분으로 인하여 상당한 불이익을 입게 되었다고 할 것이다. 그러나 근래 날로 심해지고 있는 각종 환경오염과 자연파괴로 인한 국민건강 및 환경상의 위해를 예방하여 모든 국민이 건강하고 보다 쾌적한 환경에서 생활할 수 있게 하는 것은 국가나 지방자치단체의 의무인 동시에 모든 국민의 당연한 권리이자 의무이며, 또한 한번 파괴된 환경은 그 회복에 막대한 시간과 비용이 소요되는 점을 감안하여 보면, 이 사건 불허가처분에 의하여 피고가 달성하려는 주변의 환경・풍치・미관 등의 보존・유지라는 공익은 이 사건 불허가처분으로 인하여 원고가 입게 되는 불이익을 정당화할 만큼 강한 경우에 해당한다고 보아야 할 것이고, 따라서 피고의 이 사건 불허가처분이 재량권을 남용하였다거나 신뢰보호의 원칙에 반하여 위법하다고는 할 수 없다고 할 것이다(대법원 1998.11.13. 선고 98두7343 판결).

[2] 건축주가 건축허가 내용대로 공사를 상당한 정도로 진행하였는데, 나중에 건축법이나 도시계획법에 위반되는 하자가 발견되었다는 이유로 그 일부분의 철거를 명할 수 있기 위하여는 그 건축허가를 기초로 하여 형성된 사실관계 및 법률관계를 고려하여 건축주가 입게 될 불이익과 건축행정이나 도시계획행정상의 공익, 제3자의 이익, 건축법이나 도시계획법 위반의 정도를 비교・교량하여 건축주의 이익을 희생시켜도 부득이하다고 인정되는 경우라야 한다(대법원 2002.11.8. 선고 2001두1512 판결).

(2) 사정변경

신뢰보호원칙이 사정변경의 경우에도 적용되는가의 문제가 있다. 생각건대, 신뢰보호의 원칙은 상황의 변화에도 관계없이 적용되어야 하는 원칙일 수는 없으므로, 많은 경우 사인의 신뢰형성에 기초가 된 사실관계가 추후에 변화되고 관계 당사자가 그 변화를 알게 되었다면, 그 후로는 관련 사인도 변화 전의 상태를 이유로 신뢰보호를 주장할 수 없을 것이다.

판례

행정청이 상대방에게 장차 어떤 처분을 하겠다고 확약 또는 공적인 의사표명을 하였다고 하더라도, 그 자체에서 상대방으로 하여금 언제까지 처분의 발령을 신청을 하도록 유효기간을 두는데도 그 기간 내에 상대방의 신청이 없었다거나 확약 또는 공적인 의사표명이 있은 후에 사실적・법률적 상태가 변경되었다면, 그와 같은 확약 또는 공적인 의사표명은 행정청의 별다른 의사표시를 기다리지 않고 실효된다(대법원 1996.8.20. 선고 95누10877 판결).

(3) 제3자 보호

신뢰보호의 원칙은 복효적 행정행위의 경우와 같이 행정청과 상대방이 아닌 제3자의 이익과 관련하여, 제3자의 정당한 이익을 희생시키면서까지 적용될 수는 없다(행정절차법 제4조 제2항).

5) 신뢰보호원칙과 행정구제

신뢰보호의 대상이 재산권인 경우, 신뢰보호의 원칙에 따라 보호되는 것이 존속보호인가, 보상보호인가가 문제된다. 재산권의 보장이 원칙적으로 존속보장인 점을 고려할 때 존속보호가 원칙적이고, 그것이 불가한 경우에 보상보호가 주어져야 한다.

(1) 존속보호(항고쟁송)

신뢰보호의 대상이 재산권인 경우, 신뢰보호원칙에 따라 보호되는 것은 원칙적으로 존속보장이다. 존속보장은 개인의 보호가치 있는 신뢰이익이 선행조치의 폐지 등 후행처분으로 달성되는 공공의 이익보다 비중이 더 큰 경우에 선행조치에 반하는 후행 처분에 대한 항고쟁송을 통하여 보호받을 수 있다.

(2) 보상보호(손해전보)

신뢰보호원칙의 적용과 관련해서 행정청의 선행조치에 반하는 후행 처분으로 인해 개인의 이익이 침해된 경우, 그것이 존속보장을 통해 보호될 수 없다면 침해된 개인의 권익에 대한 손실보상이 인정되어야 한다.

6) 신뢰보호원칙의 적용영역

신뢰보호원칙이 적용되는 경우로는 법령의 변경, 행정계획의 변경, 확약, 수익적 행정행위의 취소·철회제한, 실권의 법리, 조세행정, 불법에 있어서 평등대우, 공법상 계약 등을 들 수 있다.

6. 실권의 원칙 – 행정기본법 제12조 제2항 명문화[8)]

행정기본법 제12조 제2항(실권의 원칙)

② 행정청은 권한 행사의 기회가 있음에도 불구하고 장기간 권한을 행사하지 아니하여 국민이 그 권한이 행사되지 아니할 것으로 믿을 만한 정당한 사유가 있는 경우에는 그 권한을 행사해서는 아니 된다. 다만, 공익 또는 제3자의 이익을 현저히 해칠 우려가 있는 경우는 예외로 한다.

1) 의의

행정기본법 제12조 제2항은 "행정청은 권한 행사의 기회가 있음에도 불구하고 장기간 권한을 행사하지 아니하여 국민이 그 권한이 행사되지 아니할 것으로 믿을 만한 정당한 사유가 있는 경우에는 그 권한을 행사하여서는 아니 된다. 다만 공익 또는 제3자의 이익을 현저히 해칠 우려가 있는 경우에는 예외로 한다."고 규정하여 실권의 원칙을 선언하고 있다.

---

8) 홍정선, 행정기본법 해설, 박영사, 2021, p.10-102.

2) 법적 성질

실권의 원칙은 신뢰보호의 원칙의 파생원칙이라 할 수 있으나, 행정기본법 제12조 제1항의 신뢰보호의 원칙과 제2항의 실권의 법리는 적용 요건에 차이가 있다.

3) 적용 요건

① 권한행사의 기회가 있을 것(행정청이 권리행사의 가능성을 알았을 것)

행정청의 권한 행사의 기회가 있어야 한다. 기회가 있었는지 여부는 담당공무원의 주관적인 판단이 아니라 객관적으로 판단되어야 한다. 즉 행정청이 권리 행사의 가능성을 알고 있어야 한다.

② 장기간 권한의 불행사가 있을 것

행정청이 장기간 권한을 행사하지 아니하여야 한다. 장기간의 의미를 정확히 정할 수는 없지만 권한을 행사함에 충분한 기간이 경과하였다면, 장기간 권한을 행사하지 아니한 것으로 볼 수 있을 것이다.

③ 권한의 불행사에 대한 국민의 신뢰가 있을 것

국민이 행정청이 그 권한을 행사하지 아니할 것으로 믿을 만한 정당한 사유가 있어야 한다. 권한을 행사하지 아니할 것으로 믿을 만한 정당한 사유는 행정청이 그러한 사정을 제공한 것으로 볼 수 있는 경우에 인정하기가 용이할 것이다. 실권의 원칙은 행정청에 대한 신뢰의 보호를 위한 원칙이기 때문이다.

④ 공익 등을 해칠 우려가 없을 것

공익 또는 제3자의 이익을 현저히 해칠 우려가 없어야 한다. 공익 또는 제3자의 이익을 침해할 우려가 없거나, 있다고 하여도 현저히 해칠 우려가 있는 경우가 아니라면 상권의 원칙은 적용될 수 있다.

4) 효과 및 위반

실권의 원칙의 적용요건이 구비되면, 행정청은 그 권한을 행사할 수 없다. 행사할 수 없는 권한에는 취소권, 정지권, 철회권이 포함된다. 실권의 원칙에 위반하는 행정작용은 위법한 것이 되며 실권의 원칙에 반하는 행정작용은 경우에 따라 무효 또는 취소의 대상이 된다.

판례

일반적으로 권리의 행사는 신의에 좇아 성실히 하여야 하고 권리는 남용하지 못하는 것이므로 권리자가 실제로 권리를 행사할 수 있는 기회가 있었음에도 불구하고 상당한 기간이 경과하도록 권리를 행사하지 아니하여 의무자인 상대방으로서도 이제는 권리자가 권리를 행사하지 아니할 것으로 신뢰할 만한 정당한 기대를 가지게 된 다음에 새삼스럽게 그 권리를 행사하는 것이 법질서 전체를 지배하는 신의성실의 원칙에 위반하는 것으로 인정되는 결과가 될 때에는 이른바 실효의 원칙에 따라 그 권리의 행사가 허용되지 않는다고 보아야 할 것이고, 또한 실효의 원칙이 적용되기 위하여 필요한 요건으로서의 실효기간(권리를 행사하지 아니한 기간)의 길이와 의무자인 상대방이 권리가 행사되지 아니하리라고 신뢰할 만한 정당한 사유가 있었는지의 여부는 일률적으로 판단할 수 있는 것이 아니라 구체적인 경우마다 권리를 행사하지 아니한 기간의 장단과 함께 권리자측과 상대방측 쌍방의 사정 및 객관적으로 존재한 사정 등을 모두 고려하여 사회통념에 따라 합리적으로 판단하여야 할 것이다(대법원 2005.10.28. 선고 2005다45827 판결).

7. 부당결부금지의 원칙

행정기본법 제13조(부당결부금지의 원칙)
행정청은 행정작용을 할 때 상대방에게 해당 행정작용과 실질적인 관련이 없는 의무를 부과해서는 아니 된다.

1) 의의

행정기본법 제13조는 "행정청은 행정작용을 할 때 상대방에게 해당 행정작용과 실질적인 관련이 없는 의무를 부과해서는 아니 된다."는 부당결부금지의 원칙을 규정하고 있다. 부당결부금지의 원칙은, 행정작용을 함에 있어서 이와 실질적인 관련이 없는 상대방의 반대급부를 조건으로 하여서는 안 된다는 원칙을 말한다. 부당결부금지의 원칙은 현실적으로는 부관에 의해 행정행위에 반대급부를 결부시키는 경우와 행정상 새로운 의무이행확보수단과 관련하여 주로 논의되고 있다.

판례

부당결부금지의 원칙이란 행정주체가 행정작용을 함에 있어서 상대방에게 이와 실질적인 관련이 없는 의무를 부과하거나 그 이행을 강제하여서는 아니 된다는 원칙을 말한다(대법원 2009.2.12. 선고 2005다65500 판결).

2) 근거

이론적 근거로서 법치행정의 원칙, 행정의 예측가능성 확보, 법적 안정성, 인권의 존중 등을 들 수 있고, 실정법적 근거로는 헌법 제37조 제2항을 들 수 있다.

근거와 관련하여 부당결부금지원칙이 헌법적 효력을 지니는지, 아니면 법률적 효력을 가지는지가 문제된다. 통설은 헌법적 효력을 가진 원칙이라고 하나, 소수설은 법률적 효력만을 가진 원칙이라고 주장한다.[9)]

한편, 부당결부금지의 원칙을 비례의 원칙의 적용으로도 파악이 가능하다는 견해도 있으나, 비례의 원칙은 '이익 및 가치의 형량'을 내용으로 하는 것으로서, 행정법의 일반원칙 중 가장 마지막으로 원용되어야 할 논증 수단이다. 이보다 앞서, 제재처분의 대상이 위반행위와는 실질적 관련성이 없다는 점을 강조하는 것이 보다 실증적인 논증수단이 된다는 의미에서 부당결부금지의 적용으로 파악하는 것이 타당할 것이다. 물론 부당결부금지가 그 발전과정상 원래 공법상 계약 또는 부관의 한계에 관한 법명제로 출발한 것이지만, 이제 '모든 행정작용에 있어 그와 실질적 관련성이 없는 사항에 관해 국민의

9) 박균성, 행정법론(상) 제9판 66면.

권리 • 이익을 침해해서는 아니 된다.'는 것으로 그 규범 내용이 일반화됨으로써 행정법의 일반원칙의 하나를 이루고 있기 때문에, 제재처분에 관한 비례원칙에 앞서 적용되는 대상적 한계로 원용되는 데 아무런 지장이 없는 것이다.

3) 요건

부당결부금지의 원칙이 성립하기 위해서는 ① 행정기관의 권한행사가 있어야 하며, ② 행정청의 권한행사와 상대방의 반대급부와 결부 또는 의존되어 있어야 한다. 예컨대, 조건부 특허의 경우 조건의 성취와 특허가 결부되어 있다는 점 등이다. 마지막으로 ③ 공권력의 행사와 반대급부 사이에 실체적 관련성이 없어야 하는데 여기서 실체적 관련성의 의미에 대해서는 다음 두 가지가 검토되고 있다.
첫째, 원인적 관련성이란 수익적 내용인 주된 행정행위와 불이익한 의무를 부과하는 부관 사이에 직접적인 인과관계가 있을 것을 요하는 것이다. 이에 따르면 양자의 관계는 수익적 내용의 행정행위를 발령하기 때문에 이와 관련하여 상대방에게 개별적 부관을 부과하는 것이 가능하게 되는 관계가 될 뿐 아니라, 수익적 행정행위를 발령하기 때문에 특정 부관의 부과가 필요하게 되는 관계일 것을 요하게 된다. 이는 행정기관이 수익적 행정행위를 발령할 수 있는 권한을 이용하여, 상대방이 다른 이유에서 부담하고 있는 특정의무이행을 부담을 통하여 강제하려는 것을 방지하는 기능을 수행하고 있다. 예컨대 건축허가를 발령하면서 상대방이 체납한 공과금의 납부 등과 연계시키는 것은 허용되지 않는다.
둘째, 목적적 관련성이란 행정기관은 부관을 부과함에 있어서 근거법률 및 해당 행정분야의 과업내용에 따라 허용되어지는 특정 목적만을 수행하여야 한다는 것을 의미한다. 이때, 부관부 행정행위를 발령하려는 행정기관은 수익적 행정작용의 발령권한뿐 아니라, 이외에도 특정의무를 내용으로 하는 부관의 발령을 위한 권한도 동시에 갖추고 있어야 한다. 예컨대 식품위생법상 유흥주점허가를 발령하면서 식품위생법의 목적과 무관한 주차장확보부담을 부가하면 위법하게 된다.

4) 적용영역

부당결부금지의 원칙이 적용되는 경우로는 행정계약의 영역, 부관의 영역, 새로운 의무이행확보수단 영역 등을 들 수 있다.

5) 위반의 효과

부당결부금지의 원칙에 반한 행정처분은 위법하게 되어 취소판결을 받게 된다.
이미 검토한 국세징수법 제7조가 부당결부금지의 원칙에 반하여 위헌결정을 받게 되면, 이에 근거한 허가취소처분도 위법하게 되고, 중대명백설에 비추어 하자는 중대하나 헌법재판소의 위헌결정 이전에는 명백하지 않으므로 취소사유에 해당하게 된다. 따라서 상대방은 취소소송으로 다툴 수 있게 된다.
판례는 지방자치단체장이 사업자에게 주택사업계획승인을 하면서 그 주택사업과는 아무런 관련이 없는 토지를 기부 채납하도록 하는 부관을 붙인 경우, 그 부관은 부당결부금지의 원칙에 위반되어 위법하지만, 하자가 중대하고 명백하여 당연무효라고는 볼 수 없다고 한다.[10]

10) 대법원 1997.3.11. 선고 96다49650 판결

8. 성실의무의 원칙 – 행정기본법 제11조 제1항 명문화[11)]

행정기본법 제11조(성실의무 및 권한남용금지의 원칙)
① 행정청은 법령 등에 따른 의무를 성실히 수행하여야 한다.

1) 의의

행정기본법 제11조 제1항은 "행정청은 법령 등에 따른 의무를 성실히 수행하여야 한다."라고 규정하여 성실의무원칙을 선언하고 있다. 행정청은 국민을 위해 존재하고, 행정청의 인적구성요소인 공무원은 국민에 대한 봉사자인 까닭에 행정청은 자신의 직무상 양심과 인격을 바탕으로 성의를 다하여 행정사무를 수행하여야 하는바, 여기에 성실의무의 원칙이 인정되는 이유가 있다.

2) 적용범위 및 위반

행정기본법 제11조 제1항의 성실의무는 모든 행정에 적용된다. 침익적 행정과 수익적 행정, 질서행정과 급부행정, 침해행정과 급부행정 등 모든 행정에 적용된다.

성실의무의 원칙에 반하는 명령・처분 등은 위법을 면할 수 없다. 성실의무에 반하는 처분의 당사자는 행정기본법 제36조(처분에 대한 이의신청)가 정하는 바에 따라 이의신청을 할 수 있다. 뿐만 아니라 행정기본법 제37조가 정하는 바에 따라 처분의 재심사를 신청할 수 있다. 또한 성실의무의 원칙을 위반한 처분은 행정쟁송의 대상이 되며, 경우에 따라서는 국가나 지방자치단체의 손해배상책임을 발생시킬 수 있다.

9. 권한남용금지의 원칙 – 행정기본법 제11조 제2항 명문화

행정기본법 제11조(성실의무 및 권한남용금지의 원칙)
② 행정청은 행정권한을 남용하거나 그 권한의 범위를 넘어서는 아니 된다.

1) 의의

행정기본법 제11조 제2항은 "행정청은 행정권한을 남용하거나 그 권한의 범위를 넘어서는 아니 된다."라고 규정하여 권한남용금지의 원칙을 선언하고 있다. 즉 행정청은 자신에게 부여된 권한을 그 권한이 부여된 목적에 어긋나게 행사하여서도 아니 되고, 주어진 권한을 넘어서서 행사하여서도 아니 된다는 원칙이다. 권한 남용금지의 원칙이 필요한 이유는 기본적으로 행정조직법정주의로부터 나온다.[12)]

11) 홍정선, 행정기본법 해설, 박영사, 2021, p.10-102.
12) 홍정선, 행정기본법 해설, 박영사, 2021, p.88-93

2) 행정권한남용의 원칙 내용

행정권한의 남용·일탈의 의미를 정의하는 규정은 없다. 그것은 법해석의 문제로 재량권 행사와 관련하여 정리되고, 남용·일탈의 의미를 활용할 수 있다. 재량권의 행사 역시 행정권의 행사이기 때문이다. ① 행정권한 남용의 금지, ② 행정권한 일탈의 금지, ③ 행정권한 불행사의 금지 등으로 구분해 볼 수 있다.

3) 적용범위 및 위반

행정기본법 제11조 제2항의 권한남용금지의 원칙은 모든 행정에 적용된다. 침익적 행정과 수익적 행정, 질서행정과 급부행정, 침해행정과 급부행정 등 모든 행정에 적용된다.

권한남용금지의 원칙에 반하는 행정작용은 위법한 행정작용이 된다. 권한남용의 원칙에 반하는 행정작용으로 손해를 입은 자는 국가배상법이 정하는 바에 따라 국가나 지방자치단체를 상대로 손해배상을 청구할 수 있다.

05 절 행정법의 효력

행정기본법 제14조(법 적용의 기준)

① 새로운 법령 등은 법령 등에 특별한 규정이 있는 경우를 제외하고는 그 법령 등의 효력 발생 전에 완성되거나 종결된 사실관계 또는 법률관계에 대해서는 적용되지 아니한다.
② 당사자의 신청에 따른 처분은 법령 등에 특별한 규정이 있거나 처분 당시의 법령 등을 적용하기 곤란한 특별한 사정이 있는 경우를 제외하고는 처분 당시의 법령 등에 따른다.
③ 법령 등을 위반한 행위의 성립과 이에 대한 제재처분은 법령 등에 특별한 규정이 있는 경우를 제외하고는 법령 등을 위반한 행위 당시의 법령 등에 따른다. 다만, 법령 등을 위반한 행위 후 법령 등의 변경에 의하여 그 행위가 법령 등을 위반한 행위에 해당하지 아니하거나 제재처분 기준이 가벼워진 경우로서 해당 법령 등에 특별한 규정이 없는 경우에는 변경된 법령 등을 적용한다.

행정법의 효력의 문제는 행정법 관련 법령이 어느 범위에서 관계자를 구속하는가 하는 것을 말한다. 이것은 시간적 효력·지역적 효력·대인적 효력의 관점으로 살펴볼 수 있다.

1. 시간적 효력

1) 효력발생 시기

행정법령은 시행일로부터 그 효력을 발생한다. 법령을 제정·개정할 때 시행일을 규정함이 일반적이나, 시행일을 규정하지 않은 경우에는 공포한 날로부터 20일이 경과함으로써 효력이 발생한다(법령 등 공포에 관한 법률 제13조).

공포란 확정된 법령의 시행을 국민・주민에게 알리는 것을 말한다. 법령 등의 공포일은 그 법령 등을 게재한 관보 또는 신문이 발행된 날로 한다(공포법 제12조). 발행된 날의 의미에 대해서는 관보일자시설・인쇄완료시설・발송절차완료시설・최초구독가능시설・지방분포시설이 있다. 최초구독가능시설(관보가 실제 인쇄되어 관보보급소에 발송 배포되어 이를 일반인이 열람 또는 구독할 수 있는 상태에 놓이게 된 최초의 시기를 공포시점으로 보는 견해)이 통설・판례[13]이다.

2) 불소급의 원칙 – 행정기본법 제14조 제1항 명문화

행정기본법 제14조 제1항은 "새로운 법령 등은 특별한 규정이 있는 경우를 제외하고는 그 법령 등의 효력발생 전에 완성되거나 종결된 사실관계 또는 법률관계에 대해서는 적용되지 아니한다."고 규정하여 불소급의 원칙을 선언하고 있다. 불소급의 원칙은 법치국가의 본질인 법적안정성 견지에서 개인의 보호를 위한 것이다.

행정법령의 불소급의 원칙으로는 소급적용금지의 원칙과 소급입법금지의 원칙을 들 수 있다.

(1) 소급적용금지의 원칙

소급적용금지의 원칙이란 법령은 그 효력이 생긴 때부터 그 후에 발생한 사실에 대해서만 적용된다는 원칙을 말한다. 소급적용금지의 원칙은 법치국가의 원칙인 법적 안정성에 근거한 법의 일반원칙이다. 다만 이 원칙은 진정소급적용에만 적용되고, 부진정소급적용에는 적용되지 않는다. 여기서 진정소급적용이란 이미 종결된 사실관계 또는 법률관계에 적용하는 것을 말하고 부진정소급적용이란 어떠한 사실관계나 법률관계가 종료되지 않고 계속되는 상태에서 제정 또는 개정된 법령을 적용하는 것을 말한다. 행정기본법 제14조 제1항은 "새로운 법령 등은 ~ 그 법령 등의 효력발생 전에 완성되거나 종결된 사실관계 또는 법률관계에 대해서는 적용되지 아니한다."고 하여 새로운 법령 등의 진정소급적용을 배제하고 있다.

(2) 소급입법금지의 원칙

소급입법금지의 원칙이란 법령을 이미 종결된 사실관계 또는 법률관계에 적용하는 것으로 입법하는 것은 금지된다는 원칙이다. 이 원칙은 개인의 신뢰보호와 법적 안정성을 내용으로 하는 헌법적 효력을 가지는 입법원칙이다.

판례

부진정소급입법은 원칙적으로 허용되지만 소급효를 요구하는 공익상의 사유와 신뢰보호의 요청 사이의 교량과정에서 신뢰보호의 관점이 입법자의 형성권에 제한을 가하게 되는 데 반하여, 기존의 법에 의하여 형성되어 이미 굳어진 개인의 법적 지위를 사후입법을 통하여 박탈하는 것 등을 내용으로 하는 진정소급입법은 개인의 신뢰보호와 법적 안정성을 내용으로 하는 법치국가원리에 의하여 특단의 사정이 없는 한 헌법적으로 허용되지 아니하는 것이 원칙이고, 다만 일반적으로 국민이 소급입법을 예상할 수 있었거나 법적 상태가 불확실하고 혼란스러워 보호할 만한 신뢰이익이 적은 경우와 소급입법에 의한 당사자의 손실이 없거나

13) 대법원 1969.11.25. 선고 69누129 판결

> 아주 경미한 경우 그리고 신뢰보호의 요청에 우선하는 심히 중대한 공익상의 사유가 소급입법을 정당화하는 경우 등에는 예외적으로 진정소급입법이 허용된다(헌재결정 1999.7.22. 선고 97헌바76 전원재판부).

3) 효력의 소멸

일반적으로 행정법령은 해당 법령 또는 상위의 법령에 의해 명시적으로 개폐된 경우, 해당 법령과 저촉되는 동위 또는 상위의 법령이 새로이 제정된 경우에 그 효력을 상실한다. 다만 한시법의 경우 명문으로 정해진 유효기간이 경과하면 당연히 효력이 소멸된다. 한시법의 유효기간 내의 위반행위에 대하여 한시법이 소멸된 후에도 동 한시법을 적용하여 처벌하거나 제재를 가할 수 있는지 여부가 문제된다. 긍정하는 것이 판례의 태도인바, 법령에 명시적 규정을 두는 것이 보통이다.

2. 지역적 효력

행정법령의 효력은 해당 법령을 제정한 기관의 권한이 미치는 지역에만 효력을 가지는 것이 원칙이다. 국가의 법령은 대한민국의 영토 전역에 걸쳐 효력을 가지고, 지방자치단체의 조례·규칙은 지방자치단체의 관할구역에서 효력을 가진다. 다만 국제법상 치외법권이 인정되는 시설(대사관, 영사관)에는 미치지 않는다. 국가의 법령이 국내의 일부 지역에만 적용되는 경우도 존재한다(제주특별자치도 설치 및 국제자유도시조성을 위한 특별조치법).

3. 인적 효력범위

속지주의 원칙상 행정법령은 해당 지역 내의 모든 사람에 적용된다. 여기에는 자연인·법인, 내외국인을 불문한다. 다만 치외법권을 가지는 자(외국의 국가원수, 외교관)는 국내법령의 적용을 받지 아니한다. 국내에 주둔하는 외국군대의 구성원은 협정에 따라 국내법령의 적용이 배제되는 경우도 있다(미합중국군대 구성원에 대한 한미행정협정). 일반 외국인에 대하여 경우에 따라 상호주의와 같은 특별한 규율이 가해지는 경우가 있다(국가배상법 제7조, 외국인 토지법 제3조). 외국에 거주하는 내국인에게도 국내법의 효력이 미친다.

06 절 행정법규정의 흠결과 보충

1. 문제점

행정법의 규율대상은 매우 다양하고 복잡하여 이를 규율하는 개별법규정이 없는 경우가 적지 않다. 또한, 행정법에 있어서는 행정법총칙이 존재하지 않는다. 그리하여 행정법관계에서는 적용할 행정법규정이 없는 경우가 적지 않다(법의 흠결). 그런데 적용할 법 규정이 없다는 이유로 재판을 거부할 수는 없다. 법의 흠결이 있는 경우 해석을 통하여 법을 보충하여야 한다.

2. 행정법규정의 유추적용

성문의 행정법규정에 흠결이 있는 경우에는 우선 유사한 행정법규정(공법규정)을 유추적용하여야 한다. 유추적용이라 함은 적용할 법령이 없는 경우에 유사한 법령규정을 적용하는 것을 말한다. 어느 법령규정의 입법취지를 고려하여 적용할 법령이 없는 다른 사항에 대해 동일한 결과를 인정하는 해석으로 물론해석이 있는데 이는 유추해석의 일종이다.

3. 다른 법령 및 법의 일반원칙의 적용

유추적용할 행정법규정이 없는 경우에는 헌법규정 및 법의 일반원칙을 적용할 수 있다. 행정법관계를 규율할 어떠한 공법도 존재하지 않는 경우에는 사법규정을 적용 또는 유추적용할 수 있다.

4. 조리의 적용

조리는 최종적인 법원으로서, 행정법관계에 적용할 어떠한 공법이나 사법도 없는 경우 이것을 적용한다. 법원은 적용할 법이 없다는 이유로 재판을 거부할 수 없고, 이 경우에는 조리에 따라 재판하여야 한다.

Chapter

02 행정상 법률관계

01 절 개설

1. 의의

행정상의 법률관계란 행정에 관한 법률관계로서 행정법상의 권리와 의무를 그 내용으로 하고 있다. 행정상 법률관계는 통상적인 의미에서는 국가 및 공공단체 등의 행정주체와 상대방인 국민 간의 법률관계, 즉 행정작용법적 관계를 의미한다. 그러나 행정상의 법률관계를 광의로 파악할 때에는 행정작용법관계 외에 행정주체 상호 간의 관계나 행정기관 상호 간의 관계인 행정조직법관계를 포함한다. 또, 행정조직법적 관계는 다시 행정주체 내부에서의 법관계와 행정주체 간의 법관계로 나누어진다. 또한 행정작용법적 관계는 공법관계와 사법관계로 나눌 수 있다.

2. 행정조직법적 관계

1) 행정주체 내부관계

상급청과 하급청의 지휘 감독의 관계, 권한위임의 관계 등이 이에 해당하며, 지방의회와 지방자치단체 집행기관 간의 관계도 이에 해당한다. 행정기관 간의 관계는 행정주체 상호 간의 관계와 같은 권리·의무의 관계가 아니고 다만 직무나 권한의 행사관계일 뿐이다. 이러한 기관 상호 간의 권한에 대한 다툼이 있는 경우라 하더라도 법률상 쟁송이 아니므로 법률에 특별한 규정이 있는 경우에만 제기 가능하다(기관소송 : 지방자치법 제107조 제3항, 제172조 제3항). 한편 지방자치법 제169조 제2항 및 제170조 제3항상의 집행명령 및 이행명령에 대한 지방자치단체장의 소송은 기관소송으로 볼 것인지 다툼이 있으나, 행정주체 간의 다툼으로 보아 항고소송으로 보아야 할 것이다.

2) 행정주체 간의 관계

행정주체 상호 간의 관계는 국가와 공공단체, 특히 지방자치단체와의 관계, 또는 공공단체 상호 간의 관계를 의미한다. 이들 관계는 인허가 등의 감독관계, 보조금 교부금 등의 급부관계, 협의 및 사무위탁 등을 내용으로 하는바 이들 관계가 행정조직법관계인지 행정작용법관계인지는 문제가 되고 있다. 그러나 이 관계는 행정주체와 국민과의 관계처럼 순수한 행정작용법관계로만 보기 어렵기 때문에 이에 관한 구체적인 것은 행정조직법의 고찰대상이 되고 있다.

3. 행정작용법 관계

행정주체 또는 그 기관으로서 행정청이 그 임무에 속하는 행정목적을 달성하기 위하여 일반국민을 대상으로 하여 행하는 각종의 행정활동으로 인하여 발생하는 법률관계를 가리킨다. 작용법관계는 행정권과 일반국민과의 관계이기 때문에 권리이익의 보호, 행정권에 의한 공권력발동의 제약, 공정성확보, 공익성의 유지 등 사인 간의 법률관계에는 볼 수 없는 행정법 독자의 제도나 이론이 존재하고 행정법체계 전체 가운데 행정작용은 사회・경제・문화의 다방면에 걸쳐서 행해지고 그 활동양식도 다양하기 때문에 여러 가지 법률관계가 존재하는바, 이는 다시 권력관계, 관리관계, 행정상의 사법관계로 나눌 수 있다.

1) 공법관계

(1) 권력관계

권력관계란 국가 기타의 행정주체가 공권력의 주체로서 행하는 행정상 법률관계를 말한다. 따라서 권력관계는 행정주체가 공권력을 행사하기 때문에, 국민에 대하여 일방적으로 명령, 강제하는 행정작용으로 이루어진다. 권력관계를 총론적으로 규율한 것이 행정행위(행정처분)이다.

(2) 관리관계(단순고권관계)

관리관계란 행정주체가 우월적인 공권력의 담당자로서가 아니라 상대방인 국민과 대등관계에 서서 공공복리를 증진하고 행정목적으로 달성하기 위하여 급부, 조성, 장려, 역무, 기술, 지식 등의 제공, 시설의 관리・유도 등을 행하는 법률관계를 말한다. 따라서 그 본래적 성질에 있어서 사법상 법률관계와 다를 바 없지만 공공복리의 유지・증진과 밀접한 관계를 가진 정책목적으로 행하는 것이기 때문에 실정법상 특수한 공법적 규율이 설정되는 경우가 많다.

2) 행정상의 사법관계

(1) 협의의 국고관계

행정주체가 당사자인 경우에도 우월적 지배자로서가 아니라 국고(사법상 재산권의 주체), 즉 사인과 같은 지위에서 국민과 맺는 관계인 경우에는 사법의 적용을 받는다. 예를 들면, 행정상 필요한 물품구매계약, 건설도급계약, 국유잡종재산의 매각, 금전의 차입 등을 들 수 있다.

판례

구 국유재산법(1994.1.5. 법률 제4698호로 개정되기 전의 것) 제31조 제3항, 구 국유재산법 시행령(1993.3.6. 대통령령 제13869호로 개정되기 전의 것) 제33조 제2항의 규정에 의하여 국유잡종재산에 관한 관리 처분의 권한을 위임받은 기관이 국유잡종재산을 대부하는 행위는 국가가 사경제 주체로서 상대방과 대등한 위치에서 행하는 사법상의 계약이지 행정청이 공권력의 주체로서 상대방의 의사 여하에 불구하고 일방적으로 행하는 행정처분이라고 볼 수 없고, 국유잡종재산에 관한 사용료의 납입고지 역시 사법상의 이행청구에 해당하는 것으로서 이를 항고소송의 대상이 되는 행정처분이라고 할 수 없다(대법원 1995.5.12. 선고 94누5281 판결).

(2) **행정사법**

행정사법이란 공행정작용을 사법적 형식으로 수행하는 경우에 그에 관하여 일정한 공법규정 내지는 공법원리가 적용되는 사법적 관계를 말한다. 행정사법은 법적 형식에 대한 선택가능성이 인정되는 경우에 한하여 적용되는 것이다. 행정사법은 유도행정과 급부행정의 분야에서 주로 성립하고 있다. 이러한 행정사법은 광의의 국고관계 중, 공익목적을 수행하기 위하여 사법형식을 취한 형식적 의미의 국고관계에서 문제된다. 이에 해당하는 영역으로는 급부행정 영역과 유도행정 영역을 들 수 있다.

02 절 공법과 사법

1. 개설

1) 의의 및 문제점

법의 체계를 공법과 사법으로 분류하는 경향은 로마법에서부터 비롯된다고 하나 그 구별이 특별한 의의하에 논의된 것은 근대적인 행정재판제도의 확립을 계기로 하여 체계적인 행정법학이 형성된 이후의 일이다.

과거 '법의 지배(rule of law)'의 원리하에 보통법(common law)의 일원적 지배를 전제로 하여 국가에만 적용되는 특수한 법체계를 갖지 않은 영・미와는 달리 유럽대륙에서는 국가(군주)에 대하여 사인과는 다른 특수한 지위를 인정하려는 정치적 요청에 기하여 공법과 사법과의 구별이 생겨나게 되었다.

2) 구별의 필요성

특정한 법률관계에 적용될 법규 또는 법원리가 법에서 명문으로 규정되어 있지 않은 경우에, 먼저 문제되는 법률관계가 공법관계인지 사법관계인지를 명백히 함으로써 공법과 사법 중 어떤 법원리를 적용할 것인가를 결정하게 된다(예컨대 국가와 국민 간에 체결되는 계약이 평등원칙위반인 경우, 만약 위 계약이 공법상 계약이면 무효가 되나, 사법상 계약이면 원칙적으로 유효하다. 평등원칙은 행정법의 법원으로서 공법관계에만 적용되기 때문이다. 또한 의무불이행의 경우 집행 수단에 있어서 행정대집행법에 의하는가, 민사상의 집행방법에 의하는가의 문제 및 채권・채무의 소멸시효에 관하여 예산회계법상의 규정을 적용하는가, 민법규정에 의할 것인가의 문제 등은 그 법률관계가 공법관계인가 사법관계인가의 결정에 따른다).

공법관계에 관한 소송은 민사사건과는 달리 행정사건으로서, 특수한 절차를 택하고 있는 민사소송과는 달리 여러 가지 특례(제1심 관할법원, 소의 제기절차, 출소기간 등)를 규정한 행정소송법의 적용을 받도록 하고 있기 때문에 분쟁의 대상인 법률관계가 공법관계인지 사법관계인지를 결정하지 않으면 안 된다.

2. 구별기준

1) 학설

(1) 주체설

이 설은 법률관계의 주체를 기준으로 구별하고자 하는 견해이다. 이 설에 의하면 적어도 법률관계의 일방 당사자가 행정주체인 경우에는 공법관계로 본다.

(2) 신주체설(귀속설)

이 설은 오로지 공권력의 담당자인 국가 등의 행정주체에 대하여만 권리 권한을 부여하거나 의무를 부과하는 법은 공법이고, 행정주체를 포함한 모든 권리주체에게 권리·의무를 부여하는 법은 사법이라고 보는 견해이다. 즉 공법은 국가의 특별법인 반면, 사법은 모든 시민의 법으로 국가 또한 이 모든 시민(Jedermann)에 속할 수 있다는 것이다.

(3) 종속설(지배관계설, 복종설)

이 설에 의하면, 해당 법률관계가 지배복종관계인 경우에는 공법관계로, 대등관계이면 사법관계로 본다.

(4) 이익설

이 설은 공익목적에 봉사하는 법이 공법이고 사익추구에 봉사하는 법이 사법이라고 한다.

(5) 복수기준설

앞의 어떠한 견해도 완벽한 구별기준을 제공하지 못했다는 비판을 근거로 앞의 여러 기준을 통하여 공법과 사법을 구별하여야 한다는 견해이다. 이 역시 각 견해에 대한 비판을 공통적으로 받고 있는 반면 각 견해가 지닌 타당한 측면을 종합적으로 고려할 수 있다는 한도에서는 장점을 지니고 있다.

2) 결어

위에서 본 바와 같은 여러 학설은 모두 공법과 사법을 구별하는 데 필요한 일면의 기준을 제시하고 있는 것은 사실이나 그 어느 것도 완벽한 기준을 제시하지 못하고 있다. 그것은 각국의 실정법제도와 결부되어 역사적으로 발전한 공법을 하나의 표지로서 확연히 구별하려는 태도가 무리이기 때문이다. 그러나 어느 특정국가의 실정법제도를 놓고 공법과 사법을 구분하는 경우, 상술한 여러 학설들의 일면적 타당성들을 종합하여 이론적 준거점으로 활용함으로써 제도적 구별의 기준을 삼을 수 있을 것이다.

(1) 실정법이 행정상 강제집행, 행정벌, 행정상 손해배상, 손실보상, 행정쟁송, 형법상 공무원에 관한 죄(수뢰죄 등)의 성립을 인정하는 명문의 규정을 두고 있는 경우에는 그 법에 의하여 발생된 법률관계는 공법관계로 보아야 할 것이다.

(2) 실정법이 위와 같은 명문의 규정을 두고 있지 아니한 경우에는 부득이 공법과 사법의 구별필요성에 비추어 위 학설을 종합적으로 고려하여 공법관계 또는 사법관계를 결정하여야 한다. 따라서 해석상

① 공권력의 주체로서 행정주체가 우월적 지위에서 국민에 대하여 일방적으로 명령(경찰하명, 조세부과, 징・소집, 군사 부담 등), 강제(행정상 강제집행), 형성(허가, 인가, 특허 등 권리 이익의 설정・변경・박탈행위 등)하는 권력관계는 명문규정의 유무를 막론하고 공법적 규율・원리가 적용된다. ② 관리관계의 경우에는 실정법상의 위의 명문 규정이 있거나 또는 그 법률관계의 해석상 사법관계와 구별되는 공공성이 있음이 실증되는 경우에는 공법관계로 보아야 한다는 것이 종래의 통설・판례이다.

03 절 행정상 법률관계의 당사자

1. 행정주체

1) 의의

법률상 자기의 명의로 행정권을 행사하고 자기에게 그 법률효과가 귀속될 경우에 이를 행정주체 또는 행정권의 주체라 한다. 이는 국가를 위시하여 국가로부터 포괄적으로 행정권을 부여받은 지방자치단체 및 특정한 행정권을 부여 받은 공법인(공공단체), 사인 등 기타의 행정주체를 말한다.

행정주체와 구별해야 할 것에 행정기관이 있다. 행정주체는 행정기관을 통하여 행정사무를 집행한다. 즉 행정기관의 지위에서의 공무원의 행위는 행정권의 실제적인 행사에 해당하지만 그 법적 효과는 공무원 개인이 아니라 국가 또는 공공단체 등 행정주체에게 귀속하게 된다. 다시 말하면 행정권을 실제로 행사하는 것은 행정기관의 지위에 있는 공무원이지만 그 행위의 법적 효과는 추상적 인격체인 국가 또는 공공단체에 귀속되는 것이다. 다만, 일부 학설은 행정기관(특히 행정청)에 대해 인격을 인정할 것을 주장하기도 하고 행정기관 상호 간의 관계에 있어서는 행정기관에 법적 효과가 귀속한다고 보아 무방한 경우가 있다.

예컨대 행정관청의 권한의 위임・대리・협의・사무위탁・권한쟁의 등이 있는 경우 양 당사자는 서로 자기를 위하여 권리를 주장하는 권리주체로서 인격을 갖는 것처럼 보인다.

항고소송에 있어서 소송 진행의 편의상 처분행정청을 피고로 하여 공격과 방어를 하게 하는바(행정소송법 제13조, 국가공무원법 제16조), 행정기관 상호 간의 관계는 국가와 공공단체 등의 인격 내의 관계이며, 피고인 행정청에 대한 판결의 효과는 궁극적으로 국가 등 행정주체에 귀속하고 행정청은 소송편의상 피고가 된 것에 지나지 않는다.

2) 행정주체의 종류

(1) 국가

국가는 그 고유의 권능으로서 행정권을 가지며 그 법률효과의 통일적 귀속체이다. 이러한 지위에 있어서 국가는 국가, 관, 정부, 국고(Fiskus) 등으로 불린다. 국가는 행정권의 일부를 다른 행정주체에 위임하여 행하기도 한다(지방자치단체, 공공단체, 사인).

(2) 공공단체

① 지방자치단체

지방자치단체는 국가영토의 일부분인 일정한 지역을 기초로 하여 그 지역 내에 있어서 일정한 통치권을 행사하는 단체이다. 지방자치단체는 지방자치단체의 고유한 고유사무인 자치사무와 국가로부터 위임받은 단체위임사무를 수행한다. 고유사무와 단체위임사무는 지방자치단체의 사무가 되므로 지방자치단체의 행정기관의 활동의 법적 효과는 지방자치단체에 귀속된다. 기관위임사무는 지방자치단체의 행정기관(지방자치단체의 장)에게 위임된 사무로 그 수행의 법적 효과는 국가・위임기관이 속한 지방자치단체에 귀속된다.

② 공공조합

특정한 국가목적을 위하여 법적 자격을 가진 사람(조합원)의 결합으로 설립된 사단법인을 공공조합이라 한다(산림조합, 상공회의소, 의료보험조합, 재개발조합).

이러한 사업은 보통 직접의 이해관계가 한정되어 있어 관계자로 하여금 스스로의 부담으로 자주적으로 이를 수행하게 함이 적당하지만 공익과 밀접한 관계가 있어 국가는 이를 공행정의 일부로 인정하고 조합에 대하여 각종의 감사・통제를 가함과 아울러 경비의 징수 등에 있어 약간의 국가적 공권을 부여한다.

③ 영조물법인

영조물법인이란 행정목적을 달성하기 위하여 설립된 인적・물적 결합체에 공법상의 법인격을 부여한 경우를 말한다. 영조물법인에는 예컨대 공사나 특수은행으로서 한국토지주택공사, 한국은행, 한국산업은행 등을 들 수 있다. 이들은 전래적 행정주체이고, 부여받은 사무범위 내에서 행정주체가 된다. 영조물법인과 구별되는 것으로 공기업이 있다. 영조물법인은 공익사업을 수행한다는 점에서 공기업과 유사하지만 공기업이 사법상의 경영방식에 의해 수행하는 수익적 사업인 반면에 영조물법인은 강한 공공성과 윤리성을 갖는 정신적・문화적・행정적 사업인 점에서 공기업과 구별된다. 그리하여 영조물의 조직과 이용에는 공법이 적용되지만 공기업의 조직이나 이용에는 원칙상 사법에 의해 규율된다. 오늘날 한국도로공사, 한국전력공사는 사법상의 경영방식으로 공익사업을 수행한다는 점에서 공기업이라고 보아야 한다.

(3) 공무수탁사인

① 의의

공무수탁사인이란 자신의 이름으로 일정한 행정권을 행사할 수 있는 행정주체로서의 사인을 말한다. 공무수탁사인은 신분상으로는 사인이지만 기능상으로는 일정한 범위에서 공권력을 행사할 수 있으며, 자기의 이름으로 독자적으로 활동할 수 있으므로 그의 권한이 미치는 한도에서 행정주체이면서 동시에 행정기관(행정청)의 지위를 가진다. 앞서 본 공공단체들은 국가 또는 지방자치단체에 의하여 창설된 법인인 데 반하여, 공무수탁사인은 국가 또는 지방자치단체에 의한 창설을 요하지 아니하고, 다만 행정권을 위임받을 것을 요한다. 그 위임은 법률이나 계약, 행정행위(특허)에 의한다. 공무수탁사인은 자연인일 수도 있고 사법인 또는 법인격 없는 단체일 수도 있다.

② 공무수탁사인의 예

공무수탁사인에 해당하는 것으로서 (ⅰ) 사인 또는 사법인이 그의 직원 등으로부터 소득세를 원천징수하는 경우(소득세법 제143조 이하), (ⅱ) 사인이 사업시행자로서 타인의 토지를 수용하는 등 공용부담특권을 행사하는 경우(토지보상법 제19조 등 참조), (ⅲ) 사인이 별정우체국의 지정을 받아 우편업무를 취급하는 경우(별정우체국법 제2조), (ⅳ) 해선의 선장 및 항공기의 기장이 경찰사무 및 호적사무를 집행하는 경우(사법경찰관리의 직무를 수행할 자와 그 직무범위에 관한 법률 제7조, 가족관계등록 등에 관한 법률 제49조 제91조 참조) 등, (ⅴ) 교육법에 의하여 학위를 수여하는 사립대학, 공증인 등이 거론되고 있다.

③ 행정주체로서의 공무수탁사인

공무수탁사인을 행정주체로 인식한다면, 단순히 공행정 업무만을 행사하는 자가 아니라 본인의 이름으로 어느 정도 계속적으로 권한을 행사하고 그 법적 효과 역시 본인에게 귀속하는 법적 지위가 부여된 자(법적 지위설)라 하겠다. 이러한 의미에서 단순히 공의무만을 부담하는 공의무부담사인이나 사법상 계약에 의하여 단순히 경영위탁을 받아 행정의 보조적 역할을 하는 행정보조자와는 구별된다. 이러한 전제하에서 위의 공무수탁사인의 예 중 (ⅱ)와 (ⅴ)의 예만이 공무수탁사인으로 인정될 수 있을 것이다.

공무수탁사인과 국가의 법률관계는 공법상 위임관계이다. 따라서 공무수탁사인은 국가 등 위임자에 대하여 공무수행권과 비용청구권 등을 가지고, 직무이행의무, 법령준수의무, 주무관청의 감독을 받을 의무 등을 진다. 국가 등이 공무수탁사인을 감독하는 관계는 특별행정법관계의 한 유형으로서 공법상 특별감독관계에 해당한다.

④ 법적 근거 및 형식

공무의 사인에의 위탁에 있어서는 권한이 이전되므로 법적 근거가 필요하다. 공무수탁사인의 법적 근거에 대하여, 일반법으로서 정부조직법 제6조 제3항과 지방자치법 제104조 제3항을 들고 있으나, 위의 규정은 사무위탁에 관한 일반적 규정이지 공법상의 법적 효과를 직접 야기하는 공무수탁사인의 직접적 근거규정으로 보기는 어렵다. 위에서 지적한 바와 같이 (ⅱ)와 (ⅴ)의 예에 나타나는 공익사업을 위한 토지 등의 취득 및 보상에 관한 법률, 사립학교법, 공증인법 등이 공무수탁사인의 법적 근거를 규정하고 있다고 보는 것이 타당하다.

⑤ 구별 개념

㉠ 공의무부담사인 : 공의무부담사인이란 국가가 행정의 고유한 수단이 결여되어 있거나 또는 이를 절약하기 위하여 법률에 의하여 직접 사인에게 직무의무를 부과하고 이를 통하여 행정임무를 처리하는 것을 말한다(예 소득세법상 원천징수의무자, 경범죄처벌법상 공무원에 대한 원조의무자 등). 공의무부담사인은 공무수탁사인과 달리 공법상의 의무만 부과되고 고권적 권한은 부여되지 않는다. 따라서 공의무부담사인과 제3자와의 관계는 사법상의 법률관계에 해당된다.

판례는 원천징수의무자에 대해 "원천징수하는 소득세에 있어서는 납세의무자의 신고나 과세관청의 부과결정이 없이 법령이 정하는 바에 따라 그 세액이 자동적으로 확정되고, 원천징수의무자는 소득세법 제142조 및 제143조의 규정에 의하여 이와 같이 자동적으로 확정되는 세액을 수급자로부터 징수하여 과세관청에 납부하여야 할 의무를 부담하고 있으므로, 원천징수의무자가 비록 과세관청과 같은 행정청이더라도 그의 원천징수행위는 법령에서 규정된 징수 및 납부의무를 이행하기 위한 것에 불과한 것이지, 공권력의 행사로서의 행정처분을 한 경우에 해당되지 아니한다."[1]라고 판시하고 있다.

ⓛ **행정보조인** : 행정보조인으로서 사인이란 행정청의 고권적 임무의 처리에 있어서 단순한 도구로서 사용되는 자를 말한다(「도로교통법」상 견인업무를 대행하는 자동차견인업자, 「부동산 가격 공시에 관한 법률」상 표준지공시지가 평가 및 개별공시지가를 검증하는 감정평가사 등). 이들은 국민과 직접적인 법률관계의 당사자가 되지는 않으며, 행정청이 당사자가 된다. 따라서 차량견인조치, 감정평가업무에 있어서 피고는 위 감정평가사가 아니라 감독행정청이 된다.

⑥ 행정주체와의 관계

공무수탁사인과 국가의 법률관계는 공법상 위임관계이다. 따라서 공무수탁사인은 국가 등 위임자에 대해 비용청구권을 가지고, 직무이행의무, 법령준수의무, 주무관청의 감독을 받을 의무 등을 진다. 행정주체가 공무수탁사인을 감독하는 관계는 특별행정법관계의 한 유형으로서 공법상 특별감독관계에 해당한다.

⑦ 공무수탁자의 공무수행과 권리구제

공무수탁자는 행정행위라는 법형식에 의해 일방적 처분을 할 수 있는 경우가 있다. 이 경우 그 처분의 위법성을 다투는 항고소송의 제기는 공무수탁자를 상대방으로 제기하여야 한다. 행정보조인에 있어서 공무수행이 공행정작용에 속하는 경우에는 행정보조인이 속한 국가 또는 지방자치단체를 상대방으로 국가배상청구를 하여야 한다. 그러나 공무수탁자가 독립된 행정주체로서 공행정을 수행하는 경우에는 수탁자에게 손해배상을 청구하여야 한다. 이 경우에 공무수탁사인은 공무를 수행하는 행정주체이므로 이론상 국가배상책임을 지도록 하는 것이 타당하지만, 현행 국가배상법은 국가와 지방자치단체의 배상책임만을 규율하고 있으므로 민법에 근거하여 배상책임을 지게 된다. 다만, 공무수탁사인에 대한 감독기관인 행정기관의 감독의무를 해태하여 손해가 발생한 경우에는 위탁자인 국가나 지방자치단체에 대해서도 국가배상법에 근거하여 국가배상을 청구할 수 있다.

판례는 공무수탁사인의 불법행위로 인한 손해에 대하여 행정주체인 수탁자를 제1차적 배상책임자로 보고 있다. 예컨대 대집행을 수권받은 자로서 한국토지공사의 대집행을 실시함에 따르는 불법행위로 인한 손해에 대해 배상책임의 주체는 행정주체인 한국토지공사에 있다[2]는 것이다.

이 판례에 의하면, 최근(2009.10.21.) 국가배상법 개정으로 공무수탁사인의 공무집행상의 불법행위로 인한 손해에 대해 국가 또는 지방자치단체가 국가배상책임을 지도록 명문화하였다고 할 수도 있는바, 이러한 주장은 보조위탁의 경우에는 타당하나 공무수탁사인인 경우에는 타당하지 않다. 왜냐하면 공무수탁사인은 행정주체이고 그가 배상책임자라고 할 것이고, 국가 또는

1) 대법원 1990.3.22. 선고 89누4789 판결

2) 대법원 2010.1.28. 선고 2007다82950, 82967 판결

지방자치단체는 개정 전과 동일하게 감독상 과실여부에 의하여 배상책임을 지는 것으로 보아야 할 것이기 때문이다. 결국 최근의 국가배상법 개정은 공무를 수탁받은 개인도 국가배상책임의 주체라는 기존의 학설과 판례를 명문화한 것에 불과한 것이라 하겠다.

(4) **공법상 재단**

이것은 국가·지방자치단체가 공적 목적을 위해 출연한 재산을 관리하기 위하여 설립된 공법상의 재단법인을 말한다. 그 예로서는 한국연구재단이 있다.

2. 행정객체

행정객체란 행정의 그 상대방이 되는 자를 말하는데, 이에는 사인과 공공단체가 있다. 공공단체는 사인에 대한 관계에서 행정주체의 지위에 서게 되지만 국가나 다른 공공단체에 대한 관계에서는 행정객체가 된다. 사인은 예외적으로 국가적 공권을 수여받은 한도 내에서 행정주체의 지위에 서지만 행정권의 지배대상이 되는 것이 원칙이다.

행정주체와 행정객체의 관계는 항상 전자가 명령하고 후자가 복종하는 식의 명령복종관계로서 이해되어서는 안 된다. 종래의 행정법이론에서는 일반적으로 국가나 공공단체만을 주체로 취급하고 사인은 그 객체로만 취급하여 왔다.

그러나 오늘날의 민주헌법하에서 국민주권주의와 기본권존중주의라는 원칙상 행정에 있어서 사인이 담당할 역할을 증대시키고 국민이 행정에 관여하여 협력할 기회가 늘고 있다. 즉 국가나 공공단체 및 사인은 모두 법주체로서 행정법관계의 당사자가 되는 것임에 비추어 행정법관계의 당사자를 행정주체와 행정객체의 대립관계로 이원적으로 파악할 것이 아니라 오히려 상호 간에 권리와 의무를 나누어 가지는 협력관계로서 이해하여야 할 것이다(행정주체와 객체의 상대화).

3. 행정법관계의 특질(공정력과 구성요건적 효력)

행정기본법 제15조

제15조(처분의 효력) 처분은 권한이 있는 기관이 취소 또는 철회하거나 기간의 경과 등으로 소멸되기 전까지는 유효한 것으로 통용된다. 다만, 무효인 처분은 처음부터 그 효력이 발생하지 아니한다.

행정기본법 제15조는 처분의 효력(구속력) 중 공정력에 관한 규정이고, 공정력은 위법한 처분과 관련하는 개념이다. 위법한 처분에 대한 효력을 분명히 하여 공법관계의 안정성을 도모할 필요가 있다. 이에 응하고자 하는데 행정기본법 제15조의 의미가 있다.[3)]

1) 공정력과 구성요건적 효력의 구별

전통적 견해에 의하면 공정력(公定力)이라 함은 일단 행정행위가 행하여지면 비록 행정행위에 하자가 있다 하더라도 그 흠이 중대하고 명백하여 무효로 되는 경우를 제외하고는 권한 있는 기관에 의해

3) 홍정선, 행정기본법 해설, 박영사, 2021, 행정기본법 제15조에 대한 해석 인용함.

취소되기 전까지는 상대방 및 이해관계인뿐만 아니라 다른 행정청 및 법원에 대하여 일단 유효한 것으로 통용되는 힘을 말한다고 정의하고 있다. 즉 전통적 견해는 공정력을 행정행위의 상대방 및 이해관계인뿐만 아니라 타 국가기관에도 미치는 효력이라고 보고 있다.
그런데 최근 유력한 견해는 공정력과 구성요건적 효력을 구별한다. 구별긍정설은 효력의 상대방의 차이에 따라 공정력과 구성요건적 효력을 구별하며, 공정력은 행정행위의 상대방 또는 이해관계인에 대한 구속력이고, 구성요건적 효력은 제3의 국가기관에 대한 구속력이라고 보고 있다. 학문상 양자는 내용, 범위, 이론적 근거, 실정법상 근거에서 차이가 있는바 구별함이 타당하다.

2) 공정력 – 행정기본법 제15조 명문화

행정기본법 제15조는 처분의 효력(구속력) 중 공정력에 관한 규정이고, 공정력은 위법한 처분과 관련하는 개념이다. 위법한 처분에 대한 효력을 분명히 하여 공법관계의 안정성을 도모할 필요가 있다. 이에 응하고자 하는데 행정기본법 제15조의 의미가 있다.[4)]

공정력이라 함은 일단 행정행위가 행하여지면 비록 행정행위에 하자가 있다 하더라도 그 흠이 중대하고 명백하여 무효로 되는 경우를 제외하고는 권한 있는 기관에 의해 취소되기 전까지는 상대방 및 이해관계인에 대하여 일단 유효한 것으로 통용되는 힘을 말한다. 공정력은 행정행위의 적법성을 추정하는 효력은 아니다.

판례

조세의 과오납이 부당이득이 되기 위하여는 납세 또는 조세의 징수가 실체법적으로나 절차법적으로 전혀 법률상의 근거가 없거나 과세처분의 하자가 중대하고 명백하여 당연무효이어야 하고, 과세처분의 하자가 단지 취소할 수 있는 정도에 불과할 때에는 과세관청이 이를 스스로 취소하거나 항고소송절차에 의하여 취소되지 않는 한 그로 인한 조세의 납부가 부당이득이 된다고 할 수 없다(대법원 1987.7.7. 선고 87다카54 판결 참조). 원래 행정처분이 아무리 위법하다고 하여도 그 하자가 대하고 명백하여 당연무효라고 보아야 할 사유가 있는 경우를 제외하고는 아무도 그 하자를 이유로 무단히 그 효과를 부정하지 못하는 것으로, 이러한 행정행위의 공정력은 판결의 기판력과 같은 효력은 아니지만 그 공정력의 객관적 범위에 속하는 행정행위의 하자가 취소사유에 불과한 때에는 그 처분이 취소되지 않는 한 처분의 효력을 부정하여 그로 인한 이득을 법률상 원인 없는 이득이라고 말할 수 없게 하는 것이다(대법원 1994.11.11. 선고 94다28000 판결[부당이득금]).

3) 구성요건적 효력

(1) 의의

구성요건적 효력이란 행정행위가 존재하는 이상 비록 흠이 있는 행정행위일지라도 무효가 아닌 한 제3의 국가기관은 법률에 특별한 규정이 없는 한 그 행정행위의 존재 및 내용을 존중하며, 스스로의 판단의 기초 내지는 구성요건으로 삼아야 하는 구속력을 말한다.

4) 홍정선, 행정기본법 해설, 박영사, 2021, 행정기본법 제15조에 대한 해석 인용함.

(2) 구성요건적 효력과 선결문제

① 문제점

행정행위가 무효인 경우에는 구성요건적 효력이 미치지 않는다. 그런데 행정소송법 제11조에서는 민사법원은 처분 등의 효력유무 및 존재여부를 심사할 수 있다고만 규정하고 있어, 민사법원이 행정행위가 단순위법(취소사유)인 경우 위법을 확인하거나 효력을 부인할 수 있는지 문제된다. 이러한 문제는 형사소송에서도 문제된다.

② 민사소송에서 선결문제와 구성요건적 효력

㉠ 행정행위의 효력을 부인하는 것이 선결문제인 경우(부당이득반환청구소송 등) : 행정행위의 효력을 상실시키는 것이 민사소송에서 선결문제가 된 경우에 민사법원은 위법한 행정행위의 효력을 상실시킬 수 없다. 공정력과 구성요건적 효력을 구분하지 않는 종래의 통설은 이것이 공정력에 반하기 때문이라고 하고, 공정력과 구성요건적 효력을 구별하는 견해는 구성요건적 효력에 반하기 때문이라고 한다.

㉡ 행정행위의 무효를 확인하는 것이 선결문제인 경우 : 구성요건적 효력은 행정행위가 무효인 경우에는 인정되지 않는다. 누구든지 행정행위의 무효를 주장할 수 있고, 어느 법원도 행정행위의 무효를 확인할 수 있다. 행정소송법 제11조도 처분 등의 효력유무 또는 존재 여부가 민사소송의 선결문제인 경우 민사법원이 이를 심판할 수 있다고 하고 있다.

㉢ 행정행위의 위법성을 확인하는 것이 선결문제인 경우(국가배상 청구소송 등) : 행정행위의 효력을 상실시키는 것이 아니라, 행정행위의 위법성을 확인하는 것이 민사소송에서 선결문제가 된 경우에 민사법원은 행정행위의 위법을 확인할 수 있는지에 관하여 견해가 대립되고 있다.

ⓐ 부정설 : 이 견해는 행정행위의 위법성의 판단은 취소소송의 본질적 내용이므로 수소법원이 아닌 법원은 행정행위의 위법성을 인정할 수 없다는 견해로서, 민사법원은 행정행위의 위법성을 확인할 수 없다고 본다.

ⓑ 긍정설 : 이 견해는 구성요건적 효력은 행정행위의 유효성 통용력을 의미하지 적법성 추정력까지는 없다고 하여, 민사법원은 행정행위의 위법성을 확인할 수 있다고 본다.

ⓒ 판례 : 위법한 행정대집행이 완료되면 그 처분의 무효 확인 또는 취소를 구할 소의 이익은 없다 하더라도, 미리 그 행정처분의 취소판결이 있어야만, 그 행정처분의 위법임을 이유로 한 손해배상 청구를 할 수 있는 것은 아니다(대법원 1972.4.28. 선고 72다337 판결[손해배상]).

ⓓ 소결 : 구성요건적 효력은 행정행위가 권한 있는 기관에 의해 취소되기 전까지 그 효력을 유지시키는 유효성 통용력에 불과하고 적법성을 추정하는 효력은 아닌바 긍정설이 타당하다.

③ 형사소송에서의 선결문제와 구성요건적 효력

㉠ 행정행위의 효력을 부인하는 것이 선결문제인 경우

ⓐ 부정설 : 형사법원이 행정행위의 하자를 심사하여 행정행위의 효력을 부인하는 것은 민사소송에서처럼 공정력(혹은 구성요건적 효력)에 반하므로 인정될 수 없다고 보는 것이 다수의 견해이며 판례도 이 견해를 취하고 있다.

판례

> 연령미달의 결격자인 피고인이 소외인의 이름으로 운전면허시험에 응시, 합격하여 교부받은 운전면허는 당연 무효가 아니고 도로교통법 제65조 제3호의 사유에 해당함에 불과하여 취소되지 않는 한 유효하므로 피고인의 운전행위는 무면허운전에 해당하지 아니한다(대법원 1982.6.8. 선고 80도2646 판결[도로교통법위반]).

ⓑ 긍정설 : 이 견해는 형사소송에서는 피고인의 인권보장이 고려되어야 하고 신속한 재판을 받을 권리가 보장되어야 한다는 형사소송의 특수성을 이유로 형사재판에는 공정력(혹은 구성요건적 효력)이 미치지 않는다고 보는 견해이다.

ⓒ 소결 : 일반적으로 구성요건적 효력에 반하는바 불가하다고 판단되며, 예외적으로 처분의 불가쟁력이 발생한 경우 인권보장을 위하여 형사법원이 위법한 행정행위의 효력을 부인하고 범죄의 성립을 부인할 수 있는 것으로 보는 것이 타당하다.

㉡ 행정행위의 위법성을 확인하는 것이 선결문제인 경우 : 행정행위의 위법성을 확인하는 것이 선결문제인 경우 민사소송에서와 같이 행정행위의 위법성을 확인하는 것은 행정행위의 효력을 부인하는 것은 아니므로 공정력(또는 구성요건적 효력)에 반하지 않는다고 보는 것이 일반적이다.

㉢ 행정행위의 무효를 확인하는 것이 선결문제인 경우 : 구성요건적 효력은 행정행위가 무효인 경우에는 인정되지 않으므로 형사법원은 행정행위의 무효를 확인하여 무죄를 선고할 수 있다.

04 절 행정법관계의 내용(공권)

1. 개설

행정법관계는 법률상의 권리・의무관계라는 점에서 사법관계와 본질적인 차이가 없다. 행정법관계의 내용은 사법상의 법률관계를 유추하여 권리와 의무로 나누는데, 행정법관계에 있어서의 권리・의무를 각각 공권 및 공의무라 한다. 일반적으로 권리란 자기의 이익을 위하여 상대방에게 일정한 행위를 요구할 수 있는 법적 힘을 말한다. 따라서 개인적 공권이란 개인이 자신의 이익을 위해 행정주체에게 일정한 행위(작위 · 부작위 · 급부 · 수인)를 요구할 수 있는 공법상의 힘을 말한다.

그러나 오늘날은 ① 반사적 이익의 보호이익화, ② 행정주체와 사인 간의 대등한 지위를 인정하는 것을 전제로 하여 행정절차에 참가하는 권리 및 원고적격의 확대와 같은 절차법적 측면에서의 권리 확립이론, ③ 행정개입청구권, 무하자재량행사청구권과 같은 새로운 공권의 등장 등에 의하여 커다란 이론적 전환을 요구하고 있다.

2. 개인적 공권의 성립요소

종래에는 개인적 공권의 성립요소로 법규의 강행법규성, 법규의 사익보호성, 청구권능부여성 등을 들고 있다. 즉, 공권이란 공법에 의해 보호되는 사익으로서 그 이익의 실현을 법상 청구할 수 있는 권능을 말한다. 오늘날에는 헌법상 재판을 받을 권리가 보장되고 실정법(행정소송법)상 개괄적으로 권리구제제도가 보장되고 있으므로 공권의 성립요소 중 청구권능의 부여는 별도의 성립요소로 보지 않게 되었다.

3. 공권과 반사적 이익의 구별

1) 공권과 법적 이익

종래 공권과 법적 이익은 구별되었다. 왜냐하면 법에 의해 보호된 이익이라도 재판을 통한 이익 실현이 보장되지 않는 경우가 있었고 이 경우는 법적 이익(법상 보호된 이익)이지만 권리는 아니라고 하였다. 그러나 오늘날 공권의 성립에 별도의 청구권능부여는 요구되지 않게 되었고, 공법에 의한 사권의 보호만으로 공권이 성립되는 것으로 되었으므로 공권과 법적 이익의 구별은 없어졌고 법적 이익은 공권에 포섭되었다고 하겠다.

2) 공권과 반사적 이익의 구별

공권과 반사적 이익은 구별된다. 반사적 이익이란 공법이 공익을 위하여 행정주체나 그 객체에게 어떠한 작위 또는 부작위의 의무를 부과하거나 또는 행정주체가 어떠한 공공시설을 운영함으로써 결과적으로 개인이 반사적으로 받게 되는 이익을 말한다. 예컨대, 의료법에서 의사에게 환자를 진료할 의무를 부과함으로써 일반인이 반사적으로 진료를 받게 되는 이익이 그 예이다.

(1) 공권과 반사적 이익의 구별실익

공권(법적 이익 포함)이 침해된 자는 재판을 통하여 권익의 구제를 청구할 수 있지만, 반사적 이익이 침해된 자는 재판을 통한 구제를 청구할 수 없고 그 이익의 침해를 감수하여야 한다. 여기에 공권(법적 이익)과 반사적 이익을 구별할 실익이 있다. 행정소송법 제12조는 "취소소송은 처분 등의 취소를 구할 법률상 이익이 있는 자가 제기할 수 있다."고 규정하고 있다. 동조상의 법률상 이익의 개념에 대하여 공권이 침해된 자는 행정소송에서 원고적격(소송을 제기할 자격)이 인정되지만, 반사적 이익이 침해된 자는 원고적격이 인정되지 않는다. 원고적격은 소송요건이므로 원고적격이 인정되지 않는 경우는 해당 소송은 부적법 각하된다.

(2) 공권과 반사적 이익의 구별기준

공권은 처분의 근거법규 및 관계법규에 의해 보호된 개인의 이익을 말한다. 공익을 보호하는 법규가 개인의 이익도 아울러 보호하고 있는 경우에 그 보호된 개인의 이익이 공권이다. 이에 반하여 실정법규가 공익의 보호만을 목적으로 하고 있고 개인은 그로 인하여 반사적으로 이익을 누리는 경우 그 개인의 이익은 반사적 이익이다. 즉, 공권과 반사적 이익의 구별기준은 처분의 근거 및 관계법규의 목적이 된다.

예컨대 이웃의 채광을 보호하는 건축법의 규정은 주거환경의 보호라는 공익목적과 함께 인근 주민의 채광의 이익을 아울러 보호하는 것을 목적으로 하고 있다고 하겠다. 이 경우 인근 주민의 채광의 이익은 공권이지만 건축물의 색채의 규제는 미관의 보호라는 공익목적만을 갖는 규정이므로 인근 주민의 미관의 이익은 반사적 이익이다.

4. 공권의 확대화 현상

오늘날의 복지국가행정에서는 행정에 대한 국민의 의존성이 높아지고 행정조치의 사회적·경제적 영향력의 증대, 국민의 행정참가의욕 및 권리의식의 향상 등의 새로운 상황하에서 종래의 이론에서는 권리로 평가되지 않았던 것을 법적 이익 내지 재판상 주장할 수 있는 권리로 파악하는 적극적인 시도가 이루어지고 있다. 이러한 공권의 확대는 여러 측면에서 행해졌다. 반사적 이익의 보호이익화, 행정개입청구권, 무하자재량행사청구권 등 새로운 주관적 공권의 등장이 그것이다. 또한 오늘날의 개인적 공권론은 종전의 행정작용의 상대방의 보호에서, 제3자의 보호문제로 논의의 중점이 이전되고 있다.

1) 공권의 확대화 경향과 제3자 원고적격

반사적 이익으로 여겨졌던 것이 법적 이익으로 인정되고 있다. 이것이 법적 이익과 반사적 이익의 구별기준의 변경을 의미하는 것은 아니다. 구별기준은 여전히 근거법규 내지 관계법규의 목적이다. 다만, 근거법규 내지 관계법규의 해석에 있어서 근거법규 내지 관계법규가 공익의 보호뿐만 아니라 개인의 이익을 또한 보호하고 있다는 것을 널리 인정하는 것에 의해 반사적 이익이 공권으로 발전되고 있다.

반사적 이익의 보호이익화는 주로 행정처분에 대하여 이해관계 있는 제3자의 이익(인근 주민의 이익 및 경업자의 이익)이 반사적 이익에서 법적 이익으로 발전됨에 따라 이루어지고 있다. 종래 행정처분의 상대방이 아닌 제3자가 갖는 이익은 반사적 이익에 불과하다고 보는 경우가 많았으나 오늘날에는 법적 이익으로 보는 경향이 있다.

(1) 주민소송 또는 환경소송(이웃소송, 인인소송)

① 인인소송의 의의

이웃소송 혹은 인근 주민의 소송은 이웃하는 자들 사이에서 특정인에게 주어지는 수익적 행위가 타인에게는 법률상 불이익을 가져오는 경우에 그 타인이 자기의 법률상 이익의 침해를 주장하면서 다투는 것을 말하며, 인인소송이라고도 한다.

건축, 개발 등을 제한하는 행정법규가 공익뿐만 아니라 인근 주민의 이익도 보호하고 있다고 여겨지는 경우에 그로 인하여 해당 인근 주민이 받는 이익은 법적 이익이다. 이에 반하여 개발 등을 제한하는 행정법규가 공익만의 보호를 목적으로 하고, 이로 인하여 인근 주민이 사실상 이익을 보는 경우에도 해당 인근 주민의 이익은 반사적 이익에 불과하다.

② 원고적격을 긍정한 사례

㉠ 연탄공장 건축허가처분의 요건을 제한하는 규정(주거지역 내 원동기를 사용하는 공장의 건축을 금지・제한하는 규정(구 도시계획법 제19조, 구 건축법 제32조))이 공익(공공복리의 증진)뿐만 아니라 인근 주민의 이익(주거지역 내 거주하는 사람의 주거의 안녕과 생활환경의 이익)을 아울러 보호하고 있다고 본 사례[5)]

㉡ 자동차 LPG 충전소설치허가의 요건을 정하는 규정이 공익뿐만 아니라 인근 주민의 이익도 보호하고 있다고 본 사례[6)]

㉢ 환경영향평가에 관한 자연공원법령 및 환경영향평가법령의 규정들의 취지가 환경공익을 보호하려는 데 그치지 않고 환경영향평가 대상지역 안의 주민들이 수인한도를 넘는 환경 침해를 받지 아니하고 쾌적한 환경에서 생활할 수 있는 개별적 이익을 보호하는 데 있다고 본 사례[7)]

판례

환경영향평가 대상지역 밖의 주민이라 할지라도 공유수면매립면허처분 등으로 인하여 그 처분 전과 비교하여 수인한도를 넘는 환경피해를 받거나 받을 우려가 있는 경우에는, 공유수면매립면허처분 등으로 인하여 환경상 이익에 대한 침해 또는 침해우려가 있다는 것을 입증함으로써 그 처분 등의 무효확인을 구할 원고적격을 인정받을 수 있다고 할 것이다(대법원 2006.3.16. 선고 2006두330 전원합의체 판결).

③ 원고적격을 부정한 사례

㉠ 상수원보호구역 설정의 근거가 되는 수도법 제5조 제1항 및 동법 시행령 제7조 제1항이 보호하고자 하는 것은 상수원의 확보와 수질보전일 뿐이고, 그 상수원에서 급수를 받고 있는 지역주민들이 가지는 상수원의 오염을 막아 양질의 급수를 받을 이익은 직접적이고 구체적으로는 보호하고 있지 않음이 명백하여 위 지역주민들이 가지는 이익은 상수원의 확보와 수질보호라는 공공의 이익이 달성됨에 따라 반사적으로 얻게 되는 이익에 불과하므로 지역주민들에 불과한 원고들에게는 위 상수원보호구역변경처분의 취소를 구할 법률상의 이익이 없다.[8)] 그러나 상수원보호구역 설정 및 해제의 근거가 되는 수도법규정이 상수원의 수질보호와 함께 물이용자의 개인적 이익도 직접 보호하는 것을 목적으로 하고 있다고 볼 수도 있고, 현재와 같이 한강수계 상수원수질개선 및 주민지원 등에 관한 법률 및 동법 시행령에 따라 수도사업자가 물이용부담금을 납부하고(이 물이용부담금은 수도요

5) 대법원 1975.5.13. 선고 73누96, 97 판결
6) 대법원 1983.7.12. 선고 83누59 판결
7) 대법원 1998.4.24. 선고 97누3286 판결; 1990.9.22. 선고 97누19571 판결
8) 대법원 1995.9.26. 선고 94누14544 판결

금에 전가될 것이다) 이 재원으로 상수원보호구역에 재정지원을 하고 있는 점 등을 고려하면 상수원보호구역을 규율하는 수도법 규정으로 인하여 수돗물 이용자가 받는 이익은 법적 이익이라고 볼 수도 있다는 견해도 있다.[9]

㉡ 산림훼손허가 및 중소기업창업사업계획승인처분에 대한 농경지의 풍수해를 우려한 인근 주민의 원고적격 부인[10]

㉢ 국유도로의 공용폐지처분 및 다른 문화재의 발견을 원칙적으로 봉쇄한 피고의 주택건설사업계획처분을 다툴 인근 주민의 원고적격의 부인[11]

(2) 경업자소송

① 경업자소송의 의의

경업자소송이란 일정한 시장에서 신규진입을 허용하는 면허에 대하여 새로운 경쟁을 부담하게 되는 기존업자가 제기하는 소송이다. 일반적으로 면허나 인허가 등의 수익적 행정처분으로 인한 경영의 불합리를 방지하는 것도 그 목적으로 하고 있는 경우, 다른 업자에 대한 면허나 허가 등의 수익적 행정처분에 대하여 미리 같은 종류의 면허나 인허가 등의 수익적 행정처분을 받아 영업을 하고 있는 기존의 업자는 경업자에 대하여 이루어진 면허나 인허가 등 행정처분의 상대방이 아니라 하더라도 해당 행정처분의 취소를 구할 원고적격이 있다.

영업을 규제하는 법령으로 인하여 경쟁관계에 있는 영업자가 받는 이익이 법적 이익인지 반사적 이익인지가 문제된다. 영업을 규제하는 법령이 공익뿐만 아니라 경쟁관계에 있는 영업자의 영업상 이익도 아울러 직접 보호하고 있는 경우에 해당 경쟁관계에 있는 영업자의 영업상 이익은 법적 이익이고, 영업을 규제하는 법령이 공익의 보호만을 목적으로 하고 이로 인하여 경쟁관계에 있는 영업자가 반사적으로 이익을 얻는 경우에는 해당 경쟁관계에 있는 영업자의 영업상 이익은 반사적 이익이라 하겠다. 판례는 일반적으로 특허로 받는 기존영업자의 이익은 법률상 이익으로 보고, 허가로 받는 영업자의 이익은 원칙상 반사적 이익 내지는 사실상 이익에 불과한 것으로 보는 경향이다.

② 판례

㉠ 기존업자가 특허기업인 경우 원고적격 인정

ⓐ 신규노선 연장인가처분에 대한 해당 노선의 기존사업자의 취소청구[12]

ⓑ 약종상의 영업소 이전허가에 대해 해당 허가 지역 내의 기존업자의 취소청구[13] 등

㉡ 기존업자가 허가기업인 경우 원고적격 부인

ⓐ 석탄가공업에 관한 기존허가업자의 신규허가에 대한 불복[14]

---

9) 박균성, 행정법론(上), 제9판, 145면.
10) 대법원 1991.12.13. 선고 90누10360 판결
11) 대법원 1992.9.22. 선고 91누13212 판결
12) 대법원 1974.4.9. 선고 73누173 판결
13) 대법원 1988.6.14. 선고 87누873 판결
14) 대법원 1980.7.22. 선고 80누33, 34 판결

ⓑ 제3자에 대한 새로운 양곡가공업허가처분으로 인하여 불이익을 당하게 된 기존의 양곡가공업 허가자가 그 처분의 취소를 구할 원고적격을 가지는지 여부 : 양곡가공업허가는 금지를 해제하는 명령적 행위에 불과하여 그 허가의 효과도 영업자유의 회복을 가져올 뿐이므로, 이 영업의 자유는 법률이 직접 양곡가공업의 피허가자에게 독점적 재산권을 취득하게 하는 것이 아니라 법률이 국민식량의 확보와 국민경제의 안정이라는 공공의 복리를 목적으로 영업의 자유를 일반적으로 제한함으로 인하여 그 영업자유의 제한이 해제된 피허가자에게 간접적으로 사실상의 이익을 부여하게 됨에 불과하다 할 것이니, 피고보조참가인에게 이 사건 양곡가공업허가를 해준 지역이 새로운 양곡가공업의 허가를 하여 줄 수 없도록 법령상 제한되어 있는 곳이라고 볼 근거가 없는 이상, 그 허가처분으로 인하여 이미 같은 허가를 받고 있는 원고의 양곡가공업상의 이익이 사실상 감소된다고 하더라도 이 불이익은 이 사건 양곡가공업허가처분으로 인한 단순한 사실상의 반대적 결과에 지나지 아니하고 이로 말미암아 법률상 원고의 권리가 침해당한 것이라고 할 수는 없는 것이므로 원고는 피고보조참가인에 대한 이 사건 양곡가공업허가처분에 대하여 그 취소를 소구할 수 있는 법률상 이익이 없다.[15)]

ⓒ 이 외에도 물품수입허가에 대한 같은 품종의 제조판매업자의 취소청구[16)], 숙박업구조변경허가처분에 대한 기존숙박업자의 취소청구[17)] 등이 있다.

㉢ 기존 경업자에 대한 수익처분을 다투는 소송 : 행정청이 경쟁관계에 있는 기존의 업자에게 보조금을 지급하는 등 수익적 처분을 하여 다른 경업자에게 불리한 경쟁상황을 야기한 경우에 다른 경업자는 그 수익적 처분을 다툴 원고적격이 있는지가 문제가 된다.

이 경우에 수익적 처분의 요건법규가 공익뿐만 아니라 경쟁관계에 있는 자의 경제적 이익도 보호하고 있다고 여겨지는 경우에 한하여 경업자에게 원고적격이 인정될 수 있을 것이다.[18)]

경업자에게 불리한 경쟁상황을 야기했다는 것은 경쟁의 자유를 침해한 것이 되고 경쟁의 자유는 헌법상 기본권인 직업의 자유에 포함되므로 헌법상 기본권을 원고적격의 인정기준이 되는 법률상 이익에 포함되는 것으로 본다면 이 경우에 경업자에게 원고적격이 인정될 수 있지만 현재의 판례는 기본권의 침해만으로는 원고적격을 인정하지 않고 있다.

㉣ 기존 경업자에 대한 규제권 발동의 거부 또는 부작위를 다투는 소송 : 행정청에 대하여 경쟁관계에 있는 경업자의 불공정행위에 대하여 규제권을 발동할 것을 청구하였음에도 해당 행정청이 규제권을 발동하지 않는 경우(거부 또는 부작위의 경우)에 규제권발동을 청구한 경업자는 거부처분의 취소소송 또는 부작위위법확인소송을 제기할 원고적격을 가지는가의 문제이다.

이 경우 원고적격은 행정청의 규제권의 근거가 되는 법규가 공정한 경쟁질서의 확보라는

---

15) 대법원 1990.11.13. 선고 89누756 판결
16) 대법원 1971.6.29. 선고 69누91 판결
17) 대법원 1990.8.14. 선고 89누7900 판결
18) 박균성, 행정법론(상), 973면.

공익 이외에 다른 경업자의 개인적 이익도 보호하고 있다고 해석되는 경우에 인정된다. 또한 헌법상 기본권도 원고적격 인정의 근거가 될 수 있다고 본다면 경업자의 불공정행위로 불리한 경쟁관계에 놓이게 된 경업자에게 행정청의 규제권의 불행사를 다툴 원고적격을 가진다고 볼 수 있다.[19)]

(3) 경원자소송

① 경원자소송의 의의

경원자소송(競願者訴訟)은 인허가 등의 수익적 행정처분을 신청한 여러 명이 서로 경쟁관계에 있어서 한쪽에 대한 허가가 다른 쪽에 대한 불허가가 될 수밖에 없는 경우에서 허가 등의 처분을 받지 못한 자가 제기하는 소송을 말한다. 통설 및 판례는 경원관계만으로 취소를 구할 법률상 이익이 있다고 본다. 경원자소송에서는 법적 자격의 흠결로 신청이 인용될 가능성이 없는 경우를 제외하고는 경원관계의 존재만으로 거부된 처분의 취소를 구할 법률상 이익이 있다. 경원자관계란, 인·허가 등에 있어서 서로 양립할 수 없는 출원(신청)을 제기한 자로서, 일방에 대한 허가는 타방에 대한 불허가로 귀결될 수밖에 없는 관계를 의미한다. 이때 서로 양립할 수 없다는 의미는 성질상 양립할 수 없는 경우(동일대상에 대한 공유수면매립면허, 또는 도로점용허가)나 법규상 양립할 수 없는 경우(법규상 거리제한 규정 또는 지역별 업소수 제한규정이 있는 경우)를 포함한다.

경원자관계는 새로이 인·허가 신청 등의 출원을 제기하는 신규출원자들 상호 간의 관계이므로, 기존업자 상호 간 또는 기존업자와 신규출원자 상호 간의 관계를 의미하는 경업자관계와 구별된다. 이러한 경원자관계에 있는 경우, 행정청의 심사의 잘못으로 우선순위가 있는 자신에 대하여 인·허가가 되지 않고 타인에 대하여 인·허가가 났다고 주장하는 자는, 자신에 대한 허가거부처분 취소소송을 제기할 수 있을 뿐만 아니라 타인에 대한 인허가 취소소송을 제기할 수도 있고 양자를 병합제기할 수도 있다. 이러한 경원자소송을 제기하는 자에게는 법률상 보호되는 이익, 즉 원고적격이 있다는 것이 앞에서 살펴본 바와 같이 통설과 판례의 태도이다.

② 판례

판례

행정소송법 제12조는 취소소송은 처분 등의 취소를 구할 법률상의 이익이 있는 자가 제기할 수 있다고 규정하고 있는바, 인·허가 등의 수익적 행정처분을 신청한 수인이 서로 경쟁관계에 있어서 일방에 대한 허가 등의 처분이 타방에 대한 불허가 등으로 귀결될 수밖에 없는 때(이른바 경쟁관계에 있는 경우로서 동일대상지역에 대한 공유수면매립면허나 도로점용허가 혹은 일정지역에 있어서의 영업허가 등에 관하여 거리제한규정이나 업소개수 제한규정 등이 있는 경우를 그 예로 들 수 있다), 허가 등의 처분을 받지 못한 자는 비록 경원자에 대하여 이루어진 허가 등 처분의 상대방이 아니라 하더라도 당해 처분의 취소를 구할 당사자적격이 있다 할 것이고 다만 구체적인 경우에 있어서 그 처분이 취소된다 하더라도 허가 등의 처분을 받지 못한 불이익이 회복된다고 볼 수 없을 때에는 당해 처분의 취소를 구할 정당한 이익이

19) 박균성, 행정법론(상), 973면.

> 없다고 할 것이다. … 액화석유가스충전사업의 허가기준을 정한 전라남도고시에 의하여 고흥군 내에는 당시 1개소에 한하여 LPG 충전사업의 신규허가가 가능하였는데 원고가 한 허가신청은 관계법령과 위 고시에서 정한 허가요건을 갖춘 것이고 피고보조참가인(이하 '참가인'이라 부른다)들이 그것은 그 요건을 갖추지 못한 것임에도 피고는 이와 반대로 보아 원고의 허가신청을 반려하는 한편 참가인들에 대하여는 이를 허가하는 이 사건처분을 하였다는 것인바 그렇다면 원고와 참가인들은 경원관계에 있다 할 것이므로 원고에게는 이 사건 처분의 취소를 구할 당사자적격이 있다고 하여야 함은 물론 나아가 이 사건처분이 취소된다면 원고가 허가를 받을 수 있는 지위에 있음에 비추어 처분의 취소를 구할 정당한 이익도 있다고 하여야 할 것이다(대법원 1992.5.8. 선고 91누13274 판결).

한편 사업인정의 경우 일정지역에 대하여 공용수용할 수 있는 특허를 부여하는 행위이므로 동일 지역에 동시에 여러 개의 사업인정이 존재할 수 없으므로 일방의 사업시행자에게 사업인정을 발령하였다면 타방이 사업시행자에게 더 이상 사업인정을 할 수 없는 것이어서 경원자관계가 성립한다. 따라서 원고적격이 인정되고 사업인정처분에 대하여 취소소송 또는 무효등확인소송을 제기할 수 있다.

(4) 공물의 일반사용자의 이익

공물의 일반사용자의 이익을 종래 반사적 이익으로 보았으나 오늘날 공권으로 보는 것이 일반적 견해이다.

2) 공권과 기본권

공권은 그 침해에 대하여 재판에 의한 구제를 청구할 수 있는 권리를 말한다. 이와 관련하여 처분의 근거법령에 의거하여서는 권리침해를 주장할 수 없는 경우에 보충적으로 헌법상 기본권의 침해를 이유로 취소소송을 제기할 수 있는지 여부가 문제된다. 헌법상 기본권이 공권이라는 점에 대해서는 이론이 없다. 따라서 기본권 침해를 이유로 하여 취소소송을 제기할 수 있다고 볼 수도 있다. 그러나 헌법상 기본권 모두가 재판에 의하여 구제될 수 있는 공권으로 보기는 어렵다. 즉 기본권의 구체적 내용에 따라 구체적인 내용을 갖고 있어 법률에 의해 구체화되지 않아도 직접 적용될 수 있는 경우에는 재판상 주장될 수 있는 구체적 공권이라 할 수 있다. 자유권, 평등권과 재산권이 그 예이다.
생존권은 원칙상 추상적 권리이지만 적극적 공권력 행사에 의해 생존권이 침해된 경우에 그 침해를 배제하기 위하여 해당 공권력 행사의 취소를 청구함에 있어서 또는 최소한도의 보장을 적극적으로 청구함에 있어서는 구체적 권리성을 갖는 것으로 보아야 하며, 이 경우에 비로소 국민은 개인적 공권의 주체가 된다고 보아야 한다. 관계법령에 의해 보호되는 개인적 이익이 침해되지 않은 경우에도 구체적 공권인 헌법상 기본권이 침해된 때에는 보충적으로 헌법상 기본권을 재판상 주장할 수 있는 행정법상 공권으로 볼 수 있다.
헌법재판소는 근거법률상으로 법률상 이익의 인정 여부가 불분명한 경우에도 기본권의 하나인 경쟁의 자유에 근거하여 원고적격을 긍정하고 있다.

국세청장의 지정행위(납세병마개 제조자지정행위)의 근거규범인 이 사건 조항들이 단지 공익만을 추구할 뿐 청구인 개인의 이익을 보호하려는 것이 아니라는 이유로 청구인(지정행위의 상대방이 아닌 제3자)에게 취소소송을 제기할 법률상 이익을 부정한다고 하더라도, 국세청장의 지정행위는 행정청이 병마개 제조업자들 사이에 특혜에 따른 차별을 통하여 사경제 주체 간의 경쟁조건에 영향을 미치고 이로써 기업의 경쟁의 자유를 제한하는 것임이 명백한 경우에는 국세청장의 지정행위로 말미암아 기업의 경쟁의 자유를 제한받게 된 자들은 적어도 보충적으로 기본권에 의한 보호가 필요하다. 따라서 일반법규에서 경쟁자를 보호하는 규정을 별도로 두고 있지 않은 경우에도 기본권인 경쟁의 자유가 바로 행정청의 지정행위의 취소를 구할 법률상의 이익이 된다 할 것이다.[20]

이에 대하여 대법원은 새만금사건의 대법원 2006.3.16. 선고 2006두330 전원합의체판결에서 헌법 제35조 제1항에서 인정하는 환경권에 근거하여서는 취소소송의 원고적격이 인정되지 아니한다고 하였다. "헌법 제35조 제1항에서 정하고 있는 환경권에 관한 규정만으로는 그 권리의 주체・대상・내용・행사방법 등이 구체적으로 정립되어 있다고 볼 수 없어, 환경영향평가 대상지역 밖에 거주하는 주민에게 헌법상의 환경권 또는 환경정책기본법에 근거하여 공유수면매립면허처분과 농지개량사업 시행인가처분의 무효 확인을 구할 원고적격이 없다."

3) 무하자재량행사청구권

(1) 의의

무하자재량행사청구권이란 사인이 행정청에 대하여 재량행사를 하자 없이 행사해 줄 것을 청구할 수 있는 권리를 말한다. 행정청에게 재량권이 인정되는 경우에는 행정청이 처분을 함에 있어서 재량권의 한계를 준수하여 줄 것을 청구할 수밖에 없고, 어떤 특정한 행위를 구하는 권리가 개인에게 주어질 수 없다.

(2) 법적 성질

무하자재량행사청구권을 어떤 성질을 갖는 권리로 볼 것인가에 대해 ① 형식적 권리 내지 절차적 권리로 보는 입장, ② 실체법적 권리로서 형식적 권리(절차적 권리)로 보는 입장, ③ 형식적 권리로 보는 입장 등이 대립된다.

무하자재량행사청구권은 특정한 내용의 처분을 하여 줄 것을 청구하는 권리가 아니고 재량권을 흠 없이 행사하여 어떠한 처분을 하여 줄 것을 청구하는 권리인 점에서 형식적 권리라고 할 수 있다. 형식적 권리인 점에서 특정한 내용의 행위를 청구할 수 있는 실질적 권리와 구별된다.

무하자재량행사청구권은 당사자가 특정한 재량행위의 발동을 내용으로 하는 것이 아니라, 흠 없는 재량권을 행사해 줄 것을 청구한다는 점에서, 실체적 권리가 아닌 형식적 권리로 보아야 한다. 그러나 이 청구권을 절차법적 권리 또는 절차적 권리로 표현한 것은 타당하지 않다. 이 청구권은 절차상의 권리가 아니라, '내용상으로 흠 없는 재량권을 행사해 줄 것'을 청구하는 권리이기 때문이다. 오늘날 무하자재량행사청구권과 여타의 개인적 공권과의 중요한 구별은 행정청이 완전히

---

20) 헌재결정 1998.4.30. 선고 97헌마141 전원재판부

기속되어 하나의 결정만을 내려야 하는가 또는 재량이 주어지기 때문에 여러 개의 적법한 결정이 가능한가에 따라서 구별된다.

(3) 인정 여부

무하자재량행사청구권을 독자적 권리로 인정할 필요가 있는가에 관하여 견해가 대립하고 있다. 판례는 이러한 무하자재량행사청구권을 원칙적으로 부정한다. 다만 예외적으로 검사임용거부처분취소소송과 관련하여 다음과 같이 판시하였다[21].

검사의 임용 여부는 임용권자의 자유재량에 속하는 사항이나, 임용권자가 원고를 비롯한 다수의 검사 지원자들로부터 임용 신청을 받아 자체에서 정한 임용기준에 따라 일부만을 선정하여 검사로 임용하는 경우에 있어서 법령상 검사임용 신청 및 그 처리의 제도에 관한 명문 규정이 없다고 하여도 조리상 임용권자는 임용신청자들에게 임용 여부의 응답을 해줄 의무가 있고, 이것은 재량권의 일탈이나 남용이 없는 위법하지 않은 응답을 할 의무라고 하였다.

"검사의 임용에 있어서 임용권자가 임용 여부에 관하여 어떠한 내용의 응답을 할 것인지는 임용권자의 자유재량에 속하므로 일단 임용거부라는 응답을 한 이상 설사 그 응답내용이 부당하다고 하여도 사법심사의 대상으로 삼을 수 없는 것이 원칙이나, 적어도 재량권의 한계 일탈이나 남용이 없는 위법하지 않은 응답을 할 의무가 임용권자에게 있고 이에 대응하여 임용신청자로서도 재량권의 한계 일탈이나 남용이 없는 적법한 응답을 요구할 권리가 있다고 할 것이며, 이러한 응답신청권에 기하여 재량권 남용의 위법한 거부처분에 대하여는 항고소송으로서 그 취소를 구할 수 있다고 보아야 하므로 임용신청자가 임용거부처분이 재량권을 남용한 위법한 처분이라고 주장하면서 그 취소를 구하는 경우에는 법원은 재량권남용 여부를 심리하여 본안에 관한 판단으로서 청구의 인용 여부를 가려야 한다."

우리의 경우 취소소송이나 부작위위법확인소송에서는 원고적격부분에서 법률상 이익의 존부 여부(권리의 존부여부)를 실질적으로 심사하고, 본안에서 처분이나 부작위의 위법성 여부만을 심사하는 것이 법원의 일관된 입장이다. 이에 따른다면 처분의 근거법률이 재량법규이고 사익보호를 의도하는 경우에 관련 개인은 행정청에 재량을 하자 없이 행사하여 줄 것을 요구할 수 있는 무하자재량행사청구권을 갖고 있기 때문에 원고적격을 인정받으며, 본안에서 재량의 하자가 확인되어 처분이 위법하다고 판단되면 인용판결을 받을 것이다. 위의 대법원의 판시 역시 이러한 논리에 입각하고 있다고 판단된다. 따라서 긍정설이 타당하다.

(4) 무하자재량행사청구권의 성립요건

무하자재량행사청구권도 공권이므로 무하자재량행사청구권의 성립요건은 공권의 성립요건과 같다. 즉, ① 행정청에게 강행법규에 의해 재량권을 행사하여 어떠한 처분을 하여야 할 의무가 부과되어야 한다(처분의무). 행정청의 처분의무는 법령상 인정될 수 있을 뿐만 아니라 조리상 인정될 수도 있다. 여기에서의 행정청의 처분의무는 특정한 내용의 처분의무가 아니라 하자 없이 재량권을 행사

---

21) 대법원 1991.2.12. 선고 90누5825 판결

하여 어떠한 처분을 해야 할 의무이다. 기속행위에 있어서의 법적 의무는 그 종국적 결정에 대하여도 미치는 것인 데 반하여, 무하자재량행사청구권에 있어서의 법적 의무는 종국적 결정의 형성과정에만 미치는 것이라는 점에서, 기본적 차이가 있다 하겠다. ② 재량권을 부여하는 법규가 공익뿐만 아니라 관계있는 개인의 이익도 보호하는 것을 목적으로 하는 것이어야 한다(사익보호성).

(5) 무하자재량행사청구권의 행사

무하자재량행사청구권이 인정되는 경우는 행정청에게 그의 재량권을 올바르게 행사하여 처분할 의무가 있고 이에 대응하여 관계 개인은 재량권의 올바른 행사에 근거한 처분을 받을 권리를 갖게 된다. '재량권이 영으로 수축'하는 경우에는 무하자재량행사청구권은 특정한 내용의 처분을 하여 줄 것을 청구할 수 있는 행정행위발급청구권 또는 행정개입청구권으로 전환된다.

재량권의 영으로의 수축이라 함은 일정한 예외적인 경우에 재량권이 있는 행정청에게 선택의 여지가 없어지고 특정한 내용의 처분을 하여야 할 의무가 생기는 것을 말한다. 다음과 같은 경우에 재량권이 영으로 수축된다. ① 사람의 생명, 신체 및 재산 등에 중대하고 급박한 위험이 존재하고, ② 그러한 위험이 행정권의 발동에 의해 제거될 수 있는 것으로 판단되며, ③ 피해자의 개인적인 노력으로는 권익침해의 방지가 충분하게 이루어질 수 없다고 인정되어야 한다. 재량권이 영으로 수축하는 경우 행정청은 특정한 내용의 처분을 하여야 할 의무를 진다.

(6) 무하자재량행사청구권과 원고적격의 관계

무하자재량행사청구권은 재량법규가 사익을 보호하는 경우에 인정되는 실체적 권리이므로 무하자재량행사청구권이 인정되는 경우 원고적격이 인정된다. 다만, 원고적격을 인정하기 위해 무하자재량행사청구권이라는 개념이 반드시 필요한 것은 아니다. 원고적격론에 따라 처분의 근거법규가 사익을 보호하는 경우 원고적격이 인정되는 것이다. 무하자재량행사청구권이라는 개념을 인정하지 않더라도 원고적격을 인정할 수 있다는 점에서 오늘날 원고적격과 관련하여서는 그 개념인정의 실익은 없다.

4) 행정개입청구권

(1) 의의

행정개입청구권[22]이란 광의로는 직접 자기를 위한 행정행위발급청구권과 타자에 대해 행정권을 발동할 것을 요구할 수 있는 일체의 공권을 의미하며, 협의로는 행정청의 부작위로 인하여 권익을 침해당한 자가 해당 행정청의 규제감독권 기타 행정권의 위법한 불행사에 대하여 제3자에 대한 적정한 권력발동을 청구하는 권리이다. 우리나라의 경우 협의의 행정개입청구권이 일반적으로 통용되는 개념이다. 그 전형적인 예로는 경찰개입청구권을 들을 수 있을 것이다.[23]

---

22) 행정개입청구권은 1960년의 독일 연방행정재판소의 띠톱판결(Bandsägen Urteil)에서 시작하여 학설・판례상 정착되었다. 띠톱판결은 "흠 없는 재량의 행사에는 다른 여러 가지 사정과 함께 방해 또는 위험의 정도와 중대성(das Ausmß oder die Schwer der Störung oder Gefährung)이 결정적 중요성을 갖는다. 따라서 중대한 방해위험이 존재하는 경우에는 행정청의 불개입결정은 그것만으로도 재량의 남용이 된다."라고 판시하였다.

(2) 이론적 배경

종래에는 행정권은 공익추구를 위하여 존재하는 권한이므로 개인이 자신의 이익을 위하여 타인에 대한 일정한 행정개입의 청구할 수는 없으며, 행정권의 발동여부는 행정청 스스로가 판단・선택할 문제일 뿐이라고 하였다. 그러나 현대복지국가행정에 있어서, 개인의 생활관계 내지 공익을 위하여 행정주체는 규제감독권 기타의 행정권을 발동할 의무가 있고 사인은 행정청의 부작위에 위법성이 인정되면, 사전적・사후적 행정 구제를 위하여 행정청의 개입을 요구할 수 있는 권리가 인정된다고 보게 되었다. 따라서 공익실현을 위한 행정권의 발동으로 국민이 받게 되는 이익은 반사적 이익에 지나지 않는다는 명제는 공권의 확대이론에 따라 더 이상 유지될 수 없게 되었다. 행정개입청구권은 이와 같은 행정권에 대한 관념의 변화를 바탕으로 반사적 이익론 및 행정편의주의에 대한 반성적 극복을 통하여 구성된 이론이다.

(3) 내용

① 행정행위발급청구권

행정행위발급청구권이라 함은 개인이 자기의 권익을 위하여 자기에 대하여 일정한 내용의 행정권을 발동하여 줄 것을 청구할 수 있는 권리를 말한다.

② 협의의 행정개입청구권

㉠ 의의 : 협의의 행정개입청구권이라 함은 어떠한 행정권의 발동이 그 상대방에 대하여는 침해적이고 제3자에 대하여는 수익적인 경우에 그 행정권의 발동으로 이익을 받는 자가 행정청에게 그 상대방에 대한 행정권의 발동을 청구할 수 있는 권리를 말한다.

㉡ 성립요건 : 협의의 행정개입청구권이 인정되려면 (ⅰ) 행정청에게 개입의무(행정권의 발동의무)가 있어야 하고(강행법규성 및 개입의무), (ⅱ) 행정권의 발동에 관한 법규가 공익뿐만 아니라 제3자의 사익을 보호하고 있어야 한다(사익보호성).

행정권의 발동 여부는 원칙상 행정청의 재량에 속한다. 왜냐하면 행정권 발동의 대상이 되는 행정 현실이 매우 다양하며 행정수단이 제약되어 있기 때문이다. 그러나 법에서 행정권의 발동 여부에 관하여 행정권의 재량을 인정하지 않고 있는 경우가 있고, 법에서 행정권의 발동에 관하여 행정청에게 재량권을 부여하고 있는 경우에도 일정한 경우에는 해당 재량권이 영으로 수축하는 경우가 있다. 이 경우에는 행정청에게 개입의무(발동의무)가 존재한다. 그리고 행정개입청구권은 기속행위의 경우에는 당연히 인정된다. 재량행위의 경우

---

23) 행정개입청구권을 정면으로 인정한 판례는 아직 없다. 그러나 이 법리를 채용하여 국가배상청구를 인용한 사례를 보면, 무장공비가 출현하여 가족구성원이 위협받고 있던 경우에 다른 가족구성원이 경찰에 3차례나 출동을 요청하였음에도 불구하고 출동하지 않아 구성원이 사망하게 된 경우에, 이에 대한 국가의 손해배상책임을 인정한 사례를 들 수 있다(대법원 1971.4.6. 선고 71다124 판결).

경찰관직무집행법 제5조는 경찰관은 인명 또는 신체에 위해를 미치거나 재산에 중대한 손해를 끼칠 우려가 있는 위험한 사태가 있을 때에는 그 각 호의 조치를 취할 수 있다고 규정하여 형식상 경찰관에게 재량에 의한 직무수행권한을 부여한 것처럼 되어 있으나, 경찰관에게 그러한 권한을 부여한 취지와 목적에 비추어 볼 때 구체적인 사정에 따라 경찰관이 그 권한을 행사하여 필요한 조치를 취하지 아니하는 것이 현저하게 불합리하다고 인정되는 경우에는 그러한 권한의 불행사는 직무상의 의무를 위반한 것이 되어 위법하게 된다(대법원 1998.8.25. 선고 98다16890 판결).

에는 무하자재량행사청구권이 인정되고 행정개입청구권은 원칙상 인정되지 않지만, 전술한 바와 같이 재량권이 영으로 수축하는 경우에는 무하자재량행사청구권은 행정개입청구권으로 전환되어 행정개입청구권이 인정된다.

행정개입청구권은 행정권의 발동을 규율하는 법규가 공익의 보호뿐만 아니라 개인의 이익도 보호하는 것을 목적으로 하고 있는 경우에 인정된다.

㉢ 청구권의 행사방법

ⓐ **의무이행심판** : 우리나라 행정심판법 제5조 제3호는 이 심판을 '행정청의 위법 또는 부당한 거부처분이나 부작위에 대하여 일정한 처분을 하도록 하는 심판'이라고 정의하고 있다. 따라서 관계법상의 일정 개인에 행정개입청구권이 인정되는 경우에 그에 기한 개인 신청이 위법 또는 부당하게 거부 또는 방치된 경우에 당사자는 의무이행심판을 제기할 수 있음은 물론이다. 이러한 심판청구가 이유가 있는 때에는 재결청은 '지체 없이 신청에 따른 처분을 하거나 이를 할 것을 명하여야 한다(행정심판법 제43조 제5항).'

ⓑ **부작위위법확인소송** : 개인에게 관계 법규상 행정개입청구권이 인정되는 경우에 그에 따른 개인 신청에 대하여 행정청이 이를 방치하고 있는 경우에는 개인은 부작위위법확인소송(행정소송법 제4조 제3호)을 제기하여 행정청의 방치행위(부작위)가 위법한 것이라는 확인을 받을 수 있을 것이다. 또한 판결에 의하여 그 위법성이 확인되는 경우에는 행정청은 '판결의 취지에 따라 … 이전의 신청에 대한 처분을 하여야 한다(행정소송법 제38조 · 제30조 제2항).' 이 규정에 따른 부작위위법확인소송에 있어서도 행정청은 처분의무가 있는 것이다.

ⓒ **취소소송** : 관계 법규상 행정청에 대한 행정개입청구권이 인정되는 경우에는 개인은 구체적인 규제, 감독, 경찰권 등의 발동을 구할 수 있는 것임은 물론이다. 이러한 개인의 신청에 대하여 행정청이 이를 거부하는 경우에는 개인은 소송을 제기하여 그 취소를 구할 수 있을 것이다. 해당 거부처분이 판결에 의하여 취소되면 행정청은 '판결의 취지에 따라 다시 이전의 신청에 대한 처분을 하여야 한다(재처분의무 : 행정소송법 제30조 제2항).' 행정개입청구권은 개인의 행정청에 대한 특정처분을 할 것을 구하는 권리를 그 내용으로 하는 것이므로 이 경우 행정청은 상대방의 신청대로 처분을 하여야 하는 것이다.

05 절 특별행정법관계

특별행정법관계란 특별한 행정목적을 달성하기 위하여 특별권력기관과 특별한 신분을 가진 자와의 사이에 성립되는 특별한 법률관계를 말한다. 특별행정법관계는 행정주체와 일반 국민 사이에 성립되는 일반행정법관계에 대응하는 개념이다. 특별행정법관계의 예로는 군인의 군복무관계, 공무원의 근무관계, 교도소재소관계, 국공립학교의 재학관계 등을 들 수 있다. 특별행정법관계는 공법상의 근무관계, 공법상의 영조물이용관계, 공법상 특별감독관계, 공법상의 사단관계로 분류된다.
특별행정법관계는 종래 특별권력관계로서 이해되고 있었던 것이 오늘날 법치주의가 확대 · 강화됨에 따라 이 관념에 대해 새로운 해석이 시도되면서 형성된 개념으로 특별신분관계 · 특별법관계라고도 한다.

06 절 행정법상의 행위

1. 의의

행정법상 법률관계의 발생 · 변경 · 소멸의 원인이 되는 것을 행정법상 법률요건이라 하며, 법률요건을 이루는 개개의 사실을 법률사실이라 한다. 행정법상 법률요건은 1개의 법률사실(상계)로 이루어지는 경우도 있고, 여러 개의 법률사실(공법상 계약에서의 청약과 승낙, 건축허가에서 신청과 허가)로 이루어지는 경우도 있다. 행정법상 법률사실은 민법과 같이 사람의 정신작용을 요소로 하는가 여부에 따라 용태와 사건으로 나누어진다. 행정법상의 법률요건과 법률사실은 사법상의 그것을 유추한 개념이라 할 수 있다. 행정법상의 법률관계는 행정주체의 공법행위 또는 사인의 공법행위 및 사건에 의해 발생 · 변경 · 소멸한다.

2. 행정주체의 공법행위

행정주체의 공법행위란 사법행위에 대한 개념으로 공법관계에서 행정주체와 사인 간의 행위로서 공법적 효과를 발생시키는 모든 행위들을 총칭하는 개념이다. 이는 실정법상의 용어가 아니라 강학상의 개념이다. 행정주체의 공법행위는 행정의 행위형식으로서 행정입법, 행정행위, 공법상 계약, 사실행위 등이 있다. 이들은 후술한다.
행정주체의 공법행위는 매우 다양하다. 행정주체의 공법행위를 성질에 따라 유형화한 것이 행위형식인데, 행정입법, 행정행위, 공법상 계약, 사실행위 등이 있다. 이에 대해서는 후술한다.

3. 사인의 공법행위

1) 의의

사인의 공법행위란 사인이 공법관계에 있어서 일정한 행위를 행하고 이에 공법적 효과를 발생하는 행위이다. 사인은 단순히 행정객체의 지위에서 행정의 상대방만이 되는 것은 아니다. 사인은 공법상 여러 행위를 할 권리와 의무를 갖는다. 특히 오늘날 현대 복지국가의 등장과 민주행정의 신장은 사인의 공법행위문제를 행정법관계에서 사인의 지위라는 시각에서 새롭게 고찰하게 하였다. 이에 따라 사인의 행정에 대한 참여와 협력이 강조되고 공익을 위하여 여러 활동을 수행하게 된다. 그 예로 의견진술, 공청회에의 참가, 공법상 계약, 공법상 합동행위, 주민투표, 행정감시, 납세신고, 보고 등이 있다. 선진국에서는 국민의 행정참여가 확대되고 일방적 행정은 협의에 의한 행정으로 대체되고 있다. 또 환경행정에서처럼 행정목적의 달성에 있어서 시민이나 시민단체의 협력이 강조되는 경우도 있다.

2) 사인의 공법행위의 종류

사인의 공법상 행위는 여러 기준에 의해 분류할 수 있다.

(1) 행정주체의 기관으로서의 행위와 행정주체의 상대방으로서의 행위

이는 ① 사인이 선거인단의 일원으로서 하는 투표행위와 같이 사인이 국가나 공공단체의 기관으로서의 지위에서 행하는 행위와, ② 쟁송의 제기, 각종의 신고나 신청의 제출 및 동의 등 행정주체의 상대방 지위에서 어떠한 이익을 받을 목적으로 행하는 행위로 구분된다.

(2) 단순행위 · 합성행위 · 합동행위

공법행위를 구성하는 의사표시의 수를 표준으로 하여 하나의 의사표시로 행하는 단순행위(신고 등)와 다수의 공동의사표시로 1개의 의사가 구성되는 합성행위(합의체의 의결, 선거투표 등)와 다수당사자에 의한 같은 방향의 복수의사의 합치에 의하여 하나의 법률효과를 발생하는 합동행위(토지구획정리조합이나 재개발조합의 설립행위 등)가 있다.

(3) 단순행위와 상대방의 협력을 필요로 하는 (쌍방적) 행정행위

일방당사자의 의사표시만으로 법률효과를 발생하는 것이냐(의사 · 약사의 개업신고, 쟁송제기), 쌍방당사자의 의사의 합치에 의하여 법률적 효과를 발생하는 것이냐(토지수용법상의 협의)에 의한 구별이다. 상대방의 협력을 필요로 하는 행정행위의 경우에는 소정의 사인의 신청행위가 없으면 요건흠결의 행위가 된다.

(4) 의사표시행위와 통지행위

의사표시를 요소로 하느냐(국적이탈신고, 혼인신고, 퇴직원), 의사표시 이외의 관념 또는 사실의 통지행위(출생신고, 세법상 신고)에 의한 구별이다.

(5) 자체완성적 공법행위와 행정요건적 공법행위

사인의 행위가 행위 그 자체로서 법률효과를 완결하는 효과를 갖는 것을 자체완성적 공법행위(선거의 투표행위, 주민등록신고 등과 같은 신고행위, 건축법 제14조에 의한 건축신고)라고 한다. 자체완성적 공법행위는 사인의 신고가 있으면 행정청은 법정요건에 대한 형식적 심사만 할 수 있으며, 법정요건을 갖추었으면 수동적으로 접수하여야 한다.

행정요건적 공법행위란 사인의 행위가 행정주체의 어떤 공법행위가 행하여지는 동기 또는 요건이 되거나(허가신청, 쟁송제기, 사직원), 또는 공법상 계약 등의 사인의 청약행위(입학원, 임의적 공용부담신청, 국고보조신청 등)가 되는 데 그치고 그 자체로서 법률효과를 완성하지 못하는 행위를 말한다.

3) 적용법리

사인의 공법행위에 대해서는 일적인 통칙규정이 없으며, 예외적으로 개별법에 특별한 규정을 두고 있다. 법률상의 규정이 존재하지 않을 때에는, 민법의 규정 또는 법리가 적용될 수 있을 것인지, 특별한 고려를 할 것인지 여부는 해석상의 문제로 남는다.

⑴ 의사능력 · 행위능력

의사능력이 없는 자의 행위는 법률행위의 일반원칙에 따라 그 행위는 무효가 된다. 그러나 행위능력에 관하여는 보통 특별법으로 특정한 행위를 행함에 있어서 필요한 능력요건을 정하거나 민법의 무능력에 관한 특례를 두는 경우도 있으나(우편법 제10조), 그렇지 않을 때에는 민법의 무능력자 제도의 취지를 생각하여 구체적으로 문제되는 공법행위의 성질을 고려한 후 개별적으로 그 효과를 결정할 수밖에 없다. 다만, 사인의 공법행위 중 재산 관계적 행위에 대하여는 원칙적으로 민법의 규정이 유추 · 적용된다고 보는 것이 일반적인 견해이다.

⑵ 대리

대리행위를 금하는 특별한 규정(병역법 제89조)이 있거나 법 규정 또는 사안의 성질상 일신전속적인 것이기 때문에 대리에 친숙하지 아니한 경우(예 투표권의 행사, 귀화신청, 사직원의 제출)를 제외하고는 일반적으로 대리가 허용되는 것으로 볼 것이다.

대리를 허용하는 행위에 있어서는 대리의 형식 · 범위 그리고 대리권의 흠결 등은 특별한 규정이 없는 한 대체로 민법의 규정을 준용할 수 있을 것이다.

⑶ 효력발생시기

사인의 공법행위는 사법상의 행위에 비하여 보다 형식적인 확실성을 필요로 하기 때문에 민법의 경우처럼 도달주의에 의한다 할 것이다. 일반적으로 도달주의의 결과로 의사표시의 불도달 · 연착은 표의자의 불이익으로 되기 때문에 우편에 의하여 제출한 경우에는 도달의 입증은 발신인이 하여야 한다. 그러나 예외적으로 행위자인 사인의 이익을 위하여 발신주의를 취하는 경우도 있다(국세기본법 제5조의2 제1항).

⑷ 의사표시 또는 결정의 하자

사인의 공법행위에 표의자의 의사표시에 흠결(허위표시, 심리유보, 착오 등) · 의사결정의 하자(심신상실 상태에서의 의사결정, 사기 · 강박에 의한 의사표시)가 있는 경우 민법의 규정(민법 제107조 내지 제110조)이 대체로 준용된다. 그러나 공법관계에 있어서 행위의 특질상 표시주의의 입장을 취할 경우도 있다. 즉 사법의 공법행위 중 단체적 · 정형적 성질이 강하여 사인 간의 거래와는 다른 특수성이 인정되는 경우에는 민법총칙의 적용에 수정 · 변경을 가할 필요가 있을 것이다. 민법상 비진의 의사표시의 무효에 관한 규정은 그 성질상 영업재개신고나 사직(일괄사직)의 의사표시와

같은 사인의 공법행위에 적용되지 않는다.[24]

의사의 흠결과 관련하여 문제되는 것은 착오인바, 보통은 민법(제109조)의 규정이 유추・적용된다. 예를 들어 선거에서의 투표와 같은 합성행위는 그 집단성・형식성이 중시되므로 착오를 이유로 취소를 주장할 수 없다.

(5) 행위의 형식

보통 요식행위가 아니라고 한다. 그러나 증거관계의 확실성이 요구되는 행정심판청구나 소송제기 또는 각종 인・허가신청 등의 경우에 일정한 요식을 요구하는 경우가 많다(행정심판청구서, 인허가신청서). 또한 그 행위의 존재와 내용을 명확히 하는 것이 필요한 경우에는 법령에 특별한 규정이 없더라도 서면주의를 원칙으로 한다고 할 것이다.

(6) 부관

사인의 공법행위에는 부관을 붙일 수 없음이 원칙이다. 이는 사법상 행위와는 달리 명확성과 신속한 확정을 필요로 하기 때문이다.

(7) 철회・보정

일반적으로 사인의 공법행위는 그에 기초한 어떤 법적 효과가 완성될 때까지는 철회・보정할 수 있음이 원칙이다. 그러나 법률상 제한되는 경우도 있는데, 소장의 수정, 과세표준수정신고의 기한 제한(국세기본법 제45조) 등이다. 또한 합성행위 및 합동행위는 그 집단성・형식성 때문에 이미 형성된 법질서를 존중하여야 하므로 그 적용이 성질상 제한된다. 이와 관련하여 행정절차법은 "신청은 처분이 있기 전에는 그 신청의 내용을 보완하거나 변경 또는 취하할 수 있다. 다만, 다른 법령 등에 특별한 규정이 있거나 해당 신청의 성질상 보완・변경 또는 취하할 수 없는 경우에는 그러하지 아니하다."는 규정을(법 제17조 제8항)을 두고 있다.

(8) 사인의 공법행위의 하자의 효과

① 사인의 공법행위의 하자의 효력도 원칙상 행정행위의 하자의 효력과 동일하게 중대명백설에 따른다고 하겠다. 사인의 공법행위가 의사표시인 경우 원칙상 민법의 법률행위에 관한 규정이 유추적용된다. 그러나 전술한 바와 같이 사인의 공법행위의 성질상 민법상 의사표시의 하자에 관한 규정을 유추적용할 수 없는 경우가 있다. 자기완결적 신고가 부적법한 경우에는 신고의 효력이 발생하지 않는다. 수리를 요하는 신고의 경우에는 중대명백설에 의하는 것이 타당하다. 납세신고의 경우 원칙상 중대명백설에 의하지만, 예외적으로 명백성보충요건설을 취한 판례도 있다.[25]

② **행위요건적 공법행위의 하자의 행정행위에 대한 효력**

사인의 공법행위는 그 위법이 중대하고 명백하면 무효이고, 그 위법이 중대・명백하지 않은 경우에는 취소할 수 있는 행위가 된다.

24) 대법원 1978.7.25. 선고 76누276 판결 ; 대법원 2001.8.24. 선고 99두9971 판결
25) 대법원 2009.2.12. 선고 2008두11716 판결

③ 사인의 공법행위의 하자와 행정행위의 효력

사인의 공법행위의 흠은 그에 따라 행해진 행정행위의 효력에 어떠한 영향을 미치는 여부가 문제되는 경우가 있다. 이때는 사인의 공법행위가 행정행위의 전제요건인 경우와 그렇지 않은 경우로 나누어 살펴보는 것이 일반적이다.

즉 사인의 공법행위가 행정행위를 행하기 위한 단순한 동기인 경우에는 공법행위의 흠결은 행정행위의 효력에 아무런 영향을 미치지 않는다는 것이 일반적 견해이다. 그러나 사인의 공법행위가 행정행위의 전제요건인 경우(신청, 동의 등)에는 그 사인의 공법행위가 무효인 경우에 행정행위는 전제요건을 결하게 되어 무효라고 보고, 사인의 공법행위에 단순한 위법사유가 있는 때에는 그에 따른 행정행위는 원칙적으로 유효하다고 보는 것이 다수설의 견해이며 판례의 입장이다.[26]

판례는 공무원이 한 사직 의사표시의 철회나 취소는 그에 터잡은 의원면직처분이 있을 때까지 할 수 있는 것이고, 일단 면직처분이 있고 난 이후에는 철회나 취소할 여지가 없다고 하고,[27] 또 본인의 진정한 의사에 의하여 작성되지 아니한 사직원에 의한 면직처분의 적법여부에 대해 조사기관에 소환당하여 구타당하리라는 공포심에서 조사관의 요구를 거절치 못하고 작성교부한 사직서이라면 이를 본인의 진정한 의사에 의하여 작성한 것이라 할 수 없으므로 그 사직원에 따른 면직처분은 위법하다고 한다.[28]

4) 신청

(1) 의의

신청이라 함은 사인이 행정청에 대하여 일정한 조치를 취하여 줄 것을 요구하는 의사표시를 말한다. 신청은 주로 자신에 대한 수익적인 처분을 요구하기 위하여 행해지는데, 인・허가와 같이 자신에 대하여 직접 이익을 부여하는 처분을 요구하는 경우뿐만 아니라 제3자에 대하여 규제조치를 발동할 것을 요구하는 경우도 있다.

행정절차법은 제17조에서 처분을 구하는 신청의 절차를 규정하고 있다. 이에 반하여 민원사무처리에 관한 법률 시행령 제2조 제2항은 처분에 대한 신청, 법령 해석의 신청 등을 규율하고 있다.

(2) 신청의 요건

신청이 적법하기 위하여는 신청인에게 신청권이 있어야 하며 신청이 법령상 요구되는 구비서류 등의 요건을 갖추어야 한다. 신청요건은 처분요건(허가요건 등)과 구별되어야 한다.

(3) 신청의 효과

① 접수의무, 보완조치의무

행정청은 신청이 있는 때에는 다른 법령 등에 특별한 규정이 있는 경우를 제외하고는 접수의무를 진다. 따라서 접수를 보류 또는 거부하거나 부당하게 되돌려 보내서는 아니 된다(행정절

26) 대법원 2001.8.24. 선고 99두9971 판결
27) 대법원 2001.8.24. 선고 99두9971 판결[면직무효확인 등]
28) 대법원 1968.3.19. 선고 67누164 판결[면직처분취소]

차법 제17조 제4항). 또한 행정기관의 장은 민원사항의 신청이 있는 때에는 다른 법령에 특별한 규정이 있는 경우를 제외하고는 그 접수를 보류하거나 거부할 수 없으며, 접수된 민원서류를 부당하게 되돌려 보내서는 아니 된다(민원사무처리에 관한 법률 제9조 제1항). 따라서 신청이 형식적·절차적 요건을 구비한 경우 이를 접수하여야 한다.

② 보완조치의무

부적법한 신청에도 보완조치의무가 있다. 행정청은 신청에 구비서류의 미비 등 흠이 있는 경우에도 접수를 거부하여서는 안 되며 보완에 필요한 상당한 기간을 정하여 지체 없이 신청인에게 보완을 요구하여야 한다(행정절차법 제17조 제5항). 신청인이 제5항의 규정에 의한 기간 내에 보완을 하지 아니한 때에는 그 이유를 명시하여 접수된 신청을 되돌려 보낼 수 있다(동조 제6항). 보완요구는 처분은 아니며 보완하지 아니한 것을 이유로 한 신청서 반려조치는 거부처분으로 항고소송의 대상이 된다.

③ 응답의무

적법한 신청이 있는 경우에 행정청은 상당한 기간 내에 신청에 대하여 응답(가부간의 처분 등)을 하여야 한다. 여기에서의 응답의무는 신청된 내용대로 처분할 의무와는 구별되어야 한다. 처분을 구하는 신청행위에 대하여 행정기관은 신청에 따른 행정행위를 하거나 거부처분을 하여야 한다. 신청에 따른 행정청의 처분이 기속행위일 때뿐만 아니라 재량행위인 경우에도 행정청은 신청에 대한 응답의무를 진다. 상당한 기간이 지났음에도 응답하지 않으면 부작위가 된다.

(4) 신청과 권리구제

신청에 대한 거부처분에 대하여는 의무이행심판이나 취소심판 또는 취소소송으로, 부작위에 대하여는 의무이행심판 또는 부작위위법확인소송으로 다툴 수 있다.

적법한 신청에 대하여 접수를 거부하거나 보완명령을 내린 경우에 신청인은 적법한 신청에 대한 접수거부 또는 보완명령을 신청에 대한 거부처분으로 보고 항고소송을 제기할 수 있고, 그로 인하여 손해를 입은 경우에 국가배상을 청구할 수 있다.

5) 신고

(1) 신고의 의의

신고라 함은 사인이 행정기관에 일정한 사항에 대하여 알려야 하는 의무가 있는 경우에 그것을 알리는 것을 말한다.

(2) 신고의 종류

최근 규제완화 정책에 따라 많은 행정 영역에서 허가제가 신고제로 전환되었는바, 사인의 공법행위로서의 신고는 다음과 같이 구별할 수 있다.

① 자기완결적 신고와 수리를 요하는 신고

㉠ 자기완결적 신고는 신고의 요건을 갖춘 신고만 하면 신고의무를 이행한 것이 되는 신고를 말한다. 자족적 신고라고도 한다. 이 경우에 행정청이 신고의 수리(접수)를 거부하더라도 수리의 거부는 행정처분이 아닌 사실행위이므로 취소소송으로 다툴 수 없다.

통상적 의미에 있어서의 신고는 행정청에 대한 사인의 일방적 통고로서 행정청에 제출되어 접수된 때에 법적 효과가 발생하는 것이고, 행정청의 별도의 수리행위가 필요한 것은 아니다(건축법 제14조에 의한 건축신고, 식품위생법 제22조 제5항의 영업신고, 집회와 시위에 관한 법률 제63조에 의한 옥외집회 및 시위신고, 출생신고, 혼인신고 등). 행정절차법도 "법령 등에서 행정청에 대하여 일정한 사항을 통지함으로써 의무가 끝나는 신고를 규정하고 있는 경우, 해당 신고가 관계법령상의 형식적 요건을 갖춘 것인 때에는 신고서가 접수기관에 도달된 때에 신고의 의무가 이행된 것으로 본다."라고 규정하고 있다(법 제40조 제1항, 제2항). 판례도 같다.

판례

> 행정청에 대한 신고는 일정한 법률사실 또는 법률관계에 관하여 관계행정청에 일방적으로 통고를 하는 것을 뜻하는 것으로서 법에 별도의 규정이 있거나 다른 특별한 사정이 없는 한 행정청에 대한 통고로서 그치는 것이고 그에 대한 행정청의 반사적 결정을 기다릴 필요가 없는 것이므로, 체육시설의 설치·이용에 관한 법률 제18조에 의한 변경신고서는 그 신고 자체가 위법하거나 그 신고에 무효사유가 없는 한 이것이 도지사에게 제출하여 접수된 때에 신고가 있었다고 볼 것이고, 도지사의 수리행위가 있어야만 신고가 있었다고 볼 것은 아니다(대법원 1993.7.6. 93마635 결정).

㉡ 수리를 요하는 신고(행정요건적 공법행위로서 신고)는 신고가 수리되어야 신고의 효과가 발생하는 신고를 말한다. 수리를 요하는 신고의 경우에 수리거부는 거부처분에 해당하며 항고소송의 대상이 된다.

수리를 요하는 신고에서의 수리는 허가제에서의 허가와 구별된다고 하는 것이 다수설이다. 그러나 법률에 따라서는 허가영업양도의 경우, 양수인이 신고토록 규정하는 경우도 있다(예 식품위생법 제39조 제3항의 규정에 의하여 영업자의 지위를 승계한 자는 1월 이내에 보건복지부령이 정하는 바에 따라 식품의약품안전청장, 시·도지사, 시장·군수 또는 구청장에게 신고하여야 한다). 이러한 경우에 신고는 여기에서 말하는 신고와 달리 다루어야 한다. 이 경우의 신고는 허가신청의 일종으로 이해되어야 할 것이다. 이러한 경우의 신고의 수리는 허가행위로서의 실질을 갖는다. 왜냐하면 양수인의 신고를 자체 완성적 사인의 공법행위로서의 신고로 본다면, 허가요건을 구비할 수 없는 자도 경우에 따라서는 양수인이 될 수 있게 하는 가능성이 생겨날 수 있는바, 이것은 허가제를 회피하는 방법이 될 수도 있기 때문이다.

판례도 이때의 수리의 성격을 신규허가가 사업할 수 있는 행정인 것과 마찬가지로 권리를 설정하여 주는 행위로 보면서, 양도인의 영업허가취소와 양수인의 권리설정행위로 본다. 이에 따르면 지위승계신고수리를 양수인에 대한 실질적인 허가처분으로 본다.

판례

> 구 식품위생법(2002.1.26. 법률 제6627호로 개정되기 전의 것) 제25조 제2항, 제3항의 각 규정에 의하면, 지방세법에 의한 압류재산 매각절차에 따라 영업시설의 전부를 인수함으로써 그 영업자의 지위를 승계한 자가 관계 행정청에 이를 신고하여 행정청이 이를 수리하는 경우에는 종전의 영업자에 대한 영업허가 등은 그 효력을 잃는다 할 것인데, 위 규정들을 종합하면 위 행정청이 구 식품위생법 규정에 의하여 영업자지위승계신고를 수리하는 처분은 종전의 영업자의 권익을 제한하는 처분이라 할 것이고 따라서 종전의 영업자는 그 처분에 대하여 직접 그 상대가 되는 자에 해당한다고 봄이 상당하므로, 행정청으로서는 위 신고를 수리하는 처분을 함에 있어서 행정절차법 규정 소정의 당사자에 해당하는 종전의 영업자에 대하여 위 규정 소정의 행정절차를 실시하고 처분을 하여야 한다(대법원 2003.2.14. 선고 2001두7015 판결).

한편, 신문 등의 자유와 기능보장에 관한 법률(구 정기간행물의 등록 등에 관한 법률)상 등록을 변형된 허가제의 일종으로 보고 실질적 심사가 필요하다는 견해가 있는바, 헌법 제21조가 언론・출판에 대한 허가 검열을 금지하고 있는 취지에 비추어 여기서의 등록은 수리를 요하는 신고로 보아야 한다.

ⓒ **자기완결적 신고와 수리를 요하는 신고의 구별** : 자기완결적 신고와 수리를 요하는 신고는 신고요건의 내용을 구분기준으로 하여, 원칙상 신고요건이 형식적 요건만인 경우에는 자기완결적 신고이고(행정절차법 제40조 제2항), 신고요건이 형식적요건 이외에 실질적 요건(안정성・공익성 심사)도 포함하는 경우에는 수리를 요하는 신고이다. 또한, 신고의 수리로 구체적인 법적 효과가 발생하는 경우에는 해당 신고를 수리를 요하는 신고로 보아야 한다.

ⓐ **수리를 요하는 신고** : 구 체육시설의 설치・이용에 관한 법률 제8조(현행법 제22조)의 규정에 따른 체육시설업(볼링장업)신고[29], 식품위생법에 따른 영업허가명의변경신고[30], 액화석유가스의 안전 및 사업관리법 제7조 제2항에 의한 사업양수에 의한 지위승계신고[31], 채석허가수허가자명의변경신고[32], 건축물 양수인의 건축대장상의 수리 또는 건축주 명의변경신고[33], 납골탑설치신고[34], 수산업법 제44조 소정의 어업신고[35]

ⓑ **자기완결적 신고** : 건축법상 건축신고[36], 체육시설의 설치 이용에 관한 법률 제18조에 의한 골프장이용료변경신고[37]

29) 대법원 1996.2.27. 선고 94누0062 판결
30) 대법원 1990.10.30. 선고 90누1649 판결
31) 대법원 1993.6.8. 선고 91누11544 판결
32) 대법원 2005.12.23. 선고 2005두3554 판결
33) 대법원 1992.3.31. 선고 91누4911 판결
34) 대법원 2001.2.25. 선고 2004두4031 판결
35) 대법원 2000.5.26. 선고 99다37382 판결
36) 대법원 1999.4.27. 선고 97누6780 판결
37) 대법원 1993.7.6. 선고 93마635 판결

② 정보제공적 신고와 금지해제적 신고(사실파악형 신고와 규제적 신고)

㉠ **정보제공적 신고(사실파악형 신고)** : 행정청에게 행정의 대상이 되는 사실에 관한 정보를 제공하는 기능을 갖는 신고를 말한다(도로교통법 제54조 제2항에 의한 교통사고의 신고 등). 이 경우에는 신고 없이 행위를 하여도 과태료의 처벌을 받지만 신고 없이 한 행위 자체는 위법하지 않다. 사실파악형 신고는 항상 자기완결적 신고이다.

㉡ **금지해제적 신고(규제적 신고)** : 정보제공적 기능 이외에 영업활동 또는 건축활동 등 사적 활동을 규제하는 기능을 갖는 신고를 규제적 신고 내지 금지해제적 신고(신고유보부 금지)라 한다. 이 경우에는 신고 없이 한 행위는 법상 금지된 행위로서 위법한 행위가 되며 행정벌의 대상이 될 뿐만 아니라 시정조치의 대상이 된다. 건축법상의 신고가 이에 해당한다. 금지해제적 신고는 자기완결적 신고인 경우도 있고 수리를 요하는 신고인 경우도 있다.

㉢ **행정절차법상의 신고** : 행정절차법 제40조는 신고, 즉 자체 완성적 신고의 절차에 대하여 특별히 규정하고 있는바, 그 내용은 다음과 같다.

행정절차법 제40조

① 법령등에서 행정청에 일정한 사항을 통지함으로써 의무가 끝나는 신고를 규정하고 있는 경우 신고를 관장하는 행정청은 신고에 필요한 구비서류, 접수기관, 그 밖에 법령등에 따른 신고에 필요한 사항을 게시(인터넷 등을 통한 게시를 포함한다)하거나 이에 대한 편람을 갖추어 두고 누구나 열람할 수 있도록 하여야 한다.

② 제1항에 따른 신고가 다음 각 호의 요건을 갖춘 경우에는 신고서가 접수기관에 도달된 때에 신고 의무가 이행된 것으로 본다.

1. 신고서의 기재사항에 흠이 없을 것
2. 필요한 구비서류가 첨부되어 있을 것
3. 그 밖에 법령등에 규정된 형식상의 요건에 적합할 것

③ 행정청은 제2항 각 호의 요건을 갖추지 못한 신고서가 제출된 경우에는 지체 없이 상당한 기간을 정하여 신고인에게 보완을 요구하여야 한다.

④ 행정청은 신고인이 제3항에 따른 기간 내에 보완을 하지 아니하였을 때에는 그 이유를 구체적으로 밝혀 해당 신고서를 되돌려 보내야 한다.

행정절차법 제40조의 규율대상이 되는 신고는 자기완결적 신고이다. 그러나 행정절차법 제40조 제3항과 제4항은 수리를 요하는 신고에도 준용된다고 보아야 한다.

자기완결적 신고가 효력을 발생하기 위해서는 행정절차법 제40조 제2항의 신고요건을 갖추어야 한다. 자기완결적 신고의 요건은 원칙상 형식적 요건이다.

수리를 요하는 신고의 요건은 형식적인 요건 이외에 일정한 실질적 요건을 신고의 요건으로 하고 있는 경우가 있다. 체육시설 설치·이용에 관한 법률 제22조는 체육시설업의 신고에 일정한 시설기준(동법 제11조 제1항, 동법 시행규칙 제8조 별표 4)을 갖출 것을 요건으로 하고 있다.

(3) 신고의 수리

실무상 신고를 필한 경우 신고인에게 신고필증을 교부한다. 자체 완성적 사인의 공법행위에 있어서의 신고필증의 교부는 사인이 일정한 사실을 행정기관에 알렸다는 사실을 사실로서 확인해 주는 의미만을 가질 뿐이다. 그리고 신고를 말소하는 것도 사실로서의 행위일 뿐이므로, 행정소송의 대상이 되지 아니한다. 그러나 수리를 요하는 신고의 경우의 신고필증의 교부는 신고를 수리하였음을 증명하는 서면이지만, 그 수리(등록)는 신고한 사인들에게 새로운 법적 효과를 발생시키는 직접적인 원인행위가 된다. 따라서 그것은 단순히 사실적인 것이라기보다는 법적인 것이다.

(4) 신고의 효과와 권리구제

① 자기완결적 신고의 경우에 적법한 신고가 있으면 행정청의 수리 여부에 관계없이 신고서가 접수기관에 도달한 때에 신고의무가 이행된 것으로 본다(행정절차법 제40조 제2항). 따라서 행정청이 신고서를 접수하지 않고 반려하여도 신고의무는 이행된 것으로 본다. 적법한 신고가 있었지만 행정청이 수리를 하지 아니한 경우에 신고의 대상이 되는 행위를 하면 자기완결적 신고에 있어서 행정벌의 대상이 되지 않는다.

판례

[1] 구 건축법 제9조 제1항에 의하여 신고를 함으로써 건축허가를 받은 것으로 간주되는 경우에는 건축을 하고자 하는 자가 적법한 요건을 갖춘 신고만 하면 행정청의 수리행위 등 별다른 조치를 기다릴 필요 없이 건축을 할 수 있는 것이므로, 행정청이 위 신고를 수리한 행위가 건축주는 물론이고 제3자인 인근 토지소유자나 주민들의 구체적인 권리 의무에 직접 변동을 초래하는 행정처분이라 할 수 없다(대법원 1999.10.22. 선고 98두18435 판결).

[2] 식품위생법 제25조 제3항에 의한 영업양도에 따른 지위승계신고를 수리하는 허가관청의 행위는 단순히 양도·양수인 사이에 이미 발생한 사법상의 사업양도의 법률효과에 의하여 양수인이 그 영업을 승계하였다는 사실의 신고를 접수하는 행위에 그치는 것이 아니라, 영업허가자의 변경이라는 법률효과를 발생시키는 행위라고 할 것이다(대법원 1995.2.24. 선고 94누9146 판결).

자기완결적 신고의 수리는 단순한 접수행위에 불과하여, 법적 효과를 발생시키지 않는 사실행위이다. 따라서 자기완결적 신고의 수리행위나 수리거부행위는 항고소송의 대상이 되는 처분이 아니라고 해야 한다.

그러나 건축신고와 같은 금지해제적 신고의 경우에 신고가 반려된 경우 신고의 대상이 되는 행위로 나가면 추후에 시정명령, 이행강제금, 벌금 등의 대상이 될 수 있어, 신고인의 법적 지위가 불안해지므로 이를 제거할 수 있도록 하기 위해서 건축신고반려(신고거부)행위의 처분성을 인정할 필요가 있다. 판례도 이와 같은 입장을 취하고 있다(행정청의 건축신고반려행위 또는 수리거부행위가 항고소송의 대상이 된다고 한 사례).[38]

38) 대법원 2010.11.18. 선고 2008두167 전원합의체 판결 [건축신고불허(또는 반려)처분취소]

판례

구 건축법(2008.3.21. 법률 제8974호로 전부 개정되기 전의 것) 관련 규정의 내용 및 취지에 의하면, 행정청은 건축신고로써 건축허가가 의제되는 건축물의 경우에도 그 신고 없이 건축이 개시될 경우 건축주 등에 대하여 공사 중지・철거・사용금지 등의 시정명령을 할 수 있고(제69조 제1항), 그 시정명령을 받고 이행하지 않은 건축물에 대하여는 당해 건축물을 사용하여 행할 다른 법령에 의한 영업 기타 행위의 허가를 하지 않도록 요청할 수 있으며(제69조 제2항), 그 요청을 받은 자는 특별한 이유가 없는 한 이에 응하여야 하고(제69조 제3항), 나아가 행정청은 그 시정명령의 이행을 하지 아니한 건축주 등에 대하여는 이행강제금을 부과할 수 있으며(제69조의2 제1항 제1호), 또한 건축신고를 하지 않은 자는 200만원 이하의 벌금에 처해질 수 있다(제80조 제1호, 제9조). 이와 같이 건축주 등은 신고제하에서도 건축신고가 반려될 경우 당해 건축물의 건축을 개시하면 시정명령, 이행강제금, 벌금의 대상이 되거나 당해 건축물을 사용하여 행할 행위의 허가가 거부될 우려가 있어 불안정한 지위에 놓이게 된다. 따라서 건축신고 반려행위가 이루어진 단계에서 당사자로 하여금 반려행위의 적법성을 다투어 그 법적 불안을 해소한 다음 건축행위에 나아가도록 함으로써 장차 있을지도 모르는 위험에서 미리 벗어날 수 있도록 길을 열어 주고, 위법한 건축물의 양산과 그 철거를 둘러싼 분쟁을 조기에 근본적으로 해결할 수 있게 하는 것이 법치행정의 원리에 부합한다. 그러므로 건축신고 반려행위는 항고소송의 대상이 된다고 보는 것이 옳다 (대법원 2010.11.18. 선고 2008두167 전원합의체 판결).

② 수리를 요하는 신고의 경우에는 수리되지 않은 경우 그 신고에 따른 법적 효과가 발생하지 않고, 신고의 대상이 되는 행위를 한 경우 행정벌의 대상이 된다고 보는 견해가 다수견해이다. 그러나 적법한 신고가 있으면 수리되지 않은 경우에도 신고가 된 것으로 보고, 신고의 대상이 되는 행위를 한 경우에도 행정벌의 대상이 되지 않는다.

신고가 신고의 요건을 충족하지 않는 경우에 신고는 부적법한 신고가 된다. 부적법한 신고의 경우에 행정청은 요건을 갖추지 못한 신고서가 제출된 경우 지체 없이 상당한 기간을 정하여 신고인에게 보완을 요구하여야 한다(행정절차법 제40조 제3항). 행정청은 신고인이 보완기간 내에 보완을 하지 아니한 때에는 그 이유를 명시하여 해당 신고서를 되돌려 보내야 한다(제4항). 수리를 요하는 신고에 있어서도 행정절차법 제40조 제3항과 제4항을 준용하여 신고의 형식적 요건을 갖추지 않은 경우에는 보완을 명하여야 하며 그럼에도 보완하지 않는 경우에 수리를 거부할 수 있다.

③ **인・허가 의제 효과를 수반하는 건축신고의 성질**

수리를 요하는 신고로 보는 대법원 전원합의체 판결 사례(대판 2011.1.20, 2010두14954 전원합의체)

판례

종래 건축법상 건축신고는 자기완결적 신고이므로 행정청의 수리는 단지 사실행위에 불과하다고 하였다. 그러나 최근에 판례는 건축법 제14조 제2항에 의한 인・허가의제 효과를 수반하는 건축신고가, 행정청이 그 실체적 요건에 관한 심사를 한 후 수리하여야 하는 이른바 '수리를 요하는 신고'인지 여부가 문제된 사례에서, 건축법에서 인・허가의제 제도를 둔 취지는, 인・허가의제사항과 관련하여 건축허가 또는 건축신고의 관할 행정청으로 그 창구를 단일화하고 절차를 간소화하며 비용과 시간을 절감함으로써 국민의 권익을 보호하려는 것이지, 인·허가의제사항 관련 법률에 따른 각각의 인·허가 요건에 관한 일체의 심사를 배제하려는 것으로 보기는 어렵다. 왜냐하면 건축법과 인·허가의제사항 관련 법률은 각기 고유한 목적이 있고, 건축신고와 인·허가의제사항도 각각 별개의 제도적 취지가 있으며 그 요건 또한 달리하기 때문이다. 나아가 인·허가의제사항 관련 법률에 규정된 요건 중 상당수는 공익에 관한 것으로서 행정청의 전문적이고 종합적인 심사가 요구되는데, 만약 건축신고만으로 인·허가의제사항에 관한 일체의 요건 심사가 배제된다고 한다면, 중대한 공익상의 침해나 이해관계인의 피해를 야기하고 관련 법률에서 인·허가 제도를 통하여 사인의 행위를 사전에 감독하고자 하는 규율체계 전반을 무너뜨릴 우려가 있다. 또한 무엇보다도 건축신고를 하려는 자는 인·허가의제사항 관련 법령에서 제출하도록 의무화하고 있는 신청서와 구비서류를 제출하여야 하는데, 이는 건축신고를 수리하는 행정청으로 하여금 인·허가의제사항 관련 법률에 규정된 요건에 관하여도 심사를 하도록 하기 위한 것으로 볼 수밖에 없다. 따라서 인·허가의제 효과를 수반하는 건축신고는 일반적인 건축신고와는 달리, 특별한 사정이 없는 한 행정청이 그 실체적 요건에 관한 심사를 한 후 수리하여야 하는 이른바 '수리를 요하는 신고'로 보는 것이 옳다고 하여 기존의 판례를 변경하였다(대법원 2011.1.20. 선고 2010두14954 전원합의체 판결).

국토의 계획 및 이용에 관한 법률상의 개발행위허가로 의제되는 건축신고가 개발행위허가의 기준을 갖추지 못한 경우, 행정청은 건축신고의 수리를 거부할 수 있을 것이다.

(5) 신고의무 위반의 효과

신고사항을 신고하지 아니하거나 신고하였으나 신고요건을 충족하지 않은 부적법한 신고의 경우에 신고의무를 이행하지 않은 것이 된다.

사실파악형 신고의 경우 신고 없이(또는 적법한 신고 없이) 행위를 하여도 원칙상 신고의 대상이 되는 행위 자체가 위법한 것은 아니고 통상 과태료의 부과대상이 되지만, 신고유보부금지와 수리를 요하는 신고의 경우에는 신고 없이 행위를 한 경우 위법한 행위가 되며 통상 행정형벌의 부과대상이 되어 시정조치의 대상이 된다. 다만, 행정형벌의 행정질서벌화의 정책에 따라 과태료를 부과하는 경우도 있다.

행정기본법 제34조 수리 여부에 따른 신고의 효력

제34조(수리 여부에 따른 신고의 효력)

법령 등으로 정하는 바에 따라 행정청에 일정한 사항을 통지하여야 하는 신고로서 법률에 신고의 수리가 필요하다고 명시되어 있는 경우(행정기관의 내부 업무 처리 절차로서 수리를 규정한 경우는 제외한다)에는 행정청이 수리하여야 효력이 발생한다.

4. 행정법상 사건

이것은 사람의 정신작용을 요소로 하지 않는 법률사실로서, 사람의 생사, 시간의 경과, 일정연령의 도달, 거주 등이 있다.

1) 기간의 경과

기간・시효・제척기간과 같이 행정법상 법률관계가 시간의 경과에 의하여 변동되는 경우를 말한다. 기간이란 시점에서 다른 시점까지의 시간적 간격을 말한다. 기간의 계산방법에 관한 규정은 법기술적인 것으로, 공・사법의 차이가 없다. 따라서 법령에 특별한 규정이 있는 경우를 제외하고, 민법의 규정(민법 제156조 내지 제161조)이 적용된다.

2) 시효

시효는 일정한 사실상태가 오랫동안 계속한 경우에 그 사실상태에 따라 권리관계를 형성(취득 또는 소멸)하는 법률요건이다. 시효에는 소멸시효와 취득시효가 있다. 민법의 시효에 관한 규정은 행정법 관계에도 유추적용된다.

(1) 소멸시효

일반적으로 시효란 일정한 사실상태가 일정 기간 계속된 경우에, 그 사실상태가 진실한 법률관계와 일치하는지 여부를 묻지 아니하고 그것을 진실한 법률관계로 인정하는 제도를 말한다. 시효제도는 사법관계에서 발달된 제도로서 법의 일반원리적인 성격을 가지므로 법령의 다른 규정이 없으면 민법의 규정(법 제162조 내지 제184조)에 의한다.

(2) 공물의 취득시효

민법에서는 부동산은 20년, 동산은 10년간 소유의 의사로 평온, 공연하게 부동산을 점유하는 자는 소유권을 취득한다고 규정하고 있다(법 제245조, 제246조). 따라서 공물도 시효취득의 대상이 되는가 여부에 대하여 ① 긍정설, ② 공물은 융통성이 인정되는 범위 내에서 시효취득의 대상이 될 수 있으나, 다만 시효취득자는 그 물건을 계속해서 공적 목적에 공용할 법적 제한이 붙은 채로 소유권을 취득한다는 제한적 시효취득설(공물부담부 시효취득설), ③ 공물이 그렇게 장기간 평온・공연하게 본래의 사용목적이 아닌 다른 사적 목적으로 점유되었다면 이미 공물의 의의나 존재목적 또는 그 관리의 실제와는 부합되지 않는 것으로, 묵시적 공용폐지가 있었다고 보아, 완전한 시효취득의 대상이 될 수 있다는 완전시효취득설 등이 대립하고 있었다. 그러나 국유재산법 제7조 제2항 및 공유재산 및 물품관리법 제6조 제2항에서 행정재산은 시효취득의 대상이 되지 아니한다고 규정함으로써 입법적으로 해결되었다.

3) 제척기간

이것은 일정한 권리에 대해 법률이 정한 존속기간이다. 행정심판・행정소송 등의 제기기간(행정심판법 제27조, 행정소송법 제20조), 토지수용에 관한 사업인정의 효력기간이 소멸하는 것(공익사업을 위한 토지 등의 취득 및 보상에 관한 법률 제23조) 등이 그 예이다. 제척기간은 일정 기간 권리를 행사하지 않으면 그 권리가 소멸된다는 점에서 소멸시효와 공통되나, 소멸시효는 계속된 사실상태를 존중하여 법률생활의 안정을 도모하기 위해 인정된 제도로서 그 중단이나 정지제도가 있지만, 제척기간은 법률관계의 신속한 확정을 목적으로 하기 때문에, 기간이 짧고 중단제도가 없다.

4) 공법상 사무관리

사무관리라 함은 법률상 의무 없이 타인의 사무를 관리하는 행위를 말한다. 공법분야에서도 사무관리가 인정된다는 것이 일반적 견해이다. 사무관리의 예로는 시・군・구의 행려병자의 관리, 자연재해 시 빈 상점의 물건의 관리 등이 있다. 그러나 경찰관직무집행법상 보호조치 등 법령상 또는 조리상 보호조치의무에 근거한 행위는 사무관리가 아니다.

공법상 사무관리에는 특별한 규정이 없는 한 민법상 사무관리에 관한 규정이 준용된다. 공법상 사무관리를 행한 행정기관은 통지의무를 지고, 비용상환청구권을 갖는다.

5) 공법상 부당이득

부당이득이라 함은 법률상 원인 없이 타인의 재산 또는 노무로 인하여 이익을 얻고 이로 인하여 타인에게 손해를 가하는 것을 말한다. 부당이득은 이를 반환하여야 하는데(민법 제741조), 이를 부당이득반환의 법리라고 한다.

부당이득반환의 법리는 공법관계에서도 인정된다. 공법상 부당이득의 예로는 조세과오납, 처분이 무효 또는 소급 취소된 경우의 무자격자의 기초생활보장금의 수령 등이 있다.

공법상 부당이득에 관하여 특별한 규정이 없는 경우에는 민법의 부당이득반환의 법리가 준용된다.

공법상 원인에 의한 부당이득반환청구권이 공권인지 사권인지가 권리구제수단과 관련하여 다투어진다. 부당이득반환청구권을 공권으로 보면 부당이득반환청구소송을 당사자소송으로 제기하여야 하고, 사권으로 보면 부당이득반환청구소송을 민사소송으로 제기하여야 한다. 판례는 공법상의 원인에 의한 부당이득반환청구권은 사권이라고 본다. 법무부 및 대법원의 행정소송법 개정안에서는 공법상 부당이득반환청구소송을 당사자소송으로 규정하고 있다.

PART 02

행정작용법

CHAPTER 01 행정입법
CHAPTER 02 행정행위
CHAPTER 03 현대행정에 있어서 행위형식의 다양화
CHAPTER 04 행정절차
CHAPTER 05 행정상 의무이행확보수단
CHAPTER 06 처분에 대한 이의신청 및 재심사

Chapter

01 행정입법

01 절 행정입법 개설

행정입법이란 행정권이 일반적 · 추상적 규범을 정립하는 작용 또는 그에 따라 정립된 규범을 말한다. 여기서 '일반적'이란 상대방의 불특정성을, '추상적'이란 적용사건의 불특정성을 의미한다. 행정입법은 실정법상의 개념이 아니라 학문상의 관념이며, 법규명령과 행정규칙을 포함한다. 행정입법에는 자치단체가 법령의 범위 내에서 규정을 정립하는 작용, 즉 자치입법이 포함되는데, 자치입법에는 조례와 규칙, 교육규칙이 있다.

현대행정의 기본원리로의 법치주의 내지 법률에 의한 행정의 원리를 실현하기 위해서는 의회가 행정의 내용을 미리 법률로써 상세하게 규정하여 두는 것이 바람직함에도 불구하고, 행정입법이 일반적으로 인정되고 있는 이유로는 ① 오늘날의 행정이 고도로 전문화 · 기술화되어 이러한 사항에 대한 규율은 행정권이 규율하는 것이 보다 효율적일 수 있다는 고려와 ② 의회의 심의에는 많은 시간과 비용이 소요되어 급변하는 현대사회에 신속히 대응하기 어렵다는 것, ③ 정당 간의 대립이 격화되는 현실에서 오히려 정치적으로 중립적인 입장에서 보다 객관적으로 규율할 수 있다는 것, ④ 지방자치시대의 적극적 대응을 들 수 있다.

02 절 법규명령

1. 의의

법규명령이라 함은 행정권이 제정하는 일반적 · 추상적 명령으로서 법규의 성질을 가지는 것을 말한다. 법규명령은 법률 또는 조례의 수권에 근거하여 행정기관이 제정하고 법률이나 조례와 마찬가지로 행정주체를 대외적으로 구속하거나 또는 행정주체와 국민과의 관계에서 구속력을 가지며(일반 · 추상적 규율), 국민의 권리 · 의무를 변동하는 효력을 지닌다.[1)]

---

1) 법규(Rechtssatz)의 개념을 종래에는 국민의 자유와 재산에 관한 규정 또는 사회적 한계를 설정하는 기준으로서 국민과 행정권을 구속하고 재판규범이 되는 협의의 법규개념으로 보았으나, 오늘날의 통설적 견해는 일반적 · 추상적 규정으로서 국민과 행정권을 구속하고 재판규범이 되는 광의의 법규개념으로 본다. 따라서 광의의 법규개념은 그 내용에 있어 국민의 자유와 재산에 관한 것은 물론이고 그 이외의(예컨대 행정사무의 처리기준, 행정기관의 설치 등) 사항이라도 그것이 국민과 행정기관을 구속하고 재판규범이 되면 법규로 본다. 저자는 법규(Rechtssatz)라는 용어를 본서의 표현과 같이 통설적 견해의 뜻으로 사용하기로 하며, 다만 법 내지 법규범(Rechtsnorm)과는 차별하여 사용하고자 한다.

법규명령은 행정권이 제정하는 법인 점에서 의회가 제정하는 법률과 다르다. 법규명령은 행정권이 제정하는 법인 점에서 행정입법이라고도 부른다. 자치법규(조례와 규칙, 교육규칙)도 행정입법의 성질을 가지는 것으로 볼 수 있다. 다만, 조례는 주민의 대표기관의 지위를 갖는 지방의회에 의해 제정되는 점에서 국민의 대표기관인 국회에 의해 제정되는 법률에 준하는 성격을 아울러 가진다 하겠다.

2. 법규명령과 행정규칙

법규명령과 행정규칙은 일반적 · 추상적 성질을 갖는 규범으로서 행정의 기준이 되는 규범이라는 점과 행정기관은 이 둘을 모두 준수하여야 할 법적 의무를 진다는 점에서 유사하다. 그러나 법규명령과 행정규칙은 다음과 같은 점에서 차이가 있다. 법규명령은 행정주체와 국민 간의 관계를 규율하는 법규범인 반면에 행정규칙은 행정조직 내부에서 적용되기 위하여 제정된 규범이다. 법규명령은 일반적으로 대외적 구속력을 갖고, 법규명령에 반하는 행정권 행사는 위법하다. 이에 반하여 행정규칙은 그 자체로서는 행정기관만을 구속하며 원칙상 대외적 구속력을 갖지 않는다. 다만, 후술하는 바와 같이 오늘날 학설은 재량준칙 등 일부 행정규칙에는 대외적 구속력이 있는 것으로 인정하고 있다. 판례는 행정규칙의 대외적 구속력을 원칙상 인정하지 않고 있다.

법규명령은 법규명령의 형식을 취하고 공포가 효력발생요건이다. 그러나 행정규칙은 법규명령의 형식을 취하지 않으며 공표도 의무적인 것이 아니다.

3. 법규명령과 행정행위

법규명령은 법률관계의 '일반적 · 추상적 규율'인 점에서 법률관계의 '구체적 규율'인 행정행위와 성질상 구별된다. 일반적 · 구체적 규율인 일반처분도 행정행위로 보는 것이 일반적 견해이다. 추상적인가 구체적인가는 적용대상이 되는 사안의 성격에 관한 것으로 구체적 규율이라는 것은 시간적 · 공간적으로 특정한 사안을 규율하는 것을 말하고, 추상적 규율이라는 것은 장래의 불특정 사안을 되풀이하여 규율하는 것을 말한다고 할 수 있다.

따라서 법규명령이 실질적으로 행정행위인지는 해당 명령이 구체적 규율인지 추상적 규율인지에 달려 있다. 법규명령 중에서 국민의 권리의무관계를 직접 구체적으로 규율하는 명령, 달리 말하면 직접 국민의 구체적인 권리의무관계에 변동을 가져오는 명령(협의설에 의한 처분적 명령)은 실질적으로는 행정행위라고 할 수 있다.

법규명령을 형식적으로 정의하는 형식설에 의하면 법규명령의 형식을 취하면 모두 법규명령에 속한다. 따라서 처분적 명령도 법규명령에 속하며 행정행위와 구별된다. 그리고 일반처분은 행정행위이며 법규명령이 아니다.

법규명령과 행정소송법상의 처분과의 관계를 보면 법규명령은 일반적 · 추상적 규범이므로 원칙상 행정소송법상의 처분이 아니지만, 후술하는 바와 같이 처분적 명령은 행정소송법상의 처분에 해당한다.

4. 법규명령의 근거

헌법 제76조는 대통령의 긴급명령 및 긴급재정 경제명령의 근거를, 제75조는 대통령령(위임명령과 집행명령)의 근거를, 제95조는 총리령과 부령(위임명령과 집행명령)의 근거를, 제114조는 중앙선거관리위원회규칙의 근거를 규정하고 있다.

5. 법규명령의 종류

1) 수권의 근거에 따른 분류

(1) 위임명령

위임명령이라 함은 법률 또는 상위명령의 위임에 의해 제정되는 명령으로서, 위임된 범위 내에서는 국민의 권리・의무에 관한 사항에 대해 규율할 수 있다.

(2) 집행명령

집행명령이라 함은 상위법령의 집행을 위하여 필요한 사항(예 신고서 양식 등)을 법령의 위임(근거)없이 직권으로 발하는 명령을 말한다. 집행명령에서는 새로운 법규사항을 정할 수 없다.

위임명령과 집행명령은 입법 실제에 있어서 따로 제정되는 예는 거의 없으며, 하나의 명령에 함께 제정되고 있다.

2) 권한의 소재를 기준으로 한 분류

(1) 대통령령 및 대통령의 긴급명령, 긴급재정・경제명령

대통령은 위임명령과 집행명령을 포함한 대통령령을 발할 수 있다(동법 제75조). 보통 시행령이라고 부른다. 또한 대통령은 법률대위명령으로 긴급명령, 긴급재정・경제명령을 발할 수 있으며, 이는 법률과 같은 효력을 가지는 법규명령이다(헌법 제76조).

(2) 총리령・부령

국무총리 또는 행정각부의 장은 위임명령과 직권명령(집행명령)을 포함한 총리령 또는 부령을 발할 수 있다(동법 제95조). 보통 시행규칙이라고 부른다.

총리령과 부령의 효력에 관해서는 총리령우위설과 동위설로 견해가 나뉜다. 양자 간에 형식적 효력에 관해서는 차이가 없으나, 총리령은 국무총리의 소관사무에 관하여 발하는 것이고, 이때의 소관사무는 '대통령을 보좌하며 행정에 관하여 대통령의 명을 받아 행정각부를 통할'하는 것을 내용으로 하는 것으로서(헌법 제68조 제2항), 그 한도 내에서 총리령은 실질적으로 부령에 우선한다는 견해와 헌법상 양자의 우월에 관한 명문의 규정이 없고 총리령은 행정각부의 장과 동일한 지위에서 그 소관사무에 관하여 발하는 것으로, 동위적 효력을 가진다는 견해가 있다.

생각건대, 국무총리의 법적 지위 또는 소관 사무를 고려하면 다른 행정각부의 장과 같이 그 분장사무에 관하여 중앙관청으로서 총리령을 발하는 것이나, 타면으로 행정각부를 통할하는 지위에서 총리령을 발하는 한도에서는 총리령은 부령에 대하여 우월적 지위에 있다고 할 것이다.[2]

---

2) 김동희, 행정법(I), 137면.

3) 헌법이 명시하지 않은 법규명령

헌법이 명시하지 않은 법규명령에는 중앙선거관리위원회규칙, 국무총리직속기관의 법규명령, 학칙 등이 있다.

6. 법규명령의 한계

오늘날 사회적 법치국가 내지 복리국가에서는 국회입법을 원칙으로 하면서도 행정기능에 비추어 행정입법을 인정하지 않을 수 없기 때문에 그것을 인정하면서도 한편으로는 그 남용의 방지를 위하여 그에 대한 엄격한 한계의 설정과 통제가 필요하다. 비상조치나 긴급명령 및 긴급재정・경제명령은 헌법 제76조 및 제77조에 정해진 요건과 한계 내에서 제정된다. 이하에서는 위임명령과 집행명령의 한계에 대하여 고찰하기로 한다.

1) 위임명령의 한계

위임명령의 한계는 법률의 명령에 대한 수권의 한계와 수권에 따른 위임명령 제정상의 한계로 나누어진다.

(1) 수권의 한계

이것은 법규명령에 대한 위임을 정하는 수권규범을 제정할 때 준수해야 할 위임범위를 의미한다. 수권의 범위를 일탈한 법규명령은 위헌・위법하다. 따라서 법률의 명령에 대한 입법권의 수권은 무한정으로 인정될 수 없으며 국회입법의 원칙이 기본적으로 유지될 수 있는 한도 내에서 인정되어야 한다.

① 일반적・포괄적 위임의 금지

㉠ 의의 : 법률의 명령에 대한 수권에 있어서 일반적・포괄적인 위임은 금지되며 구체적인 위임만이 가능하다(헌법 제75조). 이 규정은 대통령은 법률에서 구체적으로 범위를 정하여 위임받은 사항과 법률을 집행하기 위하여 필요한 사항에 관하여 대통령령을 발할 수 있다고 하여 대통령령에 관한 규정에 관한 것이나 총리령・부령 등 법률의 명령에 대한 헌법상의 일반적 위임의 한계를 정한 것으로 이해함이 일반적인 견해이다.

여기서 구체적 위임이 되기 위해서는 첫째, 수권법률 내에서 행정입법으로 정할 대상을 특정사항으로 한정하여야 하고(대상의 한정성), 둘째, 그 대상에 대하여 행정입법을 행함에 있어 행정기관을 지도 또는 제약하기 위한 목표, 기준, 고려하여야 할 요소 등을 명확하게 규정하여야 한다(기준의 명확성).

㉡ 구체적 위임의 판단기준 : 구체적인 위임인가의 여부는 이미 언급한 일반적인 기준과 함께 이하에서 논의되는 구체적 요소들을 고려하여 이루어져야 한다. 이때 법률유보의 원칙과 행정입법의 현실적 요청이 조화되도록 하여야 한다. 너무 포괄적인 위임을 하여 의회입법의 원칙이 무시되도록 해서는 안 된다. 한편 행정입법의 현실적 요청을 고려하여 양자의 요청이 조화되도록 해야 한다. 고도의 전문성과 기술력이 요구되는 행정영역과 상황의 변화에 즉시 적응해야 하는 분야에서는 구체적 위임의 요구가 완화될 수 있다.

㉢ 위임의 영역과 위임의 범위

위임입법에 있어서 위임의 구체성·명확성의 요구 정도는 규제대상의 종류와 성격에 따라서 달라진다. 즉 급부행정 영역에서는 기본권침해 영역보다는 구체성의 요구가 다소 약화되어도 무방하다고 해석되며, 다양한 사실관계를 규율하거나 사실관계가 수시로 변화될 것이 예상될 때에는 위임의 명확성의 요건이 완화된다.[3)]

국민의 기본권과 국가공동체에 중요한 영역에 관련된 영역에서는 의회유보의 원칙이 엄격히 적용된다. 또한 처벌법규의 위임은 헌법 제75조에 의한 위임의 일반적 한계와 죄형법정주의에 의해 중첩적으로 제한된다. 조세에 관하여 법률로 정하여야 할 사항도 조세법률주의와 헌법 제75조의 일반적 위임의 한계원리에 따라 구체적인 위임이 되는 한 명령에 위임하는 것이 가능하다.

② 헌법상의 전속적인 입법사항

헌법은 일정한 사항에 대하여는 법률로써 정하도록 하고 있는바, 이를 전속적 법률사항이라 한다. (ⅰ) 국적취득요건(동법 제2조 제1항), (ⅱ) 죄형법정주의(동법 제12조 제1항), (ⅲ) 재산권의 내용과 한계(제23조 제1항), (ⅳ) 국회의원의 수와 선거구·선거사항(동법 제41조 제3항), (ⅴ) 행정기관법정주의(동법 제96조), (ⅵ) 조세의 종목과 세율(동법 제59조), (ⅶ) 공공필요에 의한 재산권의 침해의 요건과 보상(동법 제23조 제3항), (ⅷ) 국군의 조직과 편성(동법 제74조), (ⅸ) 지방자치단체의 종류·권한·의원선거(동법 제117조·제118조) 등이 이에 해당한다. 다수의 견해는 이들 사항에 관하여 반드시 형식적 의미의 법률로 규율하여야 하는 것은 아니라고 보고, 헌법규정에 의한 입법사항임을 명시한 것이라고 해도 헌법 제75조의 일반적 위임의 한계에 비추어 구체적 위임이라고 보여지는 한 명령에 대한 위임이 가능하다고 본다.

다만 의회유보론에 입각하여, 일정한 사항은 법률로 정해야 하며 명령에 수권할 수 없다는 견해가 있다.[4)] 이 견해는 법률유보의 원칙에 관하여 본질성설(중요사항유보설)을 취하는 경우 공동체나 국민에게 본질적인 사항, 즉 의회유보사항은 구체적인 사항이라도 반드시 법률로 정하여야 하며 명령에 위임하여서는 안 된다. 생각건대, 병역복무기간(병역법 제18조 제2항)은 법률전속사항으로 보아야 한다는 것이다.

육군본부 방위병소집복무해제규정(육군 104-1) 제23조가 병역법에 위반한 무효의 규정인지 여부가 문제된 사례에서, 병의 복무기간은 국방의무의 본질적 내용에 관한 것이어서 이는 반드시 법률로 정하여야 할 입법사항에 속한다고 풀이할 것인바 육군본부 방위병소집복무해제규정(육군규정 104-1) 제23조가 질병휴가, 청원휴가, 각종사고(군무이탈, 구속, 영창, 징역, 유계결근), 1일 24시간 이상 지각, 조퇴한 날, 전속 및 보직변경에 따른 출발일자부터 일보변경 전일까지의 기간 등을 복무에서 제외한다고 규정하여 병역법 제25조 제3항이 규정하지 아니한 구속 등의 사유를 복무기간에 산입하지 않도록 규정한 것은 병역법에 위반하여 무효라고 하고 있다.[5)]

3) 헌재결정 1997.12.24. 선고 95헌마390 전원재판부

4) 박균성, 행정법론(I), 187면.

⑵ 수권의 한계 위반의 효과

수권의 한계를 넘는 법률은 위헌인 법률이 된다. 수권법률이 헌법재판소의 위헌법률심판에서 위헌으로 결정된 경우에 해당 수권법률에 의해 제정된 명령은 수권법률의 폐지로 인하여 당연히 실효된다. 그리고 그에 근거하여 내려진 처분은 원칙상 취소할 수 있는 처분이 된다.

수권의 한계를 넘는 법률에 대해 헌법재판소가 헌법불합치결정을 내리며 신법을 소급적용하는 것으로 결정하는 경우가 있다. 이 경우에는 새로 제정된 법률에서 종전의 수권에 근거하여 제정된 명령의 내용과 동일한 내용을 규정하는 경우에는 행정청은 종전의 처분과 동일한 처분을 내릴 수 있게 된다. 이와 같이 수권의 한계를 넘는 법률에 대한 헌법불합치결정에서 신법의 소급효를 인정하는 것은 법의 공백을 메우고 법집행의 계속성을 보장하기 위한 것이다. 특히 수권의 한계를 넘는 조세 법률에 대한 헌법불합치결정을 할 때 이러한 유형의 위헌결정이 자주 행해진다.

⑶ 재위임상의 한계

위임입법의 재위임이란 법률에 의해 수권된 입법권의 전부 또는 일부를 다시 하급행정기관에 수권하는 것을 말한다. 재위임이 법령상 허용되어 있을 때는 문제가 없으나, 그러한 명시적 규정이 없는데도 재위임이 가능한지 문제된다. 학설은 일반적으로 수임권한을 전부 다시 위임하는 것은 불허되나 위임받은 사항에 대해 일반적인 사항을 정하고, 세부적 사항에 대하여 하위명령에 재위임함은 허용된다고 한다. 헌법 제95조 대통령령의 위임은 이런 의미로 해석된다.

헌법재판소 역시 법률에서 위임받은 사항을 전혀 규정하지 않고 재위임하는 것은 이위임금지(履委任禁止)의 법리에 반할 뿐 아니라 수권법의 내용변경을 초래하는 것이 되고, 부령의 제정・개정절차가 대통령령에 비하여 보다 용이한 점을 고려할 때 재위임에 의한 부령의 경우에도 위임에 의한 대통령령에 가해지는 헌법상의 제한이 당연히 적용되어야 할 것이므로 법률에서 위임받은 사항을 전혀 규정하지 아니하고 그대로 재위임하는 것은 허용되지 않으며 위임받은 사항에 관하여 대강을 정하고 그중의 특정사항을 범위를 정하여 하위법령에 다시 위임하는 경우에만 재위임이 허용된다고 결정하였다.

2) 집행명령의 한계

집행명령은 상위법령의 집행에 필요한 절차나 형식을 정하는 데 그쳐야 하며 새로운 법규사항을 정하면 무효가 된다. 집행명령은 새로운 법규사항을 규정하지 않으므로 법령의 수권 없이 제정될 수 있다.

5) 대법원 1985.2.28. 선고 85초13 판결

7. 법규명령의 성립요건 및 효력요건

1) 법규명령의 성립요건

법규명령이 유효하게 성립하기 위해서는 다음의 요건을 갖추어야 한다. 즉 정당한 권한을 가진 기관이 권한 내의 사항에 관해 법정 절차(국민의 권리・의무 또는 일상생활과 밀접한 관련이 있는 법률 등을 제정・개정 또는 폐지하고자 할 때에는 국무회의심의 또는 법제처 심사에 앞서서 해당 입법안을 마련한 행정청은 행정절차법 제41조 내지 제44조가 정하는 예고절차를 거쳐야 한다)에 따라 제정하고, 문서로 제정하되 법조문 형식에 의하고(사무관리규정 시행규칙 제3조 제1호), 아울러 「법령 등 공포에 관한 법률」이 정하는 바에 따라 공포되고 시행기일이 도래함으로써 효력을 발생한다.

2) 법규명령의 효력발생

법규명령은 시행됨으로써 효력을 발생한다. 법령에 시행일이 정해진 경우에는 그날부터 효력을 발생하고, 시행일이 정하여지지 않은 경우에는 공포한 날로부터 20일을 경과함으로써 효력을 발생한다(헌법 제53조 제7항).

3) 위법한 법규명령의 효력

(1) 학설

성립요건과 효력요건을 결한 법규법령은 하자 있는 법규명령이다. 하자 있는 법규명령은 어떠한 효력을 갖는가에 대하여 학설상 논란이 되고 있다.

① 일부 학자는 행정입법의 흠이 중대하고 명백한 경우에는 행정처분에서와 같이 당연히 무효가 된다고 보고, 흠이 중대하고 명백하지 않은 경우에는 일단 유효하며 헌법 제107조 제2항상의 통제제도에 의해 해당 법규명령에 근거한 처분을 다투는 소송에서 선결문제로서 다툴 수 있다고 본다.[6)]

② 무효설

이 견해는 행정처분의 무효이론을 법규명령의 하자론에 도입하는 것에 반대하고, 위법한 법규명령은 모든 경우에 무효로 보아야 한다고 주장한다. 이 설은 법규명령에 대한 취소쟁송제도의 부존재에서 근거를 찾고 있다.[7)]

③ 유효설

이 견해는 법규명령의 하자론은 행정행위의 하자론과 다르다고 보아야 하고, 법규명령은 법질서를 이루고 있으므로 법질서의 보호를 위하여(법의 공백을 막기 위하여) 위법한 법규명령도 폐지되거나 취소되기 전에는 특별한 규정이 없는 한 효력을 유지한다고 보고, 처분적 명령에 대한 항고소송은 취소소송의 형식으로 제기하도록 하는 것이 타당하다고 한다.[8)]

---

6) 박윤흔, 최신행정법강의 (상), 개정29판, 231면.
7) 유지태/박종수, 행정법신론 제14판, 287면.
8) 박균성, 행정법론(상) 제9판, 190면.

④ 판례

판례는 위법한 법규명령을 무효로 보고 있다. 처분적 명령에 대한 항고소송도 무효확인소송으로 하는 것이 실무이다. 이에 반하여 법규명령의 효력을 갖는 행정규칙에 대한 항고소송은 통상 취소소송으로 하는 것이 실무이다.

⑤ 결어

제1설은 법규명령 자체가 미국이나 프랑스에서처럼 취소소송의 대상이 되는 추상적 규범통제가 아닌 구체적 규범통제를 취하는 우리나라에서는 처분과 명확히 구분되므로 타당치 않으며, 제2설은 현행법이 위법한 명령에 대하여 구체적 규범통제제도를 취하고 있고, 구체적 규범통제제도하에서는 법원에 의해 명령의 위법이 확인된 경우(위헌 위법명령규칙 심사)에도 그 명령이 효력을 상실하는 것은 아니며 해당 사건에 한해 적용되지 않는 것에 불과하다는 점에서 타당치 않다. 따라서 제3설이 타당하다. 그러나 대법원은 구체적 규범통제를 행하면서 법규명령의 무효를 선언하고 있다. 한편 행정소송법은 행정소송에 대한 대법원판결에 의하여 명령·규칙이 헌법 또는 법률에 위반된다는 것이 확정된 경우에는 대법원은 지체 없이 그 사유를 행정안전부장관에게 통보하여야 하며, 통보를 받은 행정안전부장관은 지체 없이 이를 관보에 게재할 것을 규정하고 있다(동법 제6조). 이로 인해 현행 구체적 규범통제는 실제상 추상적 규범통제에 접근하고 있다. 다만 법규명령이 처분성을 갖거나 그것에 근거하여 일정한 처분이 이루어진 경우에는 예외적으로 그에 대한 쟁송은 가능하다. 판례 또한 같은 입장이다.

(2) **효력**

위법한 법규명령은 다음과 같은 효력을 갖는다. 성립요건을 결여하는 경우 법규명령 자체가 성립하지 아니하므로 누구도 구속되지 않는다. 효력요건을 결여한 경우 성립한 법규명령이 아직 효력을 발생하지 않았으므로 구속력이 없다. 기존의 명령과 배치되는 동위의 명령 또는 상위의 법령이 제정된 경우 기존의 명령은 폐지된 것이 되고 따라서 구속력이 없다. 동일한 사항에 대해 상·하위법이 모순되는 경우 상위법령을 적용하여야 한다. 법규명령이 위법한 경우에 법규명령의 효력에 관하여는 위에서 본 바와 같이 견해가 대립된다. 위법한 명령을 다투는 길은 법원에 의한 통제(항고소송, 부수적 통제)와 헌법소원에 의한 통제가 인정되고 있다. 헌법소원에 의해 위헌이 확인된 경우에는 해당 명령은 장래에 향하여 효력을 상실한다. 법원에 의해 선결문제에서 위헌 또는 위법이 확인된 경우에는 그 명령은 효력을 상실하는 것은 아니며 해당 사건에 한하여 적용되지 않고 무효확인소송에서 무효확인된 경우 처음부터 효력이 없는 것이 확인되는 것이며 취소소송에서 취소된 경우에는 원칙상 소급적으로 효력을 상실한다.

행정기관은 위법한 명령을 다툴 수 있는 길이 인정되고 있지 않으므로 명령의 위법성이 명백하지 않는 한 위법한 명령도 집행하여야 한다. 대법원에 의해 위법이 확인된 경우에는 그 위법이 명백하므로 행정기관은 그 명령을 집행해서는 안 된다. 대법원에 의해 위법이 확인된 명령을 적용한 처분은 무효이다.

4) 법규명령의 소멸

① 법규명령은 폐지에 의해 소멸된다.

② 한시적 명령의 경우 해당 명령에 붙여진 종기가 도래하면 소멸되고, 해제조건이 붙여진 명령은 해제조건의 성취로 소멸된다. 근거법령의 효력이 상실되면 법규명령은 소멸한다.

③ 근거법령의 효력이 상실되면 법규명령은 소멸한다.

④ 상위법령의 시행에 필요한 세부적 사항을 정하기 위하여 행정관청이 일반적 직권에 의하여 제정하는 이른바 집행명령은 근거법령인 상위법령이 폐지되면 특별한 규정이 없는 이상 실효되는 것이나, 상위법령이 개정됨에 그친 경우에는 개정법령과 성질상 모순, 저촉되지 아니하고 개정된 상위법령의 시행에 필요한 사항을 규정하고 있는 이상 그 집행명령은 상위법령의 개정에도 불구하고 당연히 실효되지 아니하고 개정법령의 시행을 위한 집행명령이 제정・발효될 때까지는 여전히 그 효력을 유지한다.[9)]

8. 법규명령의 통제

1) 의회에 의한 통제

(1) 직접적 통제

이것은 법규명령에 대한 궁극적인 동의 내지 승인권을 국회가 유보하는 제도이다. 우리나라는 이와 비슷한 제도로서 국회법 제98조의2에서 「행정입법 제출 및 위법통보제도」를 두고 있다.

이에 따르면, 소관 중앙행정기관으로 하여금 대통령령・총리령・부령 및 훈령・예규 고시 등이 제정・개정・폐지된 때에는 10일 이내에 이를 국회 소관 상임위원회에 제출하도록 한다. 이를 위하여 상임위원회는 위원회 또는 상설소위원회를 정기적으로 개최하여 제출한 대통령령・총리령 및 부령(훈령・예규・고시 등은 제외됨)에 대하여 법률에의 위반여부 등을 검토하여 해당 대통령령 등이 법률의 취지 또는 내용에 합치되지 아니하다고 판단되는 경우에는 소관 중앙행정기관의 장에게 그 내용을 통보할 수 있도록 하고 있다(법 제98조의2 제3항).

법규명령의 제정 시 인정되는 제출절차가 보다 실질적 의미를 갖기 위해서는 국회에 제출된 대통령령・총리령・부령 및 훈령・예규 고시 등에 대하여 심도 있는 심사가 가능하게 하는 과정이 국회 내에 마련되어야 할 것이다. 따라서 소관 상임위원회의 법령심사기능의 강화가 요청된다. 또 국회가 행정입법에 위임하는 때에 국민의 기본권과 밀접한 사항에 대해서는 가능한 위임의 내용을 보다 구체적・세부적으로 정하고자 하는 노력이 필요하다. 이것이 법규명령의 통제로서 무엇보다 선행되어야 할 것이다. 입법론적으로 법규명령의 제정에 국회의 동의는 필요하지 않지만, 일정한 법규명령의 제정에는 국회의 동의를 받도록 하는 것은 가능하며, 이것이 국회입법의 원칙에 보다 충실한 방향이다.

한편 대통령의 긴급재정・경제명령이나 긴급명령에 대해서는 사후에 국회의 승인을 받도록 하고 있다(헌법 제76조 제3항, 제4항). 의회는 법규명령과 내용상 저촉되는 법률을 제정하여 위법한 법규명령을 폐지시킬 수 있다.

---

9) 대법원 1989.9.12. 선고 88누6962 판결

(2) 간접적 통제

국회는 국정감사 또는 조사권・국무총리 등에 대한 질문권・국무총리 또는 국무위원의 해임건의권 및 대통령에 대한 탄핵소추권 등 행정권에 대한 국정감시권을 행사하여 위법한 법규명령을 간접적으로 통제할 수 있다.

2) 국민에 의한 통제

행정절차법은 행정상 입법예고제를 채택하고 있고, 법규명령안에 대한 공청회를 개최할 수 있음을 명기하고 있다. 법규 명령안이 사전에 입법예고되고 공청회를 거치는 동안 국민에 의한 찬반 여론이 형성되어 법규명령에 대한 민주적 규범통제에 기여하게 된다. 오늘날의 민주주의 국가에 있어서는 법규명령에 대한 절차상 통제의 중요성이 강조되고 있다.

3) 행정적 통제

(1) 상급행정청의 감독권

상급행정청의 감독권의 대상에는 하급행정청의 행정입법권의 행사도 포함된다. 따라서 상급행정청은 훈령권을 행사해서 하급행정청의 행정입법권의 행사의 기준과 방향을 지시할 수 있고, 위법한 법규명령의 폐지를 명할 수 있다. 상급행정청이라도 하급행정청의 법규명령을 스스로 개정 또는 폐지할 수 없다. 다만, 상위명령에 의해 하위명령을 배제할 수 있다.

국무회의에 상정될 법령안, 조약안과 총리령안 및 부령안은 법제처의 심사를 받는다(정부조직법 제20조 제1항). 법제처의 법령심사는 법안의 문언・법령 상호 간의 모순・상위법령에 대한 위반 여부에 미친다. 다만, 법제처의 법령심사권이 정책의 법적 문제점을 포함하는지 여부에 대하여는 논란이 되고 있다.

(2) 행정심판에 의한 통제

중앙행정심판위원회[10]는 심판청구를 심리・의결함에 있어서 상위법령에 위반하는 등 불합리한 법규명령・행정규칙에 대해 관계 행정기관에 개정・폐지 등 적절한 시정조치를 요청할 수 있고, 요청을 받은 관계 행정기관은 정당한 사유가 없는 한 이에 따라야 한다(행정심판법 제59조 제1항 및 제2항).

특정 행정목적을 위해 국민의 권리를 제한하거나 의무를 부과하는 행정 규제적 법규명령이 규제를 신설하거나 강화하는 내용일 때에는 행정규제기본법의 규정에 따라 중앙행정기관의 장에 의한 규제영향분석과 자체심사제도(법 제7조) 및 규제개혁위원회의 심사를 거쳐야 한다(법 제10조, 제12조).

---

10) 중앙행정심판위원회는 「부패방지 및 국민권익위원회의 설치와 운영에 관한 법률」에 따른 국민권익위원회에 둔다(행정심판법 제6조 제2항).

(3) 국민권익위원회에 의한 통제

국민권익위원회는 법률 · 대통령령 · 총리령 · 부령 및 그 위임에 따른 훈령 · 예규 · 고시 · 공고와 조례 · 규칙의 부패유발요인을 분석 · 검토하여 그 법령 등의 소관 기관의 장에게 그 개선을 위하여 필요한 사항을 권고할 수 있으며(부패방지 및 국민권익위원회의 설치와 운영에 관한 법률 제28조), 고충민원을 조사 · 처리하는 과정에서 법령 그 밖의 제도나 정책 등의 개선이 필요하다고 인정되는 경우에는 관계 행정기관 등의 장에게 이에 대한 합리적인 개선을 권고하거나 의견을 표명할 수 있다(법 제47조).

4) 사법적 통제

(1) 의의

행정입법에 대한 사법적 통제라 함은 사법기관인 법원 및 헌법재판소에 의한 통제를 말한다. 비교법적으로 볼 때, 상위의 법에 위반하는 법에 어떠한 사법적 통제를 가할 것인가 하는 것은 통제의 대상이 되는 법의 종류와 각 국가의 헌정질서에 따라 다르다 하겠다. 법률을 주권자인 국민의 일반의사의 표현으로 보는 프랑스나 의회를 주권기관으로 보는 영국에서 법률에 대한 사후적 재판통제제도가 인정되고 있지 않은 것이 그 예이다. 그러나 법규명령에 대해서는 어느 나라든 사법적 통제를 인정하고 있음에 유의해야 한다. 다만 각 국가의 헌법구조에 따라 그 구체적 내용이 다르게 나타난다.

(2) 법원에 의한 통제

① 의의

법규명령에 대한 사법적 통제방법은 크게 추상적 규범통제제도를 취하고 있는 나라와 구체적 규범통제제도를 취하고 있는 나라로 나눌 수 있다. 우리 헌법 제107조 제2항은 "명령 · 규칙 또는 처분이 헌법이나 법률에 위반되는 여부가 재판의 전제가 된 경우에는 대법원은 이를 최종적으로 심사할 권한을 가진다."라고 규정하여 구체적 규범통제제도를 취하고 있고, 행정소송법에 의하면 항고소송의 대상을 '처분'에 한정하여 인정하고 있다(법 제19조, 제38조). 따라서 구체적인 사건에 있어서 법규명령의 위헌 · 위법성이 재판의 전제가 되는 경우에 한하여 그 사건의 심판을 위한 선결문제로서 다루어질 수 있을 뿐이며, 구체적인 권리의무에 대한 분쟁을 떠나서 법규명령 자체의 위법여부를 다투는 것은 허용되지 아니한다. 다만 법규명령이 처분의 성질을 가지는 경우에는 그에 대한 항고소송이 가능하다.

판례

> 행정소송의 대상이 될 수 있는 것은 구체적인 권리의무에 관한 분쟁이어야 하고 일반적 추상적인 법령 그 자체로서 국민의 구체적인 권리의무에 직접적인 변동을 초래하는 것이 아닌 것은 그 대상이 될 수 없으므로 구체적인 권리의무에 관한 분쟁을 떠나서 재무부령 자체의 무효 확인을 구하는 청구는 행정소송의 대상이 아닌 사항에 대한 것으로서 부적법하다(대법원 1987.3.24. 선고 86누656 판결).

② 구체적 규범통제의 내용

㉠ 의의 : 구체적 규범통제란 법규명령의 위헌・위법 여부가 재판의 전제가 되는 경우에 법규명령의 위헌・위법 여부를 다투는 것을 말한다.

㉡ 구체적 규범통제의 주체 : 구체적 규범통제는 각급법원이 행한다. 명령・규칙이 민사사건의 전제로서 문제되면 지방법원에서, 행정사건의 전제로 된다면 행정법원에서 다투어진다. 대법원은 최종적으로 심사할 권한을 가진다.

㉢ 구체적 규범통제의 대상 : 헌법 제107조 제2항은 '명령・규칙'이 헌법이나 법률에 위반되는 여부가 재판에서 전제가 된 경우에 법원에 의한 통제의 대상이 된다고 규정하고 있다. 여기에서 '명령'이란 법규명령을 의미한다. 위임명령과 집행명령 모두가 통제의 대상이 된다. '명령・규칙' 중 '규칙'이란 중앙선거관리위원회규칙, 대법원규칙, 헌법재판소규칙, 국회규칙 등 법규명령인 규칙을 의미한다. 또 여기서의 '명령・규칙'에는 자치법규인 조례와 규칙을 포함한다.[11] 행정규칙 중 법규적 성질을 갖는 것(법령보충적 행정규칙)은 그 위법 여부가 그에 근거한 처분의 위법 여부를 판단함에 있어서 전제문제가 되므로 헌법 제107조 제2항의 구체적 규범통제의 대상이 된다. 그러나 법규적 효력이 없는 행정규칙은 헌법 제107조 제2항의 통제대상이 아니다.[12] 행정처분의 근거가 된 행정입법의 위법이 당사자에 의해 주장되지 않은 경우에도 법원은 직권으로 해당 행정입법의 위법 여부를 심사할 수 있다.

㉣ 간접적 통제의 주체는 각급 법원이며, 대법원이 최종적인 심사권을 갖는다. 대법원이 최종적 심사권을 갖는다는 것은 대법원이 위헌・위법이라고 판단한 경우에는 해당 명령의 위헌 또는 위법이 확정되며 그 위헌 또는 위법이 명백하게 된다는 것을 의미한다.

③ 위헌(위법)으로 판단된 명령의 효력

법규명령이 위법하다는 판정이 난 경우에 그 판정의 효력은 해당 법규명령이 일반적으로 효력을 상실하지는 않고, 다만 해당 사건에 한하여 적용되지 않는 것으로 보고 있다. 즉 위법하다고 판정이 난 법규명령도 해당 사건 외에는 폐지되기 전까지는 여전히 유효하다. 그러나 행정소송법 제6조에 따라 대법원이 행정안전부장관에게 통보하고, 행정안전부장관은 이를 관보에 게재하도록 규정하고 있으므로, 위헌・위법인 행정입법이 반복 적용되는 것은 시정할 수 있어 사실상 일반적 효력의 효과를 기대할 수 있을 것이다(적용거부설). 위법인 법규명령에 근거한 행정처분은 통상 취소할 수 있는 처분으로 보지만 행정기관이 대법원에 의해 위법으로 판정된 법규명령을 적용하여 행정처분을 한 경우에는 그 행정처분은 당연히 무효인 행정행위가 된다.

④ 처분적 법규명령의 사법적 통제

㉠ 의의 : 법규명령이 별도의 집행행위 없이도 국민에 대하여 직접적이고 구체적인 법적 효과를 미치는 경우(처분적 법규), 예외적으로 항고소송의 대상이 될 수 있다는 것이 통설이다. 즉, 형식적으로 입법의 형식을 취하고 있지만 그 실질적 내용은 행정처분의 성질을 갖고 있기 때문이라는 것이다. 판례도 동일한 입장이다. 처분적 조례도 같다.

---

11) 대법원 1995.8.22 선고. 94누5694 판결
12) 대법원 1990.2.27. 선고 88재누55 판결

경기 가평군 가평읍 상색국민학교 두밀분교를 폐지하는 내용의 이 사건 조례는 위 두밀분교의 취학아동과의 관계에서 영조물인 특정의 초등학교를 구체적으로 이용할 이익을 직접적으로 상실하게 하는 것이므로 …, 조례가 집행행위의 개입 없이도 그 자체로서 직접 국민의 구체적인 권리의무나 법적 이익에 영향을 미치는 등의 법률상 효과를 발생하는 경우 그 조례는 항고소송의 대상이 되는 행정처분에 해당한다.[13)]

고시가 일반적·추상적 성격을 가질 때에는 법규명령 또는 행정규칙에 해당할 것이지만, 다른 집행행위의 매개 없이 그 자체로서 직접 국민의 구체적인 권리의무나 법률관계를 규율하는 성격을 가질 때에는 항고소송의 대상이 되는 행정처분에 해당한다.[14)] 즉 항정신병 치료제의 요양급여에 관한 보건복지부 고시는 다른 집행행위의 매개 없이 그 자체로서 제약회사, 요양기관, 환자 및 국민건강보험공단 사이의 법률관계를 직접 규율하는 성격을 가지므로 항고소송의 대상이 되는 행정처분에 해당한다.[15)] 이 같은 판례의 해석에 있어 명령 등이 실질적으로 행정행위의 실질을 가질 때 처분으로 보는 것이 판례의 입장이라고 해석하는 견해가 있다. 그런데 약가고시는 그것만으로는 구체적인 권리의무관계에 변경을 가져오는 것은 아니며 보험급여를 청구하여 거부당한 때에 국민의 권익이 구체적으로 침해되는 것이므로 약가고시는 협의설을 취하면 처분성을 인정할 수 없고, 광의설에 의하는 경우에만 처분으로 볼 수 있는 것으로 보는 것이 이론상 타당하다는 견해도 있다.

ⓛ **소송형식** : 처분적 명령에 대한 항고소송은 해당 명령의 위법이 무효인지 취소할 수 있는 위법인지에 따라 취소소송 또는 무효 확인(통상 법규명령의 위법 여부는 명백하지 않으므로 취소소송)을 제기하여야 한다고 보는 견해(대법원 행정소송법 개정안)와 위법한 법규명령은 무효이므로 처분적 명령에 대하여는 항상 무효 확인을 제기하여야 한다고 보는 견해가 있다. 재판실무상 법규의 형식을 취하고 있는 부령과 조례에 대한 항고소송은 무효 확인으로 제기되고 있고, 법규명령의 성질을 갖는 행정규칙(법령보충적 행정규칙)에 대한 항고소송은 취소소송의 형식으로 제기되고 있다. 또 다른 견해는 법규명령은 위법하더라도 법질서의 공백을 막기 위하여 효력을 유지하므로 항상 취소소송을 제기하여야 한다는 견해(취소소송설)가 타당하다고 한다.[16)] 그러나 다수의 견해는 위법한 법규명령은 무효이므로 처분적 법규명령에 대해서는 항상 무효 확인을 제기하여야 한다고 한다.

(3) 헌법재판소에 의한 통제

헌법 제107조 제2항은 "명령·규칙 또는 처분이 헌법이나 법률에 위반되는 여부가 재판의 전제가 된 경우에는 대법원은 이를 최종적으로 심사할 권한을 가진다."라고 규정하고 있다. 헌법재판소는 법원의 재판을 제외한 공권력의 행사 또는 불행사에 대한 헌법소원심판권을 가진다(헌법 제111조

13) 대법원 1996.9.20. 선고 95누8003 판결[두밀분교폐교조례의 처분성 인정]
14) 대법원 2003.10.9. 선고 2003무23 판결
15) 대법원 2006.9.22. 선고 2005두2506 판결
16) 박균성, 전게서 202면.

제1항 제5호 · 헌법 제68조 제1항). 헌법재판소의 헌법소원심판권에 법규명령에 대한 헌법소원이 포함되는지 여부에 대하여 견해의 대립이 있다.

① 적극설(헌법재판소의 입장)

헌법 제107조 제2항은 재판의 전제가 된 경우에 한하여 법원의 명령 · 규칙에 대한 위헌 · 위법심사권을 부여하고 있으므로, 명령이 국민의 기본권을 직접 침해하는 경우에 그에 대한 헌법소원을 인정하는 것이 헌법 제107조 제2항에 반하는 것은 아니고, 헌법재판소법 제68조 제1항의 공권력의 행사 또는 불행사에는 명령 등도 포함된다는 점을 근거로 한다.

② 소극설(대법원의 입장)

소극설은 우리 헌법은 법률에 대한 위헌심사권과 명령 · 규칙에 대한 위헌 · 위법심사권을 분리하여, 전자는 헌법재판소에, 후자는 법원에 귀속시키고 있다는 점, 침해 직접성의 결여, 보충성의 요건이 결여되었다는 점, 법원과 헌법재판소 사이의 관할에 혼란을 가져온다는 점 등을 근거로 한다.

③ 헌법재판소의 결정례

헌법재판소는 법무사법 시행규칙에 대한 헌법소원을 인용함으로써 최초로 적극설의 입장을 표명하였다. 이 사건에서 헌법재판소는 법무사법 시행규칙의 헌법소원의 대상성과 관련하여, 헌법 제107조 제2항이 규정한 명령 · 규칙에 대한 대법원의 최종심사권이란 구체적인 소송사건에서 명령 · 규칙의 위헌여부가 '재판의 전제'가 되었을 경우 법률의 경우와는 달리 헌법재판소에 제청할 것 없이 대법원이 최종적으로 심사할 수 있다는 의미이며, 명령 · 규칙 그 자체에 의하여 직접 기본권이 침해되었음을 이유로 하여 헌법소원심판을 청구하는 것은 위 헌법규정과는 아무런 상관이 없는 문제라고 하였다. 따라서 입법부 · 행정부 · 사법부에서 제정한 규칙이 별도의 집행행위를 기다리지 않고 직접 기본권을 침해하는 것일 때에는 모두 헌법소원심판의 대상이 될 수 있는 것이다.

헌법소원의 보충성과 관련하여, 명령자체에 의한 직접적인 기본권침해여부가 문제되었을 경우 그 법령의 효력을 직접 다투는 것을 소송물로 하여 일반 법원에 구제를 구할 수 있는 절차는 존재하지 아니하므로 이 사건에서는 다른 구제절차를 거칠 것 없이 바로 헌법소원심판을 청구할 수 있다고 하였다.

또한 법원행정처장으로 하여금 그 재량에 따라 법무사시험을 실시하지 아니해도 괜찮다고 규정한 법무사법 시행규칙 제3조 제1항은 법원행정처장이 법무사를 보충할 필요가 없다고 인정하면 법무사시험을 실시하지 아니해도 된다는 것으로서 상위법인 법무사법 제4조 제1항에 의하여 모든 국민에게 부여된 법무사 자격취득의 기회를 하위법인 시행규칙으로 박탈한 것이어서 평등권과 직업선택의 자유를 침해하여 위헌이라고 결정하였다.[17)]

헌법재판소는 「체육시설의 설치 · 이용에 관한 법률 시행규칙」 제5조에 대한 헌법소원에서 당구장 경영자인 청구인에게 당구장 출입문에 18세 미만자에 대한 출입금지 표시를 하게 하는 이 사건 심판대상규정은 법령이 직접적으로 청구인에게 그러한 표시를 하여야 할 법적 의무를

17) 헌재결정 1990.10.15. 선고 89헌마178 전원재판부

부과하는 사례에 해당하는 경우로서, 그 표시에 의하여 18세 미만자에 대한 당구장 출입을 저지하는 사실상의 규제력을 가지게 되는 것이므로 이는 결국 그 게시의무규정으로 인하여 당구장 이용고객의 일정범위를 당구장 영업대상에서 제외시키는 결과가 된다고 할 것이고 따라서 청구인을 포함한 모든 당구장 경영자의 직업종사·직업수행의 자유가 제한되어 헌법상 보장되고 있는 직업선택의 자유가 침해된다[18]고 하였다.

또한 헌법재판소는 법령보충규칙에 대하여도 헌법소원의 대상성을 인정하고 있다. 법령의 직접적인 위임에 따라 위임행정기관이 그 법령을 시행하는 데 필요한 구체적 사항을 정한 것이면, 그 제정형식은 비록 법규명령이 아닌 고시, 훈령, 예규 등과 같은 행정규칙이더라도 그것이 상위법령의 위임한계를 벗어나지 아니하는 한, 상위법령과 결합하여 대외적인 구속력을 갖는 법규명령으로서 기능하게 된다고 보아야 할 것인바, 청구인이 법령과 예규의 관계규정으로 말미암아 직접 기본권침해를 받았다면 이에 대하여 바로 헌법소원심판을 청구할 수 있다.[19]

④ 소결

다수의 학자들은 헌재의 입장을 지지한 바 있다. 헌법소원의 기본권 보장제도로서의 기능을 고려할 때 명령·규칙에 대한 헌법소원을 인정하는 것이 헌법 제107조에 배치되는 것은 아니다. 또 법규명령이 국민의 기본권을 직접 침해하는 경우에는 현재로서는 다른 권리구제수단이 없으므로 보충성의 원칙에 반하는 것도 아니다. 따라서 헌법소원을 긍정하는 견해가 원칙적으로 타당하다. 다만 예외적인 판례에서처럼 대법원이 처분적 법규명령에 대해서 항고소송의 대상성을 인정하고 이것이 일반화되어 판례가 축적된다면 보충성의 원칙상 헌법소원은 부적법하게 될 것이다.

⑤ 헌법소원의 인용결정의 효력

행정입법에 대한 헌법소원의 인용결정이 내려진 경우에 해당 행정입법은 장래에 효력을 상실하게 된다. 다만, 해당 사건, 계류 중인 사건 및 병행사건에 대하여는 소급효가 인정된다.

9. 행정입법부작위와 권리구제

1) 의의

행정입법부작위란 행정권에게 명령을 제정·개정 또는 폐지할 법적 의무가 있음에도 합리적인 이유 없이 지체하여 명령을 제정·개정 또는 폐지하지 않는 것을 말한다. 이때 시행명령의 제정이 없어서 상위법령의 규정이 적용될 수 없는 경우 행정입법부작위의 위법을 다툼으로써 종국적으로 규범의 발령을 구하는 소송을 제기할 수 있을 것인지가 문제된다.

18) 헌재결정 1993.5.13. 선고 92헌마80 전원재판부

19) 헌재결정 1992.6.26. 선고 91헌마25 전원재판부

2) 요건

행정입법부작위가 인정되기 위해서는 ① 행정권에게 명령을 제정·개폐할 법적 의무가 있어야 하고, ② 상당한 기간이 지났음에도 불구하고, ③ 명령이 제정 또는 개폐되지 않았어야 한다. 또한 ④ 시행명령의 제정이 법률 집행의 전제조건이 되어야 한다. 시행명령의 개입 없이 법률의 규정만으로 집행될 수 있는 경우에는 행정권에게 시행명령제정의무는 없다. 시행명령의 개입 없이 법률의 규정만으로 집행될 수 있는 경우라 함은 법률의 규정이 무조건적이고 충분하게 명확한 경우이다.

3) 권리구제

구체적 규범통제의 대상은 원칙적으로 현재 존재하고 있는 명령·규칙에 대한 것이다. 그러나 예외적으로 상위법령에 근거해 구체적으로 하위의 시행명령을 제정해야 할 의무를 지는 행정청이 이를 제정하지 않아 국민의 권리가 침해되는 경우에는 행정입법부작위 자체의 위법성을 긍정해 소송으로써 이를 다투게 할 필요가 있다.

(1) 행정입법부작위에 대한 항고소송의 가능성

판례는 "부작위위법확인소송의 대상이 될 수 있는 것은 구체적 권리의무에 관한 분쟁이어야 하고 추상적인 법령에 관하여 제정의 여부 등은 그 자체로서 국민의 구체적인 권리의무에 직접적인 변동을 초래하는 것이 아니어서 행정소송의 대상이 될 수 없다."라고 하여 행정입법부작위에 대한 부작위위법확인소송을 인정하지 않는다.[20]

그러나 긍정설에 의하면, 시행명령제정신청에 대한 부작위가 직접·구체적으로 국민의 권익을 침해하는 경우 해당 행정입법부작위는 행정소송법상 부작위위법확인소송의 대상이 되는 부작위라고 보고 부작위위법확인소송이 제기될 수 있다고 보는 것이 타당하다고 한다. 입법론으로는 행정입법부작위를 항고소송의 대상으로 하는 명문의 규정을 두어야 할 것이다.

(2) 행정입법부작위에 대한 헌법소원의 가능성

행정입법부작위에 대한 헌법소원이 인정될 수 있는지가 문제된다. 명령제정의 거부나 보류도 '공권력의 행사나 불행사'에 해당되므로, 그로 인해 권익이 직접·구체적으로 침해된 경우에는 행정입법부작위도 헌법소원의 대상이 된다. 이에 대해 헌법재판소는 "행정입법부작위는 항고소송의 대상이 되지 않는다는 것이 대법원의 입장이므로 보충성원칙의 예외로서 헌법소원의 대상이 된다."라고 판시하고 있다.

다만, 행정입법부작위에 대하여 부작위위법확인소송이 제기될 수 있다면 보충성 원칙에 의해 헌법소원이 인정될 수 없다.

---

20) 대법원 1992.5.8. 선고 91누11261 판결

판례

전문의 자격시험 불실시 위헌확인 사례

치과의사로서 전문의가 되고자 하는 자는 대통령령이 정하는 수련을 거쳐 보건복지부장관의 자격인정을 받아야 하고 전문의의 자격인정 및 전문과목에 관하여 필요한 사항은 대통령령으로 정하는바, 위 대통령령인 '규정' 제2조의2 제2호는 치과전문의의 전문과목을 "구강악안면외과 · 치과보철과 · 치과교정과 · 소아치과 · 치주과 · 치과보존과 · 구강내과 · 구강악안면방사선과 · 구강병리과 및 예방치과"로 정하고, 제17조에서는 전문의자격의 인정에 관하여 "일정한 수련과정을 이수한 자로서 전문의자격시험에 합격"할 것을 요구하고 있는데도, '시행규칙'이 위 규정에 따른 개정입법 및 새로운 입법을 하지 않고 있는 것은 진정입법부작위에 해당하므로 이 부분에 대한 심판청구는 청구기간의 제한을 받지 않는다. 삼권분립의 원칙, 법치행정의 원칙을 당연한 전제로 하고 있는 우리 헌법하에서 행정권의 행정입법 등 법집행의무는 헌법적 의무라고 보아야 한다. 왜냐하면 행정입법이나 처분의 개입 없이도 법률이 집행될 수 있거나 법률의 시행여부나 시행시기까지 행정권에 위임된 경우는 별론으로 하고, 이 사건과 같이 치과전문의제도의 실시를 법률 및 대통령령이 규정하고 있고 그 실시를 위하여 시행규칙의 개정 등이 행해져야 함에도 불구하고 행정권이 법률의 시행에 필요한 행정입법을 하지 아니하는 경우에는 행정권에 의하여 입법권이 침해되는 결과가 되기 때문이다. 따라서 보건복지부장관에게는 헌법에서 유래하는 행정입법의 작위의무가 있다(헌재결정 1998.7.16. 선고 96헌마246 전원재판부).

(3) 국가배상청구

또한 행정입법부작위로 인하여 손해가 발생한 경우에 과실이 인정되는 경우에는 국가배상청구가 가능하다.

판례

군법무관 보수청구사례

입법부가 법률로써 행정부에게 특정한 사항을 위임했음에도 불구하고 행정부가 정당한 이유 없이 이를 이행하지 않는다면 권력분립의 원칙과 법치국가 내지 법치행정의 원칙에 위배되는 것으로서 위법함과 동시에 위헌적인 것이 되는바, 구 군법무관임용법(1967.3.3. 법률 제1904호로 개정되어 2000.12.26. 법률 제6291호로 전문 개정되기 전의 것) 제5조 제3항과 군법무관임용 등에 관한 법률(2000.12.26. 법률 제6291호로 개정된 것) 제6조가 군법무관의 보수를 법관 및 검사의 예에 준하도록 규정하면서 그 구체적 내용을 시행령에 위임하고 있는 이상, 위 법률의 규정들은 군법무관의 보수의 내용을 법률로써 일차적으로 형성한 것이고, 위 법률들에 의해 상당한 수준의 보수청구권이 인정되는 것이므로, 위 보수청구권은 단순한 기대이익을 넘어서는 것으로서 법률의 규정에 의해 인정된 재산권의 한 내용이 되는 것으로 봄이 상당하고, 따라서 행정부가 정당한 이유 없이 시행령을 제정하지 않은 것은 위 보수청구권을 침해하는 불법행위에 해당한다(대법원 2007.11.29. 선고 2006다3561 판결).

03 절 행정규칙

1. 개설

1) 행정규칙의 의의

행정규칙은 행정기관이 법률의 수권 없이(다만, 법률우위의 원칙은 여전히 타당하다) 자신의 권한의 범위 내에서 발하는 비법규적 성질을 가진 일반적·추상적 규율로서의 내부 법을 말한다.

행정의 작용형식으로서 행정규칙은 일반적·추상적 규율인 점에서 법규명령과는 공통점을 지니나 입법의 수권 없이 제정되고 법률·조례나 법규명령과 같이 재판기준성을 가지지 아니하며, 국민의 법적 지위에 변동을 초래하는 법적 효과를 가지지 않는 점에서 법규명령과 구별된다. 따라서 행정기관의 행위는 행정규칙위반만을 이유로 위법이 되지 아니하며, 반대로 행정규칙에 적합하다는 이유만으로 적법이라고도 할 수 없다고 해왔다. 그러나 이러한 내용은 재량준칙, 법률보충적 행정규칙 등과 같은 유형의 행정규칙에 대해서는 이론의 여지가 있다.

2) 필요성

현대행정에 있어서 행정규칙이 중요한 의미를 갖게 된 원인은 ① 현대행정은 광범한 분야에 걸쳐 있으므로 여기에 맞추어 행정조직이 복잡하고 거대해졌다는 점과, ② 행정의 내용이 전문적·기술적으로 분화됨으로써 법률해석에 전문지식을 필요로 하게 되었고 법규집행에 있어서도 정책적인 재량판단의 여지가 넓어졌다는 점이다. 이처럼 복잡하고, 거대한 기구를 가지는 행정조직이 국민에 대하여 전체로서의 통일성을 유지하기 위해서는 상급행정기관이 훈령·예규 등으로써 하급행정기관의 권한 행사를 지휘하여 행정작용의 내용을 통일시킬 필요가 있다.

2. 행정규칙의 종류

1) 행정규칙의 규율대상 및 내용에 따른 분류

⑴ 조직규칙

이것은 행정조직 내부에서의 행정기관의 구성 및 권한배분 및 업무처리절차를 정하는 행정규칙을 말한다. 그런데 우리 법제상 조직규칙은 대통령령(직제)으로 정하게 되어 있다. 따라서 조직규칙의 범위는 극히 제한적이라고 하겠다.

⑵ 영조물규칙

영조물의 관리주체가 영조물의 조직, 관리, 사용관계 등을 규율하기 위하여 발하는 행정규칙이며, 이 영조물규칙을 특별명령이라고도 한다. 국·공립학교학칙, 국·공립도서관규칙 등이 그 예이다. 영조물규칙 중 영조물의 사용에 관한 부분은 대외적 구속력이 인정된다.

(3) **재량준칙**

재량준칙이라 함은 재량권 행사의 기준을 제시하는 행정규칙을 말한다. 재량준칙은 다음과 같은 기능을 갖는다. ① 재량권 행사가 통일성 있게 행해지는 것을 보장한다. ② 행정기관의 자의적인 재량권 행사를 막고 재량권 행사가 공정하게 행해지는 것을 보장한다. ③ 국민에 대하여 행정권 행사에 대한 예측가능성을 확보해 준다. ④ 재량권 행사에 있어서 공무원의 행정사무처리의 어려움을 경감시켜준다.

(4) **법률대위규칙**

법률대위규칙이란 법률이 필요한 영역이지만 법률이 없는 경우에 이를 대신하는 고시·훈령 등(행정규칙)을 말한다. 주로 급부행정이나 행정지도 분야에 많이 존재한다. 여기서의 '법률대위'를 법률과 대등한 효력을 가지는 것으로 오해하여서는 안 되고, 행정권 행사의 기준 및 방법을 정하는 것으로 보아야 할 것이다.

(5) **법령해석규칙**

법령해석규칙이라 함은 법령의 해석을 규정한 행정규칙을 말한다. 법령해석규칙은 법령집행기관의 법령해석의 어려움을 덜어 주고 통일적인 법적용을 도모하기 위하여 제정된다.

2) 법령상의 분류

(1) **사무관리규정상의 분류**

사무관리규정(제7조 제2호) 및 사무관리규정 시행규칙(제3조 제2호)은 근무규칙을 다음과 같이 구분하고 있다.

① 훈령

상급기관이 하급기관에 대하여 장기간에 걸쳐 그 권한의 행사를 일반적으로 지시하기 위하여 발하는 명령을 말한다.

② 지시

상급기관이 직권 또는 하급기관의 문의에 의하여 하급기관에 개별적·구체적으로 발하는 명령을 말한다.

③ 예규

행정사무의 통일을 기하기 위하여 반복적 행정사무의 처리기준을 제시하는 법규문서 외의 문서를 말한다.

④ 일일명령

당직·출장·시간외근무·휴가 등 일일업무에 관한 명령을 말한다.

(2) **고시**

고시는 행정규칙 중 일정한 사항을 불특정 다수인에게 알리기 위하여 제정되는 행정규칙이다. 이 행정규칙인 고시는 행정기관이 일정한 사항을 불특정 다수인에게 통지하는 방법인 고시와 구별되어야 한다.

고시의 법적 성질에 대해서는 견해가 나뉜다. 일부 견해는 고시는 행정규칙이라고 본다. 그러나 고시를 전부 행정규칙이라고 보는 것은 타당하지 않고 그의 법적 성질 내지 효력은 고시에 담겨진 내용에 의거하여 결정될 수밖에 없다. 결국 법규명령, 행정규칙, 행정행위적 성질의 고시 모두가 가능하다.

사업인정고시는 사업인정의 효력발생요건인데 사업인정고시의 법적 성질에 관하여는 견해의 다툼이 있다. ① 사업인정고시는 특정한 사실을 알리는 행위로서 사업인정과는 분리하여 준법률행위적 행정행위 중 통지로 보는 견해와 ② 사업인정과 사업인정고시를 통일적으로 파악하여 특허(설권적 형성행위)로 보는 견해가 있다. 생각건대, 사업인정고시는 사업인정의 효력발생요건이므로 독립된 행정행위로 보는 것은 무리이다. 또한 사업인정고시에 하자가 있으면 사업인정행위 자체의 위법을 구성한다. 즉, 사업인정고시가 전혀 없는 경우에는 사업인정은 무효이고, 사업인정고시 상 단순위법이 존재하면 사업인정은 취소할 수 있는 상태에 있게 된다. 따라서 법적 성질의 논의는 불복과 관련하여 실익이 있는 것이므로 사업인정고시를 사업인정과 분리하여 법적 성질을 검토하지 말고 통일적으로 '특허'로 파악함이 타당시된다.

3. 행정규칙의 법적 성질 및 구속력

1) 의의

행정규칙의 구속력이란 행정규칙이 법적 구속력을 갖는가 하는 문제이다. 행정규칙의 법적 구속력에는 대내적 구속력과 대외적 구속력이 있다. 행정규칙의 대내적 구속력에는 이견이 없으나, 행정규칙이 대외적으로 법적 구속력이 있는가 하는 문제에 대하여는 논란의 여지가 있다. 원칙상 대외적 구속력이 없다는 것이 판례의 입장이다.

행정규칙의 법적 성질 및 대외적 구속력의 문제는 상호 밀접한 관계를 가진다. 즉, 행정규칙을 엄격한 의미의 법규라고 보거나 법규적 성질을 갖는 것으로 보면 행정규칙은 당연히 대외적 구속력을 가지고, 행정규칙을 엄격한 의미의 법규가 아니라고 보거나 법규적 성질을 갖지 않는다고 보면 행정규칙은 직접적으로는 대외적 구속력을 갖지 못한다. 다만 재량준칙에서처럼 평등원칙 등 법원칙을 매개로 간접적으로 구속력을 갖는 경우가 있다.

2) 행정규칙의 구속력

(1) **행정규칙의 내부적 구속력**

행정규칙은 행정조직 내부에서는 법적 효과를 가지는 법규범이다. 하급행정기관은 행정조직에서의 복종의무에 따라 행정규칙을 준수하고 적용해야 한다. 만약 하급행정기관이 행정규칙에 따르지 않고 처분을 한 경우 공무원법상의 복종의무를 위반한 것이 되어 징계사유가 된다. 다만 재량준칙은 하급행정기관에 대하여는 상관의 명령으로서의 지위를 갖지만 재량준칙을 발한 행정기관에 대하여는 대내적으로 구속력을 갖지 않는다. 따라서 재량준칙을 제정한 행정기관이 필요한 경우에 재량준칙과 다른 처분을 할 수 있다. 행정규칙의 외부적 구속력 및 법적 성질은 행정규칙의 유형에 따라 다르므로 행정규칙의 유형별로 이 문제를 검토하기로 한다.

(2) **행정규칙의 외부적 구속력과 법적 성질**

행정규칙의 대외적인 법적 구속력이란 국민이 행정행위가 행정규칙에 위반하였다는 것을 이유로 행정행위의 위법을 주장할 수 있는 것과 행정규칙이 법원에 대하여 재판규범이 되는 것을 말한다. 이것에 관하여는 그 내용에 따라 개별적인 검토가 필요한바, 이하에서 개별적으로 검토하기로 한다.

① 조직규칙

법령의 범위 내에서 행정권의 조직 운용에 관한 사항을 정한 조직규칙은 순수하게 내부적 사항이므로 대외적으로는 구속력이 없는 것으로 보아야 한다. 판례는 조직규칙의 일종인 행정관청 내부의 사무처리규정에 불과한 전결규정에 위반하여 원래의 전결권자 아닌 보조기관 등이 처분권자인 행정관청의 이름으로 행정처분을 한 경우, 그 처분의 효력이 문제된 사안에서, 전결과 같은 행정권한의 내부위임은 법령상 처분권자인 행정관청이 내부적인 사무처리의 편의를 도모하기 위하여 그의 보조기관 또는 하급 행정관청으로 하여금 그의 권한을 사실상 행사하게 하는 것으로서 법률이 위임을 허용하지 않는 경우에도 인정되는 것이므로, 설사 행정관청 내부의 사무처리규정에 불과한 전결규정에 위반하여 원래의 전결권자 아닌 보조기관 등이 처분권자인 행정관청의 이름으로 행정처분을 하였다고 하더라도 그 처분이 권한 없는 자에 의하여 행하여진 무효의 처분이라고는 할 수 없다[21]고 판시하였다. 생각건대, 위와 같은 권한의 내부위임 또는 전결권한과 같은 조직규칙을 위반한 권한 행사는 해당 조직규칙을 위반함으로 인하여 위법하게 된다고 볼 수는 없다고 본다. 그것의 위법은 일종의 권한 없는 행위이기 때문이다. 다만 조직규칙인 전결규정을 위반하였어도 처분청의 이름으로 처분을 행한 경우에는 해당 위법은 중대·명백한 위법이라고 할 수는 없으므로 취소할 수 있는 위법한 행위라고 보아야 한다.

② 재량준칙

행정권은 일정한 한도에서의 독자적 판단권이 부여되어 있는 재량처분에 있어 스스로 처분의 기준을 설정할 수 있다. 행정규칙의 법규성 논의는 재량준칙을 중심으로 이루어지고 있고, 다음과 같이 견해가 대립되고 있다.

㉠ 법규설 : 이 견해는 행정규칙은 평등원칙 또는 신뢰보호원칙을 매개로 하지 않고서도 직접적으로 대외적 효력을 갖는다고 본다. 이 견해에 의하여 행정의 자기구속은 행정관행에 의하여 비로소 생기는 것이 아니고, 행정규칙으로 표현된 행정의 의사행위에 의하여 이미 나타난 것으로 보아야 한다고 한다. 따라서 행정권은 그 권한의 범위 안에서는 자립적인 법형성을 위한 법규의사 내지는 자주적인 규율권을 가지며, 그것에 의하여 대외적인 효력을 가지는 본래적인 행정법의 뜻이 생성된다고 한다. 그리하여 평등원칙을 매개로 한 행정의

21) 대법원 1998.2.27. 선고 97누1105 판결

자기구속의 이론에서와 같은 우회적인 방법을 쓰지 아니하고 행정규칙의 대외적 효력을 인정할 수 있게 되었다고 한다.

㉡ **준법규설** : 재량행위에 있어서 그 재량권을 동일한 방향으로 행사하여 일정한 관행이 형성된 경우에는, 행정청은 동일한 사안에 대해서는 해당 관행에 따른 처분을 해야 할 구속을 받는다. 따라서 만약 행정청이 정당한 사유 없이 관행과 다른 처분을 하게 되면 헌법상 평등에 원칙에 반하는 위법한 처분이 되는 것이다. 즉 재량권 행사의 관행이 형성되어 있는 경우에는, 평등의 원칙에 따라 행정청 스스로도 이 관행에 구속되는 것으로(행정의 자기구속의 원리), 이것은 재량준칙이 평등의 원칙을 매개로 하여 국민에 대해서도 법적 효력을 가지게 됨을 의미한다. 이때 사인은 행정규칙의 위반을 이유로 다툴 수는 없지만 해당 처분이 평등의 원칙에 위반하였다는 점을 들어 다툴 수 있다는 것이다. 이 경우 평등원칙은 행정규칙을 대외적 효력을 가지는 법규로 전환시키는 '전환규범'으로서의 기능을 담당한다. 이 견해가 현재 통설이다.

㉢ **결어** : 법규설은 행정권에 자립적인 법정립 권한이 존재한다고 하나, 삼권분립의 원칙상 이에 대한 예외는 헌법상 명시적인 근거가 있는 경우에만 가능하다는 문제가 있다. 재량준칙에 따른 일정한 관행이 성립되는 경우에는 단순한 재량준칙 이상으로 상대방에게 이에 대한 신뢰가 형성되어 있다고 보아야 한다. 따라서 이와 다른 처분을 할 때는 상대방의 신뢰이익보호를 위하여 엄격한 제한이 필요하다고 해야 한다. 그러므로 재량준칙은 평등의 원칙과 결합하여 그 준법규성을 인정할 수 있을 것이다.

㉣ **판례** : 판례는 원칙상 행정규칙에 대해 대외적 구속력을 인정하지 않는다. 구 의료법 제51조 규정상 보건사회부장관 훈령 제241호의 성질과 행정청 및 법원에 대한 기속력 유무에 관하여, "보건사회부장관 훈령 제241호는 법규의 성질을 가지는 것으로는 볼 수 없고 상급행정기관인 보건사회부장관이 관계 하급기관 및 직원에 대하여 직무권한의 행사를 지휘하고 직무에 관하여 명령하기 위하여 발한 것으로서 그 규정이 의료법 제51조에 보장된 행정청의 재량권을 기속하는 것이라고 할 수 없고 법원도 그 훈령의 기속을 받는 것이 아니다."[22] 라고 판시하여 그 법규성을 부인하였다.

다만 판례는 몇몇의 판례에 대해서 행정규칙의 법규성을 인정하고 있는바, 예외의 판례들은 다음과 같다.

ⓐ 훈령에 규정된 청문절차에 대한 대외적 효력을 인정한 사례, 청문절차를 거치지 아니한 건축사 사무소등록 취소처분의 적부의 문제

"건축사사무소의 등록취소 및 폐쇄처분에 관한 규정(1979.9.6. 건설부훈령 제447호) 제1조에는 이 규정은 건축사법 제28조 및 동시행령 제30조의 규정에 의한 건축사사무소의 등록취소 및 폐쇄처분에 따른 세부기준을 정함을 목적으로 한다. 제9조에는 건축사사무소의 등록을 취소하고자 할 때에는 미리 해당 건축사에 대하여 청문을 하거나 필요한 경우에 참고인의 의견을 들어야 한다. 다만 정당한 사유 없이 청문에 응하지 아니

22) 대법원 1983.9.13. 선고 82누285 판결

하는 경우에는 그러하지 아니한다고 규정하고 있는바, 이와 같이 관계행정청이 건축사사무소의 등록취소처분을 함에 있어 해당 건축사들을 사전에 청문하도록 한 법제도의 취지는 위 행정처분으로 인하여 건축사사무소의 기존권리가 부당하게 침해받지 아니하도록 등록취소사유에 대하여 해당 건축사에게 변명과 유리한 자료를 제출할 기회를 부여하여 위법사유의 시정가능성을 감안하고 처분의 신중성과 적정성을 기하려 함에 있다 할 것이므로 관계행정청이 위와 같은 처분을 하려면 반드시 사전에 청문절차를 거쳐야 하고 설사 위 같은 법 제28조 소정의 사유가 분명히 존재하는 경우라 하더라도 해당 건축사가 정당한 이유 없이 청문에 응하지 아니하는 경우가 아닌 한 청문절차를 거치지 아니하고 한 건축사사무소등록취소처분은 청문절차를 거치지 아니한 위법한 처분이다."[23]

이 판례에 대해서는 건축사법에 의한 건축사사무소의 등록취소처분이 훈령에 규정된 청문절차를 거치지 아니하였음을 이유로 위법하다고 판시하고 있어, 행정규칙인 훈령에 법규성을 인정한 것으로 해석될 소지도 있으나 건축사 등에 대한 청문절차라는 법제도의 취지에 관하여 언급한 점에서는 당시 판례는 청문절차의 효력의 근거를 훈령이 아니라 청문절차의 불문법원리성에 두고 있는 것으로 해석하는 것이 옳은 것이라 하겠다.[24]

ⓑ **제재적 선행처분에 가중처벌을 정하고 있는 행정규칙** : 이것에 관해서는 종래 판례는 "부령인 행정규칙에서 선행의 제재처분을 이유로 한 가중처벌을 정하고 있는 경우에도, 행정규칙은 대외적으로 국민이나 법원을 구속하는 힘이 없으므로, 해당 규칙에 따라 가중적 불이익을 당할 위험이 있다 하더라도 이는 사실상의 불이익에 그치는 것이고, 가중적 후행처분의 위법성의 판단과정에서 해당 선행처분이 위법한 것임을 주장할 수도 있으므로, 이러한 선행처분의 독자적 취소를 구할 이익은 없다."라고 하고 있었다.[25] 이에 대하여 다음의 판례는 선행처분을 이유로 가중처벌을 규정한 부령을 일단 행정규칙이라 하면서도 그에 대한 공무원의 준수의무를 이유로 외부적 효력을 인정하고 있다.

제재적 행정처분이 그 처분에서 정한 제재기간의 경과로 인하여 그 효과가 소멸되었으나, 부령인 시행규칙 또는 지방자치단체의 규칙의 형식으로 정한 처분기준에서 제재적 행정처분을 받은 것을 가중사유나 전제요건으로 삼아 장래의 제재적 행정처분을 하도록 정하고 있는 경우, 선행처분인 제재적 행정처분을 받은 상대방이 그 처분에서 정한 제재기간이 경과하였다 하더라도 그 처분의 취소를 구할 법률상 이익이 있는지 여부

23) 대법원 1984.9.11. 선고 82누166 판결
24) 김동희, 행정법(I), 16판 174면.
25) 대법원 1995.10.17. 선고 94누14148 전원합의체 판결

판례

【판결요지】

제재적 행정처분이 그 처분에서 정한 제재기간의 경과로 인하여 그 효과가 소멸되었으나, 부령인 시행규칙 또는 지방자치단체의 규칙의 형식으로 정한 처분기준에서 제재적 행정처분(이하 '선행처분'이라고 한다)을 받은 것을 가중사유나 전제요건으로 삼아 장래의 제재적 행정처분(이하 '후행처분'이라고 한다)을 하도록 정하고 있는 경우, 제재적 행정처분의 가중사유나 전제요건에 관한 규정이 법령이 아니라 규칙의 형식으로 되어 있다고 하더라도, 그러한 규칙이 법령에 근거를 두고 있는 이상 그 법적 성질이 대외적·일반적 구속력을 갖는 법규명령인지 여부와는 상관없이, 관할 행정청이나 담당공무원은 이를 준수할 의무가 있으므로 이들이 그 규칙에 정해진 바에 따라 행정작용을 할 것이 당연히 예견되고, 그 결과 행정작용의 상대방인 국민으로서는 그 규칙의 영향을 받을 수밖에 없다. 따라서 그러한 규칙이 정한 바에 따라 선행처분을 받은 상대방이 그 처분의 존재로 인하여 장래에 받을 불이익, 즉 후행처분의 위험은 구체적이고 현실적인 것이므로, 상대방에게는 선행처분의 취소소송을 통하여 그 불이익을 제거할 필요가 있다.[26)]

ⓒ 판례 중에는 재량준칙이 객관적으로 합리적이 아니라거나 타당하지 않다고 볼 만한 특별한 사정이 없음에도 재량준칙을 따르지 않은 처분을 재량권을 남용한 처분으로 보고, 재량준칙이 객관적으로 합리적이 아니라거나 타당하지 않다고 볼만한 특별한 사정이 없는 한 재량준칙을 따른 처분을 적법한 처분으로 본 판결이 다수 있다.[27)] 이러한 판례의 태도는 평등원칙을 매개로 재량준칙의 간접적인 대외적 구속력을 인정하는 다수설의 견해와 유사하다.

헌법재판소도 행정규칙이 법령의 규정에 의하여 행정관청에 법령의 구체적 내용을 보충할 권한을 부여한 경우, 또는 재량권 행사의 준칙인 규칙이 그 정한 바에 따라 되풀이 시행되어 행정관행이 이룩되게 되면, 평등의 원칙이나 신뢰보호의 원칙에 따라 행정기관은 그 상대방에 대한 관계에서 그 규칙에 따라야 할 자기구속을 당하게 되고, 그러한 경우에는 대외적인 구속력을 가지게 된다고 하고 있다.[28)]

또한 헌법재판소나 대법원은 모두 행정규제기본법 제4조 제2항에 따른 고시의 법규성을 인정한다.

3) 법규명령형식의 행정규칙과 법규적 내용을 가진 행정규칙 ★★★

⑴ 법규명령형식의 행정규칙

행정규칙은 원래 훈령·예규 등의 고유한 형식에 의하는 것이 보통이지만 법률 또는 법규명령의 형식으로 정립되는 경우도 있다. 이에 해당하는 경우로서 ① 법률에 근거 없는 형식적 법규명령과 ② 법률의 수권을 받아 법규명령의 형식을 취하지만 내용적으로 행정조직 내부에서의 효력을 가지는 것을 들 수 있다. 이것을 법규명령으로 볼 것인가에 관하여 형식설과 실질설로 나누어져 있다.

26) 대법원 2006.6.22. 선고 2003두1684 전원합의체 판결
27) 대법원 2002.1.22. 선고 2001두8414 판결; 대법원 2004.5.28. 선고 2004두961 판결
28) 헌재결정 1990.9.3. 선고 90헌마13 전원재판부

① 형식설(법규명령설)

법규는 그 내용에 관계없이 국가와 국민을 다 같이 구속할 수 있는 일반적 구속력을 가지므로 행정규칙이 법규형식을 취하게 되면 법규로서의 성질을 지니게 된다고 한다. 이에 따르면 행정작용의 어느 부분을 명령, 어느 부분을 행정행위나 기타의 형식으로 정하는 것이 입법자의 재량에 속하게 된다. 이 학설이 최근 학계의 다수의 견해이다.

② 실질설(행정규칙설)

법률이나 법규명령의 내용이 언제나 국민일반을 구속한다는 근거는 없으며, 행정규칙은 그것이 법령에 규정된 경우에도 그 내용이 행정규칙인 것이 명백한 경우에는 행정규칙으로서의 성질은 변하지 않는다고 한다.

③ 수권여부기준설

수권여부기준설은 상위법에서 법규명령의 형식에 의한 기준설정의 근거를 부여하고 있는 경우에 이에 근거한 기준설정은 위임입법에 해당하므로 법규명령으로 보아야 하고, 법령의 수권 없이 제정된 처분의 기준은 법령의 위임 없이 법규사항을 정할 수 없으므로 법규명령으로 볼 수 없고 행정규칙으로 보아야 한다는 견해이다.

④ 판례

대법원 판례는 시행규칙의 별표에 대해서는 법규성을 부정하고, 대통령령의 별표에 대해서는 법규성을 인정하고 있다.

즉 판례는 일관하여 그 형식이 부령이지만, 그 실질내용이 행정기관 내부의 사무처리준칙을 규정한 것에 불과한 경우에는 그 법규성을 부인하여 왔다. 예컨대 제재적 재량처분의 기준을 정한 시행규칙(부령)에 대하여, "자동차운수사업법 제31조 등의 규정에 의한 사업면허의 취소 등의 처분에 관한 규칙(1982.7.31. 교통부령 제724호)은 부령의 형식으로 되어 있으나 그 규정의 성질과 내용이 자동차운수사업면허의 취소처분 등에 관한 사무처리기준과 처분절차 등 행정청내의 사무처리준칙을 규정한 것에 불과한 것이므로 이는 국토교통부장관이 관계 행정기관 및 직원에 대하여 그 직무권한 행사의 지침을 정하여 주기 위하여 발한 행정조직 내부에 있어서의 행정명령의 성질을 가지는 것이라 할 것이다."[29]라고 판시하였다.

또한 대법원은 구 공중위생법 제23조상의 제재적 재량처분기준을 정한 시행규칙(부령)에 대해서도, "공중위생법 제23조 제1항은 처분권자에게 영업자가 법에 위반하는 종류와 정도의 경중에 따라 제반사정을 참작하여 위 법에 규정된 것 중 적절한 종류를 선택하여 합리적인 범위 내의 행정처분을 할 수 있는 재량권을 부여한 것이고, 이를 시행하기 위하여 동 제4항에 의하여 마련된 공중위생법 시행규칙 제41조 별표7에서 위 행정처분의 기준을 정하고 있더라도 위 시행규칙은 형식은 부령으로 되어 있으나 그 성질은 행정기관 내부의 사무처리준칙을 규정한 것에 불과한 것으로서 보건사회부장관이 관계 행정기관 및 직원에 대하여 그 직무권한 행사의 지침을 정하여 주기 위하여 발한 행정명령의 성질을 가지는 것이지, 위 법 제23조

29) 대법원 1984.2.28. 선고 83누551 판결

제1항에 의하여 보장된 재량권을 기속하거나 대외적으로 국민을 기속하는 것은 아니다."[30]라고 판시하고 있다.

이러한 판례의 태도는 제재처분기준이 지방자치단체장의 규칙으로 정하여진 경우에도 동일하다.

판례

규정형식상 부령인 시행규칙 또는 지방자치단체의 규칙으로 정한 행정처분의 기준은 행정처분 등에 관한 사무처리기준과 처분절차 등 행정청 내의 사무처리준칙을 규정한 것에 불과하므로 행정조직 내부에 있어서의 행정명령의 성격을 지닐 뿐 대외적으로 국민이나 법원을 구속하는 힘이 없고, 그 처분이 위 규칙에 위배되는 것이라 하더라도 위법의 문제는 생기지 아니하고, 또 위 규칙에서 정한 기준에 적합하다 하여 바로 그 처분이 적법한 것이라고도 할 수 없으며, 그 처분의 적법 여부는 위 규칙에 적합한지의 여부에 따라 판단할 것이 아니고 관계 법령의 규정 및 그 취지에 적합한 것인지 여부에 따라 개별적·구체적으로 판단하여야 한다.[31]

한편 판례는 부령인 시행규칙과는 달리 제재적 재량처분의 기준을 정한 시행령(대통령령)에 대해서는 법규성을 인정하고 있다.

주택건설촉진법상으로는 재량행위로 규정되어 있는 제재적 처분이 시행령 별표에서 기속행위로 규정되어 있는 사안에서 "한편 이 사건 처분의 기준이 된 시행령 제10조의3 제1항 [별표 1]은 법 제7조 제2항의 위임규정에 터 잡은 규정형식상 대통령령이므로 그 성질이 부령인 시행규칙이나 또는 지방자치단체의 규칙과 같이 통상적으로 행정조직 내부에 있어서의 행정명령에 지나지 않는 것이 아니라 대외적으로 국민이나 법원을 구속하는 힘이 있는 법규명령에 해당한다고 할 것이다."라고 판시[32]한 바 있다.

대법원은 99두5207 판결에서 "구 청소년보호법 제40조 [별표 6]의 위반행위의 종별에 따른 과징금처분기준은 법규명령이기는 하나 모법의 위임규정의 내용과 취지 및 헌법상 과잉금지의 원칙과 평등의 원칙 등에 비추어 같은 유형의 위반행위라 하더라도 그 규모나 기간, 사회적 비난 정도, 위반행위로 인하여 다른 법률에 의하여 처벌받은 다른 사정, 행위자의 개인적 사정 및 위반행위로 얻은 불법이익의 규모 등 여러 요소를 종합적으로 고려하여 사안에 따라 적정한 과징금의 액수를 정하여야 할 것이므로 그 수액은 정액이 아니라 최고한도액이다."라고 판시하여, 이 시행령에 대하여는 이른바 신축적 구속력만을 인정하고 있는 것으로 보인다.

좀 더 정확한 이해를 위해 본 사안을 살펴보면, 청소년보호법 제24조는 유해업소에서의 청소년 고용을 금하고, 동법 제49조 제1항에서 위반자에 대해 대통령령이 정하는 바에 따라 1천만원 이하의 과징금을 부과할 수 있다고 규정하고 있다. 또 구 청소년보호법 시행령은 제40조 [별표 6] 제8호에서 동 법령의 위반자에 대하여 800만원의 과징금을 부과하도록 규정하고 있었다. 이 사건은 앞의 규정에 위반하여 2인의 청소년을 고용한 사실로 인해 청소년보호위원회가 원고

30) 대법원 1991.3.8. 선고 90누6545 판결
31) 대법원 1995.10.17. 선고 94누14148 전원합의체 판결
32) 대법원 1997.12.26. 선고 97누15418 판결

에게 1,600만원의 과징금을 부과하였는데, 원고는 이 과징금의 액수가 과도하다는 이유로 취소소송을 제기한 것이다. 대법원은 이에 대하여 위 기준상의 명시적 규정에도 불구하고 동 시행령에서 정하고 있는 800만원은 정액이 아닌 최고액이라고 하고, 따라서 원고에게 부과된 1,600만원의 과징금부과처분은 재량권의 한계를 일탈한 위법한 처분이라며 원고승소판결을 하였다.

⑤ 결어

일단 법률의 수권에 의하여 엄격한 제정절차에 따라 법규명령의 형식으로 규정된 이상, 법규명령으로 보아야 하므로 형식설이 타당하다. 그러나 형식설에 의하게 되면 구체적 타당성이 결여될 우려가 있다.

위와 같은 판례의 영향으로 최근 개정된 청소년보호법 시행령 제40조 제3항은 위반행위의 내용·정도·기간, 위반행위로 인하여 얻은 이익 등을 참작하여 … 과징금의 금액의 2분의 1의 범위 안에서 이를 감경할 수 있도록 하고 있다(대기환경보전법 제122조 제2항도 유사한 규정이다). 즉, 시행령이나 시행규칙이 스스로 행정처분의 기준을 탄력적으로 적용할 수 있도록 명시적으로 인정함으로써 행정처분의 기준을 정한 시행령이나 시행규칙을 형식을 기준으로 하여 원래대로 법규명령으로 보더라도 행정청이 구체적 타당성 있는 행정처분을 하는 데 지장이 없도록 한 것이다.

형식설 중 제재처분 기준을 정하는 법규명령이 엄격한 대외적 구속력을 갖는다는 견해에 의하면 재량권의 행사의 기준을 정하는 법규명령이 재량의 여지없이 재량권 행사의 기준을 정하는 경우(종래 통상 이렇게 정하고 있다. 가장 대표적인 예는 음주운전에 대한 제재기준을 혈중알코올농도에 따라 정하는 경우이다)에는 법률의 수권 여부와 관계없이 재량권 행사의 기준을 정하는 법규는 상위법령에서 재량행위로 규정한 사항을 기속행위로 규정하는 것이 되어 상위법령에 반하는 위법한 법규명령이 되어 해당 사건에서 적용되지 않는다는 문제가 있다. 따라서 이 경우 제재처분의 위법여부는 상위법에의 위반 여부 및 재량권의 일탈·남용 여부에 따라 결정된다고 보아야 한다. 위와 같은 판례의 태도는 법논리적으로 설득력과 일관성이 없어 보인다. 대통령령이나 부령 모두 법적 성질에 있어서 차이가 없는 것이며, 모두 법규명령으로서의 구속력을 가진다고 보아야 한다. 문제의 근본적인 해결은 판례는 평등원칙을 매개로 한 재량준칙의 간접적인 대외적 구속력을 인정하고, 행정권은 법률 자체에서 제재처분의 기준을 대외적 구속력을 갖는 법규명령으로 정하도록 명시적으로 위임한 경우에 한하여 법규명령의 형식으로 제정하도록 함으로써 대통령령 및 부령을 마구 양산하지 말아야 할 것이다.

(2) 법령보충적 행정규칙(법규적 내용을 가진 행정규칙)

① 의의

법령보충적 행정규칙이란 법령의 위임에 의해 법령을 보충하는 법규사항을 정하는 행정규칙을 말한다. 판례는 법령보충적 행정규칙을 수권법령과 결합하여 대외적인 구속력이 있는 법규명령으로서의 효력을 갖는다고 본다.[33] 그러나 법령의 위임을 받은 것이어도 행정적 편의를 도모하기 위한 절차적 규정인 경우에는 법령보충적 행정규칙이 아니며 행정규칙의 성질을 가진다.[34]

② 가능성

법령보충적 행정규칙이라는 입법형식을 인정하는 것이 헌법상 가능한지에 관하여 학설이 대립되고 있다. 법규적 성질을 갖는 행정규칙이라는 입법형식은 새로운 입법형식으로 국회입법의 원칙에 대한 예외인데, 그에 대하여 헌법에 규정이 없으므로 현행 헌법에 반한다고 보는 견해(부정설)와 법령보충적 행정규칙은 법령의 위임을 받아 위임을 한 명령을 보충하는 구체적인 사항을 정하는 것이므로 국회입법의 원칙에 반하는 것으로 볼 것은 아니라고 보는 견해(긍정설)가 그것이다.

대부분의 학설은 그러한 행정규칙을 현행 헌법상 가능한 것으로 보고 있고 행정규칙에 위임한 명령이 재위임의 한계를 넘지 않고 위임을 받아 법규사항을 정하는 행정규칙이 위임을 한 명령을 보충하는 구체적인 사항을 정하는 경우에는 국회입법의 원칙에 반하는 것으로 볼 것은 아니라고 한다. 또한 전문적이거나 기술적인 사항 또는 빈번하게 개정되어야 하는 구체적인 사항에 대하여는 법규명령보다 탄력성 있는 행정규칙의 형식으로 제정할 필요도 있다.

③ 판례는 법령의 위임에 따라 그 법령을 보충하는 기능을 가지는 고시형식의 법규명령, 즉 법규명령의 형식을 가지는 법령보충적 행정규칙을 인정하여 왔다. 예컨대 재산제세사무처리규정이 양도소득세의 실지거래가액에 의한 과세의 법령상 근거가 될 수 있는지 여부에 대하여 판례는 "법령이 일정한 행정기관에 대하여 법령의 내용을 구체적으로 보충 규정할 권한을 위임하고 이에 따라 행정기관이 행정규칙의 형식으로 그 법령의 내용이 될 사항을 규정하였다면 위 행정규칙은 법령의 내용과 결합하여 법규로서의 효력을 가진다 할 것이므로 소득세법 시행령이 국세청장에게 일정한 범위의 거래를 지정할 수 있는 권한을 부여하고 이에 따라 국세청장이 훈령으로서 재산제세사무처리규정을 제정한 것인 만큼 이 규정은 과세의 법령상 근거가 된다."는 것이다.[35] 헌법재판소 역시 보건복지부고시 제1999-21호 식품접객업소영업행위제한기준에 대하여 "그 제정형식이 비록 보건복지부장관의 고시라는 행정규칙이지만, 식품위생법 제30조의 위임에 따라 식품접객업소의 영업행위에 대하여 제한대상 및 제한시간을 정한 것으로서 상위법령과 결합하여 대외적인 구속력을 갖는 법규명령의 성격을 가지고 있다."라고 판시하였다.[36]

---

33) 대법원 1987.9.29. 선고 86누484 판결; 대법원 1992.1.21. 선고 91누5334 판결
34) 대법원 2003.9.5. 선고 2001두403 판결
35) 대법원 1988.3.22. 선고 87누654 판결
36) 헌재결정 2000.7.20. 선고 99헌마455 전원재판부

판례

상급행정기관이 하급행정기관에 대하여 업무처리지침이나 법령의 해석적용에 관한 기준을 정하여서 발하는 이른바 행정규칙은 일반적으로 행정조직 내부에서만 효력을 가질 뿐 대외적인 구속력을 갖는 것은 아니지만, 법령의 규정이 특정행정기관에게 그 법령내용의 구체적 사항을 정할 수 있는 권한을 부여하면서 그 권한행사의 절차나 방법을 특정하고 있지 아니한 관계로 수임행정기관이 행정규칙의 형식으로 그 법령의 내용이 될 사항을 구체적으로 정하고 있다면 그와 같은 행정규칙, 규정은 행정규칙이 갖는 일반적 효력으로서가 아니라, 행정기관에 법령의 구체적 내용을 보충할 권한을 부여한 법령규정의 효력에 의하여 그 내용을 보충하는 기능을 갖게 된다 할 것이므로 이와 같은 행정규칙, 규정은 당해 법령의 위임한계를 벗어나지 아니하는 한 그것들과 결합하여 대외적인 구속력이 있는 법규명령으로서의 효력을 갖게 된다.

재산제세사무처리규정이 국세청장의 훈령형식으로 되어 있다 하더라도 이에 의한 거래지정은 소득세법 시행령의 위임에 따라 그 규정의 내용을 보충하는 기능을 가지면서 그와 결합하여 대외적 효력을 발생하게 된다 할 것이므로 그 보충규정의 내용이 위 법령의 위임한계를 벗어났다는 등 특별한 사정이 없는 한 양도소득세의 실지거래가액에 의한 과세의 법령상의 근거가 된다(대법원 1987.9.29. 선고 86누484 판결).

판례

개발이익 환수에 관한 법률 제10조 제1항은, 개발부담금의 부과 기준을 정하기 위한 부과종료시점의 부과 대상 토지의 가액(이하 '종료시점지가'라 한다)은 그 당시의 부과 대상 토지와 이용 상황이 가장 비슷한 표준지의 공시지가를 기준으로 부동산 가격공시 및 감정평가에 관한 법률(이하 '가격공시법'이라 한다) 제9조 제2항에 따른 비교표에 따라 산정한 가액에 해당 연도 1월 1일부터 부과종료시점까지의 정상지가 상승분을 합한 가액으로 하도록 규정하고 있는데, 이때 종료시점지가를 산정하기 위한 표준지로는 부과 대상 토지와 이용 상황이 가장 유사한 표준지, 즉 용도지역, 지목, 토지용도(실제용도), 주위환경, 위치, 기타 자연적・사회적 조건이 가장 유사한 인근 지역 소재 표준지를 선정하여야 한다(대법원 2009. 11. 12. 선고 2009두13771 판결 등 참조). 그리고 가격공시법 제9조 제2항은 '국토해양부장관은 지가산정을 위하여 필요하다고 인정하는 경우에는 표준지와 지가산정 대상 토지의 지가형성요인에 관한 표준적인 비교표를 작성하여 관계 행정기관 등에 제공하여야 하고, 관계 행정기관 등은 이를 사용하여 지가를 산정하여야 한다'고 규정하고 있으므로, 국토해양부장관이 위 규정에 따라 작성하여 제공하는 토지가격비준표는 가격공시법 시행령 제16조 제1항에 따라 국토해양부장관이 정하는 '개별공시지가의 조사・산정지침'과 더불어 법률 보충적인 역할을 하는 법규적 성질을 가진다고 할 것이다(대법원 1998. 5. 26. 선고 96누17103 판결 등 참조). (출처 : 대법원 2013. 5. 9. 선고 2011두30496 판결 [개발부담금부과처분취소])

공익사업을 위한 토지 등의 취득 및 보상에 관한 법률(이하 '공익사업법'이라 한다) 제68조 제3항은 협의취득의 보상액 산정에 관한 구체적 기준을 시행규칙에 위임하고 있고, 위임 범위 내에서 공익사업을 위한 토지 등의 취득 및 보상에 관한 법률 시행규칙 제22조는 토지에 건축물 등이 있는 경우에는 건축물 등이 없는 상태를 상정하여 토지를 평가하도록 규정하고 있는데, 이는 비록 행정규칙의 형식이나 공익사업법의 내용이 될 사항을 구체적으로 정하여 내용을 보충하는 기능을 갖는 것이므로, 공익사업법 규정과 결합하여 대외적인 구속력을 가진다.
(대법원 2012. 3. 29. 선고 2011다104253 판결)

④ 법적 성질에 대해서는 학계에서 다음과 같이 보고 있다.

㉠ 행정규칙설은 행정규칙형식은 헌법에 규정된 법규의 형식이 아니므로 행정규칙으로 보아야 한다는 견해이다.

㉡ 법규명령설은 실질적으로 법의 내용을 보충함으로써 개인에게 직접적인 영향을 미치는 법규명령으로 보아야 한다는 견해이다.

㉢ 규범규체화행정규칙설은 행정규칙과는 달리 상위규범을 구체화하는 내용의 행정규칙이므로 법규성을 긍정해야 한다는 견해이다.

㉣ 위헌무효설은 헌법에 명시된 법규명령은 대통령령, 총리령, 부령만을 인정하고 있으므로 행정규칙 형식의 법규명령은 헌법에 위반되어 무효라는 견해이다.

㉤ 법규명령의 효력을 갖는 행정규칙설은 법규와 같은 효력을 인정하더라도 행정규칙의 형식으로 제정되어 있으므로 법적 성질은 행정규칙으로 보는 견해이다.

⑤ 법령보충적 행정규칙에는 다음과 같은 한계가 있다. 즉 법령보충적 행정규칙의 제정에는 법률의 수권이 있어야 한다. 법령보충적 행정규칙이 법령의 위임의 범위를 벗어난 경우 법규명령으로서의 대외적 구속력이 인정되지 않는다. 이 경우 해당 법령보충적 행정규칙은 위법한 법규명령의 효력을 갖는 것이 아니라 행정규칙에 불과한 것이 된다.[37)]

위임의 한계를 준수하고 있는지 여부를 판단할 때에는 해당 법률 규정의 입법 목적과 규정 내용, 규정의 체계, 다른 규정과의 관계 등을 종합적으로 살펴야 하는바, 위임 규정 자체에서 그 의미 내용을 정확하게 알 수 있는 용어를 사용하여 위임의 한계를 분명히 하고 있는데도 그 문언적 의미의 한계를 벗어났는지 여부나, 수권 규정에서 사용하고 있는 용어의 의미를 넘어 그 범위를 확장하거나 축소하여서 위임 내용을 구체화하는 단계를 벗어나 새로운 입법을 하였는지 여부 등도 고려되어야 한다.[38)]

⑥ 결론적으로 법령보충적 행정규칙은 수권법령과 결합하여 대외적으로 구속력이 있는 법규명령으로서의 효력을 가진다. 최근 토지보상법 시행규칙 제22조가 법령보충적 행정규칙으로 판시함으로써 취득하는 토지의 보상의 경우에도 법규성을 인정함으로써 보상의 공정성에 방점을 두고 있고, 토지가격비준표 역시 상위법령과 결합하여 대외적인 구속력이 인정된다고 봄으로써 조세법률주의에 입각한 판례로 평가된다.

37) 대법원 2006.4.28. 선고 2003마715 판결
38) 대법원 2010.4.29. 선고 2009두17797 판결

4. 행정규칙의 성립 및 발효요건

행정규칙은 권한 있는 기관이 이를 받을 의무가 있는 기관에 대해 발하여진다. 행정규칙은 법령의 수권을 요하지 아니한다. 그러나 법령 또는 감독기관의 행정규칙에 위반해서는 안 된다. 행정규칙은 훈령・고시・예규・통첩・지침 등의 형식으로 발하여지나, 고유의 형식이 존재하는 것은 아니다. 보통은 문서의 형식으로 발하여지나 요식행위는 아니므로 구술로 하여도 무방하다.
행정절차법 제20조는 행정청은 필요한 처분기준을 해당 처분의 성질에 비추어 될 수 있는 한 구체적으로 정하여 공표하여야 한다고 규정하고 있다. 그러므로 행정청은 재량준칙이나 법령해석규칙과 같이 처분의 기준될 규칙은 공표하여야 할 것이다. 행정규칙의 공표는 국민의 알 권리를 신장시키며, 행정에 대한 예측가능성을 제고하는 법치행정의 요청이기도 하다.

5. 행정규칙의 통제

1) 상급행정기관에 의한 통제

상급행정기관은 하급행정기관에 대한 지휘・감독권을 행사하여 하급행정기관의 행정규칙을 통제할 수 있다.

2) 사법적 통제

행정규칙이 직접 국민의 권리・의무를 침해하는 경우 해당 행정규칙의 처분성이 인정되어 취소소송이나 무효등확인소송의 제기가 가능할 수 있을 것이다. 그러나 행정규칙에 법규성을 부인하고 있는 판례의 태도를 감안하면 이러한 통제 방식의 가능성은 없고, 판례가 실제로 이를 인정한 예도 없다. 개인택시면허 우선순위에 관한 국토교통부장관의 시달은 단순히 개인택시면허처분을 위하여 그 면허순위에 관한 내부적 심사기준을 시달한 예규나 통첩에 불과하여 현실적으로 특정인의 권리를 침해하는 것이 아니므로 이를 행정소송의 대상이 되는 행정처분이라고 할 수 없다.39)
선결문제 심리를 통한 행정규칙의 간접적 통제가 가능한지에 대해서도, 판례가 행정규칙의 법규성을 부인하고 있는 이상 부인된다고 하겠다. 그러나 법령보충적 행정규칙과 같이 법규성이 인정되는 예외적인 경우에는 선결문제 심리에 의한 간접적 통제가 가능하다고 본다.

이와 관련하여 헌법재판소는 행정규칙은 일반적으로 행정조직 내부에서만 효력을 가지는 것이나, 행정규칙이 법령의 규정에 의하여 행정관청에 법령의 구체적 내용을 보충할 권한을 부여한 경우나 재량권 행사의 준칙인 규칙이 그 정한 바에 따라 되풀이 시행되어 행정관행이 이룩되게 되면, 평등의 원칙이나 신뢰보호의 원칙에 따라 행정기관은 그 상대방에 대한 관계에서 그 규칙에 따라야 할 자기구속을 당하게 되는 경우에는 대외적인 구속력을 가지게 되는바, 이러한 경우에는 헌법소원의 대상이 될 수도 있다고 판시하였다.40)

---

39) 대법원 1985.11.26. 선고 85누394 판결
40) 헌재결정 2001.5.31. 선고 99헌마413 전원재판부

Chapter

02 행정행위

01 절 행정행위의 개념

1. 행정행위 개념성립의 기초

행정행위는 실정법상의 개념이 아니라 학문상으로 정립된 개념이다. 그러나 실정법을 떠난 추상적・관념적인 것이 아니라 실정법 질서의 체계적인 고찰 아래 모든 행정작용 가운데 다른 행정작용과 다른 구별될 수 있는 일정한 개념적 징표를 가지고 특수한 규율을 받을 행위가 존재하는 것에 착안하여 학설과 판례에서 구성한 목적적・경험적 개념으로서 대륙적 행정법학의 중추적 도구개념이라 할 수 있다. 이와 같이 대륙법계 국가에서 행정행위의 개념이 행정재판제도와 관련하여 성립・발달하게 된 이유는 이들 국가에서 행정주체의 모든 행정작용이 행정소송의 대상이 되는 것이 아니라 행정작용 중에서도 특히 다른 행정작용과는 다른 법적 성질을 가지며, 특수한 법적 규율을 받는 일정한 행정작용만을 행정행위라는 개념으로 묶어서 행정소송의 대상으로 하였기 때문이다.

이에 대하여 보통법의 전통에 따라 '법의 지배'를 기본원리로 하고 공법과 사법이라는 이원적 법체계가 인정되지 아니한 영・미법계 국가에서는 행정에 고유한 법이 인정되지 않았기 때문에 특별히 행정행위라는 개념을 구성할 필요가 없었다.

2. 행정행위의 개념요소

행정행위의 포괄범위와 관련한 최광의설, 광의설, 협의설, 최협의설을 비교하여 보면 아래의 표와 같다. 그러나 오늘날은 예외 없이 '행정청이 법 아래서 구체적 사실에 관한 법집행으로서 행하는 권력적 단독행위인 공법행위'로 정의되는 최협의의 개념을 따르고 있고, 최광의, 광의, 협의의 개념이 문제되는 경우는 드물다. 따라서 이들 학설은 학설적 가치로서보다는 행정행위를 이해하는 연역적 의미에 지나지 않는다. 행정행위의 개념요소를 구체적으로 분석하여 보면 ① 행정청의 행위, ② 구체적 사실에 관한 법집행행위, ③ 권력적 단독행위, ④ 공법행위로 세분할 수 있다. 여기서는 개략적으로 기술하되 후술하는 취소소송의 대상에서 상술하기로 한다.

✎ 행정행위의 개념에 관한 학설

최광의	행정청에 의한 일체의 행위 (행정작용과 동의)	행정행위 ① 사실행위 ② 법적행위 — 사법행위 / 공법행위 ③ 통치행위
광의	행정청에 의한 공법행위	행정행위 ① 행정상 입법행위 ② 행정상 사법행위 ③ 협의의 행정행위 최광의의 행정행위 중에서 ① 사실행위 ② 법적행위 ③ 통치행위 제외
협의	행정청이 법 아래서 구체적 사실에 대한 법집행으로서 행하는 공법행위	행정행위 ① 행정처분 ② 공법상 계약 · 공법상 합동행위 등 광의의 행정행위 중에서 입법행위 사법행위 제외
최협의	행정청이 법 아래서 구체적 사실에 대한 법집행으로서 행하는 권력적 단독행위인 공법행위	행정행위 ① 법률행위적 행정행위 ② 준법률행위적 행정행위 협의의 행정행위 중에서 공법상 계약 · 공법상 합동행위 등 제외

1) 행정청

행정청은 일반적으로 국가 · 지방자치단체 등 행정주체의 의사를 결정 · 표시할 수 있는 권한을 가진 행정기관을 의미한다.

흔히 말하는 행정관서의 장이 그에 해당한다고 하겠으며, 정부조직법에서는 행정기관이나 행정기관의 장 등으로 표시하고 있다(동법 제6조, 제7조). 그러나 학문적으로 말하는 행정청은 반드시 조직법상 그것을 말하는 것이 아니며, 실질적 · 기능적 의미의 개념이다. 따라서 보조기관이나 의결기관도 때로는 행정청이 될 수 있으며, 국회와 법원의 기관도 행정청으로 기능하는 경우가 있다(직원의 임명 등). 행정청은 단독기관이 대부분이지만 합의제기관(감사원 · 소청심사위원회 · 노동위원회 등)도 있다. 공공단체, 사인, 즉 공무수탁사인도 처분을 발하는 경우가 있음을 유의할 필요가 있다. 행정심판법과 행정소송법 역시 동법상 행정청에는 행정기관, 공공단체 및 그 기관 또는 사인이 포함된다고 규정하고 있다(행정소송법 제2조 제2항).

2) 구체적 사실에 관한 법집행

(1) 개별적 · 구체적 규율

행정행위는 행정청이 법 아래서 '구체적 사실을 규율'하기 위한 행위이다. 행정행위는 구체적 사실을 규율하기 위한 행위이기 때문에 일반적 · 추상적인 규율을 행하는 명령(법규명령, 행정규칙 등)은 특정 범위의 사람을 대상으로 하는 경우에도 행정행위가 아니다. 여기서의 규율이라고 함은 법적 효과의 발생을 의미한다.

명령과 행정행위의 차이를 설명함에 있어서 명령은 일반적·추상적 규율이라 하고, 처분은 개별적·구체적 규율이라 하여 양자를 대비시킨다. 여기에서 일반적인가 개별적인가는 규율대상에 관한 것으로서 수범자가 불특정다수인의 경우를 일반적이라고 하고, 특정인인 경우를 개별적이라 한다. 그리고 추상적인가 구체적인가는 '적용되는 사안(경우)'에 관한 것으로 불특정다수의 사안에 계속적으로 적용되는 것을 추상적이라 하고, 시간적·공간적으로 특정된 사안에 적용되는 것을 구체적이라 한다. 결국 명령은 불특정다수인을 대상으로 장래에 향하여 계속적으로 규율하는 것이고 처분은 특정인을 특정의 사안에 있어서 규율하는 것이라 할 수 있다.

(2) 개별적·추상적 규율

행정청은 특정 범위의 사람을 장래에 향하여 계속적으로 규율하기 위하여 일정한 조치를 취하는 경우가 있다. 예컨대 행정청이 어느 공장주에게 공장으로부터 뿜어 나오는 수증기로 인해 도로에 빙판이 생길 때마다 그것을 제거하라는 명령을 발하는 것이 그에 해당한다. 이 경우 하명의 수범자는 특정인이지만, 빙판의 제거라는 규율내용은 장래의 불확정한 생활 관계이므로, 이는 개별적·추상적 규율에 해당한다.

(3) 일반적·구체적 규율

'폭발물이 존재함을 이유로 한 특정도로의 통행금지', 또는 '일정한 시일에 예상된 옥외 집회(시위)의 금지'와 같은 것이 이에 해당한다. 고권적 조치의 발급 시에 있어서 동 조치의 직접적 수범자가 불특정다수인 점에서 일반적이지만 공간적 또는 시간적으로 확정된 사안에 대해 규율하는 점에서 구체적이라 할 수 있다. 이러한 일반적·구체적 규율을 일반처분이라 하면 역시 행정행위의 일종으로 볼 수 있다. 도로통행금지, 야간통행금지, 입산금지, 도로의 공용개시·공용폐지 등 일반처분의 예는 증가일로에 있다.

(4) 대물적 행정행위

예컨대 행정청이 주차금지구역을 지정하거나 일정한 유형문화재를 국보로 지정하는 경우(문화재보호법 제5조), 자동차검사합격처분, 건물 준공검사, 공중위생업소폐쇄명령, 환지처분 등에 있어서와 같이 직접적으로는 물건의 성질에 관해서 규율하며 소유자에게는 간접적으로 또는 자동적으로만 효과를 미치는 물적 규율을 대물적 행정행위라 한다.

3) 권력적 단독행위

행정행위는 행정청에 의한 공권력의 행사 내지 우월한 일방적 의사의 발동으로 행하는 단독행위만을 의미한다. 즉, 행정행위는 행정청의 공권력 행사로서의 성질을 가지는 행위이다. 따라서 행정행위가 권력적 단독행위라는 점에서 한편으로는 비권력적 작용과 구별되고, 다른 한편으로는 공법상 계약·공법상 합동행위와 구별된다.

4) 공법행위

공법행위란 사법행위에 대한 관념으로 공법적 효과를 발생시키는 법적 행위를 말한다. 행정행위가 법적 행위라는 것에서 사실행위와 구별되고 또한 행정행위는 공법행위라는 점에서 행정청의 사법행위는 행정행위에서 제외된다.

(1) 법적 행위

행정행위는 법적 행위, 즉 법적 효과를 발생, 변경, 소멸시키는 행위이다. 따라서 ① 행정행위는 원칙적으로 의사의 표시를 요소로 하며 여기에 일정한 법적 효과가 주어지는 법적 행위라는 것이 통설적 설명이다. 물론 행정행위는 행정청의 의사(심리)표시만으로 법적 효과가 발생하기도 하고 의사표시와 다른 요소(예 상대방의 참여나 신청, 감독관리청의 인가)가 결합하여 법적 효과를 발생시키는 경우가 있다. 그러므로 직접적으로 법적 효과를 발생시키지 않는 단순한 사실행위(예 도로·하천공사, 서류의 정리, 단순한 보고, 통지 등)는 행정행위가 아니다. 그러나 사실행위도 행정상 강제집행 기타 의무이행 강제수단으로서의 권력적 사실행위에는 행정청의 의사 작용(수인하명)이 내포되어 있으며 이 경우에는 행정행위로 볼 것이다. ② 행정행위는 국민에 대하여 행하는 외부관계에 관한 행위이므로 행정조직 내부행위(예 상급청의 하급청에 대한 명령 등) 또는 특별관력관계 내부행위는 원칙적으로 행정행위가 아니라고 하는 것이 종래의 통설이다. 그러나 행정내부관계의 행위 중에서 행정행위성을 인정하는 범위를 확대시키고 있는 것이 최근의 경향이다. ③ 행정행위는 직접적인 법적 효과, 즉 해당 행위로써 국민의 권리·의무가 창설되거나 박탈되고 그 범위가 확정되는 등 권리상태에 어떤 변동을 직접적으로 야기시키는 행위이어야 한다. ④ 행정권의 행위 중에는 고도의 정치성을 띤 통치행위가 있는데, 그것은 법의 규제를 받고 법적 효과가 발생은 하지만 법적 행위로서의 성격이 희박하고 따라서 사법적 통제에 친숙하지 않기 때문에 항고소송의 대상이 되는 행정행위와 구별된다.

(2) 공법행위

행정행위는 행정작용 가운데서도 '공법행위'로서의 성질을 가진다. 따라서 행정청은 법적 행위일지라도 ① 물자 등의 구매를 위한 사법상 보조 작용, ② 홍삼 판매와 같은 영리활동, ③ 공적 임무 작용이기는 하지만 사법상 계약의 형식을 취하는 행위 등과 같은 행정상 사법작용은 행정행위에 해당되지 않는다.

3. 행정행위 개념과 행정쟁송법상의 처분개념

취소소송의 대상인 처분에 대하여 행정소송법 제2조 제1항은 "행정청이 행하는 구체적 사실에 관한 법집행행위로서의 공권력의 행사 또는 그 거부와 그 밖에 이에 준하는 행정작용(이하 '처분'이라 한다) 및 행정심판에 대한 재결을 말한다."라고 규정하고 있다. 행정소송법은 취소소송의 대상인 '처분'을 이처럼 광의로 정의하고 있어 그 해석에 있어서는 견해가 대립되고 있다.[1)]

1) 김동희, 행정법 I, 707면.

1) 학설

(1) 이원설(쟁송법상 개념설, 형식적 행정행위설)

이 견해는 취소소송의 기능이 국민의 권익구제에 있음을 중시하여 실체법상 행정행위와는 별도로 쟁송법상 처분개념을 정립하고자 하는 입장으로 행정에의 의존이 대폭 확대된 현대 복지국가에서는 행정활동의 형식이 다양하므로 국민의 권리구제의 견지에서 학문상 행정행위가 아닌 국가작용도 항고소송의 대상으로 삼아야 한다는 견해이다. 결국 이 견해는 실체법상 행정행위가 아닌 것도 취소소송의 대상으로 하기 위하여 형식적으로 행정행위로 다루고 있으며, 이러한 행위를 형식적 행정행위라 부르고 이에 대하여 본래의 행정행위를 실체적 행정행위라 부른다. 따라서 취소소송의 대상인 처분에는 공정력을 가진 실체적 행정행위 이외에 공정력이 없는 형식적 행정행위도 포함된다. 이러한 형식적 행정행위에 해당할 수 있는 행위로서 권력적 사실행위, 일반적 기준설정행위, 행정 내부적 결정, 사회보장적 급부결정, 보조금교부결정, 유해공공시설설치행위, 행정지도, 비권력적 행정조사 등이 열거되고 있다.

(2) 일원설(실체법상 개념설)

이 견해는 행정소송법상 처분개념을 학문상 행정행위와 같은 것으로 보는 견해이다. 즉 먼저 실체법적으로 행정행위의 개념을 정의해 놓고 그 정의에 해당하는 행정청의 행위만을 처분이라고 보는 입장이다. 따라서 행정소송법상 처분은 공권력성을 가지고 일정한 법적 효과를 갖는 이른바 공정력을 가진 행정행위에 한정되며, 취소소송의 본질은 이와 같은 공정력의 배제에 있다고 본다.

2) 판례

판례는 국민의 권리・의무에 개별적・직접적・구체적으로 법적 효과를 발생시키는 행위를 항고소송의 대상이 되는 처분으로 이해하고 있으므로 실체법상 행정행위 개념에 입각하여 처분성을 판단하고 있는 것으로 보인다. 다만, 현행 행정소송법 제2조 제1항 제1호가 '그 밖에 이에 준하는 행정작용'이라고 규정함으로써 처분 개념을 확대하고 있는 취지에 비추어 판례 역시 아래의 판시에서 처분성 확대의 여지를 남기고 있다.[2)]

행정소송법 제1조의 행정청의 처분이라 함은 행정청의 공법상의 행위로서 특정사항에 대하여 법규에 의한 권리설정 또는 의무의 부담을 명하며 기타 법률상의 효과를 발생하게 하는 등 국민의 권리의무에 직접관계가 있는 행위를 말한다고 할 것이므로, 어떤 행정청의 행위가 행정소송의 대상이 되는 행정처분에 해당하는가는 그 행위의 성질, 효과 외에 행정소송제도의 목적 또는 사법권에 의한 국민의 권리보호의 기능도 충분히 고려하여 합목적적으로 판단되어야 할 것이다.[3)]

---

2) 김철용, 행정법 I, 586면.
3) 대법원 1984.2.14. 선고 82누370 판결; 대법원 1991.8.13. 선고 90누9414 판결

3) 결어

생각건대, 행정작용은 그의 법적 효과, 그에 대한 쟁송수단의 여하 등에 따라 명령(행정입법), 행정행위, 행정계약, 사실행위 등으로 구분되고 있는바, 오로지 권리구제에만 초점을 두어 하나의 법기술적인 도구개념인 행정행위에 내용상 실질이 상이한 이질적인 성질의 것을 포함하려는 것은 바람직하지 못한 것이라 할 수 있으며, 행위 자체는 공권력 행사라는 실체를 가지고 있지 않고 따라서 이른바 공정력이나 불가쟁력 등의 효력이 없는 행위에 처분성을 인정할 수 있는지 의심스럽다 하겠다. 더욱이 행정행위의 개념을 넓히는 것만이 행정구제의 길을 확대하는 것은 아니며 오히려 행정의 기능 확대에 따른 행정의 행위형식의 다양성을 그대로 인정하고 그에 상응하는 행정구제를 모색하는 것이 국민에 대한 권리구제의 폭을 넓히는 것이라는 견해가 오히려 설득력이 있다 하겠다.

그러나 쟁송법상 처분의 개념을 해석하는 문제와 이를 바탕으로 형식적 행정행위의 개념을 새롭게 구성하는 문제는 별개라 할 것이다. 즉 현행 행정쟁송법상 처분개념의 한 요소인 '공권력의 행사 또는 그 거부'에는 학문상 행정행위의 필수적인 개념요소인 '법적 규율성'이 나타나고 있지 않으며 또한 '그 밖에 이에 준하는 행정작용'의 구체적 의미는 명확하지 않으나 행정쟁송법이 이를 규정하고 있다는 점에서 해석론상 행정쟁송법상 처분개념은 학문상 행정행위의 개념보다 넓다는 것은 부정할 수 없는 사실이다. 이에 대해서는 취소소송의 대상에서 상술하고자 한다.

따라서 행정쟁송법상의 처분개념을 확대하여 실체법상의 행정행위, 그 밖의 사실행위나 행정계획, 급부행위의 결정 등에 대해서도 처분성을 인정하여 항고쟁송이 권리구제기능을 충분히 발휘할 수 있도록 해야 한다.

02 절 행정행위의 분류

1. 법률행위적 행정행위와 준법률행위적 행정행위

1) 법률행위적 행정행위

Check Point!

1. **명령적 행위** : 하명, 허가, 면제
2. **형성적 행위** : 특허, 인가, 공법상 대리

(1) 명령적 행위

명령적 행위란 국민에 대하여 일정한 의무를 부과하거나 의무를 해제하는 행정행위를 말한다. 의무를 부과하는 것이 하명, 부작위 의무를 해제하는 것이 허가, 작위・급부・수인의무를 해제하는 것이 면제이다.

① 하명

하명이란 일반 통치권에 기하여 행정청이 국민에 대하여 작위의무(위법건축물에 대한 철거명령에 따른 철거의무)・부작위의무(도시계획구역 안의 형질변경의무)・수인의무(건강진단명령에 따른 수인의무)・급부의무(조세부과처분에 따른 금전급부의무)를 명하는 행정행위를 말한다. 이 가운데 특히 부작위를 명하는 것을 금지라고 한다.

하명은 개인의 자유를 제한하거나 새로운 의무를 과하는 것을 내용으로 하는 행정행위이므로 부담적 행정행위에 속한다. 따라서 하명은 법령의 근거를 필요로 할 뿐만 아니라 하명을 규정하는 법령은 하명의 요건과 효과 등을 구체적이고 엄격하게 규정하여 행정청에 대하여 재량의 여지를 남기지 않는 것이 보통이다. 또 하명은 부담적 행정행위이기 때문에 특히 법령에 별도의 뜻이 담겨져 있는 경우가 아니면 기속행위인 것이다.

② 허가

허가는 법규로써 정하여진 일반적인 상대적 금지를 특정한 경우에 해제하여 적법하게 그 금지된 행위를 할 수 있게 하는 행정행위를 말한다. 허가는 법령에 의하여 제한된 자연적 자유를 회복시켜 준다는 점에서 '금지의 해제'라는 의미를 갖는다. 이 경우의 금지는 허가를 유보한 상대적 금지를 말한다. 따라서 절대적 금지에 대해서는 허가할 수 없다.

③ 면제

면제라 함은 법령에 의하여 일반적으로 부과되어 있는 작위, 급부, 수인의 의무를 특정한 경우에 해제하는 행정행위를 말한다. 면제는 의무해제행위라는 점에서 허가와 같으나 허가가 부작위 의무를 해제하는 행위인 데 반해, 면제는 작위・급부・수인의무를 해제하는 행위라는 점에서 다르다.

(2) 형성적 행위

형성적 행위란 국민에게 특정한 권리, 능력(권리능력・행위능력), 포괄적 법률관계 기타 법률상의 힘을 발생・변경・소멸시키는 행정행위를 말한다.

형성적 행정행위는 제3자에 대하여 대항할 수 있는 법률상의 힘을 형성하는 것을 내용으로 하는 점에서 모든 사람이 국법 이전부터 본래적으로 가지고 있는 자연적 자유를 대상으로 하여 그것을 제한 또는 회복시키는 것을 내용으로 하는 명령적 행위와 구별된다.

형성적 행위는 상대방의 여하에 따라 ① 직접 상대방을 위하여 권리, 능력, 포괄적 법률관계를 설정・변경・소멸시키는 행위(설권행위・변경행위・박권행위)와, ② 제3자의 법률적 행위의 효력을 보충・완성하거나(인가) 또는 제3자를 대신하여 행하는 행위(대리)로 구분된다.

① 특허

특허는 특정인에 대하여 새로이 일정한 권리(특허법인특허, 도로점용허가, 공유수면매립면허 등. 이를 협의의 특허라 한다), 능력(공법인 설립행위) 또는 포괄적 법률관계(공무원 임명, 귀화허가 등)를 설정하는 행위이다. 특정인에 대하여 새로운 권리 또는 권리능력을 설정하거나 법률상의 지위를 부여하는 행위라는 뜻에서 '설권행위'라고도 한다. 특허를 설권행위라고 하는 데 대하여, 특정인의 권리·능력 또는 포괄적 법률관계를 변경시키는 행정행위를 '변경행위'(공무원 전보 등)라 하고, 그것을 소멸시키는 행정행위를 '박권행위'(광업허가취소)라고 한다.

② 인가

인가는 제3자의 법률행위를 보충하여 그 효력을 완성시키는 행정행위이다. 국민 기타 법인격 주체 간의 법률행위는 행정청의 관여 없이도 효력을 발생하는 것이 통례이다. 그러나 공익상 일정한 법률행위는 법령상 그 효력발생에 행정청의 동의가 요건으로 규정되어 있는 경우가 있다. 이때 행정청이 제3자들 간의 법률행위에 동의함으로써 그 효력을 완성시켜 주는 행위를 인가라고 하는 것이다. 예컨대, 사립대학설립인가, 재단법인정관변경허가(민법 제45·제46조), 비영리법인설립인가(민법 제32조), 공공조합의 설립인가, 지방자치단체조합의 설립인가(지방자치법 제159조) 등이다. 인가는 원칙상 기속행위이나 재량행위인 경우도 있다. 판례는 주택조합의 설립인가를 재량행위로 보고 관계 법령의 규정에 위배되거나 사회질서를 해칠 우려가 있음이 명백한 때에는 법규상 명문의 근거가 없더라도 거부처분을 할 수 있다고 본다.[4)]

인가의 효력은 제3자의 법률행위를 보충하여 그 효력을 완전히 발생시키는 것이다. 인가는 법률행위를 대상으로 하기 때문에 그 효력은 해당 법률행위에 대한 관계에 한하며, 타인에게 이전되지 않는 것이 원칙이다.

③ 공법상 대리

대리란 제3자가 행하여야 할 행위를 행정주체가 행함으로써 제3자가 행한 것과 같은 효과를 발생하는 행위를 말한다. 대리는 원래 피대리자인 본인 스스로 행할 성질의 행위를 행정청이 일정한 행정 목적을 달성하기 위하여 대신 행하는 것이므로 피대리자의 의사에 의한 것이 아니라 법률규정에 의한 공권력의 발동으로서 행해지는 법정대리이다. 대리는 (i) 감독적 견지에서 행하는 경우(공공단체의 임원 임명, 공법인의 정관 작성), (ii) 일정한 행정행위의 실효성을 도모하기 위한 경우(국세의 강제징수를 위한 압류재산의 공매처분), (iii) 당사자 사이의 협의불성립의 경우에 조정적 견지에서 행하는 경우(토지수용위원회의 재결), (iv) 행정주체가 타인을 보호하기 위하여 행하는 경우(행려병자·사자의 유류품 처분) 등에서 행하여진다.

2) 준법률행위적 행정행위

Check Point!

▶ 준법률행위적 행정행위

확인, 공증, 통지, 수리

(1) 확인

① 의의

확인이란 특정의 사실이나 법률관계에 관하여 의문이 있거나 다툼이 있는 경우에 공적 권위로

4) 대법원 1995.12.12. 선고 94누12302 판결

써 그 존부나 정부를 확인하는 행정행위를 말한다. 확인에 해당하는 예로는 국가시험합격결정, 발명특허, 소득세부과를 위한 소득금액확인, 건축물의 준공검사, 행정심판의 재결 등을 들 수 있다.

② 법적 성질

확인은 판단의 표시행위이므로 기속행위로서의 성질을 가지며, 그 형식에 있어서 항상 구체적인 처분의 형식으로 행하여지고 일정한 형식이 요구되는 요식행위인 것이 보통이다.

③ 법적 효과

확인의 효과는 불가변력을 발생하며, 그 밖의 효과는 법령이 정하는 바에 따른다. 예컨대 확인행위에 형성적 효과가 부여되는 경우도 있으나(예 발명특허 등) 그것은 법률의 규정에 의한 것이지 확인행위 그 자체에 의한 것은 아니다.

(2) 공증

① 공증의 개념

공증이란 특정한 사실 또는 법률관계의 존재를 공적으로 증명하는 행위를 말한다. 각종의 등기·등록·증명서의 발행 등이 그 예이다.

② 공증의 성질

공증은 일단 의문이나 다툼이 없는 사실 또는 법률관계에 대하여 형식적으로 그것을 증명하고 공적인 증거력을 부여하는 행정행위이다. 따라서 공증은 효과의사의 표시가 아닌 점에서 확인과 같으나 (i) 확인은 특정한 법률사실이나 법률관계에 관한 의문 또는 분쟁을 전제로 하는 데 반하여, 공증은 의문이나 분쟁이 없음을 전제로 하는 점, (ii) 확인은 판단표시행위인 데 대하여, 공증은 인식표시행위인 점 등에서 확인과 구별된다.

③ 공증의 형식

공증은 특정한 법률사실이나 법률관계의 존재를 공적으로 증명하는 것이기 때문에 원칙적으로 문서에 의하여야 하고 일정한 서식이 요구되는 것이 보통이다.

④ 공증의 효과

공증의 공통된 효과는 공증된 사항에 공적 증거력이 생긴다는 데에 있다. 공적 증거력은 일종의 증거력이며 반증이 있으면 누구나 행정청 또는 법원의 취소를 기다릴 것 없이 이를 번복할 수 있다(공정력의 부인)는 것이 통설이다. 공증행위에는 공적 증거력의 발생 이외에 법규정에 의해 일정한 법률효과가 부여되는 경우도 있다. 즉 권리의 성립요건이 되기도 하고, 권리행사의 요건이 되기도 한다.

(3) 통지

통지란 특정인 또는 불특정다수인에게 특정사실을 알리는 행위를 말한다. 행정행위로서의 통지의 예로는 대집행의 계고, 대집행영장의 통지, 국세징수법상의 독촉 등이 있다.

통지도 준법률행위적 행정행위이기 때문에 당연히 항고소송의 대상인 처분성이 인정된다. 예를 들면, 특허출원의 공고, 사업인정고시 대집행 계고, 조세독촉, 귀화고시 등이다. 그러나 처분 발행시 행하는 행정심판의 고지행위와 같이 특정사실의 통지행위가 아무런 법적 효과를 발생하지 않는 경우에는 사실행위에 해당할 뿐이고 강학상 통지라는 행정행위에 해당하지 않는다. 개별 법률의 내용에 따라 상이하지만 해당 통지행위가 행해지면 법적 강제절차가 개시되는 효과를 발하는 경우도 있다.

(4) 수리

① 개념

수리는 타인의 행위를 유효한 행위로서 받아들이는 행위이다. 입후보 등록, 공무원의 사표수리, 행정심판청구서의 수리가 그 예이다. 수리는 행정청이 타인의 행위를 유효한 것으로 수령하는 의사 작용이라는 점에서 내부적 사실행위에 불과한 단순한 도달이나 접수와는 다르다.

② 법적 성질 및 효과

법정의 요건을 갖춘 신고는 수리되어야 하므로 기속행위이다. 수리의 개념과 관련하여 특히 주의를 요하는 것은 일상적으로 사용되는 '신고의 접수' 또는 '신고의 수리'이다. 신고에는 자기완결적 공법행위로서의 신고와, 수리를 요하는 신고의 두 가지 유형이 있다. 전자의 신고는 신고 그 자체로서 법적 절차가 완료되어 형식적 요건을 갖춘 신고서가 접수기관에 도달한 때에 법령이 예정하는 효과를 발생한다. 그리고 행정청은 접수여부의 결정에 있어 형식적 요건을 심사할 수 있을 뿐 실질적 심사를 할 수 없는 것이 원칙이며, 행정절차법에서 규정하고 있는 신고가 본래적 의미의 신고로서 이에 해당한다(행정절차법 제40조). 자기완결적인 공법행위로서의 신고 시에 교부되는 신고필증은 사인이 일정한 사실을 행정기관에 알렸다는 사실을 확인하는 의미만을 갖는다. 수리거절행위는 불수리의 의사표시로서 소극적 행정행위이며 행정쟁송이 가능하다. 수리의 효과는 각 법령이 정하는 바에 따라 다르다. 사법상의 법률효과가 발생할 때도 있고, 공법상의 법률효과가 발생할 때도 있다. 그 밖에 행정청에 일정한 처리의무를 발생시키는 때도 있다.

③ 수리 또는 수리거부의 처분성 여부

행정청의 수리행위가 항고소송의 대상이 되는 처분에 해당하는지 여부는 수리가 '특정인의 권리의무에 개별적·직접적·구체적 효과를 발생시키는지 여부'에 의해 판단되어야 할 것이다. 판례에 의하면 사인의 자체 완성적 공법행위로 인정되는 「건축법」상의 신고에 대한 수리, 「체육시설의 설치·이용에 관한 법률」 제18조에 따른 신고에 대한 수리나 수리거부는 국민의 권리의무에 아무런 영향을 미치지 않으므로 처분성이 인정되지 않는다.

이에 대하여 건축주명의변경신고 수리거부[5] 등 수리를 요하는 신고에 대한 수리나 수리거부, 완화된 허가제로서의 신고에 대한 수리나 수리거부[6] 등의 경우에는 상대방의 법적 지위에 영향을 미치므로 처분성이 인정된다고 한다.

최근에는 건축신고 반려행위가 이루어진 단계에서 당사자로 하여금 반려행위의 적법성을 다

5) 대법원 1992.3.31. 선고 91누4911 판결
6) 대법원 1993.6.8. 선고 91누11544 판결

투어 그 법적 불안을 해소한 다음 건축행위에 나아가도록 함으로써 장차 있을지도 모르는 위험에서 미리 벗어날 수 있도록 길을 열어 주고, 위법한 건축물의 양산과 그 철거를 둘러싼 분쟁을 조기에 근본적으로 해결할 수 있게 하는 것이 법치행정의 원리에 부합한다는 이유로 건축신고 반려행위의 처분성을 인정하는 판결이 나와 주목을 받고 있다.7)

2. 수익적 행정행위 · 부담적 행정행위 · 복효적 행정행위

행정행위는 상대방에 대한 법률효과에 따라 수익적 행정행위와 부담적 행정행위로 나눌 수 있으며, 이들 양자의 효과를 아울러 가지는 행정행위를 특히 복효적 행정행위라고 부른다.

1) 수익적 행정행위

수익적 행정행위란 허가, 인가, 특허 등과 같이 해당 행정행위의 상대방에게 권리나 이익을 부여하는 효과를 수반하는 행정행위를 말한다. 수익적 행정행위는 다음과 같은 특색을 가진다.

(1) 법률유보의 문제

수익적 행정행위에도 법적 근거가 필요한지 문제된다. 종래의 통설적 견해인 침해유보설에 의하면 수익적 행정행위는 일반적으로 법으로부터 자유로운 상태에 있게 되는 것이다. 그러나 오늘날과 같은 국민생활의 행정에의 의존성을 고려하면, 수익처분의 거부도 침익적 행정행위 못지않게 국민의 생활에 직접적 피해를 줄 수 있다는 점에서 수익적 행정행위에 있어서도 급부 앞에서의 평등, 신뢰보호의 원칙이 적용되어야 할 것이다. 따라서 법률유보의 원리가 타당하다고 하여야 할 것이다. 다만 법률에 의한 규율의 강도는 침해적 행정행위보다 다소 낮을 수도 있다.

(2) 상대방의 협력을 요하는 행정행위

수익적 행정행위 가운데에는 행정청이 해당 행정행위를 함에 있어서 상대방의 협력을 필요로 하지 않는 단독적 행정행위인 경우도 있으나 특히 허가나 인가의 경우에 볼 수 있는 것처럼 상대방의 협력을 필요로 하는 행정행위인 것이 보통이다.

(3) 재량행위성

종래의 통설적 견해인 효과재량설에서는 기속행위와 재량행위의 구별기준을 행위의 효과에 두어 수익적 행위는 재량행위로 부담적 행위는 기속행위로 보았다. 그러나 오늘날은 행위의 효과만에 의하여 기속행위와 재량행위로 구별할 수는 없다고 본다. 즉 수익적 행정행위 중 허가와 같은 명령적 행정행위는 인간이 본래 가지고 있는 자유를 제한하는 효과를 가지므로 기속행위로 보는 경향이 있다. 판례도 이러한 입장이다. 이에 반해 특허는 권리를 설정하여 주는 행위이므로 재량행위로 보는 것이 일반적이다. 기본적으로는 해당 행위가 재량행위인지 기속행위인지 여부는 근거법의 해석에 의하여 판단되어야 할 문제라 하겠다.

---

7) 대법원 2010.11.18. 선고 2008두167 전원합의체

(4) 절차적 규제의 완화

수익적 행정행위는 상대방이나 제3자에게 불이익을 주지 않는 한(즉, 복효적 행정행위가 아닌 한) 절차적 규제가 완화되거나 특별한 행정절차가 요구되지 않는 것이 일반적이다.

(5) 철회 및 취소의 제한

행정행위의 철회나 취소에는 일정한 조리상의 제한이 있는바, 행정행위에 대한 철회권이나 취소권의 행사는 해당 행정행위를 존속함으로 인한 공익의 침해와 철회 또는 취소함으로 인한 공익이나 상대방의 이익을 비교형량하여 보다 중한 공익이나 상대방 등의 이익을 가져오는 경우에 한하여야 한다. 그런데 수익적 행정행위의 철회나 취소는 개인의 기득의 권익을 침해하게 되는 것이므로 그 권익의 침해를 정당화하는 데 족할 정도의 보다 강한 공익이나 제3자의 이익이 있지 아니하면 그 행정행위를 철회 또는 취소할 수 없는 제한을 받는다.

(6) 청구권 및 쟁송수단

수익적 행정행위의 부작위 또는 그 거부에 대하여는 그 발급청구권이 문제되고 그 실현수단은 의무이행심판과 거부처분취소소송 또는 부작위위법확인소송이다. 오늘날에는 제3자에 대한 행정행위 발동으로 이익을 받는 자의 행정개입청구권과 그 쟁송수단이 논의되고 있다.

2) 부담적 행정행위

(1) 법률유보

부담적 행정행위의 경우 엄격한 법률유보원칙의 적용이 있을 뿐만 아니라 법에 적합하여야 한다.

(2) 단독적 행정행위

부담적 행정행위는 수익적 행정행위와는 달리 행정청의 직권에 의한 행정행위일 때가 보통이다(예 조세부과, 경찰하명 등). 예외적으로 상대방의 동의를 요하는 행정행위일 때가 있다(예 공무원 임명행위 등).

(3) 기속행위성

부담적 행정행위는 상대방에게 불리한 효과를 발생시키는 행정행위이므로 기속행위에 속한다고 할 것이다. 그러나 이 문제도 법령의 규제방식과 관련해서 구체적으로 판단되어야 할 것이다.

(4) 절차적 규제

부담적 행정행위에 대하여는 개인의 권리보호라는 관점에서 절차적 규제가 강하게 요구되어지는 것이 원칙이다. 이러한 사전절차에 대하여는 각 단행법에 규정되어 있는 것(식품위생법 제81조) 이외에 행정절차법의 규정을 따라야 한다.

(5) **철회 및 취소제한의 완화**

부담적 행정행위의 취소・철회는 상대방에게 수익적 효과를 발생시키는 것이므로 그 취소・철회가 자유롭다 할 것이다. 다만, 취소・철회로 인하여 상대방이 받는 이익보다 공익 또는 제3자에게 더 큰 이익의 침해를 초래하는 경우에는 그러하지 아니하다.

(6) **청구권 및 쟁송수단**

부담적 행정행위의 경우에는 행정청에 의하여 그것이 위법하게 발동되는 경우 상대방의 배제청구권이 문제되고 그 실현수단은 취소를 구하는 항고쟁송이다. 더욱이 오늘날에는 그것이 위법하게 발동되려고 할 때 예방청구소송과 그 실현수단이 논의된다.

(7) **의무이행강제**

수익적 행정행위는 의무부과적인 것이 아닌 탓으로 그 내용의 강제실현문제가 발생될 여지가 없으나 부담적 행정행위의 경우에는 해당 행정행위로써 부과된 의무의 불이행이 있을 수 있기 때문에 그 강제적 실현문제가 생긴다.
부담적 행정행위에 의하여 과하여진 의무가 이행되지 아니한 경우에는 행정상 강제집행 또는 제재의 대상이 됨으로써 그 의무이행이 강제적으로 확보된다.

3) 복효적 행정행위(이중 효과적 행정행위)

(1) **의의**

복효적 행정행위는 하나의 행정행위가 동일인에게 수익적 효과와 부담적 효과가 함께 발생하거나 한 사람에게는 수익적 효과가 발생하고 다른 사람에게는 부담적 효과가 발생되는 경우를 말한다. 후자를 특히 제3자효 행정행위라고도 한다. 이러한 복효적 행정행위 중에서 특히 문제되는 것은 제3자효 행정행위이다. 예컨대, 상대편 당사자에게 건축허가나 영업허가를 한 결과 제3자에게 피해가 생기거나 대단위 공장가동으로 인한 공해로 제3자에게 재산상의 손해가 발생한 경우, 제3자에 대한 법적 보호의 필요성이 인식됨으로써 제3자가 법률관계의 당사자로서 등장하게 되었다.

(2) **실체법적 문제**

① 제3자의 행정개입청구권

제3자효행정행위로 인해 손해를 입은 제3자가 행정청에 대하여 그 행정행위의 취소를 청구할 수 있느냐, 그리고 수익적 효과를 받는 자에 대하여 행정청이 규제권을 발동할 수 있느냐가 문제된다. 종전에는 주로 경찰권 발동과 관련하여 문제되었으나 오늘날에는 이에 그치지 아니하고 오히려 규제행정(예 독점규제・환경규제・소비자보호 등) 분야에서 중요한 의의를 엿볼 수 있게 되었다. 종래 공익과 사익의 준별을 전제로 행정권은 공익추구를 도모하기 위하여 부여된 권한이므로 개인은 자기의 이익을 위하여 타인에 대한 일정한 행정적 개입을 위한 행정권의 발동을 요구할 수 없는 것이고 행정권의 발동여부는 행정상 편의주의에 따라 행정청 스스로가 판단・선택할 문제라고 하였다. 그러나 오늘날에는 복리행정 내지 규제행정의 발달에 따라 공익을 위한 행정권의 개입영역이 증가되고 있을 뿐만 아니라 법 자체에서 행정권의 개입을 인정하는 경우가 많아지고 있다. 법이 행정청에 대하여 일정한 공익목적을 도모하기 위한 행정개입권을 부여한 것은 단순한 권한뿐만 아니라 의무를 수반하는 것으로 보아야 하므로 특별한 규정이 없는 한 불이익을 받은 자의 행정적 규제신청을 인정하여야 할 것이다. 특히 경찰권발동과 관련하여 생명・신체 등에 대한 위험이 절박한 경우에 있어서 이른바 '재량권의 영으로의 수축이론'에 따라 행정개입의무가 발생하게 된다. 이러한 법리는 오늘날 환경규제 및 소비자보호문제 등 타 분야에도 확장될 수 있는 문제이다.

다만, 이러한 행정개입청구권의 구체적 실현은 그 나라의 행정소송제도와 밀접한 관련을 가지는바, 독일과 같이 의무이행소송이 인정될 때 가장 잘 실현될 수 있다고 할 것이나 의무이행소송이 인정되지 않는 우리나라에서는 의무이행심판이나 부작위위법확인소송을 제기할 수 있을 것이다.

② 행정절차상의 문제

행정행위는 상대방에 대한 통지로서 성립하며 행정청은 불이익을 받는 제3자인 이해관계인에 대한 통지의무를 지지 않는다. 행정절차법은 상대방의 권리를 제한하거나 의무를 부과하는 처분에 한하여 당사자 및 행정청이 행정절차에 참여하게 한 이해관계인에 대한 처분의 '사전통지'와 '의견청취의무'를 정하고 있다(제21조 제1항, 22조). 특히 '의견청취'의 경우 제3자에게 침익적 성질을 가진 복효적 행정행위는 제3자에게 청문이나 의견 제출의 기회가 주어져야 할 것으로 생각된다. 행정절차법은 당사자에게 의무를 과하거나 권익을 제한하는 처분을 함에 있어서는 '당사자 등'에게 '의견제출의 기회'를 주어야 한다고 규정하고 있다(법 제22조 제3항). 동법상 '당사자 등'은 처분의 상대방과 행정청이 직권 또는 신청에 의하여 행정절차에 참여하게 한 이해관계인이므로, 복효적 행정행위에 의하여 권익이 침해되는 제3자는 이러한 절차에 따른 행정청의 결정이 있는 경우에만 해당 처분절차에 참가할 수 있을 것이다. 그러나 제3자가 해당 행정처분에 대해 사전에 미리 알고 그 절차에 참가를 신청한다는 것은 실제로 거의 불가능하다고 보아야 하므로, 제3자효 행정행위에 있어서 제3자의 의견 제출은 결국 해당 행정청의 재량에 속한다고 보아야 할 것이다.[8)]

행정절차법상 청문회나 공청회의 개최는 개별법령에서 인정하는 경우나 행정청이 필요하다고 인정되는 경우에 실시하며 이해관계인도 제2조 제4호에 따라 행정청이 참여를 인정한 자에 한하여 청문 또는 공청회에 참여할 수 있다.

③ 복효적 행정행위의 취소・철회

불가쟁력이 발생하기 전에는 위법한 제3자효 행정행위로부터 불이익한 효과를 받는 자를 구제하기 위해 보다 자유로이 직권취소가 허용되어야 한다. 그러나 불가쟁력이 발생한 이후에는 행정의 법률적합성의 원칙・제3자의 불이익 제거요청과 신뢰보호의 원칙・수익자의 기득권을 비교형량하여 구체적으로 결정하여야 할 것이다.

---

8) 김동희, 행정법 (I), 246면.

제3자효 행정행위의 존속이 제3자에게 불이익을 주는 경우, 예컨대 연탄공장허가를 받은 지역이 시간이 경과함에 따라 주거지역으로 변경되어 연탄공장으로 인해 인근 주민의 건강을 위협함을 이유로 행정청이 연탄공장허가를 철회할 수 있는지를 검토할 필요가 있다. 생각건대, 이때에는 제3자의 보호가 해당 법규의 목적으로 되어 있고, 제3자의 이익 보호를 위해 철회 이외에는 다른 방법이 없는 경우에 철회가 허용될 수 있을 것이다.

제3자효 행정행위의 존속이 제3자에게 이익을 주는 경우, 예컨대 일반 국민의 이해관계에 많은 관련을 갖는 자동차운수사업이나 건설업의 경우 해당 사업자에 대해 법정 철회사유가 존재한다 하더라도, 제3자인 일반 국민에게 발생할 수 있는 불편을 이유로 해당 행정행위의 철회가 제한될 수 있고, 이 경우 과징금부과 등으로 의무이행을 대신 확보케 할 수 있다.

④ 복효적 행정행위의 강제집행

복효적 행정행위에 있어서, 상대방의 행정상 의무불이행 또는 의무위반의 상태를 제거하지 아니하고 존속시키면 제3자의 이익을 침해하는 상태를 존속시키는 것이므로 문제가 달라진다. 예컨대 위법건축물에 대한 강제 철거는 복효성이 있으므로 행정청은 그 철거로 이익을 받은 자를 위하여 집행의무가 있다.

(3) **쟁송법상의 문제**

① 행정심판의 고지

행정절차법은 행정청이 처분을 할 때 당사자에게 그 처분에 관하여 행정심판 및 행정소송을 제기할 수 있는지 여부, 기타 불복을 할 수 있는지 여부, 청구절차 및 청구기간 기타 필요한 사항을 알려야 한다고 규정하고 있다(법 제26조). 또 행정청은 이해관계인인 제3자가 요구하면 해당 처분이 행정심판의 대상이 되는 처분인지 여부, 행정심판의 대상이 되는 경우 소관 위원회 및 심판청구기간 등의 사항을 지체 없이 알려주어야 한다(행정심판법 제58조 제2항).

② 행정심판 및 행정소송에의 참가

행정심판이나 행정소송의 결과에 대하여 이해관계가 있는 자는 해당 행정심판 또는 행정소송에 참가할 수 있다(행정심판법 제20조, 행정소송법 제16조). 따라서 이해관계인에는 제3자효 행정행위의 제3자도 포함된다.

③ 가구제

복효적 행정행위에 의해 법률상의 이익을 침해받은 자, 예컨대 A에 대한 건축허가에 대하여 이웃주민은 취소심판이나 취소소송을 제기할 수 있고, 그 행위로 인하여 회복하기 어려운 손해를 예방할 긴급한 필요가 있다고 인정될 경우에는 건축이 완공되기 전에 그 집행정지를 신청할 수 있다(행정소송법 제23조 제2항).

④ 심판청구인 및 원고적격

복효적 행정행위에 의해 법률상의 이익을 침해받은 자, 예컨대 A에 대한 건축허가에 대하여 이웃주민은 취소심판이나 취소소송을 제기할 수 있다(행정심판법 제13조, 행정소송법 제12조, 제35조, 제36조), 예를 들면 LPG 충전소나 연탄공장의 설치를 저지할 목적으로 그 설치허가의 취소소송을 제기한 경우, 공장이나 충전소가 완공되기 이전에 집행정지를 신청하는 것을 들 수 있다.

⑤ 판결의 효력

처분 등의 취소판결이나 무효 등의 확인 및 부작위위법의 확인판결은 복효적 행정행위의 제3자에 대해서도 효력을 미친다(행정소송법 제29조 제1항, 제38조 제1항 및 제2항). 예컨대, 국세체납절차의 하나인 공매처분에 대한 취소판결이 확정된 경우 그 취소판결의 효력은 제3자인 재산경락인에게 미치고, 기존업자가 제기한 신규면허에 대한 취소소송(경업자소송)에서 취소판결의 효력은 신규업자에게 미치는 것이다. 여기서 이익자인 상대방의 권리구제가 문제된다.

⑥ 수익처분의 상대방의 권리구제

㉠ **인용재결의 불복 시 대상적격** : 행정소송법은 원처분주의를 취하고 있으므로, 행정심판의 재결을 거쳐 행정소송을 제기하는 경우에도 취소소송의 대상은 원처분이다. 다만, 재결 자체에 고유한 위법이 있는 경우에는 재결을 대상으로 소를 제기할 수 있다(행정소송법 제19조). 여기서 재결 자체의 고유한 위법을 이유로 한 재결취소소송은 제3자효 행정행위의 경우 전형적으로 나타난다. 예컨대, 제3자인 인근 주민이 연탄공장건축허가에 대해 취소심판을 제기하여 인용재결을 받은 경우, 이러한 인용재결로 인하여 비로소 법익을 침해당하는 공장건축주는 재결 자체를 대상으로 취소소송을 제기할 수 있다.

㉡ **행정심판 및 행정소송에의 참가** : 행정심판이나 행정소송의 결과에 대하여 이해관계가 있는 제3자(행정처분의 상대방)는 해당 행정심판 또는 행정소송에 참가할 수 있다(행정심판법 제20조, 행정소송법 제16조).

제3자효 행정행위에 대해 제3자(예 주민소송의 경우 인근 주민, 경업자소송의 경우 기존업자)가 취소소송을 제기한 경우, 이 소송의 당사자가 아닌 제3자(예 주민소송의 경우 연탄공장 건축주, 경업자소송의 경우 신규업자)를 소송에 참가시켜 이들의 권익을 보호할 필요가 있다. 행정소송법 제29조 제1항은 취소판결의 제3자효를 규정하고 있으므로 판결의 효력과 관련해서도 이들의 권익을 보호할 필요가 있는 것이다.

참가인으로 된 제3자의 지위는 행정소송법이 민사소송법 제67조를 준용하고 있으므로(행정소송법 제16조 제4항), 참가인은 피참가인과의 사이에 필요적 공동소송에 있어서의 공동소송인에 준하는 지위에 선다. 그러나 이 경우의 제3자는 참가인에 불과할 뿐 취소소송의 당사자에 대하여 독자적인 청구를 할 수는 없으므로, 공동소송참가나 독립당사자참가와 다르고 일종의 공동소송적 보조참가의 성격을 갖는 것으로 보는 것이 통설의 태도이다.

㉢ **재심청구** : 처분 등을 취소하는 판결에 의하여 권리나 이익을 침해받은 제3자(예 연탄공장 건축주, 신규업자 등)는 자기에게 책임 없는 사유로 인하여 소송에 참가하지 못함으로써 판결의 결과에 영향을 미칠 공격 또는 방어방법을 제출하지 못한 때에 이를 이유로 확정된 종국판결에 대하여 재심을 청구할 수 있다(행정소송법 제31조 제1항).

3. 단계적 행정결정(가행정행위 · 예비결정(사전결정) · 부분허가)

1) 단계적 행정결정의 의의

행정행위는 전체 과정에 비추어 그 종국적인 효력이 바로 나타나는 것인가 아니면 단계적인 과정을 거친 후에 비로소 종국적인 효력이 나타나고 현재로서는 전체 과정과 관련하여 잠정적인 효력만이 인정되는가의 여부를 기준으로 하여 분류될 수 있다. 후자에 해당하는 것이 단계적 행정결정이다. 단계적 행정결정이란 행정청의 결정이 여러 단계의 행정결정을 통하여 연계적으로 이루어지는 것을 말한다. 단계적 행정결정은 단일한 행정결정의 사전적 표시제도인 확약 및 가행정행위와 여러 개의 행정절차를 거치며 부분적인 행정결정을 내리고 그것들 전체가 하나의 총체적인 행정결정을 이루는 사전결정 및 부분허가로 대별될 수 있다.

원자력발전소의 건설이나 공항건설과 같이 대규모시설에 대한 허가는 그 결정과정이 매우 복잡하고 시간과 비용이 막대하게 들기 때문에 여러 단계로 나뉜 결정과정을 거쳐 종국적인 허가에 이르게 할 필요가 있다. 이 같은 단계적 행정결정은 오래 지속되는 결정과정의 예견가능성과 유연성, 조정능력 등을 확보하고 대규모시설의 효과를 고려해 결정과정을 신중하게 처리하기 위해서 필요하다 할 것이다.

2) 가행정행위

⑴ 의의

가행정행위는 사실관계와 법률관계의 계속적인 심사를 유보한 상태에서 해당 행정법관계의 권리와 의무를 잠정적으로 확정하는 행위를 말한다. 즉, 가행정행위는 본 행정행위가 발령되어 해당 본 행정행위의 법적 효과 또는 구속력이 최종적으로 결정될 때까지 잠정적으로만 행정행위로서의 구속력을 가지는 행정의 행위형식을 말한다. 이러한 가행정행위는 사실관계가 확정적으로 명료해지기 전이지만, 행정행위의 발령이 필요한 경우에 활용된다.

예를 들어, 조세행정에서 최종적인 세액을 확정하기 어려운 경우에 잠정적인 세액에 의해 과세처분하고 사후의 심사를 통한 경정결정을 통해 종전의 처분을 대체 또는 변경하는 경우(국세기본법 제22조의2)나, 공무원의 징계절차에서 징계의결이 요구 중인 자에 대하여 잠정적으로 직위를 해제하는 처분을 내리는 경우(국가공무원법 제73조의3 제1항 제3호)가 이에 해당한다.

⑵ 법적 성질

일설은 가행정행위를 행정행위의 특수한 행위형식으로 보고 있지만, 가행정행위는 비록 잠정적이기는 하나 직접 법적 효력을 발생시키므로 전형적인 행정행위성을 가진다고 보아야 한다.

⑶ 특징

가행정행위는 다음의 세 가지 특징을 징표로 한다. 종국적인 결정이 있을 때까지 단지 잠정적으로 규율하는 효과를 내용으로 한다는 것이며, 사실관계와 법률관계에 대한 개략적인 심사에 기초하고, 그 내용은 종국적인 결정을 위한 주된 절차에 종속한다는 점으로서 종국적인 결정이 내려지면 이에 의해 종전의 결정이 대체되게 된다는 점 등을 들 수 있다. 따라서 가행정행위는 존속력을 갖지 못하고, 상대방은 종국적 결정에 대해 신뢰보호의 원칙을 주장할 수 없다.[9]

⑷ **인정범위**

가행정행위는 예컨대 보조금법에서 수령자의 이익을 보호하거나 경찰법(위험혐의에 대한 행정처분), 원자력법(원자력 시설의 설치허가 시), 조세법(잠정적인 세액의 확정) 등에서 공익을 보호하기 위한 수단으로서 필요하다. 따라서 가행정행위는 침해행정뿐만 아니라 급부행정에서도 적용될 수 있다.

⑸ **허용요건**

가행정행위는 법규상 직접적 근거규정이 있는 경우는 물론이고, 행정관행으로도 인정되고 있어 명시적으로 규정하는 바가 없다고 하여도 행정청은 본처분 권한이 있으면 발동이 가능하다고 보는 것이 다수의 견해이다.

또한 가행정행위의 발동 시에 근거한 사실관계의 판단자료는 추후에 이루어질 본행정행위 시까지 획득될 자료의 내용과 수준에까지는 미치지 못한다 하더라도, 최소한 본행정행위에 있어서도 결정적인 것으로 확신될 명백하고 개연성이 있는 자료에 의해서만 가행정행위가 이루어져야 할 것이다. 따라서 그러한 자료에 근거하지 못한 가행정행위의 경우에는 위법한 행위가 되며, 행정청은 오류를 근거로 가행정행위의 상대방에 대해 대항할 수 없다고 해야 할 것이다.

⑹ **권리구제**

가행정행위도 일반적인 행정행위와 다르지 않으므로 이에 대한 권리구제 역시 보통의 행정행위와 다르지 않다. 따라서 침해적 가행정행위에 대하여는 통상의 취소심판과 취소소송을 제기하면 될 것이고, 가행정행위의 부작위의 경우에는 의무이행심판이나 부작위위법확인소송을 제기할 수 있을 것이다. 다만, 가행정행위에 대한 행정소송 제기 중 본행정행위가 행해지면, 이러한 가행정행위는 본행정행위로 대체되는 것이므로 가행정행위에 대한 행정소송은 소의 이익이 없게 된다. 또한 가행정행위를 발령한 이후에 행정기관이 상당한 기간 이내에 종국적인 결정을 행하지 않는 경우에는 본행정행위에 대한 의무이행심판이나 부작위위법확인소송에 의해 해결할 수 있을 것이다.

한편, 가행정행위로 행한 가급부결정 이후 지정조건 위반이 입증되어 행정청이 가급부결정에 반하는 종국결정(예 급부결정취소 또는 가급부반환명령 등)을 발령하는 경우, 이는 수익적 행정행위의 철회가 아니라 가급부결정을 대체하고 효력을 종료시키는 것이므로 상대방은 신뢰보호원칙을 주장하여 다툴 수 없다.

9) 박균성, 행정법론(상), 406면.

3) 사전결정

(1) 의의

사전결정(예비결정)이란 종국적인 행정행위를 하기에 앞서 종국적인 행정행위에 요구되는 여러 요건 중에서 개별적인 몇몇 요건에 관한 종국적인 판단으로 내려지는 결정을 말한다. 예컨대, 구 주택건설촉진법 제32조의4 제1항의 사전결정과 원자력법 제11조 제3항에 근거한 부지사전승인제도와 건축법 제10조 제1항상의 건축 관련 입지와 규모의 사전결정제도를 들고 있다. 특히 원자력법 제11조 제3항에 근거한 부지사전승인제도의 경우에는 원자력발전소의 특성상 설계・허가취득까지 복잡한 과정과 장시간이 소요되는 점을 고려하여 미리 원자력발전소 부지를 확보할 수 있도록 허용하고자 하는 데 그 취지가 있다 할 것이다. 현행 원자력법상 사전부지승인이 나면 제한공사가 가능하도록 규정되어 있다(원자력법 제11조 제4항). 이러한 사전부지승인은 사전결정(부지적합성 판단부분)과 부분허가(제한공사승인부분)의 성질을 아울러 가진다.

폐기물관리법상 폐기물처리업 허가 전의 사업계획에 대한 적합통보제도(법 제25조)도 이와 같은 예로 볼 수 있을 것이다. 판례도 폐기물처리업자가 허가 전의 사업계획에 대한 적정통보의 법적 성질을 사전결정으로 보고 있다.

폐기물관리법 관계 법령의 규정에 의하면 폐기물처리업의 허가를 받기 위하여는 먼저 사업계획서를 제출하여 허가권자로부터 사업계획에 대한 적정통보를 받아야 하고, 그 적정통보를 받은 자만이 일정 기간 내에 시설, 장비, 기술능력, 자본금을 갖추어 허가신청을 할 수 있으므로, 결국 부적정통보는 허가신청 자체를 제한하는 등 개인의 권리 내지 법률상의 이익을 개별적이고 구체적으로 규제하고 있어 행정처분에 해당한다.

폐기물관리법 제 규정에 비추어 보면 폐기물처리업의 허가에 앞서 사업계획서에 대한 적정・부적정 통보 제도를 두고 있는 것은 폐기물처리업을 하고자 하는 자가 스스로 시설 등을 설치하여 허가신청을 하였다가 허가단계에서 그 사업계획이 부적정하다고 판명되어 불허가되면 허가신청인이 막대한 경제적・시간적 손실을 입게 되므로, 이를 방지하는 동시에 허가관청으로 하여금 미리 사업계획서를 심사하여 그 적정・부적정 통보 처분을 하도록 하고, 나중에 허가단계에서는 나머지 허가요건만을 심사하여 신속하게 허가업무를 처리하는 데 그 취지가 있다.[10)]

(2) 법적 성질과 근거

사전결정은 그 결정에서 정해진 부분에만 제한적인 효력을 갖지만, 그 자체가 하나의 행정행위이다. 본처분이 기속행위인 경우에는 사전결정도 기속행위가 될 것이나, 본처분이 재량행위인 경우에 사전결정이 재량행위인지 여부는 본처분의 재량판단 부분이 사전결정의 대상이 되는지에 의해 결정된다. 그리고 사전결정권은 행정청의 본처분권한에 포함되는 것으로 보아 행정청은 법률의 우위원칙에 반하지 않는 한 행정결정에 대한 절차를 합목적적으로 수행하고 그 결정을 부분적으로 수행할 수 있다고 보아 법규상의 특별한 근거가 없어도 사전결정은 할 수가 있다.

---

10) 대법원 1998.4.28. 선고 97누21086 판결

(3) 효력(구속력)과 그 한계

사전결정은 후속되는 단계에서의 행정결정의 토대가 된다. 즉, 사전결정은 무효가 아닌 한, 사전결정의 대상이 된 사항에 있어서 후행결정에 대하여 구속력을 갖는다. 따라서 행정청은 구속력 때문에 본 결정에서 사전결정의 내용과 상충되는 결정을 할 수 없다. 다만, 사전결정 시 불가피하게 파악되지 못하였던 사실관계나 법적 관계의 변경이 초래되었을 경우에는 이익형량을 통하여 그 구속력이 배제되거나 감경될 수 있다.

한편, 판례는 사전결정에 대한 신뢰보호의 이익만을 인정하는 것으로 보인다.

판례

사전결정의 구속력과 신뢰보호의 원칙

[1] 사전결정의 구속력을 인정해 사전결정에 대해 신뢰보호원칙이 적용된다는 판례(폐기물처리사업의 사전 적정통보)

폐기물처리업에 대하여 사전에 관할 관청으로부터 적정통보를 받고 막대한 비용을 들여 허가요건을 갖춘 다음 허가신청을 하였음에도 다수 청소업자의 난립으로 안정적이고 효율적인 청소업무의 수행에 지장이 있다는 이유로 한 불허가처분이 신뢰보호의 원칙 및 비례의 원칙에 반하는 것으로서 재량권을 남용한 위법한 처분이다(대법원 1998.5.8. 선고 98두4061 판결).

[2] 사전결정의 구속력을 부정해 사전결정에 대한 신뢰보호원칙을 적용하지 않은 판례(구 주택건설촉진법상의 주택건설사업계획승인처분)

구 주택건설촉진법(1999.2.8. 법률 제5914호로 삭제) 제33조 제1항의 규정에 의한 주택건설사업계획의 승인은 상대방에게 권리나 이익을 부여하는 효과를 수반하는 이른바 수익적 행정처분으로서 행정처분의 요건에 관하여 일의적으로 규정되어 있지 아니한 이상 행정청의 재량행위에 속하고, 그 전 단계인 같은 법 제32조의4 제1항의 규정에 의한 주택건설사업계획의 사전결정이 있다 하여 달리 볼 것은 아니다. 따라서 피고가 이 사건 주택건설사업에 대한 사전결정을 하였다고 하더라도 사업승인 단계에서 그 사전결정에 기속되지 않고 다시 사익과 공익을 비교형량하여 그 승인 여부를 결정할 수 있다고 판단한 원심의 조치는 정당하고, 거기에 소론과 같은 위법이 있다고 할 수 없다(대법원 1999.5.25. 선고 99두1052 판결).

(4) 권리구제

사전결정은 그 자체가 하나의 행정행위이므로 당사자나 일정한 범위의 제3자에 의한 취소소송의 대상이 된다. 또한 이 결정에 기초한 종국적인 결정으로서의 허가가 발령되지 않는 경우, 즉 거부처분의 존재 시에는 의무이행심판이나 거부처분 취소소송을, 부작위에 대해서는 부작위위법확인소송을 제기할 수 있다.

사전결정에 대한 취소소송의 제기 전에 최종 행정행위가 있게 되면 사전결정은 최종적인 행정행위에 흡수되므로 사전결정은 다툴 수 없다. 다만, 사전결정에 대한 취소소송 계속 중 본 행정행위가 발령된 경우에, 사전결정이 취소되면 최종 행정행위도 그 효력을 상실하고, 소송자료로 활용할 수 있도록 할 필요가 있으므로 소의 이익을 인정하여야 한다는 견해가 있으나, 판례는 사전결정에 대한 취소소송에서의 소의 이익이 상실되는 것으로 본다.

4) 부분허가

(1) 의의

부분허가는 비교적 장기간의 시간을 요하고 영향력이 큰 시설물의 건설에 있어서 단계적으로 시설의 일부에 대하여 허가를 발령하는 경우를 말한다. 즉, 행정결정의 대상이 되는 시설물의 일부의 건설 및 운전에 대하여 확정적인 허가를 발급하는 것으로 부분허가가 수차례에 걸쳐 계속적으로 이루어짐으로써 시설 전체의 건설이 완성되어 운전에 이르게 되는 방식을 말한다. 원자력발전소와 같이 그 건설에 비교적 장기간의 시간을 요하고 영향력이 큰 시설물의 건설에 있어서 단계적으로 시설의 일부분에 대하여 부여하는 허가를 의미한다. 그 예로는 원자력법 제11조 제4항상의 원자로 및 관계시설의 건설허가 전에 행하는 부지에 대한 제한공사 승인을 들고 있다. 판례는 원자로시설 부지사전승인처분의 법적 성질을 '사전적 부분 건설허가'로 보고 있다.[11)]

(2) 법적 성질

부분허가는 허가를 요하는 전체 부분 중에서 나눌 수 있는 부분과 관련하며, 그 결정의 대상이 되는 부분에 대한 종국적인 결정인 행정행위이다. 따라서 선행 부분허가는 후속하는 부분허가의 내용에 직접적인 효력을 미친다.

(3) 성립 및 효력요건

부분허가는 잠정적・긍정적 전체판단에 의하여 허가의 전제조건이 충족되고 부분허가를 발부할 정당한 이익이 있다고 인정되는 때에 발부될 수 있다. 그러한 이유는 부분허가가 비록 잠정적이기는 하나, 복잡한 시설 전체를 심사하여 후속단계에서 구상상의 이유로 건설이 중지되거나 또는 운영이 금지되지 않는 것을 선결적으로 해결하는 것에 일차적 목적이 있다.

(4) 부분허가의 효력

부분허가는 비록 중간단계에서 행해지는 결정이기는 하나 문제되는 단계에서는 최종적인 법적 규율을 행하는 것이기 때문에 그 자체로서 행정행위에 해당하므로 부분허가를 받은 자는 허가를 받은 범위 안에서 허가받은 행위를 적법하게 할 수 있다. 부분허가 시 행해지는 잠정적 판단은 사실관계에 있어서나 법적 요건에 있어 차후 별다른 변화가 없는 한, 최종적 결정에 구속력을 지닌다. 따라서 행정청은 나머지 부분에 대한 결정에서 부분 허가한 내용과 상충되는 결정을 할 수 없다. 즉, 부분허가는 최종적 결정에 대한 구속효를 갖는다. 다만, 최종적인 판단에 있어서 기술적 수준의 변화나 상황의 변화에 대응하는 범위 내에서 시설물일부에 대한 변경이나 수정은 있을 수 있다.

(5) 권리구제

행정행위로서의 성질상 부분허가의 당사자나 일정범위의 제3자는 자신의 권리침해를 이유로 하여 취소소송을 제기할 수 있으며, 또한 이러한 부분허가에 기초한 종국적인 결정으로서의 허가가 발령되지 않는 경우, 거부처분의 경우에는 의무이행심판이나 거부처분취소소송을, 부작위에 대해서는 의무이행심판이나 부작위위법확인소송을 제기할 수 있다.

---

11) 대법원 1998.9.4. 선고 97누19588 판결

5) 확약 – 행정절차법 제40조의2 명문화

행정절차법 제40조의2(확약)

① 법령등에서 당사자가 신청할 수 있는 처분을 규정하고 있는 경우 행정청은 당사자의 신청에 따라 장래에 어떤 처분을 하거나 하지 아니할 것을 내용으로 하는 의사표시(이하 "확약"이라 한다)를 할 수 있다.
② 확약은 문서로 하여야 한다.
③ 행정청은 다른 행정청과의 협의 등의 절차를 거쳐야 하는 처분에 대하여 확약을 하려는 경우에는 확약을 하기 전에 그 절차를 거쳐야 한다.
④ 행정청은 다음 각 호의 어느 하나에 해당하는 경우에는 확약에 기속되지 아니한다.
1. 확약을 한 후에 확약의 내용을 이행할 수 없을 정도로 법령등이나 사정이 변경된 경우
2. 확약이 위법한 경우

⑤ 행정청은 확약이 제4항 각 호의 어느 하나에 해당하여 확약을 이행할 수 없는 경우에는 지체 없이 당사자에게 그 사실을 통지하여야 한다.

[본조신설 2022. 1. 11.]

(1) 의의

법령등에서 당사자가 신청할 수 있는 처분을 규정하고 있는 경우 행정청은 당사자의 신청에 따라 장래에 어떤 처분을 하거나 하지 아니할 것을 내용으로 하는 의사표시(이하 "확약"이라 한다)를 할 수 있다. 즉 확약은 장래 일정한 행정행위를 하거나 하지 아니할 것을 약속하는 의사표시를 말한다. 확약은 신뢰보호 또는 금반언의 법리를 바탕으로 인정되는 행정청의 행위형식의 하나이다.

(2) 법적 성질

① 처분성 긍정설(다수설)

다수설은 확약이 행정청에 대하여 확약의 내용대로 이행할 법적 의무를 발생시킨다는 점에 비추어 확약의 처분성을 인정한다.

② 처분성 부정설

사정변경에 의해 변경될 수 있으므로 종국적 규율성을 가지지 못한다는 점을 근거로 처분이 아니라고 본다.

③ 판례(부정설)

판례

어업권면허에 선행하는 우선순위결정은 행정청이 우선권자로 결정된 자의 신청이 있으면 어업권면허처분을 하겠다는 것을 약속하는 행위로서 강학상 확약에 불과하고 행정처분은 아니므로, 우선순위결정에 공정력이나 불가쟁력과 같은 효력은 인정되지 아니하며, 따라서 우선순위결정이 잘못되었다는 이유로 종전의 어업권면허처분이 취소되면 행정청은 종전의 우선순위결정을 무시하고 다시 우선순위를 결정한 다음 새로운 우선순위결정에 기하여 새로운 어업권면허를 할 수 있다고 할 것이다(대법원 1995.1.20. 선고 94누6529 판결[행정처분취소]).

④ 결어

확약으로 행정청에게 확약을 준수할 의무가 발생하는 점, 확약의 처분성을 인정함으로써 조기에 권리구제를 도모할 수 있는 점을 고려하여 확약의 처분성을 인정함이 타당하다고 판단된다. 특히 행정절차법 제40조의2가 신설되어 확약에 대한 명확한 규정을 신설하고 처분을 하거나 하지 아니할 것을 내용으로 하는 의사표시로서 일정한 경우에는 처분성을 긍정하는 것이 입법취지로 보여진다.

(3) 법적 근거

확약은 처분권에 속하는 예비적인 권한행사로서 본처분권에 당연히 포함되므로 본처분권이 있으면 별도의 법적 근거 없이도 인정된다는 것이 통설이다. 그러나 최근 행정절차법 제40조2 확약 규정이 신설되어 법적 근거하에서 확약이 이루어질 수 있도록 하였다.

(4) 확약의 구속력

확약의 효과는 행정청이 확약의 내용인 행위를 하여야 할 법적 의무를 지며 상대방에게는 행정청에 대한 확약내용의 이행청구권이 인정된다. 상대방은 해당 행정청에 대하여 그 확약에 따를 것을 요구할 수 있으며 나아가 그 이행을 청구할 수 있다. 다만, 확약의 대상이 위법한 경우 확약의 구속력을 인정할 수 없다고 판단된다(대법원 1995.1.20. 선고 94누6529 판결).

(5) 확약의 실효

판례는 확약 또는 공적인 의사표명이 있은 후에 사실적, 법률적 상태가 변경되었다면 그와 같은 확약 또는 공적인 의사표명은 행정청의 별다른 의사표시를 기다리지 않고 실효된다고 본다.

판례

행정청이 상대방에게 장차 어떤 처분을 하겠다고 확약 또는 공적인 의사표명을 하였다고 하더라도, 그 자체에서 상대방으로 하여금 언제까지 처분의 발령을 신청을 하도록 유효기간을 두었는데도 그 기간 내에 상대방의 신청이 없었다거나 확약 또는 공적인 의사표명이 있은 후에 사실적·법률적 상태가 변경되었다면, 그와 같은 확약 또는 공적인 의사표명은 행정청의 별다른 의사표시를 기다리지 않고 실효된다 (대법원 1996.8.20. 선고 95누10877 판결[주택건설사업승인거부처분취소]).

6) 단계적 행정결정과 관련된 문제

(1) 타 행정청의 동의 등 협력행위의 법적 성질

종래의 지배적인 학설인 '외부·내부이분론'에 의하면 행정청 상호 간의 협력이나 의사표시는 행정내부적 표시로 인식되고 국민에 대한 외부적 효과가 문제될 소지가 없을 것이나, 현행 행정소송법 제1조가 취하고 있는 개괄주의적인 관점에서 볼 때 비록 내부적인 행위라 할지라도 그것이 권리침해를 가져오는 한 법원에의 출소가 가능하게 되고, 그 점에서 행정행위개념의 확대가 인정될 수밖에 없을 것이다.

판례는 "지방자치단체장이 개발제한구역 안에서의 혐오시설 설치허가에 앞서 건설부훈령인 「개발제한구역관리규정」에 의하여 사전승인신청을 함에 따라 건설교통부장관이 한 승인행위가 항고소송의 대상이 되는 행정처분에 해당하는지 여부가 문제된 사안에서, 지방자치단체장이 해당 토지 일대에 쓰레기매립장을 설치하기로 하면서 해당 토지 일대가 도시계획법상의 개발제한구역 내에 위치함에 따라 스스로 개발제한구역 안에서의 폐기물처리시설 설치허가를 하기에 앞서 건설부훈령인 「개발제한구역관리규정」에 따라 건설교통부장관에게 폐기물처리시설 설치허가에 대한 사전승인신청을 하였고, 건설교통부장관이 위 신청을 승인한 경우, 건설교통부장관의 위 승인행위는 「개발제한구역관리규정」에 따라 허가권자인 지방자치단체장에 대한 지도・감독 작용으로서 행한 것으로서 행정기관 내부의 행위에 불과하여 국민의 구체적인 권리・의무에 직접적인 변동을 초래하는 것이 아닐 뿐 아니라, 건설교통부장관의 승인행위에 의하여 직접적으로 도시계획이 변경되는 효력이 발생하는 것이 아니므로 항고소송의 대상이 되는 행정처분에 해당한다고 볼 수 없다."라고 하고 있다.[12]

생각건대, 다른 행정청의 승인이나 동의 등의 협력이 상대방 국민에 대하여 고유의 직접적인 법효력을 갖게 되는 경우에 한하여 그 동의 등은 처분성이 있다.

(2) 구속력과 법적 문제

① 구속력

단계적 행정결정에서 이루어진 모든 고권적 규율은 행정행위로서 구속력을 갖게 된다. 즉 「화재예방, 소방시설 설치・유지 및 안전관리에 관한 법률」 제7조와 같이 사항적・전문적 권한을 갖는 행정청에 대한 동의나 다단계화된 절차에서 권한행정청의 사전승인(건축법 제11조 제2항에 의한 일정한 건축물에 대한 도지사의 사전 승인을 전제로 한 시장・군수의 건축허가) 및 부분허가(원자력법 제11조 제3항) 등은 '개별적・구체적・고권적 규율'의 징표를 가진 행정행위로서 처분 상대방과 제3자에 대한 구속력, 처분청에 대한 구속력(자기집행력 또는 자박력) 또는 다른 국가기관에 대한 구속력(구성요건적 효력)을 갖는다. 특히 구속적인 결정을 전제로 하는 다단계행정결정의 특성상 관할 행정청은 선행의 결정에 모순되는 내용의 결정을 할 수 없다. 즉, 폐기물관리법 제26조나 원자력법 제11조 제3항에 의한 사전결정이나 부분허가의 경우에도 법정요건의 일부에 대하여 이미 행하여진 부분판단이 후행판단을 구속하는 힘을 갖는다는 것은 단계적 행정결정의 특징이라 할 것이다. 즉 사전결정이나 부분허가의 내용에 대해 구속력을 배제시키고 마지막 단계의 법적 판단에만 종국적 효력을 인정한다면, 단계적 행정결정의 의미와 목적은 없어지게 되기 때문이다. 문제는 다른 행정청의 동의가 있고 난 후 또는 사전결정・부분허가가 난 후에 당사자가 아닌 이해관계 있는 제3자가 이후의 결정단계에서 그 동의 내지 사전결정이나 부분허가의 위법성을 다투어 그 효력을 부인할 수 있겠는가 하는 것(소위 흠의 승계 내지 선행처분의 후행처분에 대한 구속력)이다.

12) 대법원 1997.9.26. 선고 97누8540 판결

② 선행행위의 흠과 제3자의 후행결정에 대한 위법성의 주장

선행행위와 후행행위가 결합하여 하나의 효과를 완성하는 경우에는 선행행위의 흠이 후행행위에 승계되는 데 대하여, 선행행위와 후행행위가 서로 독립하여 별개의 효과를 발생하는 것인 경우에는 선행행위가 당연 무효이지 않는 한 그 흠이 후행행위에 승계되지 않는다고 보는 것이 통설적 견해(흠의 승계론)이다.

이러한 통설의 입장에 의하면 하나의 종국적인 결정을 목적으로 하는 단계화된 절차에서 행하여지는 단계적 행정결정의 경우, 권리를 침해당한 제3자가 선행 행정행위에 대한 위법을 이유로 후행행정행위를 다툴 수 있다는 것에 의심이 있을 수 없게 되어 단계적 행정결정을 통한 결정과정의 개관가능성과 유연성 및 조정능력의 확보 등을 목적으로 하는 입법취지와 모순되게 되는 결과가 된다.

그러나 선행행정행위와 후행행정행위가 하나의 목적을 위하여 일련의 과정을 이루는 경우에는 원칙적으로 선행행정행위의 흠을 이유로 후행행정행위의 위법성을 주장하는 취소청구를 할 수 없다고 하는 '선행처분의 후행처분에 대한 규준력(구속력)'의 관점에서 볼 때, 관계행정청의 동의 또는 사전결정이나 부분허가가 불가쟁력을 갖게 되면 그 후의 행정행위인 본허가 등에 고유한 위법이 없는 한 선행행정행위인 사전결정 등의 흠을 이유로 후행행정행위의 위법을 주장할 수 없게 되고, 이것은 단계적 행정결정의 목적에도 합치되게 된다.[13]

물론 제3자의 예측가능성과 수인가능성을 벗어난 경우까지 선행행정행위의 불가쟁력을 이유로 후자에 대한 쟁송의 기회를 박탈하는 것은 지나친 권리침해로 될 것이다.

생각건대, 단계적 행정결정은 그 특성상 선행의 결정에 모순되는 내용의 후행결정을 할 수 없다는 모순금지를 내용으로 하는 자기구속력 내지 자박력을 갖는 점 및 다른 행정청의 동의나 사전결정 또는 부분허가는 해당 단계에서 행하여지는 요건심사의 종국적 규율성을 갖는다는 점 등을 감안할 때, 제3자의 위법성 주장은 해당 행정행위에 대한 불가쟁력이 발생하지 않는 기간 중에만 가능하다고 할 것이다. 따라서 선행의 동의나 사전결정 또는 부분허가가 불가쟁력을 갖게 되면, 본 허가 등 후행하는 행정행위에 고유의 위법이 없는 한 선행의 행정행위에 대한 위법을 이유로 후행하는 행정행위를 다툴 수 없는 것으로 보아야 할 것이다.

13) 정하중, 행정법총론, 294면.

03 절 재량권과 판단여지

1. 재량권과 재량행위의 개념

법률이 행정청에게 권한을 행사함에 있어서 둘 이상의 다른 내용의 결정 또는 형태 중에서 선택할 수 있는 권한을 부여한 경우 해당 행위를 재량행위라 한다. 오늘날 행정의 재량권은 원칙상 행위의 요건 판단에 있어서는 인정되지 않으며 행정결정의 선택에 있어서 인정되는 것으로 본다. 그리고 재량권이 행정기관에 부여되는 경우에 행정기관이 행정권을 행사함에 있어 어떠한 행정결정을 하거나 하지 않을 수 있는 권한을 갖는 경우와 둘 이상의 조치 중 선택을 할 수 있는 권한을 갖는 경우가 있다. 전자를 결정재량이라고 하고 후자를 선택재량이라 한다.

2. 재량행위와 기속행위의 구별 및 실익

재량행위라 함은 행정결정에 있어 행정청에게 선택의 자유가 인정되는 행정행위를 말한다. 이에 대하여 행정행위의 요건 및 법적 효과가 일의적으로 규정되어 있어서 법을 집행함에 있어서 행정청에게 어떠한 선택의 자유도 인정되지 않는 경우를 기속행위라고 한다. 재량행위와 기속행위의 구별은 다음과 같은 실익이 있다.

1) 행정소송의 대상

기속행위와 재량행위의 구별은 먼저 구체적인 행정행위가 행정소송 사항에 속하는지의 여부를 결정하는 데에 필요하다.

우리나라 행정소송법은 명시적 재량조항은 가지고 있지 아니하고 있으나 항고소송에 있어서 취소소송은 '행정청의 위법한 처분 등'을, 부작위위법확인소송은 '행정청의 부작위가 위법하다는 것'을 각각 대상으로 하도록 규정함으로써(행정소송법 제4조), 행정심판법이 위법 또는 부당한 처분이나 거부처분 또는 부작위를 행정심판의 대상으로 한 것(행정심판법 제5조)과 구별되는 규정형식을 취하였다. '위법 또는 부당한 처분'이 행정심판사항인 데 비하여, '위법한 처분'만을 항고소송사항으로 한 것은 재량에 속하는 행정행위는 원칙적으로 행정소송사항에 포함되지 않음을 뜻한다. 왜냐하면 재량을 그르친 경우에는 원칙적으로 부당의 문제가 되는 데 그치기 때문이다. 그러므로 우리나라에서도 기속행위와 재량행위의 구별은 실정법제도상 필요하다.

또한 행정소송법 제27조는 "행정청의 재량에 속하는 처분이라도 재량권의 한계를 넘거나 그 남용이 있는 때에는 법원은 이를 취소할 수 있다."라고 하여 행정청의 재량권 행사의 한계를 명시함으로써 재량행위와 사법심사에 관한 종래의 판례 및 통설의 입장을 수용하였다. 따라서 행정소송법은 재량권의 한계를 벗어나지 않는 범위에서는 여전히 사법심사의 대상에서 제외되는 행정처분을 인정하고 있는 것이라 할 수 있다. 그러나 어떤 행위가 재량행위이냐 기속행위이냐가 문제되는 경우 그것을 결정하는 것은 법률적 판단에 속하므로 재량행위에 대하여 소송이 제기되면 이를 각하할 것이 아니라 행위의 성질을 실질적으로 심사한 후에 기각의 판결을 해야 한다는 것이 오늘날 통설·판례의 태도이다. 결국 재량행위도 기속행위와 마찬가지로 법원에 의한 심사대상이 되므로 재량행위와 기속행위의 구별의 필요성은 그만큼 경감되었다고 할 수 있으며, 엄격한 의미에서 기속행위와 재량행위의 구별은 사법심사의 대상이 아니라 범위 내지 정도의 문제이다.

2) 부관과의 관계

우리나라에서 다수의 견해는 재량행위에만 부관을 붙일 수 있음을 이유로 기속행위와 재량행위의 구별의 필요성을 인정한다. 그러나 재량의 문제는 사법심사의 한계의 관점에서, 부관의 문제는 행정목적의 추구라는 관점에서 별개로 검토할 성질의 것이므로 양자 간에는 직접적 관련이 없다고 할 것이다. 법령의 근거가 있는 한 기속행위에도 행정목적의 실현을 담보하는 의미에서의 부관(예 기속행위인 영업허가)에 영업단속을 위한 부관(예 영업시간, 위생시설)을 붙일 수 있다고 할 수 있다. 다만 법령의 근거가 없는 경우에는 그 요건의 충족을 조건으로 하는 부관만 붙일 수 있을 뿐 행위의 효과를 제한하는 부관을 붙일 수 없다는 점에서 기속행위와 재량행위를 구별하는 실익이 있다.

3) 존속력과의 관계

기속행위는 그 행위의 형식과 내용이 법규에 의하여 엄격하게 구속되므로 법규가 존속하는 한 행정청이 함부로 이를 취소·철회할 수 없음을 원칙으로 하는 데 반하여, 재량행위는 행위가 있은 후에도 사정변경에 의하여 취소·철회할 수 있다는 견해가 있다. 그러나 재량행위라 하여 그 취소·변경이 자유로운 것은 아니므로 양자 간에 직접적인 관련은 없다고 할 것이다.

4) 공권성립과의 관계

종래의 견해에 의하면 기속행위에 있어서 행정청은 일정한 행위를 하여야 할 의무를 지는 것이므로 상대방은 행정청에게 그 기속행위를 하여 줄 것을 요구할 수 있는 공권이 생길 수 있다. 그러나 재량행위에 있어서 행정청은 일정한 행위를 하여야 할 의무를 지는 것은 아니므로 상대방은 행정청에 대하여 어떤 행위를 행할 것을 요구할 수 있는 청구권이 인정되지 않는다고 하였다. 그러나 오늘날 무하자재량행사청구권, '재량권이 영으로 수축'되는 경우에 있어서의 행정개입청구권 등 공권의 성립을 인정할 수 있다.

3. 재량행위와 기속행위의 구별기준

재량행위와 기속행위의 구별에 있어 법률규정이 일차적 기준이 된다. 왜냐하면 재량권은 입법권에 의해 행정기관에 부여되는 것이기 때문이다. 다만, 법률규정의 문리적 표현뿐만 아니라 관련규정, 입법취지 및 입법목적을 아울러 고려하여야 한다. 법령의 규정이 명확하지 않은 경우 해당 법령의 규정과 함께 문제가 되는 행위의 성질, 기본권 관련성 및 공익관련성을 종합적으로 고려하여야 한다.

1) 학설

(1) 요건재량설

재량이 법에서 정한 요건의 사실인정에 관한 판단이지, 행정행위의 효과설정에 있는 것은 아니라는 것을 전제로 하여 법률요건이 일의적이고 명백하게 규정된 경우에는 기속행위에 해당하는 반면 법률의 규정이 처분의 요건에 관하여 아무런 규정을 두지 않은 경우(공백규정)나 행정의 종국목적인 '공익'만을 요건으로 하는 경우에는 재량행위에 속하고, 개개의 행정활동에 특유한 중간목적(안전・위생 등)을 요건으로 규정하고 있는 경우에는 기속행위라고 한다. 이 견해에 대해서는 법률문제인 요건인정을 재량문제로 오인하였고, 중간목적과 종국목적의 구분이 불분명하고, 법률효과 실현 자체가 재량의 대상임을 간과하고 있다는 비판이 가해진다. 현재 이 견해를 취하는 학자는 없다.[14)]

(2) 효과재량설

재량이 행정행위의 요건인정이 아니라 법률효과의 선택에 있다는 것을 전제로 하여 국민의 권리・이익을 침해하거나 의무를 부과하는 침해적 행위는 원칙적으로 기속행위이고, 국민에게 권리나 이익을 부여하는 수익적 행위는 법규상 또는 해석상 특별한 기속이 없는 한 재량행위이며, 국민의 권리의무와 관련이 없는 행위도 재량행위라고 본다. 이 견해에 대해서는 급부행정의 영역에서 법률요건해당을 인정한 뒤에도 재량이라는 이유로 부작위의 자유를 행정청에 주는 것은 문제이고, 정치적・행정적 책임이 수반되는 정책재량 또는 전문적 지식을 요하는 기속재량에 속하는 사항은 비록 불이익처분이라고 하더라도 사법심사의 대상에서 제외되는 문제 등의 비판이 가해지고 있다.

(3) 판단여지설

일부 견해는 재량행위와 기속행위의 구분과 관련하여 판단여지설을 하나의 기준으로 언급하기도 한다. 판단여지와 재량이 모두 법원의 통제가 미치지 않는다는 점에서는 동일하므로 구별할 실익이 없음을 논거로 한다. 그러나 양자가 모두 법원의 통제에 놓이지 않는다고 하여도 재량은 선택의 문제를 대상으로 하고, 판단여지는 인식의 문제를 대상으로 하는바, 양자는 성질이 다른 것이므로, 행정법학의 논리체계상 양자는 구별되어야 한다. 불확정개념과 재량개념은 구분되어야 한다는 점에서 판단여지설은 기속행위와 재량행위의 구분기준이 될 수 없다.

2) 대법원 판례

① 어느 행정행위가 기속행위인지 재량행위인지 여부는 이를 일률적으로 규정지을 수 없고, 당해 처분의 근거가 된 규정의 형식이나 체제 또는 문언에 따라 개별적으로 판단하여야 한다(대판 1997.12.26, 97누15418; 2008.5.29, 2007두18321).

14) 홍정선, 행정법원론(상), 321면.

② 행정행위가 그 재량성의 유무 및 범위와 관련하여 이른바 기속행위 내지 기속재량행위와 재량행위 내지 자유재량행위로 구분된다고 할 때, 그 구분은 당해 행위의 근거가 된 법규의 체재·형식과 그 문언, 당해 행위가 속하는 행정 분야의 주된 목적과 특성, 당해 행위 자체의 개별적 성질과 유형 등을 모두(종합적으로) 고려하여 판단하여야 한다(대판 2001.2.9, 98두17593[건축물용도변경신청거부처분취소]; 대판 2020.10.15, 2019두45739).

③ 공유수면 관리 및 매립에 관한 법률에 따른 공유수면의 점용·사용허가는 특정인에게 공유수면 이용권이라는 독점적 권리를 설정하여 주는 처분으로서 처분 여부 및 내용의 결정은 원칙적으로 행정청의 재량에 속한다(대판 2017.4.28, 2017두30139).

④ 판례는 대기오염물질 총량관리사업장 설치의 허가 또는 변경허가를 강학상 특허로 보고 재량행위로 본 반면에 대기환경보전법상 배출시설 설치허가는 강학상 허가로 보면서 원칙상 기속행위이지만 중대한 공익상의 필요가 있을 때에는 허가를 거부할 수 있다고 하고 있는 점에 비추어 대기환경 보전법상 배출시설 설치허가를 기속재량행위로 본 것으로 해석할 수 있다(대판 2013.5.9, 2012두22799[대기배출시설설치불허가처분등취소]).

⑤ 마을버스운송사업면허(특허)의 허용 여부는 사업구역의 교통수요, 노선결정, 운송업체의 수송능력, 공급능력 등에 관하여 기술적·전문적인 판단을 요하는 분야로서 이에 관한 행정처분은 운수 행정을 통한 공익실현과 아울러 합목적성을 추구하기 위하여 보다 구체적 타당성에 적합한 기준에 의하여야 할 것이므로 그 범위 내에서는 법령이 특별히 규정한 바가 없으면 행정청의 재량에 속하는 것이라고 보아야 할 것이고, 또한 마을버스 한정면허시 확정되는 마을버스 노선을 정함에 있어서도 기존 일반노선버스의 노선과의 중복 허용 정도에 대한 판단도 행정청의 재량에 속한다(대판 2001.1.19, 99두3812[자동차운송사업한정면허처분취소]).

⑥ 구 주택건설촉진법(2003.5.29. 법률 제6916호 주택법으로 전문 개정되기 전의 것) 제33조에 의한 주택건설사업계획의 승인은 상대방에게 권리나 이익을 부여하는 효과를 수반하는 이른바 수익적 행정처분으로서 법령에 행정처분의 요건에 관하여 일의적으로 규정되어 있지 아니한 이상 행정청의 재량행위에 속하므로... (대판 2007.5.10, 2005두13315[주택건설사업계획 승인신청서반려처분취소]).

3) 결어

① 재량행위와 기속행위의 구별에 있어 법률규정이 일차적 규정이 된다. 왜냐하면 재량권은 입법권에 의해 행정기관에 부여되어 있기 때문이다. 법규가 행정에 '… 할 수 있다'라고 가능규정의 형식으로 여러 행위 사이에 선택권을 부여한 경우에 행정재량이 주어진다고 한다. 반면 '… 하여야 한다'라고 규정하여 행정청에 선택권이 주어지지 아니하고 다만 기계적으로 행정행위를 집행하는 지위에 선 경우에는 기속행위라고 한다. 하나의 행정행위에 결정재량과 선택재량이 모두 인정되어 있는 경우도 있으며, 그중 어느 하나만이 인정되어 있는 경우도 있다.

② 그러나 법률의 문리적 표현이 절대적 기준이 되는 것은 아니다. 법률에서 영업활동을 하기 전에 허가를 받아야 한다는 규정을 둘 뿐 행정청의 허가에 있어서의 재량에 관하여는 아무런 규정을 두지 않는 경우에는 해석을 통하여 해당 허가가 재량행위인지 기속행위인지 판단하여야 한다. 법

률규정만으로 재량행위인지 기속행위인지 판단할 수 없는 경우에는 법률규정의 표현뿐만 아니라 입법목적 및 입법취지, 해당 행위의 기본권 관련성도 아울러 고려하여야 한다.

판례

> 어느 행정행위가 기속행위인지 재량행위인지 나아가 재량행위라고 할지라도 기속재량행위인지 또는 자유재량에 속하는 것인지의 여부는 이를 일률적으로 규정지을 수는 없는 것이고, 당해 처분의 근거가 된 규정의 형식이나 체재 또는 문언에 따라 개별적으로 판단하여야 한다(대판 1997.12.26, 97누15418).

4. 재량행위의 한계 및 통제

행정청에게 재량이 인정되는 경우에도 일정한 한계 내에서 행사되어야 하며 이러한 한계를 의도적이거나 착오에 의하여 넘는 경우에는 위법한 재량행사가 되어 사법심사의 대상이 된다(행정소송법 제27조). 다음과 같은 재량의 한계가 존재한다. 반면 재량권의 행사가 재량의 한계 내에서 행사된 경우에는 당・부당의 문제에 불과하여 행정심판의 대상이 될 수는 있으나 사법심사의 대상이 될 수는 없다.

1) 재량권의 한계

(1) 재량권의 일탈(유월)

재량의 외적 한계를 일탈한 경우에 재량의 일탈 또는 유월이라고 하는바 일반적으로 행정청이 법에서 정한 법률효과를 선택하지 않은 경우에 재량의 일탈이 존재한다. 아울러 재량행사가 부정확한 사실관계에 기초하고 있는 등 사실인정에 흠결이 있는 경우에도 재량의 일탈이 인정된다. 예컨대 법이 선택할 수 있는 권한을 넘어서 규정 밖의 것을 택하여 처분을 내리는 경우가 여기에 해당한다. 법에서 정한 수수료는 2천만원 이하에서 수수료를 받도록 하였는데, 3천만원의 수수료를 부과하였다거나, 법에서 정한 과징금의 액수를 상회하여 과징금을 부과한 경우 여기에 해당한다. 또 재량행사가 부정확한 사실관계에 기초하고 있는 등 사실인정의 흠결도 재량의 유월이 된다. 예를 들어 위법사실이 없는데도 불구하고 영업허가를 철회하는 경우가 여기에 해당한다.

판례

> 공무원에 대한 징계처분에 있어서 재량권의 한계, 공무원인 피징계자에게 징계사유가 있어 징계처분을 하는 경우 어떠한 처분을 할 것인가 하는 것은 징계권자의 재량에 맡겨진 것이고, 다만 징계권자가 재량권의 행사로서 한 징계처분이 사회통념상 현저하게 타당성을 잃어 징계권자에게 맡겨진 재량권을 남용하거나 그 범위를 일탈한 것이라고 인정되는 경우에 한하여 위법한 것이 된다(대판 1997.11.28, 97누8755).

(2) 재량의 남용

재량의 남용이란 재량의 내적 한계를 지키지 못한 경우를 말한다. 즉 행정청이 재량을 부여한 수권규범의 목적에 따라 재량을 행사하지 않는 경우나 또는 재량행사에 있어서 공익과 사익 등 고려되어야 할 중요한 관점들을 고려하지 않는 경우가 이에 해당한다. 행정청이 재량행사에 특정정파의 이익만을 고려하여 결정을 내리는 경우나 개인적 동기로 인하여 결정을 내리는 경우가 여기에 해당한다. 나아가 기본권을 침해하는 경우, 비례의 원칙, 평등의 원칙 등 행정법의 일반원칙에 반하는 결정을 내리는 경우 재량권의 남용이 문제된다.

> 재량행위에 대한 사법심사는 행정청의 재량에 기초한 공익 판단의 여지를 감안하여 법원이 독자적인 결론을 내리지 않고 해당 처분에 재량권 일탈·남용이 있는지 여부만을 심사하게 되고, 사실 오인과 비례·평등의 원칙 위반 여부 등이 그 판단기준이 된다(대판 2020.9.3, 2019두60899 등 참조). 행정청이 행정행위를 함에 있어 이익형량을 전혀 하지 아니하거나 이익형량의 고려대상에 마땅히 포함시켜야 할 사항을 누락한 경우 또는 이익형량을 하였으나 정당성·객관성이 결여된 경우 그 행정행위는 재량권을 일탈·남용하여 위법하다고 할 수 있다(대판 2020.6.11, 2020두34384 등 참조). 이러한 재량권 일탈·남용에 관해서는 그 행정행위의 효력을 다투는 사람이 증명책임을 진다(대판 2019.7.4, 2016두47567 등 참조)(대판 2022.9.7, 2021두39096).

(3) 재량의 해태(불행사)

재량의 불행사란 행정청이 재량행위를 태만 또는 착오로 인하여 기속행위로 간주하여 재량행사에 필요한 복수행위 간에 전혀 형량을 하지 않은 경우가 이에 해당한다. 즉 행정청이 A, B, C 중 선택할 수 있는 재량권이 부여되어 있음에도 불구하고 전혀 형량을 하지 아니하고 특정 행위만을 선택한 경우가 여기에 해당한다.

(4) 재량의 영으로 수축

재량의 영으로의 수축은 개인의 신체, 생명 등 중요한 법익에 대한 침해의 우려가 있는 경우에 존재한다. 재량이 영으로 수축된 경우에는 재량행위는 기속행위로 변하게 된다. 이 경우에는 재량은 여러 개의 가능한 결정 중에서 어느 하나의 결정으로 수축되어 그 외의 다른 결정은 위법하게 된다.

> ① 재량권 일탈·남용의 판단기준 : (1) 재량을 행사할 때 판단의 기초가 된 사실인정에 중대한 오류가 있는 경우 또는 비례·평등의 원칙을 위반하거나 사회통념상 현저하게 타당성을 잃는 등의 사유가 있다면 이는 재량권의 일탈·남용으로서 위법하다. (2) 피고의 체류자격변경 불허가처분은 그에 의해 얻는 공익에 비하여 원고가 입게 될 불이익이 지나치게 커 비례의 원칙을 위반하여 재량권 일탈·남용으로 위법한 것으로 볼 수 있다고 한 사례(대판 2016.7.14, 2015두48846: 대판 2019.7.11, 2017두38874).
>
> ② 행정청이 제재처분 양정을 하면서 이익형량을 하였으나 정당성·객관성이 결여된 경우에는 제재처분은 재량권을 일탈·남용한 것이라고 보아야 한다(대판 2020.6.25, 2019두52980).

2) 재량행위의 통제

오늘날과 같은 행정국가 하에서 행정청에게 폭넓은 재량을 부여한 만큼 다른 한편으로 적절한 통제가 실현되어 하자 있는 재량행사로 인하여 국민의 권익이 침해되지 않도록 해야 할 것이다.

(1) 국회에 의한 통제

국회는 입법을 통하여 재량행사의 목적과 범위를 정하거나 재량행사에 있어서 고려하여야 할 사항과 기준에 대하여 정한다. 또 국회는 행정부에 대하여 국정감사 및 조사권(헌법 제61조), 국무총리・국무위원출석요구 및 질문권(헌법 제62조), 국무위원・국무총리해임건의권(헌법 제63조), 탄핵소추의결권(헌법 제65조) 등에 의한 통제를 통하여 행정재량을 통제할 수 있다.

(2) 행정적 통제

상급행정기관은 하급행정기관의 직무수행에 대하여 지휘・감독권을 가진다. 따라서 상급행정기관은 감시권, 훈령권, 승인권, 취소・정지권, 주관쟁의결정권을 통하여 하급행정기관의 재량행사를 통제할 수 있다. 또한 행정절차를 통한 사전적 통제가 강조되고 있는바, 우리 행정절차법은 의견제출(제22조 제3항), 청문(제22조 제1항), 공청회(제22조 제2항)에 대하여 규정하고 있고 아울러 처분기준에 대한 공표(제20조), 이유제시(제23조)에 대하여 규정하고 있는데 이들은 행정재량의 사전적 통제수단으로서 중요한 수단이 되고 있다. 행정청의 재량행사가 위법・부당한 경우에는 행정심판의 대상이 된다(행정심판법 제1조, 제5조).

(3) 사법적 통제

행정재량은 재량의 한계 내의 행사인 경우에는 당・부당의 문제가 되어 사법심사의 대상이 되지 않으나 행정소송법 제27조에 의하여 재량의 유월, 남용, 해태의 경우에는 하자 있는 재량행사로써 위법한 행정행위가 되어 항고소송의 대상이 된다.

기속행위 내지 기속재량행위와 재량행위 내지 자유재량행위의 구분 기준 및 그 각각에 대한 사법심사 방식(건축물용도변경신청거부처분취소) : 행정행위가 그 재량성의 유무 및 범위와 관련하여 이른바 기속행위 내지 기속재량행위와 재량행위 내지 자유재량행위로 구분된다고 할 때, 그 구분은 해당 행위의 근거가 된 법규의 체재・형식과 그 문언, 해당 행위가 속하는 행정 분야의 주된 목적과 특성, 해당 행위 자체의 개별적 성질과 유형 등을 모두 고려하여 판단하여야 하고, 이렇게 구분되는 양자에 대한 사법심사는, 전자의 경우 그 법규에 대한 원칙적인 기속성으로 인하여 법원이 사실인정과 관련 법규의 해석・적용을 통하여 일정한 결론을 도출한 후 그 결론에 비추어 행정청이 한 판단의 적법 여부를 독자의 입장에서 판정하는 방식에 의하게 되나, 후자의 경우 행정청의 재량에 기한 공익판단의 여지를 감안하여 법원은 독자의 결론을 도출함이 없이 해당 행위에 재량권의 일탈・남용이 있는지 여부만을 심사하게 되고, 이러한 재량권의 일탈・남용 여부에 대한 심사는 사실오인, 비례・평등의 원칙 위배, 해당 행위의 목적 위반이나 동기의 부정 유무 등을 그 판단 대상으로 한다.[15)]

---

15) 대법원 2001.2.9. 선고 98두17593 판결

5. 불확정개념과 판단여지

1) 의의

법률(명령 포함)이 행정행위의 요건에 불확정개념을 사용하고 있는 경우에 어떤 사실이 그 요건에 해당하는가의 여부가 일의적으로 확정하기 어려운 때, 거기에 판단의 여지가 존재한다고 말하여진다. 즉 법률적 해석과 가치판단에 대한 명확한 객관적 기준이 없으므로 불확정한 법개념의 취급에 있어서 사람들 간에 의견의 불일치가 당연히 나타나게 된다. 이러한 경우 불확정개념을 해석·적용하는 행정행위에 대한 법원의 사법심사에 일정한 한계를 그으려는 노력이 기울여졌다. 대표적인 것이 바호프(Bachof)의 판단여지설과 울레(C. H. Ule)의 대체가능성설이다. 전자는 불확정개념의 해석이나 적용에 있어서는 판단자 간에 견해를 달리할 수 있는 영역이 있으므로 그러한 경우는 법원은 이러한 영역 내에서 행해진 행정결정을 받아들이지 않으면 안 되며, 다만 그 영역의 한계가 준수되었는지만을 심사할 수 있을 뿐이라고 한다. 울레의 견해는 이러한 한계 영역에 있어서 행정청의 견해가 확인된 사실관계에 비추어 볼 때 상당한 근거를 지닌다고 판단될 때에는 이를 따라야 한다는 주장이다.

2) 재량과 판단여지

재량의 경우에는 일정범위 내에서 재판통제가 당연히 배제되지만, 판단여지는 재판통제가 가능함에도 불구하고 사법부가 자제한다는 점에서 다르다. 그러나 실제에 있어서는 재판통제의 범위가 제한된다는 점에서 큰 차이가 없다.

3) 판단여지에 관한 학설과 판례

(1) 판단여지와 재량과의 구별 긍정설

판단여지와 재량을 구별하는 견해는 ① 판단여지를 재량으로 볼 경우에는 전통적인 재량개념을 행위의 선택에 대해서만 인정하는 견해와 모순되며, ② 행위요건부분은 인식의 문제로서 법 해석의 문제일 뿐 행위효과 결정에 관한 문제가 아니며, ③ 재량은 입법자에 의하여 부여되는 것이나 판단여지는 법원의 인정에 의한 것이라는 점에서 판단여지와 재량을 구별한다. 예컨대, 법규에서 영업허가의 요건으로 신청인의 신뢰성이라는 불확정개념을 규정한 경우, 그의 해석 적용이 재량이기 위해서는 신뢰성이 있다는 해석과 신뢰성이 없다는 해석이 모두 정당하여야 하는 것이다. 그러나 '있다'의 해석과 '없다'의 해석은 논리적으로 양립될 수 없는 것이기 때문에, 법규가 허용하는 가능한 여러 방법 중에서 선택의 자유를 의미하는 재량행위에 해당되지 않는다.[16]

(2) 판단여지와 재량과의 구별 부정설

부정설은 판단여지와 재량은 법이론적으로 서로 다르다는 점을 긍정하면서도 ① 판단여지가 인정되는 한도에서 법원의 재판통제가 미치지 아니하는 것이므로 실질적으로 재량행위와 같은

16) 정하중, 행정법총론, 190면.

의미를 가진다는 점, ② 법규정의 일체성에 의해 요건의 판단과 효과의 선택의 구분이 어렵다는 점, ③ 재량권도 공익판단을 전제로 행사된다는 점 등을 논거로 한다.[17]

4) 판단여지가 인정되는 영역

⑴ 일반론

모든 불확정개념에 판단여지가 인정되는 것은 아니다. 즉, 불확정개념은 원칙적으로 법개념이므로 예외적인 경우에만 판단여지가 인정된다. 이러한 판단여지는 그 근거에 비추어 불확정개념의 적용에 관한 객관적 기준이 결여되어 있어 법원의 판단으로 행정청의 신중한 판단을 대체하는 것이 타당하지 않은 경우, 즉 고도로 전문적이고 기술적인 판단이나 고도로 정책적인 판단에 속하는 불확정개념의 적용에 한하여 인정된다고 보는 것이 타당하다.

⑵ 비대체적 결정

사람의 인격, 적성, 능력 등에 관한 판단이 여기에 속하는데, 시험평가의 결정, 학교 영역에서 시험유사의 결정, 상관에 의한 공무원의 근무평가 등이 그 예이다. 이러한 비대체적 결정에 있어서 법원의 심사권이 제한되는 이유로는 시험이라는 것이 법원의 심사단계에 있어 원래의 것을 재현하기 힘든 상황 구속적 성질을 가진다는 점, 학생의 교육, 부하공무원의 평점 등에는 관계자의 특수한 경험과 전문지식을 필요로 한다는 점 등을 들 수 있다(예 국가공무원법 제70조 직권면직사유 '직무수행능력의 현저한 부족' 등).

⑶ 구속적 가치결정

전문 감정위원회에 의한 돌길의 문화재 지정이라든가 청소년유해도서의 해당여부 평가와 같이 예술, 문화 등의 분야에 있어 어떤 물건이나 작품의 가치 또는 유해성 등에 대한 독립한 합의체 기관의 판단을 구속적 가치평가라 하는데, 여기에도 판단여지가 인정되는 경우가 있다. 이러한 구속적 가치평가는 심사단계에서 재현될 수 있으므로 상황 구속적 성질을 가지지 않는다는 점에서 전술한 비대체적 결정과 구별된다. 따라서 구속적 가치영역에서의 결정에 대한 사법심사의 제한은 통제권한의 결여에 기인한 것이지 통제가능성의 결여에 기인한 것이 아니라 할 수 있다.

⑷ 예측적 결정

예측적 결정이란 미래예측적 성질을 가지는 행정결정을 의미하는데, 이러한 예측결정에도 판단여지가 인정될 수 있다. 특히 환경법과 경제법 영역에서 미래의 사실관계에 대한 고려하에서 내려지는 결정이 이에 속한다고 할 것이다. 법이 예측결정을 허용하고 있는 예로는 '대한민국의 이익을 해할 우려가 현저하다고 인정되는 자'에 대한 법무부장관의 출국금지명령(출입국관리법 제4조)을 들 수 있다.

17) 박균성, 행정법론(상), 278면.

(5) 행정정책적인 결정

전쟁무기의 생산 및 수출 등의 외교정책, 자원지원대상업체의 결정과 같은 경제정책, 기타 사회정책 및 교통정책 등 행정정책적인 결정들이 불확정법개념과 결부될 때 이들은 변화하는 동적인 개념이 되며 이에 대한 내용적 결정은 행정의 고유한 임무이다. 행정정책적인 결정들에는 조정과 유도와 계획을 통한 미래형성적인 탄력적인 요소들이 존재하는바 이들의 실현은 사법의 임무가 아니라 입법과 행정의 임무인 것이다.

5) 판단여지의 한계

행정청에게 판단수권이 주어지는 여러 유형들은 상호 엄격히 분리되는 것이 아니라 중복되어 있는 경우가 많다. 중요한 것은 판단수권이 인정되어 사법심사가 제한되는 사례들에 있어서도 행정결정들은 다음의 관점에서 위법성여부에 대해서 심사되고 있다는 점이다. ① 판단을 하는 행정기관의 구성이 적정하게 이루어졌는가, ② 법에서 규정된 절차가 제대로 준수되었는가, ③ 행정청의 결정이 정당한 사실관계에 기초하고 있는가, ④ 관련 법률이 옳게 해석되고 일반적으로 승인된 평가기준이 준수되었는가의 여부, ⑤ 평가의 척도가 정당한 것으로 이해되고 적용되었으며, 사안과 무관한 고려 내지는 자의성이 개입되지 않았는가를 심사하고 있다는 점이다.

6) 우리 판례의 입장

우리 판례에서는 아직 판단여지이론을 도입하고 있지 않으며 시험 및 시험유사적인 결정 등에서는 독일의 판례와는 달리 일관되게 행정청의 판단여지 대신에 재량을 인정하여 왔다. 한편 대법원은 근래 2종교과서검정처분취소사건,[18] 감정평가사시험불합격결정처분취소사건,[19] 유적발굴허가신청불허가처분취소사건[20] 등에서 법률요건에 불확정개념이 사용된 경우에 이를 행정청의 판단여지를 인정하는 듯하였으나 결국 재량이론으로 결론지었다.

판례

[1] 교과서검정이 고도의 학술상, 교육상의 전문적인 판단을 요한다는 특성에 비추어 보면, 교과용 도서를 검정함에 있어서 법령과 심사기준에 따라서 심사위원회의 심사를 거치고, 또 검정상 판단이 사실적 기초가 없다거나 사회통념상 현저히 부당하다는 등 현저히 재량권의 범위를 일탈한 것이 아닌 이상 그 검정을 위법하다고 할 수 없다(대법원 1992.4.24. 선고 91누6634 판결).

[2] 지가공시 및 토지 등의 평가에 관한 법률 시행령 제18조 제1항, 제2항은 감정평가사시험의 합격기준으로 절대평가제 방식을 원칙으로 하되, 행정청이 감정평가사의 수급상 필요하다고 인정할 때에는 상대평가제 방식으로 할 수 있다고 규정하고 있으므로, 감정평가사시험을 실시함에 있어 어떠한 합격기준을 선택할 것인가는 시험실시기관인 행정청의 고유한 정책적인 판단에 맡겨진 것으로서 자유재량에 속한다(대법원 1996.9.20. 선고 96누6882 판결).

---

18) 대법원 1992.4.24. 선고 91누6634 판결
19) 대법원 1996.9.20. 선고 96누6882 판결
20) 대법원 2000.10.27. 선고 99두264 판결

04 절 행정행위의 부관

행정기본법 제17조(부관)

① 행정청은 처분에 재량이 있는 경우에는 부관(조건, 기한, 부담, 철회권의 유보 등을 말한다. 이하 이 조에서 같다)을 붙일 수 있다.

② 행정청은 처분에 재량이 없는 경우에는 법률에 근거가 있는 경우에 부관을 붙일 수 있다.

③ 행정청은 부관을 붙일 수 있는 처분이 다음 각 호의 어느 하나에 해당하는 경우에는 그 처분을 한 후에도 부관을 새로 붙이거나 종전의 부관을 변경할 수 있다.

1. 법률에 근거가 있는 경우
2. 당사자의 동의가 있는 경우
3. 사정이 변경되어 부관을 새로 붙이거나 종전의 부관을 변경하지 아니하면 해당 처분의 목적을 달성할 수 없다고 인정되는 경우

④ 부관은 다음 각 호의 요건에 적합하여야 한다.

1. 해당 처분의 목적에 위배되지 아니할 것
2. 해당 처분과 실질적인 관련이 있을 것
3. 해당 처분의 목적을 달성하기 위하여 필요한 최소한의 범위일 것

1. 개설

1) 행정행위의 부관의 개념

행정행위의 부관이란 행정행위의 효과를 제한하거나 보충하기 위하여 주된 규율에 부가된 종된 규율을 말한다.

2) 행정행위의 부관의 기능

(1) 부관의 기능

종래의 통설적 견해는 행정행위의 부관은 행정행위의 효과를 제한하기 위한 것이기보다 오히려 행정실무의 불가결한 보조수단으로서 다양한 기능을 발휘하는 것이라 할 수 있다. 다만, 행정행위의 효과에 관한 제한이 직접 법규에 의하여 정해지게 되는 법정부관은 여기서 말하는 부관과 구별된다. 또한 부관의 내용을 행정주체와 행정행위의 상대방과의 공법상 계약으로서 정하는 경우도 있다. 법정부관은 법령이므로 법정부관이 위법한 경우 법령에 대한 규범통제제도에 의해 통제되며 법정부관이 처분성을 갖는 경우에는 항고소송의 대상이 된다. 예를 들면, 생수시판의 국내시판을 금지하는 법정부관(법규적 효력이 있는 고시)에 위반한 행위에 대해 과징금부과처분이 내려진 경우에 동 과징금부과처분취소송에서 전제문제로서 그 법정부관의 위법성이 통제된다.[21)]

21) 대법원 1994.3.8. 선고 92누1728 판결

⑵ 부관의 문제점

이와 같이 부관은 행정행위에 대하여 유연성을 부여하며, 행정과 그 상대방에게 유효한 수단을 제공하여 주는 것이 사실이나 '행정실무의 보조수단'이라는 개념에 너무 치우쳐 남용하는 경우에는 상대방에게 불이익을 주기 때문에 실체적인 면에서나 절차적 측면에서 적절한 통제가 요청된다. 예컨대 ① 일단 행하여진 수익적 행정행위를 뒤의 변화된 법적・경제적 상황에 적합시키는 방법으로서 수익적 행정행위의 직권취소・철회를 들 수 있지만 이는 상대방의 신뢰보호로 인하여 제약을 받거나 보상을 요하게 되지만 해제기한・해제조건・철회유보 등의 '해제부관'의 수단을 이용하면 행정청은 이 같은 제약이나 보상 없이 새로운 사태에 대응할 수 있게 된다. 따라서 이러한 해제부관의 경우에는 행정의 유연성과 다른 한편으로 개인의 권익보호와의 법익형량에 의하여 부관허용성 여부를 결정하여야 할 것이다.

② 부관이 수익적 행정행위에 대한 반대급부획득수단으로 활용되는 경우, 즉 허가와 인가 등의 수익적 행정행위에 의하여 관계인이 간접적으로 중대한 경제적 이익을 얻은 경우에 행정청이 이러한 경제적 이익을 어느 정도 흡수할 필요가 있을 때에는 부담 또는 정지조건이 활용된다. 그러나 이러한 부관은 상대방에게는 금전 또는 현물의 급부의무를 의미하여 행정편의에만 치우치는 경우에는 상대방은 불이익을 당하게 되는 점을 유의하여야 할 것이다.

2. 재량처분과 부관, 부관의 종류(행정기본법 제17조 제1항)

행정청은 처분에 재량이 있는 경우에는 부관을 붙일 수 있다(행정기본법 제17조 제1항). 행정기본법 제정 전에도 판례는 재량행위에만 부관을 붙일 수 있고, 기속행위에는 부관을 붙일 수 없다고 보고 있었다. 재량행위에 부관을 붙일 수 있다고 하여도 그것은 의무에 합당한 재량에 따라 부관을 붙일 수 있음을 의미하며, 자의로 부관을 붙일 수 있음을 뜻하는 것은 아니다. 재량행위가 부관에 친한 것은 재량행위의 거부보다 부관부 재량행위가 상대방에게 더 유리하기 때문이다. 재량행위의 경우에도 성질상 부관을 붙일 수 없는 경우(예 귀화허가)가 있다. 이하에서 부관의 종류를 살펴보기로 한다.

1) 조건

조건이란 행정행위의 효과의 발생 또는 소멸을 장래의 불확실한 사실에 의존케 하는 부관을 말한다. 조건은 효력의 발생에 관한 정지조건과 소멸에 관한 해제조건으로 구분된다.

조건과 관련하여 부진정한 조건을 긍정적으로 보는 견해도 있다. 이는 어떤 사실의 발생이 행정청이 아닌 행정행위의 상대방의 의사에 달려 있는 경우의 조건을 말한다. 예컨대 차고를 설치하는 조건의 건축면허가 이에 해당하는바, 그 차고의 설치라는 사실은 상대방의 의사에 의존하고 있다고 볼 수 있기 때문이다.

조건은 행정행위의 효력을 장래의 불확실한 사실의 성부에 얽매이게 함으로써 행정법관계를 오랫동안 불확실한 상태에 두기 때문에 공익을 해칠 우려가 있다. 따라서 조건부행정행위는 그리 많지 않다.

2) 기한

기한이란 행정행위의 효과의 발생·소멸 또는 계속을 시간적으로 정한 부관을 말한다. 기한에는 시기(1990.1.1.부터 허가한다), 종기(1990.12.31.까지 허가한다), 기간 등이 있다. 시점의 도래 또는 사건의 발생이 확실하다는 점에서 사건의 발생 자체가 불확실한 조건과 구별된다.

그 효력이 장기 계속성에 예정되어 있는 행정행위(예 음식점 영업허가)에 붙여진 기한은 그 행정행위의 존속기간으로 볼 것이 아니라 행정행위 내용의 갱신기간으로 보아야 할 경우가 많다.

갱신허가 시 허가요건의 변경 등 사정변경이 있는 경우 신뢰보호이익과 공익을 비교형량하여야 한다.[22)]다만 갱신신청 없이 유효기간이 지나면 주된 행정행위는 효력이 상실되므로 갱신기간이 지나 신청한 경우에는 기간연장신청이 아니라 새로운 허가신청으로 보아야 한다. 갱신기간 내에 적법한 갱신신청이 있었음에도 갱신가부의 결정이 없는 경우에는 유효기간이 지나도 주된 행정행위는 효력이 상실되지 않는다.

Check Point!

조건과의 차이점

조건은 불확실한 사실에 의존하며, 기한은 효과의 발생·소멸 또는 계속을 시간적으로 정한 사실에 의존한다.

3) 부담

(1) 의의와 법적 성질

부담이란 행정행위에 부수하여 그 행정행위의 상대방에 대하여 작위·부작위·급부·수인의무를 부과하는 부관을 말한다. 부담은 다른 부관과 달리 그 자체가 행정행위적 성격을 가지고 있다. 따라서 부담만이 항고소송의 대상이 될 수 있다. 그러나 부담도 부관의 성질을 가지고 있으므로 부종성이 있다. 따라서 주된 행정행위의 존속을 전제로 하고 그 효력도 주된 행정행위의 효력에 의존한다.

(2) 부담과 조건과의 구별

정지조건부 행정행위는 조건의 성취로 비로소 효력을 발생하나 부담부 행정행위는 처음부터 효력을 발생한다는 점에서 다르다. 또 해제조건부 행정행위는 조건의 성취에 의하여 행정행위의 효력이 당연히 소멸하나, 부담부 행정행위는 부담을 불이행하더라도 별도의 철회를 하지 않는 한 당연히 효력이 소멸하지 않는다는 점에서 다르다.

실제에 있어서 어떠한 부관이 부담인지 조건인지 그 판단은 용이하지 않다. 해당 부관이 조건인가 부담인가를 판단하는 기준은, ① 해당 행정행위에 붙은 부관의 준수가 매우 중요하여 행정행위의 효력 자체를 그 부관에 의존시키는 것이 타당하다고 인정되는 경우에는 해당 부관은 조건으로 보아야 하고, 그렇지 않은 경우에는 부담으로 볼 수 있을 것이다. ② 부담과 조건의 구별이 애매한 경우에는 부담이 조건에 비하여 상대방의 이익 및 법률생활의 안정 등 여러 가지 점에서 유리하기 때문에 부담으로 추정하는 것이 바람직하다.

---

22) 대법원 2000.3.10. 선고 97누13818 판결

(3) 부담을 불이행한 경우 법적 효과

부담은 그 자체로서 독립한 하명처분이므로 부담에 따른 의무불이행이 있는 경우에는 법령에 따라 강제집행을 하거나 행정벌을 가할 수 있다.

법령이나 부담 자체에서 부담상의 의무불이행의 경우에는 주된 행정행위를 철회할 수 있다고 유보되어 있는 경우에는 이에 기해 주된 행정행위를 철회할 수 있을 것이다. 그런데 법령이나 철회권 유보의 근거가 없는 경우에 부담상의 의무불이행을 이유로 주된 행정행위를 철회할 수 있는가가 문제된다.

일부 견해에 의하면 원칙적으로 법령상 근거나 철회권 유보가 없는 한 부담부행정행위를 철회할 수 없다고 하지만, 상대방의 의무불이행에 대한 제재로서 주된 수익적 행정행위의 철회가 가능하다는 것이 통설의 태도이다.[23]

주된 수익적 행정행위를 하면서 부담을 부과하였으나 상대방이 부담을 불이행한 경우, 행정청은 행정목적을 달성하기 위하여 후속적인 수익적 행정행위를 거부하는 경우가 있다. 대법원은 행정청이 산림법상의 개간허가를 해주면서 상대방의 노력과 비용으로 개간지역 내에 있는 사설분묘와 건축물을 이해관계인과 원만히 협의하여 관계법규에 의한 절차에 따라 이를 이장 내지 철거하도록 부담을 부과하였는데, 상대방이 이 부담을 불이행하자 개간준공인가 신청을 거부한 것은 적법하다는 취지로 판시[24]한 바 있다.

4) 철회권의 유보

(1) 의의

철회권유보란 장래의 일정한 사유가 발생하는 경우에는 그 행정행위를 철회할 수 있음을 정한 부관을 말한다. 이러한 철회권유보는 행정청이 어떠한 행정행위를 하면서 처분의 상대방의 지속적인 의무이행확보가 필요한 경우에 사용되며, 처분 상대방에게 사후에 철회의 가능성이 있음을 알게 하여 보호가치 있는 신뢰가 성립되지 않게 하려는 데 그 의의가 있다.

철회사유가 법령에 명시되어 있는 경우에 그 법정의 사유 이외에 사유를 들어 철회권을 유보할 수 있는가가 문제된다. 이에 대하여 적극설과 소극설이 대립하나 해당 법령에 특별한 제한 규정이 없는 한 그 목적의 범위 안에서 그것을 유보할 수 있다는 적극설이 타당하다. 판례도 적극설의 입장을 취하고 있다.

(2) 효과

철회권의 유보에는 철회사유를 구체적으로 명시하는 경우와 일반적 기준만을 정하는 경우가 있는데, 전자의 경우에 철회사유가 발생하면 철회하는 데 별 문제가 없으나, 후자의 경우에는 상대방의 이익보호와 법적 안정성 등을 고려하여 그 철회권의 행사에는 일정한 행정법상의 일반원칙(조리)에 의한 제한이 있다. 이에 대하여 그렇게 본다면 결국 철회권 유보는 법률상 무의미하다는 의견이

---

23) 김남진・김연태, 행정법 I, 234면 ; 박균성, 행정법론(상), 315면 ; 홍정선, 행정법원론(상), 423면.
24) 대법원 1985.2.8. 선고 83누625 판결

있고 독일연방행정절차법도 그런 경우 철회사유로 인정하면서 그로 인한 손실보상은 부인하고 있다. 그 까닭은 상대방이 철회가능성을 예견하고 있어서 해당 행정행위의 존속에 대한 신뢰보호의 문제는 일어날 여지가 없기 때문이라고 한다. 그렇다고 일반원칙상 한계가 완전히 없어지지는 않을 것으로 생각된다.

판례는 허가 또는 특허에 무조건으로 취소(철회)권을 유보한 경우에 있어서도 취소권을 행사할 수 있는 것이 아니고 취소를 필요로 할 만한 공익상 필요가 있는 경우에 한하여 취소권을 행사할 수 있다[25]고 판시하고 있다.

5) 법률효과의 일부배제

법률효과의 일부배제란 법률이 행정행위에 부여하는 효과의 일부를 배제하는 내용의 부관을 말한다. 택시의 영업허가를 부여하면서 격일제 운행을 부관으로 정하는 것 등이 그 예이며, 판례상으로도 면세수입차의 용도를 외국관광객 수송용에 국한시키는 것이 긍정된 바 있다. 다만, 법률효과의 일부배제는 문자 그대로 법률이 부여한 효과를 배제하는 것이므로 법률근거가 있는 경우에 한하여 붙일 수 있다. 법률효과의 일부배제는 행정행위의 효과의 내용적 제한에 해당하므로 이론상으로 부관에 포함되지 않는다는 견해가 제시되고 있다. 이 견해가 타당하다. 따라서 법률효과의 일부가 배제된 행정행위를 받아들이기를 원하지 않는 경우에는 제한 없이 행정행위의 발급에 대한 의무이행심판이나 거부처분취소소송을 제기하면 될 것이다. 법률효과의 일부가 배제된 행정행위의 발급은 완전한 효과를 발생시키는 행정행위의 거부를 내포하고 있기 때문이다.

6) 부담유보 및 부담의 사후변경유보

행정행위의 사후변경유보(부담유보)란 행정청이 행정행위를 발하면서 사후에 부관을 가할 수 있거나 이미 부가된 부관의 내용을 변경할 수 있는 권한을 유보하는 부관을 말한다.

이는 행정행위의 효력은 장기간에 걸쳐 지속되기 때문에 그동안의 사회적 · 경제적 변화 및 기술적 발전을 예측하기 어려우므로 이에 대비하기 위한 것으로서 당초의 행정행위의 발령 시에 미리 사후적 의무를 부가할 수 있는 근거를 마련하는 부관이라고 할 수 있다. 이를 철회권의 유보의 한 유형이라고 보는 견해도 있다.

사후부담의 유보에 있어서는 철회권유보에서처럼 상대방의 신뢰보호는 인정되지 않는다. 단 사후부담유보사유가 발생하여 행정청이 사후부담을 부가한 것은 본체인 행정행위의 부분적인 취소 변경을 초래하게 되므로 행정행위의 취소 철회권의 행사와 마찬가지로 취소 철회하지 않으면 안 될 공익상의 필요가 있어야만 한다는 비례성원칙에 의한 제한을 받는다.

부담의 사후변경의 유보란 행정행위를 발하면서 이미 부가된 부담의 내용을 사후에 변경할 수 있는 권한을 유보하는 부관을 말한다. 부담의 사후변경의 유보는 사후부담의 유보와 같은 이유에서 인정된다.

---

25) 대법원 1962.2.22. 선고 4293행상42 판결; 동지판례 : 대법원 1964.6.9. 선고 63누40 판결 등

7) 수정부담

수정부담은 당사자가 신청한 내용과 다른 내용으로 행정행위를 행하는 것을 말한다. 수정부담의 예를 들면 X가 행정청에 대하여 A국으로부터 쇠고기 수입허가를 신청하였던바, 허가청이 X에 대하여 B국으로부터 쇠고기 수입허가를 부여하는 것과 같은 경우 및 집단시위행진의 허가신청에 대하여 신청된 것과는 다른 진로를 지정하는 처분 등이다. 단순부담부허가는 'Ja, aber(신청인용 + 부담)'로 표시되고 수정부담부허가는 'Nein, aber(신청거부 + 부담)'으로 표시된다.

이러한 수정부담은 당초 독일에서 판례를 통하여 발전된 것으로서 그 부관성 여부가 논쟁이 되었으며 오늘날은 행정행위의 내용적 규율로서 변경처분에 해당한다는 것이 다수의 견해이다.[26] 이러한 수정부담은 상대방이 수정된 내용을 받아들임으로써 완전한 효력을 발생한다. 수정부담에 있어 상대방이 수정된 내용의 행정행위를 받아들이지 않는 경우에는 수정부담은 일부거부처분으로 되고, 수정된 내용의 행정행위에 대한 취소소송을 제기할 수 없고, 신청한 행정행위에 대한 거부처분취소소송을 제기하고 취소판결의 기속력에 의해 신청한 행정행위를 받는 방법을 생각할 수 있다.

3. 행정행위의 부관의 한계(허용성)

부관의 허용성은 어떠한 경우에(특히 어떠한 행정행위에), 어떠한 내용의 부관이 붙여지는가에 관한 문제라고 할 수 있다. 이를 분설하면 다음과 같다.

1) 부관의 가능성

(1) 법률행위적 행정행위와 준법률행위적 행정행위

다수설은 법률행위적 행정행위에만 부관을 붙일 수 있고 준법률행위적 행정행위(확인・공증・통지・수리)에는 붙일 수 없다고 한다. 이것은 전자는 의사표시를 요소로 하고 후자는 의사표시 이외의 정신작용을 요소로 하는데, 부관은 행정청의 의사표시의 효과를 제한하기 위하여 붙이는 것이므로 의사표시를 요소로 하지 않는 준법률행위적 행정행위에는 붙일 수 없다는 논리에 입각하고 있다. 그러나 ① 행정행위의 효과는 종국적으로 모두 법에서 나오는 것이라는 점을 고려할 때 행정행위를 법률행위적 행정행위와 준법률행위적 행정행위로 나누는 것 자체에 문제가 있을 뿐만 아니라, ② 귀화허가 등 신분설정행위는 법률행위적 행정행위임에도 불구하고 부관과 친숙치 않은 반면에 준법률행위적 행정행위이면서도 법률규정 자체에 의하여 허용되기 때문에 부관을 붙일 수 있는 경우도 있다(여권법 시행령 제6조 제1항은 '일반여권은 5년 이내의 유효기간을 붙여 발급한다.'고 규정하고 있다. 인감증명의 사용용도 등). 다만, 준법률행위적 행정행위에 있어 법률의 근거가 없는 경우에는 부관을 붙일 수 없다. 확인적 행정행위는 다툼이 있는 사실 또는 법률관계를 공권적으로 확인하는 행위이므로 법률에서 종기 이외의 부관을 붙이도록 하는 것은 적당하지 않다.

---

26) 홍정선, 행정법원론(상), 424면.

(2) 기속행위와 재량행위

행정행위의 부관은 법률행위적 행정행위 중에서도 법규에 특별한 수권규정이 없으면 재량행위에만 붙일 수 있고 기속행위에는 붙일 수 없다고 한다. 왜냐하면 기속행위인 경우에는 행정청은 법규에 엄격히 기속되고 기계적으로 그것을 집행하는 데 그치며, 법규가 정한 법률효과를 그의 임의로 제한하는 일이 있을 수 없기 때문이라고 한다.

물론 원칙적으로 기속행위에 대해서는 그 성질상 부관의 부가를 인정할 수 없을 것이다. 그러나 기속행위에도 ① 법규상 규정되어 있거나(식품위생법 제23조 제1항), ② 부관이 법상의 전제요건을 충족시키게 될 때에는 부관의 발령이 가능하다고 보아야 할 것이다.

행정기본법 제17조 제2항은 "행정청은 처분에 재량이 없는 경우에는 법률에 근거가 있는 경우에 부관을 붙일 수 있다."고 규정한다. 처분에 재량이 없는 경우란 기속처분을 말한다. 따라서 행정기본법 제17조 제2항은 기속행위의 경우에는 법률에 근거가 있는 경우에 부관을 붙일 수 있다는 것을 규정하고 있는 셈이다.[27)]

이상에서 고찰한 바와 같이 어느 행정행위가 부관에 친숙한가 아닌가를 일반적으로 논할 수는 없고 구체적・개별적 행정행위의 성질과 부관의 제 형태를 아울러 검토하여 결정하여야 할 것이다.

2) 부관의 내용상 한계

부관의 한계는 부관이 허용되는 경우에 어느 정도까지 붙일 수 있느냐 하는 문제이다. 이는 수권목적을 정함이 없이 포괄적으로 부관의 부가를 행정청에게 수권하고 있으므로 행정행위의 재량권의 한계에 관한 법리가 준용되어야 할 것이다.

일반적으로 ① 부관은 법령에 위배되지 않는 범위 내에서 붙일 수 있으며, ② 행정행위의 목적에 위배하여 붙일 수 없으며, ③ 평등원칙, 비례원칙, 행정권한의 부당결부금지원칙 등 법의 일반원칙에 위배하여 붙일 수 없다. 또한 ④ 부관은 이행 가능하여야 하고, ⑤ 주된 행정행위의 본질적 효력을 해하지 않는 한도의 것이어야 한다(대판 1990.4.27, 89누6808).

판례

[1] 수산업법 제15조에 의하여 어업의 면허 또는 허가에 붙이는 부관은 그 성질상 허가된 어업의 본질적 효력을 해하지 않는 한도의 것이어야 하고 허가된 어업의 내용 또는 효력 등에 대하여는 행정청이 임의로 제한 또는 조건을 붙일 수 없다(대법원 1990.4.27. 선고 89누6808 판결).

[2] 소외 인천시장은 원고에게 주택사업계획승인을 하게 됨을 기화로 그 주택사업과는 아무런 관련이 없는 토지인 위 2,791m^2를 기부채납하도록 하는 부관을 위 주택사업계획승인에 붙인 사실이 인정되므로, 위 부관은 부당결부금지의 원칙에 위반되어 위법하다고 할 것이다(대법원 1997.3.11. 선고 96다49650 판결).

27) 홍정선, 행정기본법 해설, 박영사, 2021, p.135-136.

법률은 경우에 따라 부관의 위반에 형벌을 과하는 벌칙(식품위생법 제97조 제5호)을 두고 있는바, 이 경우 부관은 범죄구성요건에 해당하므로 죄형법정주의의 원칙에 비추어 부관의 한계는 특히 엄격하게 해석하여야 한다.

3) 사후부관, 부관의 사후변경 – 행정기본법 제17조 제3항 명문화

행정기본법 제17조 제3항 – 사후부관, 부관의 사후변경

③ 행정청은 부관을 붙일 수 있는 처분이 다음 각 호의 어느 하나에 해당하는 경우에는 그 처분을 한 후에도 부관을 새로 붙이거나 종전의 부관을 변경할 수 있다.

1. 법률에 근거가 있는 경우
2. 당사자의 동의가 있는 경우
3. 사정이 변경되어 부관을 새로 붙이거나 종전의 부관을 변경하지 아니하면 해당 처분의 목적을 달성할 수 없다고 인정되는 경우

(1) 사후부관, 부관의 사후변경의 의미

처분을 한 후에 부관을 붙일 수 있는가의 문제와 처분에 이미 부관이 부가되어 있는 경우에 그 부관을 사후에 변경할 수 있는가의 문제는 개념상 다르다고 할 수 있으나, 처분에 이미 부관이 부가되어 있는 경우의 변경도 부분적으로는 새로운 내용의 처분이 되는 것이므로 양자를 모두 사후부관의 문제로 보아도 무방하다.

사후부관에는 처분의 발령 시에 전혀 부관에 관한 사항이 없음에도 사후에 붙이는 부관(진정사후부관)과 사후부관에 관한 명문의 규정이 있거나, 사후부관이 유보되어 있거나(일종의 부담유보), 본인의 동의가 있는 경우에 붙이는 부관(부진정사후부관)으로 구분할 수 있다. 이러한 구분방식에 의하면 행정기본법 제17조 제3항 제1호와 제2호는 부진정사후부관을 규정하고, 행정기본법 제17조 제3항 제3호는 진정사후부관을 규정하고 있다.

(2) 사후부관, 부관의 사후변경이 가능한 경우

① 법률에 근거가 있는 경우, ② 당사자의 동의, ③ 사정변경이 있는 경우에는 사후부관, 부관의 사후변경이 가능하다고 할 것이다.

판례

행정처분에 이미 부담이 부가되어 있는 상태에서 그 의무의 범위 또는 내용 등을 변경하는 부관의 사후변경은, 법률에 명문의 규정이 있거나 그 변경이 미리 유보되어 있는 경우 또는 상대방의 동의가 있는 경우에 한하여 허용되는 것이 원칙이지만, 사정변경으로 인하여 당초에 부담을 부가한 목적을 달성할 수 없게 된 경우에도 그 목적달성에 필요한 범위 내에서 예외적으로 허용된다(대법원 1997.5.30. 선고 97누2627 판결).

4) 부관의 요건 – 행정기본법 제17조 제4항 명문화

행정기본법 제17조 제4항 – 부관의 요건
④ 부관은 다음 각 호의 요건에 적합하여야 한다.
1. 해당 처분의 목적에 위배되지 아니할 것
2. 해당 처분과 실질적인 관련이 있을 것
3. 해당 처분의 목적을 달성하기 위하여 필요한 최소한의 범위일 것

(1) 행정기본법 제17조 제4항의 부관의 요건규정

행정기본법 제17조 제4항 제1호는 해당 처분의 목적에 위배되지 아니할 것, 제2호는 해당 처분과 실질적인 관련이 있을 것, 제3호는 해당 처분의 목적을 달성하기 위하여 필요한 최소한의 범위일 것이라고 규정하고 있다.

(2) 행정기본법 제17조 제4항 각 호의 부관의 요건

① 해당 처분의 목적에 위배되지 아니할 것 : 해당 처분의 목적에 위배되는 부관을 붙일 수 없다. 사업인정을 해주면서 그 사업부지 전부를 행정청에 기부채납토록 하는 것이 하나의 예일 것이다.
② 해당 처분과 실질적인 관련이 있을 것 : 해당 처분과 실질적인 관련이 없는 부관을 붙일 수 없다. 예를 들어 임대주택사업을 위한 사업인정고시를 하면서 분양아파트 일부를 기부채납토록 하는 부관은 원래의 처분과 실질적인 관련성이 없는 부관을 붙이는 것이다.
③ 해당 처분의 목적을 달성하기 위하여 필요한 최소한의 범위일 것 : 해당 처분의 목적을 달성하기 위하여 필요한 최소한의 범위를 벗어나는 부관을 붙일 수 없다. 예를 들어 택지개발사업의 사업인정고시를 하면서 택지개발된 토지의 60%를 시청사부지로 기부채납하도록 하는 부관은 필요한 최소한도를 벗어난 위법한 부관이 된다.
④ 처분의 성질상 허용될 것 : 행정기본법에 정함이 없지만, 처분의 성질에 비추어 부관을 붙이는 것이 허용되지 아니하는 경우도 있다.

4. 부관의 하자와 권리구제

1) 의의

부관에 대한 행정쟁송은 주로 수익적 행정행위를 발급할 시에 그 효과를 제한하는 기간, 조건, 철회권 유보 등이 부가되거나, 일정한 의무를 부과하는 부담이 부가되는 경우에 문제되고 있다. 행정행위의 상대방은 당연히 부관이 없는 행정행위의 발급을 원할 것이다. 여기서 상대방은 부관이 위법하여 자신의 법률상 이익을 침해하는 경우 부관만을 취소쟁송으로 다툴 수 있는지, 또는 부관부 행정행위 전체를 다투어야 하는지 문제된다. 또한 부관에 대하여 취소쟁송이 적법하게 제기된 경우에도 부관만의 독립취소가 가능한지 문제된다.

부관에 대한 쟁송의 문제는 첫째, 부관에 대하여 취소쟁송이 가능한지(가쟁성)의 문제와 둘째, 취소쟁송이 적법하게 제기된 경우에 부관만을 주된 행정행위와 분리하여 취소하는 것이 가능한지(독립취소 가능성)의 문제로 구분하여 설명되어야 한다.

2) 부관에 대한 독립쟁송 가능성(가쟁성) 및 쟁송형태

(1) 학설의 대립

① 부담만의 독립쟁송 가능성을 인정하는 견해

종래의 전통적 견해는 부관에 대한 행정쟁송의 문제를 부관의 종류에 따라 구별하고 있다. 부담인 경우에는 그 자체로 행정행위의 성격을 갖고 있기 때문에 주된 행정행위와 분리하여 독립적으로 취소쟁송을 제기할 수 있다고 한다(진정일부취소소송). 반면 그 외의 부관은 그 자체가 행정행위의 성격을 갖지 않고, 주된 행정행위의 일부에 해당하기 때문에 부관만을 대상으로 취소쟁송을 할 수 없으며, 부관부 행정행위 전체를 대상으로 해야 한다고 한다. 이 경우는 형식적으로는 부관부 행정행위 자체가 취소소송의 대상이 되나 내용적으로는 행정행위의 일부취소로서의 부관만의 취소를 구하는 소송이다. 행정심판법 제5조 제1호, 행정소송법 제4조 제1호는 취소심판과 취소소송을 '행정청의 위법한 처분을 취소 또는 변경하는 소송'으로 정의하고 있는바, 여기서의 '변경'은 해당 처분의 일부취소의 의미로 보는 것이 일반적이므로, 형식적으로는 해당 처분을 심판 또는 취소소송의 대상으로 하면서도 내용적으로는 부관만의 취소를 구하는 취소쟁송을 제기할 수 있다고 한다(부진정일부취소소송).

② 분리가능성 있는 부관만의 독립쟁송 가능성을 인정하는 견해

이는 부관이 독립하여 취소쟁송의 대상이 될 수 있는지 문제는 주된 행정행위로부터의 부관의 분리가능성에 초점을 맞추어, 부관이 분리가 가능하고 하자가 있는 경우에는 부관만을 대상으로 취소쟁송이 가능하다고 하지만, 부관이 주된 행정행위의 본질적인 일부를 이루고 있는 한, 부관부 행정행위 전체를 대상으로 하여 취소쟁송을 제기해야 한다고 한다.[28] 그러나 이 견해는 언제 부관이 주된 행정행위로부터 분리가능한지에 대한 구체적인 기준을 제시하지 않고 있다.

③ 모든 부관에 대한 독립쟁송 가능성을 인정하는 견해

부관의 위법성이 존재하는 한 그 종류를 불문하여 소의 이익이 있다면 모든 부관에 대하여 독립하여 행정쟁송을 제기할 수 있다고 하는 견해이다.[29] 부관이 본체인 행정행위와 분리 가능한 것인지의 여부는 쟁송의 인용가능성(본안판단사항)과 관련이 있는 것이지, 쟁송제기단계에서 논할 문제는 아니라고 한다.

(2) 결어

① 부관은 행정행위의 주된 내용에 부과된 종된 규율이라는 점에서 부관 그 자체를 행정쟁송의 대상으로 할 수는 없다고 할 것이다. 따라서 위법한 부관을 다투기 위하여는, 부관부행정행위를 쟁송의 대상으로 해야 한다. 이 경우에는 형식적으로 부관부행정행위 자체가 취소소송의 대상이 되나 내용적으로는 행정행위의 일부취소로서의 부관만의 취소를 구하는 소송이 될 것이다(부진정일부취소소송).

---

28) 홍정선, 행정법원론(상), 432면.
29) 정하중, 행정법총론, 244면.

행정소송법은 취소소송을 '행정청의 위법한 처분 등을 취소 또는 변경하는 소송'으로 정의하고 있는바(법 제4조 제1호), 여기서의 '변경'은 해당 처분의 일부취소의 의미로 보는 것이 일반적 견해이다. 따라서 취소소송으로서는 형식적으로는 해당 처분을 취소소송의 대상으로 하면서 내용적으로 부관만의 취소를 구하는 부진정일부취소소송도 허용된다고 본다.

판례는 부담 이외의 부관에 대한 취소소송은 이를 부적법 각하하고 있으므로 부관부행정행위의 부진정일부취소소송은 이를 인정하고 있지 않다. 즉 ㉠ 어업면허처분을 함에 있어 그 면허의 유효기간을 1년으로 정한 경우, 위 면허의 유효기간은 행정청이 위 어업면허처분의 효력을 제한하기 위한 행정행위의 부관이라 할 것이고 이러한 행정행위의 부관은 독립하여 행정소송의 대상이 될 수 없는 것이므로 위 어업면허처분중 그 면허유효기간만의 취소를 구하는 청구는 허용될 수 없다.[30)]

㉡ 행정행위의 부관은 부담의 경우를 제외하고는 독립하여 행정소송의 대상이 될 수 없는 것인바, 지방국토관리청장이 일부 공유수면매립지에 대하여 한 국가로의 귀속처분은 매립준공인가를 함에 있어서 매립의 면허를 받은 자의 매립지에 대한 소유권취득을 규정한 공유수면매립법 제14조의 '법률효과 일부를 배제'하는 부관을 붙인 것이고, 이러한 행정행위의 부관은 위 법리와 같이 독립하여 행정소송 대상이 될 수 없는 것[31)] 등의 예가 그것이다.

다만 부담은 그 자체의 독자적 행정행위성이 인정되므로 행정소송의 대상이 될 수 있다. 부담에 대한 취소소송을 '진정일부취소소송'이라고 부른다.

② 이러한 판례의 견해에 의하면, 부담과 그 외의 부관을 구별하여, 부담은 처분성이 인정되기 때문에 주된 행정행위로부터 독립하여 취소쟁송의 대상이 될 수 있지만, 그 외의 부관은 주된 행정행위와 불가분적 요소를 이루고 있기 때문에 독립하여 취소소송의 대상이 될 수 없고, 부관부행정행위 전체를 대상으로 하여 취소쟁송을 제기해야 한다. 이에 따라 조건, 기한, 철회권 유보 등에 대하여 학설이 주장하는 바와 같은 부진정일부취소소송도 제기할 수 없다는 입장을 취하고 있다.

그러나 판례의 입장은 원고의 권리구제 측면에서 심각한 문제를 발생시키고 있다. 즉 원고가 부관부행정행위 전체를 대상으로 하여 취소소송을 제기하여 승소한다고 할지라도, 자신이 원하는 수익적 행정행위 자체도 상실하는 결과가 되어 버린다. 원고는 승소 후에 다시 위법한 부관이 붙여지지 않는 수익적 행정행위에 대한 신청을 하여야 하고, 여기서 행정청이 거부를 한 경우에는 다시 거부처분취소소송을 제기하여야 한다는 번거로움이 발생한다. 판례는 부담 외에 다른 부관에 대하여도, 부관만을 다투는 쟁송은 허용하지 않지만, 부관부행정행위를 부관 없는 행정행위 또는 다른 내용의 부관이 부가된 행정행위로 변경해 줄 것을 신청한 후 이에 불허가처분을 기다려 그 처분을 다투는 취소소송을 허용하고 있다.[32)] 이에 의하여 부담 외의 부관부행정행위에도 우회적으로 권리구제의 길을 열어 놓고 있다.

---

30) 대법원 1986.8.19. 선고 86누202 판결
31) 대법원 1993.10.8. 선고 93누2032 판결
32) 대법원 1990.4.27. 선고 89누6808 판결

판례

피고가 1988.5.4. 원고에게 제1 대영호와 제38 청룡호에 대한 수산업법 제11조, 동법 시행령 제14조의3 제5호 소정의 기선선망어업(어업의 종류와 명칭 : 기선선망어업, 조업의 방법과 어구명칭 : 소형선망어업, 기간 : 5년, 조업구역 : 전국연해)의 허가를 하면서 등선, 운반선 등 일체의 부속선을 사용할 수 없다는 제한을 붙였고, 원고는 위 허가받은 내용에 따라 조업을 해오다가 1988.9.9. 위 시행령 제19조 제1항, 제14조 제1항 제5호에 따라 원고 소유의 제38 청룡호(기존허가어선)와 제3 대운호를 제1 대영호(기존허가어선)의 등선으로, 제22 대원호, 제3 선경호 및 한진호를 제1 대영호의 운반선으로 각 사용할 수 있도록 하여 선박의 척수를 변경(본선 2척을 1척으로 줄이는 대신 등선 2척과 운반선 3척을 추가하는 내용임)하여 달라는 어업허가사항변경신청을 하였는데 … 수산자원보호 및 다른 어업과 어업조정을 위하여 앞서 한 제한조건을 변경할 수 없다는 사유로 위 신청을 불허가하였다. … 이 부관을 삭제하여 등선과 운반선을 사용할 수 있도록 하여 달라는 내용의 원고의 이 사건 어업허가사항변경신청을 불허가한 피고의 처분 역시 위법하다고 보아야 할 것이다(대법원 1990.4.27. 선고 89누6808 판결).

③ 결론적으로 부담은 그 자체로 하나의 행정행위를 이루기 때문에 주된 행정행위와 독립하여 그에 대하여 직접 취소쟁송을 제기할 수 있다고 할 것이다(진정일부취소쟁송).

반면 조건, 기한, 철회권유보는 그 자체가 주된 행정행위의 본질적인 요소를 이루고 있기 때문에 부관부행정행위 전체를 대상으로 하여 취소쟁송을 제기하되 부관부분만의 취소를 구할 수 있다고 할 것이다(부진정일부취소쟁송).

④ 흠 있는 부관과 주행정행위의 효력은, 하자에 관한 일반이론에 따라 해결된다. 즉, 부관의 흠이 중대하고 명백하여 당연 무효인 경우에는 부관만 무효라는 설, 전체가 무효라는 설 등이 있었으나 통설은 무효인 본체인 행정행위의 중요요소 또는 본질적 요소를 이루는 때에 한하여 본체인 행정행위를 무효로 만든다고 본다. 문제는 무엇을 기준으로 중요요소여하를 판단하느냐에 있는데, 우선 행정행위와 부관의 내용과 그 관련성을 객관적으로 고려해야 하겠으나, 행정청이 무효인 부관 없이도 동일한 주행정행위를 하려고 했을 것으로 인정할 수 있느냐로 귀결된다고 할 수 있다. 이것이 부정되면 부관부행정행위 전체가 무효가 되며, 무효인 행정행위가 없더라도 주행정행위를 하였을 것으로 인정되면 부관이 붙지 않은 행정행위가 될 것이다.

3) 본안심사 후 부관의 독립취소가능성

부관에 대한 행정쟁송의 제기가 가능하다면, 다음으로 본안의 심리결과 부관의 위법성이 인정된 경우, 재결청이나 법원이 부관만을 본체인 행정행위와 분리하여 독립적으로 취소할 수 있는지의 문제가 제기된다. 부관의 취소가능성의 문제는 부관의 취소 후 남게 되는 주된 행정행위만을 존속시키는 것이 문제가 없는지와 관련된 것이다. 법원이 부관을 취소하게 되면 부관 없는 행정행위만 남게 되는데, 법원이 행정청으로 하여금 그러한 부관 없는 행정행위를 하도록 강제할 수 없는 경우가 있을 수 있는데, 그러한 경우에는 법원은 부관만 취소할 수 없을 것이다.

판례와 같이 부진정일부취소(무효확인)소송을 인정하지 않고 부관부행정행위 전체의 취소를 구하는 것만을 인정하는 경우에는 부관에 대해서만 독립하여 취소할 수 없게 됨은 물론이다.

(1) 행정심판에서의 부관의 독립취소가능성

부관이 위법·부당한 경우에 재결청은 직접 부관을 취소하거나 또는 새로운 적법한 부관을 붙일 수 있으며 또한 이를 명하는 재결을 할 수 있다. 단지 불이익변경금지 원칙에 따라 재결청은 원래의 부관보다 상대방에게 불이익을 주는 부관을 붙이거나 또는 명하는 재결을 하여서는 아니 된다.

(2) 행정소송에 있어서 부관의 독립취소가능성

① 기속행위와 재량행위에 의한 구별

일부학설은 기속행위와 재량행위로 나누어 기속행위인 경우 또는 재량이 영으로 수축된 경우에만 부관만의 독립취소의 가능성을 인정하고 있다. 기속행위의 경우 상대방의 신청이 법률요건을 충족시키는 경우에는, 신청인은 관계법이 정하는 대로의 수익적 행정행위의 발급청구권이 있기 때문에 부관만을 분리하여 취소할 수 있다고 한다. 반면에 해당 부관이 법률요건 충족적 부관인 경우에는 법원이 부관의 위법성을 인정하여 취소한다면, 행정청은 요건이 결여된 위법한 수익적 행정행위의 발급이 강요되는 것이므로 허용될 수 없다고 한다.

재량행위의 경우에는 부관만을 취소하여 본체인 행정행위를 유지시키는 것은 결국 행정청에게 부관 없이는 그가 발하기를 원하지 않는 주된 행정행위를 강요하게 되는 결과가 되기 때문에 권력분립의 관점에서 독립취소가 허용되지 않는다고 한다.[33)]

그러나 이에 대해서는 비판적인 견해가 다수이다. 우선 주된 행정행위가 재량행위인 경우에도 주된 행정행위와 부관이 일체적 재량결정을 이루지 않아서 부관이 주된 행정행위로부터 분리가능한 경우에는(예 준공 후 일부 매립토지의 국가 귀속을 조건으로 공유수면매립면허를 한 경우) 부관만 취소할 수 있다. 또한 부관이 취소된 후에 남는 주된 행정행위가 행정청의 의사에 반하지 않으면 문제가 없고, 반하는 경우에도 행정청은 행정행위의 철회·직권취소 또는 새로운 부관의 발령을 통해 대응할 수 있을 것이다. 따라서 재량행위의 경우에도 부관의 독립취소는 가능하다고 보아야 한다.[34)]

② 제한적 긍정설(분리가능성을 기준으로 판단하는 견해)

부담에 대한 진정일부취소소송이건 그 밖의 부관에 대한 부진정일부취소소송이건 부관만이 취소되거나 무효로 선언되기 위해서는 부관 자체가 주된 행정행위로부터 분리가 가능하여야 한다는 견해이다. 즉, 취소가능성은 분리가능성 여부에 달려 있다고 한다.[35)]

부관만의 분리가 불가능한 경우는 ① 행정청이 그러한 부관 없이는 주된 행정행위를 발하지 않았을 것이라고 인정되거나, ② 부관이 취소되면 주된 행정행위가 위법하게 되는 경우이거나, ③ 주된 행정행위와 부관이 일체적 재량결정을 이루는 경우이다. 이때는 부관만을 취소할 수는 없고 기각판결을 하거나(부담에 대한 진정일부취소소송의 경우), 전체를 취소하게 된다(부진정일부취소소송의 경우).

---

33) 정하중, 행정법총론, 246면.
34) 박균성, 행정법론(상), 329면.
35) 박균성, 행정법론(상), 330면.

③ 모든 부관의 독립취소가능성을 인정하는 견해

모든 부관에 대한 독립취소의 가능성을 인정하는 것이 타당하다는 견해이다.[36] 부관에 대한 취소소송의 소송물은 주된 행정행위에 부가된 부관의 위법성이며, 주된 행정행위의 위법성은 원고의 청구취지에 속하지 않기 때문에 법원은 이에 대하여 판단할 필요가 없다. 부관의 취소 후에 주된 행정행위가 위법하게 되면 행정청은 이를 직권으로 취소하거나 또는 적법한 부관을 다시 부가하여 부관부행정행위 전체를 적법하게 할 수 있다.

재량행위의 경우 위법한 부관이 취소되고, 비록 주된 행정행위가 적법할지라도 행정청이 이를 발하기를 원하지 않는 경우라면, 철회권의 행사 내지 적법한 부관의 부가를 고려할 수 있을 것이다. 여기서 행정청의 주된 행정행위의 직권취소나 철회는 경우에 따라 제한될 수 있으며, 사후부관의 부가를 통하여 자신의 목적을 실현시킬 수가 있다면 비례의 원칙에 따라 가능한 이를 선택해야 할 것이다.

(3) **결어**

국민의 권익구제와 행정목적의 실현을 적절히 조절하는 제한적 긍정설이 타당하다. 부관이 본질적임에도 부관만의 취소를 인정하는 것은 행정청의 의사에 반하여 부관 없는 행정행위를 강요하는 것이므로 타당하지 않다. 긍정설은 취소 또는 무효판결 후 행정청이 직권으로 적법한 부관을 붙일 수 있다고 하지만, 이는 사후부관으로 인정될 수 없다. 부관이 본질적인 부분에 해당하여 기각판결이 나면 행정청에게 위법한 부관의 변경을 청구하고, 행정청이 이를 거부하면 거부처분 취소소송을 제기하여야 할 것이다.

부관의 종류에 따라 부연하여 설명하면, ① 부담만의 취소를 구하는 진정일부취소소송의 경우는 부담이 처분성이 인정됨으로써 독립취소가능성이 높다. 다만 주된 행정행위와 일체적 재량행사를 함으로써 분리 가능한 경우도 있을 수 있고 그 경우 기각판결을 할 것이다. ② 그 이외의 부관 즉 조건, 기한, 철회권유보, 부담유보의 경우 이들 부관이 폐지되고 남는 부분만으로 행정행위가 여전히 존속할 수 있는지를 검토하여 그 존속가능성이 인정된다면 부관부행정행위에 대한 부진정일부취소소송에서 이들 부관이 독립적으로 취소될 수 있을 것이다.

4) 제3자효행정행위의 부관에 대한 행정쟁송

부관의 부가로 인하여 일정한 이해관계를 가진 제3자의 쟁송가능성도 앞선 설명이 타당하다고 할 수 있다. 예컨대, 영업허가 시 부과하는 시설부담이 제3자의 권리・이익을 침해하는 경우, 제3자는 행정청에 대하여 부관부행정행위에 대하여 쟁송을 제기하거나 부관이 주된 행위에 대하여 독자성을 갖는 경우에는 부관에 대해서만 쟁송을 제기할 수 있다.

---

36) 홍정선, 행정법원론(상), 435면.

05 절 행정행위의 효력

1. 내용적 구속력

행정행위는 그 내용에 따라 하명, 허가, 면제, 특허, 인가, 확인, 공증 등으로 구분되는데, 그에 따른 법률효과에 따라 관계 행정청 및 상대방과 관계인을 구속하는 힘(쌍방적 구속력)을 갖는바, 이 힘을 내용적 구속력이라 한다. 이러한 내용적 구속력이 미치는 대상과 범위는 각 행정행위의 내용(효과)에 따라 다르다. 따라서 구속력 그 자체는 특별히 행정행위의 특수한 효력이라고 할 정도는 아니지만 일반적으로 행정행위의 효력의 하나로서 구속력을 드는 것은 주로 공정력과의 차이를 명확하게 함으로써 공정력의 본질을 올바르게 이해하기 위함이라고 할 것이다.

1) 행정행위의 상대방 및 제3자에 대한 구속력

유효하게 성립된 행정행위는 상대방 및 이해관계인에게 통지되는 시점부터 구속력을 갖게 된다. 행정행위의 상대방이나 제3자가 이러한 구속력에서 벗어나기 위해서는 항고소송을 통해 그 효력을 다투어야 한다. 행정행위의 상대방이나 관련자에 대한 구속력의 내용은 개별적인 실체법의 규율내용에 의존하고 있기 때문에 추상적인 고찰의 영역에서 벗어난다.

2) 처분청에 대한 구속력(자박력)

행정행위의 처분청에 대한 구속력을 자박력이라 한다. 자박력은 행정행위의 구속력의 내적으로 지향된 부분에 해당하는바 처분청은 행정행위가 존재하고 있는 한 자신에 의하여 내려진 규율내용과 모순되는 결정을 내려서는 안 된다. 자박력은 특히 대규모시설의 허가과정에서 볼 수 있는바와 같이 부분허가나 사전결정을 통하여 사업의 부분적인 시설설치나 개개의 승인요건에 대하여 미리 결정하는 다단계 행정절차의 모순 없는 수행을 위해 중요한 의미가 있다. 처분청은 다단계허가절차에서 일차결정의 규율내용에 반하는 2차 결정을 내려서는 안 된다.

2. 공정력과 구성요건적 효력

구성요건적 효력과의 관계와 관련하여 공정력의 개념에 관한 논의가 있다.

종래의 통설은 행정행위의 공정력이란 일단 행정행위가 행하여지면 비록 행정행위에 하자가 있다 하더라도 그 흠이 중대하고 명백하여 무효로 되는 경우를 제외하고는 권한 있는 기관(취소권 있는 행정기관 또는 수소법원)에 의해 취소되기 전까지는 상대방뿐만 아니라 다른 행정청 및 법원에 대하여 일단 유효한 것으로 통용되는 힘으로 정의하고 있다. 즉 통설은 공정력을 행정행위의 상대방 및 이해관계인뿐만 아니라 타 국가기관에도 미치는 효력이라고 보고 있다.

이에 대하여 새로운 견해는 공정력을 행정행위에 하자가 있는 경우 그것이 중대하고 명백하여 당연 무효가 아닌 한, 권한 있는 기관에 의해 취소될 때까지 상대방 또는 이해관계인들이 그의 효력을 부인할 수 없는 힘이라고 한다. 즉, 공정력은 행정행위의 상대방 또는 이해관계인에 대한 구속력이고, 구성요건적 효력은 제3의 국가기관에 대한 구속력이라고 보고 있다.

	공정력	구성요건적 효력
내용	행정행위가 무효가 아닌 한 상대방 또는 이해관계인은 행정행위가 권한 있는 기관(처분청, 행정심판위원회 또는 수소법원)에 의해 취소되기까지는 그의 효력을 부인할 수 없는 힘	유효한 행정행위가 존재하는 이상 비록 흠(하자)이 있는 행정행위일지라도, 모든 국가기관(지방자치단체를 포함한 행정기관 및 법원 등)은 그의 존재, 유효성 및 내용을 존중하며, 스스로의 판단의 기초 내지는 구성요건으로 삼아야 하는 구속력
범위	상대방 또는 이해관계인에 대한 구속력	모든 국가기관(지방자치단체를 포함한 행정기관 및 법원 등)에 대한 구속력
이론적 근거	행정의 안정성과 실효성 확보	권한과 직무 또는 관할을 달리하는 국가기관은 상호 타 기관의 권한을 존중하며 침해해서는 안 된다(국가기관 간 권한 존중의 원칙).
실정법상 근거	행정소송법상의 취소소송에 대한 규정, 직권취소에 관한 규정, 처분의 쟁송기간을 제한하는 규정, 처분의 집행정지제도	행정권과 사법권의 분립규정, 행정기관 상호 간의 사무분장규정

생각건대, 새로운 견해가 타당해 보인다. 행정행위의 공정력이란 행정행위가 위법일 경우 무효가 아닌 한, 하자 있는 행정행위로 인하여 법률상 이익을 침해받은 자는 '오직 행정쟁송을 통해서만 그 효력을 부인할 수 있는 구속력'을 말하는데, 쟁송의 제기는 행위의 상대방이나 이해관계인만 가능한 것이므로, 공정력은 행정행위의 상대방 또는 이해관계인에 대한 구속력이라고 할 수 있다. 따라서 공정력의 본체를 행정행위의 상대방 등이 행정쟁송의 방법을 통해서만 하자가 있다고 여기는 행정행위의 효력을 부인하게 만들어 놓은 결과로 나타나는 반사적 효과라고 보게 된다.

1) 공정력 – 행정기본법 제15조 명문화

(1) 공정력의 근거

행정행위의 공정력의 근거에 대해서는 자기확인설(Otto Mayer), 국가권위설(Forstoff), 예선적 효력설 등이 주장되었으나 오늘날에는 행정법관계의 안정 및 행정행위에 대한 신뢰를 보호하려는 법기술적인 요청에 바탕을 둔 것이라는 법적 안정성 및 신뢰보호설이 다수설이다.

생각건대, 행정행위의 적법성에 의문이 있을 때 누구든지 이를 부인할 수 있다면 공익의 신속한 실현과 행정법관계의 안정은 도모하기 어렵다. 그러므로 공익의 신속한 실현과 행정법관계의 안정을 도모하기 위하여 실정법에 의하여 직접 또는 간접으로 인정되는 것이라고 볼 것이다. 그러나 현실적으로 공정력 그 자체 만에 의하여 이러한 제 요청이 만족되어질 수 있는 것은 아니며, 어디까지나 공정력은 취소소송에 의해서만 행정행위의 효력을 다툴 수 있다는 의미밖에 지니지 못한다. 따라서 취소되기까지는 유효하더라도 현실적으로 행정행위에 따르지 아니하는 자에 대해서는 행정상 강제집행의 절차가 따름으로써 비로소 해당 행정행위가 의도하는 행정목적을 실현할 수 있게 된다. 그리고 행정법관계의 안정성 유지도 역시 취소소송에 출소기간을 둠으로써 비로소 달성되는 셈이다. 이와 같이 행정목적의 신속한 실현, 행정법관계의 안정성 유지의 요청은 공정력과 더불어 집행력, 불가쟁력이 일체가 됨으로써 비로소 충분히 만족되게 된다고 할 것이다. 우리 법제에서도 행정기본법 제15조에서 명문의 규정을 두고 있으며, 행정심판법의 취소심판 및 행정소송법의 취소소송에 관한 규정, 집행부정지의 원칙에 관한 규정 등을 행정행위의 공정력에 대한 간접적인 실정법상 근거라고 볼 수 있다.

행정기본법 제15조(처분의 효력)
처분은 권한이 있는 기관이 취소 또는 철회하거나 기간의 경과 등으로 소멸되기 전까지는 유효한 것으로 통용된다. 다만, 무효인 처분은 처음부터 그 효력이 발생하지 아니한다.

판례

행정처분이 아무리 위법하다고 하여도 그 하자가 중대하고 명백하여 당연무효라고 보아야 할 사유가 있는 경우를 제외하고는 아무도 그 하자를 이유로 무단히 그 효과를 부정하지 못하는 것으로, 이러한 행정행위의 공정력은 판결의 기판력과 같은 효력은 아니지만 그 공정력의 객관적 범위에 속하는 행정행위의 하자가 취소사유에 불과한 때에는 그 처분이 취소되지 않는 한 처분의 효력을 부정하여 그로 인한 이득을 법률상 원인 없는 이득이라고 말할 수 없는 것이다(대법원 1994.11.11. 선고 94다28000 판결 [부당이득금]).

(2) 공정력의 한계

행정행위의 하자가 중대하고 명백하여 무효인 경우에도 공정력을 인정하는 것은 합리적 근거가 없다. 따라서 행정행위가 당연 무효이거나 부존재하는 경우에는 공정력이 인정되지 않는다.
또한 공정력은 권력적 단독행위인 공법행위에만 발생하는 효력이다. 따라서 행정청의 사실행위, 사법행위, 비권력적 행위에는 인정되지 않는다. 그러나 사실행위도 계속적 상태에 있는 성질의 것이라면 그것을 제거하기 위한 항고쟁송의 대상이 되어 공정력이 인정된다는 견해도 있다(쟁송법적 행정행위설).

(3) 공정력과 입증책임

종래의 학설 중에는 행정행위의 적법성추정이론에 따라 행정행위의 하자를 주장하는 원고에 입증책임이 있다고 한다. 그러나 행정행위의 공정력이란 행정법관계의 안정성 내지 신뢰보호를 위하여 권한 있는 기관에 의하여 취소될 때까지 잠정적으로 그 유효성을 인정하는 실정법상의 제도로써 법원의 심리절차에 있어서 입증책임과는 아무 관련이 없다는 것이 오늘날의 일반적 견해이다. 따라서 행정행위의 적법성에 대한 입증책임은 민사소송법상의 입증책임 분배의 원칙인 법률요건분류설이 원칙적으로 타당하다.

판례

행정처분의 위법을 주장하여 그 처분의 취소를 구하는 소위 항고소송에 있어서는 그 처분이 적법하였다고 주장하는 피고에게 그가 주장하는 적법사유에 대한 입증책임이 있다고 하는 것이 당원판례의 견해이고, 그 견해를 행정처분의 공정력을 부정하는 것이라고 할 수는 없다(대법원 1966.10.18. 선고 66누134 판결).

(4) 공정력과 선결문제

선결문제란 행정행위의 적법 내지 효력유무를 항고소송의 관할법원 이외의 법원, 즉 민사법원과 형사법원이 심리·판단할 수 있는지의 문제이다. 종래의 학설은 이를 공정력에 관련하여 언급하여 왔으나, 이는 다른 국가기관에 대한 구속력이란 점에서 구성요건적 효력과 관련하여 다루어져야 할 문제라고 봐야 한다.

■ 행정기본법 제15조 본문-무효가 아닌 처분의 통용[37)]

1. 유효한 것으로 통용되는 처분의 유형

행정기본법 제15조 단서가 무효인 처분에 관해 규정하고 있음을 볼 때, 행정기본법 제15조 본문은 처분이 무효가 아닌 경우를 규정하고 있다고 보아야 한다. 통용되는 처분의 유형, 즉 처분이 무효가 아닌 경우에는 처분이 적법한 경우(타당한 경우+부당한 경우)와 처분이 위법한 경우가 있다.

2. 처분이 유효한 것으로 통용되는 기한

(가) 위법한 처분

위법한 처분은 권한이 있는 기관이 취소하기 전까지 유효한 것으로 통용된다. 권한이 있는 기관이란 처분청(직권취소의 경우), 행정심판기관(쟁송취소의 경우), 법원(쟁송취소의 경우) 등을 말한다. 취소란 행정청이 위법 또는 부당한 처분의 전부나 일부를 소급하여 또는 장래를 향하여 처분의 효력을 소멸시키는 의사표시를 말한다.[38)]

(나) 부당한 처분

부당한 처분은 권한이 있는 기관이 취소하기 전까지 유효한 것으로 통용된다. 권한이 있는 기관이란 처분청(직권취소의 경우)과 행정심판기관(쟁송취소의 경우)을 말한다. 부당한 처분은 적법한 처분의 한 종류이다. 부당한 처분은 재량처분에서 다소 합리성을 결여한 처분을 말한다. 다소 합리성을 결여한다는 것은 재량권 남용이나 일탈에 이르지는 않지만, 정당한 재량행사라고 보기는 어려운 경우를 말한다.

(다) 적법한 처분

적법한 처분은 권한이 있는 기관이 철회하기 전까지 유효한 것으로 통용된다. 권한이 있는 기관이란 처분청을 말한다.

(라) 존속기간이 있는 처분

발령 시에 존속기간이 정해져 있는 처분(위법처분·적법처분)은 그 기간 경과할 시점까지 유효한 것으로 통용된다.

---

37) 홍정선, 행정기본법 해설, 박영사, 2021, 행정기본법 제15조 해설 인용함.
38) 제18조(위법 또는 부당한 처분의 취소)를 보라.

3. 유효한 처분으로 통용된다는 의미

(가) 일반론

① 통용된다는 것은 사실상 유효한 것으로 인정된다는 것을 의미한다. ② 통용된다는 것은 처분이 적법하다는 것을 의미하는 것은 아니다. ③ 적법한 처분(부당한 처분 포함)이 통용된다는 것은 당연하다. ④ 위법한 처분도 통용된다는 것이 행정기본법 제15조를 두는 결정적인 이유이다.

(나) 위법한 처분이 통용되어야 하는 논거

㉠ 인정 필요성

헌법에 반하는 법률, 법률에 반하는 대통령령은 모두 무효라는 점에서 보면, 「위법은 무효로 만든다」는 법의 논리가 도출된다. 처분의 경우, 「법령에 반하는 처분은 무효이다」라는 논리를 관철시킬 수 없다. 만약 이 논리를 관철시키려면, 처분의 상대방은 처분이 위법하기 때문에 무효라 주장할 수 있어야 한다. 처분의 상대방이 이러한 주장을 하면, 행정청은 행정임무수행을 제대로 할 수 없다. 따라서 행정법관계의 안정, 상대방의 신뢰보호, 행정의 원활한 운영 등을 고려하여 단순위법의 처분은 원칙적으로 유효한 것으로 하고, 사후적으로 이를 다툴 수 있게 할 필요가 있다. 행정기본법 제15조 본문은 이러한 필요에 응하기 위해 나타난 조항이다.

㉡ 공정력 개념의 도출

행정기본법 제15조로 인해 위법한 처분도 권한이 있는 기관이 취소할 때까지 유효한 것으로 통용되는데, 이를 역으로 보면, 상대방등은 위법한 처분도 권한이 있는 기관에 의해 취소되기 전까지는 그 유효성을 부인할 수 없는 구속을 받는다. 여기서 처분이 상대방등을 구속하는 힘을 공정력이라 불러왔다. 행정기본법이 제정되기 전까지 학설과 판례는 처분의 공정력을 인정하였으나, 공정력을 규정한 법률은 없었다. 행정기본법 제15조 본문은 내용상 「취소할 수 있는 처분은 공정력을 갖는다」는 것을 분명히 하고 있다.

2) 구성요건적 효력(처분청 및 수소법원 이외의 국가기관에 대한 구속력)

행정행위의 구성요건적 효력이라 함은 수소법원 이외의 다른 법원이나 제3의 국가기관도 처분청에 의하여 유효한 행정행위가 발급되어졌다는 사실을 준수하여야 하며 이러한 행정행위를 그들의 결정에 기초하여야 한다는 것을 말한다. 예컨대 관할행정청이 특정인의 국적을 박탈하거나, 특정 공무원을 파면한 경우, 다른 행정청이나 민사법원 또는 형사법원은 이들 행정행위의 규율내용을 존중하고 주어진 사실로서 그들의 결정에 기초시켜야 한다는 것이다. 구성요건적 효력은 유효한 행정행위에만 미치는 구속력이므로 무효인 행정행위에는 인정되지 아니한다.

이는 법원 또는 행정청 상호 간 관계에서 자신들의 권한에 정당한 행위를 다른 국가기관들이 존중하고 스스로의 결정에 근거시키도록 함으로써, 고권적 규율의 모순과 중복을 피하고 국가권력의 행사에 있어서 동질적인 체계를 창설코자 하는 것이다.

3) 구성요건적 효력과 민사법원과 형사법원의 선결문제

행정소송법 제11조 제1항은 처분의 효력 유무 또는 존재 여부에 대해서 민사소송에서 선결문제로 심리가능하다는 점을 규정하고 있다. 따라서 행정행위가 부존재하거나 당연 무효인 경우에는 당연히 민사법원이 선결문제로 심리할 수 있는 것이다. 그런데 행정행위의 하자가 취소사유에 불과한 경우에는 이에 관한 명문규정이 없기 때문에 해석론에 의거하여 판단하여야 한다.

선결문제에 관한 논의는 민사소송(당사자소송 포함)에서의 선결문제와 형사소송에서의 선결문제로 나눌 수 있고, 각 소송에서도 행정행위의 위법성을 심사하는 문제와 행정행위의 효력을 부인하는 문제로 나눌 수 있다.

(1) 민사소송절차에 있어서 선결문제

① 국가배상청구사건

국가배상청구사건에서 행정행위 위법성 여부가 선결문제가 된 경우 관할 민사법원이 이를 심사할 수 있는지 여부에 대하여 소극설과 적극설의 대립이 있다. 소극설은 국가배상청구소송에 있어서 행정행위의 구성요건적 효력과 취소소송의 배타적 관할제도를 이유로 민사법원의 행정행위의 위법성 여부에 대한 심사권을 부인하고 있다. 예외적으로 공정력이 발생하지 않는 무효에 해당하는 경우에만 심사권을 인정하고 있다. 반대로 적극설과 판례는 국가배상사건의 선결문제에서는 행정행위의 효력 여부가 아니라, 그 위법성이 문제되기 때문에 관할법원의 위법성 여부의 판단이 가능하다는 입장을 취하고 있다. 적극설이 소송경제적인 이유와 개인의 권리구제의 관점에서 타당하다고 보아야 할 것이다.

특히 취소소송 관할법원 이외의 법원이 선결문제의 심사를 통해 문제되는 행정행위의 효력을 부인(취소)하는 것이 아니라는 점을 유의해야 한다. 즉 선결문제에 대한 판단은 판결이유 중에서 행해질 뿐 그 판단에 관해서는 기판력을 발생하지 않으므로 선결문제에 대한 심리를 통해 본래 그 문제에 대한 심리권을 가지는 기관의 권한을 침해하는 것이 되지 않는다고 할 수 있을 뿐만 아니라 선결문제에 대한 심리를 통해 행정행위의 효력이 소멸되는 것이 아니다.

위법한 행정대집행이 완료되면 그 처분의 무효 확인 또는 취소를 구할 소의 이익은 없다. 그러나 미리 그 행정처분의 취소판결이 있어야만, 그 행정처분의 위법임을 이유로 한 손해배상의 청구를 할 수 있는 것은 아니다.[39)]

② 부당이득반환청구소송

부당이득반환청구소송에서 하자가 중대하고 명백하여 무효에 해당하는 경우에는 이를 심사하여 부당이득 여부를 판단할 수 있으나, 단순한 취소사유에 불과한 경우에는 그 효력을 부인할 수 없다고 하고 있다. 왜냐하면 우리 현행법제도상 행정행위가 절대 무효인 경우를 제외하고는 그 위법성을 심사하여 효력을 부인할 수 있는 기관은 취소쟁송을 제기받는 행정청 또는 법원뿐이다. 따라서 원고는 조세부과처분에 대한 취소소송을 제기하여 승소판결을 받은 후 후소로 부당이득반환청구소송을 제기하거나, 또는 양 소송을 병합하여 제기하여야 한다.

---

39) 대법원 1972.4.28. 선고 72다337 판결

판례

> 과세처분이 당연 무효라고 볼 수 없는 한 과세처분에 취소할 수 있는 위법사유가 있다 하더라도 그 과세처분은 행정행위의 공정력 또는 집행력에 의하여 그것이 적법하게 취소되기 전까지는 유효하다 할 것이므로, 민사소송절차에서 그 과세처분의 효력을 부인할 수 없다(대법원 1999.8.20. 선고 99다20179 판결).

(2) 형사소송절차에 있어서 선결문제

형사사건의 경우에 있어서 행정행위의 위법 여부 또는 효력 여부가 선결문제로 된 경우 형사법원이 이를 심사할 수 있는지에 대해, 소극설은 행정행위의 구성요건적 효력과 취소소송의 배타적 관할제도 때문에 하자가 중대명백하여 무효인 경우를 제외하고 효력을 부인할 수 없을 뿐만 아니라, 그 위법성도 심사할 수 없다고 하나, 적극설은 행정행위의 효력을 부인할 수는 없으나 그 위법성은 심사할 수 있다는 입장을 취하고 있다.

① 행정행위의 유효성 여부가 선결문제로 되는 경우, 예컨대 위법사유가 있는 운전면허를 가진 자의 운전이 무면허운전에 관한 처벌법규의 적용을 받을 것인가의 경우가 이에 해당한다. 이 경우 행정행위에 위법의 흠이 있더라도 그것이 무효에 이르지 않는 한 형사법원은 그 운전면허의 효력 내지 존재를 부인할 수 없다.

② 행정행위의 위법성 여부가 선결문제로 된 경우, 예컨대 식품위생법상 식품접객업자에게 가해진 영업행위에 관한 제한의 위반을 이유로 기소된 경우 형사법원은 그 제한의 위법성 여부를 독자적으로 판단할 수 있는가의 경우가 이에 해당된다. 이 경우는 형사법원이 행정행위의 효력 내지 존재를 부인하는 것이 아니기 때문에 민사상 국가배상사건의 경우와 동일하게 그 행위의 위법성 여부를 판단할 수 있다. 대법원 판례도 온천법 제15조에 의거한 처분청의 시설개선명령의 위법성 여부가 형사재판의 선결문제가 된 사건에서 이를 긍정하였다.

판례

> [1] 연령미달의 결격자인 피고인이 소외인의 이름으로 운전면허시험에 응시, 합격하여 교부받은 운전면허는 당연 무효가 아니고 도로교통법 제65조 제3호의 사유에 해당함에 불과하여 취소되지 않는 한 유효하므로 피고인의 운전행위는 무면허운전에 해당하지 아니한다(대법원 1982.6.8. 선고 80도2646 판결).
>
> [2] 구 도시계획법 제78조 제1항에 정한 처분이나 조치명령을 받은 자가 이에 위반한 경우, 이로 인하여 같은 법 제92조에 정한 처벌을 하기 위하여는 그 처분이나 조치명령이 적법한 것이라야 하고, 그 처분이 당연무효가 아니라 하더라도 그것이 위법한 처분으로 인정되는 한 같은 법 제92조 위반죄가 성립될 수 없다(대법원 1992.8.18. 선고 90도1709 판결).

3. 행정행위의 존속력(확정력)

행정행위는 확정판결과는 달리 영속적·종국적으로 관계당사자를 구속하는 것은 아니다. 그러나 행정행위가 행하여지면 그를 근거로 많은 법률관계가 형성되기 때문에, 법적 안정성과 관계인의 신뢰보호의 관점에서 그의 자유로운 취소·변경은 바람직하지 않다. 이에 일단 발해진 행정행위를 존속시키기 위하여 인정된 제도를 존속력이라 한다. 이는 다시 형식적 존속력과 실질적 존속력으로 구분되고 있다.

1) 행정행위의 형식적 존속력(불가쟁력)

(1) 의의

행정행위의 상대방 기타 이해관계인은 원칙적으로 일정한 불복신청기간 내에 행정쟁송을 통하여 행정행위의 효력을 다툴 수가 있으나 행정행위에 대한 쟁송기간이 경과하거나, 법적 구제수단을 포기 또는 쟁송수단을 다 거친 후에는 더 이상 그에 대해 다툴 수 없게 하는 행정행위의 효력을 형식적 존속력 또는 불가쟁력이라 한다. 이러한 효력은 무효인 행정행위의 경우 발생하지 않는다. 즉 무효인 행정행위는 쟁송기간의 제한을 받지 아니하므로 불가쟁력이 발생하지 않는다. 형식적 존속력은 상대방이나 이해관계자 및 제3자에 대해서만 발생하는 효력이기 때문에 처분청을 구속하지 않는다. 처분청은 불가쟁력이 발생한 이후 사실적 또는 법적 상황을 다시 심사하여 행정행위를 취소·철회하거나 새로운 행정행위로 변경할 수 있다.

(2) 행정행위의 재심사(불가쟁력의 파기)

확정판결에 일정한 사유가 있을 때에는 재심(민사소송법 제451조, 형사소송법 제420조 참조)되어 그의 형식적 확정력이 파기되는 경우가 있는데 이에 준한 것이 행정행위의 불가쟁력의 파기 또는 행정행위의 재심사이다. 행정행위와 판결을 비교할 때 적어도 심판기관의 독립성, 절차의 신중이라는 점에서는 도저히 판결과 비교될 수 없는 행정행위에 대하여 재심의 기회가 주어지지 않는다는 것은 불합리하다.

여기에 불가쟁력이 발생한 행정행위에 대해서도 일정한 경우에는 상대방의 재심사청구제도가 요청된다고 할 것이다.

(3) 제3자에 대한 행정행위의 불가쟁력

예컨대 A에 대한 위법한 건축허가로 인하여 인근 주민인 B가 자기의 법률상 이익을 침해받았다고 생각하는 경우, B는 A에 대한 건축허가의 취소쟁송을 제기할 수 있다고 할 것이다. 그러나 B에 의한 취소쟁송의 제기도 일정한 기한 내에 행하여져야 하며(행정심판법 제27조, 행정소송법 제20조), 그 기간을 경과하게 되면 행정쟁송을 제기할 수 없는 구속을 받는 점에서 행정행위의 불가쟁력은 제3자에게도 미친다고 하겠다. 다만, 그 제소기간의 기산점 문제 및 행정심판전치주의가 이 경우에도 예외 없이 적용되느냐 하는 문제는 다른 측면에서 고려되어야 할 것이다.

2) 행정행위의 실질적 존속력(불가변력)

(1) 일반적 견해

행정행위는 그 발급에 있어서 법원의 판결과 같은 엄격한 절차가 전제되어 있지 않으며, 그 발령 기관도 법원과 같이 독립된 제3자가 아니고 법률관계의 당사자인 행정기관이라는 점 등에서 판결과 많은 차이가 있기 때문에, 행정행위가 판결과 같은 실질적 존속력을 갖는 데 부정적이다. 따라서 행정행위의 실질적 존속력을 불가변력으로 이해하고 있으며 이러한 불가변력은 예외적으로 특정한 행정행위에만 인정되고 있으며, 반드시 불가쟁력을 전제로 하지 않는다고 한다.

(2) 실질적 존속력에 대한 새로운 견해(불가쟁력이 발생한 모든 행정행위에 인정되는 내용적인 구속력)

최근의 새로운 견해는 독일의 다수설과 같이 행정행위의 실질적 존속력을 불가쟁력이 발생된 행정행위가 행정행위의 상대방과 이해관계인 그리고 처분청에 대하여 갖고 있는 포괄적인 내용적 구속력으로 인정하고 있다고 한다.[40]

행정행위의 실질적 존속력은 판결의 실질적 확정력이 이후의 소송에 있어서 법원과 당사자에 대한 내용적 구속력, 즉 규준력을 의미하듯이, 둘 이상의 행정행위가 일련의 절차에서 연속하여 행하여지는 경우, 특히 단계적 행정결정에 있어서 행정청과 상대방 및 이해관계인에 대한 규준력을 의미하게 된다. 행정행위의 실질적 존속력은 판결의 실질적 확정력과 마찬가지로 객관적 한계, 주관적 한계, 시간적 한계의 범위 내에서만 인정된다고 한다.

3) 불가쟁력과 불가변력과의 관계

양자는 행정법관계의 안정을 도모하고 상대방 기타 이해관계인의 신뢰를 보호하기 위하여 행정행위의 효력을 지속시키는 것을 제외하고는 서로 다른 내용의 것이다.

① 불가쟁력은 행정행위의 상대방 및 이해관계인이 대상이지만, 불가변력은 처분청 등 행정기관이 대상이다.
② 불가변력이 있는 행정행위도 쟁송제기기간이 경과하기 전에는 그 효력을 다툴 수 있다.
③ 불가쟁력이 발생한 행정행위도 불가변력이 발생하지 않는 한 권한 있는 기관이 취소·변경할 수 있다.
④ 불가쟁력은 절차법적 효력이지만, 불가변력은 실체법적 효력에 속한다.

판례

일반적으로 행정처분이나 행정심판재결이 불복기간의 경과로 인하여 확정될 경우, 그 확정력은 그 처분으로 인하여 법률상 이익을 침해받은 자가 당해 처분이나 재결의 효력을 더 이상 다툴 수 없다는 의미일 뿐, 더 나아가 판결에 있어서와 같은 기판력이 인정되는 것은 아니어서 그 처분의 기초가 된 사실관계나 법률적 판단이 확정되고 당사자들이나 법원이 이에 기속되어 모순되는 주장이나 판단을 할 수 없게 되는 것은 아니다(대법원 2000.4.25. 선고 2000다2023 판결).

---

40) 정하중, 행정법총론, 266면.

4. 집행력

1) 의의

행정행위의 집행력이란 행정행위에 의하여 부과된 행정상의 의무를 상대방이 이행하지 않는 경우에 행정청이 스스로의 강제력을 발동하여 그 의무를 실현시키는 힘을 말한다. 이를 자력집행력이라고 한다. 집행력을 가지는 행정행위는 상대방에게 일정한 의무(작위·부작위·급부·수인)를 명하는 하명행위이다.

2) 강제집행에 대한 실정법적 근거

강제집행행위는 의무를 부과하는 행정행위에 추가하여 개인의 자유와 재산을 침해할 수 있으며 따라서 행정행위와는 별도로 법적 근거가 필요하다. 즉 행정행위의 집행력은 행정행위의 성질상 당연히 내재하는 효력이 아니며 상대방에게 부과한 의무를 강제집행할 수 있는 행정청의 권리가 실정법에 수권되어 있을 때에만 인정되는 것이다. 우리나라의 행정대집행법 및 국세징수법 등은 행정행위의 집행력을 규정한 근거법률의 대표적인 예라고 볼 수 있다.

06 절 행정행위의 하자

1. 개설

1) 하자의 의의

행정행위가 적법하게 성립하고 효력을 발생하기 위해서는 성립요건과 효력요건을 갖추어야 한다. 이러한 요건을 충족시키지 못한 경우에는 그 행정행위는 위법한 행정행위, 즉 하자 있는 행정행위가 된다.

2) 하자의 판단시점

행정행위의 하자가 있는지의 여부는 원칙적으로 행정행위가 외부에 표시되는 시점을 기준으로 판단하여야 한다. 즉 행정행위의 발급시점이 하자판단의 기준시점이 된다. 이에 따라 사법심사에 있어서 하자유무에 대한 판단 자료도 원칙적으로 행정행위의 발급 시에 제출된 것에 한정된다. 이때 문제가 될 수 있는 것이 허가의 신청 후 법령의 개정으로 허가기준이 변경된 경우의 문제이다. 이 경우 원칙상 신청 시의 법령이 아닌 개정된 처분 시의 법령이 적용된다. 법령의 소급적용은 원칙상 인정될 수 없다. 그러나 개정법령이 기존의 사실관계 또는 법률관계를 적용 대상으로 하면서 국민의 재산권과 관련하여 종전보다 불리한 법률효과를 규정하고 있는 경우에도 그러한 사실 또는 법률관계가 개정 법률이 시행되기 이전에 이미 완성 또는 종결된 것이 아니라면 개정 법령이 신·구법령의 적용에 관한 경과규정을 두고 있지 아니한 이상 개정 법령이 적용되는 것이 원칙이고,[41] 이를 헌법상 금지되는 소급입법에 의한 재산권 침해라고 볼 수 없다(부진정소급효). 다만 개정 전 법령의 존속에 대한 국민의 신뢰가 개정 법령의 적용에 관한 공익상의 요구보다 더 보호가치가 있다고 인정되는 경우에는 그러한 국민의 신뢰를 보호하기 위하여 개정법령의 적용이 제한될 수 있다고 보아야 한다.[42] 또한 행정청이 심히 부당하게 처분을 늦추고 그 사이에 허가기준이 변경된 경우와 같이 신의성실의 원칙에 반하는 경우에는 개정 전의 법령을 적용하여 처분하여야 할 것이다.[43]

3) 행정행위의 하자의 효과

행정행위의 하자이론은 언제 행정행위의 하자가 발생되는지, 또 이러한 하자가 행정행위의 효력에 어떠한 영향을 미치는가의 문제로 귀결된다. 이에 대하여는 명문의 일반적 규정이 없으므로 학설과 판례에 맡겨져 있다고 볼 것이다.

하자 있는 행정행위의 효력에 대하여는 학설에서 다툼이 되고 있다. 상당수의 학설에서는 취소할 수 있는 행정행위와 무효인 행정행위로 구분하고 있는데 반하여, 일부의 학설은 여기에 행정행위의 부존재를 추가시키고 있다.

2. 행정행위 하자의 유형

1) 행정행위의 부존재

행정행위의 부존재란 행정행위 그 자체가 처음부터 성립되지 아니하고 행정행위로서의 외관상이나 형식상으로 전혀 존재하지 아니한 것을 말한다.

이러한 부존재에 해당하는 것으로는 ① 행정기관이 아닌 것이 명백한 사인의 행위, ② 행정기관의 행위일지라도 행정권의 발동으로 볼 수 없는 행위(권유, 주의, 희망표시 등), ③ 행정기관 내부의 의사결정이 있었을 뿐이고 행정행위로서 외부에 표시되지 아니한 경우, ④ 행정행위가 해제조건의 성취·기한의 도래·취소·철회 등에 의하여 실효된 경우 등을 들고 있다.

생각건대, 행정법상 행정행위의 부존재라는 특별한 개념의 필요성이 주장된 것은 법이론적인 이유에 기인하는 것이 아니라 무효는 무효확인소송의 대상이 되나 부존재의 경우에는 쟁송의 대상이 없으므로 각하되어야 한다는 실천적인 이유에 기인한 것이다.

그러나 현행 행정심판법 제5조 제2호 및 행정소송법 제4조 제2호는 각각 무효등확인심판과 무효등확인소송을 명시하여 행정행위의 무효나 부존재의 구별 없이 다 같이 항고소송의 대상으로 하고 있으므로 여러 가지 이론적 난점이 있는 행정행위의 부존재라는 개념을 굳이 하자 있는 행정행위의 한 유형으로 분류하여 논할 필요는 없다는 것이 일반적이다. 그러나 무효의 경우 '무효선언을 구하는 취소소송'이 허용되는데 반하여, 부존재의 경우에 그러한 소송형태가 허용되지 않는다는 점에서 무효인 행정행위와 다르다고 할 수 있으므로 개념상 구분은 가능할 것이다.

---

41) 대법원 2001.5.8. 선고 2000두6916 판결
42) 대법원 2000.3.10. 선고 97누13818 판결
43) 대법원 1984.5.22. 선고 84누77 판결

2) 무효인 행정행위와 취소할 수 있는 행정행위

행정기본법 제15조 단서－무효인 처분의 효력
행정기본법 제15조 단서는 「무효인 처분은 처음부터 그 효력이 발생하지 않는다」고 규정한다. 무효인 처분에는 공정력이 인정되지 아니하므로, 누구도 무효인 처분을 따라야 할 구속을 받지 아니한다.

(1) 무효인 행정행위

무효인 행정행위는 행정행위로서의 외형은 갖추고 있으나 그 효력이 전혀 없는 경우를 말하는바, 권한 있는 기관의 취소 없이도 누구나 그 효력을 부인할 수 있다.

(2) 취소할 수 있는 행정행위

취소할 수 있는 행정행위란 그 성립에 하자 있음에도 불구하고 권한 있는 기관인 행정청 또는 법원이 취소하기까지는 그 효력을 지속하는 행정행위를 말한다. 따라서 그의 취소가 있기 전에는 사인은 물론이고 다른 국가 기관도 그 효력을 부인하지 못한다.

(3) 무효와 취소의 구별

① 구별의 필요성

㉠ 효력에 있어서의 차이 : 무효인 행정행위는 처음부터 행정행위로서 어떠한 효력을 발생하지 않는데 반하여, 취소할 수 있는 행정행위는 공정력에 의하여 권한 있는 기관에 의하여 취소될 때까지 유효한 행위로 통용된다.

㉡ 행정쟁송의 형태 : 무효인 행정행위에 대한 행정쟁송은 무효등확인심판 또는 무효등확인소송을 통해 무효확인을 구할 수 있는(행정심판법 제5조 제2호, 행정소송법 제4조 제2호) 반면, 취소할 수 있는 행정행위의 경우, 취소심판 또는 취소소송을 통해 취소를 구할 수 있다(행정심판법 제5조 제1호, 행정소송법 제4조 제1호). 다만, 무효인 행정행위에 대하여 '무효선언을 구하는 의미에서의 취소소송'이 판례상 인정되고 있는바, 이 경우 취소소송의 제기요건을 갖추어야 한다. 따라서 제소기간이 경과한 후에 제기하게 되면 각하된다. 이때에는 제소기간의 제한이 없는 무효등확인소송으로 소변경을 하여 무효확인판결을 받을 수 있다. 판결의 내용과 관련하여서는 무효선언의미의 취소소송의 인용판결은 무효확인판결이 아니고 취소판결(무효선언적 취소판결)이다.

원고가 해당 행정행위의 무효임을 주장하여 무효등확인소송을 제기하였으나 법원의 본안판단에서 취소정도의 하자로 판단된 경우 법원은 어떠한 판결을 하여야 하는지 의문이다. 이때는 취소소송의 제소기간의 경과여부에 따라 다른 결론이 나온다.

취소소송의 제소기간이 경과한 경우에는 더 이상 취소소송도 제기할 수 없으며 본안판단을 한 것이므로 기각(각하가 아님에 주의) 판결을 하게 된다. 즉, 무효등확인소송의 본안에서 해당 행정행위의 위법성이 무효가 아니고 취소임을 판단하였으므로 무효등확인판결을 할 수 없게 되고, 본안판단을 하여 청구의 이유를 받아들이지 않는 것이므로 각하가 아니고 기각판결을 하게 되는 것이다(기각이란 요건심리는 통과하였으나 본안심리를 충족하지 않아서 내리는 결정을 말함).

취소소송의 제기기간이 경과하지 않은 경우 처리방법에 대하여는 논란이 있다. 일설(취소판결설)은 무효확인청구는 원고의 명시적인 반대의사표시가 없는 한 취소청구도 당연히 포함되어 있다고 보아 법원은 취소판결을 할 수 있다고 본다. 이에 대하여 다수입장(소변경설)은 법원은 석명권을 행사하여 무효확인소송을 취소소송으로 변경한 연후에 취소판결을 하여야 한다고 본다. 대법원은 취소판결설을 지지하고 있다.

㉢ **불가쟁력과의 관계** : 무효인 행정행위는 쟁송기간의 제한을 받지 않으나(행정소송법 제18조 제7항, 행정소송법 제20조 · 제38조), 취소할 수 있는 행정행위는 쟁송제기기간이 경과하면 불가쟁력이 발생하여 더 이상 다툴 수 없다.

㉣ **하자의 치유와 전환과의 관계** : 다수의 견해에 의하면, 취소할 수 있는 행정행위의 하자만이 사후보완 · 추완을 통하여 치유될 수 있으며 무효인 행정행위는 이것이 인정될 수 없다고 한다. 반면, 행정행위의 전환은 무효인 행정행위에 대해서만 인정될 뿐 취소할 수 있는 행정행위에서는 인정되지 않는다고 한다.

㉤ **행정행위의 하자의 승계** : 일정한 행정목적을 실현하기 위하여 둘 이상의 행정행위가 연속적으로 행하여질 경우에, 선행행위의 하자가 후행 행정행위에 승계되는가의 문제는 취소할 수 있는 행정행위에만 해당되고 무효인 행정행위와는 무관하다.

㉥ **사정재결 · 사정판결과의 관계** : 다수의 견해는 행정쟁송법이 인정하고 있는 사정재결(행정심판법 제33조 제1항)과 사정판결(행정소송법 제28조 제1항)은 (ⅰ) 이들 규정이 무효등확인쟁송에 준용되고 있지 않다는 점과 (ⅱ) 무효인 행정행위는 처음부터 효력을 유지시킬 유효한 행정행위가 존재하지 않는다는 점을 근거로 취소할 수 있는 행정행위에 한하여 인정하고 무효인 행정행위에 대하여는 사정재결 · 사정판결을 내릴 수 없다고 한다.

㉦ **선결문제와의 관계** : 행정행위의 효력이 민 · 형사 재판상의 선결문제가 된 경우 무효인 행정행위에 대해서만 해당 민 · 형사법원이 효력을 부인할 수 있고, 취소할 수 있는 행정행위의 경우에는 그 효력을 부인할 수 없다. 다만 취소할 수 있는 행정행위의 경우에도 그 효력을 부인하지 않는 한, 민사법원이나 형사법원은 그 위법성에 대하여는 심사할 수 있다는 것이 다수의 견해이다.

② **무효와 취소의 구별기준**

행정행위의 하자가 어떠한 경우에 무효사유가 되고 어떠한 경우에 취소사유가 되는지에 관하여 법령의 규정이 존재하지 않아 그 구별기준은 학설 및 판례에 의해 정해질 수밖에 없다.

㉠ **중대명백설** : 중대명백설이란 행정행위의 하자의 내용이 중대하고, 그 하자가 외관상 명백한 때에는 해당 행정행위는 무효가 되고, 그중 어느 한 요건이라도 결여한 경우에는 취소할 수 있는데 그친다고 하는 견해이다.

이 견해의 논거는 다음과 같다. 무효의 요건으로 중대성과 명백성을 요구하는 것은 국민의 권리구제의 요청과 법적 안정성의 요청을 조정하기 위하여 필요하다는 것이다. 즉, 국민의 권리구제를 위하여는 하자가 중대한 경우에 무효로 하여야 할 것이나 이렇게 하면 하자가 중대한 경우에는 언제든지 행정행위의 무효를 주장할 수 있게 되어 행정법관계의 안정성이 침해되어 행정목적달성이 저해되고 제3자의 신뢰가 침해될 수 있기 때문에 하자가 외관상 명백할 것을 또 하나의 요건으로 하여 상호 대립되는 두 요청을 조화시켜야 한다는 것이다.

하자의 중대성과 명백성에 대해 살펴보면, 하자가 중대하다는 것은 행정행위의 발령에 근거된 법규의 면에서 하자가 중대한 것이 아니라 해당 행정행위의 적법요건 면에서 중대하다는 의미로 해석하여야 할 것이다. 즉 하자의 중대성이란 행정행위가 중요한 법률요건을 위반하고, 그 위반의 정도가 상대적으로 심하여 그 하자가 내용상 중대하다고는 것을 말한다. 따라서 하자의 중대성 여부는 위반된 행정법규의 종류・목적・성질・기능과 함께 그 위반의 정도를 고려하고 또한 국민의 권리의 침해의 정도를 고려하여 결정된다.

어느 정도의 하자를 명백한 하자로 볼 것인가에 대하여는 학설이 일치되고 있지 않다. 즉, (ⅰ) 구체적인 사정을 알고 있는 사람이라면 즉시 그 위법성을 인식할 수 있는 정도의 하자라고 보는 견해, (ⅱ) 행정처분과 같은 법률행위의 하자는 법률가의 판단에 따라야 하므로 법률전문가가 쉽게 인식할 수 있는 하자로 보는 견해, (ⅲ) 일반인의 정상적인 인식능력을 기준으로 관찰할 때 객관적으로 명백한 하자로 보는 견해(외견상 일견명백설)들이 있는바, (ⅲ)이 일반적 견해이다.

이 견해에 대하여는 구체적 사안의 특수성을 무시한 단일의 경직된 기준으로 무효사유와 취소사유를 구분하고 있다는 것과 국민의 권리구제 측면에 다소 엄격하다는 비판이 제기될 수 있다.

판례

하자 있는 행정처분이 당연무효가 되기 위하여는 그 하자가 법규의 중요한 부분을 위반한 중대한 것으로서 객관적으로 명백한 것이어야 하며 하자가 중대하고 명백한 것인지 여부를 판별함에 있어서는 그 법규의 목적, 의미, 기능 등을 목적론적으로 고찰함과 동시에 구체적 사안 자체의 특수성에 관하여도 합리적으로 고찰함을 요한다(대법원 1995.7.11. 선고 94누4615 판결).

참고

다수의견

과세처분이 당연무효라고 하기 위하여는 그 처분에 위법사유가 있다는 것만으로는 부족하고 그 하자가 법규의 중요한 부분을 위반한 중대한 것으로서 객관적으로 명백한 것이어야 하며, 하자가 중대하고 명백한지를 판별할 때에는 과세처분의 근거가 되는 법규의 목적・의미・기능 등을 목적론적으로 고찰함과 동시에 구체적 사안 자체의 특수성에 관하여도 합리적으로 고찰하여야 한다. 그리고 어느 법률관계나 사실관계에 대하여 어느 법령의 규정을 적용하여 과세처분을 한 경우에 그 법률관계나 사실관계에 대하여는 그 법령의 규정을 적용할 수 없다는 법리가 명백히 밝혀져서 해석에 다툼의 여지가 없음에도 과세관청이 그 법령의 규정을 적용하여 과세처분을 하였다면 그 하자는 중대하고도 명백하다고 할 것이나, 그 법률관계나 사실관계에 대하여 그 법령의 규정을 적용할 수 없다는 법리가 명백히 밝혀지지 아니하여 해석에 다툼의 여지가 있는 때에는 과세관청이 이를 잘못 해석하여 과세처분을 하였더라도 이는 과세요건사실을 오인한 것에 불과하여 그 하자가 명백하다고 할 수 없다(대법원 2018.7.19. 선고 2017다242409 전원합의체 판결[부당이득금]).

㉡ **객관적 명백설(조사의무위반설)** : 기본적으로는 중대명백설의 입장에 서지만, 하자의 명백성 요건을 완화하여 무효사유를 더 넓히려는 견해이다. 따라서 행정행위가 일반인의 인식능력에 비추어 누구라도 명백하게 하자가 있다는 것을 인정할 수 있는 경우뿐만 아니라 관계 공무원의 그의 직무를 성실히 수행하기 위하여 당연히 요구되는 정도의 조사에 의하여 인식할 수 있는 사실관계에 비추어 명백한 경우에도 명백성을 인정하여야 한다는 견해이다.[44)]

이 견해에 대하여는 '관계 공무원이 그의 직무를 성실히 수행하기 위하여 당연히 요구되는 정도의 조사'라는 것이 명확하지 않다는 점과 무효사유의 판단기준이 획일적이라는 비판이 가해질 수 있다.

㉢ **명백성보충요건설** : 행정행위의 무효의 기준으로 중대성 요건만을 요구하여 중대한 하자를 가진 처분을 무효로 보지만, 제3자나 공공의 신뢰보호의 필요가 있는 경우에는 보충적으로 명백성을 요구하는 견해이다. 명백성의 요건은 법적 안정성 내지 행정의 원활한 수행 및 제3자의 신뢰보호요청을 충족시키기 위하여 요구되어지는 것이므로 그러한 요청이 없고, 오히려 국민의 권리구제의 요청이 강한 경우에는 명백성의 요건을 요구할 필요가 없다는 것을 논거로 한다.

이 견해에 따르면 동일한 처분이 대량으로 행하여졌거나 이해관계를 가진 제3자가 있는 경우에는 명백성이 요구되나 직접 상대방에게만 부담을 초래한 행정행위의 경우에는 명백성을 요구하지 않는 것이 타당하다고 본다.[45)]

㉣ **중대설** : 행정행위에 중대한 하자만 있으면 무효가 되고, 명백성은 무효요건이 아니라고 보는 견해이다. 이 견해에 의하면 중대하고 명백한 하자가 있는 경우는 무효가 아니라 행정행위의 부존재로 본다.

이 견해는 무효사유를 넓혀 국민의 권리구제를 확대하기 위하여 주장되고 있는 견해이나, 무효사유의 구별기준이 획일적이고, 침해적 행정행위의 경우에는 국민의 권리구제에 기여하나 수익적 행정행위나 복효적 행정행위의 경우에는 항상 그런 것은 아니라는 것을 간과하고 있으며, 국민의 권리구제에는 이바지할 수 있지만 행정의 법적 안정성이나 제3자의 신뢰보호는 희생된다는 비판이 가해질 수 있다.[46)]

㉤ **구체적 가치형량설** : 이 견해는 다양한 이해관계를 갖는 행정행위에 대하여 무효사유와 취소사유를 구분하는 일반적 기준을 정립하는 것에 의문을 가지며 구체적인 사안마다 권리구제의 요청과 행정의 법적 안정성의 요청 및 제3자의 이익 등을 구체적이고 개별적으로 이익형량하여 무효인지 취소할 수 있는 행정행위인지 여부를 결정하여야 한다고 본다.

이 견해는 국민의 권리구제의 요청과 행정의 법적 안정성의 요청을 개별적 사안마다 실현할 수 있다는 점에서 이상적인 견해지만, 무효사유와 취소사유 구분의 객관적 기준이 될 수 없다는 점이 비판될 수 있다.[47)]

---

44) 박균성, 행정법론(상), 351면.
45) 홍정선, 행정법원론(상), 378면.
46) 박균성, 행정법론(상), 352면.

3) 행정행위 하자의 구체적 사유

행정행위의 하자에는 크게 형식상 하자와 내용상 하자로 나눌 수 있는바, ① 형식상 하자에는 주체에 관한 하자, 절차에 관한 하자, 형식에 관한 하자가 포함되며, ② 내용상 하자에는 후술하는 하자가 포함된다.

양자를 구별하는 실익은 취소소송에서 행정행위가 형식상 하자로 인하여 취소된 경우에 행정청은 동일한 내용의 행정처분을 다시 내릴 수 있지만 내용상 하자를 이유로 취소된 경우에 행정청은 원칙상 동일한 내용의 행정처분을 다시 내리지 못한다는 것인데, 이는 취소판결의 기속력 때문이다.

행정행위에 내재하는 하자가 행정행위의 무효원인인가 취소원인인가 혹은 행정행위의 효력에 아무런 영향을 미치지 않는가는 구체적인 사정에 비추어 결정되어야 할 것으로 일률적으로 말하기는 곤란하다.

(1) 주체에 관한 하자

① 권한 이외의 행정행위

행정청의 권한은 사항적・지역적으로 한정되어 있는 것이 보통인바 이러한 권한의 한계를 넘는 행정행위는 무권한의 행위로서 하자 있는 행정행위가 되며, 다수설과 판례는 이를 원칙적으로 무효로 보고 있다. 예컨대 농림수산식품부장관이 토지수용에 대한 사업인정을 하는 경우가 이에 해당한다 할 것이다.

② 공무원이 아닌 자의 행위

공무원으로 적법하게 선임되지 않은 자(무효인 선거 또는 임명에 의하여 공무원으로 된 자), 또는 적법하게 선임되기는 하였으나 행위 당시에는 공무원의 지위에 있지 않은 자(정년, 면직, 결격사유발생 등으로 공무원의 신분을 상실한 자)가 한 행정행위는 하자를 갖게 되며, 원칙적으로 무효이다. 다만, 적법하게 선임되지 않은 공무원의 행위라도 객관적으로 공무원의 행위라고 믿을 만한 상태하에서 행하여진 경우에는 일반의 신뢰와 법적 생활의 안정을 위하여 사실상의 공무원의 행위로 보아 유효한 행정행위로 보아야 할 것이다.

③ 대리권이 없는 자 또는 권한의 위임을 받지 아니한 자의 행위

정당한 대리권이 없는 자 또는 권한의 위임을 받지 아니한 자의 행위는 원칙적으로 무효에 해당한다 할 것이다. 그러나 이 경우에도 정당한 권한을 가진 자로 믿을 만한 상당한 이유가 있는 때에는 민법상의 표현대리의 법리를 유추하여 유효한 행위로 인정해야 할 것이다. 예를 들어 수납기관이 아닌 군직원의 양곡대금수납이나 세입징수관 보조원의 수납행위에 대하여 표현대리가 인정된바 있다.

④ 적법하게 구성되지 않은 합의제 행정기관의 행위

법규가 요구하는 일정한 구성을 갖출 것을 전제로 하여 일정한 행정행위를 할 수 있는 권한이 부여된 합의제 행정기관이 법규가 요구하는 구성을 갖추지 못한 경우, 즉 (i) 소정의 소집절차를 밟지 않거나 정당한 소집권자가 아닌 자가 소집한 경우, (ii) 적법하게 임명 또는 위촉되지 않은 구성원이 참여한 경우, (iii) 소정의 의사정족수 또는 의결정족수에 달하지 않은 회의에서 의결한 경우에는 원칙적으로 무효에 해당한다고 볼 것이다.

---

47) 박균성, 행정법론(상), 352면.

⑤ 행정기관의 의사에 하자가 있는 경우

㉠ **의사능력이 없는 자의 행위** : 공무원의 심신상실이나 저항할 수 없는 정도의 강박에 의한 행정행위는 무효이다.

㉡ **행위능력이 없는 자의 행위** : 행위능력이 없는 자(미성년자, 한정치산자, 금치산자)는 공무원이 될 수 없는 결격사유에 해당하므로 이들의 행위는 원칙적으로 무효이다. 다만, 18세 이상인 미성년자도 8급 이하의 공무원이 될 수 있으므로 이 경우에는 행위의 효력에 영향이 없다고 할 것이다.

㉢ **의사결정에 하자가 있는 행위** : 착오로 인한 행위는 법령에 특별한 규정이 없는 한, 착오가 있다는 것만으로 영향을 받지 않고, 표시된 내용에 따라 효력이 생긴다. 다만 착오로 인하여 그로 인한 행위의 내용이 불능 또는 위법한 것으로 된 때에는 이를 이유로 무효 또는 취소할 수 있다고 할 것이다. 판례는 착오에 의하여 위법하게 된 행정행위를 경우에 따라서 무효 또는 취소할 수 있는 행정행위로 판시하고 있다.

한편, 상대방의 사기, 강박 또는 증・수뢰 기타의 부정행위에 의한 행위는 당연히 무효가 되는 것이 아니며, 그것을 이유로 취소할 수 있음에 그친다. 여기서는 부정행위의 결과로 행정행위의 내용이 위법이 아닌 경우에도 상대방의 신뢰를 보호할 필요가 없다는 이유에서 독립의 취소원인으로 보는 것이 일반적인 견해이다. 판례도 사위로 인한 행정행위를 취소할 수 있는 행정행위로 보고 있다.

(2) 절차에 관한 하자

종래의 다수설에 의하면 절차를 정한 취지・목적이 상호 대립하는 당사자 사이에 이해를 조정함을 목적으로 하는 경우 또는 이해관계인의 권익의 보호를 목적으로 하는 경우 그 절차를 결할 때에는 그 절차에 중대・명백한 하자가 되어 무효원인이 되나, 반면 절차의 취지・목적이 단순히 행정의 적정・원활한 운영을 위하는 등 행정상의 편의에 있는 때에는 그 절차를 결하는 행위는 취소원인이 된다고 한다. 그러나 근래 판례는 사전통지・청문 등 이해관계인의 권익을 보호하는 절차에 있어서 하자가 있는 경우에도 취소원인이 된다는 입장에 서고 있다.

① 상대방의 신청 또는 동의를 결한 행위

일반적으로 상대방의 신청 또는 동의를 필요적 절차로 규정하고 있음에도 이를 결한 경우에는 원칙적으로 무효로 본다.

② 타 기관의 필요적 협력을 결한 행위

법령에서 행정청이 행정행위를 함에 있어서 타 기관의 의결・승인・협의를 거치도록 규정된 경우에 그 절차를 결한 경우는, 그 절차가 해당 행정행위에 갖고 있는 의미에 따라 무효 또는 취소의 원인이 된다.

③ 필요한 공고 또는 통지를 결한 행위

행정행위에 앞서 일정한 공고 또는 통지를 하도록 규정하고 있는 경우가 있는바, 특히 행정절차법 제21조는 당사자에게 의무를 과하거나 권익을 제한하는 경우에 당사자에게 사전통지를 하도록 규정하고 있다. 이러한 사전통지나 공고를 결한 행정행위는 원칙적으로 무효로 보는 것이 다수의 견해이나, 근래 판례는 취소원인으로 보는 경향에 있다.

④ 필요한 이해관계인의 입회 또는 협의를 결한 행위

이해관계인의 이익보호 내지 조정을 위한 이해관계인의 입회 또는 협의를 결한 행정행위는 원칙적으로 무효라 할 것이다. 그러나 판례는 사업시행자가 토지소유자와 협의를 거치지 아니한 채, 수용의 재결을 신청한 것은 절차상의 하자로서 취소사유에 그친다고 판시하고 있다.

⑤ 필요한 청문 등을 결한 행위

법에서 요구하고 있는 청문(행정절차법 제22조 제1항)이나 의견제출(행정절차법 제22조 제3항)의 절차를 결한 경우에는 무효로 보는 것이 종래의 다수설과 판례의 견해였다. 그러나 근래 판례는 거의 일관되게 취소할 수 있는 행정행위로 보고 있다. 다만 법률이 청문이 흠결된 행정행위를 무효로 규정하고 있는 경우도 있다(국가공무원법 제13조 제2항, 제81조 제3항, 지방공무원법 제18조 제2항).

(3) 형식에 관한 하자

행정행위가 특정 형식으로 행하여져야 한다는 것이 법정화되어 있을 경우에 이와는 다른 형식으로 행하여졌거나 행정청의 서명날인을 결여하였거나 일시의 기재가 결여되었거나 하는 경우를 가리켜 형식에 관한 하자라고 한다. 이 형식의 하자는 위에서 살펴 본 다른 하자유형에 비추어 볼 때 행정행위의 실체적 내용 자체에 영향을 미칠 가능성은 지극히 희박하다. 따라서 전통적인 법률에 의한 행정의 원리 아래서는 절차에 관한 하자 이상으로 그 지니는 의미가 경시되는 경향에 있다. 그러나 우리나라의 학설·판례는 종래부터 주로 사인의 권리보호라는 관점에서 형식의 하자가 행정행위의 무효를 결과하는 결과가 있음을 인정하고 있다. 예를 들면 서면으로 하여야 할 것을 법령이 정하고 있는 경우에 구두로써 한 행정행위, 행정청의 서명날인을 결여한 행위 그리고 이유부기가 법률상 요구되어 있음에도 이유의 기재를 결여한 행위 등은 무효라는 것이 통설이다. 형식에 관한 하자의 유형을 보면 다음과 같다.

① 문서에 의하지 않은 행위

법령상 문서에 의할 것을 요건으로 하고 있음에도 불구하고 구술로 한 경우에는 원칙적으로 무효라 할 것이다. 다만, 단순한 기재상항의 오류가 있는 때에는 취소원인이 될 것이다. 행정절차법 제24조는 처분은 서면으로 할 것을 원칙으로 하고 있다.

② 이유제시 등을 결한 행위

개별법률에서 이유의 부기, 근거의 제시 등을 필요적 기재사항으로 한 경우에 이를 결한 행위는 원칙적으로 무효라 할 것이나(예컨대 이유를 붙이지 아니한 행정심판재결), 일반적으로 행정행위의 근거나 이유제시가 결여된 경우에는 취소원인에 그친다.

③ 서명·날인을 결한 행위

개별법령상은 물론이고 그러한 규정이 없는 경우에도 사무관리규정에 의하여 행정기관이 발하는 문서에는 원칙적으로 정당한 행정기관이 행한 것임을 명백하게 하기 위하여 관인을 찍거나 장이 서명하여야 하며, 이것을 결한 경우는 원칙적으로 무효이다.

(4) 내용에 관한 하자

① 행정행위의 내용의 법에의 위반

행정행위의 내용은 법의 일반원칙 및 헌법을 포함하여 모든 법에 위반하여서는 안 되며 법에 위반하면 위법한 행정행위가 된다. 법률유보원칙에 따라 행정행위에는 법적 근거가 있어야 하며 법적 근거 없이 행해진 행정행위는 원칙상 무효이다.

② 위헌·위법인 법령에 근거한 처분의 효력

㉠ **위헌법률에 근거하여 발하여진 행정처분이 무효인지 취소할 수 있는 행정처분인지 여부** : 대법원은 중대명백설에 입각하여 위헌인 법률에 근거하여 발하여진 행정처분은 특별한 사정이 없는 한 취소할 수 있는 행위에 불과하다고 본다. 왜냐하면 일반적으로 법률이 헌법에 위반된다는 사정이 헌법재판소의 위헌결정이 있기 전에는 객관적으로 명백한 것이라고 할 수 없기 때문이다.[48]

이에 대하여 헌재의 다수의견은 다음과 같이 법적 안정과 권리구제의 필요성을 비교형량하여 위헌으로 선고된 법률에 근거한 처분의 효력을 결정하여야 한다고 보고 있다.

판례

행정처분의 집행이 이미 종료되었고 그것이 번복될 경우 법적 안정성을 크게 해치게 되는 경우에는 후에 행정처분의 근거가 된 법규가 헌법재판소에서 위헌으로 선고된다고 하더라도 그 행정처분이 당연무효가 되지는 않음이 원칙이라고 할 것이나, 행정처분 자체의 효력이 쟁송기간 경과 후에도 존속 중인 경우, 특히 그 처분이 위헌법률에 근거하여 내려진 것이고 그 행정처분의 목적달성을 위하여서는 후행 행정처분이 필요한데 후행 행정처분은 아직 이루어지지 않은 경우와 같이 그 행정처분을 무효로 하더라도 법적 안정성을 크게 해치지 않는 반면에 그 하자가 중대하여 그 구제가 필요한 경우에 대하여서는 그 예외를 인정하여 이를 당연무효사유로 보아서 쟁송기간 경과 후에라도 무효확인을 구할 수 있는 것이라고 봐야 할 것이다(헌재결정 1994.6.30. 선고 92헌바23 전원재판부).

위헌인 법령에 근거한 처분이 무효인가, 취소할 수 있는 행위인가를 논하는 실익은 취소소송의 제기기간이 경과한 경우에 해당 처분에 의해 침해된 권익을 구제받을 수 있는가에 있다. 위헌인 법률에 근거한 처분이 불가쟁력을 발생한 경우, 해당 처분이 무효이면 해당 처분의 무효확인소송이나 해당 처분의 무효임을 전제로 한 공법상 당사자소송이나 민사소송을 제기하여 권익구제를 받을 수 있다. 그러나 위헌인 법률에 근거한 처분이 취소할 수 있는 행위에 불과한 경우에는 불가쟁력에 의하여 해당 처분을 다툴 수 없고 또한 하자의 승계가 인정되어 후행처분의 취소를 구하면서 위헌·위법인 법령에 근거한 선행처분의 위법을 구할 수 있는 경우를 제외하고는 해당 처분을 전제로 하여 행해진 처분을 다툴 수 없다.

㉡ **존속력(불가쟁력)이 발생한 행정처분에 위헌결정의 소급효가 미치는지 여부** : 대법원은 어느 행정처분에 대하여 취소소송의 불복기간이 지난 후 그 행정처분의 근거가 된 법률이

48) 대법원 1994.10.28. 선고 93다41860 판결

위헌이라는 이유로 무효확인청구의 소가 제기된 경우에, 이미 취소소송의 제기기간이 경과하여 확정력이 발생한 행정처분에는 위헌결정의 소급효가 미치지 않는다고 보며,[49] 다른 특별한 사정이 없는 한 법원으로서는 그 법률이 위헌인지에 대하여서는 판단할 필요 없이 위 무효확인청구를 기각하여야 할 것이라고 한다.[50] 그 이유는 처분의 근거가 된 법률이 위헌이라 하더라도 통상 해당 처분은 취소할 수 있는 행위에 불과하다고 보기 때문이다.

판례

위헌인 법률에 근거한 행정처분이 당연무효인지의 여부는 위헌결정의 소급효와는 별개의 문제로서, 위헌결정의 소급효가 인정된다고 하여 위헌인 법률에 근거한 행정처분이 당연무효가 된다고는 할 수 없고, 오히려 이미 취소소송의 제기기간을 경과하여 확정력이 발생한 행정처분에는 위헌결정의 소급효가 미치지 않는다고 보아야 한다.
어느 행정처분에 대하여 그 행정처분의 근거가 된 법률이 위헌이라는 이유로 무효확인청구의 소가 제기된 경우에는 다른 특별한 사정이 없는 한 법원으로서는 그 법률이 위헌인지 여부에 대하여는 판단할 필요 없이 그 무효확인청구를 기각하여야 한다(대법원 1994.10.28. 선고 92누9463 판결[압류처분등무효확인]).

㉢ **위헌인 법률에 근거한 처분의 집행력** : 위헌인 법률에 근거한 처분에 의해 부과된 의무를 이행하지 않는 경우에, 그 의무의 이행을 강제하는 것이 가능한가 아니면 위헌결정의 기속력에 반하므로 처분의 강제는 가능하지 않다고 보아야 할 것인가의 문제가 제기된다.
법이론적으로는 위헌인 법률에 근거한 조세부과처분은 원칙상 취소할 수 있는 행위에 불과하므로 불복기간이 지난 경우에는 더 이상 다툴 수 없고, 조세부과처분은 공정력에 의해 유효한 것이므로 후행처분인 체납처분은 적법한 것이 되며 조세부과처분과 체납처분 사이에는 하자가 승계되지 않으므로 체납처분은 다툴 수 없게 된다.[51] 그러나 이에 대해 위헌인 법률에 근거한 처분을 해당 법률에 대한 위헌결정이 내려진 후에도 유효한 것으로 보고 계속 집행하도록 하는 것은 법원을 비롯한 국가기관을 기속하는 위헌결정의 효력에 반하는 것이라는 반대견해가 있다.[52]
생각건대, 위헌결정의 소급효를 제한하고, 위헌인 법률에 근거한 처분을 원칙상 취소할 수 있는 행위에 불과한 것으로 보는 것은 위헌인 법률에 근거한 처분에 의해 부과된 금전납부의무를 성실히 이행한 자는 구제되지 못하고 부과처분에 불복한 한 자는 구제되는 불균형을 야기한다. 그러나 행정구제제도를 통하여 권리를 주장한 자에 대하여만 권익을 구제해

49) 대법원은 헌법재판소의 위헌결정의 효력(소급효)에 관하여 다음과 같이 판시하고 있다 : “헌법재판소의 위헌결정의 효력은 위헌제청을 한 해당 사건, 위헌결정이 있기 전에 이와 동종의 위헌 여부에 관하여 헌법재판소에 위헌여부심판제청을 하였거나 법원에 위헌여부심판제청신청을 한 경우의 해당 사건과 따로 위헌제청신청은 아니하였지만 해당 법률 또는 법률의 조항이 재판의 전제가 되어 법원에 계속중인 사건뿐만 아니라 위헌결정 이후에 위와 같은 이유로 제소된 일반사건에도 미친다(대법원 1993.1.15. 선고 91누5747 판결).”
50) 대법원 1994.10.2. 선고 92누9463 판결
51) 박균성, 행정법론(상), 362면.
52) 남복현, “헌법재판소의 결정의 효력에 관한 쟁점 및 해결방안”, 「헌법재판연구」, 제7권, 헌법재판소, 1996, 280-284면.

주는 것은 그 나름대로 타당성이 있고, 법적 안정성을 보장하기 위하여는 어쩔 수 없는 해결이다. 문제는 법적 안정성과 국민의 권리구제를 어느 선에서 조절하는 것이 타당한가에 있다.

판례는 "위헌법률에 기한 행정처분의 집행이나 집행력을 유지하기 위한 행위는 위헌결정의 기속력에 위반되어 허용되지 않는다."라고 부정설을 취하고 있다.[53)]

3. 하자의 치유와 전환

하자 있는 행정행위는 그 하자의 정도에 따라 무효로 되거나 취소되어야 하는 것이 법치주의 원칙에 합치될 것이다. 그러나 일정한 상황에서는 하자의 존재에도 불구하고 그 효력을 유지시키거나 다른 행정행위로 전환시키는 것이 행정법관계의 안정과 개인의 신뢰보호에도 합당할 경우가 있다. 행정행위의 하자의 치유와 행정행위의 전환이 이에 해당한다.

1) 하자의 치유

(1) 하자의 치유의 의의

행정행위의 하자의 치유라 함은 성립 당시에 하자가 있는 행정행위가 사후에 하자의 원인이 되는 법률요건을 충족하였다든지 또는 그 하자가 취소를 요하지 않을 정도로 경미한 경우에는 그의 성립 당시의 하자에도 불구하고 적법한 것으로 다루는 것을 말한다. 이러한 하자의 치유는 행정행위 성질이나 법치주의의 관점에서 볼 때 원칙적으로 허용될 수 없는 것이고, 행정행위의 무용한 반복을 피하고 당사자의 법적 안정성을 위하여 예외적으로 허용될 수 있는 것이다.

하자의 치유는 취소할 수 있는 행정행위에만 인정될 수 있다는 것이 통설적 견해이나, 무효인 행정행위에도 하자의 치유를 인정하는 견해가 있다. 그러나 무효인 행정행위는 아무런 효력을 발생시키지 않기 때문에 하자의 치유를 인정할 경우에는 오히려 이해관계인의 신뢰 및 법적 안정성을 해치는 결과가 될 것인바, 취소할 수 있는 행정행위에 대하여만 하자의 치유가 인정될 수 있다고 볼 것이다.

(2) 하자의 치유의 인정 근거

이러한 하자의 치유는 ① 행정행위에 대한 이해관계인의 신뢰보호, ② 행정법관계의 안정성 및 공공복리의 도모, ③ 행정행위의 무용한 반복을 피함으로써 행정경제를 도모하기 위하여 인정된다. 행정행위의 하자가 보완된 경우에 처분시의 위법을 이유로 취소를 하더라도 행정청이 동일한 처분을 다시 내릴 수 있는 경우가 하자의 치유가 인정되어야 하는 전형적인 경우이다. 그러나 이때에도 다른 국민의 권리나 이익을 침해하지 않는 범위에서 구체적 사정에 따라 합목적적으로 인정하여야 할 것이다. 따라서 하자의 치유는 하자의 종류에 따라 하자의 치유를 인정함으로써 달성되는 이익과 그로 인하여 발생하는 불이익을 비교형량하여 개별적으로 결정하여야 할 것이다.

---

53) 대법원 2002.8.23. 선고 2001두2959 판결

⑶ 하자의 치유의 사유

종래에는 하자의 치유 사유로서 ① 흠결된 요건의 사후보완 내지 사후추완, ② 장기간 방치로 인한 법률관계의 확정, ③ 취소를 불허하는 공익의 요구의 발생 등을 들고 있으나 ②, ③은 취소권의 제한사유로 보아야 할 것이다. 실제로 하자의 치유가 문제되는 경우는 주로 형식・절차상의 하자가 사후에 보완・추완되는 경우이다.

⑷ 치유의 시한

행정행위 하자의 치유가 어느 시점까지 가능한지에 대하여 견해의 대립이 있다.

① 행정쟁송제기전설

일부의 학설은 하자의 치유를 위한 보완・추완은 늦어도 해당 처분에 대한 불복여부의 결정 및 불복신청에 편의를 줄 수 있는 상당한 기간 내에 하여야 하며, 행정행위의 하자를 이유로 그 취소를 구하는 쟁송이 제기된 경우에는, 이미 착수된 행정구제절차에 비추어 부정적으로 보고 있다.

② 행정소송제기전설

행정심판은 본질적으로 행정내부의 자율적인 통제수단에 불과하며 행정심판단계에서는 아직 행정청의 손을 떠나지 아니한 것이므로 행정심판에 대한 불복시(행정소송 제기 전)까지 하자가 보완될 수 있는 것으로 보아야 한다는 견해이다.

③ 쟁송종결시설

소송경제 등을 고려하여 소송절차의 종결 전까지 하자의 치유를 인정하는 것이 바람직하다는 견해이다(홍정선).

④ 판례의 입장

행정처분의 하자의 치유가 허용되기 위해서는 늦어도 하자처분에 대한 불복여부의 결정 및 불복신청에 편의를 줄 수 있는 상당한 기간 내에 하여야 한다는 입장을 취하여 행정쟁송 제기 전까지 하자의 치유를 인정하는 입장을 취하고 있다.[54)]

⑤ 결어

하자의 치유는 행정심판절차가 종료되기 전까지, 또는 행정심판절차를 거칠 필요가 없는 경우에는 행정소송제기 전까지 인정하는 것이 바람직할 것이다. 사법절차에 있어서 특히 절차상의 하자의 치유를 인정할 경우, 행정의 효율성을 일방적으로 강조하여 행정절차가 갖고 있는 법치국가적인 사전구제의 기능을 본질적으로 훼손시키는 결과가 될 것이다.

⑸ 하자의 치유의 효과

행정행위의 하자가 치유되면 해당 행정행위는 처분 시부터 하자가 없는 적법한 행정행위로 효력을 발생한다.

---

54) 대법원 1993.7.13. 선고 92누13981 판결

2) 하자 있는 행정행위의 전환

(1) 의의

하자 있는 행정행위의 전환이라 함은 행정행위가 행정청이 의도한 행정행위로서는 무효이나 이것을 다른 행정행위로 간주한다면 하자 없는 행정행위로 판단되는 경우에 그것을 다른 행정행위로 인정하는 것을 말한다. 사망자에 대한 조세부과처분이 무효이므로 상속인에 대한 조세부과처분으로 효력을 발생하게 하는 것 등을 들 수 있다.

일부 견해는 취소할 수 있는 행정행위에도 행정행위의 전환을 인정할 수 있다고 하나, 다수의 견해는 무효인 행정행위에 대하여만 타행위로의 전환을 인정하고 있다.

(2) 행정행위의 전환의 요건

전환의 요건으로서는 적극적 요건과 소극적 요건이 있다. 적극적 요건으로는 ① 하자 있는 행정행위와 전환되는 행정행위가 동일한 목적을 가져야 하며, ② 하자 있는 행정행위의 전환하려고 하는 다른 행정행위의 처분성, 절차, 형식이 동일하여야 하고, ③ 전환되는 행정행위의 성립, 발효요건, 적법요건을 갖추고 있어야 한다.

소극적 요건으로는 ① 하자 있는 행정행위를 한 행정청의 의도에 반하는 것이 아니어야 하며, ② 당사자가 그 전환을 의욕하는 것으로 인정되어야 하고, ③ 제3자의 이익을 침해해서는 안 되며, 아울러 ④ 기속행위를 재량행위인 행위로 전환하여서는 안 된다.

(3) 전환권자

행정행위의 전환은 처분청, 행정심판기관뿐만 아니라 법원에 의해서도 행해질 수 있는바, 이에 대하여 법원에 전환권을 인정하는 것은 권력분립의 원칙에 반한다는 견해가 있다.

(4) 행정행위의 전환의 법적 성격

행정행위의 전환은 그 자체를 행정행위로 보는 것이 다수의 견해이다. 따라서 행정청의 전환행위에 대하여는 의견청취절차규정 등 행정절차법이 적용되며 항고소송이 제기될 수 있다.

(5) 효과

하자 있는 행정행위의 전환은 새로운 행정행위를 가져온다. 전환된 행정행위에 대해서는 행정쟁송을 제기할 수 있고, 그 불복기간은 전환행위가 있음을 안 날로부터 90일 이내이다. 전환된 새로운 행정행위의 효력은 전의 하자 있는 행정행위의 발령시점에 발생한다.

4. 하자의 승계

1) 의의

일정한 행정목적을 위하여 둘 이상의 행정행위가 단계적으로 연속하여 행하여지는 경우에 선행행위의 하자를 후행행위의 위법사유로서 주장할 수 있는가 하는 문제가 있는바, 이것이 하자의 승계문제이다. 이러한 하자의 승계는 선행행위의 불가쟁력이 발생하여 그 효력을 더 이상 다툴 수 없게 된 경우에도 하자의 승계가 인정되는 경우에는 그 행위의 위법을 이유로 후행행위의 효력을 다툴 수 있게 된다는 점에서 이 이론의 실익이 있는 것이다.

2) 전제요건

첫째, 선행행위와 후행행위는 모두 항고소송의 대상이 되는 처분이어야 한다. 왜냐하면 선행행위에 대해 다툴 수 있었음에도 불구하고 불가쟁력이 생겨 후행행위를 상대로 다투는 경우이기 때문에 양 행위는 대상적격은 인정되어야 하는 것이다.

둘째, 선행행위에는 무효사유가 아닌 취소사유에 해당하는 하자가 존재하여야 한다. 선행행위에 무효사유의 하자가 존재하면 무효인 하자는 후행행위에 언제나 승계되어 후행처분 무효가 된다는 것이 판례이다. 따라서 선행행위에 무효사유의 하자가 있으면 하자의 승계에 관한 이론적 논의가 불필요한 것이다.

셋째, 후행행위 자체에는 고유한 하자가 없는 경우이어야 한다. 왜냐하면 후행행위의 고유한 하자가 있다면, 이를 이유로 후행행위 자체를 다툴 수 있으므로 하자의 승계를 논할 실익이 없어지기 때문이다.

넷째, 선행행위를 제소기간 내에 다투지 않는 등 불가쟁력이 발생하여야 한다. 이와 같이 선행행위에 대해 다툴 수 없기 때문에 하자가 없는 후행행위를 다투고자 하는 것이 하자의 승계에 관한 논의이다.

3) 법적 안정성과 국민의 재판청구권의 조화문제

원칙적으로 각 행정행위는 그 자체의 독립성이 있기 때문에 그 행위의 고유한 하자는 제소기간 내에 그 행위를 대상으로 소송을 제기하여야 할 것이다. 행정소송에서 제소기간을 둔 것은 행정법관계의 조속한 안정과 능률적인 행정목적 달성을 위한 것이다. 따라서 제소기간이 경과하면 불가쟁력이 발생하여 비록 실체적 하자가 있다 하더라도 더 이상 다툴 수 없게 하고 있다. 만약 불가쟁력이 발생한 행위의 위법성을 원용하여 후행행위를 다툴 수 있게 하면 불가쟁력을 인정하는 취지가 몰각되는 문제점이 발생하게 된다.

다른 한편으로는 연속하는 행위가 사회관념상 하나의 행위로 평가되는 일련의 행위에 대해 항상 각 단계의 고유한 하자는 그 행위를 대상으로 다툴 수 있고 그 이후의 단계에서는 선행행위의 하자를 다툴 수 없게 한다면 사실상 재판청구권을 행사할 기회를 봉쇄하게 되는 결과가 된다.

이러한 법적 안정성과 국민의 권리구제 내지 재판청구권의 실질적 보장이라는 상반된 요구를 어떻게 조화시킬 것인가? 그 해결책의 모색이 바로 하자의 승계논의이다.

4) 학설

(1) 하자의 승계론

선행행위와 후행행위가 결합하여 동일한 하나의 법률효과를 목적으로 하는 경우에는 하자가 승계되고, 양 행위가 서로 별개의 독립된 법률효과를 목적으로 하는 경우에는 하자가 승계되지 않는다고 한다. 이 견해가 전통적 통설과 판례의 입장이다.

(2) 구속력(규준력)이론

이 견해는 이 문제를 불가쟁력이 발생한 선행행위의 후행행위에 대한 구속력의 문제로 파악하여야 한다는 학설이다.[55] 이 견해는, 둘 이상의 행정행위가 동일한 법적 효과를 추구하는 경우에 선행행위는 후행행위에 대하여 일정한 한계 내에서 구속력을 가지며, 그러한 구속력이 미치는 범위안에서 후행행위에 있어서 선행행위의 효과와 다른 주장을 할 수 없게 된다고 한다. 그 구속력이 미치기 위해서는 ① 사물적 한계로서 연속되는 행위들이 동일한 목적을 추구하며, 그의 법적 상태가 궁극적으로 일치할 것, ② 대인적 한계로서 양 행정행위의 수범자가 일치할 것, ③ 시간적 한계로서 선행행위의 사실 및 법상태가 동일성을 유지할 것, ④ 선행행위의 후행행위에 대한 구속력을 상술한 한계 내에서 인정한다 하더라도 그 결과 개인에게 지나치게 가혹한 결과를 초래하는 경우에는 그 효과를 차단할 필요가 있으며, 따라서 추가적 요건으로서 예측가능성, 수인가능성이 있을 것 등이 요구된다. 선행행위와 후행행위가 이러한 한계 내인 경우에는, 불가쟁력이 발생한 선행행위의 효과와 다른 주장을 할 수 없다고 한다. 즉 선행행위의 하자를 원용할 수 없다는 것이다. 이 견해에 의하면 통설에서 별개의 목적을 추구하는 독립된 처분으로 보고 있는 과세처분과 체납처분 관계 및 건물철거명령과 대집행 관계는 규율대상 내지 법률효과가 일치하는 것이므로, 동일한 법적 효과를 추구하는 것으로 보고 따라서 접근방법은 다르지만 그 결론에 있어서는 통설과 일치하게 된다.

다만 이 견해에 의하면 대집행에 있어서 계고・통지・실행・비용징수 간에도 구속력이 미치게 되므로 통설과 달리 하자의 승계가 부정되게 된다.

(3) 검토

하자승계론에 대한 비판으로는, ① 일정한 행정행위의 하자는 그 행정행위의 하자일 뿐 그 하자는 승계의 대상이 아니라는 점이다. 즉, 하자승계론에서는 예외적으로 선행행위의 하자를 후행행위에서 다툴 수 있기 위해서는 실체법상으로 선행행위의 후행행위에 그 하자가 승계되어야만 가능하다는 사고에 기초한 것이나, 하자는 승계되는 것이 아니라 법적 안정성의 요청보다 당사자의 권리구제의 필요성 요청이 훨씬 강하기 때문에 절차법적으로 후행행위에서 선행행위의 하자를 주장(원용)할 수 있는 것에 불과하다. ② 하자승계론은 승계 여부를 동일한 목적을 추구하는 행위인지를 기준으로 판단하고 있는데, 이러한 형식적인 기준으로 일관할 때에는 개별적인 사안에서 구체적 타당성이 없는 결론이 도출될 수 있다는 점이다.

구속력이론에 대해서도, 그 내용에 대한 구체적 검토나 충분한 논거도 제시하지 아니한 채, 판결의 기판력이 발생하는 한계에 관한 이론을 구속력의 한계에 관한 논의에 차용하고 있다는 점이며 결국 이 이론에 따르면 당사자의 권리보호보다 법적 안정성 쪽에 비중을 더 둘 가능성이 있다고 하는 문제점이 있다. 또한 새로운 견해에서 추가적 조건으로 들고 있는 예측가능성과 수인가능성은 실질적 법치주의 하에서 국민의 권리보호를 위한 일반적 법원리로 인정되는 것으로서 그것이 구속력론의 특유한 논거나 조건이 되는 것은 아니라는 점이다.[56]

---

55) 김남진・김연태, 행정법 I, 288면.

생각건대, 구속력이론이 타당하다고 보는바 그 논거는 다음과 같다.

통설은 구속력이론에 대해 그 개념을 판결의 기판력에서 차용하고 있는 점을 비판하고 있으나 구속력이론은 기판력과 행정행위의 규준력의 차이를 잘 인식하고 있다고 보여진다. 왜냐하면 의도적으로 기판력이라는 용어 대신에 기결력, 구속력 등의 용어를 사용하고 있는 것이다. 또한 구속력 이론은 기판력과 달리 규준력은 그 강도가 약하므로 예측가능성과 수인가능성이 있을 때만 그 효력을 인정하게 된다.

결국 선행처분에 대해 적법하게 소송을 제기하여 다투었음에도 불구하고 원고가 패소한 경우 기판력 때문에 후행처분에서 다시 선행처분의 위법을 주장할 수 없듯이 선행처분이 제소기간이 도과하여 불가쟁력이 발생하여 적법하게 확정된 경우 상대방은 후행처분을 다투면서 다시 선행처분의 위법을 주장하는 것은 원칙적으로 금지되는 것이다.

다음 통설은 구속력이론이 내세우는 '예측가능성과 수인가능성'을 통설에 의하더라도 법치주의 원리 하에서 당연히 고려할 수 있는 요소라고 비판하고 있는데, 그 결론의 정당성은 별론으로 하더라도 '예측가능성과 수인가능성'이 구속력이론에 의해 직접 소개되었고 강조되었다는 사실 자체를 부인하기는 어려울 것이다.

결국 '하자승계론'과 '구속력이론'의 차이는 대집행에 있어서 계고・통지・실행・비용징수 등과 같이 하나의 법적 효과를 완성하는 단계적 처분이면서 사물적 동일성이 인정되는 경우 언제나 후행처분을 다투면서 선행처분의 위법을 다툴 수 있게 할 것인가 아닌가의 문제로 귀결되는바 행정행위의 불가쟁력이나 법적 안정성의 관점에서 충분한 수인가능성이나 예측가능성이 있는 경우까지 하자의 승계를 인정하는 것은 문제가 있다 할 것이다.

판례

개별공시지가와 세금부과처분과의 하자의 승계(긍정)

가. 두 개 이상의 행정처분이 연속적으로 행하여지는 경우 선행처분과 후행처분이 서로 결합하여 1개의 법률효과를 완성하는 때에는 선행처분에 하자가 있으면 그 하자는 후행처분에 승계되므로 선행처분에 불가쟁력이 생겨 그 효력을 다툴 수 없게 된 경우에도 선행처분의 하자를 이유로 후행처분의 효력을 다툴 수 있는 반면 선행처분과 후행처분이 서로 독립하여 별개의 법률효과를 목적으로 하는 때에는 선행처분에 불가쟁력이 생겨 그 효력을 다툴 수 없게 된 경우에는 선행처분의 하자가 중대하고 명백하여 당연무효인 경우를 제외하고는 선행처분의 하자를 이유로 후행처분의 효력을 다툴 수 없는 것이 원칙이나 선행처분과 후행처분이 서로 독립하여 별개의 효과를 목적으로 하는 경우에도 선행처분의 불가쟁력이나 구속력이 그로 인하여 불이익을 입게 되는 자에게 수인한도를 넘는 가혹함을 가져오며, 그 결과가 당사자에게 예측가능한 것이 아닌 경우에는 국민의 재판받을 권리를 보장하고 있는 헌법의 이념에 비추어 선행처분의 후행처분에 대한 구속력은 인정될 수 없다.

나. 개별공시지가결정은 이를 기초로 한 과세처분 등과는 별개의 독립된 처분으로서 서로 독립하여 별개의 법률효과를 목적으로 하는 것이나, 개별공시지가는 이를 토지소유자나 이해관계인에게 개별적으로 고지하도록 되어 있는 것이 아니어서 토지소유자 등이 개별공시지가결정 내용을 알고 있었다고

56) 박윤흔, 최신행정법강의(상), 2004, 425면.

> 전제하기도 곤란할 뿐만 아니라 결정된 개별공시지가가 자신에게 유리하게 작용될 것인지 또는 불이익하게 작용될 것인지 여부를 쉽사리 예견할 수 있는 것도 아니며, 더욱이 장차 어떠한 과세처분 등 구체적인 불이익이 현실적으로 나타나게 되었을 경우에 비로소 권리구제의 길을 찾는 것이 우리 국민의 권리의식임을 감안하여 볼 때 토지소유자 등으로 하여금 결정된 개별공시지가를 기초로 하여 장차 과세처분 등이 이루어질 것에 대비하여 항상 토지의 가격을 주시하고 개별공시지가결정이 잘못된 경우 정해진 시정절차를 통하여 이를 시정하도록 요구하는 것은 부당하게 높은 주의의무를 지우는 것이라고 아니할 수 없고, 위법한 개별공시지가결정에 대하여 그 정해진 시정절차를 통하여 시정하도록 요구하지 아니하였다는 이유로 위법한 개별공시지가를 기초로 한 과세처분 등 후행 행정처분에서 개별공시지가결정의 위법을 주장할 수 없도록 하는 것은 수인한도를 넘는 불이익을 강요하는 것으로서 국민의 재산권과 재판받을 권리를 보장한 헌법의 이념에도 부합하는 것이 아니라고 할 것이므로, 개별공시지가결정에 위법이 있는 경우에는 그 자체를 행정소송의 대상이 되는 행정처분으로 보아 그 위법 여부를 다툴 수 있음은 물론 이를 기초로 한 과세처분 등 행정처분의 취소를 구하는 행정소송에서도 선행처분인 개별공시지가결정의 위법을 독립된 위법사유로 주장할 수 있다고 해석함이 타당하다(대법원 1994.1.25. 선고 93누8542 판결).

(평석) 동 판례에 대하여는 '구속력이론'과 '하자의 승계'이론 간의 해석이 엇갈리고 있다. 우선 전자의 견해는 판례가 수인한도, 예측가능성을 척도로 하고 용어 자체도 구속력이라는 표현을 사용하여 이 사건에서 구속력을 부인한 것은 대단히 고무적이며, 또한 대법원이 "선행처분의 불가쟁력이나 구속력이 그로 인하여 불이익을 입게 되는 자에게 수인한도를 넘는 가혹함을 가져오며, 그 결과가 당사자에게 예측 가능한 것이 아닌 경우에는 국민의 재판받을 권리를 보장하고 있는 헌법의 이념에 비추어 선행처분의 후행처분에 대한 구속력은 인정될 수 없다."라고 판시한 것은 이전의 판례에서는 전혀 찾아 볼 수 없는 것으로서 이른바 '구속력이론'을 부분적으로나마 수용・반영한 것이라고 한다.[57)]

그러나 이 판결을 전통적인 시각에서 보는 후자의 견해는 판례가 '수인한도', '예측가능성', '선행처분의 구속력' 등의 새로운 용어를 사용하고는 있으나 이는 개별적인 사정에 상응하는 구체적 타당성을 이끌어 내기 위한 추가적 요건일 뿐 기존의 판례를 변경하는 것은 아니라고 한다.[58)]

생각건대, 이 판결은 기존의 통설과 판례의 입장을 변경한 것이 아니라 그것을 전제로 하되 거기에 위 구속력이론에서 구속력의 소극적 요건 중 일부를 채용함으로써 구체적 타당성을 기하고자 한 결과라고 보아야 할 것이다. 즉 이 판결은 기존의 통설과 판례의 법리를 수정한 것이기보다는 오히려 보강한 것이라 할 수 있다. 만일 이 판결이 구속력이론을 채용했다면 사물적 동일성의 한계상 선행처분의 구속력이 인정될 수 없을 것이므로 굳이 수인기대가능성이나 예측가능성의 결여를 원용할 필요가 없었을 것이기 때문이다.

결론적으로 이 판결은 전통적인 '하자승계론'을 취하면서도 기존의 경직된 틀을 벗어나서 불가쟁력 내지 구속력과 개인의 권익보호라는 실질적 기준을 동원하여 문제해결을 시도한 결과 올바른

---

57) 박균성, 행정법론(상), 369면.

58) 김남진・김연태, 행정법 I, 290면.

결론에 도달하였다는 점에서는 어느 정도 평가할 만한 점이 있다고 할 것이다. 다만 통설의 이론적 입론을 근본적으로 탈피하지 못한 점에 그 한계가 있음을 지적하고자 한다.

판례

> 원고가 이 사건 토지를 매도한 이후에 그 양도소득세 산정의 기초가 되는 1993년도 개별공시지가 결정에 대하여 한 재조사청구에 따른 조정결정을 통지받고서도 더 이상 다투지 아니한 경우까지 선행처분인 개별공시지가 결정의 불가쟁력이나 구속력이 수인한도를 넘는 가혹한 것이거나 예측불가능하다고 볼 수 없어, 위 개별공시지가 결정의 위법을 이 사건 과세처분의 위법사유로 주장할 수 없다(대법원 1998.3.13. 선고 96누6059 판결).

개별공시지가의 결정에 위법이 있는 경우에는 그 자체를 행정소송의 대상이 되는 행정처분으로 보아 그 위법 여부를 다툴 수 있음은 물론 이를 기초로 과세표준을 산정한 과세처분의 취소를 구하는 조세소송에서도 그 개별공시지가결정의 위법을 독립된 쟁송사유로 주장할 수 있고,[59] 이 경우 해당 과세처분에 대한 항고소송을 제기하는 데에는 행정소송법 제18조 제1항, 국세기본법 제55조, 제56조의 각 규정이 정하는바에 따라 해당 과세처분에 대한 심사 및 심판청구 등의 전심절차를 거침으로써 충분하고, 그 외에 개별공시지가결정 자체에 대한 별도의 전심절차의 이행을 요구하는 것은 아니라 할 것이다.[60]

판례

> **표준지공시지가와 세금부과처분과의 하자의 승계(부정)**
>
> **가.** 구 토지초과이득세법상 표준지인 토지의 가액을 그 공시지가로 보고 그 가액에 의하여 과세표준을 산정하여 한 토지초과이득세 부과처분을 원심이 적법하다고 판단한 것은 토지초과이득세법의 개정 여부에 관계없이 정당하고, 거기에 법리오해의 위법이나 조세법령 엄격해석의 원칙 또는 소급과세 금지 원칙에 위반되는 위법이 없다고 한 사례
>
> **나.** 개별토지가격에 대한 불복방법과는 달리 표준지의 공시지가에 대한 불복방법을 지가공시 및 토지의 평가 등에 관한 법률 제8조 제1항 소정의 절차를 거쳐 처분청을 상대로 다툴 수 있을 뿐 그러한 절차를 밟지 아니한 채 조세소송에서 그 공시지가결정의 위법성을 다툴 수 없도록 제한하고 있는 것은 표준지의 공시지가와 개별토지가격은 그 목적・대상・결정기관・결정절차・금액 등 여러 가지 면에서 서로 다른 성질의 것이라는 점을 고려한 것이므로, 이러한 차이점에 근거하여 표준지의 공시지가에 대한 불복방법을 개별토지가격에 대한 불복방법과 달리 인정한다고 하여 그것이 헌법상 평등의 원칙, 재판권 보장의 원칙에 위반된다고 볼 수는 없다(대법원 1997.9.26. 선고 96누7649 판결).

---

59) 대법원 1994.10.7. 선고 93누15588 판결 ; 대법원 1994.1.25. 선고 93누8542 판결 등 참조
60) 대법원 1996.6.25. 선고 93누17935 판결

판례

표준지로 선정된 토지의 표준지공시지가를 다투기 위해서는 처분청인 국토교통부장관에게 이의를 신청하거나 국토교통부장관을 상대로 공시지가결정의 취소를 구하는 행정심판이나 행정소송을 제기해야 한다. 그러한 절차를 밟지 않은 채 토지 등에 관한 재산세 등 부과처분의 취소를 구하는 소송에서 표준지공시지가결정의 위법성을 다투는 것은 원칙적으로 허용되지 않는다.
(출처 : 대법원 2022. 5. 13. 선고 2018두50147 판결 [재산세부과처분취소])

위 표준지공시지가와 세금부과처분과의 하자의 승계의 경우 대법원은 "표준지로 선정된 토지의 공시지가에 대하여는 지가공시법 제8조 제1항 소정의 이의절차를 거쳐 처분청을 상대로 그 공시지가결정의 위법성을 다툴 수 있을 뿐 그러한 절차를 밟지 아니한 채 조세소송에서 그 공시지가결정의 위법성을 다툴 수는 없는 바, 개별토지가격에 대한 불복방법과는 달리 표준지의 공시지가에 대한 불복방법을 위와 같이 제한하고 있는 것은 표준지의 공시지가와 개별토지가격은 그 목적·대상·결정기관·결정절차·금액 등 여러 가지 면에서 서로 다른 성질의 것이라는 점을 고려한 것이므로, 이러한 차이점에 근거하여 표준지의 공시지가에 대한 불복방법을 개별토지가격에 대한 불복방법과 달리 인정한다고 하여 그것이 헌법상 평등의 원칙, 재판권 보장의 원칙에 위반된다고 볼 수는 없다."라고 판시하여 개별공시지가와 세금부과처분과 달리 표준지공시지가와 세금부과처분 사이에는 하자의 승계를 부정하고 있다.

그러나 이 판결은 대법원이 개별공시지가와 세금부과처분과의 하자의 승계를 인정하기 위해 제시한 논리, 즉 ① 개별공시지가결정은 이를 기초로 한 과세처분 등과는 별개의 독립된 처분으로서 서로 독립하여 별개의 법률효과를 목적으로 하는 것이나, 개별공시지가는 이를 토지소유자나 이해관계인에게 개별적으로 고지하도록 되어 있는 것이 아니어서 토지소유자 등이 개별공시지가결정 내용을 알고 있었다고 전제하기도 곤란하고, ② 결정된 개별공시지가가 자신에게 유리하게 작용될 것인지 또는 불이익하게 작용될 것인지 여부를 쉽사리 예견할 수 있는 것도 아니며, ③ 장차 어떠한 과세처분 등 구체적인 불이익이 현실적으로 나타나게 되었을 경우에 비로소 권리구제의 길을 찾는 것이 우리 국민의 권리의식임을 감안하여 볼 때 토지소유자 등으로 하여금 결정된 개별공시지가를 기초로 하여 장차 과세처분 등이 이루어질 것에 대비하여 항상 토지의 가격을 주시하고 개별공시지가결정이 잘못된 경우 정해진 시정절차를 통하여 이를 시정하도록 요구하는 것은 부당하게 높은 주의의무를 지우는 것이라고 아니할 수 없고, ④ 위법한 개별공시지가결정에 대하여 그 정해진 시정절차를 통하여 시정하도록 요구하지 아니하였다는 이유로 위법한 개별공시지가를 기초로 한 과세처분 등 후행행정처분에서 개별공시지가결정의 위법을 주장할 수 없도록 하는 것은 수인한도를 넘는 불이익을 강요하는 것으로서 국민의 재산권과 재판받을 권리를 보장한 헌법이념에도 부합하는 것이 아니라는 논거들은 표준지공시지가와 세금부과처분 사이에도 그대로 적용되거나 오히려 그 정도가 심하다는 점에서 논리적으로 이해하기 어려운 면이 있다고 할 것이다. 다만 표준지공시지가의 경우 개별공시지가에 비해 그 적용범위가 광범위하여 그 취소에 따른 파급효과가 크며 따라서 법적 안정성의 측면이 저해될 수도 있다는 점을 고려하면 이 판결의 결론은 어느 정도 수긍이 가나 이 판결이 '수인가능성'에 대해서는 어떠한 고려도 없이 일률적으로 하자의 승계를 부정한 것은 문제가 있다고 본다. 즉 하자의 승계문제는 앞에서 살펴본 바와 같이 '법적 안정성'과 '개인의 재판청구권' 사이의 조화 문제인바 표준지공시지가의 경우 개별공시지가보다 '법적 안정성'의 요청이 상대적으로 큰 것은 부인할 수 없지만 이러한 양적 차이를 질적 차이로 전환시킨 대법원의 경직된 입장은 문제가 있다고 할 것이다.

판례

표준지공시지가와 개별공시지가의 하자의 승계

가. 표준지로 선정된 토지의 공시지가에 대하여 불복하기 위하여는 지가공시 및 토지 등의 평가에 관한 법률 제8조 제1항 소정의 이의절차를 거쳐 처분청을 상대로 그 공시지가결정의 취소를 구하는 행정소송을 제기하여야 하는 것이지, 그러한 절차를 밟지 아니한 채 개별토지가격결정을 다투는 소송에서 그 개별토지가격 산정의 기초가 된 표준지 공시지가의 위법성을 다툴 수는 없다.

나. 해당 토지와 용도지역, 지목, 이용상황, 지형 및 지세, 주위환경 등이 유사하여 표준지선정기준에 적합한 표준지를 비교표준지로 선정한 이상 종전의 비교표준지를 바꾼 것만으로는 비교표준지 선정에 있어 어떠한 위법이 있다고 할 수 없다.

다. 해당 토지의 개별토지가격이 인근 토지의 개별토지가격 등에 비추어 현저하게 부당하다는 점에 대하여는 이를 다투는 자에게 그 입증의 필요가 있다(대법원 1995.3.28. 선고 94누12920 판결).

(평석) 이 판결에서 대법원은 "표준지로 선정된 토지의 공시지가에 대하여 불복하기 위하여는 (종전) 「지가공시 및 토지 등의 평가에 관한 법률」(현행 「부동산가격공시에 관한 법률」) 제8조 제1항 소정의 이의절차를 거쳐 처분청을 상대로 그 공시지가결정의 취소를 구하는 행정소송을 제기하여야 하는 것이지, 그러한 절차를 밟지 아니한 채 개별토지가격결정을 다투는 소송에서 그 개별토지가격산정의 기초가 된 표준지공시지가의 위법성을 다툴 수는 없다."라고 판시하여 표준지공시지가와 개별공시지가 사이의 하자의 승계를 부정하고 있는바 이 판결은 표준지공시지가와 세금부과처분과는 달리 표준지공시지가와 개별공시지가의 경우 동일한 효과를 추구하는 단계적 처분으로 볼 여지도 있다는 점에서 더 큰 문제가 있다고 할 것이다.

사견으로는 판례의 태도와 달리 표준지공시지가와 개별공시지가 사이의 하자승계를 인정하는 것이 타당하다고 보는바 그 이유는 다음과 같다.

첫째, 표준지공시지가결정의 기준이 되는 표준지는 개별공시지가 결정 시 비로소 정하여지는 것으로, 개별공시지가가 결정·공시되기 전에 표준지공시지가의 위법을 다투라고 하는 것은 그 표준지가 해당 개별공시지가의 결정기준이 될지 여부가 확정되지 않은 상태에서 그 위법을 다투라고 하는 것이어서 과연 소의 이익이 있는지 의문이다.

둘째, 문제의 표준지가 자신소유 토지의 개별공시지가 결정 시 기준이 될지 모르는 상태에서 표준지공시지가의 취소를 구하도록 요구하는 것은 국민의 재판청구권 행사를 기대하기 불가능함에도 이를 요구하는 것이 되어 재판청구권을 침해하게 된다.

셋째, 원고적격과 관련하여 과연 어느 범위의 인근 주민에게 법률상 이익을 인정할지가 의문인바, 만약 일부 견해처럼 표준지 내의 소유자에 대해서만 원고적격을 인정하면 인근 주민은 애초에 표준지공시지가에 대한 쟁송 자체가 불가능하기 때문이다.

판례

표준지공시지가와 수용보상금의 하자의 승계(긍정)

수용보상금의 증액을 구하는 소송에서 선행처분으로서 그 수용대상 토지 가격 산정의 기초가 된 비교표준지공시지가결정의 위법을 독립한 사유로 주장할 수 있는지 여부(적극)

표준지공시지가결정은 이를 기초로 한 수용재결 등과는 별개의 독립된 처분으로서 서로 독립하여 별개의 법률효과를 목적으로 하지만, 표준지공시지가는 이를 인근 토지의 소유자나 기타 이해관계인에게 개별적으로 고지하도록 되어 있는 것이 아니어서 인근 토지의 소유자 등이 표준지공시지가결정 내용을 알고 있었다고 전제하기가 곤란할 뿐만 아니라, 결정된 표준지공시지가가 공시될 당시 보상금 산정의 기준이 되는 표준지의 인근 토지를 함께 공시하는 것이 아니어서 인근 토지 소유자는 보상금 산정의 기준이 되는 표준지가 어느 토지인지를 알 수 없으므로, 인근 토지 소유자가 표준지의 공시지가가 확정되기 전에 이를 다투는 것은 불가능하다. 더욱이 장차 어떠한 수용재결 등 구체적인 불이익이 현실적으로 나타나게 되었을 경우에 비로소 권리구제의 길을 찾는 것이 우리 국민의 권리의식임을 감안하여 볼 때, 인근 토지소유자 등으로 하여금 결정된 표준지공시지가를 기초로 하여 장차 토지보상 등이 이루어질 것에 대비하여 항상 토지의 가격을 주시하고 표준지공시지가결정이 잘못된 경우 정해진 시정절차를 통하여 이를 시정하도록 요구하는 것은 부당하게 높은 주의의무를 지우는 것이고, 위법한 표준지공시지가결정에 대하여 그 정해진 시정절차를 통하여 시정하도록 요구하지 않았다는 이유로 위법한 표준지공시지가를 기초로 한 수용재결 등 후행 행정처분에서 표준지공시지가결정의 위법을 주장할 수 없도록 하는 것은 수인한도를 넘는 불이익을 강요하는 것으로서 국민의 재산권과 재판받을 권리를 보장한 헌법의 이념에도 부합하는 것이 아니다. 따라서 표준지공시지가결정이 위법한 경우에는 그 자체를 행정소송의 대상이 되는 행정처분으로 보아 그 위법 여부를 다툴 수 있음은 물론, 수용보상금의 증액을 구하는 소송에서도 선행처분으로서 그 수용대상 토지 가격 산정의 기초가 된 비교표준지공시지가결정의 위법을 독립한 사유로 주장할 수 있다(대법원 2008.8.21. 선고 2007두13845 판결).

(평석) 이 판결은 국민의 재판청구권과 법적 안전성을 조화하는 측면을 고려하면서도 수인한도를 넘는 불이익을 강요하는 것은 국민의 재산권보호와 재판청구권을 보장하는 헌법의 이념에 배치된다고 보아, 비교표준지공시지가결정의 위법을 수용보상금증액을 구하는 소송에서도 독립한 위법사유로 주장할 수 있도록 판시함으로써 기존의 하자승계의 판례와 비교해서 획기적인 논지를 담고 있다.

판례

대법원 2019. 1. 31. 선고 2017두40372 판결 [중개사무소의개설등록취소처분취소][공2019상,674]

【판시사항】

[1] 공인중개사법 제38조 제1항 제7호에서 정한 '중개업무'에 거래 당사자 쌍방의 의뢰를 받아 이루어지는 경우 외에 거래 당사자 일방의 의뢰를 받아 이루어지는 경우가 포함되는지 여부(적극) 및 어떠한 행위가 '중개업무의 수행'에 해당하는지 판단하는 기준

[2] 선행처분과 후행처분이 서로 독립하여 별개의 법률효과를 발생시키는 경우, 선행처분에 불가쟁력이 생겨 그 효력을 다툴 수 없게 되면 선행처분의 하자를 이유로 후행처분의 효력을 다툴 수 있는지 여부(원칙적 소극) 및 예외적으로 선행처분의 하자를 이유로 후행처분의 효력을 다툴 수 있는 경우

【판결요지】

[1] 공인중개사법 제38조 제1항 제7호는 '업무정지기간 중에 중개업무를 하는 경우'를 중개사무소의 개설등록 취소사유로 규정하고 있다. 여기에서 말하는 중개업무란 중개대상물에 대하여 거래 당사자간의 매매・교환・임대차 기타 권리의 득실・변경에 관한 행위를 알선하는 업무를 말한다(공인중개사법 제2조 제1호). 그러한 업무는 거래 당사자 쌍방의 의뢰를 받아 이루어지는 경우뿐만 아니라 거래 당사자 일방의 의뢰를 받아 이루어지는 경우도 포함한다. 한편 어떠한 행위가 '중개업무의 수행'에 해당하는지는 중개업자의 행위를 객관적으로 보아 사회통념상 거래의 알선・중개를 위한 행위라고 인정되는지에 따라 판단하여야 한다.

[2] 2개 이상의 행정처분이 연속적 또는 단계적으로 이루어지는 경우 선행처분과 후행처분이 서로 합하여 1개의 법률효과를 완성하는 때에는 선행처분에 하자가 있으면 그 하자는 후행처분에 승계된다. 이러한 경우에는 선행처분에 불가쟁력이 생겨 그 효력을 다툴 수 없게 되더라도 선행처분의 하자를 이유로 후행처분의 효력을 다툴 수 있다. 그러나 선행처분과 후행처분이 서로 독립하여 별개의 법률효과를 발생시키는 경우에는 선행처분에 불가쟁력이 생겨 그 효력을 다툴 수 없게 되면 선행처분의 하자가 중대하고 명백하여 선행처분이 당연무효인 경우를 제외하고는 특별한 사정이 없는 한 선행처분의 하자를 이유로 후행처분의 효력을 다툴 수 없는 것이 원칙이다. 다만 그 경우에도 선행처분의 불가쟁력이나 구속력이 그로 인하여 불이익을 입게 되는 자에게 수인한도를 넘는 가혹함을 가져오고, 그 결과가 당사자에게 예측가능한 것이 아니라면, 국민의 재판받을 권리를 보장하고 있는 헌법의 이념에 비추어 선행처분의 후행처분에 대한 구속력을 인정할 수 없다. (출처 : 대법원 2019. 1. 31. 선고 2017두40372 판결 [중개사무소의개설등록취소처분취소])

07 절 행정행위의 취소와 철회

행정기본법 제18조(위법 또는 부당한 처분의 취소)**와 제19조**(적법한 처분의 철회)

제18조(위법 또는 부당한 처분의 취소)

① 행정청은 위법 또는 부당한 처분의 전부나 일부를 소급하여 취소할 수 있다. 다만, 당사자의 신뢰를 보호할 가치가 있는 등 정당한 사유가 있는 경우에는 장래를 향하여 취소할 수 있다.

② 행정청은 제1항에 따라 당사자에게 권리나 이익을 부여하는 처분을 취소하려는 경우에는 취소로 인하여 당사자가 입게 될 불이익을 취소로 달성되는 공익과 비교·형량(衡量)하여야 한다. 다만, 다음 각 호의 어느 하나에 해당하는 경우에는 그러하지 아니하다.

1. 거짓이나 그 밖의 부정한 방법으로 처분을 받은 경우
2. 당사자가 처분의 위법성을 알고 있었거나 중대한 과실로 알지 못한 경우

제19조(적법한 처분의 철회)

① 행정청은 적법한 처분이 다음 각 호의 어느 하나에 해당하는 경우에는 그 처분의 전부 또는 일부를 장래를 향하여 철회할 수 있다.

1. 법률에서 정한 철회 사유에 해당하게 된 경우
2. 법령등의 변경이나 사정변경으로 처분을 더 이상 존속시킬 필요가 없게 된 경우
3. 중대한 공익을 위하여 필요한 경우

② 행정청은 제1항에 따라 처분을 철회하려는 경우에는 철회로 인하여 당사자가 입게 될 불이익을 철회로 달성되는 공익과 비교·형량하여야 한다.

1. 행정행위의 직권 취소 – 위법 또는 부당한 처분의 직권취소(행정기본법 제18조)

행정기본법 제18조(위법 또는 부당한 처분의 취소)

제18조(위법 또는 부당한 처분의 취소)

① 행정청은 위법 또는 부당한 처분의 전부나 일부를 소급하여 취소할 수 있다. 다만, 당사자의 신뢰를 보호할 가치가 있는 등 정당한 사유가 있는 경우에는 장래를 향하여 취소할 수 있다.

② 행정청은 제1항에 따라 당사자에게 권리나 이익을 부여하는 처분을 취소하려는 경우에는 취소로 인하여 당사자가 입게 될 불이익을 취소로 달성되는 공익과 비교·형량(衡量)하여야 한다. 다만, 다음 각 호의 어느 하나에 해당하는 경우에는 그러하지 아니하다.

1. 거짓이나 그 밖의 부정한 방법으로 처분을 받은 경우
2. 당사자가 처분의 위법성을 알고 있었거나 중대한 과실로 알지 못한 경우

1) 직권 취소의 개념

행정기본법 제18조의 취소는 행정청이 직권으로 하는 직권취소를 말한다. 행정행위의 직권취소란 일단 유효하게 성립된 행정행위에 대하여 그 성립에 있어서 하자를 이유로 그 효력을 전부 또는 일부

를 소멸시키는 행정청의 의사표시를 말한다. 이를 직권취소라고 하며, 독립된 새로운 행정행위의 성격을 갖고 있다. 이에 대하여 넓은 의미의 취소란 직권취소 이외에 행정쟁송절차에 의한 취소, 즉 쟁송취소를 포함하고 있다. 오늘날 행정행위의 취소는 일반적으로 직권취소를 가리키고 있다. 행정행위의 직권취소는 그 성립 당시의 흠을 이유로 효력을 소멸시키는 행위라는 점에서, 흠 없이 성립을 하였으나, 후발적 사유의 발생으로 효력을 소멸시키는 행위인 철회와 구별된다. 직권취소와 철회를 합친 개념을 강학상으로 폐지라고 한다.

2) 직권취소와 쟁송취소의 구별

(1) 기본적 성격상의 차이

양자는 그 기본적 성격과 이익상황을 달리한다. 쟁송취소의 제도는 법률에 의한 행정의 원리의 실현을 위하여 행정행위의 추상적 위법성을 이유로 소급적으로 적법상태를 실현시키고 국민의 권리를 구제하는 제도이다. 이에 따라 주요한 취소대상은 부담적 행정행위가 된다. 이에 대하여 직권취소는 적법성을 회복시킴과 동시에 또 하나의 독립된 행정행위로서 장래를 향하여 행정목적을 실현시키기 위한 수단으로서의 기본적인 특색을 갖고 있다. 이 점에서 철회와 공통점을 많이 가지고 있으며 수익적 행정행위와 관련하여 여러 가지 법적 문제를 발생시키고 있다.

(2) 쟁송취소와 직권취소의 구체적인 차이점

① 취소사유

쟁송취소에서는 추상적인 위법성을 이유로 개인의 권리구제를 위하여 행위가 취소된다. 이에 대하여 직권취소에서는 위법의 내용이 구체적인 위법사유에 기하면서 행정목적의 실현이라는 공익의 요구에 의하여 행정행위가 취소된다.

② 이익형량

쟁송취소에 있어서는 위법성이 있는 한 이익의 비교형량이 없이 취소됨이 원칙이며, 실정법상의 규정이 있는 예외적인 경우에 이익형량이 이루어진다(행정심판법 제44조, 행정소송법 제28조). 이에 대하여 직권취소에서는 개별적이고 구체적인 행정목적에 비추어 위법의 내용을 확정하여야 하는 동시에, 관련되는 제 이익을 비교형량하여 취소여부를 결정하여야 한다.

③ 취소기간

쟁송취소는 쟁송제기를 전제로 하는 것이므로 쟁송제기기간에 따른 제한을 받으나(행정심판법 제27조, 행정소송법 제20조), 직권취소는 행정청이 직권으로 행하는 것이므로 그러한 기한의 제한을 받지 않는다. 단지 수익적 행정행위의 직권취소는 상대방의 신뢰보호를 위하여 기간의 제한이 따르게 된다.

④ 취소절차

쟁송취소는 법정의 쟁송절차에 따라 행하여지나 독자적인 행정행위의 성격을 갖고 있는 직권취소는 행정절차법상의 처분절차에 의한다. 특히 수익적 행정행위의 직권취소는 상대방에게 부담적 효과를 발생시키기 때문에 사전통지, 청문 및 이유제시의 절차를 준수하여야 한다.

⑤ 취소의 소급효

쟁송취소에서는 회고적으로 적법성을 확보하는 것이기 때문에 원칙적으로 소급효가 인정되는 데 대하여, 직권취소에서는 수익적 행정행위에 있어서는 상대방의 책임 있는 경우 외에는 취소의 효과가 소급되지 않는다.

⑥ 취소의 범위

직권취소에서는 처분청 또는 상급행정청이 행정행위의 하자를 제거하고 구체적인 행정목적의 실현을 위하여 필요한 경우에는 적극적 변경을 할 수 있는 데 대하여, 취소소송절차에서의 쟁송취소의 경우에는 권력분립주의 때문에 원칙적으로 취소 또는 일부취소를 할 수 있을 뿐이다. 다만 행정심판절차에 의한 쟁송취소에서는 별도의 보정규정을 두고 있다(행정심판법 제32조).

3) 직권취소의 취소권자 – 행정청

취소할 수 있는 권한을 가진 자는 원칙적으로 해당 행정행위를 한 행정청, 즉 처분청이다. 처분청은 하자 있는 행정행위의 행위자로서 행정행위의 하자를 시정할 지위에 있으므로 이에 대한 법률적 규정이 없는 경우에도 행정행위를 취소할 수 있다.

이에 대하여 감독청이 직접 행정행위를 취소할 수 있는 권한을 가지는가에 대하여는 견해의 대립이 있다. 소극설은 감독청은 특별한 법률적 규정이 없는 한 직접 취소권을 행사할 수 없다고 주장하고 있는 반면, 적극설은 취소권은 감독의 목적을 달성하기 위한 불가결의 수단이라는 이유로 감독청도 당연히 취소권을 갖는다고 주장하고 있다.

그러나 감독청은 피감독청에 대한 취소명령권만을 가진다고 보는 소극설의 입장이 타당하다고 할 것이다. 왜냐하면 취소의 효과는 행정조직 내부에 그치지 않고 당연히 국민에 대하여 미치며 또한 하급행정청이 한 행위를 감독청이 취소한다는 것은 하급행정청의 권한을 상급감독청이 대행하는 대집행적인 성질을 갖기 때문이다. 단지 예외적으로 법률에 의하여 감독청의 취소권이 인정되는 경우가 있다(정부조직법 제11조 제2항).

4) 직권취소의 취소권의 근거와 취소사유

(1) **취소권의 근거**(법적근거 필요 여부)

행정행위에 취소사유가 있음으로써 해당 행정행위를 취소하는 경우, 별도의 법적 근거를 필요로 하는지의 여부에 대하여 견해가 갈리고 있다. 즉 행정행위의 취소는 그 성립·효력의 요건을 갖추지 않은 하자가 있음을 이유로 그 효력을 소멸시키는 것이므로 행정행위의 발급에 대한 수권규정만으로 충분하고 취소를 위한 별도의 법적 근거를 요하지 않는다는 견해와, 직권취소는 수익적 행정행위가 대상이 되는 경우가 많기 때문에, 침해유보설에 입각하여 법적 근거가 필요하다는 견해가 그것이다. 그러나 하자 있는 행정행위는 법치행정의 요구에 어긋나는 것이므로 그러한 위법한 행정행위를 취소하는 것은 법치행정의 원리를 구체적으로 실현하는 것이므로 별도의 법적 근거를 요하지 않는 것이 다수설이며 우리나라 판례의 입장이다. 반대설은 수익적 행정행위의 직권취소는 개인의 기득권 침해를 가져오므로 법률유보의 원칙에 따라 법령의 근거를 요한다고 하나 하자 있는 수익적 행정행위로 얻은 권익은 그 자체가 원인 면에서 하자가 있는 것이기 때문에, 적법하게 주어진 권익과 같은 차원에서 다루어질 수 없다. 수익적 행정행위의 기득권에 대한 고려는 법률유보의 문제라기보다는 취소권 행사에 있어서 신뢰보호의 원칙에 따른 이익형량의 문제, 즉 취소권 제한의 문제라고 할 수 있다.

판례는 ① 행정처분에 하자가 있는 경우에는 법령에 특별히 취소사유를 규정하고 있지 아니하여도 행정청은 그가 행한 위법한 행정처분을 취소할 수 있다[61]고 본 바 있으며 ② 행정행위를 한 처분청은 그 행위에 하자가 있는 경우에 별도의 법적 근거가 없더라도 스스로 이를 취소할 수 있는 것이며, 다만 그 행위가 국민에게 권리나 이익을 부여하는 이른바 수익적 행정행위인 때에는 그 행위를 취소하여야 할 공익상 필요와 그 취소로 인하여 당사자가 입을 기득권과 신뢰보호 및 법률생활 안정의 침해 등 불이익을 비교교량한 후 공익상 필요가 당사자의 기득권침해 등 불이익을 정당화할 수 있을 만큼 강한 경우에 한하여 취소할 수 있다[62]고 판시한 바 있다.

(2) 취소의 사유

행정행위의 취소사유에 있어서는 관계법령에서 명문의 규정을 두고 있는 경우도 있으나 그러한 규정이 없는 경우에는, 무효원인에 이르지 않는 행정행위의 하자가 있으면 직권취소의 사유가 된다. 다만 흠이 있으나 이미 치유되었거나 다른 적법한 행위로 전환된 경우에는 취소의 대상이 되지 않는다. 일반적으로 학설에서 언급되는 취소사유로는 ① 무효에 이르지 않는 권한의 일탈이나 절차 또는 형식상의 하자, ② 사기 · 강박 · 증뢰 등 부정행위에 의한 것, ③ 착오의 결과로서 위법하게 된 것, ④ 공서양속에 위반된 것, ⑤ 성문법규 · 불문법규 · 행정법의 일반원칙 위반 등이 있다.

5) 직권취소의 한계

(1) 직권취소의 제한

① 행정의 법률적합성과 취소제한

취소는 철회와는 달리 위법한 행정행위를 그 위법성을 이유로 효과를 소멸시키는 행위이다. 따라서 법률에 의한 행정의 원리에 의한다면 행정행위가 위법인 이상은 마땅히 취소되어야 할 것이다. 그러나 학설 · 판례는 취소에 대하여도 법정책적 내지 실천적인 이유에서 철회의 경우와 유사한 제한을 법해석론상 설정하고 있다. 왜냐하면 취소원인인 하자를 간직하는 행정행위는 무효인 행정행위와는 달리 취소될 때까지는 유효한 행정행위로서 존속하는 것이며, 그 유효함을 전제로 하여 법률질서가 형성되어 가는 것이므로 그를 함부로 직권취소할 때에는 그러한 기성의 법률질서를 침해하므로 법률생활의 안정을 해치게 된다. 따라서 위에서 본 취소사유가 존재한다 하더라도 법률생활의 안정 · 국민의 기득권의 보호, 이러한 제 원칙의 결정으로 볼 수 있는 신뢰보호의 원칙 등이 고려되어야 하며, 그들 제 이익의 비교형량을 통하여 직권취소의 여부가 결정된다고 할 것이다.

---

61) 대법원 1982.7.27. 선고 81누271 판결
62) 대법원 1986.2.25. 선고 85누664 판결

그런데 이 문제는 직권취소의 대상이 되는 행정행위의 효과에 따라 달라지므로 이를 부담적 행정행위의 취소와 수익적 행정행위의 취소로 나누어 고찰하고자 한다.

② 부담적 행정행위의 직권취소

위법한 부담적인 행정행위는 불가쟁력이 발생한 후에도 행정청의 의무에 합당한 재량에 따라 취소할 수 있다. 왜냐하면 위법·부담적인 행위의 취소는 행정의 적법성 원칙에 합당할 뿐만 아니라 다른 한편으로 행정행위의 상대방의 이익으로 작용하기 때문이다. 다만, 행정청 측의 입장에서 오히려 법적 안정성을 근거로 그 취소권이 제한되어야 한다는 주장도 있을 수 있으며, 또한 취소가 그 재량에 따라 허용된다고 하더라도 그것은 의무에 합당한 재량권의 행사, 곧 재량권의 한계에 관한 일반원칙에 의하여 제한받는다는 재량취소임을 유의하여야 한다.

③ 수익적 행정행위의 직권취소

위법한 수익적 행정행위의 취소제한이 법치국가 아래에서 허용될 수 있는가 하는 문제에 관하여 일찍이 독일행정법학에서는 심한 다툼이 있었다.

그러나 학설·판례의 대세가 행정의 법률적합성의 원칙과 함께 법적 안정성의 원리(그로부터 나오는 신뢰보호원칙)를 헌법상 법치국가원리의 동위적·동가치적 요소로 승화시킴으로써 위법한 수익적 행정행위의 직권취소는 행정의 법률적합성이라는 공익이 상대방에 대한 보호가치가 있는 신뢰를 극복하는 경우에만 허용되는 것으로 보아 구체적인 경우의 이익형량을 강조하고 있다. 우리 대법원의 견해 또한 동일하다.

이러한 비교형량의 결과로는 첫째, 직권취소가 제한되지 않는 경우, 둘째, 직권취소가 허용되나 상대방의 신뢰보호를 위하여 손실보상을 하여야 하는 경우(가치보호), 셋째, 직권취소가 제한되는 경우(존속보호)를 생각할 수 있다.

판례

자동차운수사업법 제31조 소정의 면허취소사유가 발생하였다 하더라도 면허취소처분을 함에 있어서는 법이 취지를 검토하여 그에 의하여 달하려고 하는 자동차운수사업법상의 공익목적과 면허취소처분에 의하여 상대방이 입게 될 불이익을 비교형량하여야 한다(대법원 1984.3.13. 선고 82누260 판결).

(2) **복효적 행정행위의 직권취소**

위법한 복효적 행정행위를 직권취소함에 있어서는 불가쟁력의 발생여부에 따라 구별하여 검토하여야 한다는 것이 통설적 견해이다. 즉, 불복제기기간이 경과하기 전에는 복효적 행정행위의 수익자는 당연히 불이익을 받는 자가 쟁송을 제기할 것을 고려하여야 할 것이고 따라서 수익자의 신뢰를 보호할 필요가 크지 않다.

따라서 불가쟁력이 발생하기 전에는 위법한 복효적 행정행위로부터 불이익한 효과를 받는 자를 구제하기 위해 보다 자유로이 직권취소가 허용되어야 하나, 불가쟁력이 발생한 이후에는 수익자의 신뢰보호를 위해 직권취소가 제한된다고 보아야 한다. 다만, 불가쟁력이 발생한 이후라 하더라도 위법한 권익침해로부터 불이익자를 구제할 필요성을 무시할 수는 없으므로 행정의 법률적합성의 원칙 내지 불이익의 제거요청과 신뢰보호의 원칙 내지 수익자의 기득권을 비교형량하여 구체적으로 결정하여야 할 것이다.

(3) 이익형량의 기준

직권취소의 경우의 이익형량은 주로 수익적 행정행위에서 문제된다. 부담적 행정행위의 취소에 있어서는 원칙상 취소는 자유롭다. 이중효과적 행정행위의 경우에는 취소로 인한 행정행위의 상대방의 이익 또는 불이익과 함께 제3자의 이익 또는 불이익을 이익형량에 포함시켜야 한다. 이익형량의 결과 행정청은 전부취소 또는 일부취소를 선택할 수 있고, 소급효 있는 취소 또는 소급하지 않는 취소를 결정할 수 있다.

이에 따라 어떠한 기준에 의하여 제 이익을 형량하느냐가 문제가 되는바, 우리 학설에서는 대체적으로 다음과 같은 형량의 기준을 제시하고 있다.

① 취소가 제한되지 않는 경우

㉠ 공공의 안녕과 질서에 대한 중대한 위해 : 공공의 안녕과 질서에 대한 중대한 위해를 방지하기 위하여 필요한 경우에는 상대방의 신뢰에도 불구하고 흠 있는 수익적 행정행위는 취소되어야 할 것이다.

㉡ 상대방의 부정한 행위 : 수익자의 사기·강박·증뢰 등 부정한 방법으로 수익적 행정행위가 발급되었을 경우에도 취소에 대한 공익이 우선한다. 또한 수익자가 행정행위의 위법성을 알았거나 중대한 과실로 알지 못한 경우에도 동일하게 취급되어야 한다.

판례

> 행정처분에 하자가 있음을 이유로 처분청이 이를 취소하는 경우에도 그 처분이 국민에게 권리나 이익을 부여하는 수익적 처분인 때에는 그 처분을 취소하여야 할 공익상의 필요와 그 취소로 인하여 당사자가 입게 될 불이익을 비교교량한 후 공익상의 필요가 당사자가 입을 불이익을 정당화할 만큼 강한 경우에 한하여 취소할 수 있는 것이지만, 그 처분의 하자가 당사자의 사실은폐나 기타 사위의 방법에 의한 신청행위에 기인한 것이라면 당사자는 그 처분에 의한 이익이 위법하게 취득되었음을 알아 그 취소가능성도 예상하고 있었다고 할 것이므로, 그 자신이 위 처분에 관한 신뢰이익을 원용할 수 없음은 물론 행정청이 이를 고려하지 아니하였다고 하여도 재량권의 남용이 되지 아니한다(대법원 1995.10.25. 선고 95누14190 판결).

㉢ 위법성에 대한 상대방의 책임 : 행정행위의 위법성이 수익자의 객관적인 책임에 귀속시킬 수 있는 경우에도 취소에 대한 공익이 앞선다. 여기에서 수익자의 객관적 책임에 귀속시킬 수 있는 경우란 수익자가 제시한 잘못된 신고나 불완전한 자료에 의하여 행정행위가 행하여진 때를 말한다.

② 취소가 제한되는 경우

㉠ 보호가치가 있는 신뢰 : 수익자가 흠이 있는 행정행위의 적법성과 그 존속을 신뢰하였을 뿐 아니라, 수령한 급부를 이미 사용하였을 때에는 수익자의 신뢰가 취소에 대한 공익보다 앞선다. 즉 수령한 금액을 이미 소비하였거나 흠이 있는 건축허가를 믿고 건축에 착수한 경우에 그러하다. 그럼에도 불구하고 공익상의 필요에서 그 건축허가를 취소하여야 하는 경우에는 보상을 통하여 신뢰를 보호하여야 한다.

㉡ 기간의 경과(실권의 법리) : 실권의 법리라 함은 행정청에게 취소권 등의 권리행사의 기회가 있음에도 불구하고 행정청이 장기간 그 권리를 행사하지 아니하였기 때문에 상대방인 국민이 행정청이 그 권리를 행사하지 아니할 것으로 신뢰할 만한 정당한 사유가 있게 되는 경우에는 그 권리를 행사할 수 없다는 법리를 말한다. 대법원은 이를 신의성실원칙의 파생원칙으로 보고 있다(대법원 1998.4.27. 선고 87누915 판결).

실권의 법리가 적용되기 위해서는 (i) 행정청이 취소나 철회사유 등을 앎으로써 권리행사 가능성이 있었어야 하며 (ii) 행정권 행사가 가능함에도 불구하고 장기간 권리행사를 하지 않았어야 하며 (iii) 상대방인 국민이 행정청이 이제는 권리를 행사하지 않을 것으로 신뢰하였고 그에 정당한 사유가 있어야 한다. 실권의 법리의 적용 요건에 해당하는 경우에 행정청이 갖고 있는 제재권은 소멸된다. 취소권뿐만 아니라 정지권도 소멸된다.

㉢ 인가 : 사인 간의 법률적 행위의 효력을 보충하여 그 법률상 효과를 완성시켜주는 행위인 인가의 경우에는 이미 사인의 법률행위가 완성된 이후에는 법적 안정성의 이유에 의하여 그 취소가 제한된다고 보아야 할 것이다.

㉣ 준사법적 행정행위 : 준사법적 절차에 따른 행정행위는(예 행정심판의 재결, 토지수용위원회의 재결 등) 그것이 부담적 행정행위이든 또는 수익적 행정행위이든 간에 취소의 제한을 받는다. 어떤 행정행위가 준사법적 절차에 의하여 행하여진다는 것은 그만큼 해당 행정행위의 적법성과 존속성이 보장된다고 보기 때문이다.

심계원의 판정이 행정처분임은 물론이나 해당 회계 관계 직원과 관계행정청을 구속하는 준사법적 성격을 띤 확정력을 가지는 것으로써 판정은 판정을 한 기관조차 일반 행정처분과는 달리 위의 제32조 소정 재심에 의한 경우를 제외하고는 취소·변경할 수 없다.[63]

6) 직권취소의 절차

행정행위의 직권취소는 독립적인 행정행위의 성격을 갖고 있기 때문에 행정절차법상의 처분절차에 따라 행하여져야 한다. 특히 수익적 행정행위의 직권취소의 경우는 상대방에게 부담적 효과를 발생시키기 때문에 사전통지(행정절차법 제21조), 의견청취(행정절차법 제22조)를 거쳐야 하고 아울러 이유제시(행정절차법 제23조)를 하여야 한다. 특히 영업허가 등의 취소와 관련하여서는 개별법상으로 거의 예외 없이 청문절차를 거치도록 하고 있다(예 식품위생법 제64조, 공중위생관리법 제12조, 건축사법 제28조의2).

7) 취소의 효과

① 부담적 행정행위의 직권취소에 있어서 소급효가 인정되는지의 여부는 원칙적으로 행정청의 재량에 따른다. 이에 대하여 수익적 행정행위의 직권취소에 있어서는 상대방의 귀책사유가 있는 경우를 제외하고는 원칙적으로 소급하지 않는다.

② 위법한 행정행위를 취소한 경우에 있어서 행정청은 당사자 등이 행정행위의 존속을 신뢰함으로써 받은 재산상의 불이익을 보상하여야 한다.

63) 대법원 1963.7.25. 선고 63누65 판결

8) 직권취소의 직권취소

직권취소에 취소사유인 하자가 있는 때에는 이를 직권으로 취소하여 원래의 행정행위를 회복시킬 수 있느냐에 대한 문제가 발생되는바 이는 ① 취소에 무효원인인 하자가 있는 경우와 ② 취소에 취소원인인 하자가 있는 경우로 구분할 수 있다.

(1) 취소에 무효원인이 있는 경우

직권취소가 지닌 하자가 중대하고 명백한 경우에는 취소처분은 당연 무효가 되어 처음부터 취소의 효과가 발생하지 않는다. 이 경우에는 쟁송에 의하여 무효확인 또는 직권에 의한 무효선언이 가능하다.

(2) 취소에 취소원인이 있는 경우

직권취소처분에 취소원인인 하자가 있는 경우에는 그를 다시 직권으로 취소할 수 있느냐에 대하여 견해가 대립되고 있다.

① 부정설

취소처분에 대하여 행정쟁송을 제기하는 경우를 제외하고는 취소에 의하여 다시 행정행위의 효력을 다시 소생시킬 수 없다고 한다. 이에 따라 원행정행위를 다시 소생시키려면 원행정행위와 같은 내용의 새로운 행정행위를 행할 수밖에 없다고 한다.

② 긍정설

취소처분은 성질상 행정행위의 일종이므로 그에 하자가 있으면 행정행위의 하자에 관한 일반원칙에 따라 취소할 수 있다고 하는 견해로서 오늘날 다수설의 견해이다.

③ 절충설

원행정행위를 부담적 행정행위와 수익적 행정행위로 나누어 (ⅰ) 부담적 행정행위의 직권취소의 취소는 상대방의 신뢰이익보호를 위해 원칙적으로 부정하고(소극설), (ⅱ) 수익적 행정행위의 직권취소의 취소는 제1차 직권취소 이후 제2차 직권취소 사이에 제3자의 이해관계가 개입되지 않는 경우라면 취소의 취소를 긍정해 원행정행위의 효력을 회복시킬 수 있다는 견해(제한적 적극설)이다.[64]

④ 판례의 경향

판례는 (ⅰ) 부담적 행정행위의 직권취소의 취소에 대해 소극설의 입장에서 부담적 행정행위를 취소한 뒤 재차 취소함으로써 원행정행위를 소생시킬 수 없다고 하였고,[65] (ⅱ) 수익적 행정행위의 취소의 취소에 있어서는 처음의 취소처분을 한 후 새로운 이해관계인이 생기기 전까지는 다시 직권취소하여 수익적 행정행위의 효력을 회복시킬 수 있다고 하여,[66] 절충설의 입장을 취하는 것으로 보인다.

---

64) 박균성, 행정법론(상), 386면.
65) 대법원 1995.3.10. 선고 94누7027 판결
66) 대법원 1967.10.23. 선고 67누126 판결

2. 행정행위의 철회

행정기본법 제19조(적법한 처분의 철회)
제19조(적법한 처분의 철회)
① 행정청은 적법한 처분이 다음 각 호의 어느 하나에 해당하는 경우에는 그 처분의 전부 또는 일부를 장래를 향하여 철회할 수 있다.
1. 법률에서 정한 철회 사유에 해당하게 된 경우
2. 법령등의 변경이나 사정변경으로 처분을 더 이상 존속시킬 필요가 없게 된 경우
3. 중대한 공익을 위하여 필요한 경우

② 행정청은 제1항에 따라 처분을 철회하려는 경우에는 철회로 인하여 당사자가 입게 될 불이익을 철회로 달성되는 공익과 비교·형량하여야 한다.

1) 철회의 의의와 성질

행정기본법 제19조 제1항은 행정청은 적법한 처분일지라도 일정한 사유가 있으면 그 처분의 전부 또는 일부를 장래를 향하여 철회할 수 있다는 취지로 규정하고 있다. 행정행위의 철회란 아무런 하자 없이 적법하게 성립된 행정행위의 효력을 그 성립 후에 발생된 새로운 사정에 의하여 더 존속시킬 수 없는 경우에 장래에 향하여 그 효력의 전부 또는 일부를 소멸시키는 독립한 행정행위를 의미한다. 철회는 적법하게 성립된 행정행위의 효력을 사후에 발생된 새로운 사정에 의하여 그 효력을 소멸시킨다는 점에서 행정행위의 성립에 하자를 이유로 하여 그 효력을 소멸시키는 행정행위의 직권취소와 구분된다. 즉 직권취소는 하자의 시정을 그 주목적으로 하는 데 대하여, 철회는 변화된 사실 및 법률상태에 대한 적응을 목적으로 한다는 점에서 양자는 구별된다. 실정법상으로 철회는 직권취소와 구별되지 않고 취소라는 용어로 사용되고 있다(예 건축법 제69조, 식품위생법 제58조 등).

2) 철회권자 – 행정청

행정행위의 철회는 처분청만이 할 수 있으며, 감독청은 법률에 근거가 있는 경우에만 할 수 있다. 흠의 시정을 목적으로 하는 직권취소의 경우에는 감독청의 취소의 권한에 대하여 다툼이 있으나 새로운 상황에 적응을 목적으로 하는 철회의 경우에는 원칙적으로 처분청만이 할 수 있다는 데 대하여 이론이 없다. 처분청만이 철회권을 갖게 된다는 근거로는 ① 철회는 그 자체가 새로운 행정행위의 성질을 갖는다는 점, ② 감독청은 법률에 특별한 규정이 없는 한, 피감독청의 권한에 대한 대집행의 권한이 없다는 점을 들고 있다.

3) 법적 근거(법적근거 필요 여부)

부담적 행정행위의 철회는 상대방에게 수익적 효과를 주기 때문에 법적 근거가 불요하다는 것이 일반적인 견해이나, 수익적 행정행위의 철회에 있어서 법적 근거가 필요한지 여부에 대하여는 학설에서 다툼이 있다. 이는 행정목적의 달성을 위한 행정청의 자유로운 공익판단을 중시할 것인가 또는 법치행정의 원리를 중시할 것인가에 관한 견해의 대립으로 볼 수 있다.

(1) 소극설(근거불요설)

수익적 행정행위의 철회에는 법률의 근거를 요하지 않는다는 것이 소극설의 입장이다. 과거 행정행위의 철회자유의 원칙이 지배하던 시대에 있어서 이 입장이 지배적인 견해였다. 소극설의 논거로는 ① 행정은 공익에 적합하고 변화에 적응하여야 한다는 점, ② 철회원인의 발생 시에 본래의 행정행위를 하였다면 그것은 흠있는 행정행위가 되었을 것이라는 점, ③ 철회에 대하여도 쟁송이 가능하다는 점, ④ 원행정행위의 수권규정은 철회의 수권규정으로 볼 수 있다는 점, ⑤ 모든 행정행위의 철회에 법적 근거를 요한다고 하는 것은 입법자를 만능시한다는 점 등이 제시되고 있다. 이 견해는 수익적 행정행위의 철회자유의 원칙을 인정하면서 그 한계를 신뢰보호를 위한 관계이익의 비교형량에 두고 있다.[67]

(2) 적극설(근거필요설)

적극설에 따르면 수익적 행정행위의 철회는 적법하게 발급된 행정행위의 효력을 소멸시킴으로써 상대방의 기득권을 침해하는 행정행위인바, 이러한 점에서 하자를 원인으로 하여 행정행위의 효력을 소멸시키는 수익적 행정행위의 직권취소와는 다르다고 한다. 부담적 행정행위를 법률의 근거 없이 단순한 공익상의 이유로 발급할 수 없는 것과 같이 새로운 행정행위의 발급에 해당하는 철회 역시 법적 근거 없이 행할 수 없다고 한다. 특히 허가・인가・특허 등의 수익적 행정행위는 직업의 자유 및 재산권 등 헌법에서 보장하고 있는 기본권을 구체화하는 작용인바 기왕에 발급된 이들의 취소는 개인의 기본권을 침해하기 때문에 법적인 근거가 필요하다고 한다.[68]

(3) 판례의 태도

판례는 근거불요설의 입장에서 법적 근거가 없더라도 사정변경 등 예외적인 경우에는 공익적 요청상 철회가 가능하다고 판시하고 있다.

행정행위를 한 처분청은 그 처분 당시에 그 행정처분에 별다른 하자가 없었고 또 그 처분 후에 이를 취소할 별도의 법적 근거가 없다 하더라도 원래의 처분을 그대로 존속시킬 필요가 없게 된 사정변경이 생겼거나 또는 중대한 공익상의 필요가 발생한 경우에는 별개의 행정행위로 이를 철회하거나 변경할 수 있다.

사업구역을 충청남도 일원으로 한 당초의 장의자동차운송사업 면허처분 후 그 사업구역을 청양군 일원으로 축소 변경하는 처분을 한 것이 그 처분으로 원고가 입게 될 불이익을 감안하더라도 일부 지역 주민들의 장의자동차 이용불편, 업체 간의 과당경쟁, 부당 요금징수 등으로 인한 운송질서 문란을 방지하기 위하여 사업구역을 시, 군별로 축소할 공익상의 필요가 있어 재량권 남용 등의 위법이 없다.[69]

---

67) 박윤흔, 최신행정법강의(상), 456면.
68) 정하중, 행정법총론, 308면.
69) 대법원 1992.1.17. 선고 91누3130 판결 ; 대법원 1995.2.28. 선고 94누7713 판결

(4) 소결

수익적 행정행위의 직권취소는 원시적인 하자를 이유로 하자를 시정하는 것이므로 법치행정의 원리상 별도의 법적 근거를 요하지 않는다고 보는 것이 타당하지만, 수익적 행정행위의 철회는 부담적 성격의 행정작용이기 때문에 중요사항유보설 또는 본질성설에 입각하여 국민의 기본권 내지 권익과의 관련성이 높은 행정작용은 법적 근거를 요한다는 것이 원칙적일 것이다. 원행정행위의 근거법규가 동시에 해당 행정행위의 철회에 대한 근거법규가 되므로 별도의 근거법규를 요하지 않는다는 것은 실질적 법치주의 아래에서 설득력이 없다.

이상을 종합하여 볼 때 철회는 행정행위에 의하여 형성된 법률관계를 소멸시키는 법효과를 발생시키는 것이므로 철회는 원칙적으로 별도의 근거법규를 필요로 한다. 다만, 다양한 행정행위의 개별적·구체적 검토를 통하여 구체적 사안에 따라 공익적합성과 조화를 이루어 나가는 범위 내에서 그 예외를 인정할 수 있을 것이다.

이러한 예외적 사유로서 철회권이 유보된 경우, 부담의 불이행의 경우에는 상대방의 예견가능성을 침해하지 않는 경우이므로 수익적 행정행위의 철회가 가능한 것이고, 사정변경 등 중대한 공익적 사유로 철회하는 경우에는 법률우위에 따라 이익형량에 의하여 판단되어야 할 것이다. 이러한 예외의 범위가 광범위하다는 점에서 근거불요설과 근거필요설의 차이는 크게 줄어드는 것이 현실이다.

4) 철회의 사유

행정기본법 제19조 제1항은 철회를 할 수 있는 사유로 ① 법률에서 정한 철회 사유에 해당하게 된 경우, ② 법령 등의 변경이나 사정변경으로 처분을 더 이상 존속시킬 필요가 없는 경우, ③ 중대한 공익을 위하여 필요한 경우를 규정하고 있다.

판례

[1] '철회사유'는 행정행위가 성립된 이후에 새로이 발생한 것으로서 행정행위의 효력을 존속시킬 수 없는 사유를 말한다(대판 2018.6.28, 2015두58195).

[2] 행정행위를 한 처분청은 비록 그 처분 당시에 별다른 하자가 없었고, 또 그 처분 후에 이를 취소(철회)할 별도의 법적 근거가 없다 하더라도 원래의 처분을 존속시킬 필요가 없게 된 사정변경이 생겼거나 또는 중대한 공익상의 필요가 발생한 경우에는 그 효력을 상실케 하는 별개의 행정행위로 이를 취소할 수 있다(대판 1995.6.9, 95누1194[징집처분취소]).

[3] 취소사유로서의 사정변경 및 공익상 필요성 : 공수법 제32조 제3호, 제40조, 구 공수법 시행령(2005.9.30. 대통령령 제19080호로 개정되기 전의 것, 이하 같다) 제40조 제4항, 제1항의 규정을 종합하면, 농림부장관은 매립공사의 준공인가 전에 공유수면의 상황 변경 등 예상하지 못한 사정변경으로 인하여 공익상 특히 필요한 경우에는 공수법에 의한 면허 또는 인가 등을 취소·변경할 수 있는바, 여기에서 사정변경이라 함은 공유수면매립면허처분을 할 당시에 고려하였거나 고려하였어야 할 제반 사정들에 대하여 각각 사정변경이 있고, 그러한 사정변경으로 인하여 그 처분을 유지하는 것이 현저히 공익에 반하는 경우라고 보아야 할 것이며, 위와 같은 사정변경이 생겼다는 점에 관하여는 그와 같은 사정변경을 주장하는 자에게 그 입증책임이 있다고 할 것이다(대판 전원합의체 2006.3.16, 2006두330[새만금사건]).

(1) 부담적 행정행위

부담적 행정행위에 대한 철회는 원칙적으로 행정청의 재량에 속한다. 단지 예외적으로 일정한 경우에는 재량이 영으로 축소되어 철회에 대한 행정청의 의무가 발생될 수 있으며(후발적 사정의 변경으로 철회하지 않는 경우에는 개인의 기본권이 침해되는 경우), 반면에 철회를 한다고 하더라도 동일한 행정행위가 다시 발하여질 수밖에 없는 경우(기속행위에 있어서 그 발급요건이 충족된 경우), 또는 행정의 자기구속의 법리가 적용되는 경우에는 철회권의 행사가 허용되지 않을 수 있다. 다른 한편 행정청은 부담적 행정행위가 불가쟁적으로 되거나 또는 그의 적법성이 행정심판의 재결청이나 법원에 의하여 확정된 경우라고 할지라도 철회권을 행사할 수 있다.

(2) 수익적 행정행위

① 철회권이 유보된 경우

수익적 행정행위를 하면서 일정한 사실이 발생하게 되면 동 행정행위를 철회하겠다고 부관을 붙인 경우에 처분청은 유보된 사실이 발생하면 철회를 할 수 있는바 이 경우에도 항상 철회를 할 수 있는 것은 아니며 철회권의 유보가 적법하고 철회권의 행사가 합리적인 사유에 의하여 정당화되어야 한다.

판례는 행정처분을 함에 있어서 행정청의 취소권이 유보된 경우에 행정청은 그 유보된 취소권을 행사할 수 있으나 그 취소는 무제한으로 허용될 것이 아니라 공익상 기타 정당한 사유가 없을 때에는 그 취소가 적법한 것이라고 볼 수 없다[70]고 판시한 바 있다.

② 부담의 불이행

또한 수익적 행정행위를 발급하면서 일정한 작위, 부작위, 수인, 급부의무를 부과하는 부담을 붙인 경우에 이러한 부담을 주어진 기간 내에 이행하지 않거나 전혀 이행하지 않는 경우에도 철회권이 행사될 수 있다.

판례는 부담부 행정행위에 있어서 처분의 상대방이 부담을 이행하지 아니한 경우에 처분행정청으로서는 이를 들어 해당 처분을 취소할 수 있다[71]고 판시한 바 있다.

③ 법률에서 정한 사실의 발생

현행법령에서 처분의 수익자가 법령에 의하여 직접 또는 행정청의 하명에 의하여 부과된 의무를 위반한 경우에 철회를 할 수 있다는 규정을 상당히 많이 발견할 수 있는바(건축법 제69조 제1항, 하천법 제64조 제1항, 도로법 제74조 제1항), 행정청은 이와 같이 법에서 정한 사유가 발생하는 경우에는 수익적 행정행위를 철회할 수가 있다.

④ 새로운 사정의 발생

수익적 행정행위의 발급 근거가 되는 사실관계가 사후에 변경되고 행정행위를 철회하지 않으면 공익이 침해될 경우가 이에 해당된다. 행정청은 변화된 상황에서 행정행위의 발급신청이 있을 때 이를 거부하여야 할 것인가를 자문하여 이를 인정할 수 있는 경우에 철회를 할 수 있다.

---

70) 대법원 1964.6.4. 선고 63누407 판결

71) 대법원 1989.10.24. 선고 89누2431 판결

⑤ 법령의 개정

수익적 행정행위의 근거가 되는 법령이 개정되어 행정행위가 변경된 법령에 더 이상 적합하지 않아 철회를 하지 않으면 공익이 침해되는 경우가 이에 해당된다.

⑥ 기타 중대한 공익의 필요

궁극적으로 철회는 공공복리에 대한 중대한 손해를 방지하거나 제거하기 위하여 행사될 수 있다. 이러한 사유는 상술한 어떠한 사유가 존재하지 않는 경우에 보충적인 철회사유에 해당되는바 이를 엄격하게 해석하여 아주 제한된 경우에 적용되어야 한다. 독일에서는 법령이 개정되고 이미 수익자가 처분에 대하여 행사하거나(예 건축물의 축조), 급부를 받고 있는 경우에는 이러한 예외적인 사유에 근거하여 비로소 철회를 할 수 있다는 것이 일반적인 견해이다.

⑦ 상대방의 유책행위에 대한 제재로서의 철회

철회의 대부분은 상대방의 유책행위에 대한 제재로서 행하여지는바, 그 경우 철회사유는 법령에 따라서는 어느 정도 구체적으로 정하여지는 것도 있으나, 대부분의 법령은 상대방의 의무위반행위의 형태 및 정도의 다양성 등으로 인하여 입법기술상 구체적으로 정하지 못하고, '이 법 또는 이 법에 의거한 명령…에 위반한 때' 등으로 추상적·포괄적으로 정하고 있다. 따라서 행정기관의 재량권이 넓게 인정되어 행정기관 또는 지역의 차이에 따라 제재의 정도가 불균형하게 되는 경우가 많게 된다. 그리하여 철회사유가 되는 구체적인 위반행위의 형태 및 정도와 그에 따른 제재의 기준(철회 또는 정지하는 경우에는 그 기간 등)이 구체적으로 정하여져야 담당기관의 재량군의 범위를 축소하고, 위반행위의 형태 및 정도에 따른 공정한 처분을 할 수 있을 것이다.

⑧ 기타의 사유

행정행위는 위의 사항 이외에도 (ⅰ) 상대방이 일정한 시기까지 권리를 행사하지 않거나 사업을 개시하지 않은 경우, (ⅱ) 목적달성의 불가능이 판명된 경우, (ⅲ) 상대방의 신청 또는 동의가 있는 경우 등도 철회의 사유가 된다.

5) 철회의 한계 - 행정기본법 제19조 제2항 철회의 제한 사유로서 공익과 사익의 형량

(1) 비례의 원칙

우선 행정청의 철회권 행사는 비례의 원칙에 적합하여야 한다. 예를 들어 개인의 영업활동에서 위법사실이 발생하는 경우, 시정명령 및 개선명령으로 행정목적을 달성할 수 있다면 철회권의 행사 대신 이를 우선하여야 한다.

(2) 신뢰보호의 원칙

아울러 철회권의 행사에 있어서 개인의 신뢰가 보호되어야 한다. 철회권의 유보, 부담의 불이행, 법에서 정한 의무위반 등에 있어서는 상대방은 사전에 철회가능성을 충분하게 예견하고 있기 때문에, 이들에 대하여는 신뢰보호의 원칙이 적용되지 않는다. 반면 새로운 사실의 발생, 법령의 개정, 기타 중대한 공익의 필요성 등의 사유로 철회권이 행사되는 경우, 상대방이 수익적 행정행위의 존속을 신뢰하고 그 신뢰가 보호가치가 있는 경우에는 보상이 주어져야 한다.

(3) 실권의 법리

또한 철회사유가 발생한 경우에도 행정청이 일정 기간 철회권을 행사하지 않는 경우에, 실권의 법리에 따라 행정청은 그 행정행위를 더 이상 철회할 수 없을 것이다.

판례도 "택시운전사가 1983.4.5. 운전면허정지기간 중의 운전행위를 하다가 적발되어 형사 처분을 받았으나 행정청으로부터 아무런 행정조치가 없어 안심하고 계속 운전업무에 종사하고 있던 중 행정청이 위 위반행위가 있은 이후에 장기간에 걸쳐 아무런 행정조치를 취하지 않은 채 방치하고 있다가 3년여가 지난 1986.7.7.에 와서 이를 이유로 행정제재를 하면서 가장 무거운 운전면허를 취소하는 행정처분을 하였다면 이는 행정청이 그간 별다른 행정조치가 없을 것이라고 믿은 신뢰의 이익과 그 법적 안정성을 빼앗는 것이 되어 매우 가혹할 뿐만 아니라 비록 그 위반행위가 운전면허취소 사유에 해당한다 할지라도 그와 같은 공익상의 목적만으로는 위 운전사가 입게 될 불이익에 견줄 바 못 된다 할 것이다."[72]라고 판시하여 이를 받아들이고 있다.

6) 철회의 절차

철회 그 자체는 행정행위에 해당되기 때문에 행정절차법상의 처분절차에 따라야 한다. 특히 수익적 행정행위의 철회는 상대방에게 부담적 효과를 주기 때문에 사전통지(행정절차법 제21조), 의견청취절차(행정절차법 제22조)를 준수하여야 하며, 이유제시(행정절차법 제23조)를 하여야 한다. 특히 영업허가 등의 철회의 경우에는 직권취소와 마찬가지로 개별 법률에서 예외 없이 청문절차를 거치도록 하고 있다(식품위생법 제81조, 공중위생관리법 제12조, 건축사법 제28조의2 등).

7) 철회의 효과

① 철회의 효과는 이론 없이 장래에 향하여 발생하고 기왕에 소급하는 일이 없다. 그러므로 철회는 그 효과의 계속 중에만 행해질 수 있다.

② 철회의 부수적 효과로서 원상회복, 개수 등의 명령이 수반될 수 있으나 법적 근거를 요한다. 또한 행정청이 철회되는 행정행위와 관련된 문서나 물건의 반환을 요구할 수 있다.

③ 상대방의 귀책사유에 의하는 경우 이외에는 수익적 행정행위의 철회로 인한 손실은 보상되어야 한다. 철회로 인한 손실보상에 대하여는 각 개별법에 규정(도로법 제93조, 공유수면관리법 제18조, 하천법 제77조)이 있는 이외에 공공사업의 시행을 위하여 영업의 기초가 되는 인·허가, 특허, 등록, 신고, 수리 등 행정행위를 철회하게 되는 경우 이로 인한 손실보상에 관하여는 「공익사업을 위한 토지 등의 취득 및 보상에 관한 법률」(동법 제79조)에 일반적 규정을 두고 있다.

8) 철회의 취소

행정행위의 철회는 하나의 독립된 행정행위이기 때문에 행정행위의 적법요건을 갖추어야 하며, 만일 이를 충족시키지 못할 경우에는 하자의 일반원칙에 따라 철회행위가 무효이거나 취소할 수 있는 행위가 된다. 여기서 철회 자체의 위법을 이유로 이를 취소하여 원행정행위를 소생시킬 수 있는지 여부는 취소의 취소에 관한 논의가 마찬가지로 적용될 것이다.

---

72) 대법원 1987.9.8. 선고 87누373 판결

Chapter 03

현대행정에 있어서 행위형식의 다양화

01 절 행정계획

1. 현대행정과 행정계획

오늘날 거의 모든 행정영역에 걸쳐 계획이 수립되고, 특히 국토개발영역 및 경제개발영역에서 행정계획은 주요한 행정수단이 되고 있고 법률에 근거하여 수립되는 행정계획의 대부분은 이 두 분야의 영역에 있다고 볼 수 있다.

행정법학자 가운데는 현대행정의 특징으로서 급부행정 및 계획행정의 융성을 들기도 하고 침해행정→급부행정→계획행정이라고 하는 국가행정전개의 도식을 나타내기도 한다. 이와 같이 개발·경제행정을 중심으로 한 행정의 전 영역에 있어서 행정이 계획이라는 수단을 많이 이용하는(계획행정) 이유는 오늘날 행정의 국민생활에의 관여가 긴요해지고 이 경우에 광범하고 복잡한 이해관계가 얽혀 있어서 행정목적을 달성하기 위해서는 종합적 시야로 목표를 설정하고 이것에 도달하기 위한 제수단을 종합적으로 조정하는 수단이 필요하며, 바로 그것이 계획이라는 수단이다. 그 외에 과학기술이 진보됨에 따라 자료의 수집·분석·예측·확인 등이 향상되는 등 계획수립을 위한 전제조건이 충실해졌다는 점도 또 다른 이유로 들 수 있다. 다만, 실제로 존재하는 행정계획이 모두 이와 같은 이유에서 수립되는 것은 아니며, 그중에는 예산의 장기획득, 행정청의 자기 홍보 등을 위하여 수립되는 경우도 있다.

2. 행정계획의 정의와 개념적 요소

1) 정의

행정계획이란 행정주체가 일정한 행정활동을 위하여 장래를 예측하여 목표를 설정하고, 설정된 목표의 실현을 위하여 행정수단의 선택·조정·종합화의 과정을 통하여 장래의 일정한 질서의 실현을 목적으로 하는 구상 또는 활동기준의 설정이라고 정의할 수 있다. 계획과 기획은 구별되어야 하는바 계획을 수립하는 행위가 기획이며, 계획은 이러한 기획의 산물이다.

2) 행정계획의 개념적 요소

행정계획은 행정주체의 구상 또는 활동기준의 설정이다. 행정계획은 행정주체의 행위이기 때문에 행정주체가 아닌 사기업 등이 행정계획과 비슷한 행위를 하는 경우에도 행정계획은 아니다.

행정계획은 설정된 목표를 달성하기 위하여 행정수단을 종합하고 조정하는 행정작용이다. 현대행정은 동일한 행정목적을 실현하는 작용이면서도 점차 전문화·세분화되는 경향에 있다. 그 결과 세분화된 행정기관이 다른 행정기관과 입체적이고 유기적인 연관을 가지지 않고 단편적인 행정조치를 하게 되는 경향에 있다. 즉 국토개발, 도시개발 및 산업진흥 등과 같은 이른바 개발행정이나 조성행정 등은 내용적으로 여러 분야의 행정과 상호 밀접한 관련 속에서 이루어지기 때문에(예 신도시개발에 있어서 건축행정, 통신행정, 교통행정, 교육행정, 전기 및 상·하수 공급행정) 이들 다양한 분야의 행정수단을 종합·조정할 필요가 있다. 즉 행정계획은 그 목표설정 및 계획확정절차를 거치기 때문에 일정한 행정목표하에 모든 행정기관들을 상호 입체적·유기적으로 연관시키면서 공익상의 갈등을 조정하고 종합화하는 작용이다.

행정계획은 장래 일정한 시점에 있어서 일정한 질서를 실현시키는 작용이다. 행정계획은 다른 일반 행정작용의 경우와 같이 개별적·구체적 문제의 처리를 목적으로 하는 것이 아니라 앞으로 일정한 질서를 실현시키는 것을 목적으로 하는 미래지향적인 작용이다.

3. 행정계획의 법적 성격

행정계획의 법적 성격을 둘러싸고 종래 행정입법설, 행정행위설, 독자성설 등으로 대립이 된 바 있으나, 오늘날 행정계획의 법적 성격은 획일적으로 결정될 수 없으며, 매우 다양한 형식으로 존재하고 있다는데 대하여는 이론이 없다.

법률의 형식에 의한 행정계획(예 독일의 예산), 행정입법(법규명령·행정규칙)의 형식에 의한 행정계획, 행정행위의 형식에 의한 행정계획이 있을 수 있으며, 사실행위의 형식에 의한 행정계획과 같이 법적 효과를 발생시키지 않는 행정계획도 있다. 행정계획의 법적 성격과 관련하여 특히 논란이 되어 온 것은 구 도시계획법상의 도시관리계획의 법적 성격이다.

1) 입법행위설(법규명령설)

입법행위설은 행정계획이 국민의 권리·자유에 관계되는 일반적·추상적 규율을 행하는 입법행위이기 때문에 일반적 구속력을 가질 수 있다고 하는 견해이다. 종래 하급심[1]에서 이러한 입장으로 판시한 바 있다.

2) 행정행위설

행정행위설은 행정계획, 특히 도시관리계획·국토이용계획 등은 그것이 공고 또는 고시되면 법률규정과 결합하여 각종 권리제한의 효과를 발생시키게 되며, 이는 법률관계의 고유한 효과를 의미하기도 하기 때문에 그 효과는 구체적인 것으로서 행정행위의 성질을 가지는 것으로 본다.

대법원도 "도시계획법 제12조 소정의 도시관리계획결정이 고시되면 도시관리계획구역 안의 토지나 건물 소유자의 토지형질 변경, 건축물의 신축, 개축 또는 증축 등 권리행사가 일정한 제한을 받게 되는바 이런 점에서 볼 때 고시된 도시관리계획결정은 특정 개인의 권리 내지 법률상의 이익을 개별적이고 구체적으로 규제하는 효과를 가져오게 하는 행정청의 처분이라 할 것이고, 이는 행정소송의 대상이 되는 것이라 할 것이다."라고 판시하고 있다.[2]

---

1) 서울고법 1980.1.29. 79구416

2) 대법원 1982.3.9. 선고 80누105 판결 ; 대법원 1988.5.24. 선고 87누388 판결

3) 복수행위설

복수행위설은 도시관리계획에는 여러 종류의 계획이 있다는 사실에 유의할 필요가 있다고 하면서 도시관리계획 가운데에는 법규명령적인 것도 있고 행정행위적인 것도 있을 수 있다고 한다.[3)]

4) 결어

도시관리계획 역시 ① 용도지역·용도지구의 지정 또는 변경에 관한 계획, ② 개발제한구역·시가화조정구역·수산자원보호구역의 지정 또는 변경에 관한 계획, ③ 기반시설의 설치·정비 또는 개량에 관한 계획, ④ 도시개발사업 또는 재개발사업에 관한 계획(참고 : 국토의 계획 및 이용에 관한 법률 제2조 제4호)과 같이 성질을 달리 하는 여러 가지 계획이 있기 때문에 그 법적 성격을 일률적으로 판단하기가 어려우며, 각 계획마다 분리하여 판단하여야 할 것이다. 다만 이 중 용도지역·용도지구 및 개발제한구역·수산자원보호구역의 지정과 같은 도시관리계획결정은 물건의 상태규율로서 간접적으로 관련된 사람에게 법적 효과를 발생시킨다는 점에서 물적 행정행위의 성격을 갖는 일반처분이라고 보는 것이 타당할 것이다. 이외에도 행정처분의 성질을 부정한 사례도 존재한다.

판례

환지계획결정, 농어촌도로기본계획의 처분성을 부정한 사례

환지계획은 환지예정지 지정이나 환지처분의 근거가 될 뿐 그 자체가 환지예정지지정이나 환지처분과는 다른 고유한 법률효과를 수반하는 것이 아니어서 이를 항고소송의 대상이 되는 처분에 해당한다고 할 수 없다[4)]. 이에 대해 환지계획은 간접적으로 사람에게 법적 효과를 미치는 이른바 물적 행정처분이므로 마땅히 행정소송법상의 처분으로 보아야 한다는 주장이 제기되었다.

구 농어촌도로정비법 제6조에 의한 농어촌도로정비계획은 군수가 시도·군도 이상의 도로를 기간으로 관할구역 안의 도로에 대한 장기개발방향의 지침을 정하기 위하여 내무부장관의 승인을 받아 고시하는 계획으로서 그에 후속되는 농어촌도로정비계획의 근거가 되는 것일 뿐 그 자치로 국민의 권리의무를 개별적·구체적으로 규제하는 효과를 가지는 것은 아니므로 이는 항고소송의 대상이 되는 행정처분에 해당한다고 할 수 없다(대법원 2000.9.5. 선고 99두974 판결).

4. 계획재량과 통제

1) 계획재량의 의의

행정계획은 관련 상황의 복잡성으로 인해 다양한 결정가능성 및 미래 전망적 성격을 가지게 되고, 따라서 그에 대한 법적 규율은 상대적으로 제한적이기 마련이다. 그리하여 계획 법률은 계획이 추구하는 목적과 이를 위한 수단만을 규정하는 데 그치고 요건·효과에 관하여는 규정하지 않고 공백규정으로 두고 있는 것이 보통이다. 따라서 행정청이 행정계획을 수립함에 있어서는 일반 행정결정에서보다 더 광범한 재량권이 인정되는바, 이를 계획재량이라고 한다.

---

3) 김남진·김연태, 행정법 I, 323면.

4) 대법원 1999.8.20. 선고 97누6889 판결

판례는 개발제한구역지정처분을 건설부장관이 법령의 범위 내에서 도시의 무질서한 확산방지 등을 목적으로 도시정책상의 전문적 · 기술적 판단에 기초하여 행하는 일종의 행정계획으로 그 입안 · 결정에 관하여 광범위한 형성의 자유를 가지는 계획재량처분으로 보고 있다.[5)]

2) 계획재량과 행정재량과의 구별

계획재량이 일반의 행정재량과 질적으로 구별되는 것인지에 대하여는 양자 사이의 질적인 차이를 인정하는 견해와 양자 사이의 질적인 차이를 부정하는 견해가 대립하고 있다.

구분설은 양자는 재량의 내용이 다르다고 본다. 즉, 일반 행정재량의 수권규범은 행위요건부분과 효과부분으로 구성된 조건프로그램으로 되어 있고 일반 행정재량은 구체적인 사실과 결부되어 행정행위의 요건과 효과에 있어서 인정되는 반면에, 계획재량의 수권규범은 계획목표의 설정과 목표의 달성을 위한 수단과 절차를 규정하는 목적프로그램으로 되어 있고 계획재량은 목표의 설정과 수단의 선택에 있어서 인정된다고 한다.

구분부정설은 양자에 있어서 재량이 인정되는 부분은 다르지만 그 재량의 의미는 다 같이 행정청에게 선택의 자유를 인정한다는 것으로 동일하다고 본다. 양자 사이에 질적인 차이를 인정할 수는 없고 계획재량에 있어서 일반 행정재량에 비하여 재량권이 폭넓게 인정된다는 양적인 차이가 인정될 뿐이라고 한다.

일반적으로 계획상 형성의 자유, 곧 계획재량은 규범구조에 기초한 효과재량 및 판단의 여지와는 무관한 것으로 보며, 일반 행정재량과는 구분되는 재량의 특수형태로서 이해되고 있다.

① 행정재량은 구체적 사실과 결부시켜 판단하고 결정하는 것이나 계획재량은 계획규범이 규정한 계획목적의 범위 내에서 광범위한 형성의 자유를 가지고 행정 정책적으로 행정목표를 정하게 되기 때문에 그 재량권이 광범위하게 인정된다.

② 행정재량의 경우에는 행정법규에서 정한 요건규정과 효과규정의 한계 내에서 재량권이 인정되는 것이나 계획재량은 계획규범이 요건 · 효과규정에 대하여 공백규정을 두고 있는 것이 보통이기 때문에 그 한계설정이 모호하다.

③ 행정재량권 행사의 위법성 여부에 대하여는 재량권의 내적 · 외적 한계를 기준으로 판단하는 것이나 계획재량에 있어서의 위법성 여부판단은 목적 · 수단을 기준으로 하면서 재량권 행사의 절차적 과정을 중심으로 절차하자의 구성을 통해 가능하다.

④ 행정재량은 요건 · 효과규정의 구체적 사실에 대한 적용에서 문제되는 것이나 계획재량은 법규에서 백지위임한 요건 · 효과규정에 대하여 그 요건 · 효과의 구체적 설정을 함에 있어서 나타나는 재량이기 때문에 법규상 요건 · 효과에 대한 것은 계획지침의 형태와 행정목표의 정립으로 나타난다. 현대국가에 있어서 계획책무의 중요성과 더불어 이러한 계획재량의 통제가 중요한 과제로 대두되고 있다.

---

5) 대법원 1997.6.24. 선고 96누1313 판결

3) 계획재량의 통제(형량명령) – 행정계획의 정당한 이익형량 법제화(행정절차법)

행정절차법 제40조의4(행정계획)
행정청은 행정청이 수립하는 계획 중 국민의 권리·의무에 직접 영향을 미치는 계획을 수립하거나 변경·폐지할 때에는 관련된 여러 이익을 정당하게 형량하여야 한다.

최근 행정절차법 제40조의4가 신설되어 "행정청은 행정청이 수립하는 계획 중 국민의 권리·의무에 직접 영향을 미치는 계획을 수립하거나 변경·폐지할 때에는 관련된 여러 이익을 정당하게 형량하여야 한다."라고 규정하고 있어 행정계획의 정당한 이익형량을 법제화하였다.

재량권의 하자이론에 있어서는 재량권 행사의 외적·내적 한계를 기준으로 하여 재량의 유월과 남용이론을 중심으로 구성되고 있으나, 계획재량의 행사에 있어서는 절차적 과정에 있어서 공익과 사익의 정당한 형량을 중심으로 그 위법성 여부를 판단하게 된다. 즉 계획수립절차에 있어서 공익과 사익을 포함하여 관련 제 이익의 정당한 형량을 행정청의 의무로 하고 있으며(형량명령), 이러한 형량의무에 위배된 행정주체의 계획 활동에 대하여 위법성을 부여하고 있다. 도시관리계획 등과 관련하여 그러한 취지를 성문화한 입법례도 있다. 또한 최근 행정절차법 제40조의 4에서 행정계획의 정당한 이익형량화에 대한 법제화는 높이 평가된다.

형량명령에 위배되는 형량하자는 ① 형량을 전혀 행하지 않는 경우(형량의 해태), ② 형량의 대상에 마땅히 포함시켜야 할 사항을 빠뜨리고 형량을 한 경우(형량의 흠결), ③ 형량에 있어 관계 사익의 의미·내용 등을 오판한 경우(오형량), ④ 공익상호 간 또는 공익과 사익 사이의 비교형량에 있어 특정이익이 과도하게 평가된 경우(형량의 불균형) 등이 있다. 이러한 형량명령의 위반 여부, 즉 계획재량에 있어서의 흠의 존재여부에 대한 사법심사는 형량의 과정뿐만 아니라 형량의 결과, 즉 계획의 실질적 정당성 여부에 대해서까지 미친다고 보아야 할 것이다. 그리고 이와 같은 법리는 우리의 판례에도 반영되고 있다.

판례

행정계획은 특정한 행정목표를 달성하기 위하여 행정에 관한 전문적·기술적 판단을 기초로 관련 행정수단을 종합·조정함으로써 장래의 일정한 시점에 일정한 질서를 실현하기 위하여 설정한 활동기준이나 그 설정행위를 말하는 것으로서, 행정주체는 구체적인 행정계획을 입안·결정함에 있어서 비교적 광범위한 형성의 자유를 가진다. 다만 행정주체의 위와 같은 형성의 자유가 무제한적이라고 할 수는 없고, 행정계획에서는 그에 관련되는 당사자들의 이익을 공익과 사익 사이에서는 물론이고 공익 사이에서나 사익 사이에서도 정당하게 비교·교량하여야 한다는 제한이 있으므로, 행정주체가 행정계획을 입안·결정할 때 이익형량을 전혀 행하지 않거나 이익형량의 고려 대상에 마땅히 포함시켜야 할 사항을 누락한 경우 또는 이익형량을 하였으나 정당성과 객관성이 결여된 경우에는 그 행정계획결정은 이익형량에 하자가 있어 위법하게 될 수 있다(대법원 2016.2.18. 선고 2015두53640 판결[공원용지해제거부처분취소]).

5. 행정계획과 신뢰보호(계획보장청구권)

판례

[1] 행정소송법 제28조에서 정한 사정판결은 행정처분이 위법함에도 불구하고 이를 취소·변경하게 되면 그것이 도리어 현저히 공공의 복리에 적합하지 않은 경우에 극히 예외적으로 할 수 있으므로, 그 요건에 해당하는지는 위법·부당한 행정처분을 취소·변경하여야 할 필요와 취소·변경으로 발생할 수 있는 공공복리에 반하는 사태 등을 비교·교량하여 엄격하게 판단하되, 처분에 이르기까지의 경과 및 처분 상대방의 관여 정도, 위법사유의 내용과 발생원인 및 전체 처분에서 위법사유가 관련된 부분이 차지하는 비중, 처분을 취소할 경우 예상되는 결과, 특히 처분을 기초로 새로운 법률관계나 사실상태가 형성되어 다수 이해관계인의 신뢰 보호 등 처분의 효력을 존속시킬 공익적 필요성이 있는지 여부 및 정도, 처분의 위법으로 인해 처분 상대방이 입게 된 손해 등 권익 침해의 내용, 행정청의 보완조치 등으로 위법상태의 해소 및 처분 상대방의 피해 전보가 가능한지 여부, 처분 이후 처분청이 위법상태의 해소를 위해 취한 조치 및 적극성의 정도와 처분 상대방의 태도 등 제반 사정을 종합적으로 고려하여야 한다.

나아가 사정판결은 처분이 위법하나 공익상 필요 등을 고려하여 취소하지 아니하는 것일 뿐 처분이 적법하다고 인정하는 것은 아니므로, 사정판결의 요건을 갖추었다고 판단되는 경우 법원으로서는 행정소송법 제28조 제2항에 따라 원고가 입게 될 손해의 정도와 배상방법, 그 밖의 사정에 관하여 심리하여야 하고, 이 경우 원고는 행정소송법 제28조 제3항에 따라 손해배상, 제해시설의 설치 그 밖에 적당한 구제방법의 청구를 병합하여 제기할 수 있으므로, 당사자가 이를 간과하였음이 분명하다면 적절하게 석명권을 행사하여 그에 관한 의견을 진술할 수 있는 기회를 주어야 한다(대법원 2016.7.14. 선고 2015두4167 판결[기반시설부담금부과처분취소]).

[2] 행정청의 행위에 대하여 신뢰보호 원칙이 적용되기 위해서는, ① 행정청이 개인에 대하여 신뢰의 대상이 되는 공적인 견해표명을 하여야 하고, ② 행정청의 견해표명이 정당하다고 신뢰한 데에 대하여 그 개인에게 귀책사유가 없어야 하며, ③ 그 개인이 그 견해표명을 신뢰하고 이에 상응하는 어떠한 행위를 하였어야 하고, ④ 행정청이 그 견해표명에 반하는 처분을 함으로써 견해표명을 신뢰한 개인의 이익이 침해되는 결과가 초래되어야 하며, ⑤ 그 견해표명에 따른 행정처분을 할 경우 이로 인하여 공익 또는 제3자의 정당한 이익을 현저히 해할 우려가 있는 경우가 아니어야 한다(대법원 2006.6.9. 선고 2004두46 판결 등 참조) (대법원 2017.10.26. 선고 2017두50843 판결[건축허가취소처분취소]).

[3] 「도시 및 주거환경정비법」(이하 '도시정비법'이라 한다)에 기초하여 주택재개발정비사업조합(이하 '조합'이라 한다)이 수립한 관리처분계획은 그것이 인가·고시를 통해 확정되면 이해관계인에 대한 구속적 행정계획으로서 독립적인 행정처분에 해당한다. 이러한 관리처분계획을 인가하는 행정청의 행위는 조합의 관리처분계획에 대한 법률상의 효력을 완성시키는 보충행위이다. 따라서 기본행위가 적법·유효하고 보충행위인 인가처분 자체에 흠이 있다면 그 인가처분의 무효나 취소를 주장할 수 있다. 그러나 인가처분에 흠이 없다면 기본행위에 흠이 있다고 하더라도 따로 기본행위의 흠을 다투는 것은 별론으로 하고 기본행위의 흠을 내세워 바로 그에 대한 인가처분의 무효확인 또는 취소를 구할 수는 없으므로, 그 당부에 관하여 판단할 필요 없이 해당 부분 청구를 기각하여야 한다(대법원 2010.12.9. 선고 2009두4913 판결, 대법원 2015.2.26. 선고 2012두5244 판결 등 참조) (대법원 2016.12.15. 선고 2015두51347 판결[사업시행계획수립인가등무효확인]).

1) 개설

행정계획은 장래의 행정의 지침이 되며 행정의 방향을 제시하는 기능을 하기 때문에 국민은 행정계획을 신뢰하고 투자 등 조치를 취하게 된다. 그리하여 행정계획이 변경 또는 폐지된다면 국민은 불이익을 받게 된다. 그런데 이로 인한 불이익을 당사자가 감수하도록 하는 것은 신뢰보호의 원칙(또는 법적 안정성의 원칙) 및 재산권 보장의 취지에 반함으로 행정계획의 변경 또는 폐지에 있어서 이를 신뢰함으로써 받게 되는 불이익을 구제해 줄 필요가 있다. 이를 위하여 형성된 이론이 계획보장청구권이론이다. 계획보장청구권은 행정계획분야에 있어서의 신뢰보호의 원칙의 적용례라고 할 수 있다. 계획보장청구권에 포함되는 권리로는 계획존속청구권 · 계획이행청구권 · 경과조치청구권 및 손실보상청구권이 있다.

2) 계획존속청구권(계획보장청구권)

계획존속청구권이라 함은 계획의 변경 또는 폐지에 대하여 계획의 존속을 주장하는 권리를 말한다. 일반적으로 말하면 행정계획의 영향범위는 매우 크고 따라서 행정계획의 변경으로 인한 공익이 큰 반면에 계획변경으로 인한 관계국민의 불이익은 개별적인 것이므로 관계국민에게 신뢰보호의 원칙에 근거하여 행정계획의 변경 또는 금지를 저지할 권리가 인정되기는 어려울 것이다. 아울러 계획주체의 계획개폐에 대한 권한은 계획의 수권규정에 포함되는 것으로 보는 경향에 있다. 계획변경에 관련된 문제는 일차적으로 관계 법률이 규정한 바에 따라 해결될 문제이다. 법률에 그에 관한 규정이 없을 때에는, 계획의 형식 또는 성질을 나누어 고찰할 필요가 있다.

첫째, 계획이 법률의 형식을 취하는 경우에는 진정소급효 및 부진정소급효에 관한 원칙이 적용된다. 즉 법률형식의 계획변경이 진정소급효를 가지는 경우는 생각하기 어려우며, 계획변경이 부진정의 소급효를 가지는 경우에는, 이해관계인의 계획존속에 대한 신뢰보호가 계획변경에 따르는 공익보다 우월한 경우에 있어서 계획존속에 대한 청구권이 인정될 수 있을 것이다.

둘째, 계획이 행정행위의 성질을 가지는 경우에는, 행정행위의 철회에 관한 법리가 여기에도 적용된다고 보면 될 것이다.

셋째, 유도적 계획의 경우에는, 그것이 확언의 성질을 가지지 않는 한, 변경에 특별한 제약을 받지 않는다고 볼 것이다.

3) 계획집행청구권

계획의 준수와 집행은 구별하여야 한다. 계획의 준수는 행정기관이 구속적 행정계획을 위반해서는 안 되는 것을 의미하며, 계획의 집행이란 행정기관이 계획의 목표를 달성하기 위하여 계획을 집행하는 것을 말한다.

행정기관은 구속적 행정계획을 준수하여야 할 의무가 있다. 그러나 이에 대응하여 국민에게 계획준수청구권이 인정되는 것은 아니다. 법령준수청구권이 인정되지 않는 것처럼 계획준수청구권은 일반적으로는 인정되지 않는다. 다만, 행정계획이 대외적 구속력을 갖는 경우에 그 행정계획에 위반하는 처분은 위법한 처분이 되며, 이 경우에 계획법규가 공익뿐만 아니라 이해관계인의 사익도 아울러 보호하고 있다고 해석될 때에 이해관계인은 그 위법한 처분을 다툴 수 있는 공권을 갖는다. 계획집행청구권이 인정되기 위하여는 행정기관의 계획집행의무를 부과하는 계획법규가 공익뿐만 아니라 이해관계인의 사익도 아울러 보호하고 있다고 해석되어야 한다.

4) 계획변경・폐지청구권

계획변경・폐지청구권이란 기존의 행정계획이 확정된 후 사정변경 및 관계인의 권익침해 등을 이유로 하여 그 계획의 변경 및 폐지를 신청할 수 있는 권리를 말한다.

계획변경・폐지청구권도 일반적으로는 인정되지 않는다. 다만, 예외적으로 구체적인 사정에 따라 계획변경・폐지청구권이 인정될 수도 있다. 즉 위법한 계획이 수립되어 관계인의 권리를 침해하는 경우 또는 계획변경 및 폐지 이외의 다른 수단으로는 관계인의 법적 지위를 보장할 수 없는 경우에는 계획변경 및 폐지에 대한 명문의 규정이 없다 하더라도 조리상 계획변경 및 폐지청구권을 인정할 수 있을 것이다.

5) 경과조치청구권

경과조치청구권이라 함은 계획의 존속을 신뢰하여 조치를 취한 자가 행정계획이 변경 또는 폐지로 인하여 받게 될 불이익을 방지하기 위하여 행정청에 대하여 경과조치 또는 적합원조 등 대상조치를 청구할 수 있는 권리를 말한다. 경과조치청구권은 계획의 변경으로 인한 공익의 실현과 계획의 존속에 대한 관계인의 신뢰이익 중 어느 하나만을 보호하지 않고 양자를 조화시키는 수단이 될 수 있는 장점을 갖고 있다.

경과조치청구권은 법률의 명시적인 근거가 없는 한 인정될 수 없다. 외국에도 아직 그러한 청구권은 인정되지 않는다. 법률에 의해 일반적인 경과조치청구권을 인정하는 것에는 어려움이 있으므로 필요한 경우에 개별적으로 인정하여야 할 것이다. 경과조치의 내용이라는 것이 매우 다양하므로 일반적으로 규율하기 어렵고, 경과조치청구권이 일반적으로 인정되고 있는 경우에는 경과조치의 부담으로 인하여 계획변경 자체가 어렵게 될 것이다.[6]

6. 행정계획과 권리구제제도

1) 행정계획과 국가배상

이론상 위법한 행정계획의 수립・변경 또는 폐지로 인하여 손해를 받은 자는 국가배상을 청구할 수 있다. 그러나 취소쟁송의 요건을 충족하기 어려운 것과 같이 국가배상책임의 요건이 충족되기도 용이하지 않다.

2) 행정계획과 손실보상

적법한 행정계획의 수립・변경 또는 폐지로 인하여 손실을 받은 경우에는 손실보상의 요건을 갖춘 경우에 손실보상을 청구할 수 있다. 특히 문제가 되는 것은 도시계획에 의한 개발제한구역의 지정에서처럼 행정계획으로 인한 재산상의 손실이 보상을 요하지 않는 '재산권에 내재하는 사회적 제약'에 불과한지 아니면 보상을 요하는 '특별한 희생'인지를 판단하는 것이다. 특별한 희생의 판단기준은 손

6) 박균성, 행정법론(상), 248면.

실보상과 관련하여 후술하기로 한다.

이와 같이 헌법상의 재산권 보장 및 평등원칙에 비추어 당연히 보상이 지급되어야 한다고 생각되나, 법률에 보상규정이 없는 경우에 있어서의 손실구제의 방법으로서는 현재 수용유사침해 또는 수용적 침해이론 등에 의한 보상론과 국가배상법에 의한 배상론이 대립되어 있다. 이에 대하여는 후술한다.

3) 취소소송

우선 항고소송의 제기요건이 충족되려면 행정계획이 특히 처분에 해당하고, 또한 그 취소를 구할 원고적격이 있어야 한다. 그런데 행정계획의 대다수는 행정기관을 수신인으로 하고 이것에 일정한 조치를 행할 의무를 부과하는 경우가 많은데, 이와 같은 행정계획은 전통적 견해에 의하면 처분에 해당하지 않는다.

앞에서 본 바와 같이 구속적 행정계획의 경우에 행정계획으로 인하여 국민의 권리에 직접적인 영향을 미친 경우에 한하여 처분성이 인정된다. 행정계획의 폐지 또는 변경의 경우에도 그러하다.

그러나 처분성이나 원고적격 등 항고소송의 제기요건이 모두 충족되었다 하더라도 현행법상 계획내용은 책정주체인 행정청의 재량에 맡겨진 경우가 많으므로 계획은 재량처분으로서 승소의 가능성은 적다고 하겠다. 또한 위법성을 인정한다 하더라도 일부 이해관계인에 의한 출소의 결과로 계획 전체를 파기하고 다른 다수의 이해관계인에 대하여 중대한 불이익을 초래하는 것은 허용되지 않으므로 사정판결에 의하여 취소판결을 하지 않을 수 없는 경우도 적지 않을 것이다.

행정계획의 변경 또는 폐지의 경우에 있어서도 위법성을 인정함에 있어서 많은 어려움이 있다. 그것은 전술한 바와 같이 행정계획에 내재하는 변경가능성으로 인하여 행정계획은 필요한 경우에 변경 또는 폐지될 수 있고, 국민의 신뢰보호를 위하여 행정계획의 변경 또는 철회가 제한된다고 하지만 일반적으로 행정계획의 변경 또는 폐지로 달성되는 이익이 상대방의 신뢰이익보다 클 것이기 때문이다.

4) 사전적 권리구제수단

행정계획에 대한 사전적 권리구제수단은 행정계획의 수립과정에 이해관계인들의 절차적 참여를 보장하여, 공익과 사익과의 갈등을 조정하거나 최소화하는 데 그 의의가 있다. 우리는 행정절차법이 제정되어 있지만, 독일처럼 연방행정절차법상의 계획확정절차와 같은 사전구제수단에 관한 일반규정은 없다. 다만, 개개인의 행정계획법에서 행정계획안에 대한 공람·공청회를 통한 의견수렴, 청문의 인정 등의 방법으로 이해관계인의 절차적 참여를 인정하고 있다. 또한 행정절차법은 국민생활에 큰 영향을 주거나 많은 국민의 이해가 상충되는 행정계획의 경우 예고하고 국민의 의견을 수렴하도록 하고 있다(동법 제46조. 제47조).

5) 헌법소원

행정계획에 의해 직접 현재 기본권을 침해당한 자는 헌법소원에 의한 권리구제도 가능하다. 헌법재판소는 비구속적 행정계획안에 대해서도 헌법소원심판의 대상이 되는 공권력 행사가 될 수 있다고 본다.

02 절 행정법상의 확약

1. 개설

1) 확약의 의의 – 확약 규정의 법제화(행정절차법 제40조의2)

행정절차법 제40조의2(확약)

① 법령등에서 당사자가 신청할 수 있는 처분을 규정하고 있는 경우 행정청은 당사자의 신청에 따라 장래에 어떤 처분을 하거나 하지 아니할 것을 내용으로 하는 의사표시(이하 "확약"이라 한다)를 할 수 있다.
② 확약은 문서로 하여야 한다.
③ 행정청은 다른 행정청과의 협의 등의 절차를 거쳐야 하는 처분에 대하여 확약을 하려는 경우에는 확약을 하기 전에 그 절차를 거쳐야 한다.
④ 행정청은 다음 각 호의 어느 하나에 해당하는 경우에는 확약에 기속되지 아니한다.
  1. 확약을 한 후에 확약의 내용을 이행할 수 없을 정도로 법령등이나 사정이 변경된 경우
  2. 확약이 위법한 경우
⑤ 행정청은 확약이 제4항 각 호의 어느 하나에 해당하여 확약을 이행할 수 없는 경우에는 지체 없이 당사자에게 그 사실을 통지하여야 한다.

[본조신설 2022. 1. 11.]

행정법상의 확약이란 일정한 행정작용을 하거나 하지 아니할 것을 내용으로 하는 행정청의 구속력 있는 약속을 말한다. 여기서 중요한 개념은 행정청의 자기 구속적 의사이다. 행정주체가 사인에 대하여 자기구속을 할 의도로서 장래에 향하여 일정한 행정작용(예 공법상 계약의 체결, 행정행위의 발령, 행정계획의 수립・실시 등)을 약속하는 의사표시를 말하며, 약속대상이 특정 행정행위의 발령이나 불발령을 내용으로 한다.

실무상으로는 내인가, 내허가 등의 이름으로 확약의 법리가 널리 활용하고 있으며, 판례도 신뢰보호의 견지에서 확약을 인정하고 있다. 확약의 예로는 공무원 임용의 내정, 각종의 인・허가의 발급약속, 양도소득세 등을 자진신고한 자에게는 일정률 이하의 과세를 하겠다는 약속 및 행정청이 무허가 건물의 자진 철거자에게는 아파트 입주권을 주겠다는 약속을 하는 경우 등을 들 수 있다.

최근 행정절차법 제40조의2에서 확약을 명문의 규정으로 법제화한 것은 입법적으로 높이 평가된다.

2) 구별개념

(1) 고시

확약은 행정청이 구체적인 행정작용에 대한 자기구속을 할 의도로서 행해지는 점에서 단순히 사실설명이나 현존하는 사실 및 법상태에 관련된 비구속적인 법률적 견해의 표명과 같은 고시와 구별된다.

(2) 공법상 계약

확약은 행정청의 일방적 조치인 점에서 쌍방적 행위인 공법상 계약과 구별된다.

(3) 예비결정

예비결정이란 최종적인 행정결정을 내리기 전에 사전적인 단계에서 최종적 행정결정의 요건 중 일부에 대해 종국적인 판단으로서 내려지는 결정으로 사전결정이라고도 한다. 사전결정은 그 자체가 하나의 행정행위이므로 당사자나 일정한 범위의 제3자에 의한 취소소송의 대상이 된다.

(4) 부분허가

이것은 원자력발전소와 같이 그 건설에 장기간의 시간을 요하고 영향력이 큰 시설물의 건설에 단계적으로 시설의 일부분에 대하여 부여하는 허가를 의미한다. 즉, 행정결정의 대상이 되는 시설물 중 일부의 건설 및 운전에 대하여 확정적인 허가를 발급하는 것으로 부분허가가 수차례에 걸쳐 계속적으로 이루어져 시설 전체가 완성에 이르게 되는 방식을 말한다.

예컨대, 주택법상 주택건설사업을 완료한 경우에는 사용검사를 받아야 주택 등을 사용할 수 있는데, 사업완료 전이라도 완공부분에 대하여 동별로 사용검사를 받을 수 있다고 규정하고 있다(제29조 제1항, 제4항). 이 경우에 아파트 동별 사용검사는 부분허가와 유사한 성질을 갖는다고 할 수 있다.

부분허가처분권은 허가처분권에 포함되는 것이므로 허가에 법적 근거가 있으면 부분허가에는 별도의 법적 근거가 필요 없다.

부분허가는 행정행위이므로 당사자나 일정한 범위의 제3자는 취소소송을 제기할 수 있다. 또한 허가가 발령되지 않는 경우에는 거부처분의 존재 시에는 의무이행심판이나 거부처분의 취소소송을, 부작위에 대해서는 의무이행심판이나 부작위위법확인소송을 제기할 수 있다.

2. 확약의 법적 성질

1) 학설

확약을 행정행위로 볼 것이냐에 관하여 ① 긍정설은 확약에 따라 행정기관 스스로 장래의 일정한 행위의 이행 또는 불이행을 의무지우는 효과가 인정된 이상 행정행위의 개념징표인 법적 규율성이 인정된다는 점을 논거로 행정행위로 보며, 다수의 견해이다. ② 부정설은 확약은 사정변경에 의해 효력이 소멸될 수도 있으므로 종국적인 규율성을 가지지 못한다는 점을 근거로 처분이 아니라고 보는 견해가 있다.

2) 판례 및 검토

판례는 확약이 행정행위가 아니므로 처분성을 부정하는 취지로 다음과 같이 판시하고 있다. "어업권면허에 선행하는 우선순위결정은 행정청이 우선권자로 결정된 자의 신청이 있으면 어업권면허처분을 하겠다는 것을 약속하는 행위로서 강학상 확약에 불과하고 행정처분은 아니므로, 우선순위결정에 공정력이나 불가쟁력과 같은 효력은 인정되지 아니하며, 따라서 우선순위결정이 잘못되었다는 이유로 종전의 어업권면허처분이 취소되면 행정청은 종전의 우선순위결정을 무시하고 다시 우선순위를 결정한 다음 새로운 우선순위결정에 기하여 새로운 어업권면허를 할 수 있다."[7]

이러한 판례의 태도에 대하여, '우선순위에서 배제하는 결정'은 면허 등의 거부와 같은 법적 효과를 가져오므로 행정처분으로 보아야 하고, 우선순위에서 배제하는 결정은 최종면허 등의 요건을 선취하여 결정하는 의미도 있으므로 일종의 사전결정으로 보아 처분성을 인정할 수도 있다는 견해도 있다. 다만 최근 행정절차법 제40조의2가 신설되어 확약에 대한 명문의 규정을 두고 있어 일정한 경우에는 확약에 대한 처분성을 긍정할 수 있을 것으로 판단된다.

3. 확약의 허용성

1) 법적 근거

독일의 경우는 확약의 근거를 연방행정절차법 및 조세통칙법 등과 같은 실정법에 두고 있다. 이론적 근거에 관하여는 판례는 신의칙 내지는 신뢰보호의 원칙을 들고 있었으나 확설은 확약의 권한이 본처분의 권한에 포함되어 있다는 점에 그 근거를 찾았다. 생각건대, 신뢰보호는 일단 행하여진 확약의 이행의 경우에 문제가 되는 것이고 확약에 대한 허용성의 근거는 될 수 없다고 본다. 따라서 법이 일정한 권한을 행정청에게 부여하고 있는 경우에는 일반적으로 이에 대한 확약의 권한도 아울러 부여하고 있다고 보는 견해가 타당하다.

2) 확약의 한계

확약은 정당한 권한을 가진 행정청이 권한의 범위 내에서 정하여야 하며, 그 내용도 적법・타당하여야 하며, 이행 가능한 것이어야 한다. 행정청의 확약이 허용된다고 할 때 확약은 어떠한 경우에나 자유로이 할 수 있는지가 문제된다.

(1) 재량행위와 기속행위의 경우

재량행위에 관하여 확약을 할 수 있는 것에 관하여는 이론이 없으나 행정청의 독자적인 의사활동의 여지가 없는 기속행위에 관하여는 확약을 통한 자기구속의 여지가 없다고 하여 부정하는 견해가 있다. 그러나 기속행위와 재량행위의 구별이 다투어지는 경우가 많고, 기속행위에 있어서도 요건 충족 여부가 불분명한 경우가 적지 않으므로 예측가능성을 확보하기 위한 확약의 이익은 기속행위에서도 인정될 수 있다. 따라서 긍정설이 타당하며 이 견해가 다수 견해이다.

(2) 요건사실의 완성 후에 있어서의 확약의 가능성

행정행위를 위한 요건사실이 완성된 후에 그 행정행위에 대한 확약을 할 수 있는지의 여부에 대하여는 견해가 나뉘어져 있다. 확약은 상대방에게 수익적 행위에 대하여 행하여지는 것이므로 본처분의 요건 사실이 완성된 후에는 확약을 할 것이 아니라 본처분을 하여야 한다고 하여 부정하는 견해가 있다.

---

7) 대법원 1995.1.20. 선고 94누6529 판결

생각건대, 요건사실이 완성되면 행정청은 해당 행위를 하여야 하는 것은 물론이지만 상대방에게 예지이익, 준비이익 또는 기대이익을 주기 위하여 확약을 할 수 있다고 본다.

4. 확약의 요건

1) 주체

확약의 내용이 되는 본행정행위를 할 수 있는 권한을 가지는 행정청이 그 권한의 범위 안에서 행하여야 한다.

2) 내용

법령에 적합하고 실현가능하며, 명확하여야 한다.

3) 절차

행정청은 다른 행정청과의 협의 등의 절차를 거쳐야 하는 처분에 대하여 확약을 하려는 경우에는 확약을 하기 전에 그 절차를 거쳐야 한다.

4) 형식 및 확약에 기속되지 않는 경우

형식적으로 확약은 문서로 하여야 한다.

행정청은 다음 각 호의 어느 하나에 해당하는 경우에는 확약에 기속되지 아니한다.

① 확약을 한 후에 확약의 내용을 이행할 수 없을 정도로 법령등이나 사정이 변경된 경우

② 확약이 위법한 경우

5) 당사자에게 통지

행정청은 확약이 행정절차법 제40조의 2 제4항 각 호의 어느 하나(확약에 기속되지 않는 경우)에 해당하여 확약을 이행할 수 없는 경우에는 지체 없이 당사자에게 그 사실을 통지하여야 한다.

5. 확약의 효력

1) 확약의 이행의무(구속력)

행정청은 상대방에게 확약된 내용을 이행할 의무를 지며, 그 상대방은 확약된 내용의 이행을 청구할 수 있는 권리를 가진다. 따라서 행정청이 확약을 이행하지 않은 경우에는 상대방은 의무이행심판이나 부작위위법확인소송을 제기하여 그 이행을 청구할 수 있고(행정심판법 제5조 제3호, 행정소송법 제4조 제3호), 그 불이행으로 인하여 손해가 있을 경우에는 손해배상을 청구할 수 있다.

2) 확약의 무효 · 취소 · 철회

확약의 위법은 확약 자체가 법에 위배될 때 생기게 되는 것인데, 확약의 대상인 행위가 위법인 때에도 확약을 위법하게 만든다 할 것이다.

독일연방행정절차법 제38조 제2항은 행정행위의 무효에 관한 규정 제44조, 위법한 행정행위의 직권취소에 관한 규정 제48조를 확약에 준용하고 있는 결과 ① 확약이 정당한 권한을 가진 행정청에 의하여 행하여지지 않거나 확약에 중대·명백한 하자가 있는 경우에 그 확약은 무효가 된다고 할 것이며, ② 확약이 위법한 경우에 그것이 무효원인인 하자가 아닌 한 상대방에 대한 신뢰보호의 관점에서 취소권 제한의 법리가 적용된다. 그러나 위법한 수익적 확약의 존속력은 일반 행정행위의 그것보다는 떨어진다고 보는 것이 타당하다.

확약이 적법한 경우에는 철회의 문제가 생기나 상대방에 대한 신뢰보호의 관점에서 철회권 제한의 법리가 적용된다.

3) 확약과 사정변경(실효)

행정청이 상대방에게 장차 어떤 처분을 하겠다고 확약 또는 공적인 의사표명을 하였다고 하더라도, 그 자체에서 상대방으로 하여금 언제까지 처분의 발령을 신청을 하도록 유효기간을 두었는데도 그 기간 내에 상대방의 신청이 없었다거나 확약 또는 공적인 의사표명이 있은 후에 사실적·법률적 상태가 변경되었다면, 그와 같은 확약 또는 공적인 의사표명은 행정청의 별다른 의사표시를 기다리지 않고 실효된다.[8]

03 절 공법상 계약

행정기본법 제27조 공법상 계약의 체결

제27조(공법상 계약의 체결)

① 행정청은 법령 등을 위반하지 아니하는 범위에서 행정목적을 달성하기 위하여 필요한 경우에는 공법상 법률관계에 관한 계약(이하 "공법상 계약"이라 한다)을 체결할 수 있다. 이 경우 계약의 목적 및 내용을 명확하게 적은 계약서를 작성하여야 한다.

② 행정청은 공법상 계약의 상대방을 선정하고 계약 내용을 정할 때 공법상 계약의 공공성과 제3자의 이해관계를 고려하여야 한다.

1. 공법상 계약의 개념

1) 의의

행정기본법 제27조 제1항에서 "행정청은 법령 등을 위반하지 아니하는 범위에서 행정목적을 달성하기 위하여 필요한 경우에는 공법상 법률관계에 관한 계약(이하 "공법상 계약"이라 한다)을 체결할

8) 대법원 1996.8.20. 선고 95누10877 판결

수 있다. 이 경우 계약의 목적 및 내용을 명확하게 적은 계약서를 작성하여야 한다."라고 규정하고 있다. 공법상 계약이란 행정주체 상호 간 또는 행정주체와 사인 간에 공법적 효과의 발생을 내용으로 하는 계약을 말한다. 여기서 행정주체는 공권력주체로서의 국가 · 공공단체 및 공무수탁사인, 즉 스스로의 이름으로 공권력(행정권)을 행사할 수 있는 사인 등을 의미한다. 공법상 계약은 사법상 계약과 같이 실정법에 규정되어 있는 것이 아니고 학문상으로 일정한 유형의 공법행위의 성질에 착안하여 인정된 관념이다.

행정주체가 행정목적의 수행을 위하여 다른 행정주체 또는 국민과 체결하는 계약에는 그 내용을 기준으로 하여 공법상 효과발생을 목적으로 하는 공법상 계약과 사법상 효과발생을 내용으로 하는 사법상 계약이 포함되어 있다.

판례

[1] 공익사업을 위한 토지 등의 취득 및 보상에 관한 법률(이하 '토지보상법'이라 한다)은 사업시행자로 하여금 우선 협의취득 절차를 거치도록 하고, 협의가 성립되지 않거나 협의를 할 수 없을 때에 수용재결취득 절차를 밟도록 예정하고 있기는 하다. 그렇지만 일단 토지수용위원회가 수용재결을 하였더라도 사업시행자로서는 수용 또는 사용의 개시일까지 토지수용위원회가 재결한 보상금을 지급 또는 공탁하지 아니함으로써 재결의 효력을 상실시킬 수 있는 점, 토지소유자 등은 수용재결에 대하여 이의를 신청하거나 행정소송을 제기하여 보상금의 적정 여부를 다툴 수 있는데, 그 절차에서 사업시행자와 보상금액에 관하여 임의로 합의할 수 있는 점, 공익사업의 효율적인 수행을 통하여 공공복리를 증진시키고, 재산권을 적정하게 보호하려는 토지보상법의 입법 목적(제1조)에 비추어 보더라도 수용재결이 있은 후에 사법상 계약의 실질을 가지는 협의취득 절차를 금지해야 할 별다른 필요성을 찾기 어려운 점 등을 종합해 보면, 토지수용위원회의 수용재결이 있은 후라고 하더라도 토지소유자 등과 사업시행자가 다시 협의하여 토지 등의 취득이나 사용 및 그에 대한 보상에 관하여 임의로 계약을 체결할 수 있다고 보아야 한다.

[2] 중앙토지수용위원회가 지방국토관리청장이 시행하는 공익사업을 위하여 갑 소유의 토지에 대하여 수용재결을 한 후, 갑과 사업시행자가 '공공용지의 취득협의서'를 작성하고 협의취득을 원인으로 소유권이전등기를 마쳤는데, 갑이 "사업시행자가 수용개시일까지 수용재결보상금 전액을 지급 · 공탁하지 않아 수용재결이 실효되었다."고 주장하며 수용재결의 무효확인을 구하는 소송을 제기한 사안에서, 갑과 사업시행자가 수용재결이 있은 후 토지에 관하여 보상금액을 새로 정하여 취득협의서를 작성하였고, 이를 기초로 소유권이전등기까지 마친 점 등을 종합해 보면, 갑과 사업시행자가 수용재결과는 별도로 '토지의 소유권을 이전한다는 점과 그 대가인 보상금의 액수'를 합의하는 계약을 새로 체결하였다고 볼 여지가 충분하고, 만약 이러한 별도의 협의취득 절차에 따라 토지에 관하여 소유권이전등기가 마쳐진 것이라면 설령 갑이 수용재결의 무효확인 판결을 받더라도 토지의 소유권을 회복시키는 것이 불가능하고, 나아가 무효확인으로써 회복할 수 있는 다른 권리나 이익이 남아 있다고도 볼 수 없다고 한 사례(대법원 2017.4.13. 선고 2016두64241 판결[수용재결무효확인])

2) 구별개념

(1) 사법상 계약과의 구별

공법상 계약도 복수당사자 사이의 의사의 합치에 의해 법적 효과를 발생하고자 하는 점에서는 사법상 계약과 같다. 그러나 공법상 계약은 양 당사자가 대등한 지위를 가지지 않는 경우도 있고, 공법상 효과발생을 목적으로 하는 반면, 사법상 계약은 양 당사자의 의사가 대등한 가치를 가지고 사법상 효과발생을 목적한다는 점에 차이가 있다.

주의할 점은 행정주체가 당사자로 되어 있어도 그 계약은 사법상 계약인 경우도 있다는 것이다. 오늘날 협의의 국고행정영역 또는 행정이 해당 공행정작용의 이행에 있어서 법 형식에 선택의 자유가 인정되어 있는 경우에는 이것을 사법적 규율하에서 행하는 경우(행정사법)가 그것이다. 행정주체가 사인과 물품납품계약을 체결하는 경우, 공공토목공사의 도급계약 등이 전자의 예이고, 후자에 속하는 것으로는 전기・가스공급・전화이용이나 공적 수송수단의 이용관계가 사법상 계약의 형식으로 체결되는 경우가 후자의 예이다.

공법상 계약은 사법과는 다른 특수한 공법적 규율의 대상이 된다. 즉 소송법상 공법상 계약에 관한 소송은 민사소송이 아니라 공법상 당사자소송에 의하고 공법상 계약과 관련한 불법행위로 국민이 입은 손해는 국가배상법에 의한 손해배상의 대상이 된다.

(2) 행정행위와의 구별

공법계약은 공법적 효과를 발생시키는 점에서 행정행위와 같다. 그러나 공법계약은 복수당사자의 의사의 합치로써 이루어진다는 점에서 행정주체가 우월한 의사력을 가지고 행하는 권력적 단독행위인 행정행위와 구별된다. 다만, 공무원 임명행위, 귀화허가 등의 상대방의 신청 또는 동의에 의거하여 발하여지는 행정행위는 상대방의 의사표시를 행위의 요소로 하고 있는 점에서 공법계약과 공통점이 있다. 그러나 공법계약에 있어서는 상대방의 의사표시가 그의 존재요건을 이루는데 대하여, 행정행위에 있어서는 단순히 적법요건 또는 효력요건을 이루는데 지나지 않는다.

즉 공법계약에 있어서는 상대방의 의사표시가 없게 되면 계약이라는 것이 성립될 수 없게 되는 것에 대하여, 행정행위에 있어서는 상대방의 협력이 없더라도 행정행위는 성립하나 그것이 위법으로서 취소의 원인이 되거나 무효가 될 뿐이다.

결국 행정행위에 있어서 상대방의 의사표시는 본인이 원하지 않는 행정행위가 발해지는 것을 방지하는 목적을 가지는데 대하여, 계약에 있어서 의사표시는 계약의 내용형성에 참가하는 의의를 가지는 점에서 근본적인 차이가 있다.

또한 공법계약이 행정행위의 발급을 상대방의 반대급부에 의존시키는 것을 내용으로 할 때 그것은 부담, 정지조건 등 부관이 붙은 행정행위와 매우 유사한 모습을 띤다. 양자는 다 같이 상대방의 일정한 반대급부를 확보하는 목적을 가지는 점에 공통점이 있으나 계약과 행정행위 간에 기본적인 차이점이 있는 것은 변함이 없다.

2. 공법상 계약의 유용성

공법상 계약의 장점으로는 다음과 같은 점이 지적되고 있다.

① 개별적·구체적 사항에 즉응하여 탄력적으로 행정목적을 달성할 수 있다.

② 사실관계나 법률관계가 명확하지 않을 때 해결을 명확하게 한다.

③ 법의 흠결을 메워 준다.

④ 법률지식이 없는 자에게도 교섭을 통하여 계약내용을 이해시킬 수 있다.

⑤ 계약은 법률생활의 안정을 가져오고 쟁송의 건수를 최소한으로 줄일 수 있다는 것 등이다.

3. 공법상 계약의 성립가능성과 자유성

1) 공법상 계약의 성립가능성

이는 행정주체와 사인 사이에 의사의 합치에 의한 계약이 성립할 수 있는가의 문제이다.

학설은 국가의사의 우월성을 전제로 국가와 사인 사이에는 의사의 대등이 있을 수 없고, 공법계약에 관한 법규가 결여 되어 있거나 계약평등의 원리에 배치된다는 점을 근거로 공법계약이란 성립될 수 없다는 부정설과 법규의 공법계약을 직접·간접으로 인정하는 경우는 물론 법규에 그것을 특별히 금지하는 규정이 없는 경우에는 법령에 위배되지 않은 범위 내에서 특정한 행정목적의 실현이라는 실제적인 필요에서 당사자 사이의 합의에 의한 공법상 법률관계의 성립이 인정되어야 한다는 긍정설의 견해 대립이 있는바, 긍정설이 통설이다.

생각건대, 계약의 본질은 당사자 사이에서 의사의 합치에 있는 것이지 그 지위의 여하에 있는 것은 아니며, 또한 행정주체에 우월한 의사력이 인정되는 것은 어디까지나 법률이 그것을 부여 내지 인정하고 있지 아니한 경우에는 계약의 관념을 배척할 아무런 합리적 이유가 없다고 할 것이다. 또한 공법상 계약의 유용성이라는 측면에서 그 성립가능성을 긍정할 필요가 있다.

2) 공법상 계약의 자유성

공법상 계약을 법률의 근거 없이도 자유로이 체결할 수 있는지가 문제된다.

학설은 행정권은 법률이 명시적으로 인정한 경우에는 명시적으로 인정된 내용의 법률관계를 형성하는데 그치며, 계약에 있어서의 동의는 법률의 수권에 대신할 수 없고 공법계약이 공권적 행정은 아니라 하더라도 사법계약과는 달리 공법상 법효과라는 특수한 법효과의 발생을 목적으로 하는 이상 공법상 계약체결에는 특히 이러한 종류의 계약을 용인하는 법률규정을 필요로 한다는 것을 근거로 공법계약은 법령이 특히 그것을 허용하고 있는 경우에 한한다는 부정설과 공법계약은 당사자와의 합의에 의하여 성립되는 공법행위이며, 행정행위와는 유형을 달리하는 비권력관계에서의 행위이며 또한 공법계약의 효력도 법규에 의하여 발생하지 않고 계약 그 자체가 새로운 법정립의 근원으로서 그 합의에서 효력이 발생하므로 법규의 근거를 필요로 하지 않는다는 긍정설의 대립이 있다. 그러나 긍정설에 의하더라도 공법계약이 법규의 근거를 필요로 하지 아니한다 할지라도 사법계약에 있어서와 같은 계약자유의 원칙은 타당할 수 없으며 공법적 성격으로 인하여 많은 규제를 받는다고 한다.

생각건대, 법률의 수권 없는 공법계약을 인정한다면 행정의 법률적합성과 충돌할 염려가 있고, 또한 공행정의 상업화를 가져올 우려가 있다는 점에서 부정설의 견해도 확실히 경청할만 하지만 현대 복리국가에서는 비권력적 행정작용을 통한 행정목적의 수행이 점차 증가하고 있을 뿐 아니라 법률에 의한 행정의 원리가 엄격히 지배하는 행정처분의 범주에서 해방되는 영역을 인정하려는 데서 공법계약이 논의된 것을 감안하면 부정설은 타당성이 의심스럽다. 따라서 공법계약은 대등한 당사자 사이의 합의에 의하여 법률관계가 형성되는 것이기 때문에 법령의 문언·취지나 목적에 비추어 계약이 허용되지 않는 뜻으로 인정되지 않는 한 법률의 명시적 근거를 필요로 하지 않는다고 보아야 할 것이다. 다만, 공법계약 일반에 대하여 법률의 근거요부를 일률적으로 결정하기보다는 그 계약이 이루어지는 행정영역의 성질이나 그 존재 이유 및 현실적 기능 등을 고려하여 구체적으로 결정하여야 할 것이다.

4. 행정행위를 갈음하는 공법상 계약

법률유보원칙과 관련하여 특히 행정행위를 갈음하는 공법상 계약을 법률의 수권 없이 체결할 수 있는가 하는 것이 문제가 된다.

1) 긍정설

법률이 특히 행정행위에 의할 것을 명시하고 있지 않는 한 행정청은 법률 집행에 있어서 행정행위를 수단으로 할 것인가 아니면 계약을 수단으로 할 것인가는 법의 강제를 받는 것은 아니며, 오히려 계약에 의하는 것이 쌍방에게 만족할 만한 결과를 가져올 때에는 행정청은 가능한 한 상대방의 의사가 참가하게 되는 행정계약을 통하여 행정을 실현해야 할 것이라고 한다.

2) 부정설

현재 우리나라에서는 공법상 계약은 비권력행정의 분야에서만 법률의 수권 없이 계약체결이 가능하며, 따라서 권력행정분야에서는 특별한 규정이 없는 한 계약체결은 불가능하다고 보는 것이 통설적 견해이다.

3) 결어

이 문제는 공법상 계약으로서 어느 정도의 내용을 정할 수 있느냐의 문제로 귀결된다.

독일행정절차법 제54조는 공법상 계약의 허용성이라는 제목하에 공법상 법률관계는 법규범에 위배되지 않는 한 계약을 통하여 성립·변경 또는 소멸할 수 있다. 특히 행정청은 원래 행정행위의 상대방이 될 자와 행정행위에 갈음하여 공법상 계약을 체결할 수 있다고 규정하고 있다. 그러나 거기에는 물론 일정한 내용적 한계가 있음은 부정할 수 없다. 따라서 독일행정절차법 제56조는 계약의 내용적 한계에 관하여 ① 계약 상대방의 행정청에 대한 반대급부가 일정한 행정목적에 부합되어야 하며, ② 공적 임무에 봉사하여야 하며, 또한 적합하여야 하고, ③ 행정청의 계약상 급부와 실질적 관련, 즉 행정권한의 부당결부금지가 있어야 한다. ④ 행정청에 대한 급부청구권이 인정되는 경우 상대방의 반대급부는 행정행위의 부관의 내용이 될 수 있는 사항만이 허용된다고 하고 있다.

5. 공법상 계약의 한계

공법상 계약을 규율하는 법령이 존재하는 한 이에 위반할 수 없음은 지극히 당연한 일이다. 그러나 공법상 계약의 본질적인 적용분야는 행정청에게 재량권이 부여된 경우이며, 이러한 재량권을 통해 부여된 차등적 행위에 대한 권한은 시민과의 합의를 통하여 원칙적으로 실현될 수 있는 것이다. 그러나 비권력 행정에 있어서도 행정재량의 법적 통제의 필요성은 부인될 수 없는 것이다. 특히 국민의 기본권에 대한 헌법적 보장이 행정계약에서 다루어질 것인가 하는 문제가 있는데, 국가가 비권력적 형식으로 활동하여 국민과의 사이에 법률관계를 형성할 때에도 헌법의 기본권 규정에 구속되어야 하는 것은 말할 필요도 없다. 이 경우 문제되는 조항으로서는 평등권(헌법 제11조), 생존권의 보장(동법 제34조), 비례의 원칙(동법 제37조 제2항) 등이다.

6. 공법상 계약의 종류

공법상 계약은 여러 가지 기준에 따라 다음과 같이 분류된다.

1) 행정주체 상호 간의 공법상 계약

국가와 공공단체, 공공단체 상호 간 또는 행정기관 상호 간에 성립하는 공법계약을 말한다. 예컨대 ① 공공단체 상호 간의 사무위임(한국농촌공사 및 농지관리기금법에 의한 한국농촌공사의 국가 또는 지방자치단체 등에 대한 농지의 임대 등의 수탁), ② 지방자치단체 상호 간의 도로나 하천의 경비부담에 관한 협의(도로법 제23조・제57조・제58조), 또는 도로관리에 관한 협의(도로법 제21조), ③ 지방자치단체 상호 간의 경계하천의 관리협의(하천법 제9조), ④ 교육감의 교육사무위임(지방교육자치에 관한 법률 제26조) 등을 들 수 있다.

2) 국가 및 공공단체와 사인 간의 공법상 계약

예컨대, ① 임의적 공용부담계약(문화재, 학교용대지・도로용지의 기증, 청원경찰에 관한 비용부담), ② 자금교부계약, ③ 환경보전협정, ④ 특별권력관계의 설정 합의(자원임대, 영조물이용관계의 설정, 전문직공무원임용), ⑤ 보상계약 ⑥ 지역개발에 관한 계약 등이 종래 예시되고 있다.

7. 공법상 계약의 특색

공법계약은 행정목적으로 달성하기 위한 수단이기 때문에 제도상으로나 실제상으로 사인 간의 계약에서는 볼 수 없는 특색이 존재한다. 더구나 행정청이 채용하는 이러한 계약적 수단은 형식만이 아니라 내용적으로도 매우 다양하기 때문에 공법계약의 법적 성격이나 그 취급을 모두 동일한 기준에서 논할 수는 없지만 사인 상호 간의 이해조정이라는 차원을 넘어 공익적 견지에서 특수한 규율을 받는다는 차원에서 몇 가지 공법적 특수성이 인정된다.

04 절 행정상 사실행위

1. 의의

행정상 사실행위라 함은 행정목적을 달성하기 위하여 행하여지는 물리력을 말한다. 행정기관의 행위는 직접적인 법적 효과를 발생시키는가를 기준으로 하여 법적 행위와 사실행위로 구분되고 있다. 사실행위는 직접적인 법적 효과를 발생시키지 않는다. 그러나 사실행위도 간접적으로는 법적 효과를 발생시키는 경우가 있다. 예를 들어, 위법한 사실행위로 인해 국민에게 손해가 발생한 경우 국가 또는 지방자치단체는 피해 국민에게 손해배상의무를 지고, 피해자인 국민은 손해배상청구권을 갖는다. 행정기관의 행위는 양적으로 볼 때에는 대부분이 사실행위이다. 그럼에도 불구하고 사실행위가 법적 행위보다 중요성을 인정받지 못한 것은 사실행위에서는 법적 행위보다 법적 문제가 덜 발생하기 때문이다. 사실행위는 통상 행정결정(법적 행위)을 준비하거나 행정결정을 집행하는 수단이다.

2. 사실행위의 법적 근거와 한계

1) 법적 근거

행정상 사실행위도 행정주체의 행위이기 때문에 그것이 적법하기 위하여는 해당 사실행위를 행할 수 있는 권한이 조직규범에 의하여 수권되어 있어야 하고, 사실행위에 있어서 작용법적 근거를 필요로 하는 범위, 즉 법률유보의 범위에 대하여서는 행정작용에 대한 법률유보의 범위에 관한 여러 견해 중 어느 입장에 서느냐에 따라 그 범위가 달라질 것이다.

생각건대, 과거에는 행정상 사실행위 가운데 집행적 사실행위, 즉 행정행위의 강제집행에는 법률유보 원칙이 적용되지 않는다는 견해가 유력하였으나 오늘날에는 의무를 부과하는 명령행위와 그 명령에 의하여 부과된 의무의 강제집행에는 각기 별개의 수권법규를 필요로 한다고 보고 있으므로 어느 견해를 취하든 최소한 집행적 사실행위 및 개인의 신체・재산에 직접적으로 작용하는 독립적인 사실행위에는 법률유보의 원칙이 엄격하게 적용된다고 할 것이다.

이러한 범위를 제외한다면 행정상 사실행위는 그 대부분이 이른바 법률로부터 자유로운 영역에서 행해지므로 사실상 법적 구속을 받지 않거나 법적 구속이 대폭 완화되는 경우가 많다.

2) 한계

행정상 사실행위도 행정주체의 행정작용에 속하므로 그것이 권력적 또는 비권력적 사실행위든지 간에 법률우위원칙과 행정법에서 일반원칙의 제약을 받아 그 범위 안에서 행하여야 한다. 즉 행정상 사실행위는 다른 행정작용의 경우와 마찬가지로 헌법원리나 법령에 위배되어서는 안 되며, 또한 신의성실의 원칙, 비례의 원칙, 평등의 원칙, 신뢰보호의 원칙 등에 의한 기속을 받는다. 상기한 법적 요건을 위반하면 당연히 위법문제를 가져온다.

3) 위법행위의 효과

사실행위는 법적 행위와 달리 위법한 경우 무효나 취소의 문제를 가져오지 아니한다. 왜냐하면 그것은 법적 효과를 목적으로 하는 것이 아니기 때문이다. 그 대신 위법상태의 제거가 가능하고 적법한 것이라면 그 위법상태에 대한 결과의 제거를 통한 적법한 상황의 회복이 문제되고, 또한 위법행위로 인해 권리가 침해된 경우에는 손해배상 내지 손실보상의 문제가 제기된다.

3. 행정상 사실행위에 대한 권리구제

1) 행정쟁송

(1) 권력적 사실행위

① 학설

권력적 사실행위의 처분성을 긍정하는 견해는 행정심판법 제2조 제1호와 행정소송법 제2조 제1호에서 규정하는 처분 개념인 행정청이 행하는 구체적 사실에 관한 법집행으로서의 공권력의 행사 또는 그 거부와 그 밖에 이에 준하는 행정작용에 있어서의 '공권력의 행사'에는 처분적 행위뿐 아니라 권력적 사실행위 특히 계속적 성질을 갖는 내용의 권력적 사실행위도 포함되는 것으로 보고 있다(이원설, 형식적 행정행위설). 일원설에 따르더라도 권력적 사실행위는 상대방에게 수인의무를 부과하는 측면(수인하명)과 이를 물리적으로 집행하는 행위가 결합된 것으로 볼 수 있다(ⓐ 수인하명 + ⓑ 집행행위). 그리고 권력적 사실행위에 대한 취소쟁송은 ⓐ가 그 대상이 되고, ⓐ의 취소에도 불구하고 위법상태가 계속 남아 있다면 그 위법상태의 제거를 위한 결과제거청구권 행사로 공법상 당사자소송을 제기할 수 있다고 본다. 따라서 계속성이 있는 권력적 사실행위인 경우에는 행정쟁송이 가능하다고 보아야 한다. 계속성이 없는 사실행위인 경우에는 보통 단기에 집행이 종료되어 협의의 소익이 없어 각하될 가능성이 많으므로, 취소소송의 제기와 더불어 집행정지신청을 제기하여야 할 것이다.

② 판례

권력적 사실행위에 해당하는 종로구청장의 단수조치[9], 미결수용자의 교도소이송조치[10], 동장의 주민등록직권말소행위[11] 등을 행정처분에 해당한다고 보았다.

(2) 비권력적 사실행위

비권력적 사실행위에 대해서도 이를 행정쟁송법상의 처분에 해당하는 것으로 보아 그에 대한 취소쟁송을 인정해야 한다는 견해(형식적 행정행위론)가 있다. 그러나 통설과 판례는 처분개념을 제한적으로 해석하여 단순한 사실행위는 그 처분성을 부인한다.[12] 따라서 도로공사 등의 비권력적 사실행위에 의해 권리를 침해당한 자는 민사소송이나 공법상 당사자소송에 의하여 구제를 받을 수 있다.

---

9) 대법원 1979.12.28. 선고 79누218 판결
10) 대법원 1992.8.7. 선고 92두30 판결
11) 대법원 1994.8.26. 선고 94누3223 판결
12) 대법원 1993.10.26. 선고 93누6331 판결

(3) 행정상 경고 · 권고 또는 추천 · 시사의 경우

비권력적 사실행위 중에서 행정상의 경고 · 권고 또는 추천 · 시사 등의 처분성에 대하여 다수설은 그의 처분성을 부인한다. 그것은 상대방 기타 관계자들의 권리 · 의무에 직접적인 법적 효과를 발생하는 것은 아니기 때문이라는 것이다. 그러나 행정청이 특정물품을 지정하여 그것을 먹으면 건강에 해롭다는 식으로 경고하거나 여러 종류의 물품 가운데 어느 하나를 권고 · 추천하는 경우에는 경고 또는 권고의 수신자는 다른 것에 대한 선택권이 사실상 부인된다는 것이다. 따라서 경고와 특정물품의 권고는 공권적 성질을 가지는 것으로서 행정쟁송법상의 처분개념에 있어서의 '그 밖에 이에 준하는 행정작용'에 포함시켜야 한다는 견해도 있다. 이 견해에 의하면 행정쟁송법상의 처분에 포함된 일정한 경고 · 권고 등의 행위는 행정쟁송의 대상이 될 수 있다.

2) 행정상의 손해전보

(1) 국가배상

행정청의 사법상의 사실행위로 손해를 받은 자는 가해 공무원 또는 그 공무원이 속한 국가나 지방자치단체에 대하여 민법상의 불법행위에 의한 손해배상을 청구할 수 있다. 반면 공법상의 사실행위에 의한 손해가 발생한 경우에는 피해자는 국가 또는 지방자치단체에 대하여 국가배상법 제2조 제1항(공무원의 직무상 불법행위) 또는 제5조(영조물의 설치 · 관리상의 하자)에 의한 손해배상을 청구할 수 있다.

(2) 손실보상

헌법은 손실보상의 원인을 공공필요에 의한 재산권의 수용 · 사용 · 제한으로 표시하고 있다. 적법한 사실행위가 사후에 전혀 의도하지 않았던 재산상의 피해를 타인에게 야기한 경우에는 손실보상의 문제가 제기될 수 있으나, 위와 같이 현행헌법 제23조 제3항이 적법한 법적 행위로 인해 야기된 손실보상 문제만을 규율대상으로 하고 있으므로 그 대상이 사실행위인 경우에는 그 적용에 한계를 갖게 된다는 견해도 있을 수 있으나 헌법에 열거되어 있는 보상원인은 예시적으로 보아야 하며, 적법한 사실행위가 결과적으로 상대방에게 손실을 줄 수 있다고 보아야 할 것이다. 보상에 관한 규정을 결여하고 있는 경우의 문제는 후술하기로 한다.

(3) 결과제거청구권

위법한 사실행위로 위법한 사실상태가 발생된 경우(예 경찰이 위법하게 물건을 압수한 경우)에는 적법한 상태로의 원상회복과 관련하여 결과제거청구권이 발생하는 경우가 있다. 이러한 청구권은 공법상 당사자소송에 의해 이루어진다.

(4) 문제

① 의의

행정상 사실행위에 대해서도 취소소송이 허용될 수 있는가에 대해 견해가 대립된다.

② 학설

행정상 사실행위에 대한 취소소송은 행정작용인 사실행위가 행정쟁송의 대상이 되는 경우에 한정된다는 것이 다수의 입장이다. 따라서 처분성이 인정되지 않는 비권력적인 단순한 사실행위(예 도로 등의 건설)는 통상적인 민사소송을 통하여 가처분을 신청할 수밖에 없다. 그러나 비권력적 사실행위에 대해서도 처분성을 인정하려는 입장에서는 행정소송의 제기가 가능할 여지가 있다.

③ 민사집행법상 가처분제도의 활용

민사집행법상의 가처분제도를 행정소송에도 준용할 수 있는지에 대하여도 견해가 나뉜다.

학설은 행정소송에 관하여 특별한 규정이 없는 한 민사집행법의 규정을 준용한다는 행정소송법 제8조 제2항을 근거로 사실행위 중 단순한 비권력적 사실행위 대해서는 민사집행법상의 가처분제도를 인정해야 한다는 견해도 있으나 권력분립의 원리에 반하는 해석이라는 이유로 부정적으로 새기는 견해도 있다.[13)]

판례는 민사소송법상의 보전처분은 민사판결절차에 의하여 보호받을 수 있는 권리에 관한 것이므로, 민사소송법상의 가처분으로써 행정청의 어떠한 행정행위의 금지를 구하는 것은 허용될 수 없다는 이유로 부정적인 입장을 취한다.[14)]

(5) 행정절차법상 규정의 준용을 통한 사전적 권리보호

행정상 사실행위와 그 권리구제문제는 앞서 살펴본 바와 같이 사후적 권리구제로는 그 실효를 거둘 수 없음을 이유로 행정절차법상의 주요한 규정들을 준용하여 사전적 권리예방에 힘쓰는 것이 오히려 더 실질적인 의의가 있다는 견해가 제기된다. 비록 사실행위에 대한 행정절차법의 준용문제는 아직 그 찬반이 대립되기는 하나, 비교적 기본권관련성이 큰 행정기관의 정보제공행위(경고나 교시)나 공해배출행위 등에는 행정절차의 규정이 준용되어 상대방 및 제3자의 권리보호에 기여해야 한다고 지적하고 있다.

---

13) 류지태, 행정법신론, 271면.
14) 대법원 1992.7.6. 선고 92마54 판결

Chapter

04 행정절차

01 절 개설

1. 의의

행정절차는 광의로는 "행정의사의 결정과 집행에 관련된 일체의 과정"을 의미한다고 볼 수 있는바, 이에는 행정입법, 행정계획, 행정처분 등 행정작용 등을 행함에 있어 사전절차와 사후절차로서의 행정심판절차 및 행정상의 의무이행확보절차까지 포함될 수 있다.

협의의 행정절차는 실체법에 대응하는 개념으로 이해하여 행정입법절차, 행정계획절차, 행정처분절차, 공법상 계약 절차 등의 절차를 의미한다. 일반적으로 행정절차란 협의의 행정절차를 의미한다. 최협의의 행정절차로서 행정처분의 사전절차만을 행정절차로 부르는 견해도 있다.[1]

한편 실정법상으로 우리 행정절차법은 그 적용범위를 처분, 신고, 확약, 위반사실 등의 공표, 행정계획, 행정상 입법예고, 행정예고 및 행정지도의 절차에 대하여 다른 법률에 특별한 규정이 없는 경우 동법을 적용하도록 하고 있어 이러한 내용으로 행정절차가 구성된다고 보여진다(행정절차법 제3조 제1항).

2. 행정절차의 유용성

1) 행정의 절차적 통제

행정에 대한 실체법적 통제만으로는 행정에 대한 통제가 실효성을 가지지 못하는 경우가 늘어나고, 행정에 대한 사후적 통제보다는 사전적 통제를 위하여 위법한 행정을 사전에 막고 국민의 권익 침해를 미연에 방지하는 것이 보다 낫다는 관념에 따라 행정절차의 필요성이 제기되고 있다.

2) 행정의 민주화

오늘날 행정에 대한 주권자인 국민의 참여가 행정에서의 민주주의의 실질적 실현을 도모하기 위하여 요청되고 있는데, 행정절차는 국민의 행정에 대한 참여를 보장해 주는 수단이 되고 있다. 국민은 의견을 제출함으로써 행정결정에 참여하게 되었다.

3) 행정의 적절성 확보

이해관계 있는 국민의 의견을 들음으로써 또한 이해관계에 대한 조사를 사전에 실시하여 행정문제에 관한 정확한 정보를 획득하고 적정한 행정결정을 내릴 수 있게 된다. 또한 이해관계 있는 국민의 의견을 듣도록 하거나 이유를 제시하도록 함으로써 자의적인 행정권의 행사를 방지하여 신중하고 공정한

---

1) 김남진/김연태 행정법 I, 396면.

행정을 실현할 수 있다. 행정절차는 행정을 투명하게 하여 밀실행정에서 오는 자의적이고 불합리한 행정을 저지하는 기능을 한다.

4) 행정의 능률성

과도한 행정절차는 행정의 지체를 가져올 것이지만. 행정을 예고하고 이해관계인의 의견을 반영한 행정을 함으로써 행정에 대한 국민의 수용과 협력을 증대시킬 수 있게 됨으로써 행정의 능률화에 기여할 수 있다. 이해관계 있는 국민의 의견을 무시하는 일방적인 행정을 하는 경우에는 행정에 대한 불신이 커지게 되고, 행정에 대한 국민의 저항이 큰 경우에는 행정의 집행에 지장을 초래한다.

5) 국민 권익보호

국민의 권익이 침해된 후에 그 권익을 구제하는 것보다는 권익의 침해를 미연에 방지하는 것이 국민의 권익의 보호를 위하여 바람직하다. 행정절차는 이해관계인의 의견을 사전에 고려하도록 하여 행정기관으로 하여금 신중하고 공정한 행정을 하도록 함으로써 국민의 권익에 대한 침해를 미연에 방지할 수 있다. 따라서 행정절차를 '사전적 권리구제제도'로 보기도 한다.

02 절 행정절차법의 내용

1. 행정절차의 원칙

1) 신뢰성의 원칙(신의성실 및 신뢰보호의 원칙)

행정절차법은 제4조 제1항에서 「행정청은 직무를 수행함에 있어서 신의에 따라 성실히 하여야 한다」, 그리고 제2항에서 「행정청은 법령 등의 해석 또는 행정청의 관행이 일반적으로 국민들에게 받아들여진 때에는 공익 또는 제3자의 정당한 이익을 현저히 해할 우려가 있는 경우를 제외하고는 새로운 해석 또는 관행에 의하여 소급하여 불리하게 처리하여서는 아니 된다」고 규정하여 신뢰성의 원칙을 규정하고 있다.

행정절차법은 신뢰보호를 처분절차 등에서 실현하기 위한 구체적인 규정을 두지 아니하였다. 이 점은 행정절차법의 문제점의 하나로 지적되고 있다. 따라서 이는 이전부터 학설・판례상 인정된 원칙을 규정함에 의의가 있음에 지나지 않는다.

2) 투명성의 원칙

행정절차법은 제5조에서 ① 행정청이 행하는 행정작용은 그 내용이 구체적이고 명확하여야 한다. ② 행정작용의 근거가 되는 법령 등의 내용이 명확하지 아니한 경우 상대방은 해당 행정청에 그 해석을 요청할 수 있으며, 해당 행정청은 특별한 사유가 없으면 그 요청에 따라야 한다. ③ 행정청은 상대방에게 행정작용과 관련된 정보를 충분히 제공하여야 한다. 2019년 12월 10일 행정절차법 제5조 규정을 개정하여 투명성의 원칙을 천명하고 있다.

3) 행정절차상의 원칙

행정절차법은 처분절차, 신고절차, 행정상 입법예고절차, 행정예고절차, 행정지도절차를 규율대상으로 하고 있다. 그중에서 처분절차가 중심적인 내용이 되고 있다.

침해적 처분절차로는 사전통지, 의견청취를 규정하고 있다. 수익적 처분에 관하여는 처분의 신청, 처분의 처리기간에 관하여 일반적인 규정을 두고 있다.

처분 일반(수익적 처분과 부담적 처분)에 관하여는 처분기준의 설정・공표, 처분이유의 제시, 처분의 방식(문서주의), 처분의 정정, 고지에 관한 규정이 있다.

현행 행정절차법은 행정계획의 확정절차, 행정조사절차 및 행정계약절차는 규정하고 있지 않다. 다만, 행정계획도 행정예고의 대상이 되며 행정계획이 입법의 형식을 띠는 경우에는 행정상 입법예고절차가 적용되고 행정처분의 성질을 띠는 경우에는 처분절차가 적용된다.

행정입법절차도 입법안의 예고와 임의적 의견제출 절차를 규정하고 있을 뿐이다. 또한 자료의 열람을 정식청문의 경우에 한하여 제한적으로 인정하고 있는 점이 문제가 되고 있다.

4) 적용제외

행정절차에 관하여 다른 법률에 특별한 규정이 있는 경우에는 행정절차법이 배제된다.

행정절차법은 다음의 어느 하나에 해당하는 사항에 대하여는 적용되지 아니한다(행정절차법 제3조 제2항).

1. 국회 또는 지방의회의 의결을 거치거나 동의 또는 승인을 얻어 행하는 사항
2. 법원 또는 군사법원의 재판에 의하거나 그 집행으로 행하는 사항
3. 헌법재판소의 심판을 거쳐 행하는 사항
4. 각급 선거관리위원회의 의결을 거쳐 행하는 사항
5. 감사원이 감사위원회의의 결정을 거쳐 행하는 사항
6. 형사・행형 및 보안처분 관계법령에 의하여 행하는 사항
7. 국가안전보장・국방・외교 또는 통일에 관한 사항 중 행정절차를 거칠 경우 국가의 중대한 이익을 현저히 해할 우려가 있는 사항
8. 심사청구・해양안전심판・조세심판・특허심판・행정심판, 그 밖의 불복절차에 의한 사항
9. 병역법에 따른 징집・소집, 외국인의 출입국・난민인정・귀화, 공무원 인사관계법령에 따른 징계와 그 밖의 처분, 이해조정을 목적으로 법령에 따른 알선・조정・중재・재정 또는 그 밖의 처분 등 해당 행정작용의 성질상 행정절차를 거치기 곤란하거나 거칠 필요가 없다고 인정되는 사항과 행정절차에 준하는 절차를 거친 사항으로서 대통령령으로 정하는 사항

행정절차법 시행령 제2조는 행정절차법의 적용제외사항을 정하고 있다.

판례

[1] 행정절차법의 적용이 배제되는 '공무원 인사관계 법령에 의한 징계 기타 처분에 관한 사항'의 예
(진급낙천처분취소사례) 행정과정에 대한 국민의 참여와 행정의 공정성, 투명성 및 신뢰성을 확보하고 국민의 권익을 보호함을 목적으로 하는 행정절차법의 입법목적과 행정절차법 제3조 제2항 제9호의 규정 내용 등에 비추어 보면, 공무원 인사관계 법령에 의한 처분에 관한 사항 전부에 대하여 행정절차법의 적용이 배제되는 것이 아니라 성질상 행정절차를 거치기 곤란하거나 불필요하다고 인정되는 처분이나 행정절차에 준하는 절차를 거치도록 하고 있는 처분의 경우에만 행정절차법의 적용이 배제된다(대법원 2007.9.21. 선고 2006두20631 판결).

[2] 인사발령처분취소
검사에 대한 인사발령처분은 관련 인사대상자의 보직과 근무지를 일괄하여 정하는 처분이어서, 인사행정의 신속성 및 그로 인한 조직의 안정성과 원고에 대한 처분이 연쇄적으로 다른 인사대상자에게 영향을 미치는 점을 비추어 볼 때, '공무원인사관계 법령에 의한 처분으로서 성질상 행정절차를 거치기 곤란하거나 불필요하다고 인정되는 처분'에 해당한다고 봄이 상당하다(대법원 2010.2.11. 선고 2009두16350 판결).

2. 행정청의 관할 · 협조, 송달, 기간 · 기한 등

1) 행정청의 관할 · 협조

(1) 행정청의 관할

행정절차법은 제6조 제1항에서 행정청이 그 관할에 속하지 아니하는 사안을 접수하였거나 이송받은 경우에는 지체 없이 이를 관할 행정청에 이송하여야 하고 그 사실을 신청인에게 통지하여야 한다. 행정청이 접수 또는 이송 받은 후 관할이 변경된 경우에도 또한 같다고 규정하고 있으며, 제2항에서는 행정청의 관할이 분명하지 아니하는 경우에는 해당 행정청을 공통으로 감독하는 상급행정청이 그 관할을 결정하며, 공통으로 감독하는 상급행정청이 없는 경우에는 각 상급행정청의 협의로 그 관할을 결정한다고 규정하고 있다.

(2) 협조

행정절차법은 제7조에서 "행정청은 행정의 원활한 수행을 위하여 서로 협조하여야 한다."고 규정하고 있다. 또한 제8조에서는 행정응원에 관하여 규정하고 있다.

2) 송달 및 기간 · 기한의 특례

송달의 방법은 우편 · 교부 등에 의함을 원칙으로 하되, 신속을 요하는 등 필요하다고 인정할 때에는 전신 · 모사전송 또는 전화에 의할 수 있게 하고, 주소불명 등의 경우에는 공고에 의하도록 하였으며, 컴퓨터 등 새로운 정보통신기술을 응용한 송달의 방법은 대통령령으로 정하도록 하였다(행정절차법 제14조, 제15조). 그리고 천재지변 등 당사자의 책임 없는 사유로 기간 또는 기한을 지킬 수 없는 경우와 외국에 거주 또는 체류하는 자에 대하여는 행정청이 그 우편이나 통신에 소요되는 일수를 감안하여 정하도록 하고 있다(동법 제16조).

3. 행정절차의 당사자

1) 당사자 등의 개념

'당사자 등'이라 함은 행정청의 처분에 대하여 직접 그 상대가 되는 당사자와 행정청이 직권 또는 신청에 의하여 행정절차에 참여하게 한 이해관계인을 말한다(동법 제2조 제4호). 그리고 '행정청'이라 함은 행정에 관한 의사를 결정하여 표시하는 국가 또는 지방자치단체의 기관 기타 법령 또는 자치법규(이하 '법령 등'이라 한다)에 의하여 행정권한을 가지고 있거나 위임 또는 위탁받은 공공단체나 그 기관 또는 사인을 말한다(동법 제2조 제1호).

2) 당사자 등의 자격

행정절차에 있어서 당사자는 ① 자연인, ② 법인 또는 법인 아닌 사단이나 재단(이하 '법인 등'이라 한다), 그리고 ③ 기타 다른 법령 등에 의하여 권리의무의 주체가 될 수 있는 자가 된다(동법 제9조).

3) 대표자 · 대리인

행정절차에 있어 다수의 당사자 등이 공동으로 행정절차에 관한 행위를 하는 때에는 대표자를 선정할 수 있다(동법 제11조 제1항). 행정청은 대표자가 많아 행정절차가 지연될 우려가 있는 경우에 3인 이내의 대표자 선정을 요청할 수 있으며, 당사자 등이 이에 응하지 아니한 때에는 직접 선정할 수 있다(동조 제2항). 대표자가 있는 경우에는 당사자 등은 대표자를 통해서만 행정절차에 관한 행위를 할 수 있다(동조 제5항). 대표자는 당사자 등을 위하여 행정절차에 관한 모든 행위를 할 수 있으나, 행정절차를 끝맺는 행위에 있어서는 당사자 등의 동의를 얻어야 한다(동조 제4항).

대리인은 ① 당사자 등의 배우자, 직계존속 · 비속 또는 형제자매, ② 당사자 등이 법인 등인 경우 그 임원 또는 직원, ③ 변호사, ④ 행정청 또는 청문주재자(청문의 경우에 한한다)의 허가를 받은 자, ⑤ 법령 등에 의하여 해당 사안에 대하여 대리인이 될 수 있는 자 등이 된다(동법 제12조).

4. 처분절차

행정절차법은 동법 제2조 제2호에서 처분을 '행정청이 행하는 구체적 사실에 관한 법집행으로서의 공권력의 행사 또는 그 거부와 기타 이에 준하는 행정작용'이라고 규정하고 있다.

1) 처분의 신청

① 처분의 신청은 다른 법령 등에 특별한 규정이 있는 경우와 행정청이 미리 다른 방법을 정하여 공시한 경우 외에는 문서로 하여야 한다(동법 제17조 제1항). ② 제1항의 규정에 의하여 처분을 신청함에 있어 전자문서로 하는 경우에는 행정청의 컴퓨터 등에 입력된 때에 신청한 것으로 본다(동조 제2항). ③ 행정청은 신청에 필요한 구비서류 · 접수기관 · 처리기간 기타 필요한 사항을 게시하거나 이에 대한 편람을 비치하여 누구나 열람할 수 있도록 하여야 한다(동조 제3항). ④ 신청은 다른 법령에 특별한 규정이 있는 경우를 제외하고는 반드시 접수하여야 하며 접수증을 주어야 한다(동조 제4항).

⑤ 행정청은 신청에 미비 등 흠이 있는 경우에 신청인에게 보완을 요구하여야 하며, 기간 내에 보완하지 않을 때에는 그 이유를 명시하여 되돌려 보낼 수 있다(동조 제5항, 제6항). ⑥ 행정청은 신청인의 편의를 위하여 다른 행정청에 신청을 접수하게 할 수 있다. 이 경우 행정청은 다른 행정청에 접수할 수 있는 신청의 종류를 미리 정하여 공시하여야 한다(동조 제7항). ⑦ 신청인은 처분이 있기 전에는 그 신청의 내용을 보완하거나 변경 또는 취하할 수 있다. 다만, 다른 법령 등에 특별한 규정이 있거나 해당 신청의 성질상 보완·변경 또는 취하할 수 없는 경우에는 그러하지 아니하다(동조 제8항).

2) 처리기간의 설정·공표

행정청은 신청인의 편의를 위하여 처분의 처리기간을 종류별로 미리 정하여 공표하여야 한다(동법 제19조 제1항). 부득이한 사유로 처리기간 내에 처리하기 곤란한 경우에는 해당 처분의 처리기간의 범위 내에서 1회에 한하여 그 기간을 연장할 수 있다(동조 제2항). 행정청이 정당한 처리기간 내에 처리하지 아니한 때에는 신청인은 해당 행정청 또는 그 감독행정청에 대하여 신속한 처리를 요청할 수 있다(동조 제4항).

3) 처분기준의 설정·공표

행정청은 필요한 처분기준을 해당 처분의 성질에 비추어 될 수 있는 한 구체적으로 정하여 공표하여야 한다. 처분기준을 변경하는 경우에도 또한 같다(동법 제20조 제1항). 처분기준을 공표하는 것이 해당 처분의 성질상 현저히 곤란하거나 공공의 안전 또는 복리를 현저히 해치는 것으로 인정될 만한 상당한 이유가 있는 경우에는 처분기준을 공표하지 아니할 수 있다(동조 제3항). 당사자 등은 공표된 처분기준이 불명확한 경우 해당 행정청에 그 해석 또는 설명을 요청할 수 있다. 이 경우 해당 행정청은 특별한 사정이 없으면 그 요청에 따라야 하므로 당사자 등은 처분기준해명청구권을 가진다(동조 제4항).

4) 사전통지(불이익처분에 대한 사전통지)[행정절차법 제21조]

행정청은 당사자에게 의무를 부과하거나 권익을 침해하는 처분을 하는 경우에는 미리 처분을 하고자 하는 내용 및 법적 근거, 의견 제출기한, 기타 필요한 사항 등을 당사자에게 통지하여야 한다(동법 제21조 제1항).

그리고 청문을 실시하는 경우에는 청문이 개시되는 날의 10일 전까지 위의 사항과 청문주재자의 소속·직위·성명, 청문의 일시 및 장소, 청문에 응하지 아니하는 경우의 처리 등을 통지하여야 한다(동조 제2항).

의견제출기한은 의견제출에 필요한 기간을 10일 이상으로 고려하여 정하여야 한다(동조 제3항).

행정절차법상의 사전통지, 의견진술기회의 부여 등은 '당사자에게' 의무를 부과하거나 권익을 제한하는 처분에 한한다. 따라서 상대방에게 이익이 되며 제3자의 권익을 침해하는 이중효과적 행정행위에서 이해관계 있는 제3자에게 행정절차법상의 사전통지, 의견제출기회 등의 절차가 적용되지 않는다. 또한, 상대방에게 의무를 부과하거나 권익을 제한하는 처분의 경우에도 이해관계 있는 제3자에게 의견제출의 기회가 보장되어 있지 못하다. 즉, 이해관계 있는 제3자의 경우 행정청이 행정절차에 참여하게 한 경우에 한하여 의견제출의 기회가 주어진다.

판례는 거부처분, 즉 신청에 따른 처분이 이루어지지 아니한 경우에는 아직 당사자에게 권익이 부과되지 아니하였으므로 특별한 사정이 없는 한 신청에 대한 거부처분이라고 하더라도 직접 당사자의 권익을 제한하는 것은 아니어서 신청에 대한 거부처분을 여기에서 말하는 '당사자의 권익을 제한하는 처분'에 해당한다고 할 수 없는 것이어서 처분의 사전통지대상이 되지 않는다고 보았으나,[2] 최근 대법원 판례에서는 거부처분에서 사전통지를 하지 않으면 위법하다고 판시하고 있다. 종전 행정절차법 제21조 제3항에서 필요한 상당한 기간을 주도록 했는데 이를 개정하여 필요한 기간을 10일 이상으로 하도록 개정하였다.

판례

> 민원사무를 처리하는 행정기관이 민원 1회 방문처리제를 시행하는 절차의 일환으로 민원사항의 심의・조정 등을 위한 민원조정위원회를 개최하면서 민원인에게 회의일정 등을 사전에 통지하지 아니하였다 하더라도, 이러한 사정만으로 곧바로 민원사항에 대한 행정기관의 장의 거부처분에 취소사유에 이를 정도의 흠이 존재한다고 보기는 어렵다. 다만 행정기관의 장의 거부처분이 재량행위인 경우에, 위와 같은 사전통지의 흠결로 민원인에게 의견진술의 기회를 주지 아니한 결과 민원조정위원회의 심의과정에서 고려대상에 마땅히 포함시켜야 할 사항을 누락하는 등 재량권의 불행사 또는 해태로 볼 수 있는 구체적 사정이 있다면, 거부처분은 재량권을 일탈・남용한 것으로서 위법하다(대법원 2015.8.27. 선고 2013두1560 판결[건축신고반려처분취소]).

5) 처분의 방식 및 고지

(1) 처분의 방식(문서주의)

행정청이 처분을 할 때에는 다른 법령 등에 특별한 규정이 있는 경우를 제외하고는 문서로 하여야 하며, 당사자 등의 동의가 있는 경우, 당사자가 전자문서로 처분을 신청한 경우에는 전자문서로 할 수 있다(동법 제24조 제1항). 공공의 안전 또는 복리를 위하여 긴급히 처분을 할 필요가 있거나 사안이 경미한 경우에는 말, 전화, 휴대전화를 이용한 문자 전송, 팩스 또는 전자우편 등 문서가 아닌 방법으로 처분을 할 수 있다. 이 경우 당사자가 요청하면 지체 없이 처분에 관한 문서를 주어야 한다(동조 제2항). 처분을 하는 문서에는 그 처분 행정청과 담당자의 소속・성명 및 연락처(전화번호, 팩스번호, 전자우편주소 등)를 적어야 한다(동조 제3항).

(2) 처분의 고지

행정청이 처분을 하는 때에는 당사자에게 그 처분에 관하여 행정심판을 제기할 수 있는지 여부, 기타 불복을 할 수 있는지 여부, 청구절차 및 청구기간, 기타 필요한 사항을 알려야 한다(동법 제26조).

2) 대법원 2003.11.28. 선고 2003두674 판결

6) 처분의 이유제시(이유부기의 문제)[행정절차법 제23조]

(1) 의의

행정절차법은 행정청은 처분 시, 그 근거와 이유를 제시해야 한다고 하여 '이유제시원칙'을 규정하고 있다(동법 제23조). 「민원 처리에 관한 법률」에서도 행정기관은 민원인이 신청한 민원사항에 대한 처리결과를 민원인에게 문서로 통지하되, 그 민원사항을 거부하거나 민원사항의 실현이 불가능하다고 인정할 때에는 그 이유를 함께 통지하여야 한다고 규정하고 있다(동법 제27조). 행정절차법상 이유부기제도는 법치국가의 기본이념에 따른 행정절차의 본질적인 구성요소이다. 판례도 이유제시의 중요성을 감안해 청문과는 달리 이유제시의 하자를 독립적인 위법사유로 파악하고 있으며, 행정절차법 시행 이전부터 이유부기를 불문법원의 일반법원리로까지 인정한 바 있다. 독일연방행정절차법 제39조에서도 행정청의 이유부기의무를 명문으로 인정하고 있다.

판례

> 행정절차법 제23조 제1항은, 행정청은 처분을 하는 때에는 당사자에게 그 근거와 이유를 제시하여야 한다고 규정하고 있는바, 일반적으로 당사자가 근거규정 등을 명시하여 신청하는 인·허가 등을 거부하는 처분을 함에 있어 당사자가 그 근거를 알 수 있을 정도로 상당한 이유를 제시한 경우에는 해당 처분의 근거 및 이유를 구체적 조항 및 내용까지 명시하지 않았더라도 그로 말미암아 그 처분이 위법한 것이 된다고 할 수 없다(대법원 2002.5.17. 선고 2000두8912 판결[토지형질변경불허가처분취소]).

(2) 현대 행정절차에서의 이유제시의 기능

이유제시원칙이 현대 행정절차에 있어서 중요하게 취급되는 이유는 다음과 같은 다양한 기능을 수행하기 때문이다.

① 수용·충족기능

행정처분의 상대방에게 행정의 발전을 위한 진정한 파트너로서의 가치를 인정하여(파트너십기능), 행정청에게 이유를 제시케 하고 이를 통해 상대방이 그 처분을 정당한 것으로 승복하여 잘 받아들일 수 있도록 하는 수용·충족기능을 수행한다.

② 명확성확보기능

이유제시를 통해 해당 처분의 내용을 명확하게 함으로써 이해관계인으로 하여금 행위의 내용에 대한 인식을 쉽게 하는 설명·명확성확보기능도 수행한다.

③ 자기통제기능

처분의 상대방인 국민이 제시된 이유를 통해 처분의 결과가 정당한 것인지를 감시하고, 행정 스스로도 자신의 자의를 배제하고 재량통제의 실효를 거둘 수 있게 하는 자기통제의 기능도 수행한다.

④ 권리구제기능

마지막으로 행정처분에 대한 쟁송 전 상대방에게는 행정쟁송제기 여부와 그 승소가능성을 사전에 판단하는데 도움을 주고, 법원에게는 행정처분의 위법성을 보다 올바르게 심사할 수 있는 가능성을 제공해 준다(권리구제기능).

(3) 적용 예외

이유제시원칙에 대한 예외로서는 ① 신청내용을 그대로 모두 인정하는 처분, ② 단순・반복적인 처분 또는 경미한 처분으로서가 아니라 당사자가 그 이유를 명백히 알 수 있는 경우, ③ 긴급을 요하는 경우를 들고 있다(제23조 제1항). 그러나 이러한 예외가 인정되는 경우에도 처분 후 당사자가 이유제시를 요청할 때에는 그 이유를 제시하여야 한다(제23조 제2항).

(4) 이유 제시의 정도

행정청의 이유 제시는 상대방이 처분의 법적 근거와 사실상의 사유를 충분히 납득할 수 있을 정도로 구체적이고 명확하게 하여야 한다. 이 경우 학설은 ① 처분의 상대방이 해당 처분에 대해 권리구제를 강구할 수 있을 정도의 수준에서 이루어져야 하고, 또한 ② 기속행위의 경우에는 처분을 함에 있어서 고려한 주요하고 본질적인 법적・사실적 근거를 제시해야 하고, ③ 재량행위의 경우에는 이보다는 더 구체적으로 명확히 제기되어야 한다고 주장한다.

판례는 상대방의 사정상 처분의 근거와 이유를 알 수 있을 정도로 구체적으로 이루어져야 하지만, 처분의 상대방이 알고 있는 경우라면 세세한 근거 법규정까지 제시될 필요는 없다고 한다.

판례

[1] 면허취소처분의 경우 법적 근거와 구체적 위반사실을 적시해야 한다는 사례

면허의 취소처분에는 그 근거가 되는 법령이나 취소권 유보의 부관 등을 명시하여야 함은 물론 처분을 받은 자가 어떠한 위반사실에 대하여 해당 처분이 있었는지를 알 수 있을 정도로 사실을 적시할 것을 요하며, 이와 같은 취소처분의 근거와 위반사실의 적시를 빠뜨린 하자는 피처분자가 처분 당시 그 취지를 알고 있었다거나 그 후 알게 되었다 하여도 치유될 수 없다고 할 것인바, 세무서장인 피고가 주류도매업자인 원고에 대하여 한 이 사건 일반주류도매업면허취소통지에 "상기 주류도매장은 무면허 주류판매업자에게 주류를 판매하여 주세법 제11조 및 국세법사무처리규정 제26조에 의거 지정조건위반으로 주류판매면허를 취소합니다."라고만 되어 있어서 원고의 영업기간과 거래상대방 등에 비추어 원고가 어떠한 거래행위로 인하여 이 사건 처분을 받았는지 알 수 없게 되어 있다면 이 사건 면허취소처분은 위법하다.

[2] 상대방이 위반조문을 알 수 있는 경우라면 구체적 근거규정이 제시되지 않았어도 위법하지 않는다고 한 사례

행정절차법 제23조 제1항은 행정청은 처분을 하는 때에는 당사자에게 그 근거와 이유를 제시하여야 한다고 규정하고 있는바, 일반적으로 당사자가 근거규정 등을 명시하여 신청하는 인・허가 등을 거부하는 처분을 함에 있어 당사자가 그 근거를 알 수 있을 정도로 상당한 이유를 제시한 경우에는 해당 처분의 근거 및 이유를 구체적 조항 및 내용까지 명시하지 않았더라도 그로 말미암아 그 처분이 위법한 것이 된다고 할 수 없다. 행정청이 토지형질변경허가신청을 불허하는 근거규정으로 '도시계획법 시행령 제20조'를 명시하지 아니하고 '도시계획법'이라고만 기재하였으나, 신청인이 자신의 신청이 개발제한구역의 지정목적에 현저히 지장을 초래하는 것이라는 이유로 구 도시계획법 시행령 제20조 제1항 제2호에 따라 불허된 것임을 알 수 있었던 경우, 그 불허처분이 위법하지 아니하다(대법원 2002.5.17. 선고 2000두8912 판결).

(5) 이유제시의 방식 · 시기

이유제시의 방식은 해당 행정처분의 방식에 의존하는 것이 보통이다. 따라서 이유제시도 원칙적으로 문서에 의해야 하나, 사안이 경미하거나 해당 행정처분이 구두로 이루어지는 경우에는 구두로 하여도 무방할 것이다. 이유제시의 시기와 관련하여서는 행정처분의 시기와 동시에 이루어지는 것이 원칙이다.

(6) 이유제시의 흠의 효과

행정청이 행정처분을 할 때에 행정절차법 제23조에서 요구하는 이유제시의무를 이행하지 않거나, 이행하더라도 그 형식 요건을 충족시키지 못하는 불충분한 이유제시를 하는 경우에는 형식적(절차상)으로 하자 있는 행정행위가 된다. 우리 학설과 판례에서는 이러한 절차상 하자의 치유가능성과 더불어 취소소송에서 절차상 하자를 이유로 한 행정처분의 취소가능성은 오랫동안 논쟁이 되어 왔다. 다른 한편으로 이유제시가 제23조에서 요구하는 형식요건을 충족하였다 하더라도 내용상으로 올바르지 않은 이유제시를 한 경우에 행정소송에서 새로운 이유를 추가하거나 기존의 이유를 새로운 이유로 대체하는, 즉 처분 사유의 추가변경의 가능성 및 그 허용 범위는 또한 논의의 대상이 되어 왔다. 판례는 일관되게 이유부기의 형식상 하자를 취소사유로 본다.

판례

[1] 납세고지서에 과세표준과 세율 · 세액 등이 누락된 사례

국세를 징수함에 있어 과세표준과 세율, 세액 기타 필요한 사항을 납세고지서에 기재하여 서면으로 통지하도록 한 세법상의 제규정들은 헌법과 국세기본법이 규정하는 조세법률주의의 대원칙에 따라 처분청으로 하여금 자의를 배제하고 신중하고도 합리적인 처분을 행하게 함으로써 조세행정의 공정성을 기함과 동시에 납세의무자에게 부과처분의 내용을 상세하게 알려서 불복여부의 결정 및 그 불복신청에 편의를 주려는 취지에서 나온 것으로 엄격히 해석 적용되어야 할 강행규정이라고 할 것이며, 납세고지서에 그와 같은 세액산출근거의 기재가 누락되었다면 과세처분 자체가 위법한 것으로 취소의 대상이 된다(대법원 1985.12.10. 선고 84누243 판결).

[2] 행정처분의 본질적 요소가 아닌 한 무효사유로 볼 수 없다는 사례

지방세법 제1조 제1항 제5호, 제25조 제1항, 지방세법 시행령 제8조 등 납세고지서에 관한 법령 규정들은 강행규정으로서 이들 법령이 요구하는 기재사항 중 일부를 누락시킨 하자가 있는 경우 이로써 그 부과처분은 위법하게 되지만, 이러한 납세고지서 작성과 관련한 하자는 그 고지서가 납세의무자에게 송달된 이상 과세처분의 본질적 요소를 이루는 것은 아니어서 과세처분의 취소사유가 됨은 별론으로 하고 당연무효의 사유로는 되지 아니한다(대법원 1998.6.26. 선고 96누12634 판결).

(7) 흠의 치유

이유제시의 흠의 치유가능성에 대해 견해가 대립된다.

학설은 부정설 · 긍정설 · 제한적 긍정설이 대립된다. 이유제시의 흠은 원칙적으로 인정되지 않으나, 예외적으로 일정한 시점까지는 그 흠의 치유를 인정할 수 있다는 제한적 긍정설이 다수의 견해이다. 문제는 여기서 일정한 시점을 언제까지로 보느냐인데, 이에 대해서는 ① 행정심판 제기 이전까지로 보는 견해, ② 행정심판절차가 종료되기 이전 또는 행정심판절차가 필요 없는 경우에는 행정소송 제기 이전으로 보는 견해, ③ 독일연방행정절차법과 같이 행정소송의 사실심 변론종결 이전까지로 보는 견해 등이 대립된다.

판례도 제한적 긍정설의 입장에서 당사자 및 이해관계인의 권익을 침해하지 않는 범위 내에서 가능하다는 입장이다.

판례

행정행위의 성질이나 법치주의의 관점에서 볼 때 하자 있는 행정행위의 치유는 원칙적으로 허용될 수 없는 것일 뿐만 아니라 이를 허용하는 경우에도 국민의 권리와 이익을 침해하지 않는 범위에서 구체적으로 사정에 따라 합목적적으로 가려야 한다. … 일단 이에 의하여 이 하자는 치유될 수 있다고 할 것이나 이 치유를 허용하려면 늦어도 과세처분에 대한 불복여부의 결정 및 불복신청에 편의를 줄 수 있는 상당한 기간 내에 하여야 한다고 할 것이므로 뒤늦은(예컨대, 해당 처분에 대한 행정소송계속 중) 납세고지서의 송달이나 오랜 기간의 경과만으로 과세처분의 하자가 치유된다고 볼 수 없다(대법원 1983.7.26. 선고 82누420 판결).

(8) 의견청취절차(행정절차법 제22조)

① 적용 범위

행정절차법 제22조 의견청취

제22조(의견청취)

① 행정청이 처분을 할 때 다음 각 호의 어느 하나에 해당하는 경우에는 청문을 한다. <개정 2022.1.11.>
  1. 다른 법령 등에서 청문을 하도록 규정하고 있는 경우
  2. 행정청이 필요하다고 인정하는 경우
  3. 다음 각 목의 처분을 하는 경우
     가. 인허가 등의 취소
     나. 신분·자격의 박탈
     다. 법인이나 조합 등의 설립허가의 취소

② 행정청이 처분을 할 때 다음 각 호의 어느 하나에 해당하는 경우에는 공청회를 개최한다.
  1. 다른 법령 등에서 공청회를 개최하도록 규정하고 있는 경우
  2. 해당 처분의 영향이 광범위하여 널리 의견을 수렴할 필요가 있다고 행정청이 인정하는 경우
  3. 국민생활에 큰 영향을 미치는 처분으로서 대통령령으로 정하는 처분에 대하여 대통령령으로 정하는 수 이상의 당사자 등이 공청회 개최를 요구하는 경우

③ 행정청이 당사자에게 의무를 부과하거나 권익을 제한하는 처분을 할 때 제1항 또는 제2항의 경우 외에는 당사자 등에게 의견제출의 기회를 주어야 한다.

④ 제1항부터 제3항까지의 규정에도 불구하고 제21조 제4항 각 호의 어느 하나에 해당하는 경우와 당사자가 의견진술의 기회를 포기한다는 뜻을 명백히 표시한 경우에는 의견청취를 하지 아니할 수 있다.

> ⑤ 행정청은 청문 · 공청회 또는 의견제출을 거쳤을 때에는 신속히 처분하여 해당 처분이 지연되지 아니하도록 하여야 한다.
> ⑥ 행정청은 처분 후 1년 이내에 당사자등이 요청하는 경우에는 청문 · 공청회 또는 의견제출을 위하여 제출받은 서류나 그 밖의 물건을 반환하여야 한다.

행정청이 당사자에게 의무를 과하거나 권익을 제한하는 처분을 함에 있어서 청문과 공청회를 개최하는 경우 외에는 당사자 등에게 의견 제출의 기회를 주어야 한다(동조 제3항).
다음의 경우에는 의견청취를 아니할 수 있다(동조 제4항). (ⅰ) 공공의 안전 또는 복리를 위하여 긴급히 처분을 할 필요가 있는 경우, (ⅱ) 법령 등에서 요구된 자격이 없거나 없어지게 되면 반드시 일정한 처분을 하여야 하는 경우에 그 자격이 없거나 없어지게 된 사실이 법원의 재판 등에 의하여 객관적으로 증명된 때, (ⅲ) 해당 처분의 성질상 의견청취가 현저히 곤란하거나 명백히 불필요하다고 인정될 만한 상당한 이유가 있는 경우, (ⅳ) 당사자가 의견진술의 기회를 포기한다는 뜻을 명백히 표시한 경우이다.

② 의견 제출

당사자 등은 처분 전에 그 처분의 관할 행정청에 서면 · 구술 또는 정보통신망을 이용하여 의견 제출을 할 수 있으며(동법 제27조 제1항), 그 주장을 입증하기 위한 증거자료 등을 첨부할 수 있다(동조 제2항). 당사자 등이 정당한 이유 없이 의견 제출 내에 의견 제출을 하지 아니한 경우에는 의견이 없는 것으로 본다(동조 제4항). ① 행정청은 처분을 할 때에 당사자 등이 제출한 의견이 상당한 이유가 있다고 인정하는 경우에는 이를 반영하여야 한다(동법 제27조의2 제1항). ② 행정청은 당사자 등이 제출한 의견을 반영하지 아니하고 처분을 한 경우 당사자 등이 처분이 있음을 안 날부터 90일 이내에 그 이유의 설명을 요청하면 서면으로 그 이유를 알려야 한다. 다만, 당사자 등이 동의하면 말, 정보통신망 또는 그 밖의 방법으로 알릴 수 있다(동법 제27조의2 제2항).

③ 청문

㉠ 의의 : 청문이란 '행정청이 어떠한 처분을 하기에 앞서 당사자 등의 의견을 직접 듣고 증거를 조사하는 절차'를 말한다(동법 제2조 제5호). 즉, 청문이란 국민의 자유 · 권리를 제한 · 침해하는 행정처분을 발하기 전에, 행정청이나 관계인의 주장 · 증거에 대하여, 처분의 상대방이나 대립하는 이해관계인으로 하여금 자기에게 유리한 주장 · 증거를 제출하여 반박할 수 있는 기회를 부여함을 목적으로 하는 절차를 말한다.

㉡ 유형

ⓐ 약식청문과 정식청문 : 약식이란 일정한 규격적인 방식에 의하지 아니하고 이해관계인이 해당 행정작용에 대한 의견 및 참고자료를 제출함으로써 하는 청문을 말한다. 정식청문이란 청문주재자의 주재 아래 심문방식에 따라 이해관계인이 주장과 반박을 하고 그것을 뒷받침할 증거를 제출함으로써 이루어지는 청문을 말한다.

ⓑ **진술형 청문과 사실심형 청문** : 진술형 청문이란 이해관계인에게 의견진술이나 증거 기타의 참고자료를 제출할 수 있는 기회만 부여되는 청문을 말한다. 사실심형 청문은 각 당사자가 주장과 증거를 제출하고 그 상대방은 그에 대한 반박과 반증을 제출할 수 있으며, 해당 행정청은 그 청문기록에 따라 결정을 하는 청문을 말한다.

ⓒ **행정절차법상 청문** : 행정절차법은 넓은 의미의 청문의 방법으로 (ⅰ) 의견제출, (ⅱ) 청문, (ⅲ) 공청회 개최의 세 가지를 채택하였는바, (ⅰ)은 약식절차이고, (ⅱ)는 사실심형 청문이며, (ⅲ)은 진술형 청문에 해당한다.

ⓒ 청문의 진행

ⓐ **청문주재자** : ① 행정청은 소속 직원 또는 대통령령으로 정하는 자격을 가진 사람 중에서 청문주재자를 공정하게 선정하여야 한다(제28조 제1항). 청문주재자는 독립하여 공정하게 직무를 수행하며, 그 직무수행상의 이유로 본인의 의사에 반하여 신분상 어떠한 불이익도 받지 아니한다(동조 제4항). 그리고 청문주재자에 대한 제척・기피・회피가 인정된다(동법 제29조). 이번 개정에 제척・기피・회피 사유로 추가된 부분은 제29조 제1항 제5호에 자신이 해당 처분업무를 처리하는 부서에 근무하는 경우. 이 경우 부서의 구체적인 범위는 대통령령으로 정한다.

ⓑ **청문의 공개** : 청문은 당사자의 공개신청이 있거나 청문주재자가 필요하다고 인정하는 경우 이를 공개할 수 있다. 다만, 공익 또는 제3자의 정당한 이익을 현저히 해할 우려가 있는 경우에는 공개하여서는 아니 된다(동법 제30조).

ⓒ **청문의 진행** : 청문주재자가 청문을 시작할 때에는 먼저 예정된 처분의 내용, 그 원인이 되는 사실 및 법적 근거 등을 설명하여야 한다(동법 제31조 제1항). 당사자 등은 의견을 진술하고 증거를 제출할 수 있으며, 참고인・감정인 등에 대하여 질문할 수 있다(동조 제2항). 행정청은 직권 또는 당사자의 신청에 의하여 수 개의 사안을 병합하거나 분리하여 청문을 실시할 수 있다(동법 제32조).

ⓓ **청문의 조서작성과 종결 및 재개** : 청문주재자는 청문조서를 작성하여야 하며, 당사자 등은 청문조서의 기재내용을 열람・확인할 수 있으며, 이의가 있을 때에는 그 정정을 요구할 수 있다(동법 제34조). 청문주재자는 해당 사안에 대하여 당사자 등의 의견진술・증거조사가 충분히 이루어졌다고 인정되는 경우에는 청문을 마칠 수 있다(동법 제35조). 청문주재자는 당사자 등의 전부 또는 일부가 정당한 사유로 청문기일에 출석하지 못하거나 제31조 제3항에 따른 의견서를 제출하지 못한 경우에는 10일 이상의 기간을 정하여 이들에게 의견진술 및 증거제출을 요구하여야 하며, 해당 기간이 지났을 때에 청문을 마칠 수 있다(동법 제35조 제3항). 행정청은 청문을 마친 후 처분을 하기까지 새로운 사정이 발견되어 청문을 재개할 필요가 있다고 인정하는 때에는 제출받은 청문조서 등을 되돌려 보내고 청문의 재개를 명할 수 있다(동법 제36조).

④ 공청회

㉠ **의의** : 공청회는 특정사항에 대하여 발표자와 이해관계인들이 서로 질문과 답변을 통하여 행정결정을 위해 필요한 의사를 형성하는 절차를 말한다. 이는 청문과는 달리 공청사항에 대하여 이해관계 없는 사람도 참가가 가능하다는 특색이 있으며, 이를 통해 다수의 의견을 수렴하여 사전적으로 이해관계를 조정하고자 하는 데 그 의의가 있다.

㉡ **공청회의 개최** : 행정청은 공청회를 개최하려는 경우에는 공청회 개최 14일 전까지 다음 각 호의 사항을 당사자 등에게 통지하고 관보, 공보, 인터넷 홈페이지 또는 일간신문 등에 공고하는 등의 방법으로 널리 알려야 한다. 다만, 공청회 개최를 알린 후 예정대로 개최하지 못하여 새로 일시 및 장소 등을 정한 경우에는 공청회 개최 7일 전까지 알려야 한다(동법 제38조). 한편, 행정청은 제38조에 따른 공청회와 병행하여서만 정보통신망을 이용한 공청회(온라인공청회)를 실시할 수 있으며(동법 제38조의2 제1항), 온라인공청회를 실시하는 경우에는 누구든지 정보통신망을 이용하여 의견을 제출하거나 제출된 의견 등에 대한 토론에 참여할 수 있다(동조 제4항).

㉢ **공청회의 주재자 및 발표자의 선정** : 행정청은 해당 공청회의 사안과 관련된 분야에 전문적 지식이 있거나 그 분야에 종사한 경험이 있는 사람으로서 대통령령으로 정하는 자격을 가진 사람 중에서 공청회의 주재자를 선정한다(동법 제38조의3 제1항). 공청회의 발표자는 원칙적으로 발표를 신청한 자 중에서 행정청이 선정한다(동조 제2항). 행정청은 공청회의 주재자 및 발표자를 지명 또는 위촉하거나 선정함에 있어서 공정성이 확보될 수 있도록 하여야 한다(동조 제3항).

㉣ **공청회의 진행** : 공청회의 주재자는 공청회를 공정하게 진행하여야 하며, 공청회의 원활한 진행을 위하여 발표내용을 제한할 수 있고, 질서유지를 위하여 발언중지, 퇴장명령 등 행정안전부장관이 정하는 필요한 조치를 할 수 있다(동법 제39조 제1항). 발표자는 공청회와 직접 관련이 없는 것만을 발표하여야 하며(동조 제2항), 공청회의 주재자는 발표자의 발표가 끝난 후에는 발표자 상호 간에 질의 및 답변을 할 수 있도록 하여야 하며, 방청인에게도 의견을 제시할 기회를 주어야 한다(동조 제3항). 행정청은 처분을 함에 있어서 공청회에서 제시된 사실 및 의견이 상당한 이유가 있다고 인정하는 경우에는 이를 반영하여야 한다(동법 제39조의2).

㉤ **공청회의 재개최** : 행정청은 공청회를 마친 후 처분을 할 때까지 새로운 사정이 발견되어 공청회를 다시 개최할 필요가 있다고 인정할 때에는 공청회를 다시 개최할 수 있다(동법 제39조의3).

⑤ 문서열람청구권

당사자 등은 의견제출의 경우에는 처분의 사전 통지가 있는 날부터 의견제출 기한까지, 청문의 경우에는 청문의 통지가 있는 날부터 청문이 끝날 때까지 행정청에 대하여 해당 사안의 조사결과에 관한 문서와 그 밖에 해당 처분과 관련되는 문서의 열람 또는 복사를 요청할 수 있다. 이 경우 행정청은 다른 법령에 의하여 공개가 제한되는 경우를 제외하고는 이를 거부할 수 없다(동법 제37조 제1항).

행정청은 열람 또는 복사의 요청을 거부하는 경우에는 그 이유를 소명하여야 한다(동조 제3항).

열람 또는 복사를 요청할 수 있는 문서의 범위는 대통령령으로 정한다(동조 제4항).

5. 신고절차

1) 개설

법령 등에서 행정청에 대하여 일정한 사항을 통지함으로써 의무가 끝나는 신고를 규정하고 있는 경우 신고를 관장하는 행정청은 신고에 필요한 구비서류와 접수기관 기타 법령 등에 의한 신고에 필요한 사항을 게시(인터넷 등을 통한 게시를 포함한다)하거나 이에 대한 편람을 비치하여 누구나 열람할 수 있도록 하여야 한다(동법 제40조 제1항).

2) 효과

신고가 ① 신고서의 기재사항에 하자가 없으며, ② 필요한 구비서류가 첨부되어 있으며, ③ 기타 법령 등에 규정된 형식상의 요건에 적합한 경우에는 신고서가 접수기관에 도달된 때에 신고의 의무가 이행된 것으로 본다(동법 제40조 제2항).

그러나 행정청은 이러한 요건을 갖추지 못한 신고서가 제출된 경우 지체 없이 상당한 기간을 정하여 신고인에게 보완을 요구하여야 한다(동조 제3항). 행정청은 신고인이 제3항의 규정에 의한 기간 내에 보완을 하지 아니한 때에는 그 이유를 명시하여 해당 신고서를 되돌려 보내야 한다(동조 제4항).

6. 입법예고절차

1) 의의

입법예고절차는 국민의 일상생활과 밀접하게 관련되는 법령안의 내용을 구체적인 행위에 앞서서 국민들에게 일반적으로 예고함으로써 국민들의 참여기회를 보장하여 입법과정의 민주화를 확보하고, 법령의 실효성을 높여 정책수행의 효율화를 도모하기 위한 절차이다.

2) 적용범위

국민의 권리・의무 또는 일상생활과 밀접한 관련이 있는 법령 등을 제정・개정 또는 폐지(이하 '입법'이라 한다)하고자 할 때에는 해당 입법안을 마련한 행정청은 이를 예고하여야 한다(동법 제41조 제1항).

행정청은 입법이 긴급을 요하는 경우, 입법내용의 성질 또는 기타 사유로 예고의 필요가 없거나 곤란하다고 판단되는 경우, 상위법령 등의 단순한 집행을 위한 경우, 예고함이 공익에 현저히 불리한 영향을 미치는 경우에는 입법예고를 아니할 수 있다(동조 제2항).

법제처장은 입법예고를 하지 아니한 법령안의 심사요청을 받은 경우에 입법예고를 함이 적당하다고 판단될 때에는 해당 행정청에 대하여 입법예고를 권고하거나 직접 예고할 수 있다(동조 제3항).

7. 행정예고절차

행정청은 정책, 제도 및 계획(이하 “정책 등”이라 한다)을 수립・시행하거나 변경하려는 경우에는 이를 예고하여야 한다. 다만, 다음 각 호의 어느 하나에 해당하는 경우에는 예고를 하지 아니할 수 있다(동법 제46조 제1항). 법 제46조 제1항에도 불구하고 법령 등의 입법을 포함하는 행정예고는 입법예고로 갈음할 수 있다(동조 제2항). 행정예고기간은 예고 내용의 성격 등을 고려하여 정하되, 20일 이상으로 한다(동조 제3항). 행정목적을 달성하기 위하여 긴급한 필요가 있는 경우에는 행정예고기간을 단축할 수 있다. 이 경우 단축된 행정예고기간은 10일 이상으로 한다(동조 제4항).

8. 행정지도절차

행정지도는 그 목적달성에 필요한 최소한도에 그쳐야 하며, 지도받는 자의 의사에 반하여 부당하게 강요하여서는 아니 된다(동법 제48조 제1항). 행정지도에 관계하는 자는 그 상대방이 행정지도에 따르지 아니하였다는 것을 이유로 불이익한 취급을 하여서는 아니 된다(동조 제2항).

03 절 행정절차의 하자

1. 행정절차상 하자의 의의

행정절차의 하자를 광의로 이해할 경우에는 행정작용에 있어서의 ‘절차상의 모든 하자’를 의미한다. 따라서 행정행위만이 아닌 행정입법・행정지도 등 행정청의 모든 행정작용의 절차에 관련된 흠이 여기에 포함된다. 그러나 일반적으로 행정절차의 하자라고 할 때에는 협의로 이해하여 ‘행정행위(처분)의 절차에 관련된 하자’를 의미한다.

2. 행정절차상 하자의 효과

1) 개설

(1) 입법례

입법례에 따라서는 절차상의 하자의 효과에 관한 일반적인 규정을 두는 경우가 있다(독일행정절차법 제46조). 이러한 일반적인 규정은 없지만 우리도 절차상의 하자의 효과에 대한 명문의 규정을 두고 있는 경우가 있다(국가공무원법 제13조 제2항). 그러나 실제로는 명문의 규정을 두고 있지 않은 경우가 오히려 일반적이다. 따라서 소정의 절차적 요건이 없는 행정행위는, 행정행위의 하자의 일부분이므로 행정행위의 하자의 효과에 관한 이론이 그대로 적용된다. 즉, 절차상의 하자의 정도가 중대하고 명백한 것인 때에는 해당 행정행위는 무효가 되지만, 중대하고 명백하지 않은 경우에는 취소할 수 있는 행위가 된다(통설・판례).

(2) 문제점

행정절차상 하자의 문제는 법령상 요구되는 청문절차, 공람・공고절차, 이유제시절차의 하자 등의 행정절차의 하자만을 독립의 위법사유로 보아 해당 행정행위를 무효 또는 취소・정지할 수 있는가에 있다. 이는 '절차상 하자 있는 행정행위의 효력'의 문제로, 해당 행정행위가 취소되어도 결국은 실체적으로 동일한 처분을 하게 되는 기속행위인 경우에 주로 문제된다. 재량행위인 경우에는 예컨대 상대방에 대한 청문 등에 의하여 사실관계를 구체적으로 파악하는 경우에는 기존 처분과는 다른 처분을 할 수도 있기 때문이다.

2) 학설

(1) 소극설

행정절차상의 하자만을 이유로 해당 행정행위를 무효를 확인하거나 또는 취소할 수 없고 내용상 하자가 있어야 취소 또는 무효확인을 할 수 있다고 보는 입장이다. 그 논거로는 ① 절차규정은 실체법적으로 적절한 행정결정을 하기 위한 수단인 점에 그 본질적 기능이 있고, ② 절차위반을 이유로 다시 처분하더라도 전과 동일한 처분을 하는 경우에는 행정경제 및 소송경제에 반한다는 것이다.

(2) 적극설

행정절차상의 하자만으로 행정처분의 무효를 확인하거나 취소할 수 있다는 입장이다. 절차상 하자 있는 행정행위는 그 자체만으로 원칙적으로 무효로 보아야 한다는 견해도 있으나 원칙적으로 취소사유에 해당한다는 것이 다수의 견해이다. 그 논거로는 ① 적정한 결정은 절차가 전제되어야 하고, ② 다시 처분하더라도 반드시 동일한 결론에 도달한다는 보장은 없으며, ③ 절차적 요건의 의미를 살려야 한다는 점 등을 들고 있다.

(3) 절충설

절충설은 기속행위의 경우에는 절차가 행정행위의 실체상의 내용에 어떠한 영향도 미칠 수 없다고 보고 절차의 하자를 독립된 위법사유로 보지 않는다. 다만, 재량행위에 있어서는 그 입장이 나눠는바, 일설은 재량행위의 경우 행정청이 기본 처분과 다른 처분을 할 수 있으므로 독립된 위법사유로 볼 수 있다고 하며, 또 다른 견해는 재량행위라 할지라도 절차의 하자가 행정청의 실체적 결정에 영향을 미칠 수 있는 경우에 한하여 독립된 위법사유가 된다고 보는 견해이다.

3) 판례

판례는 재량행위와 기속행위 모두 적극설의 입장을 취하고 있다.

(1) 이유제시의 경우

대법원은 이유제시의 경우, 행정절차법 시행 이전부터 이를 결한 행정처분은 독립된 취소의 대상이 된다고 하여 이유제시를 결한 기속행위인 과세처분을 위법하다고 판시하여 왔다.[3)]

판례

지방세법 제1조 제1항 제5호, 제25조 제1항, 제190조, 같은 법 시행령 제8조의 규정을 종합하여 보면 지방세의 납세고지는 납부할 지방세의 연도와 세목, 그 부과의 근거가 되는 법률 및 해당 지방자치단체의 조례의 규정, 납세의무자의 주소, 성명, 과세표준액, 세율, 세액산출근거, 납기, 납부장소, 납부기한까지 미납한 경우에 취해질 조치 및 부과의 위법 또는 착오에 대한 구제방법 등을 기재한 납세고지서에 의하도록 되어 있으므로 그 납세고지서는 과세처분과 징수처분의 성질을 아울러 갖는 것이라 할 것이고, 따라서 위 법령의 규정들은 강행규정이라고 할 것이어서 납세고지서에 위 법령이 요구하는 사항 중 일부의 기재를 누락시킨 하자가 있는 경우에는 그 부과처분은 위법하다(대법원 1986.10.28. 선고 85누723 판결).

(2) 청문의 경우

대법원은 청문의 경우, 행정절차법 시행 이전에는 관계법령에서 청문에 관한 명문규정이 있는 경우에만 독립적인 위법사유가 되고,[4] 명문규정이 없는 경우에는 독립된 위법사유로 볼 수 없다고 판시해 왔다. 당시 헌법재판소와 학설은 이러한 대법원의 견해와는 달리 관계법령에서 청문에 관한 규정이 없다 하여도 헌법상 적법절차조항에 근거하여 반대 입장을 취하여 왔다. 그러나 이는 행정절차법 제정 전의 경우이며, 행정절차법의 제정으로 모든 처분은 이 법이 정하는 처분절차를 거쳐야 하기 때문에 이러한 판례가 유지될 수 있는 근거가 상실되게 되었다.

판례

[1] 당사자의 의견청취(청문 포함)절차 없이 어떤 행정처분을 한 경우에도 관계법령에서 당사자의 의견청취절차를 시행하도록 규정하지 않고 있는 경우에는 그 행정처분이 위법하게 되는 것은 아니라 할 것인바, 문화재보호법과 대구직할시문화재보호조례에 의하면 시지정문화재는 시장이 문화재위원회의 자문을 받아 지정한다고만 규정되어 있을 뿐, 그 지정에 있어서 문화재의 소유자나 기타 이해관계인의 신청이 필요하다는 규정이나 소유자 기타 이해관계인의 의견을 들어야 한다는 행정절차의 규정은 없으므로, … 시장이 건조물 소유자의 신청이 없는 상태에서 소유자의 의견을 듣지 아니하고 건조물을 문화재로 지정하였다고 하여 위법한 것이라고 할 수 없다(대법원 1994.8.9. 선고 94누3414 판결).

[2] 법무부장관의 일방적 명령에 의하여 변호사업무를 정지시키는 것은 해당 변호사가 자기에게 유리한 사실을 진술하거나 필요한 증거를 제출할 수 있는 청문의 기회가 보장되지 아니하여 적법절차를 존중하지 아니한 것이 된다(헌재결정 1990.11.19. 선고 90헌가48 전원재판부).

[3] **청문을 결한 행정처분은 위법한 행정처분으로서 취소사유에 해당한다는 사례**
구 도시계획법(2000.1.28. 법률 제6243호로 전문 개정되기 전의 것) 제78조, 제78조의2, 행정절차법 제22조 제1항 제1호, 제4항, 제21조 제4항에 의하면, 행정청이 구 도시계획법 제23조 제5항의 규정에 의한 사업시행자 지정처분을 취소하기 위해서는 청문을 실시하여야 하고, 다만 행정절차법 제22조 제4항, 제21조 제4항에서 정한 예외사유에 해당하는 경우에 한하여 청문을 실시하지 아니할 수 있으며, 이러한 청문제도는 행정처분의 사유에 대하여 당사자에게 변명과 유리한 자료를 제출할 기회를

---

3) 대법원 1986.10.28. 선고 85누723 판결 등
4) 대법원 1984.5.9. 선고 84누116 판결

부여함으로써 위법사유의 시정가능성을 고려하고 처분의 신중과 적정을 기하려는 데 그 취지가 있음에 비추어 볼 때, 행정청이 침해적 행정처분을 함에 즈음하여 청문을 실시하지 않아도 되는 예외적인 경우에 해당하지 않는 한 반드시 청문을 실시하여야 하고, 그 절차를 결여한 처분은 위법한 처분으로서 취소사유에 해당한다(대법원 2004.7.8. 선고 2002두8350 판결).

[4] 사전통지 및 의견청취절차를 거치지 아니한 행정처분은 위법한 행정처분으로서 취소사유에 해당한다는 사례

행정절차법 제21조 제1항, 제4항, 제22조 제1항 내지 제4항에 의하면, 행정청이 당사자에게 의무를 과하거나 권익을 제한하는 처분을 하는 경우에는 미리 처분하고자 하는 원인이 되는 사실과 처분의 내용 및 법적 근거, 이에 대하여 의견을 제출할 수 있다는 뜻과 의견을 제출하지 아니하는 경우의 처리방법 등의 사항을 당사자 등에게 통지하여야 하고, 다른 법령 등에서 필요적으로 청문을 실시하거나 공청회를 개최하도록 규정하고 있지 아니한 경우에도 당사자 등에게 의견제출의 기회를 주어야 하되, 해당 처분의 성질상 의견청취가 현저히 곤란하거나 명백히 불필요하다고 인정될 만한 상당한 이유가 있는 경우 등에는 처분의 사전통지나 의견청취를 하지 아니할 수 있도록 규정하고 있으므로, 행정청이 침해적 행정처분을 함에 있어서 당사자에게 위와 같은 사전통지를 하거나 의견제출의 기회를 주지 아니하였다면 사전통지를 하지 않거나 의견제출의 기회를 주지 아니하여도 되는 예외적인 경우에 해당하지 아니하는 한 그 처분은 위법하여 취소를 면할 수 없다(대법원 2000.11.14. 선고 99두5870 판결).

3. 행정절차상 하자의 치유

행정절차의 하자로 인하여 무효가 되지 않은 경우에는 하자의 치유문제가 제기된다. 예컨대, 법령상 요구되는 청문과 이유제시가 없거나 불완전하게 한 경우, 그로 인하여 무효가 되지 않는다면, 사후에 추완 또는 보완함으로써 절차흠결의 하자치유를 인정할 것인가 하는 것이다. 이는 결국 치유의 가능성을 열어 둠으로써 행정의 절차적 경제성을 우선할 것인가, 아니면 이해관계인의 권익보호를 우선할 것인가의 문제로 귀착된다. 이에 대해서는 학설이 대립된다.

1) 부정설

행정절차의 독자적 의미를 강조하여 하자의 치유를 부정하고자 하는 견해이다. 이에 따르면 하자의 치유를 인정하면 해당 절차가 가지는 절차법적 의의가 정당하게 평가받지 못한다고 보기 때문이다.

2) 긍정설

긍정설은 행정의 능률성 확보를 이유로 절차상 하자의 치유를 광범위하게 인정하려는 견해로서 독일 연방행정절차법 제46조와 제45조를 그 근거로 한다. 동법 제46조는 해당 사안에 있어서 다른 결정이 행하여질 수 없다고 생각되는 경우에는 절차나 형식에 관한 규정을 위반한 것만으로는 해당 행정행위의 취소를 청구할 수 없다고 규정하고, 동법 제45조는 '절차규정의 위반은 사후에 하자를 보완함으로써 치유될 수 있음'을 규정하고 있으므로, 사후충족의 방법으로 하자가 치유될 수 있다고 주장한다.

3) 제한적 긍정설

하자의 치유를 인정하되 해당 처분의 형식 또는 절차의 본질적인 의의를 손상하지 아니하는 범위 내에서 제한적으로만 인정하자는 입장이다. 판례의 입장이기도 하다. 이 경우 구체적으로 하자의 치유가 가능한 시간적 한계를 언제까지로 볼 것인가에 대해 ① 행정심판제기 이전까지라는 견해, ② 행정소송제기 이전까지라는 견해, ③ 소송상 사실심 변론종결시점 이전까지라는 견해 등이 대립된다.

4) 판례

판례도 절차상 치유를 긍정한다. 그 시간적 한계는 행정심판제기 이전까지라고 본다.[5)]

4. 행정절차상 하자와 국가배상

절차상 하자 있는 행정처분에 대해 국가배상청구가 긍정될 수 있을 것인지가 문제될 수 있다. 이는 국가배상소송에서의 위법성의 본질을 어떻게 볼 것인가에 따라 결론이 달라진다.

국가배상제도의 본질을 적법한 행정권 행사의 담보라고 하는 손해배상의 행정통제기능을 강조하는 행위불법설에 의하면 이를 위법성이 긍정된다 할 수 있다. 그러나 결과불법설의 입장에서는 가해행위의 위법뿐만 아니라 위법한 손해발생을 요구하게 되므로 통상 절차상 하자만으로는 손해가 발생하였다고 볼 수 없기 때문에 국가배상에서의 위법성이 부정될 소지가 있다 할 것이다.

판례는 상대적 위법성설의 입장에서 절차적 위법이 있다 하더라도 직접적으로 위법성이 있다고 볼 수는 없는 것이고 가해행위의 위반내용 등 제반사정을 종합적으로 검토하여 개별・구체적으로 정하여야 한다는 입장에 있다. 생각건대, 이러한 입장에 선다면 국가배상제도와 행정통제의 관점 등 제반 사정을 검토한다면 위법성이 도출될 가능성이 크다고 판단된다.

판례

> 이 사건 금지처분이 설령 교도소장이 아닌 관구교감에 의하여 고지되어 행형법 시행령 제144조의 규정에 반하는 것으로서 절차적인 면에서 위법하다고 하더라도, 교도소장이 아닌 일반교도관 또는 중간관리자에 의하여 징발내용이 고지되었다는 사유에 의하여 해당 징벌처분이 위법하다는 이유로 공무원의 고의, 과실로 인한 국가배상책임을 인정하기 위하여는 징벌처분이 있게 된 규율위반행위의 내용, 징벌혐의 내용의 조사, 징벌혐의자의 의견 진술 및 징벌위원회의 결정 등 징벌절차의 진행경과, 징벌의 내용 및 그 집행과정 등 제반 사정을 종합적으로 고려하여 징벌처분이 객관적 정당성을 상실하고 이로 인하여 손해의 전보책임을 국가에게 부담시켜야 할 실질적인 이유가 있다고 인정되어야 할 것이다(대법원 2004.12.9. 선고 2003다50184 판결).

---

5) 대법원 1997.12.26. 선고 97누9390 판결

Chapter 05

행정상 의무이행확보수단

01 절 개설

1. 의의

행정법관계에 있어서 행정주체는 행정법규 또는 그에 의거한 행정행위에 의하여 국민에게 일정한 작위·부작위, 수인, 급부의무를 명하고 이 의무를 국민이 이행함으로써 행정목적을 최종적으로 실현시킨다. 국민이 이러한 행정법상의 의무를 스스로 이행하지 아니할 경우에 어떠한 방법으로 그것을 이행시켜 행정목적을 달성할 것인가는 행정주체 측에서 볼 때 중요한 문제가 아닐 수 없다. 따라서 행정주체는 이러한 행정법상의 의무를 이행하지 않거나 의무를 부담하는 자가 이를 위반한 경우 그 행정목적을 확보·실현하기 위하여 강제적 수단이 필요하게 된다. 이것이 바로 행정상 의무이행확보의 문제이다.

2. 행정상 의무이행확보수단의 체계

1) 전통적 의무이행확보수단

전통적인 행정상 의무이행확보수단으로는 의무불이행의 경우에 의무자의 신체 또는 재산에 직접적으로 실력을 행사하여 장래에 향하여 그것을 이행하거나 이행한 것과 동일한 상태를 실현하는 강제집행과 과거의 의무위반에 대하여 일정한 제재를 과함으로써 행정법규위반에 대한 제재를 직접목적으로 하면서도 의무자에게 심리적 압박을 가함으로써 간접적으로 의무이행을 확보하는 행정벌이 있다. 전자에 속하는 것으로는 대집행, 직접강제, 강제징수, 집행벌(이행강제금)을 내용으로 하는 행정상 강제집행과 행정상 즉시강제가 있고, 후자에 속하는 것으로는 행정형벌과 행정질서벌이 있다.

2) 새로운 의무이행확보수단

최근에 들어와서는 전통적인 의무이행확보수단들이 변화된 현실에서 기능적인 한계를 드러냄에 따라 이를 보완하기 위하여 인·허가의 철회·정지, 공급거부, 과징금, 공표, 관허사업의 제한 등 새로운 유형의 의무이행확보수단들이 등장하여 널리 활용되고 있다.

이것들은 엄격히 말하면 행정상 의무의 불이행이 있는 경우 그 법정의무를 그대로 이행시키는 수단이 아니고 과거의 의무위반에 대한 행정상 제재로 봄이 타당하며, 전통적 의미의 행정벌과 같이 간접적으로 행정법상의 의무를 이행시키는 기능을 수행한다고 볼 수 있다. 또한 현행법상 행정강제수단으로서 행정법상 의무이행을 강제하기 어려운 경우에 민사상의 강제집행수단을 활용하는 문제가 긍정적인 측면에서 검토되고 있다.

02 절 행정상 강제집행

행정기본법 제30조 행정상 강제

제30조(행정상 강제)

① 행정청은 행정목적을 달성하기 위하여 필요한 경우에는 법률로 정하는 바에 따라 필요한 최소한의 범위에서 다음 각 호의 어느 하나에 해당하는 조치를 할 수 있다.

1. 행정대집행 : 의무자가 행정상 의무(법령등에서 직접 부과하거나 행정청이 법령등에 따라 부과한 의무를 말한다. 이하 이 절에서 같다)로서 타인이 대신하여 행할 수 있는 의무를 이행하지 아니하는 경우 법률로 정하는 다른 수단으로는 그 이행을 확보하기 곤란하고 그 불이행을 방치하면 공익을 크게 해칠 것으로 인정될 때에 행정청이 의무자가 하여야 할 행위를 스스로 하거나 제3자에게 하게 하고 그 비용을 의무자로부터 징수하는 것
2. 이행강제금의 부과 : 의무자가 행정상 의무를 이행하지 아니하는 경우 행정청이 적절한 이행기간을 부여하고, 그 기한까지 행정상 의무를 이행하지 아니하면 금전급부의무를 부과하는 것
3. 직접강제 : 의무자가 행정상 의무를 이행하지 아니하는 경우 행정청이 의무자의 신체나 재산에 실력을 행사하여 그 행정상 의무의 이행이 있었던 것과 같은 상태를 실현하는 것
4. 강제징수 : 의무자가 행정상 의무 중 금전급부의무를 이행하지 아니하는 경우 행정청이 의무자의 재산에 실력을 행사하여 그 행정상 의무가 실현된 것과 같은 상태를 실현하는 것
5. 즉시강제 : 현재의 급박한 행정상의 장해를 제거하기 위한 경우로서 다음 각 목의 어느 하나에 해당하는 경우에 행정청이 곧바로 국민의 신체 또는 재산에 실력을 행사하여 행정목적을 달성하는 것
   가. 행정청이 미리 행정상 의무 이행을 명할 시간적 여유가 없는 경우
   나. 그 성질상 행정상 의무의 이행을 명하는 것만으로는 행정목적 달성이 곤란한 경우

② 행정상 강제 조치에 관하여 이 법에서 정한 사항 외에 필요한 사항은 따로 법률로 정한다.

③ 형사(刑事), 행형(行刑) 및 보안처분 관계 법령에 따라 행하는 사항이나 외국인의 출입국・난민인정・귀화・국적회복에 관한 사항에 관하여는 이 절을 적용하지 아니한다.

1. 행정상 강제집행의 개념

행정상 강제집행이란 행정법규 또는 이에 의거한 행정행위에 의하여 행정객체에 부과된 구체적・특정적인 의무를 의무자가 스스로 이행하지 않은 경우에 행정청이 장래에 향하여 그 의무자에게 심리적 압박을 가하거나 의무자의 신체・재산에 실력을 가하여 의무를 이행케 하거나 의무가 이행된 것과 같은 상태를 실현하는 작용을 말한다.

1) 즉시강제와의 구별

행정상 강제집행은 구체적인 의무를 전제로 하여 법률이 정하는 일정한 절차에 따라 단계적으로 시행되는 것에 대하여 즉시강제는 의무를 전제하지 않고, 급박한 경우에 행정상 필요한 상태를 실현하기 위한 긴급조치인 것이다.

2) 민사상 강제집행과의 구별

민사상 강제집행이 행해지기 위해서는 집행되어야 할 청구권의 존재가 국가기관에 의하여 확인되고 판결이나 채무명의가 발행되어 있는 것을 전제로 채권자가 국가의 집행기관에 집행을 구할 수 있다. 이에 대하여 행정상 강제집행은 행정행위에 의하여 의무를 부과하고 그 이행을 구하는 행정청이 스스로 의무의 존재를 확인하고 독자적인 강제수단에 의하여 집행을 행하는 자력집행제도이다.

3) 행정벌과의 구별

행정상 강제집행과 행정벌은 행정상의무위반을 요건으로 하여 가해지는 강제수단이라는 점에서 공통성을 지니지만 전자는 장래에 향하여 의무이행을 강제함을 직접목적으로 하는데 대하여, 행정벌은 과거의 의무위반에 제재를 가함을 직접목적으로 하며, 간접적 강제기능은 그 제재의 반사적 효과에 지나지 않는다. 양자는 그 직접의 목적을 달리하므로 같은 의무의 불이행에 대하여 강제집행을 한다 하더라도 행정벌의 부과가 배제되지 아니한다.

2. 행정상 강제집행과 법률유보

종래 대륙법계 국가에 있어서 행정상 강제집행은 행정권에게 강제집행권을 부여하는 실정법상의 특별한 근거가 없어도 가능하다는 것이 일반적이었다. 즉 행정행위는 강제집행권을 스스로 내포하고 있는 것이며, 행정행위의 근거가 되는 법규는 동시에 강제집행의 근거가 되는 것이고 행정상의 강제집행은 새로운 부담을 과하지 아니하고 이미 지워진 의무를 그대로 실현시키는 한 특별한 법적 근거를 요하지 아니한다는 것이다.

그러나 명령에 의하여 의무를 부과하는 것과 강제집행에 의하여 의무내용을 실현하는 것은 전혀 다른 차원의 문제이며, 따라서 강제집행은 항상 명령권의 수권법규와는 별개의 수권법규를 필요로 한다고 보는 것이 통설이다. 행정상 강제집행에 관한 근거 법으로서는, 일반법으로서 행정대집행법과 국세징수법, 그 밖에 단행법으로서 토지보상법, 출입국관리법 등이 있다. 최근 행정기본법 제3장 제5절은 행정상 강제에 관한 일반법으로 행정기본법 제30조를 규율하고 있다. 행정상 강제에 관한 특별법령이 있으면, 특별법령 우선 적용되며, 행정상 강제에 관한 특별 법령이 없으면 행정기본법 제30조가 적용된다.

3. 행정상 강제집행의 종류

1) 대집행 – 행정기본법 제30조 제1항 제1호 대집행 규정 명문화

(1) 의의

행정대집행이란 의무자가 행정상 의무(법령등에서 직접 부과하거나 행정청이 법령등에 따라 부과한 의무를 말한다. 이하 이 절에서 같다)로서 타인이 대신하여 행할 수 있는 의무를 이행하지 아니하는 경우 법률로 정하는 다른 수단으로는 그 이행을 확보하기 곤란하고 그 불이행을 방치하면 공익을 크게 해칠 것으로 인정될 때에 행정청이 의무자가 하여야 할 행위를 스스로 하거나 제3자에게 하게 하고 그 비용을 의무자로부터 징수하는 것이다. 즉 대집행(Ersatzvornahme)이란 의무자가 대체적 작위의무를 자발적으로 이행하지 않은 경우에 행정청이 스스로 행하거나 또는 제3자로 하여금 이를 행하게 함으로써 의무의 이행이 있는 것과 같은 상태를 실현시킨 후 그에 관한 비용을 의무자로부터 징수하는 행정상의 강제집행을 말한다(행정대집행법 제2조). 대집행은 종래에는 질서유지를 위한 소극적 목적에서 행하여져 왔던 것이 보통이나 최근에는 사유유휴지(私有遊休地)의 이용강제를 위한 대집행(대집행개발) 등 적극적으로 공공복지의 실현을 위해 활용되기도 한다. 현재 금전급부의무를 제외한 행정상 의무에 대한 일반적 강제수단으로서는 대집행만이 허용되고, 근거법은 행정대집행법이다.

(2) 대집행의 당사자

대집행을 할 수 있는 자는 해당 행정청이다(동법 제2조). 해당 '행정청'이란 대집행의 대상이 되는 작위의무를 명한 행정청을 말하며, 해당 행정청의 위임이 있으면 다른 행정청도 대집행의 주체가 될 수 있다.

한편 대집행을 현실로 수행하는 자는 반드시 해당 행정청이어야 하는 것은 아니고 경우에 따라서는 제3자가 대집행을 수행할 수도 있다. 전자를 자기집행, 후자를 타자 집행이라고 한다. 그리고 대집행의 상대방은 대집행의 대상이 되는 의무를 부담하는 자이다. 대집행의 수탁자는 행정기관일 수도 있고 공공단체 또는 사인일 수도 있다. 공공단체 또는 사인에 대한 대집행의 위탁은 엄밀한 의미의 위탁이 아니라 사실상의 대집행행위의 위탁(대집행 보조를 위한 위탁)이라고 해석하여야 한다. 달리 말하면 공공단체 또는 사인의 대집행은 항상 대집행권자인 행정청의 감독과 책임하에 행해질 수 있는 것으로 보아야 한다. 그리고 대집행을 행하는 공공단체 또는 사인은 행정보조자의 지위를 갖는다고 보아야 한다. 왜냐하면 대집행은 물리력의 행사로서 전형적인 공권력의 행사이므로 행정기관만이 이를 행할 수 있는 것으로 보아야 하기 때문이다.

(3) 대집행의 대상

① 법령 또는 행정처분에 의하여 명하여진 의무

대집행의 대상이 되는 의무는 법령에 의하여 직접 명하여졌거나 법령에 의거한 행정처분에 의하여 명하여진 대체적 작위의무이다(행정대집행법 제2조).

② 대체적 작위의무

부작위의무, 수인의무, 비대체적 작위의무는 대집행의 대상이 되지 아니한다. 즉 대집행은 반드시 다른 사람이 대신할 수 있는 대체적 작위의무의 존재를 전제로 한다. 대체적 작위의무와 관련하여 오늘날 문제가 되는 것은 다음과 같다.

㉠ **사람이 신체로 실력행사를 통해 토지 인도거부 시 대집행의 허용 여부** : 토지보상법 제89조 제1항에서는 이 법 또는 이 법에 의한 처분으로 인한 의무를 이행하여야 할 자가 그 정하여진 기간 이내에 의무를 이행하지 아니하거나 완료하기 어려운 경우 또는 그로 하여금 그 의무를 이행하게 하는 것이 현저히 공익을 해한다고 인정되는 사유가 있는 경우에는 대집행을 인정하고 있다. 여기서 토지보상법 제89조의 '의무'에 '토지의 인도의무'가 포함될 수 있는가가 문제된다.

토지인도는 대집행이 될 수 없다는 견해는, 인도 중에서 대체성 있는 물건의 인도는 타자로 하여금 대체물을 급부시키고 의무자로부터 그 대가에 상당하는 금액을 징수하는 방법으로 대집행을 행할 수 있으나 사람이 점유하고 있는 토지의 인도는 실력으로 점유를 풀어 점유 이전을 행하지 않으면 목적을 달성할 수 없으므로 대집행의 대상이 될 수 없다. 따라서 토지보상법 제89조는 행정대집행법 제2조의 특례를 정하고 있는 것은 아니며 물건의 이전의 경우에 대집행을 할 수 있다는 선언적 의미에 불과하다고 본다. 즉, 토지인도 거부 시 대집행은 허용되지 않는다고 본다.

반면 토지인도는 대집행이 될 수 있다는 견해에 의하면, 토지의 인도의무의 강제는 대집행이 아니라 직접강제에 해당하는 것이기 때문에 대집행이 불가능하다고 보면, 그것은 토지의 인도의무의 불이행에 대한 대집행을 명문으로 규정하고 있는 토지보상법 제89조를 전적으로 무의미하게 하는 것으로서 그 타당성은 인정되기 어렵다 할 것이다. 그러한 점에서는 이 규정의 합리적 해석 또는 목적론적 해석이 필요하다고 본다. 따라서 토지보상법은 행정대집행법의 특례를 마련하여 토지의 인도의무에 대해 대집행을 허용하였다고 보는 입장이다.

판례는 종전 토지수용법 제77조의 대집행은 대체적 작위의무에 대해서만 인정되는 것이라고 하여 토지 인도거부 시 대집행을 할 수 없다고 보고 있다.

판례

[1] 도시공원시설인 매점의 관리청이 그 공동점유자 중의 1인에 대하여 소정의 기간 내에 위 매점으로부터 퇴거하고 이에 부수하여 그 판매 시설물 및 상품을 반출하지 아니할 때에는 이를 대집행하겠다는 내용의 계고처분은 그 주된 목적이 매점의 원형을 보존하기 위하여 점유자가 설치한 불법 시설물을 철거하고자 하는 것이 아니라, 매점에 대한 점유자의 점유를 배제하고 그 점유이전을 받는데 있다고 할 것인데, 이러한 의무는 그것을 강제적으로 실현함에 있어 직접적인 실력행사가 필요한 것이지 대체적 작위의무에 해당하는 것은 아니어서 직접강제의 방법에 의하는 것은 별론으로 하고 행정대집행법에 의한 대집행의 대상이 되는 것은 아니다(대법원 1998.10.23. 선고 97누157 판결).

[2] 행정대집행법상 대집행의 대상이 되는 대체적 작위의무는 공법상 의무이어야 할 것인데, 구 공특법에 따른 토지 등의 협의취득은 공공사업에 필요한 토지 등을 그 소유자와의 협의에 의하여 취득하는 것으로서 공공기관이 사경제주체로서 행하는 사법상 매매 내지 사법상 계약의 실질을 가지는 것이므로(대법원 1998.5.22. 선고 98다2242, 2259 판결 등 참조), 그 협의취득 시 건물소유자가 매매대상 건물에 대한 철거의무를 부담하겠다는 취지의 약정을 하였다고 하더라도 이러한 철거의무는 공법상의 의무가 될 수 없고, 이 경우에도 행정대집행법을 준용하여 대집행을 허용하는 별도의 규정이 없는 한 위와 같은 철거의무는 행정대집행법에 의한 대집행의 대상이 되지 않는다고 할 것이다.

그리고 구 공특법상 이루어진 협의취득과 관련하여 공익사업법 부칙 제3조에 의하여 공익사업법 제89조 소정의 요건을 구비한 경우 행정대집행법의 대집행 규정이 적용될 수 있기는 하지만, 공익사업법 제89조는 "이 법 또는 이 법에 의한 처분으로 인한 의무를 이행하여야 할 자가 의무를 이행하지 아니하는 경우에는 사업시행자가 행정대집행법이 정하는 바에 따른 대집행을 행정청에게 신청할 수 있다."라는 등의 내용으로 규정되어 있을 뿐이고, 달리 구 공특법상 이루어진 협의취득에 있어서 건물소유자의 철거의무에 관한 규정을 두고 있지 아니할 뿐만 아니라, 행정청이 그 건물소유자에게

> 철거를 명할 수 있는 규정도 두고 있지 아니하다.
> 이러한 법리와 관련 규정에 비추어 기록을 살펴보면, 원고와 울산시 사이의 구 공특법에 의한 이 사건 협의취득 시 원고가 약정한 철거의무는 공법상 의무가 아닐 뿐만 아니라, 공익사업법 제89조 소정의 행정대집행법의 대상이 되는 '이 법 또는 이 법에 의한 처분으로 인한 의무'에도 해당하지 아니한다고 할 것이므로 원고의 위 철거의무에 대한 강제적 이행은 행정대집행법상 대집행의 방법으로 실현할 수 없다고 할 것이다.
> 그럼에도 불구하고, 원심이 원고의 이 사건 주택 등의 철거의무가 공익사업법 제89조에 의하여 행정대집행법상 대집행의 대상이 된다고 보아 이 사건 대집행계고처분을 적법하다고 판단한 것은 공익사업법 제89조 소정의 행정대집행에 관한 법리를 오해하여 판결에 영향을 미친 위법이 있다고 할 것이다(대법원 2006.10.13. 선고 2006두7096 판결[건물철거대집행계고처분취소]).

구 토지수용법 제63조(인도의무), 제64조(대행), 제77조(대집행)에서의 '인도'에는 명도도 포함되는 것으로 보아야 하고, 이러한 명도의무는 그것을 강제적으로 실현하면서 직접적인 실력행사가 필요한 것이지 대체적 작위의무라고 볼 수 없으므로 특별한 사정이 없는 한 행정대집행법에 의한 대집행의 대상이 될 수 있는 것이 아니다.[1] 그리고 구 토지수용법 제63조의 규정에 따라 피수용자 등이 기업자에 대하여 부담하는 수용대상토지의 인도 또는 그 지장물의 명도의무 등이 비록 공법상의 법률관계라고 하더라도, 그 권리를 피보전권리로 하는 명도단행가처분은 그 권리에 끼칠 현저한 손해를 피하거나 급박한 위험을 방지하기 위하여 또는 그 밖의 필요한 이유가 있을 경우에만 허용될 수 있다고 보아야 한다.[2]
생각건대, 토지보상법 제89조의 규정은 단순히 '의무'라고만 하고 있어서 이 의무가 구체적으로 무엇인지 알 수 없다. 따라서 토지보상법이 명문으로 '토지인도의무'를 규정하고 있다고 확대해석하기는 어렵다고 보아진다.

ⓛ 기타의 방법으로 다음과 같은 것들을 생각할 수 있다.
첫째, 토지보상법 제44조의 대행의 활용으로서 이것은 토지보상법이 정한 특수한 형태의 대집행이라고 할 수 있는데 존치물건의 반출로써 점유를 풀어 인도대상인 토지건물의 현실적 지배를 사업시행자에게 취득시키는 것만을 인정한 것으로 볼 수 있다. 그러나 대행은 인도의무자의 고의나 과실이 없음을 적용요건으로 하고 있으므로 사례에서의 토지인도의무 거부 시와 같이 의무자의 의무위반의 고의성이 있는 경우에는 적용이 불가능하다고 보아야 한다.
둘째, 직접강제의 적용으로, 직접강제란 의무자가 의무를 불이행할 때 행정청이 직접 의무자의 신체, 재산에 실력을 가하여 의무자가 직접의무를 이행한 것과 같은 상태를 실현하는 작용을 말한다. 직접강제는 제3자에 의한 타자 집행이 인정되지 않고 비용은 행정청이 부담한다. 직접강제는 작위의무의 불이행뿐만 아니라 부작위의무나 수인의무의 불이행의 경

1) 대법원 1998.10.23. 선고 97누157 판결
2) 대법원 2005.8.19. 선고 2004다2809 판결

우에도 활용될 수 있는 수단이다. 따라서 비대체적 작위의무인 토지 인도 거부 시 가장 효과적인 실효성확보수단이 활용될 수 있다. 그러나 직접강제에 대하여는 일반법이 없고 개별법에 명문의 규정을 둔 경우에만 적용될 수 있는바, 토지보상법은 대행과 대집행만을 규정하고 있을 뿐 직접강제에 관한 규정이 없으므로 직접강제를 직접 적용하는 것은 불가능하다.

셋째, 경찰관직무집행법 등의 활용을 들 수 있다. 즉 토지인도의무불이행 시 현행법에서 활용할 수 있는 방법은 경찰관직무집행법상 위험발생방지조치나 형법상 공무집행방해죄의 적용을 통해 의무의 이행을 확보하는 경우가 있으나 부당결부금지의 원칙 등 제반의 문제가 제기될 수 있다.

넷째, 이상에서 본 바와 같이 현실적으로 다른 방법이 없어서 법외의 방법을 고려하는 것은 정당하지 못하므로 토지보상법의 개정을 통하여 직접강제에 관한 규정을 두는 방법 등이 고려되어야 할 것이다.

(4) 대집행의 요건

대집행을 하기 위하여는 ① 대체적 작위의무의 불이행이라는 사실 외에, ② 다른 수단으로는 그 이행은 확보하기 곤란할 뿐만 아니라, ③ 그 불이행을 방치함이 심히 공익을 해할 것으로 인정되어야 한다(행정대집행법 제2조). 그리고 이와 같은 대집행요건의 입증책임은 행정청에 있다.

판례

> 건축법에 위반하여 건축한 것이어서 철거의무가 있는 건물이라 하더라도 그 철거의무를 대집행하기 위한 계고처분을 하려면 다른 방법으로는 이행의 확보가 어렵고 불이행을 방치함이 심히 공익을 해하는 것으로 인정될 때에 한하여 허용되고 이러한 요건의 주장・입증책임은 처분 행정청에 있다(대법원 1996.10.11. 선고 96누8086 판결).

① 공법상 대체적 작위의무의 불이행이 있을 것

대집행은 법령에 의하여 직접 명하여졌거나 법령에 의거한 행정처분에 의하여 명하여진 공법상 대체적 작위의무의 불이행이 있음을 전제로 한다. 사법상 의무의 불이행은 대집행의 대상이 되지 않는다.

② 다른 수단으로 그 이행을 확보하기 곤란할 것

대집행은 대체작위의무의 불이행이 있다고 하여 곧바로 실행되는 것은 아니며, 대집행은 다른 수단으로는 그 이행확보가 곤란한 경우 부득이한 수단으로만 발동될 수 있다(보충성의 원칙). 여기서 '다른 수단'이란 대집행보다 침익성이 경미한 수단을 의미하는바, 다른 수단이 있는 경우에는 이에 의거하여야 한다(비례의 원칙).

③ 그 이행을 방치함이 심히 공익을 해한다고 인정될 것

행정대집행법은 대집행에 '그 이행을 방치함이 심히 공익을 해한다고 인정될 것'을 그 요건으로 하여 그 적용에 있어서 판단여지가 인정될 소지가 있으나 대집행이 국민에 대한 부담적 행정작용이기 때문에 그 해석과 적용은 상당히 엄격하여야 할 것이다. 즉 행정상의무를 과하는 것과 그것을 강제적으로 실현하는 것과는 의무자의 자유의 침해에 있어서 이질적인 것일 뿐만 아니라 대집행은 단순히 의무의 부과보다 더 한층 강한 침해이므로 대집행을 가능한 한 제한하기 위하여 의무를 과할 때에 요구되는 공익상 필요보다 한층 큰 공익상 필요가 대집행을 함에 요구된다. 따라서 이 요건은 의무불이행은 모두 공익을 해하는 것이지만 이익을 형량하여 사익보다 공익이 월등한 경우에 한하여, 즉 공익위반이 현저한 경우에 비로소 대집행이 인정된다는 취지이다.

'그 이행을 방치함이 심히 공익을 해한다고 인정될 것'의 취지를 위와 같이 이해하는 경우에도 '심히 공익을 해한다'고 함은 추상적이고 불확정적 개념이기 때문에 그 내용은 구체적인 경우에 제반사정을 종합하여 고려할 수밖에 없다고 할 것인바, 이 점에서 대법원의 판례는 중요한 참고가 될 수 있을 것이다.

④ 대집행실행의 전제요건으로서 행정행위의 불가쟁력의 문제

행정대집행법은 의무를 과하는 행정처분의 불가쟁력의 발생을 대집행실행의 요건으로 하고 있지 않다. 따라서 현행 행정대집행법하에서는 의무를 과한 행정처분이 계쟁상태(係爭狀態)에 있는 경우에도 대집행을 할 수 있다. 그 결과 쟁송에 의하여 의무를 과하는 행정처분이 취소되더라도 쟁송기간 동안 집행정지결정이 없는 한 이미 대집행이 실행되어 원상회복불능상태로 되고 상대방은 손해배상을 청구하는 외에 다른 구제방법이 없게 된다. 그러나 대집행의 경우에는 이미 실행이 완료된 상태에서는 행정쟁송을 제기하더라도 회복되는 법률상 이익이 거의 없고 대집행에 의하여 의무자가 지는 불이익이 매우 크므로 행정쟁송법집행정지의 요건을 완화하거나 독일의 경우처럼 행정대집행법에 명시적으로 불가쟁력이 발생하지 않는 경우에 대한 대집행을 허용하지 않는 방안이 마련되어야 할 것이다.

(5) 대집행과 행정재량

행정대집행법은 위의 대집행의 요건이 충족되는 경우에도 대집행을 할 수 있다는 가능규정을 사용하고 있는바, 이 경우에 대집행의 요건이 충족된 경우에도 대집행의 실행여부에 대하여 행정청에게 재량이 인정되는지 아니면 요건이 충족된 경우에는 반드시 대집행을 할 의무가 존재하는지에 대하여 논란이 되고 있다.

행정대집행법의 문언이 '할 수 있다'는 가능규정의 형태를 취하고 있으나 이 규정 전체의 취지로 볼 때 이것은 그러한 요건이 충족된 경우에 대집행을 하여야 한다는 취지이지 요건이 존재함에도 불구하고 그 실현여부를 행정청의 재량에 맡기는 취지는 아니다. 즉 행정대집행법이 대집행의 요건으로 '다른 수단으로써 그 이행을 확보하기 곤란하고' 또한 '그 불이행을 방치하는 것이 심히 공익을 해할 것으로 인정될 때'라는 매우 제한적인 요건을 두고 있는 것은 이러한 요건이 충족된 경우에는 반드시 대집행하여야 한다는 취지로 해석하여야 할 것이다.[3]

한편 건축법과 같이 행정상 강제집행수단으로서 대집행과 이행강제금을 모두 규정하고 있는 경우

3) 김남진·김연태, 행정법 I, 444면.

행정청에게 대집행과 이행강제금과 관련하여 일종의 선택재량이 인정되어 있으므로 대집행 대신에 이행강제금을 부과할 수 있는지 여부가 구「개발제한구역의 지정 및 관리에 관한 특별조치법」 제11조 제1항에 대한 헌법소원사건에서 제기된 바 있다. 이에 대하여 헌법재판재판소는 "현행법상 위법건축물에 대한 이행강제수단으로 인정되는 대집행과 이행강제금을 비교하면, 대집행은 위반 행위자가 위법상태를 치유하지 않아 그 이행의 확보가 곤란하고 또한 이를 방치함이 심히 공익을 해할 것으로 인정될 때에 행정청 또는 제3자가 이를 치유하는 것인 반면, 이행강제금은 위반행위자 스스로가 이를 시정할 수 있는 기회를 부여하여 불필요한 행정력의 낭비를 억제하고 위반행위로 인한 경제적 이익을 환수하기 위한 제도로서 양 제도의 각각의 장·단점이 있다. 따라서 개별사건에 있어서 위반내용, 위반자의 시정의지 등을 감안하여 행정청은 대집행과 이행강제금을 선택적으로 활용할 수 있다고 할 것이며, 이처럼 그 합리적인 재량에 의해 선택하여 활용하는 이상 중첩적인 제재에 해당한다고 볼 수 없다."라고 판시하여[4] 행정청이 대집행과 이행강제금을 선택적으로 부과할 수 있는 것으로 보고 있다.

(6) 대집행의 절차

대집행은 상대방이나 관계인의 이익에 미치는 영향이 크기 때문에 그 절차는 충분히 적정한 것이어야 한다. 행정대집행법은 대집행의 절차로서 계고, 대집행영장에 의한 통지, 대집행의 실행 및 비용징수의 4단계를 규정하고 비상시 또는 위험이 절박한 경우에 대한 특례를 규정하고 있다(동법 제3조).

① 계고

㉠ 의의 : 대집행을 하려면 상당한 이행기간을 정하여 그때까지 이행하지 아니할 때에는 대집행을 한다는 뜻을 미리 문서로 계고하여야 한다(동법 제3조 제1항).

계고는 대집행의 사전절차로서 대집행이 행하여질 것이라는 것을 사전에 통지하여 의무이행을 독촉하는 기능을 한다. 계고는 상대방에 대하여 대집행에 대한 예측가능성을 부여하는 것으로 대집행절차의 주요한 부분이며, 필요적 전치절차이다. 다만, 비상시 또는 위험이 급박한 경우에 해당 행위의 급속한 실시를 요하여 사전절차를 취할 여유가 없는 경우에 한하여 그 절차를 거치지 아니하고 대집행을 할 수 있다.

한편 대집행의 요건은 계고를 할 때 충족되어야 한다. 그것은 계고가 상당한 기한까지 의무를 이행하지 아니할 때에는 대집행을 할 수밖에 없다는 의사의 통지로서 장래 대집행을 한다는 것을 확실히 나타내는 것이므로 계고를 할 때에 위의 요건충족이 선행될 필요가 있다고 해석되기 때문이다. 판례도 이러한 입장을 취하고 있다.

판례

행정대집행의 요건은 대집행절차의 일부인 계고에도 타당하며, 그 요건이 충족된 경우에 한하여 계고할 수 있다(대법원 1979.8.21. 선고 79누1 판결).

---

4) 2001헌바80·84·102·103, 2002헌바26 병합

㉡ **법적 성질** : 계고는 의무이행을 최고함과 동시에 일정한 기한까지 그 의무가 이행되지 아니하는 경우에는 대집행을 할 뜻의 통지행위인 준법률행위적 행정행위로 보는 것이 일반적 견해이다. 이에 대하여 그의 효과를 표준으로 하여 작위의무를 부과하는 하명으로 보아야 하다는 견해도 있다.[5)]

판례

대집행계고처분은 행정청이 상당한 이행기한을 정하여 행정상 의무자로 하여금 스스로 그 의무를 행하도록 명하고 그 기한까지 이행되지 아니할 때에는 대집행을 한다는 뜻을 미리 계고하는 '행정처분'인 고로 그 처분의 대상은 행정상 의무자 자신이 스스로 이를 이행할 수 있고 또한 행정청 자신이 대집행할 수 있도록 그 범위와 내용이 객관적으로 특정되어야 하며 이를 자신의 권리와 대비 검토하여 계고처분과 이에 따른 대집행상 나타날 수 있는 위법을 다툴 수 있어야 할 것이다(대법원 1985.9.24. 선고 84누128 판결[건물철거대집행계고처분취소]).

㉢ **상당한 이행기간** : 계고를 할 때에는 상당한 이행기간을 정하여야 한다. 어느 정도의 기간을 주는 것이 상당한 이행기간인가는 구체적인 사안에 대하여 의무의 성질, 의무자의 구체적 사정 등을 고려하여 객관적・합리적으로 인정되어야 할 것이다.

㉣ **계고의 내용과 형식** : 계고는 문서로서 하여야 하며, 문서에 의하지 않는 계고는 무효이다. 계고를 함에 있어 이행할 의무의 내용은 구체적으로 특정되어야 하며, 선행하는 하명처분에서의 그것과 일치하여야 한다. 그리고 어떤 의무를 이행함에 있어 이행방법이 복수인 경우에는 계고 시에 행정청이 선택하려는 구체적인 방법을 적시하여야 한다. 또한 계고는 준법률적 행정행위로서 행정쟁송의 대상이 되기 때문에 행정절차법 제26조에 의하여 계고에 대한 불복이 있는 경우에는 행정심판을 제기할 수 있다는 것과 청구절차 및 청구기간 기타 필요한 사항을 고지하여야 한다.

② **대집행영장에 의한 통지**

의무자가 계고를 받고도 지정된 기한까지 그 의무를 이행하지 아니할 때에는 해당 행정청은 대집행영장으로써 대집행을 할 시기, 대집행책임자의 성명과 대집행에 요하는 비용의 계산에 의한 견적액을 의무자에게 통지하여야 한다(동법 제3조 제2항). 다만, 대집행영장에 의한 통지도 법률에 다른 규정이 있거나(건축법 제74조), 비상시 또는 위험이 절박하여 통지를 할 만한 여유가 없을 때에는 생략할 수 있다(동조 제3항). 대집행영장에 의한 통지도 계고와 같이 대집행을 할 것을 통지하는 준법률행위적 행정행위에 해당하며, 행정쟁송의 대상이 된다.

한편 대집행을 할 시기와 대집행영장에 의한 통지 사이의 시차에 대해서는 법률규정은 없다. 그에 관한 판단은 행정청의 재량이라고 할 것이다. 사안에 따라서는 대집행실행 직전에 대집행영장에 의한 통지를 하는 것도 무관하지만 사람이 거주하는 건물을 철거하는 경우에는 거주자가 동산을 해당 건물로부터 반출하여 퇴거함에 필요한 적당한 기간을 주는 것이 타당할 것이다.

---

5) 김남진・김연태, 행정법 I, 445면.

③ 대집행의 실행

㉠ 의의 : 대집행의 실행이란 의무가 이행된 것과 같은 상태를 실현하기 위하여 물리적인 실력을 행사하는 것을 말한다. 대집행은 해당 행정청 또는 제3자에 의하여 실행되며, 대집행을 하기 위하여 현장에 파견되는 대집행책임자는 그가 집행책임자라는 것을 표시한 증표를 휴대하여 대집행 시에 이해관계인에게 제시하여야 한다(행정대집행법 제4조).

㉡ 법적 성질 : 대집행 실행행위는 물리력을 행사하는 권력적 사실행위이다.

㉢ 대집행실행에 대한 저항의 제재 : 적법한 대집행에 대해서는 의무자는 대집행의 실행을 수인할 의무가 있다. 따라서 의무자가 수인을 거부하고 실력으로 저항하는 경우 그 저항행위가 형법상 공무집행방해죄나 폭행죄의 구성요건에 해당하는 때에는 이에 의한 처벌이 가능하며, 또한 저항이 곧 행해질 것이 확실하게 예상되는 경우 그 저항이 인명 또는 신체에 위해를 미치거나 재산에 중대한 손해를 끼칠 우려가 있는 때에는 「경찰관 직무집행법」 제5조의 위험발생의 방지를 위한 피난 등의 조치에 의하여 저항을 배제할 수 있을 것이다. 그러나 대집행과 같은 의식적·계획적인 행정활동을 행함에 있어서 저항을 배제하기 위하여 불측의 천재·사변 등의 경우에 경찰관이 응급조치를 할 권한을 정한 「경찰관 직무집행법」 제5조를 적용할 수 있을 것인가에 대하여는 의문이 있다. 또한 상대방에게 경찰의 원조하에 대집행이 이루어진다는 인상을 줄 우려가 있다는 점에서도 반드시 적절한 조치라고도 할 수 없다.

생각건대, 대집행은 의무내용의 강제적 실현을 위한 강제집행수단이라는 점에서 그 실효성을 확보하기 위하여 대집행의 내용인 실행행위의 수행에 대한 저항을 배제하기 위한 불가피한 최소한도에서는 실력을 사용하는 것은 대집행에 수반하는 기능으로 인정되어야 할 것으로 본다.

④ 비용징수

대집행에 소요된 모든 비용은 해당 행정청이 의무자로부터 징수한다. 비용의 징수는 그 금액과 납부기일을 정하여 의무자에게 문서로써 납부를 명하여야 한다(행정대집행법 제5조). 의무자가 납부기일까지 납부하지 않을 때에는 국세체납처분의 예에 의하여 강제징수한다(동법 제6조 제1항). 대집행에 필요한 비용에 대하여는 사무비의 소속에 따라 국세에 다음가는 순위의 선취득권을 가지며, 징수된 비용은 사무비의 소속에 따라 국고 또는 지방자치단체의 수입으로 한다(동법 제6조 제2항, 제3항).

⑤ 대집행에 대한 구제

㉠ 대집행에 관하여 불복이 있는 자는 해당 행정청 또는 그 직접상급행정청에 행정심판을 제기할 수 있다. 또한 행정심판의 제기는 법원에 대한 출소의 권리를 방해하지 아니 한다(동법 제7조 제1항). 이것은 행정심판전치주의에 대한 예외를 인정한 규정이라고 해석하는 견해도 있으나 법원에의 출소가능성을 명시한 것에 불과하다는 견해가 일반적이다.[6)]

6) 박균성, 행정법론(상), 470면.

㉡ 대집행은 대집행 계고·대집행영장통지 및 대집행의 실행의 단계를 거쳐 행해지는바, 이들이 행정소송의 대상이 되는지 문제된다. 계고와 대집행영장통지는 준법률행위적 행정행위에 해당하므로 이들 행위에 대해서는 취소소송이 가능하다고 할 수 있다. 판례도 "계고는 준법률적 행정행위라 할 것이며, 대집행의 일련의 절차의 불가결의 일부분으로 계고가 있으므로 인하여 대집행이 실행되어 상대방의 권리의무에 변동을 가져오는 것이라 할 것이므로, 상대방은 계고 절차의 단계에서 이의 취소를 소구할 법률상 이익이 있다 할 것이고 계고는 행정소송법 소정처분에 포함된다."[7]라고 판시하였다.

㉢ 대집행의 실행행위에 대해서는 현행 행정소송법상 '처분'에는 권력적 사실행위도 포함된다고 보는 통설적 견해에 의하면, 취소소송의 제기가 가능하다고 본다. 다만 대집행의 실행행위가 사실상 단기간에 완성되는 것이 보통인바, 소의 이익이 인정되기 어려울 것이다. 대집행이 이미 실행된 경우에는 대집행의 위법을 이유로 하여 국가배상을 청구하거나 대집행비용청구의 취소를 구하는 수밖에 없다.

㉣ **하자의 승계** : 대집행은 계고, 대집행영장에 의한 통지, 대집행의 실행, 비용징수의 4단계로 이루어지며, 이러한 각각의 행위가 결합하여 대집행이라는 하나의 법률효과를 완성시킨다. 이 경우에 예를 들어 계고에 하자사유가 있는 경우 계고의 하자가 후행행위인 대집행영장에 의한 통지나 비용의 징수 등에 승계되는지가 문제될 수 있다. 통설은 선행행위와 후행행위가 결합하여 하나의 법 효과를 완성시키는 경우에는 하자가 승계된다고 보고 있다. 따라서 대집행을 위한 각 단계의 행위는 대집행이라는 동일한 목적을 위한 단계적 절차의 일부를 의미하기 때문에 하자의 승계가 인정된다. 즉 계고처분의 위법을 이유로 대집행의 통지나 비용납부명령의 효력을 다투는 행정소송을 제기할 수 있다. 그러나 대집행의 전제인 작위의무부과처분의 위법성은 계고 등 대집행절차에 승계되지 않는다.

판례

> 대집행의 계고·대집행영장에 의한 통지·대집행의 실행·대집행에 요한 비용의 납부명령 등은, 타인이 대신하여 행할 수 있는 행정의무의 이행을 의무자의 비용부담하에 확보하고자 하는, 동일한 행정목적을 달성하기 위하여 단계적인 일련의 절차로 연속하여 행하여지는 것으로서, 서로 결합하여 하나의 법률효과를 발생시키는 것이므로, 선행처분인 계고처분이 하자가 있는 위법한 처분이라면, 비록 하자가 중대하고도 명백한 것이 아니어서 당연무효의 처분이라고 볼 수 없고 대집행의 실행이 이미 사실행위로서 완료되어 계고처분의 취소를 구할 법률상 이익이 없게 되었으며, 또 대집행비용납부명령 자체에는 아무런 하자가 없다 하더라도, 후행처분인 대집행비용납부명령의 취소를 청구하는 소송에서 청구원인으로 선행처분인 계고처분이 위법한 것이기 때문에 그 계고처분을 전제로 행하여진 대집행비용납부명령도 위법한 것이라는 주장을 할 수 있다(대법원 1993.11.9. 선고 93누14271 판결).

7) 대법원 1966.10.31. 선고 66누25 판결

2) 직접강제(直接强制)

⑴ 의의

직접강제는 의무자가 행정상 의무를 이행하지 아니하는 경우 행정청이 의무자의 신체나 재산에 실력을 행사하여 그 행정상 의무의 이행이 있었던 것과 같은 상태를 실현하는 것이다. 즉 직접강제(Unmittelbarer Zwang)란 행정상 의무의 불이행이 있는 경우에 직접적으로 의무자의 신체·재산 또는 그 양자에 실력을 가하여 이행이 있었던 것과 동일한 상태를 실현하는 작용을 말한다. 직접강제는 비대체적 작위의무에 대하여 이행강제금이 목적을 달성하지 못할 때 또는 대체적 작위의무에 대하여도 급박한 사정에 의하여 대집행을 할 수 없을 때 제2차적인 강제집행으로서 강제수단 중에서도 가장 강력한 수단이라 할 수 있다.

⑵ 성질

직접강제는 대체적 작위의무뿐만 아니라 비대체적 작위의무·부작위의무·수인의무 등 모든 의무의 불이행에 대하여 행할 수 있다는 점에서 대체적 작위의무를 강제하는 대집행과 다르다. 다만, 대집행 중 자기집행의 경우는 실제로 직접강제와 구별이 곤란하며, 따라서 대집행의 자기집행은 직접강제로 포섭하여야 한다는 것에 대해서는 앞에서 본 것과 같다. 또한 직접강제와 즉시강제와의 구별에 대해서 통설은 의무의 불이행을 구별기준으로 하고 있으나 행정상 직접강제와 즉시강제의 구별의 징표는 직접강제절차의 일부 또는 전부의 생략에서 찾아야 할 것이다.

⑶ 근거

현행법하에서는 기본권 존중의 측면에서 직접강제에 관한 일반법은 없고 약 30여 개의 특별법에서 개별적으로 인정하고 있다. 현행법상 직접강제로 볼 수 있는 행정상 강제집행의 유형을 보면 ① 사업장·영업장의 폐쇄·봉쇄(먹는물관리법 제46조 제1항 동법 제47조 제1항 제2항, 공중위생관리법 11조, 식품위생법 제62조), ② 검정증인의 표시 등(계량에 관한 법률 제29조), ③ 퇴거의 강제(출입국관리법 제46조 제1항, 군사기지 및 군사시설 보호법 제11조), ④ 압류·수거·폐기·몰수(영화 및 비디오물의 진흥에 관한 법률 제70조 제3항, 약사법 제71조 제3항) 등이 있다.

> **행정기본법 제32조**
> **제32조(직접강제)**
> ① 직접강제는 행정대집행이나 이행강제금 부과의 방법으로는 행정상 의무 이행을 확보할 수 없거나 그 실현이 불가능한 경우에 실시하여야 한다.
> ② 직접강제를 실시하기 위하여 현장에 파견되는 집행책임자는 그가 집행책임자임을 표시하는 증표를 보여 주어야 한다.
> ③ 직접강제의 계고 및 통지에 관하여는 제31조 제3항 및 제4항을 준용한다.

⑷ 직접강제에 대한 현행법제의 문제점

직접강제는 과거 일제하에서는 행정집행령에 의하여 일반적으로 인정되었으나 오늘날에 있어서는 일반적 강제집행수단으로는 인정되지 않고 극히 일부의 개별법에서만 예외적으로 채택하고 있음은 위에서 본 것과 같다. 이와 같이 직접강제를 극히 예외적으로만 인정하는 이유는 직접강제는 개인의 신체 또는 재산에 직접실력을 가하여 행정상 의무를 실현시키는 것이라는 점에서 매우 실효적인 것이기는 하나 동시에 개인의 자유와 권리에 대한 침해적 성격이 강하기 때문에 현행 헌법하에서 그것을 일반적으로 인정하는 것은 국민에 대한 신체의 자유 및 재산권의 보장 등과 관련하여 문제가 있는 것으로 설명되고 있다.

이러한 사고에 의하여 현행법은 의무의 성질상 직접강제가 보다 철저한 수단임에도 불구하고 많은 경우 행정벌을 규정하여 간접적으로 의무이행을 확보하도록 함으로써 의무이행확보의 실효성을 저하시키고 있으며, 또한 비대체적 작위의무를 강제 집행할 수 있는 수단이 결여되어 위법 내지 탈법적인 행정강제가 행하여지는 문제가 현실적으로 발생하고 있다. 예를 들어 토지보상법은 행정강제의 방법으로 대집행만을 인정하고 있으나 명도는 대체성이 없으므로 이론상 대집행의 대상이 될 수 없다. 그럼에도 불구하고 가옥 또는 토지의 인도를 거부하며 신체로 저항하는 자에 대하여 경찰관직무집행법에 의하여 즉시강제를 행하는 등 대집행과 즉시강제의 명목으로 실질적으로 직접강제와 같은 강제집행을 하는 경우가 많은바, 인권존중이라는 관점에서 직접강제에 소극적인 입법태도가 오히려 법치주의원칙에 반하는 탈법적인 사태를 야기시키고 있는 것이다. 한편 직접강제에 대한 소극적인 입법태도는 행정이 상대방인 개인의 보호에만 관심을 기울였으며 직접강제에 의하여 확보되는 일반 공중의 이익이나 사회질서에 대해서는 등한시하였다는 비판을 면할 수 없다. 따라서 앞으로는 일반법으로 그 요건・절차・수단・한계(최후수단성) 등을 명확히 규정하는 것이 오히려 직접강제가 개별법에 의하여 남발되는 것을 방지하고 다른 강제수단과의 체계적 관련성도 명확히 할 수 있을 것이다. 특히 직접강제의 경우 국민의 신체에 대하여 직접 실력을 행사하여 행정의무의 이행을 확보하는 것이므로 이러한 수단을 사용하는 요건을 다른 수단에 비하여 강화시키는 것이 필요하다고 본다.

3) 이행강제금(집행벌)(농지법, 건축법에 이행강제금 규정됨)

(1) 의의

이행강제금의 부과는 의무자가 행정상 의무를 이행하지 아니하는 경우 행정청이 적절한 이행기간을 부여하고, 그 기한까지 행정상 의무를 이행하지 아니하면 금전급부의무를 부과하는 것이다. 행정상 강제집행 가운데 대집행과 직접강제가 물리적 작용에 의하여 사물의 외형적 상태나 사람의 외면적 상태를 변경하여 의무에 적합한 상태를 실현하고 이를 의무자에게 수인시키는 것에 대하여 이행강제금(집행벌)은 일정한 기한까지 행정상 의무를 수행하지 않을 때에는 일정한 금전적 부담을 과할 뜻을 미리 계고함으로써 의무자에게 심리적 압박(의무자의 의사에 대한 영향)을 주어 의무자로 하여금 장래에 그 의무를 이행하게 하는 간접적인 강제집행수단이다.

(2) 이행강제금의 대상의무

이행강제금은 작위의무, 수인의무 및 부작위의무의 위반에 대하여 부과될 수 있다. 비대체적 작위의무는 대집행이 대상이 될 수 없으므로 특히 이행강제금에 의한 강제가 기대된다. 또한 수인의무

(공공교통에 제공된 자기의 토지를 공중이 통행하는 것을 수인할 의무 등)나 부작위의무(금지에 따른 의무) 역시 이행강제금의 대상이 된다.

(3) 이행강제금의 특질

이행강제금은 앞에서 본 바와 같이 금전부담의 고통에 의한 심리적 압박을 가하여 의무자가 스스로 의무를 이행하도록 하는 제도인바, 이러한 의무이행강제의 기능은 행정벌에 의해서도 수행된다. 그러나 행정벌의 이러한 기능은 행정벌의 직접적인 목적이 아니며, 다만 그 간접적인 효과에 지나지 않는다. 행정벌의 직접적인 목적은 이미 행하여진 의무위반행위에 대하여 이를 처벌하는 데 있으며, 행정벌은 과거의 의무위반에 대한 속죄로서 과거의 청산을 의미하는 것이다. 이에 대하여 이행강제금은 현재 존재하고 있고 장래에도 존속할 의무불이행을 타파하여 장래에 향하여 이무이행을 강제하는 것을 그 본래의 목적으로 하며, 의무의 이행강제가 그 직접적인 목적이다. 즉 행정벌은 과거에 향한 작용인 데 반하여, 이행강제금은 장래에 향한 작용이다. 따라서 이행강제금은 순수한 의미에 있어서의 벌은 아니며, 강제집행수단에 속한다.

따라서 행정벌은 일사부재리의 원리가 적용되어 동일한 위반행위에 대하여 반복하여 부과할 수 없지만 이행강제금은 이 원리가 적용되지 않기 때문에 동일한 의무불이행에 대하여 의무이행이 있을 때까지 반복・증액하여 부과할 수 있다.

(4) 이행강제금제도의 현황

행정상 강제집행제도로서 일반적으로 대집행, 직접강제, 이행강제금, 강제징수의 4종류가 있음은 일반적으로 인정되어 온 바이다. 그러나 실제로는 대집행과 강제징수만이 일반적인 제도로서 실시되어 왔다. 직접강제는 특별법에 드물게 인정되어 오다가 최근에 점점 근거법규가 늘어나고 있는 경향에 있으며, 이행강제금은 오랫동안 집행벌의 이름으로 학문적으로만 논의되다가 1991년 건축법(현행 제80조)에서 최초로 도입된 이래 연구개발특구의 육성에 관한 특별법(제70조), 부동산 실권리자명의 등기에 관한 법률(제10조 제4항) 및 농지법(제62조) 등에서 규정하고 있다.

(5) 부과・징수절차

이행강제금의 부과는 침해적 행위이므로 법적 근거가 필요하다. 현재 이행강제금의 부과에 관한 일반법은 없고 개별법에서 인정되고 있다. 건축법상 이행강제금은 1년에 2회 이내의 범위 안에서 해당 시정명령이 이행될 때까지 반복하여 이행강제금을 부과・징수할 수 있다(제80조 제4항). 이행강제금의 부과는 그에 앞서 이를 부과・징수한다는 뜻을 문서로써 계고하여야 한다(건축법 제80조 제2항).

시정명령을 받은 자가 시정명령을 이행한 경우에는 더 이상 이행강제금을 부과하지 않으며 이미 부과된 이행강제금은 이를 징수한다(제80조 제5항). 그러나 그것은 법정최고한도액 내에서만 허용되는 것이라 하겠다(대판 2002.8.16, 2002마1022).

(6) 다른 제도와의 관계

현행 건축법상 위법건축물에 대한 이행강제수단으로서의 대집행과 이행강제금은 중첩적인 제재에 해당한다고 볼 수 없고, 무허가 건축행위에 대한 형사처벌과 시정명령 위반에 대한 이행강제금의 부과는 그 처벌 내지 제재대상이 되는 기본적 사실관계로서의 행위를 달리하며, 또한 그 보호법익과 목적에서도 차이가 있으므로 이중처벌에 해당한다고 할 수 없다.[8] 또 이행강제금은 행정벌과는 법적 성질이 다르기 때문에 행정벌과 병행하여 부과할 수 있으며, 이러한 경우에도 이중처벌금지의 원칙에 반하지 않는다.

(7) 이행강제금부과에 대한 불복

이행강제금에 대한 불복절차로는 두 유형이 있다.

① 이행강제금에 불복하는 자는 이의를 제기할 수 있는 것으로 규정하고, 이의를 제기한 경우에는 비송사건절차법에 의한 과태료 재판에 준하여 재판하는 것으로 규정하고 있는 경우가 있다(농지법 제62조). 이와 같이 이행강제금 부과처분에 대해 비송사건절차법에 의한 특별한 불복절차가 마련되어 있는 경우에는 이행강제금 부과처분은 항고소송의 대상이 되는 처분이 아니다.[9]

② 이행강제금의 부과처분에 대한 불복방법에 관하여 아무런 규정을 두고 있지 않은 경우에는 이행강제금 부과처분은 행정행위이므로 행정심판 또는 행정소송을 제기할 수 있다(건축법 제80조).

4) 행정상 강제징수

(1) 의의

강제징수는 의무자가 행정상 의무 중 금전급부의무를 이행하지 아니하는 경우 행정청이 의무자의 재산에 실력을 행사하여 그 행정상 의무가 실현된 것과 같은 상태를 실현하는 것이다.

행정상 강제징수(Zwangs beitreibung)란 공법상 금전급부의무의 불이행이 있을 경우에 행정청이 강제적으로 의무자의 재산에 실력을 가하여 그 의무가 이행된 것과 같은 상태를 실현하는 작용을 말한다. 이에 대한 일반법으로는 국세징수법이 있는데, 원래 국세징수법은 국세징수에 관한 법이나 지방세법, 토지보상법, 보조금의 예산 및 관리에 관한 법률 등 수많은 법률이 강제징수에 관하여 국세징수법을 준용하고 있기 때문에 실질적으로 국세징수법이 행정상 강제징수에 관한 일반법적인 지위를 지닌다. 만약 공법상 금전급부의 불이행이 있을 경우 각 개별법에 국세징수법의 예에 따라 강제징수한다는 명문규정이 없을 때에는 흠결보완의 원리상 공법규정인 국세징수법이 준용된다고 보아야 한다.

---

8) 헌재결정 2004.2.26. 선고 2001헌바80, 84, 102, 103, 2002헌바26(병합) 전원재판부

9) 대법원 2000.9.22. 선고 2000두5722 판결

(2) **행정상 강제징수 절차**

국세징수법에 의한 강제징수절차는 독촉 및 체납 처분으로 이루어지며, 체납처분은 다시 재산압류 → 압류재산 매각 → 청산의 단계를 거쳐 행하여진다.

(3) **행정상 강제징수에 대한 구제**

행정상 강제징수 절차에 하자가 있을 때에는 특별한 규정(국세기본법 제55조 이하)에 의하지 않는 한 행정쟁송절차에 의하여 취소·변경을 구할 수 있다.

03 절 행정상 즉시강제

1. 개념

행정기본법 제30조 제1항 제5호 즉시강제

5. 즉시강제 : 현재의 급박한 행정상의 장해를 제거하기 위한 경우로서 다음 각 목의 어느 하나에 해당하는 경우에 행정청이 곧바로 국민의 신체 또는 재산에 실력을 행사하여 행정목적을 달성하는 것
   가. 행정청이 미리 행정상 의무 이행을 명할 시간적 여유가 없는 경우
   나. 그 성질상 행정상 의무의 이행을 명하는 것만으로는 행정목적 달성이 곤란한 경우

행정상 즉시강제라 함은 급박한 행정상의 장해를 제거할 필요가 있는 경우에 미리 의무를 명할 시간적 여유가 없을 때 또는 성질상 의무를 명하여 가지고는 목적달성이 곤란할 때에 즉시 국민의 신체 또는 재산에 실력을 가하여 행정상의 필요한 상태를 실현하는 행정작용을 말한다. 전염병환자의 강제입원, 소방장애물의 제거, 출입국관리법상의 강제퇴거조치, 도로교통법상의 주차위반차량의 견인·보관조치, 불법게임물의 수거·삭제·폐기 등이 그 예이다.

행정상 즉시강제의 법적 성질은 권력적 사실행위이다. 통설은 선행하는 의무불이행의 존재 여부를 기준으로 행정상 강제집행과 행정상 즉시강제를 구별하고 있다. 즉, 행정상 강제집행은 행정법상의 의무불이행을 전제로 하여 이 의무의 이행을 강제하는 것인데 반하여, 행정상 즉시강제는 급박한 상황하에서 의무를 명할 수 없는 경우에 행하여지는 행정강제로서 행정법상의 의무불이행을 전제로 하지 않는다는 점에서 양자를 구분한다. 다만, 양자는 다 같이 국민의 신체 또는 재산에 직접 실력을 행사하는 사실행위인 점에서는 동일하다.

2. 법적 근거

행정상 즉시강제는 국민의 신체 또는 재산에 직접 실력을 행사하는 행위이므로 법적 근거가 필요하다. 행정상 즉시강제에 관한 일반법은 없고 각 개별법에서 행정상 즉시강제를 인정하고 있다.

3. 행정상 즉시강제의 요건 및 한계

1) 행정상 즉시강제의 요건

일반적으로 행정상 즉시강제는 급박한 행정상의 장해를 제거할 필요가 있는 경우에 미리 의무를 명할 시간적 여유가 없을 때 또는 성질상 의무를 명하여 가지고는 목적달성이 곤란할 때에 한하여 인정된다. 행정상 즉시강제의 구체적 요건은 해당 개별법에서 규정된다.

2) 행정상 즉시강제의 한계

(1) 실체법상 한계로서의 비례원칙

행정상 즉시강제의 실체법상 한계로서 중요한 것은 비례원칙이다.

행정상 즉시강제는 행정목적을 달성하기 위하여 필요한 경우에 한하여 행해져야 한다(적합성의 원칙). 즉, 행정상의 장해를 제거하기 위하여 필요한 경우에 한하여 행해져야 한다. 상대방의 권익에 대하여 보다 적은 침해를 가져오는 다른 수단에 의해 행정목적을 달성할 수 있는 경우에는 행정상 즉시강제는 인정되지 않는다(필요성의 원칙 또는 최소침해의 원칙). 일반적으로 행정상 즉시강제는 상대방의 예측가능성을 침해하는 점에 비추어 행정상 강제집행보다 상대방의 권익을 더 침해하는 수단이라고 할 수 있으므로 행정상 강제집행이 가능한 경우에는 행정상 즉시강제는 인정되지 않는다.[10)]

행정상 즉시강제가 필요한 경우에도 상대방의 권익을 가장 적게 침해하는 내용의 강제가 행해져야 한다. 예를 들면, 전염병예방을 위하여 강제격리로도 목적을 달성할 수 있는 경우에 강제입원을 명하는 것은 비례의 원칙에 반한다. 행정상 즉시강제의 목적과 침해되는 상대방의 권익 사이에는 비례관계가 유지되어야 한다(협의의 비례원칙). 타인의 재산에 대한 위해를 제거하기 위하여 인신을 구속하는 것은 비례의 원칙에 반한다. 왜냐하면 신체의 권리는 재산권보다 우월한 가치를 갖는다고 보아야 하기 때문이다.

(2) 절차법적 한계

적법절차의 원칙은 행정상 즉시강제에도 타당하다. 행정상 즉시강제에 대한 절차적 통제에 관하여는 특히 영장주의와 적법절차의 적용문제가 제기된다. 영장주의는 적법절차의 한 내용이라고 할 수 있지만 별도의 고찰을 필요로 하고, 영장주의가 적용되지 않는 경우에도 행정상 즉시강제는 적법절차의 원칙에 반하지 않아야 한다.

10) 헌재결정 2002.10.31. 선고 2000헌가12 전원재판부

4. 행정상 즉시강제에 대한 구제

1) 행정소송

행정상 장해의 발생에 책임이 있는 자는 즉시강제로 손실을 입어도 손실보상을 청구할 수 없다. 그러나 행정상 장해의 발생에 책임이 있는 자 이외의 제3자에 대하여 즉시강제가 행하여짐으로써 특별한 희생이 발생한 경우에는 평등의 원칙(특히 공적부담 앞의 평등의 원칙)상 손실보상이 주어져야 한다.

위법한 행정상 즉시강제는 권력적 사실행위로서 행정쟁송(행정심판 또는 행정소송)의 대상이 되는 처분에 해당한다. 그러나 소방장애물의 파괴와 같이 행정상 즉시강제가 단시간에 종료되는 경우에는 권리보호의 필요(협의의 소의 이익)가 없기 때문에 행정쟁송의 제기가 가능하지 않다. 그러나 전염병 환자의 강제격리, 정신질환자의 강제입원과 같이 즉시강제가 계속적 성질을 갖는 경우에는 즉시강제가 계속되는 한 행정쟁송으로 다툴 소의 이익이 있다.

2) 국가배상

위법한 즉시강제로 인적 또는 물적 손해를 받았을 때에는 국가배상법에 근거하여 국가배상을 청구할 수 있다. 즉시강제가 적법한 경우에도 즉시강제의 집행방법이 위법하였던 경우에는 그로 인한 손해에 대하여는 국가배상을 청구할 수 있다.

3) 기타

즉시강제로 위법한 상태가 야기된 경우 공법상 결과제거청구가 가능하다.

행정권에 의해 불법구금된 자는 인신보호법에 따라 당사자 및 기타 특수관계인의 법원에 대한 청구에 의하여 불법한 구금상태(수용이 위법하게 개시되거나 적법하게 수용된 후 그 사유가 소멸되었음에도 불구하고 계속 수용되어 있는 상태)로부터 벗어날 수 있다. 다만, 출입국관리법에 의하여 보호된 자는 인신보호법의 보호대상에서 제외되고(인신보호법 제2조 제1항), 다른 법률에 구제절차가 있는 경우에는 상당한 기간 내에 그 법률에 따른 구제를 받을 수 없음이 명백한 경우에 한하여 구제청구가 가능하다(제3조 단서).

법원은 구제청구에 대하여 각하하는 경우를 제외하고 지체 없이 수용의 적법여부 및 수용을 계속할 필요성 등에 대하여 심리를 개시하여 수용의 해제 여부를 결정하여야 한다(제8조 제1항, 제13조). 또한 법원은 직권으로 수용의 임시해제를 결정할 수 있다(제9조).

04 절 행정조사

1. 의의

행정조사란 행정기관이 사인으로부터 행정상 필요한 자료나 정보를 수집하기 위하여 행하는 일체의 행정활동을 말한다. 종래에는 강제적인 자료수집활동인 질문・검사 등의 행정작용을 행정상 즉시강제에 포함하여 고찰하였다. 그러나 최근에는 이러한 자료수집활동들을 행정상 즉시강제와 구별하여 별도로 행정조사라는 개념하에 고찰하는 것이 일반적이다. 또 종래의 행정조사는 인구, 주택 등 특정 산업분야에 제한적 범위에서 실시되었고, 그것은 기본적으로 임의적 방법에 의한 것이었다. 이제는 검사・질문 등의 권력적 행정작용이 행정조사의 명목으로 이루어지게 됨에 따라 개인의 프라이버시의 보호, 기업의 영업의 자유의 보호라는 관점에서 행정조사에 대한 법적 통제를 가할 필요성이 생겼다.

2. 행정상 즉시강제와의 구별

행정조사는 행정상 즉시강제와 구별되어야 한다.

행정조사가 조사를 위한 출입과 같이 개인의 신체 또는 재산에 대한 실력행사를 수반하는 경우에는 물리력을 행사한다는 점에서 행정상 즉시강제와 공통점을 갖는다. 그러나 이 경우에도 행정조사는 행정상 즉시강제와 그 목적을 달리한다. 즉, 행정상 즉시강제는 직접 개인의 신체 또는 재산에 실력을 행사하여 직접 행정상 필요한 상태를 실현시키는 것을 목적으로 하지만, 행정조사는 그 자체가 행정상 필요한 구체적인 결과를 실현시키는 것이 아니고 행정에 필요한 자료의 수집을 위하여 행하여진다. 또한 행정조사는 비권력적인 행위 즉 상대방의 임의적 협력에 기한 것과 권력적 행위를 포함한다는 점에서도 행정상 즉시강제와 구별된다.

3. 행정조사의 법적 성질

다수설은 행정조사의 법적 성질을 사실행위로 보고 있다. 그러나 행정조사에는 보고서요구명령, 장부서류제출명령, 출두명령 등 행정행위의 형식을 취하는 것과 질문, 출입검사, 실시조사, 진찰, 검진, 앙케이트조사 등 사실행위의 형식을 취하는 것이 있다.

4. 행정조사의 법적 근거

권력적 행정조사는 국민의 자유와 재산에 대한 제한을 수반하므로 법적 근거가 있어야 한다. 현재 행정조사에 대한 기본법으로 「행정조사기본법」이 제정(2007.5.17.)되어 시행되고 있다. 이외에도 행정조사에 관한 개별법으로는 경찰관직무집행법(법 제3조), 풍속영업의 규제에 관한 법률(법 제9조), 국세징수법(법 제26조・27조), 토지보상법(법 제9조 내지 제13조), 식품위생법(법 제70조) 등이 있다.

비권력적 행정조사는 원칙상 법률의 근거가 없어도 가능하다고 보아야 할 것이다. 특히 상대방의 동의하에 행하여지는 임의적 행정조사는 '동의는 불법을 조각한다'라는 법원칙에 비추어 법적 근거가 필요 없다. 다만, 비권력적 행정조사라도 조사의 대상이 개인정보 등이어서 조사 자체로서 국민의 권리를 침해하는 경우에는 개인의 동의에 의하지 않는 한 법적 근거가 있어야 한다.
행정조사기본법상 행정기관은 법령 등에서 행정조사를 규정하고 있는 경우에 한하여 행정조사를 실시할 수 있다. 다만, 조사대상자의 자발적인 협조를 얻어 실시하는 행정조사의 경우에는 그러하지 아니하다(제5조). 조사대상자 없이 정보를 수집하는 행정조사는 원칙상 법률의 근거를 요하지 않는다.

5. 행정조사의 방법

행정조사기본법은 출석・진술 요구, 보고요구와 자료제출의 요구, 현장조사, 시료채취, 자료 등의 영치, 공동조사, 자율신고제도 등 행정조사의 방법에 관한 규정을 두고 있다.

6. 행정조사의 한계

행정조사로 인하여 프라이버시권, 영업의 자유, 재산권 등 개인이나 기업의 기본권이 침해될 가능성이 적지 않으므로 행정조사에는 엄격한 실체법적・절차법적 한계가 설정되어야 한다.

1) 실체법적 한계

⑴ 법령상 한계

① 기본원칙

행정조사기본법은 행정조사의 기본원칙과 그 한계를 규정하고 있으므로 행정조사는 이 법에 위반해서는 안 된다(법 제4조, 제8조, 제15조, 제20조). 동법은 행정조사와 관련하여 다음과 같이 기본원칙을 규정하고 있다.

㉠ 행정조사는 조사목적을 달성하는 데 필요한 최소한의 범위 안에서 실시하여야 하며, 다른 목적 등을 위하여 조사권을 남용하여서는 아니 된다.
㉡ 행정기관은 조사목적에 적합하도록 조사대상자를 선정하여 행정조사를 실시하여야 한다.
㉢ 행정기관은 유사하거나 동일한 사안에 대하여는 공동조사 등을 실시함으로써 행정조사가 중복되지 아니하도록 하여야 한다.
㉣ 행정조사는 법령 등의 위반에 대한 처벌보다는 법령 등을 준수하도록 유도하는 데 중점을 두어야 한다.
㉤ 다른 법률에 따르지 아니하고는 행정조사의 대상자 또는 행정조사의 내용을 공표하거나 직무상 알게 된 비밀을 누설하여서는 아니 된다.
㉥ 행정기관은 행정조사를 통하여 알게 된 정보를 다른 법률에 따라 내부에서 이용하거나 다른 기관에 제공하는 경우를 제외하고는 원래의 조사목적 이외의 용도로 이용하거나 타인에게 제공하여서는 아니 된다.

② 조사대상의 선정

행정기관의 장은 행정조사의 목적, 법령준수의 실적, 자율적인 준수를 위한 노력, 규모와 업종 등을 고려하여 명백하고 객관적인 기준에 따라 행정조사의 대상을 선정하여야 한다(법 제8조

제1항). 다만 조사대상자는 조사대상 선정기준에 대한 열람을 행정기관의 장에게 신청할 수 있다(동조 제2항).

(2) 행정법의 일반원칙상 한계

① 목적부합의 원칙

행정조사는 수권법령상의 조사목적 이외의 목적을 위하여 행해져서는 안 된다. 행정조사를 범죄수사의 목적이나 정치적 목적으로 이용하는 것은 위법하다.

② 비례의 원칙

행정조사는 행정목적을 달성하기 위하여 필요한 최소한도에 그쳐야 한다. 행정조사의 수단에 여러 가지가 있는 경우에 상대방에게 가장 적은 침해를 가져오는 수단을 사용하여야 한다.

③ 평등의 원칙

행정조사의 실시에 있어서 합리적인 사유 없이 피조사자를 차별하는 것은 평등의 원칙에 반한다. 특히, 세무조사에 있어서 피조사자의 선정 및 조사의 강도와 관련하여 평등원칙의 위반 여부가 문제된다.

④ 실력행사의 가부

행정조사에 대하여 상대방이 조사를 거부 또는 방해하는 경우에 해당 공무원은 실력을 행사하여 행정조사를 행할 수 있는가 하는 문제가 제기된다. 이 문제는 임의조사의 경우에는 임의조사의 본질상 제기되지 않는다. 또한 질문의 경우에는 그 성질상 실력을 행사하여 강제하는 것은 허용될 수 없다. 영업장소를 실력으로 수색할 수 있는 권한이 명문의 규정에 의해 부여된 경우에는 당연히 실력을 행사할 수 있다.

문제가 되는 경우는 강제조사 중 조사상대방이 조사를 거부하는 경우에 벌칙을 가할 수 있다고 규정하고 있는 경우이다. 이 경우에 이 벌칙 등의 제재를 가하는 외에 직접 실력을 행사할 수 있을 것인가 하는 문제가 제기된다. 이에 대하여는 긍정설, 부정설 및 예외적 긍정설이 대립되고 있다. 생각건대, 국민의 신체나 재산에 대한 실력행사에는 명문의 근거가 있어야 하므로 부정설이 타당하다.

2) 절차법적 한계

(1) 적법절차의 원칙

행정조사는 적법한 절차에 따라 행해져야 한다.

행정조사기본법은 조사의 사전통지, 조사의 연기신청, 제3자에 대한 보충조사, 의견제출, 조사원 교체신청, 조사권 행사의 제한, 조사결과의 통지 등 행정조사에 관한 절차를 규정하고 있다.

(2) 영장주의의 적용 여부

행정조사를 위해 압수수색이 필요한 경우에 명문의 규정이 없는 경우에도 헌법 제12조 및 제16조의 영장주의가 적용될 것인가 하는 문제가 있다.

다수설(원칙적 긍정설)에 의하면 권력적 행정조사는 대부분의 경우 주거의 출입・수색 및 물건의 압수·검사 등을 통하여 행하여지므로 이러한 행정조사에 대하여 영장주의가 적용되어야 하나 긴급한 경우 등 영장을 기다려서는 행정조사목적을 달성할 수 없는 경우에는 영장이 요구되지 않는다고 본다.

생각건대, 행정조사에 영장주의가 적용될 것인가의 여부는 행정조사의 성격, 조사의 필요성, 기타 권익보호제도를 고려하여 개별적으로 결정되어야 한다고 본다(개별적 결정설). 따라서 영장주의는 형사사법권의 남용을 억제하고자 하는 것이기는 하나 행정조사로 인한 국민의 권익의 침해가능성도 형사사법권의 행사로 인한 경우에 못지않다는 점을 고려하면, 행정조사가 형사소추절차가 아니라는 이유만으로 영장주의를 배제할 수는 없고, 만약 행정조사가 형사소추절차로 이행될 가능설이 있는 경우(국세범칙사건의 조사)에는 영장이 필요하다고 본다. 또 권력적 행정조사의 경우에도 원칙적으로 영장이 필요하나, 영장을 기다려서는 적시에 조사목적을 이룰 수 없다고 생각되는 경우에는 영장주의의 예외가 인정된다.

판례

> 세관공무원이 밀수품을 싣고 왔다는 정보에 의하여 정박 중인 선박에 대하여 수색을 하려면 선박의 소유자 또는 점유자의 승낙을 얻거나 법관의 압수수색영장을 발부받거나 또는 관세법 제212조 제1항 후단에 의하여 긴급을 요하는 경우에 한하여 수색압수를 하고 사후에 영장의 교부를 받아야 할 것이다(대법원 1976.11.9. 선고 76도2703 판결).

7. 행정조사와 권리구제

1) 위법한 행정조사와 행정행위의 효력

행정조사가 위법한 경우에 그 행정조사에 의해 수집된 정보에 기초하여 내려진 행정결정이 위법한 것으로 되는가가 문제로 된다.

행정조사를 통하여 획득한 정보가 정확하지 않은 경우에 그 정보에 기초하여 내려진 행정행위는 사실의 기초에 흠이 있는 행정행위이므로 행정조사의 위법 여부를 묻지 않고 당연히 위법하다. 문제가 되는 경우는 행정조사를 통하여 획득한 정보가 내용상으로는 정확하지만 행정조사가 실체법상 또는 절차법상 한계를 넘어 위법한 경우이다. 현재 학설은 대립되고 있다.

(1) 적극설

절차의 적법성보장의 원칙에 비추어 행정조사가 위법한 경우에 해당 조사를 기초로 한 행정결정은 위법하다.

(2) 소극설

행정조사는 법령에서 특히 행정행위의 전제조건으로 규정되어 있는 경우를 제외하고는 일응 별개의 제도로 볼 수 있는 것이고, 이 경우에는 조사의 위법이 바로 행정행위를 위법하게 만들지는 않는다.

(3) 절충설

행정조사와 행정처분은 하나의 과정을 구성하는 것이므로 적정절차의 관점에서 행정조사에 중대한 위법사유가 있는 때에는 이를 기초로 한 행정행위도 위법한 행위로 된다는 견해, 적어도 법이 요구하는 요건을 무시하여 조사로 볼 수 없을 정도의 위법한 행정조사에 기초하여 행정처분이 행해졌을 경우에는 행정처분의 위법을 초래한다고 보는 견해 등이 있다.

⑷ 판례

판례는 적극설을 취하고 있다.

과세관청 내지 그 상급관청이나 수사기관의 강요로 합리적이고 타당한 근거도 없이 작성된 과세자료에 터잡은 과세처분의 하자가 중대하고 명백한 것이라고 한 사례[11]와 납세자에 대한 부가가치세부과처분이 종전의 부가가치세 경정조사와 같은 세목 및 같은 과세기간에 대하여 중복하여 실시된 위법한 세무조사에 기초하여 이루어진 것이어서 위법하다고 한 원심의 판단을 수긍한 사례[12]가 있다.

⑸ 결어(적극설, 절차하자설)

행정조사에 의해 수집된 정보가 행정결정의 기초가 된 경우에 해당 행정조사는 행정결정을 하기 위한 절차라고 볼 수 있다. 따라서 행정결정에 필요한 정보를 수집하기 위하여 행해진 행정조사가 위법한 경우에는 해당 행정결정의 절차에 하자가 있는 것으로 볼 수 있을 것이다. 이 경우에 행정결정의 효력은 절차의 하자의 문제가 된다.

2) 행정조사에 대한 행정구제

⑴ 손실보상

적법한 행정조사로 재산상 특별한 손해를 받은 자에 대하여는 손실보상을 해주어야 한다. 문제는 보상규정이 없는 경우에 헌법 제23조 제3항을 근거로 손실보상을 청구할 수 있는가 하는 것이다.

⑵ 위법한 행정조사에 대한 구제

위법한 행정조사에 대하여 항고쟁송이 가능하기 위해서는 행정조사의 처분성이 인정되어야 하며 소의 이익이 인정될 수 있도록 행정조사의 상태가 계속되어야 한다. 장부제출명령, 출두명령 등 행정행위의 형식을 취하는 행정조사는 물론 사실행위로서의 행정조사도 권력적인 경우에는 행정소송법상의 처분이라고 보아야 한다. 위법한 행정조사로 손해를 입은 국민은 국가배상을 청구할 수 있다.

11) 대법원 1992.3.31. 선고 91다32053 전원합의체 판결[부당이득금]
12) 대법원 2006.6.2. 선고 2004두12070 판결[부가가치세부과처분취소]

05 절 새로운 의무이행확보수단

1. 명단의 공표

1) 명단공표의 의의

명단의 공표란 행정법상의 의무위반 또는 의무불이행이 있는 경우에 그 위반자의 성명, 위반사실 등을 일반에게 공개하여 명예 또는 신용에 침해를 가함으로써 심리적인 압박을 가하여 의무이행을 확보하는 간접강제 수단이다. 명단을 공표하는 것은 그의 신용, 명예, 프라이버시에 대한 침해를 초래한다. 따라서 법의 근거가 있는 경우에 한하여 가능하다.

국세기본법 제85조의5에서 규정하고 있는 고액상습세금체납자(체납기간 2년 이상, 10억원 이상의 고액상습세금체납자)의 명단공표나 건축법 제79조 제4항의 위반건축물표지의 설치와 청소년의 성보호에 관한 법률 제38조의 미성년자에 대한 성범죄자의 명단공표가 그 예이다.

2) 한계

법에 근거가 있는 경우에도 비례의 원칙에 따라 명예, 신용, 인격권 또는 프라이버시권과 공표로 달성하고자 하는 공익 간에 이익형량을 하여 명단공표의 위법여부를 판단하여야 한다.[13]

헌법재판소는 청소년 성매수자의 신상을 공개하도록 한 구 「청소년의 성보호에 관한 법률」(현 아동청소년의 성보호에 관한 법률) 제20조 제2항 제1호 등은 청소년 성매수자의 일반적 인격권과 사생활의 비밀의 자유가 제한되는 정도가 청소년 성보호라는 공익적 요청에 비해 크다고 할 수 없으므로 법익의 균형성 원칙에 어긋나지 않고, 위헌이 아니라고 보았다.[14]

3) 법적 성질

공표행위의 법적 성질을 비권력적 사실행위라고 보는 것이 일반적 견해[15]이기는 하나, 공표행위는 행정기관에 의해 일방적으로 행해지며 그로 인하여 명예, 신용 또는 프라이버시권이 훼손되므로 권력적 사실행위로 보는 것이 타당하다.[16]

4) 법적 구제

(1) 행정쟁송

명단공표행위를 비권력적 사실행위로 보는 견해에는 그에 대해 항고소송은 인정될 수 없고 공법상 당사자소송을 인정하여야 한다는 견해와 행정소송법 제2조의 '공권력 행사에 준하는 작용'으로 보아 처분성을 인정하고 항고소송의 대상이 되는 것으로 보는 견해가 있다. 그러나 공표행위를 권력적

---

13) 대법원 1998.7.14. 선고 96다17257 판결[수사기관이 피의사실을 공표함으로써 명예를 훼손당하였다고 국가배상을 청구한 사건]

14) 헌재결정 2003.6.26. 선고 2002헌가14 전원재판부

15) 김남진・김연태, 행정법 I, 478면.

16) 박균성, 행정법론(상), 513면.

사실행위로 보고 그에 대해 항고소송을 제기할 수 있는 것으로 보는 것이 타당하다.[17] 처분성을 인정한다고 하더라도 공표 그 자체가 일단 행하여진다면, 대부분의 경우에 소의 이익이 부인되어 각하판결을 받게 된다는 견해가 있으나 명단이 이미 공표된 경우에도 명단공표가 계속 중인 경우 당연히 소의 이익이 있다. 명단의 공표행위가 종료한 경우에도 명단공표가 취소되면 판결의 기속력에 의해 정정공고 등 행정청에게 원상회복의무가 있다고 보아야 하므로 소의 이익이 있다고 보아야 한다.

(2) 국가배상과 결과제거청구권

공표가 위법하게 행하여져 개인의 명예나 신용을 침해한 경우 피해자는 국가배상청구권을 행사할 수 있을 것이다. 또한 피해자는 결과제거청구권을 행사하여 공표의 철회나 정정을 요구할 수 있을 것이다. 결과제거청구권을 인정하고 있지 않은 현행법하에서 민법 제764조에 근거하여 정정공표 등의 명예회복에 합당한 처분을 청구할 수 있다.

2. 공급거부

1) 의의

공급거부란 행정법상의 의무를 위반하거나 불이행한 자에 대하여 행정상의 역무나 재화의 공급을 거부하는 행위를 말한다. 행정에 의하여 공급되는 각종의 역무나 재화(예 수도 · 전기 · 전화 · 가스 등)는 오늘날 국민생활에 불가결하다는 점에서 그 공급의 거부는 매우 강력한 의무이행확보수단으로 기능한다.

2) 법적 근거

공급거부는 국민의 권익을 침해하는 행정작용이므로 당연히 법률에 근거가 있어야 한다. 구 건축법 제69조(건축법 일부개정으로 2005년 11월 8일 폐지됨)는 동법에 의한 처분, 명령에 위반하여 허가 또는 승인이 취소된 건축물 등에 대하여는 시장 · 구청장 등이 전기 · 전화 · 수도의 공급자, 도시가스사업자 등에게 그 시설의 설치 또는 공급의 중지를 요청할 수 있으며, 그 요청을 받은 자는 특별한 이유가 없는 한 이에 응하도록 규정하고 있었다.

그러나 비록 법률에 근거가 있다고 하더라도 공급거부는 비례의 원칙에 합치되어야 하며, 특히 부당결부금지의 원칙에 따라 이행될 의무와 공급거부 간에는 사물적 관련성이 있어야 한다. 여기서 사물적 관련성이 인정되기 위하여는 행정법상의 의무이행과 공급거부가 직접 대가관계가 있거나(예 전기요금불납에 대한 전기공급중지), 최소한도 양자가 실질적인 관련성이 있어야 한다. 이러한 사물적 관련성이 없이 다른 법령에 의하여 부과된 의무의 위반 또는 불이행에 대한 의무이행확보수단으로서 해당 급부의 공급을 거부 · 중단하는 것은 부당결부금지의 원칙에 위배된다고 할 것이다. 이러한 관점에서 학설에서는 건축법상의 의무위반에 대하여 전기 등의 공급거부 내지 중지를 규정한 건축법 제69조 제2항에 대하여 법적으로 그 문제가 제기되어 왔고, 결국 삭제되기에 이르렀다.

17) 박균성, 행정법론(상), 513면.

3) 법적 성질 및 법적 구제

지방자치단체의 장에 대한 수도의 공급거부는 처분이므로 항고소송의 대상이 된다. 전화・전기의 공급거부를 사법행위로 보는 견해도 있으나 실효성확보수단으로서의 전화・전기의 공급거부는 사용료 납부불이행으로 인한 공급거부와 달리 공권력 행사(처분)로 보아야 한다. 문제는 시장・군수・구청장의 공급거부요청이 처분인가 하는 것이다. 판례는 공급거부요청의 처분성을 부인하고 있다.[18] 생각건대, 전기・전화 사업자에 대한 공급거부요청은 행정소송법 제2조 제1항의 '그 밖에 이에 준하는 행정작용'에 해당한다고 볼 수 있을 것이다.

3. 과징금

행정기본법 제28조와 제29조 과징금의 기준과 과징금의 납부

제28조(과징금의 기준)

① 행정청은 법령 등에 따른 의무를 위반한 자에 대하여 법률로 정하는 바에 따라 그 위반행위에 대한 제재로서 과징금을 부과할 수 있다.

② 과징금의 근거가 되는 법률에는 과징금에 관한 다음 각 호의 사항을 명확하게 규정하여야 한다.

1. 부과・징수 주체
2. 부과 사유
3. 상한액
4. 가산금을 징수하려는 경우 그 사항
5. 과징금 또는 가산금 체납 시 강제징수를 하려는 경우 그 사항

제29조(과징금의 납부기한 연기 및 분할 납부)

과징금은 한꺼번에 납부하는 것을 원칙으로 한다. 다만, 행정청은 과징금을 부과받은 자가 다음 각 호의 어느 하나에 해당하는 사유로 과징금 전액을 한꺼번에 내기 어렵다고 인정될 때에는 그 납부기한을 연기하거나 분할 납부하게 할 수 있으며, 이 경우 필요하다고 인정하면 담보를 제공하게 할 수 있다.

1. 재해 등으로 재산에 현저한 손실을 입은 경우
2. 사업 여건의 악화로 사업이 중대한 위기에 처한 경우
3. 과징금을 한꺼번에 내면 자금 사정에 현저한 어려움이 예상되는 경우
4. 그 밖에 제1호부터 제3호까지에 준하는 경우로서 대통령령으로 정하는 사유가 있는 경우

1) 과징금의 개념

행정청은 법령 등에 따른 의무를 위반한 자에 대하여 법률로 정하는 바에 따라 그 위반행위에 대한 제재로서 과징금을 부과할 수 있다. 즉 과징금이란 행정법상 의무위반으로 경제상 이익을 얻게 된 경우에 그 이익을 박탈함으로써 간접적으로 의무이행을 확보하기 위한 수단이다. 실정법상 과징금제도를 도입한 최초의 법률은 1980년 12월 31일 법률 제3320호로 제정된 「독점규제 및 공정거래에 관한 법률」이며, 현재 약 50여 개의 법률에서 과징금을 규정하고 있다.

18) 대법원 1996.3.22. 선고 96누433 판결

이것은 주로 경제행정법상 의무위반행위로 인한 불법적 이익을 박탈하기 위하여 부과되는 일종의 행정제재금의 성격을 가진 것이었다. 그런데 이후 원래의 과징금제도에 대하여 내용적으로 변형된 형태의 과징금이 나타나게 되었는바, 이를 '변형과징금'이라 한다. 그 내용은 인·허가사업에 있어서 그 사업정지를 명할 사유가 있음에도 공익상의 이유로 사업 자체는 지속하게 하고 다만 그에 따른 이익을 박탈하는 것을 내용으로 하는 행정제재금을 말한다. 즉 이것은 영업정지에 갈음하여 부과되는 과징금이다.

변형과징금을 둔 취지는 행정법규 위반에 대하여 영업정지를 명하여야 하는 경우 행정법규 위반자인 사업자의 영업을 정지함으로써 시민 등이 큰 불편을 겪거나 국민경제에 적지 않은 피해를 주는 등 공익을 해할 우려가 있는 경우에 그 영업정지로 인하여 초래될 공익에 대한 침해 등의 문제를 고려하여 영업정지를 하지 않고 그 대신 그 영업으로 인한 이익을 박탈하는 과징금을 부과할 수 있도록 한 것이다. 따라서 영업정지처분에 갈음하는 과징금이 규정되어 있는 경우 과징금을 부과할 것인지 영업정지처분을 내릴 것인지는 통상 행정청의 재량에 속한다.

감정평가 및 감정평가사에 관한 법률상 변형된 과징금

제41조(과징금의 부과)

① 국토교통부장관은 감정평가업자가 제32조 제1항 각 호의 어느 하나에 해당하게 되어 업무정지처분을 하여야 하는 경우로서 그 업무정지처분이 「부동산 가격공시에 관한 법률」 제3조에 따른 표준지공시지가의 공시 등의 업무를 정상적으로 수행하는 데에 지장을 초래하는 등 공익을 해칠 우려가 있는 경우에는 업무정지처분을 갈음하여 5천만원(감정평가법인인 경우는 5억원) 이하의 과징금을 부과할 수 있다.

② 국토교통부장관은 제1항에 따른 과징금을 부과하는 경우에는 다음 각 호의 사항을 고려하여야 한다.

1. 위반행위의 내용과 정도
2. 위반행위의 기간과 위반횟수
3. 위반행위로 취득한 이익의 규모

③ 국토교통부장관은 이 법을 위반한 감정평가법인이 합병을 하는 경우 그 감정평가법인이 행한 위반행위는 합병 후 존속하거나 합병으로 신설된 감정평가법인이 행한 행위로 보아 과징금을 부과·징수할 수 있다.

④ 제1항부터 제3항까지에 따른 과징금의 부과기준 등에 필요한 사항은 대통령령으로 정한다.

2) 벌금·과태료와의 구별

과징금은 행정상 의무이행 확보수단으로서의 금전부담이며, 그 부과행위는 행정행위인 납부하명의 성질을 가진다. 반면 행정벌로서의 벌금은 행정법규위반의 행위에 대해 형법의 형명인 벌금이 과해지는 것으로 행정형벌에 해당한다. 또 행정상 의무위반에 대한 질서벌로서의 과태료와도 구별된다. 과징금에 대한 불복은 행정쟁송법에 의하나 과태료에 대한 불복은 질서위반행위규제법에 의한다.

3) 과징금의 특질

과징금제도의 도입은 다른 의무이행확보수단과 비교하여 다른 수단이 가지지 않는 장점 내지 유용성이 있기 때문이다. 과징금의 특질로서는 다음과 같은 것을 들 수 있다.

첫째, 과징금제도는 시장유인적 규제수단이라는 점을 들 수 있다. 즉 과징금은 비단 의무위반 또는 의무불이행에 대한 제재로서 작용할 뿐만 아니라 일종의 시장유인적 규제수단으로서 의무위반에 대한 경제적 이익을 박탈한다든지, 비용 · 수익의 유인을 통하여 사회적으로 바람직하지 못한 행위를 규제하기 위한 수단으로 유용성이 인정된다.

둘째, 과징금은 행정청이 부과 · 징수하기 때문에 행정형벌보다 집행이 용이하다.

셋째, 과징금은 벌금과는 달리 국고에 귀속하지 않고 특정분야의 행정목적으로 달성하기 위하여 직접 쓰인다. 따라서 과징금은 수익증대 내지 특정사업의 경비를 확보하기 위한 수단으로 활용할 수 있다.

4) 과징금의 법적 성격

전형과징금은 경제법상 의무위반행위 자체로 얻은 불법적인 경제적 이익을 박탈하는 데 있으며, 특히 「독점규제 및 공정거래에 관한 법률」에 규정된 과징금은 기획재정부장관의 가격인하명령을 전제로 이에 불응한 사업자에 대하여 인상차액에 따른 이익을 과징금으로 부과하므로 부당이득의 환수를 위한 부당이득세적 성격을 가진다고 할 수 있다.

변형과징금의 법적 성격에 대해서는 행정제재금설, 과태료설, 속죄금설 등의 대립이 있다. 과태료설에 대해서 보면 변형과징금은 허가의 취소나 사업정지처분에 갈음하는 것이고 사업정지처분의 대상이 되는 행위는 대부분 징역 또는 벌금의 행정형벌에 해당하는 내용을 포함하고 있는바, 그러한 행위는 과태료의 부과대상행위에 비하여 사회윤리적으로 비난받을 수 있는 성질이 상당히 강하므로 단순한 의무위반이라고 할 수 없으며 법익의 침해성도 간접적이라기보다는 직접적인 면이 강하다. 한편 변형과징금을 속죄적인 성격을 가지는 것으로 이해하는 것은 변형과징금제도 그 자체의 입법취지를 제대로 이해하지 못하고 운용과정에서 도출되는 부수적인 면제의 한 측면을 강조한 것에 지나지 않는다고 하지 않을 수 없다. 이러한 점에서 변형과징금제도는 행정상의 목적으로 달성하기 위한 실효성확보수단으로서 위치하고 있다는 점에서 행정제재적인 성격을 가진다고 보는 행정제재금설이 타당하다.

5) 과징금의 부과 · 징수

과징금의 부과 · 징수는 행정상 의무를 명한 행정청, 즉 개선명령을 발하거나 사업정지를 명할 수 있는 행정청이 부과하고 국세징수법에 의하여 징수한다(대기환경보전법 제35조 · 물환경보전법 제4조의7). 과징금은 단순한 금전부담으로 형사처벌이 아니다. 따라서 이론상으로는 벌금과 과징금을 동시에 과할 수 있으나 양자를 함께 부과시키는 것은 이중부담 내지 이중처벌의 문제가 생기므로 과징금을 부과할 수 있는 범죄에 대하여는 주무장관의 고발이 있어야 가능하게 하는 등 업자의 이중부담을 피하도록 하고 있다(석유 및 석유대체연료 사업법 제14조).

6) 구제수단

하자 있는 과징금의 부과·징수는 일반 행정쟁송절차에 따라 그 시정을 구할 수 있다. 이는 과징금의 부과행위가 행정행위의 일종이기 때문이다. 아울러 과징금의 법률상 원인 없이 징수된 경우 공법상 부당이득 반환청구권을 행사할 수 있을 것이다.

판례는 공정거래위원회의 「독점규제 및 공정거래에 관한 법률」 위반행위자에 대한 과징금 부과처분을 재량행위로 보아 "구 독점규제 및 공정거래에 관한 법률(2004.12.31. 법률 제7315호로 개정되기 전의 것)의 각 규정을 종합하여 보면, 공정거래위원회는 법 위반행위에 대하여 과징금을 부과할 것인지 여부와 만일 과징금을 부과할 경우 법과 시행령이 정하고 있는 일정한 범위 안에서 과징금의 액수를 구체적으로 얼마로 정할 것인지에 관하여 재량을 가지고 있다고 할 것이므로, 공정거래위원회의 법 위반행위자에 대한 과징금 부과처분은 재량행위라 할 것이고, 다만 이러한 재량을 행사함에 있어 과징금 부과의 기초가 되는 사실을 오인하였거나, 비례·평등의 원칙에 위배하는 등의 사유가 있다면 이는 재량권의 일탈·남용으로서 위법하다."[19]라고 판시하였다.

4. 가산세, 가산금

1) 가산세

가산세란 세법상의 의무의 성실한 이행을 확보하기 위하여 그 세법에 의하여 산출된 세액에 가산하여 징수되는 세금을 말한다(국세기본법 제2조 제4호). 가산세 부과처분은 본세의 부과처분과 별개의 과세처분이다.

2) 가산금

가산금은 행정법상의 금전급부의무의 불이행에 대한 제재로서 가해지는 금전부담을 말한다. 국세를 납부기한까지 완납하지 아니한 때에는 그 납부기한이 경과한 날로부터 체납된 국세에 대하여 100분의 3에 상당하는 가산금을 징수한다. 다만, 국가와 지방자치단체(지방자치단체조합을 포함한다)에 대하여는 그러하지 아니한다(국세징수법 제21조).

체납된 국세를 납부하지 아니한 때에는 납부기한이 경과한 날로부터 매 1월이 지날 때마다 체납된 국세의 1천분의 12에 상당하는 가산금(이하 이 조에서 '중가산금'이라 한다)을 제21조에 규정하는 가산금에 가산하여 징수한다. 이 경우 중가산금을 가산하여 징수하는 기간은 60월을 초과하지 못한다. 다만, 체납된 국세의 납세고지서별·세목별 세액이 100만원 미만인 때에는 중가산금을 징수하지 않는다(국세징수법 제22조 제1항, 제2항). 중가산금은 일종의 집행벌(이행강제금)의 성격을 갖는다.

5. 관허사업의 제한

1) 의의

관허사업의 제한이란 행정법상의 의무를 위반하거나 불이행한 자에 대하여 각종 인·허가를 거부할 수 있게 함으로써 행정법상 의무의 이행을 확보하는 간접적 강제수단을 말한다. 건축법은, 시장·

19) 대법원 2010.3.11. 선고 2008두15176 판결

군수·구청장은 이 법 또는 이 법의 규정에 의한 명령이나 처분에 위반하여 허가 또는 승인이 취소되었거나 철거, 개축 등의 시정명령을 받고 이행하지 아니한 건축물을 사용하여 영업을 하기 위하여 영업허가를 신청한 경우에는 관계 행정기관의 장에게 해당 영업허가를 하지 아니하도록 요청할 수 있고, 요청을 받은 자는 특별한 이유가 없는 한 이에 응하도록 규정하고 있다. 또한, 국세체납자에 대한 관허사업의 제한에 대하여 규정하고 있다. 관허사업의 제한에는 의무 위반사항과 관련이 있는 사업에 대한 것과 국세체납자에 대한 일반적 관허사업의 제한과 같이 의무 위반사항과 직접 관련이 없는 사업 일반에 대한 것이 있다.

2) 한계

관허사업의 제한은 의무불이행에 대한 제재적 처분의 성격을 갖기도 하지만, 기본적으로는 의무이행을 확보하기 위한 수단이다. 관허사업의 제한조치가 비례의 원칙, 부당결부금지의 원칙에 반하는지와 반하는 경우의 법적 효력이 문제된다. 관허사업의 제한이 비례의 원칙에 반하면 법률에 근거한 것이라도 위법하다.

관허사업제한조치와 의무 위반 또는 의무불이행(의무의 준수 또는 의무의 이행)이 실체적 관련이 없는 경우 관허사업제한조치가 부당결부금지의 원칙에 반하는 경우라 하겠다.

의무불이행과 관련이 있는 관허사업의 제한(건축법 제79조의 관허사업의 제한)은 부당결부금지의 원칙에 반하지 않는다고 보는 것이 일반적이다. 이에 반하여 국세징수법상 관허사업제한과 같이 의무불이행과 관련이 없는 관허사업의 제한이 부당결부금지의 원칙에 반하는지에 관하여는 견해의 대립이 있다. 의무불이행과 관련이 없는 관허사업의 제한(인허가의 거부 또는 인허가 등의 취소 또는 정지)은 상호 별개의 행정목적을 갖는 것으로 보며 실체적 관련성을 부정하는 견해와 인허가는 의무불이행을 용인하는 결과를 가져온다는 점 및 행정기관은 행정목적의 달성을 위하여 상호 협력하여야 한다는 점에 근거하여 실체적 관련성을 인정하는 견해도 있으나 의무불이행과 관련이 없는 사업에 대한 관허사업의 제한은 그 실체적 관련성이 없고, 국민의 생업자체를 위협할 우려가 있다는 점에서 비례의 원칙이나 부당결부금지의 원칙상 문제가 있다.

3) 권리구제

관허사업의 제한 중 인허가의 거부에 대하여는 의무이행심판, 거부처분취소소송을 제기할 수 있고, 인허가의 철회에 대하여는 취소심판 또는 취소소송을 제기할 수 있다. 관허사업제한 요청행위가 항고소송의 대상이 되는 처분인가 하는 것이 문제된다. 요청행위는 비권력적 행위로서 권고의 성질을 가지므로 처분성을 부인하는 견해가 있지만, 요청을 받은 자는 특별한 이유가 없는 한 이에 응하도록 규정되어 있으므로 처분으로 보는 것이 타당하다.

6. 제재 처분 – 행정기본법 제22조에서 명문화

1) 제재처분의 의의 및 취지

제재처분이란 법령 등에 따른 의무를 위반하거나 이행하지 아니하였음을 이유로 당사자에게 의무를 부과하거나 권익을 제한하는 처분을 말한다(행정기본법 제2조 제5호). 일반적으로 제재처분은 행정법규에 의하여 인허가를 받은 자가 행정상 의무를 위반하거나 이행하지 않은 경우에, 해당 법률에 근거하여 의무를 부과하거나 인허가를 철회·정지하는 등 권익을 제한한 것을 말한다. 따라서 의무위반 내지 의무 불이행 없이 당사자에게 의무를 부과하거나 권익을 제한하는 처분(예 조세부과)은 제재처분이 아니다.

행정기본법은 일반적인 처분과는 달리 ① 제재처분의 적용기준인 행위시법주의(행정기본법 제14조 제3항), ② 제재처분 법률주의(법 제22조), ③ 제재처분 제척기간(법 제23조) 등과 같이 제재처분만의 별도 규율을 규정하고 있다. 행정기본법에 따른 제재처분에는 행정대집행, 이행강제금, 직접강제, 강제징수, 즉시강제와 같은 행정상 강제는 포함되지 않는다. 따라서 행정상 강제는 행정기본법상의 제재 처분에 대한 규정들이 적용되지 않는다.[20]

행정기본법 제22조는 제재처분의 기준이라는 제목하에 제재처분 법정주의와 그 내용, 제재처분을 할 때 고려하여야 할 사항을 규정하고 있다. 행정기본법 제22조로 인해 제재처분의 예측이 가능하고, 법령 위반자에 가해지는 제재처분 사이에 형평을 제고할 수 있다.

① 행정기본법 제22조 제1항은 입법자가 제재 처분의 근거가 되는 법률 제정할 때 지켜야 할 사항을 규정하고 있다. 따라서 이 조항은 입법자를 수범자로 한다. ② 행정기본법 제22조 제2항은 행정청이 처분을 할 때 지켜야 할 사항을 규정하고 있다. 따라서 이 조항은 행정청을 수범자로 한다. 이 조항은 행정청이 처분을 할 때 바로 적용되는 조항이다.

2) 제재처분 법정주의 - 행정기본법 제22조 제1항 명문화

(1) 제재처분 법정주의의 의의

행정기본법 제22조 제1항은 "제재처분의 근거가 되는 법률에는 제재처분의 주체, 사유, 유형 및 상한을 명확하게 규정하여야 한다."라고 제재처분 법정주의를 명시하고 있다. 제재처분은 국민의 권리와 이익을 제한하는 침해적 처분이므로, 헌법 제37조 제2항에 비추어 엄격한 법의 통제 아래 이루어져야 한다. 즉 제재처분의 법적근거는 법률에 규정되어야 한다.

질서위반행위규제법 제6조 질서위반행위 법정주의
제6조(질서위반행위 법정주의)
법률에 따르지 아니하고는 어떤 행위도 질서위반행위로 과태료를 부과하지 아니한다.

(2) 제재처분의 근거가 되는 법률의 내용

① 제재처분의 주체

제재처분의 근거가 되는 법률에는 제재처분을 할 수 있는 권한행정청을 명확하게 규정하여야 한다. 법률에서 권한행정청의 종류 등을 정함이 없이 대통령령에서 권한행정청을 정하도록 위임하는 것은 행정기본법 제22조 제1항에 반한다.

20) 석종현·송동수, 일반행정법총론, 박영사, 2022, p.521-527 발췌수정함.

② 제재처분의 사유

제재처분의 근거가 되는 법률에는 제재처분의 사유를 명확하게 규정하여야 한다. 제재처분의 사유는 해당 법령 등에 따른 각종 의무의 위반 또는 각종 의무의 불이행일 것이다. 법령 등이란 행정기본법 제2조 제1호가 정하는 법령을 말한다.

행정기본법 제2조 제1호 법령 등

1. "법령 등"이란 다음 각 목의 것을 말한다.
   가. 법령 : 다음의 어느 하나에 해당하는 것
      1) 법률 및 대통령령 · 총리령 · 부령
      2) 국회규칙 · 대법원규칙 · 헌법재판소규칙 · 중앙선거관리위원회규칙 및 감사원규칙
      3) 1) 또는 2)의 위임을 받아 중앙행정기관(「정부조직법」 및 그 밖의 법률에 따라 설치된 중앙행정기관을 말한다. 이하 같다)의 장이 정한 훈령 · 예규 및 고시 등 행정규칙
   나. 자치법규 : 지방자치단체의 조례 및 규칙

③ 제재처분의 유형

제재처분의 근거가 되는 법률에는 제재처분의 유형을 명확하게 규정하여야 한다. 제재처분은 당사자에게 의무를 부과하거나 권익을 제한하는 것을 내용으로 하는바(행정기본법 제2조 제5호), 제재처분의 유형은 크게 보아 의무를 부과하거나 권익을 제한하는 것으로 구분할 수 있다.[21]

㉠ 제재처분의 근거가 되는 법률은 제재처분의 사유가 되는 위반행위의 특수성을 고려하여야 한다. 뿐만 아니라 제재처분의 근거가 되는 법률은 여러 종류의 의무의 부과를 규정하고 있음이 일반적이고, 그 각종의 의무의 성질도 다양할 것인데, 형평성을 고려하여 의무의 성질이 유사하거나 동일한 경우는 그 제재처분의 내용도 동일하거나 유사하여야 한다.

㉡ 제재처분의 근거가 되는 법률에는 제재처분의 상한을 명확하게 규정하여야 한다. 제재처분은 침익적 처분이므로, 제재처분의 근거가 되는 법률에는 제재처분의 내용을 규정하면서 동시에 제재처분의 하한과 상한을 규정하여야 한다. 상한을 정할 때에는 해당 위반행위의 특수성 및 유사한 위반행위와의 형평성 등을 종합적으로 고려하여야 한다. 특히 형평성을 고려할 때 의무의 성질이 유사하거나 동일한 경우에는 제재처분의 하한과 상한은 동일하여야 한다.

(3) 이중의 제재처분

행정기본법에는 하나의 법위반행위가 둘 이상의 제재처분의 사유가 되는 경우, 예를 들어 하나의 법위반행위가 업무정지처분과 과태료부과처분의 사유가 되거나 아니면 과징금부과처분과 과태료부과처분의 사유가 되는 경우, 이중으로 제재처분을 할 것인지 아니면 그중 어느 하나의 제재처분만을 할 것인지에 관해 규정하는 바가 없다. 이에 관한 입법의 보완이 필요하다.

21) 홍정선, 행정기본법 해설, 박영사 2021, p.167-176 발췌수정함.

3) 제재처분 시 고려사항 – 행정기본법 제22조 제2항 명문화

행정기본법 제22조 제2항에 따라 행정청은 제제처분을 할 때 다음 각 호 사항을 고려하여야 한다.

행정기본법 제22조 제2항

② 행정청은 재량이 있는 제재처분을 할 때에는 다음 각 호의 사항을 고려하여야 한다.

1. 위반행위의 동기, 목적 및 방법
2. 위반행위의 결과
3. 위반행위의 횟수
4. 그 밖에 제1호부터 제3호까지에 준하는 사항으로서 대통령령으로 정하는 사항

행정기본법 시행령 제3조(제재처분의 기준)

법 제22조 제2항 제4호에서 "대통령령으로 정하는 사항"이란 다음 각 호의 사항을 말한다.

1. 위반행위자의 귀책사유 유무와 그 정도
2. 위반행위자의 법 위반상태 시정·해소를 위한 노력 유무

4) 제재처분의 제척기간 – 행정기본법 제23조 명문화

행정기본법 제23조 제재처분의 제척기간

제23조(제재처분의 제척기간)

① 행정청은 법령 등의 위반행위가 종료된 날부터 5년이 지나면 해당 위반행위에 대하여 제재처분(인허가의 정지·취소·철회, 등록 말소, 영업소 폐쇄와 정지를 갈음하는 과징금 부과를 말한다. 이하 이 조에서 같다)을 할 수 없다.

② 다음 각 호의 어느 하나에 해당하는 경우에는 제1항을 적용하지 아니한다.

1. 거짓이나 그 밖의 부정한 방법으로 인허가를 받거나 신고를 한 경우
2. 당사자가 인허가나 신고의 위법성을 알고 있었거나 중대한 과실로 알지 못한 경우
3. 정당한 사유 없이 행정청의 조사·출입·검사를 기피·방해·거부하여 제척기간이 지난 경우
4. 제재처분을 하지 아니하면 국민의 안전·생명 또는 환경을 심각하게 해치거나 해칠 우려가 있는 경우

③ 행정청은 제1항에도 불구하고 행정심판의 재결이나 법원의 판결에 따라 제재처분이 취소·철회된 경우에는 재결이나 판결이 확정된 날부터 1년(합의제행정기관은 2년)이 지나기 전까지는 그 취지에 따른 새로운 제재처분을 할 수 있다.

④ 다른 법률에서 제1항 및 제3항의 기간보다 짧거나 긴 기간을 규정하고 있으면 그 법률에서 정하는 바에 따른다.

(1) 행정기본법 제23조 제척기간의 의의 및 취지

행정기본법 제23조에서는 제재처분의 제척기간이라는 제목하에 행정청이 제재처분을 할 수 있는 기간 등에 관해 규정하고 있다. 제척기간이란 행정청이 일정한 기간 내에 권한을 행사하지 아니하면 그 기간의 경과로 해당 권한이 소멸되어 더 이상 권한을 행사할 수 없게 하는 제도를 말한다. 유사한 제도로 소멸시효제도가 있다.

	제척기간	소멸시효
조문상표현	예 5년이 지나면 정지처분을 할 수 없다.	예 시효로 인하여 완성한다.
인정취지	법률관계의 조속한 확정	기존 법률관계 유지
중단·정지	없음	있음
포기	없음	있음
효과발생	기간 경과 시부터 장래 향하여 소멸	기간 경과하면, 기산일에 소급하여 발생
소송상 주장	법원의 직권조사사항	당사자 주장이 있어야 법원이 고려

행정기본법 제23조는 제재처분의 처분권자인 행정청이 그 처분 권한을 장기간 행사하지 않아 발생하는 법률관계의 불안정한 상태를 신속히 확정시키고, 당사자의 신뢰보호 및 행정의 법적 안정성을 높이는데 기여한다. 행정기본법 제23조는 제재처분의 제척기간에 관한 일반법이다. 감정평가 및 감정평가사에 관한 법률 제32조 제4항 등 특별 규정이 있으면 그 규정이 적용되고, 특별 규정이 없는 경우에는 행정기본법 제23조가 일반법으로 적용된다.

감정평가 및 감정평가사에 관한 법률 제32조(인가취소 등)

④ 제1항에 따른 설립인가의 취소 및 업무정지처분은 위반 사유가 발생한 날부터 5년이 지나면 할 수 없다.

(2) 제재처분의 5년의 제척기간 – 행정기본법 제23조 제1항 명문화

행정기본법 제23조 제1항은 "행정청은 법령 등의 위반행위가 종료된 날부터 5년이 지나면 해당 위반행위에 대하여 제재처분(인허가의 정지·취소·철회, 등록 말소, 영업소 폐쇄와 정지를 갈음하는 과징금 부과를 말한다. 이하 이 조에서 같다)을 할 수 없다."고 규정하고 있다. 따라서 행정청이 제재처분을 할 수 있는 기간은 법령 등의 위반행위가 종료된 날로부터 5년이다.

(3) 제재처분의 제척기간 적용의 배제 – 행정기본법 제23조 제2항 명문화

행정기본법 제23조 제2항에서는 다음 각 호의 어느 하나에 해당하는 경우에는 제재처분의 적용을 하지 아니한다.

① 거짓이나 그 밖의 부정한 방법으로 인허가를 받거나 신고를 한 경우
② 당사자가 인허가나 신고의 위법성을 알고 있었거나 중대한 과실로 알지 못한 경우
③ 정당한 사유 없이 행정청의 조사·출입·검사를 기피·방해·거부하여 제척기간이 지난 경우

④ 제재처분을 하지 아니하면 국민의 안전·생명 또는 환경을 심각하게 해치거나 해칠 우려가 있는 경우

(4) **재결·판결 후의 새로운 제재처분 – 행정기본법 제23조 제3항 명문화**

행정청은 행정기본법 제23조 제1항에도 불구하고 행정심판의 재결이나 법원의 판결에 따라 제재처분이 취소·철회된 경우에는 재결이나 판결이 확정된 날부터 1년(합의제 행정기관은 2년)이 지나기 전까지는 그 취지에 따른 새로운 제재처분을 할 수 있다.

(5) **개별법 우선의 원칙 적용 – 행정기본법 제23조 제4항 명문화**

다른 법률에서 행정기본법 제23조 제1항 및 제3항의 기간보다 짧거나 긴 기간을 규정하고 있으면 그 법률에서 정하는 바에 따른다. 행정기본법 제5조(다른 법률과의 관계) 제1항에서는 "행정에 관하여 다른 법률에 특별한 규정이 있는 경우를 제외하고는 이 법에서 정하는바에 따른다."라고 규정하고 동조 제2항에서는 "행정에 관한 다른 법률을 제정하거나 개정하는 경우에는 이 법의 목적과 원칙, 기준 및 취지에 부합되도록 노력하여야 한다."라고 규정하고 있는바 행정기본법 제23조 제4항은 행정기본법 제5조를 확인하는 규정으로 평가된다.

06 절 행정벌

1. 개념

행정벌이란 행정법상의 의무 위반행위에 대하여 제재로서 가하는 처벌을 말한다. 행정벌이 과하여지는 의무위반행위를 행정범이라 한다.
행정벌은 과거의 의무 위반에 대한 제재를 직접적인 목적으로 하지만 간접적으로는 의무자에게 심리적 압박을 가함으로써 행정법상의 의무이행을 확보하는 것을 목적으로 한다.

2. 종류

행정벌에는 행정분야에 따라 경찰벌·재정벌·군정벌·공기업벌 등이 있고, 그 성질에 따라 형법에 형명이 있는 형벌(사형·징역·금고·자격상실·자격정지·벌금·과료 등)이 과하여지는 행정형벌과 형법에 형명이 없는 과태료가 부과되어지는 행정질서벌(과태료)이 있다.

"행정질서벌과 행정형벌은 다 같이 행정법령에 위반하는 데 대한 제재라는 점에서는 같다 하더라도 행정형벌은 그 행정법규 위반이 직접적으로 행정목적과 사회공익을 침해하는 경우에 과하여지는 것이므로 행정형벌을 과하는 데 있어서 고의 과실을 필요로 할 것이냐의 여부의 점은 별 문제로 하더라도 행정질서벌인 과태료는 직접적으로 행정목적이나 사회공익을 침해하는 데까지는 이르지 않고 다만 간접적으로

행정상의 질서에 장해를 줄 위험성이 있는 정도의 단순한 의무태만에 대한 제재로서 과하여지는 것이다."[22]

행정형벌이란 형법상의 형벌을 과하는 행정벌을 말한다. 행정질서벌은 과태료가 과하여지는 행정벌이다. 일반적으로 행정형벌은 행정목적을 직접적으로 침해하는 행위에 대하여 과하여지고, 행정질서벌은 신고의무 위반과 같이 행정목적을 간접적으로 침해하는 행위에 대하여 과하여진다. 그런데 실제에 있어서는 행정형벌의 행정질서벌화정책에 의해 행정형벌을 과하여야 할 행위에 행정질서벌을 과하는 경우가 있다. 행정형벌의 행정질서벌화정책이란 행정목적을 직접 침해하는 법규위반이므로 이론상 행정형벌을 과해야 하는 경우에도 그 법규위반이 비교적 경미한 경우 전과자의 양산을 막기 위해 행정질서벌(과태료)을 부과하도록 하는 정책을 말한다.
또 형벌을 과하여야 하는 행정법규 위반행위에 대하여 범칙금이 과하여지는 경우가 있다. 범칙금은 행정형벌과 행정질서벌의 중간적 성격의 행정벌이다. 도로교통법 위반에 대하여 범칙금이 부과되는데, 그 부과는 행정기관인 경찰서장이 통고처분에 의해 과하고 상대방이 이에 따르지 않는 경우에는 즉결심판에 회부하여 형사절차에 따라 형벌을 과하도록 하고 있다. 최근 「질서위반행위규제법」이 생겨서 과태료에 대한 일반법이 제정되었다.

3. 행정형벌과 형사벌의 구별

행정형벌과 형사벌은 모두 그 제재로서 형벌을 부과한다는 점에서 공통적인바, 그럼에도 불구하고 양자는 피침해규범의 성질을 기준으로 하여 구별된다고 하는 것이 통설의 태도이다. 즉 형사범은 살인행위 등과 같이 그 행위의 반도덕성, 반사회성이 해당 행위를 범죄로 규정하는 실정법을 기다릴 것 없이 일반적으로 인식되고 있는 범죄를 말하며, 행정범이란 그 행위의 반도덕성, 반사회성이 해당 행위를 범죄로 규정하는 법률의 제정 이전에는 당연히 인정되는 것은 아니며 해당 행위를 범죄로 규정하는 법률의 제정에 의해 비로소 인정되는 범죄(法定犯)를 말한다. 그런데 행정범의 반사회성, 반도덕성에 대한 인식이 시간의 경과에 따라 일반인의 의식에 형성되면 형사범으로 전환될 수 있다.

4. 행정형벌의 특성

행정벌은 통상 형사벌에 대해 다음과 같은 특성을 가진다.

1) 형법총칙의 적용

죄형법정주의 등 형사범과 형사벌에 대한 형법총칙규정이 행정범 및 행정형벌에도 원칙적으로 적용된다. 다만, 통설은 행정범의 특수성에 비추어 제한적으로 형법총칙의 일부 배제를 인정하고 있다. 규정 자체의 해석의 가능한 의미 내에서의 목적론적 해석에 의해 형벌의 범위를 축소하거나 경감하는 것은 죄형법정주의에 반드시 반하는 것은 아니므로 행정범의 특수성을 고려한 규정의 해석상 형법총칙의 적용을 배제하거나 제한할 수 있다.

---

22) 대법원 1969.7.29.자 69마400 결정

2) 범의

형법은 죄의 성립요소인 사실을 인식 즉 범의의 존재를 처벌의 요건으로 하고 있으며(법 제13조), 과실에 의한 행위는 법률에 특별한 규정이 있는 경우에 한하여 처벌한다고 규정하고 있다(법 제14조). 이러한 형법에서의 기본원칙인 책임주의는 행정형벌에도 적용된다고 하겠다(법 제8조).

3) 위법성 인식가능성

통설은 행정범에 있어서도 형사범에서와 같이 위법성의 인식가능성이 있으면 범죄가 성립된다고 본다. 다만, 형법 제16조의 적용상 행정범의 특수성이 고려되어야 한다. 형사범은 본래 반사회적・반도덕적인 것으로 일반인에 의해 인식되고 있기 때문에 형사범에 있어서는 특별한 사정이 없는 한 위법성의 인식가능성이 인정된다. 그러나 행정범은 본래 반사회적・반도덕적인 것이 아니라 법률의 제정에 의해 반사회적・반도덕적인 행위가 되고 범죄로 되는 것이므로 위법성 인식가능성은 해당 형벌법규의 인식가능성에 의해 판단한다. 따라서 행정범에서는 형사법에 비하여 위법성 인식가능성이 없는 경우가 넓게 인정될 수 있다.

사람에 따라 위법성 인식가능성 존재 여부가 다를 수 있다. 예를 들면, 일반인에게는 위법성 인식가능성이 없는 경우에도 사업자에게는 위법성 인식가능성이 있을 수 있다. 왜냐하면 사업자는 통상 사업과 관련이 있는 형벌법규를 인식하고 있다고 보아야 하기 때문이다.

4) 과실행위의 처벌

형법 제14조는 과실 있는 행위는 법률에 '특별한 규정'이 있는 경우에 한하여 처벌한다고 규정하고 있는바, 통설 및 판례는 행정법에서 과실행위를 처벌한다는 명문의 규정이 있는 경우뿐만 아니라 관련 행정형벌법규의 해석에 의하여 과실행위도 처벌한다는 뜻이 도출되는 경우에는 과실행위도 처벌된다고 본다.[23)]

5) 양벌규정

양벌규정이라 함은 범죄행위자와 함께 행위자 이외의 자를 함께 처벌하는 법규정을 말한다. 형사범에서는 범죄를 행한 자만을 벌하지만 행정범에서는 범죄행위자 이외의 자를 벌하는 것으로 규정하는 경우가 있다.

6) 행정형벌의 과벌절차

(1) 일반절차

행정형벌도 원칙상 형사벌과 같이 형사소송법에 따라 과하여진다. 그러나 이에 대하여는 통고처분이라는 예외적 절차도 있다.

---

23) 대법원 1993.9.10. 선고 92도1136 판결

(2) **통고처분**

통고처분은 범현행법상 조세범, 관세범, 출입국관리사범, 교통사범 등의 행정범에 대하여 형사절차에 의한 형벌을 과하기 전에 행정청이 형벌을 대신하여 금전적 제재인 범칙금을 과하고 행정범을 범한 자가 그 금액을 납부하면 형사처벌을 하지 아니하고, 만일 지정된 기간 내에 그 금액을 납부하지 않으면 형사소송절차에 따라 형벌을 과하도록 하는 절차이다. 통고처분은 인정되고 있다.

(3) **즉결심판**

즉결심판에 관한 절차법에 따라 20만원 이하의 벌금・구류・과료의 형벌은 즉결심판에 의해 과벌된다. 즉결심판절차도 형사소송절차의 하나이다. 즉결심판에 불복이 있는 피고인은 정식재판을 청구할 수 있다. 즉결심판은 형사범에도 적용되므로 행정형벌에 특유한 과벌절차는 아니다.

5. 행정질서벌(과태료)

1) 의의

과태료라 함은 행정법규 위반에 대하여 부과되는 행정질서벌이다.

2) 대상

행정형벌은 행정목적을 직접적으로 침해하는 행위에 대하여 과하여지고, 행정질서벌은 정보제공적 신고의무 위반과 같이 행정목적을 간접적으로 침해하는 행위에 대하여 과하여진다. 그런데 행정형벌의 행정질서벌화정책에 의해 행정형벌을 과하여야 할 행위에 행정질서벌을 과하는 경우가 있다. 과태료는 행정질서벌인 관계로 형벌이 아니므로 형법총칙이 적용되지 않는다.

3) 행정형벌과 과태료의 병과 여부

동일한 행위에 대해 행정형벌과 과태료를 병과할 수 있는지 여부가 문제된다. 여기에는 양자는 그 목적과 성질이 다르므로 과태료 부과처분 이후 행정형벌을 과하여도 일사부재리의 원칙에 반하지 아니한다는 긍정설과 행정형벌과 과태료는 모두 행정벌이므로 동일 법규 위반행위에 대해 양자를 병과할 수 없다고 하는 부정설의 대립이 있다.

판례는 "행정법상의 질서벌인 과태료의 부과처분과 형사처벌은 그 성질이나 목적을 달리하는 별개의 것이므로 행정법상의 질서벌인 과태료를 납부한 후에 형사처벌을 한다고 하여 이를 일사부재리의 원칙에 반하는 것이라고 할 수는 없다."라고 하였고,[24] 헌법재판소는 행정질서벌로서의 과태료는 형벌(특히 행정형벌)과 목적・기능이 중복되는 면이 없지 않으므로 동일한 행위를 대상으로 하여 형벌을 부과하면서 아울러 행정질서벌로서의 과태료까지를 부과하는 것은 이중처벌금지의 기본정신에 배치되어 국가 입법권의 남용으로 인정될 여지가 있다고 보았다.[25]

---

24) 대법원 1996.4.12. 선고 96도158 판결 ; 대법원 2000.10.27. 선고 2000도3874 판결

25) 헌재결정 1994.6.30. 선고 92헌바38 전원재판부

4) 행정질서벌의 부과

(1) 부과권자

개별법률에서 정함이 없는 경우 법원이 비송사건절차에 따라 과태료를 정한다. 개별법률에서 행정청이 부과하도록 한 경우에도 행정청의 과태료부과에 불복하는 경우 법원이 비송사건절차에 따라 최종적으로 부과한다(질서위반행위규제법 제25조).

(2) 법적 근거

행정질서벌의 부과는 법률에 근거가 있어야 한다. 행정질서벌에는 국가의 법령에 근거한 것과 지방자치단체의 조례에 근거한 것(지방자치법 제27조, 제139조)이 있다. 질서위반행위규제법은 질서위반 행위자에 대한 과태료 부과의 근거법률은 아니며 과태료부과의 요건, 절차, 징수 등을 정하는 법률이다. 과태료의 부과·징수, 재판 및 집행 등의 절차에 관한 다른 법률의 규정 중 질서위반행위규제법의 규정에 저촉되는 것은 질서위반행위규제법이 정하는 바에 따른다(질서위반행위규제법 제5조).

(3) 질서위반행위의 요건

질서위반행위규제법은 질서위반행위의 요건을 행정범죄의 성립요건과 유사하게 규정하고 있다.

① 고의 또는 과실

질서위반행위규제법은 고의 또는 과실이 없는 질서위반행위는 과태료를 부과하지 아니한다고 규정하고 있다(제7조).

② 법 적용의 시간적 범위

질서위반행위의 성립과 과태료 처분은 행위시의 법률에 따르는 것이 이론상 타당하며 질서위반행위규제법도 그렇게 규정하고 있다(제3조 제1항).

질서위반행위규제법에 의하면 질서위반행위 후 법률이 변경되어 그 행위가 질서위반행위에 해당하지 아니하게 되거나 과태료가 변경되기 전의 법률보다 가볍게 된 때에는 법률에 특별한 규정이 없는 한 변경된 법률을 적용한다(제2항). 행정청의 과태료 처분이나 법원의 과태료 재판이 확정된 후 법률이 변경되어 그 행위가 질서위반행위에 해당하지 아니하게 된 때에는 변경된 법률에 특별한 규정이 없는 한 과태료의 징수 또는 집행을 면제한다(제3항).

③ 위법성의 착오

자신의 행위가 위법하지 아니한 것으로 오인하고 행한 질서위반행위는 그 오인에 정당한 이유가 있는 때에 한하여 과태료를 부과하지 아니한다(제8조).

④ 책임연령

14세가 되지 아니한 자의 질서위반행위는 과태료를 부과하지 아니한다. 다만, 다른 법률에 특별한 규정이 있는 경우에는 그러하지 아니하다(제9조).

5) 부과절차

법원이 과태료 재판에 의해 부과하는 경우에는 질서위반행위규제법 및 비송사건절차법에 의한다. 행정청이 부과하는 경우에 과태료부과행위는 질서위반행위규제법(제16조 이하) 및 행정절차법에 따른다.

6) 부과대상자

과태료의 부과대상자는 원칙상 질서위반행위를 한 자이다. 그런데 법인의 대표자, 법인 또는 개인의 대리인 · 사용인 및 그 밖의 종업원이 업무에 관하여 법인 또는 그 개인에게 부과된 법률상의 의무를 위반한 때에는 법인 또는 그 개인에게 과태료를 부과한다(제11조 제1항).

2인 이상이 질서위반행위에 가담한 때에는 각자가 질서위반행위를 한 것으로 본다(제12조 제1항). 신분에 의하여 성립하는 질서위반행위에 신분이 없는 자가 가담한 때에는 신분이 없는 자에 대하여도 질서위반행위가 성립한다(제2항). 신분에 의하여 과태료를 감경 또는 가중하거나 과태료를 부과하지 아니하는 때에는 그 신분의 효과는 신분이 없는 자에게는 미치지 아니한다(제3항).

7) 행정질서벌 부과행위의 법적 성질과 권리구제

행정질서벌인 과태료가 법원의 재판에 의해 부과되는 경우 과태료부과행위는 사법행위의 성질을 가지며 질서위반행위규제법 및 비송사건절차법에 정해진 절차에 따라 부과되고 다투어진다. 행정질서벌인 과태료가 행정청에 의해 부과되는 경우에 과태료부과행위는 행정행위이다. 그런데 질서위반행위규제법은 과태료 부과에 대해 이의가 제기된 경우에는 행정청의 과태료부과처분은 그 효력을 상실한다고 규정하면서(제20조 제2항), 이의제기를 받은 부과행정청은 관할법원에 통보하여 관할법원이 질서위반행위규제법에 따라 과태료를 결정하도록 규정하고 있다(제21조 제1항). 행정청의 과태료 부과에 대한 이의는 과태료 부과 통지를 받은 날부터 60일 이내에 제기하여야 한다(제20조 제1항).

8) 과태료의 귀속

행정청에 의해 부과 · 징수되는 과태료는 해당 행정청이 속한 국가 또는 지방자치단체에 귀속되고, 질서위반행위규제법에 의해 부과 징수되는 과태료는 국가에 귀속된다. 다만, 지방자치단체의 장이 과태료 재판 집행을 위탁받은 경우에는 그 집행한 금원은 해당 지방자치단체의 수입으로 한다(제43조 제2항).

Chapter 06

처분에 대한 이의신청 및 재심사[1)]

01 절 처분에 대한 이의신청

행정기본법 제36조 처분에 대한 이의신청

제36조(처분에 대한 이의신청)

① 행정청의 처분(「행정심판법」 제3조에 따라 같은 법에 따른 행정심판의 대상이 되는 처분을 말한다. 이하 이 조에서 같다)에 이의가 있는 당사자는 처분을 받은 날부터 30일 이내에 해당 행정청에 이의신청을 할 수 있다.

② 행정청은 제1항에 따른 이의신청을 받으면 그 신청을 받은 날부터 14일 이내에 그 이의신청에 대한 결과를 신청인에게 통지하여야 한다. 다만, 부득이한 사유로 14일 이내에 통지할 수 없는 경우에는 그 기간을 만료일 다음 날부터 기산하여 10일의 범위에서 한 차례 연장할 수 있으며, 연장 사유를 신청인에게 통지하여야 한다.

③ 제1항에 따라 이의신청을 한 경우에도 그 이의신청과 관계없이 「행정심판법」에 따른 행정심판 또는 「행정소송법」에 따른 행정소송을 제기할 수 있다.

④ 이의신청에 대한 결과를 통지받은 후 행정심판 또는 행정소송을 제기하려는 자는 그 결과를 통지받은 날(제2항에 따른 통지기간 내에 결과를 통지받지 못한 경우에는 같은 항에 따른 통지기간이 만료되는 날의 다음 날을 말한다)부터 90일 이내에 행정심판 또는 행정소송을 제기할 수 있다.

⑤ 다른 법률에서 이의신청과 이에 준하는 절차에 대하여 정하고 있는 경우에도 그 법률에서 규정하지 아니한 사항에 관하여는 이 조에서 정하는 바에 따른다.

⑥ 제1항부터 제5항까지에서 규정한 사항 외에 이의신청의 방법 및 절차 등에 관한 사항은 대통령령으로 정한다.

⑦ 다음 각 호의 어느 하나에 해당하는 사항에 관하여는 이 조를 적용하지 아니한다.

1. 공무원 인사 관계 법령에 따른 징계 등 처분에 관한 사항
2. 「국가인권위원회법」 제30조에 따른 진정에 대한 국가인권위원회의 결정
3. 「노동위원회법」 제2조의2에 따라 노동위원회의 의결을 거쳐 행하는 사항
4. 형사, 행형 및 보안처분 관계 법령에 따라 행하는 사항
5. 외국인의 출입국・난민인정・귀화・국적회복에 관한 사항
6. 과태료 부과 및 징수에 관한 사항

---

1) 홍전선, 행정기본법 해설, 박영사, 2021. p.249-269 발췌 재정리함.

1. 행정기본법 제36조의 제정의 의의

1) 행정기본법 제정의 의의 및 취지

개별법령에 이의신청에 관한 내용이 규정되어 있지 아니한 처분에 대해서도 불복할 수 있는 기회를 제공하여 국민들의 권리구제를 강화하고, 처분의 이의신청에 대한 공통적인 방법과 절차를 규정하여 이의신청 제도가 실효성 있게 운영되고자 하는 것이 행정기본법 제36조의 제정취지이다.

2) 일반법

행정기본법 제36조는 처분에 대한 이의신청에 관한 일반법이다. 다른 법률에 특별한 규정이 있으면, 그 특별규정에 우선 적용되고, 다른 법률에 이의신청에 관한 특별한 규정이 없다면, 행정기본법 제36조가 적용된다(행정기본법 제5조). 다른 법률에 이의신청에 관한 규정이 있다고 하여도, 그 다른 법률에 규정되지 아니한 사항에 관해서는 행정기본법 제36조가 적용된다.

2. 처분에 대한 이의신청의 의의와 요건(행정기본법 제36조 제1항)

1) 이의신청의 의의

행정청의 처분(「행정심판법」 제3조에 따라 같은 법에 따른 행정심판의 대상이 되는 처분을 말한다. 이하 이 조에서 같다)에 이의가 있는 당사자는 처분을 받은 날부터 30일 이내에 해당 행정청에 이의신청을 할 수 있다. 행정기본법 제36조 제1항을 바탕으로 이의신청이란 행정청의 처분에 이의가 있는 당사자가 해당 행정청(처분청)에 이의를 신청하는 절차로 정의할 수 있다.

2) 이의신청의 대상

이의신청의 대상이 되는 처분은 행정심판법 제2조에 따라 같은 법에 따른 행정심판의 대상이 되는 처분을 말한다. 행정심판법 제3조는 행정청의 처분 또는 부작위에 대하여 다른 법률에 특별한 규정이 있는 경우에는 그 특별한 규정, 특별한 규정이 없는 경우에는 행정심판법을 적용토록 규정하고 있다.

행정심판법 제3조

제3조(행정심판의 대상)

① 행정청의 처분 또는 부작위에 대하여는 다른 법률에 특별한 규정이 있는 경우 외에는 이 법에 따라 행정심판을 청구할 수 있다.

② 대통령의 처분 또는 부작위에 대하여는 다른 법률에서 행정심판을 청구할 수 있도록 정한 경우 외에는 행정심판을 청구할 수 없다.

3. 이의신청에 대한 결과통지의 기한(행정기본법 제36조 제2항)

1) 이의신청에 대한 통지

행정청은 행정기본법 제36조 제1항에 따른 이의신청을 받으면 그 신청을 받은 날부터 14일 이내에 그 이의신청에 대한 결과를 신청인에게 통지하여야 한다.

2) 기간의 연장

다만, 부득이한 사유로 14일 이내에 통지할 수 없는 경우에는 그 기간을 만료일 다음 날부터 기산하여 10일의 범위에서 한 차례 연장할 수 있으며, 연장 사유를 신청인에게 통지하여야 한다. 통지는 문서로 함이 원칙이다(행정절차법 제24조).

4. 처분에 대한 이의신청과 행정심판 · 행정소송(행정기본법 제36조 제3항)

1) 의의

행정기본법 제36조 제1항에 따라 이의신청을 한 경우에도 그 이의신청과 관계없이 「행정심판법」에 따른 행정심판 또는 「행정소송법」에 따른 행정소송을 제기할 수 있다.

2) 임의적 절차 및 쟁송절차의 유형

행정기본법상 이의신청은 임의적 절차이다. 이의신청은 행정심판법에 따른 행정심판 또는 행정소송법에 따른 행정소송을 제기하기 위해서는 반드시 먼저 거쳐야 하는 절차는 아니다. 이것은 행정기본법상 이의신청제도가 행정심판법상 행정심판제도와 결합되어 있는 것도 아니고, 행정소송법상 행정소송제도와 결합되어 있는 것도 아님을 의미한다.

행정청의 처분에 이의가 있는 당사자가 쟁송절차를 취할 수 있는 방법으로는 다음과 같다.

Check Point!

① 처분 → 행정기본법상 이의신청 → 이의신청결과를 통지 받은 날 → 행정심판법상 행정심판 → 행정소송법상 행정소송
② 처분 → 행정기본법상 이의신청 → 이의신청결과를 통지 받은 날 → 행정소송법상 행정소송
③ 처분 → 행정심판법상 행정심판 → 행정소송법상 행정소송
④ 처분 → 행정소송법상 행정소송

5. 행정심판청구 · 행정소송 제기의 기간(행정기본법 제36조 제4항)

1) 이의신청을 거친 경우

이의신청에 대한 결과를 통지받은 후 행정심판 또는 행정소송을 제기하려는 자는 그 결과를 통지받은 날(제2항에 따른 통지기간 내에 결과를 통지받지 못한 경우에는 같은 항에 따른 통지기간이 만료되는 날의 다음 날을 말한다)부터 90일 이내에 행정심판 또는 행정소송을 제기할 수 있다.

2) 이의신청을 거치지 않은 경우

행정청의 처분에 이의가 있는 당사자가 해당 행정청에 이의신청을 하지 않고 바로 행정심판을 청구하는 경우에는 그 청구기간은 행정심판법이 정하는 기간, 바로 행정소송을 제기하는 경우에는 그 제소기간은 행정소송법이 정하는 바에 의한다.

행정심판법 제27조(심판청구의 기간)

① 행정심판은 처분이 있음을 알게 된 날부터 90일 이내에 청구하여야 한다.
② 청구인이 천재지변, 전쟁, 사변(事變), 그 밖의 불가항력으로 인하여 제1항에서 정한 기간에 심판청구를 할 수 없었을 때에는 그 사유가 소멸한 날부터 14일 이내에 행정심판을 청구할 수 있다. 다만, 국외에서 행정심판을 청구하는 경우에는 그 기간을 30일로 한다.
③ 행정심판은 처분이 있었던 날부터 180일이 지나면 청구하지 못한다. 다만, 정당한 사유가 있는 경우에는 그러하지 아니하다.
- 이하 생략 -

행정소송법 제20조(제소기간)

① 취소소송은 처분등이 있음을 안 날부터 90일 이내에 제기하여야 한다. 다만, 제18조 제1항 단서에 규정한 경우와 그 밖에 행정심판청구를 할 수 있는 경우 또는 행정청이 행정심판청구를 할 수 있다고 잘못 알린 경우에 행정심판청구가 있은 때의 기간은 재결서의 정본을 송달받은 날부터 기산한다.
② 취소소송은 처분등이 있은 날부터 1년(第1項 但書의 경우는 裁決이 있은 날부터 1年)을 경과하면 이를 제기하지 못한다. 다만, 정당한 사유가 있는 때에는 그러하지 아니하다.
③ 제1항의 규정에 의한 기간은 불변기간으로 한다.

6. 이의신청의 특별법과 일반법(행정기본법 제36조 제5항)

1) 일반법으로서 행정기본법

다른 법률에서 이의신청과 이에 준하는 절차에 대하여 정하고 있는 경우에도 그 법률에서 규정하지 아니한 사항에 관하여는 이 행정기본법 제36조에서 정하는 바에 따른다.

2) 적용범위

행정기본법 제36조는 다른 법률에서 이의신청을 규정하고 있는 경우뿐만 아니라 이의신청이라는 표현을 사용하지 않아도 내용상 이의신청에 준하는 절차를 규정하고 있는 경우에도 적용된다.

7. 이의신청의 방법과 절차 대통령령으로 규정(행정기본법 제36조 제6항)

1) 의의

행정기본법 제36조 제1항부터 제5항까지에서 규정한 사항 외에 이의신청의 방법 및 절차 등에 관한 사항은 대통령령으로 정한다.

2) 행정기본법 시행령 제11조 이의신청의 방법

행정기본법 시행령 제11조(이의신청의 방법 등)

① 법 제36조 제1항에 따라 이의신청을 하려는 자는 다음 각 호의 사항을 적은 문서를 해당 행정청에 제출해야 한다.

> 1. 신청인의 성명 · 생년월일 · 주소(신청인이 법인이나 단체인 경우에는 그 명칭, 주사무소의 소재지와 그 대표자의 성명)와 연락처
> 2. 이의신청 대상이 되는 처분의 내용과 처분을 받은 날
> 3. 이의신청 이유
>
> ② 행정청은 법 제36조 제2항 단서에 따라 이의신청 결과의 통지 기간을 연장하려는 경우에는 연장통지서에 연장 사유와 연장 기간 등을 구체적으로 적어야 한다.
> ③ 행정청은 법 제36조에 따른 이의신청에 대한 접수 및 처리 상황을 이의신청 처리대장에 기록하고 유지해야 한다.
> ④ 법제처장은 이의신청 제도의 개선을 위하여 필요한 경우에는 행정청에 이의신청 처리 상황 등 이의신청 제도의 운영 현황을 점검하는 데 필요한 자료의 제공을 요청할 수 있다.

8. 처분에 대한 이의신청의 적용제외사항(행정기본법 제36조 제7항)

1) 의의

행정기본법 제36조가 정하는 처분에 대한 이의신청은 국민들에게 처분에 대한 불복할 수 있는 기회를 넓게 제공하여 국민들의 권리구제를 강화하고자 하는데 의미가 있다. 그러나 처분 중에는 성질상 이의신청을 넓게 인정하는 것이 오히려 바람직하지 않은 경우도 있다. 이러한 경우를 규정하는 것이 바로 행정기본법 제36조 제7항이다.

2) 적용이 제외되는 사항

> **행정기본법 제36조 제7항**
>
> ⑦ 다음 각 호의 어느 하나에 해당하는 사항에 관하여는 이 조를 적용하지 아니한다.
> 1. 공무원 인사 관계 법령에 따른 징계 등 처분에 관한 사항
> 2. 「국가인권위원회법」 제30조에 따른 진정에 대한 국가인권위원회의 결정
> 3. 「노동위원회법」 제2조의2에 따라 노동위원회의 의결을 거쳐 행하는 사항
> 4. 형사, 행형 및 보안처분 관계 법령에 따라 행하는 사항
> 5. 외국인의 출입국 · 난민인정 · 귀화 · 국적회복에 관한 사항
> 6. 과태료 부과 및 징수에 관한 사항

02 절 처분의 재심사

행정기본법 제37조 처분의 재심사

제37조(처분의 재심사)

① 당사자는 처분(제재처분 및 행정상 강제는 제외한다. 이하 이 조에서 같다)이 행정심판, 행정소송 및 그 밖의 쟁송을 통하여 다툴 수 없게 된 경우(법원의 확정판결이 있는 경우는 제외한다)라도 다음 각 호의 어느 하나에 해당하는 경우에는 해당 처분을 한 행정청에 처분을 취소·철회하거나 변경하여 줄 것을 신청할 수 있다.

1. 처분의 근거가 된 사실관계 또는 법률관계가 추후에 당사자에게 유리하게 바뀐 경우
2. 당사자에게 유리한 결정을 가져다주었을 새로운 증거가 있는 경우
3. 「민사소송법」 제451조에 따른 재심사유에 준하는 사유가 발생한 경우 등 대통령령으로 정하는 경우

② 제1항에 따른 신청은 해당 처분의 절차, 행정심판, 행정소송 및 그 밖의 쟁송에서 당사자가 중대한 과실 없이 제1항 각 호의 사유를 주장하지 못한 경우에만 할 수 있다.

③ 제1항에 따른 신청은 당사자가 제1항 각 호의 사유를 안 날부터 60일 이내에 하여야 한다. 다만, 처분이 있은 날부터 5년이 지나면 신청할 수 없다.

④ 제1항에 따른 신청을 받은 행정청은 특별한 사정이 없으면 신청을 받은 날부터 90일(합의제행정기관은 180일) 이내에 처분의 재심사 결과(재심사 여부와 처분의 유지·취소·철회·변경 등에 대한 결정을 포함한다)를 신청인에게 통지하여야 한다. 다만, 부득이한 사유로 90일(합의제행정기관은 180일) 이내에 통지할 수 없는 경우에는 그 기간을 만료일 다음 날부터 기산하여 90일(합의제행정기관은 180일)의 범위에서 한 차례 연장할 수 있으며, 연장 사유를 신청인에게 통지하여야 한다.

⑤ 제4항에 따른 처분의 재심사 결과 중 처분을 유지하는 결과에 대해서는 행정심판, 행정소송 및 그 밖의 쟁송수단을 통하여 불복할 수 없다.

⑥ 행정청의 제18조에 따른 취소와 제19조에 따른 철회는 처분의 재심사에 의하여 영향을 받지 아니한다.

⑦ 제1항부터 제6항까지에서 규정한 사항 외에 처분의 재심사의 방법 및 절차 등에 관한 사항은 대통령령으로 정한다.

⑧ 다음 각 호의 어느 하나에 해당하는 사항에 관하여는 이 조를 적용하지 아니한다.

1. 공무원 인사 관계 법령에 따른 징계 등 처분에 관한 사항
2. 「노동위원회법」 제2조의2에 따라 노동위원회의 의결을 거쳐 행하는 사항
3. 형사, 행형 및 보안처분 관계 법령에 따라 행하는 사항
4. 외국인의 출입국·난민인정·귀화·국적회복에 관한 사항
5. 과태료 부과 및 징수에 관한 사항
6. 개별 법률에서 그 적용을 배제하고 있는 경우

1. 행정기본법 제37조의 제정 취지 - 처분의 재심사

1) 제정 취지

행정심판법상 행정심판을 제기할 수 있는 기간이 경과하거나 행정소송법상 행정소송을 제기할 수 있는 기간이 경과하면, 당사자는 더 이상 다툴 수 없다. 그렇지만 기간의 경과로 처분에 기초가 되었던 사실관계 또는 법률관계가 사회적 관념이나 헌법질서와 충돌하는 경우, 종전의 처분을 유지하는 것은 정의관념에 반하므로, 종전의 처분을 취소하거나 철회할 필요가 있다. 행정기본법 제37조는 이러한 필요에 응하는 조문이다. 민사소송법과 형사소송법은 확정된 종국판결에 대해서도 일정한 사유가 있는 경우에 재심을 인정하고 있음을 볼 때 법원의 판결이 아닌 행정청의 처분에 대해서도 일정한 사유가 있으면 재심사를 인정할 필요가 있다.

2) 일반법

행정기본법 제37조는 처분의 재심사에 관한 일반법이다. 다른 법률에 특별한 규정이 있으면, 그 특별규정이 우선 적용되고, 다른 법률에 처분의 재심사에 관한 특별한 규정이 없다면, 행정기본법 제37조가 일반적으로 적용된다(행정기본법 제5조). 다른 법률에 처분의 재심사에 관한 규정이 있다고 하여도, 그 다른 법률에 규정되지 아니한 사항에 관해서는 행정기본법 제37조가 적용된다.

2. 처분의 재심사의 의의와 요건(행정기본법 제37조 제1항)

1) 의의

당사자는 처분(제재처분 및 행정상 강제는 제외한다. 이하 이 조에서 같다)이 행정심판, 행정소송 및 그 밖의 쟁송을 통하여 다툴 수 없게 된 경우(법원의 확정판결이 있는 경우는 제외한다)라도 다음 각 호의 어느 하나에 해당하는 경우에는 해당 처분을 한 행정청에 처분을 취소·철회하거나 변경하여 줄 것을 신청할 수 있다.

판례

① 처분의 근거가 된 사실관계 또는 법률관계가 추후에 당사자에게 유리하게 바뀐 경우 ② 당사자에게 유리한 결정을 가져다주었을 새로운 증거가 있는 경우 ③ 「민사소송법」 제451조에 따른 재심사유에 준하는 사유가 발생한 경우 등 대통령령으로 정하는 경우

즉 처분의 재심사란 행정청의 처분에 일정한 사유가 있는 경우, 당사자가 해당 행정청에 그 처분의 취소·철회 또는 변경을 신청하는 절차로 정의할 수 있다.

2) 대상과 제외사항

처분의 재심사의 대상은 처분이다. 다만 재심사 대상에서 제외되는 처분은 ① 제재처분 및 행정상 강제, ② 법원이 확정판결이 있는 처분이다. 제재처분 및 행정상 강제는 처분의 재심사의 대상에서 제외된다. 제재처분이나 행정상 강제에 해당하지 않는 처분일지라도 그 처분에 관해 법원의 판결이 있다면, 처분의 재심사의 대상에서 제외된다.

3) 신청사유(요건)

행정기본법 제37조 제1항은 처분의 재심사 신청의 남용을 방지하기 위하여 처분의 재심사를 신청할 수 있는 사유를 3가지 경우로 제한하고 있다.

① 처분의 근거된 사실관계 또는 법률관계가 추후에 당사자에게 유리하게 바뀐 경우
② 당사자에게 유리한 결정을 가져다주었을 새로운 증거가 있는 경우
③ 민사소송법 제451조에 따른 재심사유에 준하는 사유가 발생한 경우 등 대통령으로 정하는 경우

3. 처분의 재심사 신청의 제한(행정기본법 제37조 제2항)

1) 의의 및 취지

행정기본법 제37조 제1항에 따른 신청은 해당 처분의 절차, 행정심판, 행정소송 및 그 밖의 쟁송에서 당사자가 중대한 과실 없이 제1항 각 호의 사유를 주장하지 못한 경우에만 알 수 있다.

2) 제한사유로서의 중대한 과실

행정기본법 제37조 제1항이 정하는 사유가 있다고 하여도, 당사자가 해당 처분의 절차, 행정심판, 행정소송 및 그 밖의 쟁송에서 중대한 과실로 그 사유를 주장하지 않았다면, 당사자는 그 사유를 근거로 처분의 재심사를 청구할 수 없다. 고의로 그 사유를 주장하지 아니한 경우도 마찬가지이다. 따라서 당사자가 처분의 재심사를 신청할 수 있는 것은 해당 처분의 절차, 행정심판, 행정소송 및 그 밖의 쟁송에서 경과실 또는 경과실 없이 그 사유를 주장하지 못한 경우에 한한다.

4. 처분의 재심사 신청기한(행정기본법 제37조 제3항)

행정기본법 제37조 제1항에 따른 신청은 당사자가 동조 제1항 각 호의 사유를 안 날부터 60일 이내에 하여야 한다. 다만, 처분이 있은 날부터 5년이 지나면 신청할 수 없다.

5. 처분의 재심사 결과 통지의 기간(행정기본법 제37조 제4항)

행정기본법 제37조 제1항에 따른 신청을 받은 행정청은 특별한 사정이 없으면 신청을 받은 날부터 90일(합의제행정기관은 180일) 이내에 처분의 재심사 결과(재심사 여부와 처분의 유지·취소·철회·변경 등에 대한 결정을 포함한다)를 신청인에게 통지하여야 한다. 다만, 부득이한 사유로 90일(합의제행정기관은 180일) 이내에 통지할 수 없는 경우에는 그 기간을 만료일 다음 날부터 기산하여 90일(합의제행정기관은 180일)의 범위에서 한 차례 연장할 수 있으며, 연장 사유를 신청인에게 통지하여야 한다.

6. 처분의 재심사와 행정심판·행정소송의 관계(행정기본법 제37조 제5항)

행정기본법 제37조 제4항에 따른 처분의 재심사 결과 중 처분을 유지하는 결과에 대해서는 행정심판, 행정소송 및 그 밖의 쟁송수단을 통하여 불복할 수 없다.

7. 처분의 재심사와 직권취소 · 철회의 관계(행정기본법 제37조 제6항)

행정기본법 제37조 제6항에서 "행정청의 제18조에 따른 취소와 제19조에 따른 철회는 처분의 재심사에 의하여 영향을 받지 아니한다."고 규정하고 있어 직권취소나 철회는 처분의 재심사에 영향을 받지 아니한다.

8. 처분의 재심사 방법 및 절차 등에 관한 사항 대통령으로 규정(행정기본법 제37조 제7항)

행정기본법 제37조 제1항부터 제6항까지에서 규정한 사항 외에 처분의 재심사의 방법 및 절차 등에 관한 사항은 대통령령으로 정한다.

행정기본법 시행령 제13조(처분의 재심사 신청 방법 등)

① 법 제37조 제1항에 따라 처분의 재심사를 신청하려는 자는 다음 각 호의 사항을 적은 문서에 처분의 재심사 신청 사유를 증명하는 서류를 첨부하여 해당 처분을 한 행정청에 제출해야 한다.
   1. 신청인의 성명 · 생년월일 · 주소(신청인이 법인이나 단체인 경우에는 그 명칭, 주사무소의 소재지와 그 대표자의 성명)와 연락처
   2. 재심사 대상이 되는 처분의 내용과 처분이 있은 날
   3. 재심사 신청 사유

② 제1항에 따른 신청을 받은 행정청은 그 신청 내용에 보완이 필요하면 보완해야 할 내용을 명시하고 20일 이내에서 적절한 기간을 정하여 보완을 요청할 수 있다.

③ 제2항에 따른 보완 기간은 법 제37조 제4항에 따른 재심사 결과 통지 기간에 포함하지 않는다.

④ 행정청은 법 제37조 제4항 단서에 따라 처분의 재심사 결과의 통지 기간을 연장하려는 경우에는 연장 통지서에 연장 사유와 연장 기간 등을 구체적으로 적어야 한다.

9. 처분의 재심사 적용 제외사항(행정기본법 제37조 제8항)

행정기본법 제37조 제8항에서 "다음 각 호의 어느 하나에 해당하는 사항에 관하여는 이 조를 적용하지 아니한다."라고 규정하여 처분의 재심사 적용을 배제하고 있다.

행정기본법 제37조 제8항

1. 공무원 인사 관계 법령에 따른 징계 등 처분에 관한 사항
2. 「노동위원회법」 제2조의2에 따라 노동위원회의 의결을 거쳐 행하는 사항
3. 형사, 행형 및 보안처분 관계 법령에 따라 행하는 사항
4. 외국인의 출입국 · 난민인정 · 귀화 · 국적회복에 관한 사항
5. 과태료 부과 및 징수에 관한 사항
6. 개별 법률에서 그 적용을 배제하고 있는 경우

PART

03

행정구제법

CHAPTER 01 행정상 손해전보

CHAPTER 02 행정쟁송

Chapter 01

행정상 손해전보

01 절 행정상 손해배상

1. 헌법상 국가배상청구권의 보장

우리 헌법 제29조 제1항은 "공무원의 직무상 불법행위로 인하여 손해를 받은 국민은 법률이 정하는 바에 따라 국가 또는 공공단체에 정당한 배상을 청구할 수 있다. 이 경우 공무원 자신의 책임은 면제되지 않는다."라고 규정하고 있고 제2항은 "군인·군무원·경찰공무원 기타 법률이 정하는 자가 전투·훈련 등 직무행위와 관련하여 받은 손해에 대하여는 법률이 정하는 보상 외에 국가 또는 공공단체에 직무상 불법행위로 인한 손해는 청구할 수 없다."라고 규정하여 국가배상청구권을 헌법적으로 보장하고 있다. 즉 위법한 국가작용에 의한 권리침해에 대하여 국민이 구제를 받을 수 있는 수단으로서 손해배상청구권을 명시하여 이를 청구권적 기본권의 하나로 명시하고 있다. 이에 따라 1951년 9월 8일 국가배상에 관한 일반법으로 「국가배상법」이 제정되었다.

2. 국가배상법의 적용범위

1) 국가배상법과 특별법 및 민법과의 관계

국가배상법 제8조는 "국가 또는 지방자치단체의 손해배상의 책임에 관하여는 이 법의 규정에 의한 것을 제외하고는 민법의 규정에 의한다. 다만, 민법 이외의 법률에 다른 규정이 있을 때에는 그 규정에 의한다."라고 규정하여 동법이 국가작용으로 인한 손해배상에 대한 일반법임을 명시하고 있다. 따라서 국가배상에 관하여 특별법이 있는 경우에는 특별법이 우선적으로 적용되며, 국가배상법 및 특별법에 규정되어 있는 사항 이외에는 민법이 보충적으로 적용된다.

2) 공공단체의 배상책임

헌법 제29조 제1항에서는 배상책임의 주체를 국가와 공공단체로 하고 있음에도 불구하고, 국가배상법은 배상책임의 주체를 국가와 지방자치단체로 하고 있다. 따라서 현재 배상책임의 주체를 국가와 지방자치단체에 제한시키고 있는 국가배상법은 체계정당성에 위반될 소지가 있다 할 것이다.

3) 외국인에 대한 상호주의적용

국가배상법은 외국인이 피해자인 경우에는 상호의 보증이 있는 때에 한하여 적용한다(법 제7조).

3. 국가배상법의 법적 성격

국가배상법의 법적 성격에 대하여는 학설에서 공법설과 사법설이 대립되고 있다.

1) 사법설

사법설은 국가배상법을 손해배상에 관한 민법의 특별법으로 본다. 국가배상청구권은 원인행위 그 자체의 법률효과라기보다는 손해에 대하여 법이 부여한 법률효과라고 할 수 있으며, 배상청구원인이 공법적인 것인지 또는 사법적인 것인지 가릴 필요가 없다고 한다. 또한 국가배상법 제8조가 "… 이 법에 의한 것을 제외하고는 민법의 규정에 의한다."라고 규정한 것은 동법의 민법에 대한 특별법적인 성격을 나타낸 것이라고 볼 수 있다고 한다. 아울러 행정소송법 제10조 제1항 및 제2항은 '해당 처분과 관련되는 손해배상 … 등 청구소송'을 취소소송에 병합할 수 있도록 규정하고 있는바, 이것은 위법한 행정작용으로 인한 손해배상의 청구는 이질적인 행정소송에 병합한 것이라고 보아야 한다는 등의 이유들을 제시하고 있다. 판례도 사법설을 취하고 있다.

판례

> 공무원의 직무상 불법행위로 손해를 받은 국민이 국가 또는 공공단체에 배상을 청구하는 경우 국가 또는 공공단체에 대하여 그의 불법행위를 이유로 손해배상을 구함은 국가배상법이 정한 바에 따른다 하여도 이 역시 민사상의 손해배상책임을 특별법인 국가배상법이 정한 데 불과하다(대법원 1972.10.10. 선고 69다701 판결).

2) 공법설

이에 대하여 다수설인 공법설에 따르면 우리의 법체계가 공법과 사법의 이원적 체계를 인정하고 있는 이상 공법적 원인에 의하여 발생한 손해에 대한 배상법은 공법으로 보지 않을 수 없다고 한다. 국가배상법이 공법임을 뒷받침하고 있는 실정법적인 근거는 국가배상법 제9조가 민법과는 달리 전심절차를 두고 있으며, 행정소송법 제3조 제2호의 '행정청의 처분 등을 원인으로 하는 법률관계의 소송'으로서 당사자소송에는 당연히 국가배상청구소송이 포함되고 있다고 한다. 또한 행정소송법 제10조 제1항 및 제2항의 취소소송과 관련청구소송의 병합제기에 있어서 관련청구소송에는 민사소송뿐만 아니라 행정소송으로서 당사자소송도 포함된다고 주장하고 있다.

3) 결어

국가배상법은 공법적 원인에 의하여 발생된 손해에 대한 국가 등의 배상책임을 규정한 공법이라고 할 것이다. 국가배상책임의 원인이 되는 공행정작용은 공익실현을 위한 행정주체의 활동이라는 점에서 그 성립요건, 즉 위법성 및 과실 등에 있어서도 민법상의 일반불법행위와 달리 평가하여야 할 것이다. 그리고 국가배상법에서 민법규정을 준용하거나 국가배상사건을 민사사건으로 다루는 것은 그렇게 하는 것이 권리구제에 보다 더 효과적이라는 전통적인 심리에 기인하는 입법태도의 표출인 것이지, 국가배상법을 공법적 성격을 가진 것으로 보는 것과는 서로 모순된 것이 아니다.

국가배상청구권은 헌법상 보장된 기본권으로서 공권이며, 추후 국가배상청구사건은 행정소송법 제3조 제2호에 따라 당사자소송으로 다루어야 마땅하다 할 것이다.

4) 손해배상의 청구

현행 국가배상법 제9조는 "이 법에 따른 손해배상의 소송은 배상심의회(이하 '심의회'라 한다)에 배상신청을 하지 아니하고도 제기할 수 있다."라고 하여 위법한 행정작용으로 인하여 손해를 입은 국민은 자신의 선택에 따라 배상심의회에 배상신청을 거쳐 손해배상소송을 제기할 수도 있으나, 이를 거치지 않고 바로 소송을 제기할 수 있는 것이다.

4. 공무원의 직무상 불법행위로 인한 손해배상

1) 배상책임의 구조(性質)

(1) 대위책임설(간접책임설)

공무원의 직무상 불법행위로 인한 손해배상책임은 원칙적으로 가해공무원이 져야 하나 국가 또는 공공단체가 그 공무원을 대신하여 배상책임을 지는 데 불과하다. 이는 민법 제756조의 사용자책임과는 성질을 달리한다는 견해로서 우리나라의 다수설이다.

이 설의 이론적 근거는 ① 국가배상법이 과실책임주의에 입각하고 있는 점, ② 공무원의 위법행위는 국가행위로 볼 수 없는 공무원 자신의 행위이기 때문에 이러한 행위의 효과도 국가에 귀속시킬 수 없다는 점, ③ 우리나라 국가배상법의 입법형식은 독일의 라이히공무원책임법을 모법으로 한 것이며, 프랑스의 공무원의 과실에 의한 책임법에 근거한 것이 아니라는 점 등이다.

이러한 대위책임구조는 위헌법률심사제도와 더불어, 공권력의 행사·불행사로 인한 기본권침해에 대하여 헌법소원을 인정하고, 명령·규칙·처분의 위법성에 대한 대법원의 최종적 심사권을 규정함으로써 국가의 불법행위능력을 명백히 인정하고 있는 우리 헌법과도 합치될 수 없음은 물론이다.

아울러 대위책임설은 원래 공무원 개인이 져야 할 책임을 국가가 대신하여 진다는 논리에 따라, 공무원 개인의 고의·과실을 배상책임의 요건으로 하기 때문에 과실책임주의를 피할 수 없으며, 이에 따라 위법·무과실의 경우에는 국가 등의 배상책임을 부인하게 되는 취약점을 갖고 있다.

(2) 자기책임설(직접책임설)

국가 등이 지는 배상책임은 공무원을 대신하여 지는 책임이 아니고 국가가, 비록 형식적으로는 그의 기관인 공무원의 행위이기는 하나, 실질적으로는 자신의 행위에 대하여 직접 책임을 진다고 하는 것이 자기책임설의 입장이다. 자기책임설은 국가는 그의 기관인 공무원을 통하여 행위하는 것이기 때문에 공무원의 직무행위도 그 위법여부에 관계없이 국가에 그 효과가 귀속된다는 데 기본적인 논거를 둔다.

국가는 비록 그것이 공무원에 의하여 행하여졌다고 하더라도 자신의 법적 의무위반에 대하여 스스로 피해자인 개인에 대하여 책임을 져야 한다. 이러한 자기책임설에 의하면 공무원의 직무행위가 위법하기만 하면, 고의·과실에 불문하고 국가의 배상책임이 성립하게 되어 국가배상책임은 무과실책임화·위험책임화하게 된다.

(3) 절충설

공무원의 고의・중과실에 대한 국가의 배상책임은 대위책임이나 경과실에 대한 책임은 자기책임의 성격을 갖는다고 한다. 이는 국가배상법 제2조 제2항이 고의・중과실의 경우에만 공무원에 대한 구상권을 인정하고 경과실에 대하여는 구상권을 인정하지 않고 있다는 것을 그 논거로 하고 있다. 그러나 공무원의 주관적인 요소인 고의・중과실에 따라 책임의 성질이 바뀐다는 것은 설득력이 없다고 보아야 할 것이다.

(4) 결어

절충설의 입장에서는 고의・중과실의 경우와 경과실의 경우로 구분하여 국가배상법이 경과실의 경우에 구상권을 인정하지 아니한 것은 자기책임으로 본 것이라고 하나 경과실의 경우에 구상권을 인정하지 아니한 것은 공무원의 집무의욕을 돋우기 위한 입법정책적 고려이지 자기책임으로 본 것은 아니라고 할 것이므로 타당하다고 볼 수 없다. 따라서 결국 문제는 대위책임인가 아니면 자기책임인가의 문제로 귀착될 수밖에 없다. 우리의 실정법구조로 보아 위의 대위책임설에서 주장하는 논거가 설득력이 있음은 충분히 인정될 수 있다 하겠으나 국가배상법상의 배상책임의 본질을 논하는 가장 큰 이유가 피해자의 구제를 국가가 어떠한 지위에서 부담하느냐로 요약된다면 자기책임설의 입장에서 접근하는 것이 보다 바람직하다고 하겠다.

대위책임설을 취하는 견해라 하더라도 주관적 요소인 과실을 평균적 주의의무의 위반이라는 객관적 요소로 이해하거나 과실의 일응 추정 또는 입증책임의 전환을 인정하는 경우는 국가책임을 인정할 수 있기 때문에 피해자 구제기능이라는 면에서는 대위책임인가 자기책임인가는 큰 차이를 가져오는 것은 아니라 할 것이다. 그러나 국가는 법치국가성을 회복하여 기본권적 가치를 실현시켜야 하는 수임자로서 기능하지 않을 수 없고 손해의 발생이 국가조직에 내재하는 위험의 발현이라고 볼 때 그러한 위험을 인수할 국가가 책임을 부담한다는 것은 당연하다 할 뿐만 아니라 오히려 위법성만으로도 배상이 가능하도록 하는 위험책임 내지 무과실책임으로 지향・발전하려는 이 시대의 요청으로 보아서도 자기책임론이 타당하다 하겠다.[1)]

2) 국가배상책임의 요건

국가배상법 제2조 제1항은 "국가나 지방자치단체는 공무원 또는 공무를 위탁받은 사인(이하 '공무원'이라 한다)이 직무를 집행하면서 고의 또는 과실로 법령을 위반하여 타인에게 손해를 입히거나, 「자동차손해배상 보장법」에 따라 손해배상의 책임이 있을 때에는 이 법에 따라 그 손해를 배상하여야 한다."라고 규정하고 있다. 따라서 국가배상책임이 성립하기 위해서는 다음과 같은 요건이 필요하다. 공무원의 직무상 불법행위에 대한 국가 및 지방자치단체의 손해배상책임이 성립하기 위하여는 ① 가해행위가 공무원의 행위일 것, ② 직무를 집행하면서 한 행위, ③ 법령에 위반한 행위, ④ 고의・과실로 인한 행위, ⑤ 타인에게 손해를 가하였을 것의 요건이 충족되어야 한다.

---

1) 동지 : 김남진・김연태, 행정법 I ; 박균성, 행정법론(상), 633-634면 ; 류지태, 행정법신론, 392면.

(1) 공무원

국가 등이 배상책임을 지게 되는 손해는 공무원이 그 직무를 집행하면서 가한 것이어야 한다. 여기서 공무원이라 함은 광의로 파악하여, 국가공무원법 및 지방공무원법 등에 의하여 공무원신분을 가진 자뿐만 아니라 널리 공무를 위탁받아 그에 종사하는 모든 자를 포함한다고 보는 것이 통설・판례이다. 국가배상법은 2009년 개정에 의해 명문으로 공무를 위탁받은 사인도 공무원에 포함시키고 있다(법 제2조 제1항).

공무수탁사인이 국가배상법상의 공무원에 해당하는지에 관해서 논란이 있었으나, 2009년 국가배상법의 개정으로 공무수탁사인이 명시적으로 국가배상법상의 공무원으로 포함되었다(법 제2조).

판례는 통장, 소집 중인 향토예비군, 집행관, 시청소차운전사, 교통할아버지 등을 공무원 개념에 포함시키고 있다. 반면 판례는 과거 한때 의용소방대원의 경우에 공무원의 성격을 부인한 바 있었으나[2] 의용소방대원이 수행하는 기능에 비추어 공무원 개념에 포함시키는 것이 타당하다.

의회나 위원회 등과 같은 합의기관의 행위에 관한 한 행위자의 과실은 객관적 의미에서, 즉 합의기관 구성원의 개인적 과실이 아니고 기관의 행위자체의 과오로서 파악하는 것이 합리적 해석일 것이다.[3] 이에 대하여는 본조의 공무원은 기관의 구성원을 의미하며, 기관 자체를 공무원에 포함시킬 것은 아니라는 견해도 있다.

판례

[1] 국가배상법 제2조 소정의 '공무원'이라 함은 국가공무원법이나 지방공무원법에 의하여 공무원으로서의 신분을 가진 자에 국한하지 않고, 널리 공무를 위탁받아 실질적으로 공무에 종사하고 있는 일체의 자를 가리키는바, 서울특별시 종로구 통, 반설치조례에 의하면 통장은 동장의 추천에 의하여 구청장이 위촉하고 동장의 감독을 받아 주민의 거주・이동상황 파악 등의 임무를 수행하도록 규정되어 있고, 주민등록법 제14조와 같은 법 시행령 제7조의2 등에 의하면 주민등록 전입신고를 하여야 할 신고의무자가 전입신고를 할 경우에는 신고서에 관할이장(시에 있어서는 통장)의 확인인을 받아 제출하도록 규정되어 있는 점 등에 비추어 보면 통장이 전입신고서에 확인인을 찍는 행위는 공무를 위탁받아 실질적으로 공무를 수행하는 것이라고 보아야 하므로, 통장은 그 업무범위 내에서는 국가배상법 제2조 소정의 공무원에 해당한다(대법원 1991.7.9. 선고 91다5570 판결).

[2] 지방자치단체가 '교통할아버지 봉사활동 계획'을 수립한 후 관할 동장으로 하여금 '교통할아버지'를 선정하게 하여 어린이 보호, 교통안내, 거리질서 확립 등의 공무를 위탁하여 집행하게 하던 중 '교통할아버지'로 선정된 노인이 위탁받은 업무 범위를 넘어 교차로 중앙에서 교통정리를 하다가 교통사고를 발생시킨 경우, 지방자치단체가 국가배상법 제2조 소정의 배상책임을 부담한다(대법원 2001.1.5. 선고 98다39060 판결).

2) 대법원 1966.6.28. 선고 66다808 판결 ; 대법원 1975.11.25. 선고 73다1896 판결
3) 김철용, 행정법 I, 418면.

(2) **직무행위**

① **직무행위의 범위**

공무원의 직무행위에는 원칙적으로 모든 행정작용과 입법작용 및 사법작용이 포함된다. 입법작용과 사법작용에 의하여 개인에게 손해가 발생될 경우 그 배상책임의 여부에 관하여는 논란이 제기되고 있다. 이에 대하여는 별도로 후술하기로 한다. 행정작용에 있어서도 국가배상법 제2조 제1항의 직무행위의 범위에 대하여 다툼이 되고 있다.

㉠ **협의설** : 국가배상법 제2조 제1항의 의미의 직무행위는 권력작용, 즉 명령과 강제작용만을 내용으로 한다고 한다. 그러나 권력행정뿐만 아니라 관리행정이 주요한 영역을 차지하고 있는 오늘날의 급부행정국가에서는 타당하지 않은 이론이다.

㉡ **광의설** : 광의설은 국가배상법 제2조 제1항의 직무행위를 권력작용뿐만 아니라 관리작용까지도 포함하여 모든 공행정작용을 포함하는 것으로 이해하고 있다. 동설에 따르면 공행정작용이면 권력작용이나 관리작용을 불문하고 동법 제2조 제1항의 직무행위로 보아야 하는 반면, 사인 상호 간의 행위와 성질을 같이 하는 국가의 사경제작용은 동일한 성질의 관계에는 동일한 법을 적용하여야 한다는 일반법리에 따라 민법의 적용대상이 되어야 한다고 주장한다. 현재 다수설이다.

㉢ **최광의설** : 이는 본조의 직무행위를 국가 등의 공행정작용뿐만 아니라 사경제적 작용까지도 포함한다고 한다.

㉣ **결어** : 생각건대, (ⅰ) 국가배상법을 전술한 바와 같이 공법으로 파악한다면 동법은 사경제작용에는 적용될 수 없다는 점, (ⅱ) 민법 제756조의 사용자 책임은 피해자 보호를 위한 무과실책임・위험책임・보상책임의 성질을 가진 것이므로 동조의 면책사유의 적용여지는 거의 없다는 점, (ⅲ) 우리에게 법을 계수해 준 독일・일본의 경우 연혁 및 실체법상으로 직무행위가 공법행위를 의미한다는 것에 의문의 여지가 없는 점 등에 비추어 광의설이 타당시된다.[4]

판례는 과거 최광의설에 입각한 것도 있으나, 오늘날에는 거의 광의설로 기울고 있다.

판례

> 국가 또는 지방자치단체라 할지라도 공권력의 행사가 아니고 순전히 대등한 지위에서의 사경제의 주체로서 활동하였을 경우에는 민법상의 손해배상책임이 있다(대법원 1970.11.24. 선고 70다1148 판결).

일단 공무원의 행위가 직무행위의 범위에 속한다면 법적 행위(행정행위, 확약 등)・사실행위 또는 작위・부작위를 가리지 않는다.

② **직무행위에 대한 판단기준**

국가배상법 제2조 제1항의 '직무를 집행하면서'라 함은 직무행위 자체는 물론 객관적으로 직무의 범위에 속한다고 판단되는 행위 및 직무와 밀접히 관련된 행위를 말한다. 직무행위인지의

4) 홍정선, 행정법원론(상), 636-637면.

여부는 외형설에 따라 객관적으로 직무행위의 외관을 갖추고 있는지의 여부에 따라 판단하여야 한다는 것이 판례의 태도이다.

직무행위에는 권력작용을 중심으로 하여 단순공행정작용이 포함되나, 행정행위 · 권력적 사실행위 등의 권력적 행정작용은 물론이고 입법작용 및 사법작용도 여기의 직무행위에 포함된다고 본다.

따라서 직무행위 그 자체와 이와 관련하여 일체불가분의 관계에 있는 것 및 행위자의 의사에도 불구하고 직무행위와 견련성이 있고 객관적 · 외형적으로 보아 사회통념상 직무의 범위에 속하는 것이라고 보이는 행위를 포함한다. 그러나 이와 같은 외형주의에 의해 국가 · 공공단체의 책임이 인정되기 위해서는 가해공무원이 공무원 신분이어야 하며, 또는 가해행위가 그 사물관할권의 범위 내에 있어야 할 것이다. 왜냐하면 공무원의 일반적 권한에 속하지 아니한 행위에 대하여 국가 등에게 배상책임을 지울 수는 없기 때문이다. 한편 우리나라의 판례도 외형주의를 취하면서 이를 넓게 해석하고 있다.

판례

국가배상법 제2조 제1항의 '직무를 집행함에 당하여'라 함은 직접 공무원의 직무집행행위이거나 그와 밀접한 관계에 있는 행위를 포함하고, 이를 판단함에 있어서는 행위 자체의 외관을 객관적으로 관찰하여 공무원의 직무행위로 보여질 때에는 비록 그것이 실질적으로 직무행위가 아니거나 또는 행위자로서는 주관적으로 공무집행의 의사가 없었다고 하더라도 그 행위는 공무원이 '직무를 집행함에 당하여' 한 것으로 보아야 한다(대법원 1995.4.21. 선고 93다14240 판결).

판례를 살펴보면, 퇴근 중의 사고, 공무출장 후 귀대 중의 사고, 훈련 도중 꿩 사격을 하다가 발생한 사고, 훈계권의 행사로서 행한 기합에 의한 사고, 학군단 소속차량이 학교교수의 장례식에 참석하기 위해 운행하다 발생한 사고 등의 경우 외형상 직무관련성을 인정하고 있다. 이에 대하여 부대이탈 후 민간인 사살, 고참병의 훈계살인, 상급자로부터 구타당한 데 원한을 품고 보초근무 중 근무장소를 이탈하여 절취한 총탄으로 저지른 살인, 불법휴대카빈으로 행한 보리밭의 꿩 사격, 군의관의 포경수술 등의 경우 외형에 비추어 직무관련성이 없다고 판시하고 있다.

3) 법령의 위반

판례

[1] 개별공시지가는 개발부담금의 부과, 토지 관련 조세 부과 등 다른 법령이 정하는 목적을 위해 지가를 산정하는 경우에 그 산정 기준이 되는 관계로 납세자인 국민 등의 재산상 권리 · 의무에 직접적인 영향을 미치게 되므로, 개별공시지가 산정업무를 담당하는 공무원으로서는 당해 토지의 실제 이용상황 등 토지특성을 정확하게 조사하고 당해 토지와 토지이용상황이 유사한 비교표준지를 선정하여 그 특성을 비교하는 등 법령 및 '개별공시지가의 조사 · 산정 지침'에서 정한 기준과 방법에 의하여 개별공시지가를 산정하고, 산정지가의 검증을 의뢰받은 감정평가업자나 시 · 군 · 구 부동산가격공시위원회로서는 위 산정지가 또는 검증지가가 위와 같은 기준과 방법에 의하여 제대로 산정된 것인

지 여부를 검증, 심의함으로써 적정한 개별공시지가가 결정・공시되도록 조치할 직무상의 의무가 있고, 이러한 직무상 의무는 단순히 공공 일반의 이익을 위한 것이거나 행정기관 내부의 질서를 규율하기 위한 것이 아니고 전적으로 또는 부수적으로 국민 개개인의 재산권 보장을 목적으로 하여 규정된 것이라고 봄이 상당하다. 따라서 개별공시지가 산정업무 담당공무원 등이 그 직무상 의무에 위반하여 현저하게 불합리한 개별공시지가가 결정되도록 함으로써 국민 개개인의 재산권을 침해한 경우에는 그 손해에 대하여 상당인과관계 있는 범위 내에서 그 담당공무원 등이 소속된 지방자치단체가 배상책임을 지게 된다.

[2] 시장(市長)이 토지의 이용상황을 실제 이용되고 있는 '자연림'으로 하여 개별공시지가를 산정한 다음 감정평가법인에 검증을 의뢰하였는데, 감정평가법인이 그 토지의 이용상황을 '공업용'으로 잘못 정정하여 검증지가를 산정하고, 시(市) 부동산가격공시위원회가 검증지가를 심의하면서 그 잘못을 발견하지 못함에 따라, 그 토지의 개별공시지가가 적정가격보다 훨씬 높은 가격으로 결정・공시된 사안에서, 이는 개별공시지가 산정업무 담당공무원 등이 개별공시지가의 산정 및 검증, 심의에 관한 직무상 의무를 위반한 것으로 불법행위에 해당한다고 한 사례(대법원 2010.7.22. 선고 2010다13527 판결[손해배상(기)])

⑴ 법령의 위반

① 의미

국가배상책임이 성립하기 위해서는 공무원의 작위 또는 부작위에 의한 가해행위가 법령에 위반한 것이어야 한다. 법령위반이란 법령의 위배, 즉 위법성 일반을 의미한다. 여기에서 말하는 법령의 범위(법령에 위반하여)에 대해서는 협의설과 광의설로 나뉘어 있다.

협의설은 법령을 성문법과 불문법을 포함한 모든 법규를 의미한다고 한다. 그리고 광의설은 법령위반을 엄격한 의미의 법령위반뿐만 아니라 '인권존중・권리남용의 금지・신의성실・공서양속 등'도 포함하여 해당 직무행위가 객관적으로 정당성을 결한 경우를 의미한다고 보는 견해이다. 광의설이 종래의 통설이다.

판례는 공무원의 부작위국가배상책임의 인정요건 및 위법성 판단기준에 관한 판결에서, 법령의 의미를 구체적으로 예시하고 있지 않지만 "국민의 생명・신체・재산 등을 보호하기 위해서는 국가가 초법규적으로 그 위험배제에 나서야 한다."라고 판시한 것으로 보아 광의설을 지지하는 것으로 보인다.[5]

② 구체적 문제

㉠ **행정규칙위반** : 훈령・직무명령 등 행정규칙이 법령의 범위에 포함되는지 문제된다. 즉, 행정규칙을 위반한 행정조치로 인해 타인에게 손해를 입힌 경우 그 위법성이 인정될 수 있을 것인지가 문제된다.

이에 대한 학설은 (ⅰ) 행정규칙은 법규가 아니라는 입장에서는 행정규칙위반은 여기에서 제외된다고 보는 것이 일반적이다(위법성 부인설). (ⅱ) 그러나 행정규칙도 내부적 구속력을

5) 대법원 1998.10.13. 선고 98다18520 판결

가지므로 법령의 범위에 포함되며 정당한 사유 없이 이를 위반하였다면 위법하다고 보는 것이 타당하다(위법성 긍정설).

대법원은 "국가배상법 제2조에 이른바 '법령에 위반하여'라 함은 일반적으로 위법행위를 함을 말하는 것이고 단순한 행정적인 내부규칙에 위반하는 것을 포함하지 않는다."라고 판시했으나[6], 이후 태풍경보 시 '95재해대책업무세부추진실천계획'을 위배하여 차량과 사람의 통제를 제대로 하지 아니함으로 인해 발생한 손해에 대하여 행정규칙의 법규성을 검토함이 없이 지방자치단체의 배상책임을 인정한 바 있다.

판례

태풍경보가 발령되는 등으로 기상 상태가 악화되었으나 시 산하기관인 오동도 관리사무소 당직근무자가 재해 시를 대비하여 마련되어 있는 지침에 따른 조치를 취하지 아니하고 방치하다가 상급기관의 지적을 받고서야 비로소 오동도 내로 들어오는 사람 및 차량의 통행은 금지시켰으나, 오동도 안에서 밖으로 나가려는 사람 및 차량의 통행을 금지시키지 아니한 채 만연히 철수하라는 방송만을 함으로써, 피해자들이 차량을 타고 진행하다가 파도가 차량을 덮치는 바람에 바닷물로 추락하여 사망한 사안에서, 오동도 관리사무소의 '95재해대책업무세부추진실천계획'은 국민의 신체 및 재산의 안전을 위하여 공무원에게 직무의무를 부과하는 행동규범임이 명백하고, 그 계획이 단순히 훈시규정에 불과하다거나 시 재해대책본부의 '95재해대책업무지침'에 규정한 내용보다 강화된 내용을 담고 있다고 하여 이를 무효라고 볼 수 없으며, 당직근무자가 위 계획에 위배하여 차량의 통제를 하지 아니한 과실과 사고 사이에는 상당인과관계가 있다(대법원 1997.9.9. 선고 97다12907 판결).

㉡ **재량위반** : 재량행위도 재량을 일탈·남용하면 법령위반, 즉 위법이 된다. 다만 재량을 단순히 그르친 것은 재량위반에 포함되지 않는다. 그러나 평등원칙을 위반한 경우에는 예외적으로 부당한 처분이 위법한 처분으로 인정되는 경우도 있다.

③ **위법성 판단의 대상 및 기준**

㉠ **학설** : 국가배상법상의 위법성이란 법령에 위반하는 것을 말한다. 여기에서 국가배상의 본질을 어떻게 볼 것인가에 따라 법령위반의 판단대상 및 판단기준이 다르게 이해된다. 이와 관련하여 학설은 네 가지 정도로 나뉜다.

ⓐ **결과불법설** : 결과불법설은 국가배상법상의 위법을 가해행위의 결과인 손해의 불법을 의미한다. 손해배상소송이 손해전보를 목적으로 하는 것이라는 전제하에, 국민이 받은 손해가 시민법상 원리로부터 수인될 수 있는지를 기준으로 위법성 여부를 판단하는 견해이다.

ⓑ **행위위법설** : 행위위법설은 국가배상법상의 위법은 행위의 법규범에의 위반을 의미한다고 보는 견해이다. 법률에 의한 행정의 원리 또는 국가배상소송의 행정통제기능을 고려하여 가해행위가 객관적인 법규범에 합치되는지 여부를 기준으로 위법성 여부를 판단하는 견해이다.

6) 대법원 1973.1.30. 선고 72다2062 판결

ⓒ **직무의무위반설** : 직무의무위반설은 국가배상법상 위법을 대국민관계에서의 공무원의 직무의무 위반으로 보는 견해이다. 국가배상법상의 위법을 법에 부합하지 않는 당해 행정처분으로 인해 법익을 침해한 공무원의 직무의무의 위반으로 보는 견해로 취소소송의 위법성은 행정작용의 측면에서만 위법 여부를 판단하지만 국가배상책임에서의 위법성은 행정작용과 행정작용을 한 자와의 유기적 관련성 속에서 위법 여부를 판단한다.

ⓓ **상대적 위법성설** : 상대적 위법성설은 국가배상법상의 위법성을 행위의 적법・위법뿐만 아니라, 피침해이익의 성격과 침해의 정도 및 가해행위의 태양을 종합적으로 고려하여 행위와 객관적으로 정당성을 결여한 경우를 의미한다고 보는 견해이다. 상대적 위법성설은 피해자와의 관계에서 상대적으로 위법성을 인정한다. 상대적 위법성설은 국가배상책임은 손해전보에 중점이 있으므로 국가배상법상 위법의 판단에서는 행위의 위법・적법과 함께 피침해이익을 고려하여야 한다는 데 근거한다.

ⓛ 판례

판례

[1] 행위위법설을 취한 판례

'법령을 위반하여'라고 함은 엄격하게 형식적 의미의 법령에 명시적으로 공무원의 행위의무가 정하여져 있음에도 이를 위반하는 경우만을 의미하는 것은 아니고, 인권존중・권력남용금지・신의성실과 같이 공무원으로서 마땅히 지켜야 할 준칙이나 규범을 지키지 아니하고 위반한 경우를 비롯하여 널리 그 행위가 객관적인 정당성을 결여하고 있는 경우도 포함한다(대법원 2015.8.27. 선고 2012다204587 판결).

[2] 상대적 위법성설을 취한 듯한 판례

어떠한 행정처분이 후에 항고소송에서 취소되었다고 할지라도 그 기판력에 의하여 당해 행정처분이 곧바로 공무원의 고의 또는 과실로 인한 것으로서 불법행위를 구성한다고 단정할 수는 없는 것이고(대법원 1999.9.17. 선고 96다53413 판결), 그 행정처분의 담당공무원이 보통 일반의 공무원을 표준으로 하여 볼 때 객관적 주의의무를 결하여 그 행정처분이 객관적 정당성을 상실하였다고 인정될 정도에 이른 경우에 국가배상법 제2조 소정의 국가배상책임의 요건을 충족하였다고 봄이 상당할 것이며, 이때에 객관적 정당성을 상실하였는지 여부는 피침해이익의 종류 및 성질, 침해행위가 되는 행정처분의 태양 및 그 원인, 행정처분의 발동에 대한 피해자 측의 관여의 유무, 정도 및 손해의 정도 등 제반 사정을 종합하여 손해의 전보책임을 국가 또는 지방자치단체에게 부담시켜야 할 실질적인 이유가 있는지 여부에 의하여 판단하여야 할 것이다(대법원 1999.3.23. 선고 98다30285 판결 참조) (대법원 2000.5.12. 선고 99다70600 판결).

ⓐ 판례는 원칙상 행위위법설을 취하고 있는 것으로 보인다. 즉, 원칙상 가해직무행위와 법에의 위반을 위법으로 보고 있다. 그리고 명문의 규정이 없는 경우에도 일정한 경우 공무원의 손해방지의무를 인정하고 있다(대판 2000.11.10, 2000다26807).

ⓑ 다만, 최근 판례 중 상대적 위법성설을 지지한 것으로 보이는 판결이 있다.

ⓒ 결어 : 판례는 행위불법설에 입각한 판례도 있으나, 구체적 사안에서 피침해이익의 종류 및 성질, 행정처분의 태양, 침해행위의 태양 등을 종합적으로 고려하여 객관적 정당성의 여부를 판단해야 한다고 보아, 상대적 위법성설의 입장을 취하는 것으로 판단된다. 생각건대, 사안에 따른 공평하고 탄력적인 결론을 이끌어 낼 수 있고, 위법성을 완화하여 해석함으로써 피해자에게 유리하다는 점에서 상대적 위법성설이 타당하다고 보인다.

판례

국가배상법상 법령위반의 의미

[1] **상대적 위법성설의 입장에 선 판례**(공인회계사 1차시험의 정답결정오류에 대한 국가배상책임을 부인한 판례)

어떠한 행정처분이 후에 항고소송에서 취소되었다고 할지라도 그 기판력에 의하여 당해 행정처분이 곧바로 공무원의 고의 또는 과실로 인한 것으로서 불법행위를 구성한다고 단정할 수는 없는 것이고, 그 행정처분의 담당공무원이 보통 일반의 공무원을 표준으로 하여 볼 때 객관적 주의의무를 결하여 그 행정처분이 객관적 정당성을 상실하였다고 인정될 정도에 이른 경우에 국가배상법 제2조 소정의 국가배상책임의 요건을 충족하였다고 봄이 상당할 것이며, 이때에 객관적 정당성을 상실하였는지 여부는 피침해이익의 종류 및 성질, 침해행위가 되는 행정처분의 태양 및 그 원인, 행정처분의 발동에 대한 피해자 측의 관여의 유무, 정도 및 손해의 정도 등 제반 사정을 종합하여 손해의 전보책임을 국가 또는 지방자치단체에게 부담시켜야 할 실질적인 이유가 있는지 여부에 의하여 판단하여야 한다(대법원 2001.12.11. 선고 2000다65236 판결).

[2] **시위진압에 대한 경찰권 행사의 법령위반 여부**(경북대학 사건)

불법시위를 진압하는 경찰관들의 직무집행이 법령에 위반한 것이라고 하기 위하여는 그 시위진압이 불필요하거나 또는 불법시위의 태양 및 시위 장소의 상황 등에서 예측되는 피해 발생의 구체적 위험성의 내용에 비추어 시위진압의 계속 수행 내지 그 방법 등이 현저히 합리성을 결하여 이를 위법하다고 평가할 수 있는 경우이어야 한다(대법원 1997.7.25. 선고 94다2480 판결)(이러한 근거에서 판례는 시위에서 투척된 화염병으로 인해 화재가 발생하였다 하더라도 그 시위가 빈번하여 인근 주민이 쉽게 시위를 예상할 수 있었고, 그 상태와 정황에 비추어 방호망의 효용이 크지 않았다는 점 등을 이유로 국가의 배상책임을 배척하였다).

④ 부작위의 위법성

국가배상법 제2조 제1항의 직무집행에는 작위는 물론 부작위도 포함된다는 것이 일반적 견해이다. 부작위의 개념에 대하여 행정심판법이나 행정소송법은 명문에 규정을 두었다(행정심판법 제2조 제2호, 행정소송법 제2조 제1항 제2호). 행정권이 당사자의 신청에 대하여 상당한 기간 내에 일정한 처분을 하여야 할 법률상 의무가 있음에도 불구하고 이를 하지 아니하는 것을 부작위라 하여 한정적 개념을 선정하고 있으나 국가배상법에는 이와 같은 규정이 없기 때문에 부작위의 개념을 '국가나 지방자치단체가 법적 작위의무를 지고 있음에도 불구하고 적극적인 행위를 하지 않는 것'으로 의미하는 것이라 할 수 있다. 부작위에 의해 발생하는 손해에 대한 국가・공공단체의 책임이 문제가 되는 상황은 두 가지로 대별된다. 첫째는 인・허가 등에 있어서 국민의 신청에 대해서 행정청이 응답하지 않는 경우와 두 번째는 국민에 대한 위험방지를 위한 권한의 행사를 국가・공공단체가 해태한 경우이다. 즉 약해사고와 같은 경우이다. 부작위의 위법성에 의한 국가배상과 관련하여 문제가 되는 것은 다음과 같다.

종래의 통설적 입장에서는 부작위에 의한 국가배상책임을 인정하지 않았는데, 그 근거로는 행정편의주의이론과 반사적 이익론을 들 수 있다.

㉠ 행정편의주의론 : 전통적인 행정법학의 견해에 따르면 행정청이 법령상 부여되어 있는 권한을 행사할 것인가 하지 않을 것인가는 원칙적으로 행정청의 재량에 위임되어 있는 것이므로, 부여된 권한을 행사하지 않았다고 하여 위법이라고 할 수 없다는 것이다. 그러나 근래에는 기속행위는 물론이고 재량행위도 '재량권의 영으로의 수축' 이론으로 공무원의 부작위의 위법성(작위의무)이 인정된다고 본다.[7] 따라서 이를 발동하지 아니할 때(부작위)에는 위법이 되어 국가배상책임을 지게 된다.

또한 법령상 작위의무가 존재하지 않는 경우, 조리에 의한 작위의무를 인정할 수 있는지에 대하여 학설은 나뉘어 있다.

(i) 법률에 의한 행정의 원칙에 비추어 법률상의 근거를 결하는 작위의무를 인정할 수 없다는 부정설과 (ii) 피해자구제라는 목적을 위해 국가배상책임은 민법상 불법행위책임과 같은 성질로 볼 필요가 있고, 이에 따라 공서양속・조리・건전한 사회 통념상의 작위의무를 인정할 수 있다는 긍정설이 대립하고 있다. 그러나 (iii) 절충설은 작위의무는 반드시 실정법규에 근거하여야 하는 것은 아니지만, 단순히 조리나 사회통념으로부터 법적 작위의무를 인정하는 것은 타당치 않고, 행정 각 분야에서의 객관적 법질서 및 법익의 종류 및 그 침해의 정도 등을 구체적으로 고려해 판단해야 한다고 한다.

판례는 국민의 생명과 재산을 보호해야 한다는 국가의 임무에 비추어 일정한 경우에는 형식적 의미의 법령에 근거가 없더라도 위험방지의 작위의무를 인정하고 있다.[8]

판례

공무원의 부작위로 인한 국가배상책임

[1] 재량권의 영으로의 수축을 통하여 위법성을 인정한 판례

경찰관직무집행법 제5조는 … 형식상 경찰관에게 재량에 의한 직무수행권한을 부여한 것처럼 되어 있으나, 경찰관에게 그러한 권한을 부여한 취지와 목적에 비추어 볼 때 구체적인 사정에 따라 경찰관이 그 권한을 행사하여 필요한 조치를 취하지 아니하는 것이 현저하게 불합리하다고 인정되는 경우에는 그러한 권한의 불행사는 직무상의 의무를 위반한 것이 되어 위법하게 된다.

---

7) 대법원 1993.9.28. 선고 93다17546 판결
8) 대법원 2998.10.13. 선고 98다18520 판결

[2] 법령에 명시되어 있지 않은 '작위의무'를 인정하여 위법성을 인정한 판례(공무원이 폭우로 인하여 차도 또는 하수도가 침수되어 인근 건물 내의 인명 또는 재산피해가 예상되는 경우 침수의 방지, 통제, 퇴거 등의 조치를 취하고, 재해비상발령이 내려진 상황에서 신속하게 서울시재해대책본부로부터 지시받은 조치를 시행하거나 방재책임자에게 이를 알리는 등 재해방지에 필요한 적절한 조치를 신속히 취하여야 할 의무를 위반함으로 인한 국가배상청구를 인정한 예)

국가배상법 제2조 제1항의 요건상 '법령에 위반하여'라고 하는 것이 엄격하게 형식적 의미의 법령에 명시적으로 공무원의 작위의무가 규정되어 있는데도 이를 위반하는 경우만을 의미하는 것은 아니고, 국민의 생명・신체・재산 등에 대하여 절박하고 중대한 위험상태가 발생하였거나 발생할 우려가 있어서 국민의 생명・신체・재산 등을 보호하는 것을 본래적 사명으로 하는 국가가 초법규적, 일차적으로 그 위험배제에 나서지 아니하면 국민의 생명・신체・재산 등을 보호할 수 없는 경우에는 형식적 의미의 법령에 근거가 없더라도 국가나 관련 공무원에 대하여 그러한 위험을 배제할 작위의무를 인정할 수 있을 것이다(대법원 2004.6.25. 선고 2003다69652 판결).

㉡ **반사적 이익론(사익 보호성)** : 종래의 견해에 의하면 공법상의 규제라는 것은 일반적으로 추상적인 공익실현을 위한 것으로서 그것에 의하여 결과적으로 이익을 받는 개개인을 위하여 직접적으로 행하여지는 것은 아니므로 개개인이 받는 이익은 권리가 아니고 반사적 이익이라는 것이다. 행정소송(항고소송)에서의 반사적 이익론이 특히 부작위로 인한 국가배상에 적용되는가 하는 것이 문제된다.

ⓐ **국가배상에 적용된다는 견해** : 행정소송(항고소송)에서의 반사적 이익론이 공무원의 작위로 인한 국가배상의 문제에 그대로 적용된다는 견해이다. 따라서 관련 법규가 공익만을 보호하는 것을 목적으로 하는 경우에는 사인이 받은 이익은 반사적 이익이므로 행정권의 법적인 작위의무가 인정되지 않으며, 그 위반(부작위)도 국가배상법상의 위법이 되지 않는다는 것이다. 이는 국가배상책임이 지나치게 확대되는 것을 제한하는 기능을 한다.

ⓑ **국가배상에 적용되지 않는다는 견해** : 행정소송(항고소송)에서의 반사적 이익론은 항고소송에서의 원고적격의 문제이므로 국가배상의 문제에는 적용될 수 없다는 견해이다. 즉 반사적 이익론은 오로지 법의 취지 목적과 관련하여 공권과 관련되는 상대적 개념이고, 동시에 이러한 반사적 이익의 개념은 행정소송(항고소송)에서 위법배제청구권과 관련해서만 효용을 갖는 개념이므로, 국가배상에 그대로 적용되는 것은 아니라는 것이다. 따라서 이 견해에 따르면 국민이 반사적 이익밖에 갖지 못하더라도 그것만으로 곧 해당 사건에 있어 국가에 작위 의무가 없다고 할 수 없기 때문에 반사적 이익론이 국가의 배상책임을 부인하는 근거로 될 수 없다고 본다.

ⓒ 이 이외에도 국가의 배상책임여부는 구체적 사안에 있어서 국가의 작위의무의 유무 및 작위의무와 손해발생 간의 인과관계여부를 중심으로 검토되어야 할 것이라는 견해도 제시되고 있다.

ⓓ **판례** : 판례는 90년대 이후 이 요건을 요구하고 있으며,[9] 특히 판례가 이 요건을 인과관계 또는 손해문제로 검토하면서, 국가배상청구를 제한하기 위한 요건으로 활용하고 있음은 주의를 요한다.[10]

판례

[1] 사익보호성 요구

법령에서 정한 직무상의 의무에 위반하여 국민에게 손해를 가하면 상당인과관계가 인정되는 범위 안에서 국가 또는 지방자치단체가 배상책임을 부담하는 것이지만, 공무원이 직무를 수행하면서 그 근거되는 법령의 규정에 따라 구체적으로 의무를 부여받았어도 그것이 국민의 이익과는 관계없이 순전히 행정기관 내부의 질서를 유지하기 위한 것이거나, 또는 국민의 이익과 관련된 것이라도 직접 국민 개개인의 이익을 위한 것이 아니라 전체적으로 공공 일반의 이익을 도모하기 위한 것이라면 그 의무에 위반하여 국민에게 손해를 가하여도 국가 또는 지방자치단체는 배상책임을 부담하지 아니한다(대법원 2001.10.23. 선고 99다36280 판결).

[2] 사익보호성을 인과관계의 문제와 관련하여 판시한 경우

공무원에게 부과된 직무상 의무의 내용이 단순히 공공 일반의 이익을 위한 것이거나 행정기관 내부의 질서를 규율하기 위한 것이 아니고 전적으로 또는 부수적으로 사회구성원 개인의 안전과 이익을 보호하기 위하여 설정된 것이라면, 공무원이 그와 같은 직무상 의무를 위반함으로 인하여 피해자가 입은 손해에 대하여는 상당인과관계가 인정되는 범위 내에서 국가가 배상책임을 지는 것이고, 이때 상당인과관계의 유무를 판단함에 있어서는 일반적인 결과발생의 개연성은 물론 직무상 의무를 부과하는 법령 기타 행동규범의 목적, 그 수행하는 직무의 목적 내지 기능으로부터 예견 가능한 행위 후의 사정, 가해행위의 태양 및 피해의 정도 등을 종합적으로 고려하여야 한다(대법원 2003.4.25. 선고 2000다59842 판결).

[3] 삼풍백화점 붕괴사고와 공무원의 직무위반과의 관계

공무원에게 부과된 직무상 의무의 내용이 단순히 공공일반의 이익을 위한 것이거나 행정기관의 내부의 질서를 규율하기 위한 것이 아니고, 전적으로 또는 부수적으로 사회구성원 개인의 안전과 이익을 보호하기 위하여 설정된 것인 이상, 공무원이 그와 같은 직무상 의무를 위반함으로 인하여 피해자가 입은 손해에 대하여는 상당인과관계가 인정되는 범위 내에서 공무원이 소속한 국가나 지방자치단체가 배상책임을 지는 것이고, 이때 상당인과관계의 유무를 판단함에 있어서는 일반적으로 결과 발생의 개연성은 물론 직무상의 의무를 부과하는 행동규범의 목적이나 가해행위의 태양 및 피해의 정도 등을 종합적으로 고려하여야 한다(대법원 1999.12.21. 선고 98다29797 판결).

(2) 국가배상법상의 위법개념과 항고소송에 있어서의 위법개념(기판력)

① 문제점

국가배상법상 배상책임의 성립요건으로서 '위법개념(법령위반)'과 항고소송에 있어서의 '위법개념'이 동일한 지에 대해서는 견해가 나뉘어 있다. 이 문제는 처분의 취소를 구하는 취소소송이

9) 대법원 1998.5.8. 선고 97다36613 판결

10) 대법원 2001.4.13. 선고 2000다34891 판결 ; 대법원 2001.10.23. 선고 99다36280 판결

제기되어 판결이 확정된 후에 국가배상청구소송이 제기된 경우, 취소소송 판결의 기판력이 후소인 국가배상청구소송에 미치는가의 문제로 논의되는 것이 보통이다.

② 학설

㉠ **일원설(전부기판력 긍정설)** : 국가배상법상 법령위반과 항고소송의 위법개념은 '행위규범에 대한 위반여부의 평가'라는 점에서 동일하므로, 전소인 취소소송 판결의 기판력이 후소인 국가배상청구소송에 미친다고 보는 견해이다(협의의 행위불법설). 그 논거로는 (ⅰ) 위법의 개념을 다원화하는 것은 혼란을 가져올 우려가 있다는 점, (ⅱ) 분쟁의 일회적 해결 및 법질서의 일체성 등을 제시한다.

㉡ **이원설(전부기판력 부정설)** : 국가배상법상의 법령위반과 쟁송법상의 위법개념이 다르다는 견해이다(결과불법설). 일설에 따르면 국가배상법상의 법령위반은 '침해의 불법'이며, 항고소송에서의 위법은 '행위규범위반'이라고 한다. 이 설에 의하면 전소인 취소소송판결의 기판력이 그 인용여부를 불문하고 후소인 국가배상청구소송에 미치지 않는다고 본다.[11]

㉢ **제한적 기판력 긍정설** : 이 견해는 국가배상법상의 법령위반이 쟁송법상의 위법개념보다 더 넓다고 보는 견해이다(광의의 행위불법설). 따라서 국가배상법상의 법령위반이 취소소송의 소송물로서 위법개념을 포함하므로, 전소인 취소소송이 청구인용판결이라면 그 기판력이 후소인 국가배상청구소송에 미치게 되나 청구기각판결의 경우에는 후소인 국가배상청구소송에 그 기판력이 미치지 않는다고 본다.

③ 검토

취소소송은 행정행위의 유효성의 판단에 의한 '처분의 확정'에 중점이 있는 데 비하여, 국가배상소송은 위법성의 판단에 의한 '손해의 귀속'에 중점이 있다고 한 것인바, 취소소송에서 위법이 인정되지 않는 경우에도 국가배상법상의 위법이 인정되는 경우를 생각할 수 있다. 따라서 국가배상법상의 위법이 더 넓다고 할 것이다. 따라서 제한적 기판력 긍정설이 타당하다.

⑶ 선결문제로서의 행정행위의 위법판단과 국가배상청구

법원이 국가배상사건을 심리함에 있어 행정행위의 위법여부가 재판의 전제가 되는 경우에 그 배상사건의 판결이 계속되고 있는 법원(수소법원)이 행정행위의 위법여부를 스스로 판단할 수 있는가, 이에 대해 반대설(소극설)도 있으나 행정행위의 공정력(구성요건적 효력)은 실체법상의 적법성의 추정력이 아니므로, 수소법원에서 선결문제로서 그 행위의 위법을 인정할 수 있다는 적극설이 통설이다. 또한 선결문제의 심사는 행정행위의 공정력개념에 포함시키기보다는 구성요건적 효력과 관계있는 것이라고 할 것이다. 판례 역시 적극설을 취하고 있다.

⑷ 위법성의 입증책임

원칙적으로 피해자인 원고가 가해행위의 위법성에 대한 입증책임을 부담한다. 다만, 피해자는 가해행위를 입증하면 충분하고 그 위법성을 입증할 필요가 없다는 견해가 유력시된다.

11) 김철용, 행정법 I, 426면.

4) 고의 · 과실

(1) 고의 · 과실의 개념

고의 · 과실은 국가배상책임의 주관적 성립요건인데 이는 우리나라 국가배상법이 원칙적으로 과실책임주의에 입각하고 있음을 나타낸다. 고의란 자기의 행위가 일정한 결과를 가져올 것이라는 것을 인식하고 그것을 인용하는 심리상태를 말하며, 과실이란 일정한 결과가 발생한다는 것을 알고 있어야 함에도 불구하고 부주의로 그것을 알지 못하였음을 의미한다. 그러나 이것은 통설인 대위책임설의 입장에서의 설명이고 후술하는 바와 같이 자기책임설의 입장에서는 이와 같은 특정한 공무원의 주관적 인식문제에 대한 평가가 달라진다.

(2) 과실의 객관화 경향

근래에는 국가배상법 제2조의 과실개념을 객관화하여 되도록 피해자에 대한 구제의 폭을 넓히려는 추세에 있다. 즉 과실을 주관적 심리상태로 파악하지 않고 고도화된 객관적 주의의무위반으로 보는 입장이다. 불법행위에 있어서 고의 · 과실의 입증책임은 원고인 피해자에게 있다는 것이 일반론이다. 그러나 여기서도 과실의 객관화의 추세에 비추어 민법상의 일응추정법리를 원용함으로써 완화되는 경향에 있다. 즉 피해자인 원고가 가해자인 피고측의 불법행위에 관하여 이미 입증한 사실 또는 현저한 사실이 사물의 성질상 고의 · 과실을 추정케 하는 개연성이 있는 경우에는 피고측이 반증으로 추정을 전복하지 못하는 한 그 입증된 사실로부터 일단 고의 · 과실이 추정된다는 것이다.

(3) 위법과 과실의 관계

① 위법과 과실의 원칙적 구분과 문제점(위법 · 무과실)

위법과 과실을 엄격히 구별하는 것은 피해자 구제 차원에서 바람직하지 않다. 이에 따라 위법성과 과실을 통합하여 일원적 관념으로 파악하려는 견해가 있다. 또 판례도 양자는 일응 구분되면서 다른 한편으로는 상호 접근되는 경향에 있다. 즉 국가배상법상의 위법이 공무원의 법상 주의의무위반에서 인정되는 경우 위법과 과실은 동시에 판단되는 경우가 많다. 그리고 과실개념을 엄격한 주관적 개념에서 평균적 공무원을 기준으로 한 추상적 경과실로 객관화할수록 국가배상법상의 위법개념(법령에 의한 공무원의 직무상 의무 위반)에 접근하게 된다.

② 위법 · 무과실

판례가 '위법 · 무과실'을 이유로 국가배상책임을 부인한 예로는 법령의 해석 · 적용의 잘못 또는 재량권의 일탈 또는 남용에 의해 행하여진 위법한 행정처분에 의한 손해에 대한 배상청구사건 등이 있다.

③ 위법과 과실의 상호접근

위법과 과실을 엄격히 구별하는 것은 피해자의 구제라는 측면에서 바람직하지 못하다. 그리하여 판례에 있어서 양자가 일응 구분되면서도 다른 한편으로는 상호 접근하는 경향에 있다. 이러한 위법과 과실개념의 상호 접근은 위법과 과실 양편으로부터 일어나고 있다.

5) 타인에게 손해를 가하였을 것

국가 등이 배상책임을 지기 위하여는 공무원의 직무상 불법행위로 인하여 타인에게 손해가 발생되어야 한다.

⑴ 타인(군인 · 경찰공무원 등이 피해자인 경우의 문제)

여기에서 타인이라 함은 가해자인 공무원과 그의 위법한 직무행위에 가담한 자 이외에 모든 사람을 의미하며, 자연인 · 법인을 가리지 않는다. 공무원 역시 다른 공무원의 가해행위로 인하여 손해를 입은 경우에 타인에 해당된다. 그러나 군인, 군무원, 경찰공무원 기타 법률로 정한 자는 여기서는 타인으로부터 제외된다(헌법 제29조 제2항, 국가공무원법 제2조 제1항 단서). 이는 위험성이 높은 직무에 종사하는 자에 대하여는 사회보장적 위험부담으로서 국가보상제도를 별도로 마련함으로써 그것과 경합되는 국가배상청구를 배제하려는 데 입법취지가 있다. 공무원에 대한 국가배상제도는 사회보장적인 것으로서 손해배상과는 그 성질이 다른 것이어서 이중배상이라는 개념이 성립할 여지가 없으며, 헌법상 평등원칙에 반하는 등의 많은 문제점이 있다. 이러한 문제점을 어느 정도 보완하기 위하여 대법원은 경비교도대원 및 공익근무요원에 대하여는 국가배상법 제2조 제1항 단서조항의 적용을 부인하고 있으며, 아울러 군인 · 군무원 등 일지라도 다른 법령의 규정에 의하여 보상금을 받을 수 없는 경우에는 국가배상청구권을 인정하여 동 단서조항을 보다 엄격하게 적용하고 있다.

판례

> 군인 · 군무원 등 국가배상법 제2조 제1항에 열거된 자가 전투, 훈련 기타 직무집행과 관련하는 등으로 공상을 입은 경우라고 하더라도 군인연금법 또는 국가유공자 예우 등에 관한 법률에 의하여 재해보상금 · 유족연금 · 상이연금 등 별도의 보상을 받을 수 없는 경우에는 국가배상법 제2조 제1항단서의 적용 대상에서 제외하여야 한다(대법원 1997.2.14. 선고 96다28066 판결).

⑵ 손해의 발생

손해란 법익침해에 대한 불이익을 말하며, 반사적 이익의 침해는 여기에 포함되지 않는다. 손해는 재산적 손해 · 비재산적 손해 또는 적극적 손해 · 소극적 손해를 가리지 않는다.

⑶ 직무상 불법행위와 손해와의 인과관계

국가는 공무원의 직무상 불법행위로 인하여 발생한 손해를 배상할 책임이 있는 것이므로 그 위법한 직무행위와 손해와는 인과관계가 없으면 안 된다.

판례

공무원에게 부과된 직무상 의무의 내용이 단순히 공공일반의 이익을 위한 것이거나 행정기관의 내부의 질서를 규율하기 위한 것이 아니고, 전적으로 또는 부수적으로 사회구성원 개인의 안전과 이익을 보호하기 위하여 설정된 것이라면, 공무원이 그와 같은 직무상 의무를 위반함으로 인하여 피해자가 입은 손해에 대하여는 상당인과관계가 인정되는 범위 내에서 국가나 지방자치단체가 손해배상책임을 지는 것이고, 이때 상당인과관계의 유무를 판단함에 있어서는 일반적인 결과발생의 개연성은 물론 직무상의 의무를 부과하는 행동규범의 목적, 그 수행하는 직무의 목적 내지 기능으로부터 예견 가능한 행위 후의 사정 및 가해행위의 태양이나 피해의 정도 등을 종합적으로 고려하여야 한다(대법원 1994.12.27. 선고 94다36285 판결).

5. 손해배상책임(법률효과)

공무원의 직무상 불법행위에 대한 배상책임의 요건이 충족되면, 국가 또는 지방자치단체는 피해자에게 손해배상을 하여야 한다.

1) 배상책임자

(1) 국가 또는 지방자치단체

공무원의 위법한 직무행위로 인한 손해의 배상책임자는 국가 또는 지방자치단체이다(법 제2조 제1항). 헌법은 '국가 또는 공공단체'로 규정하고 있으나, 국가배상법은 국가 또는 지방자치단체로 한정하고 지방자치단체 이외에 공공단체(공공조합・영조물법인・공공재단)의 배상책임을 민법에 맡기고 있다.

(2) 공무원의 선임・감독자와 비용부담자가 다른 경우

국가배상법은 공무원의 선임・감독자와 공무원의 봉급・급여 기타의 비용을 부담하는 자가 동일하지 않은 경우에는 그 비용을 부담하는 자도 손해를 배상하도록 규정하고 있다(법 제6조 제1항). 이 규정은 공무원이 기관위임사무를 처리하던 중 불법행위를 한 경우에 피고선택 문제와 관련하여 의미가 크다.

2) 손해배상액

공무원의 직무상 불법행위로 손해를 입은 국민은 헌법 제29조 제1항에 따라 '정당한' 배상을 청구할 수 있는바, 여기서 정당한 배상이란 공무원의 불법행위와 상당인과관계에 있는 모든 손해의 배상을 의미한다.

3) 양도 등 금지

공무원의 직무상 불법행위로 인한 손해배상청구권 중 생명・신체상의 손해로 인한 것은 양도나 압류할 수 없다(법 제4조).

4) 배상청구권의 소멸시효

국가배상청구권은 피해자나 그 법정대리인이 손해 및 가해자를 안 날로부터 3년간 이를 행사하지 않으면 시효로 인하여 소멸된다(민법 제766조 제1항). 다만 국가배상법 제9조에 따른 배상심의회의 손해배상지급신청은 시효중단사유인 청구(민법 제168조)에 해당하므로 그 신청에 대한 배상심의회의 결정이 있는 때부터 다시 시효기간이 진행된다고 보아야 한다.[12)]

6. 구상권

1) 공무원에 대한 구상

공무원의 직무행위에 있어서 고의 또는 중대한 과실이 있는 때에는 국가 또는 지방자치단체는 그 공무원에게 구상할 수 있다(법 제2조 제2항). 고의·중과실이 있는 경우에 공무원은 국가 등에 의하여 구상을 당하기 때문에, 궁극적으로 배상책임은 공무원에게 돌아간다. 행정기관의 장은 소속공무원의 가해행위로 인하여 국가 또는 지방자치단체가 배상금을 지급한 때에는 국가배상법 제2조 제2항에 의하여 구상권 행사를 위한 조치를 할 수 있다(법 시행령 제25조 제1항). 한편 경과실의 경우에 있어서 구상을 인정하지 아니함은 공무원의 사기저하와 사무정체를 방지하기 위한 정책적 고려에 따른 것이다.

(1) 구상권의 성질 및 범위

구상권의 성격은 대위책임설에 의하면 본래 공무원이 부담할 책임을 국가 또는 공공단체가 갈음하여 지는 것이므로 본래의 배상책임자인 공무원에게 구상하는 것은 당연하며, 그것은 부당이득반환청구권과 유사한 성질의 것이다. 자기책임설의 입장에서도 공무원은 국가에 대하여 직무상 의무위반으로서의 책임을 져야 할 지위에 있으므로 공무원이 구상권의 행사를 받게 됨은 당연하며, 그것은 채무불이행과 유사한 관계라 할 수 있다.

대법원은 해당 공무원의 직무내용, 불법행위의 상황, 손해발생에 대한 공무원의 기여 정도, 해당 공무원의 근무태도 및 불법행위의 예방이나 손실부담 등에 대한 국가 등의 배려 정도를 고려하여 구상권의 범위를 정해야 한다는 입장이다.

판례

> 국가 또는 지방자치단체의 산하 공무원이 그 직무를 집행함에 당하여 중대한 과실로 인하여 법령에 위반하여 타인에게 손해를 가함으로써 국가 또는 지방자치단체가 손해배상책임을 부담하고, 그 결과로 손해를 입게 된 경우에는 국가 등은 당해 공무원의 직무내용, 당해 불법행위의 상황, 손해발생에 대한 당해 공무원의 기여 정도, 당해 공무원의 평소 근무태도, 불법행위의 예방이나 손실분산에 관한 국가 또는 지방자치단체의 배려의 정도 등 제반사정을 참작하여 손해의 공평한 분담이라는 견지에서 신의칙상 상당하다고 인정되는 한도 내에서만 당해 공무원에 대하여 구상권을 행사할 수 있다고 봄이 상당하다(대법원 1991.5.10. 선고 91다6764 판결).

12) 서울고법 1975.5.11. 75나2077

(2) 다수 공무원에 의한 손해발생의 경우

한편 손해발생에 다수의 공무원이 가담한 경우 이들의 국가에 대한 연대책임에 대하여 판례는 연대책임을 부인하고 각 공무원은 부담부분에 상응한 각자의 책임만을 부담한다고 판시하고 있다.[13]

2) 공무원의 선임·감독자와 비용부담자가 다른 경우의 구상

양쪽 모두가 피해자에게 배상책임을 지며, 어느 한쪽이 배상을 한 때에는 내부관계에 있어서 그 손해를 배상할 책임이 있는 자에게 구상권을 행사할 수 있다(동법 제6조 제2항). 여기에 있어서의 내부관계에서 손해를 배상할 책임이 있는 자는 공무원의 선임감독자를 의미한다는 것이 통설이다.

7. 공무원의 직접적인 배상책임의 문제

가해자인 공무원이 피해자에게 직접 손해배상책임을 져야 하는지의 문제, 즉 피해자가 국가 또는 지방자치단체 외에 가해공무원에 대해 직접 손해배상을 청구할 수 있는지 여부가 다툼이 되고 있다.

1) 선택적 청구를 인정하는 견해

주로 자기책임설의 입장에 서는 견해로서 배상책임은 국가 또는 공공단체의 자기책임인 것이며, 이는 행위자인 공무원 개인의 책임과는 관계가 없기 때문에 피해자는 그의 선택에 따라 국가 또는 공공단체나 공무원 개인에게 배상을 청구할 수 있다고 한다.

이 견해는 ① 헌법 제29조 제1항 단서에서 공무원 자신의 책임이 면제되지 아니한다고 규정하고 있는 점, ② 헌법에서 배상청구권 행사에 아무런 제한을 두지 않으며 법률에 그 제한을 수권하지 않았음에도 불구하고 피해자의 배상청구상대자 선택을 제한하는 것은 부당한 것이라는 점, ③ 공무원의 직접책임을 부인하면 그 책임의식을 박약하게 한다는 점 등을 논거로 하고 있다.

2) 선택적 청구를 부정하는 견해

주로 대위책임설의 입장에 서는 견해로서 배상책임은 국가 또는 공공단체가 공무원에 대신하여 지는 것이기 때문에 피해자는 국가 또는 공공단체에 대해서만 배상을 청구할 수 있고 가해자인 공무원에게 직접 배상청구를 할 수 없는 것으로 본다.[14]

이 견해는 헌법 제29조 제1항 단서에서 "이 경우 공무원 자신의 책임은 면제되지 아니한다."라는 뜻은 국가 등의 구상에 응하는 책임이라고 하며, ① 선택적 청구의 불허는 대위책임적 법률구조의 논리적 결과인 점, ② 공무원 개인이 피해자에게 직접 책임을 진다면 경과실의 경우에도 책임을 져야 할 것인바, 이는 고의·중과실의 경우에만 구상권을 인정한 것과 균형을 잃게 되는 점, ③ 무제한의 자력자(資力者)인 국가 등이 배상하면 피해자의 구제는 충분하다는 점, ④ 공무원의 위법행위에 대하여 개인적 책임을 추궁하게 되면 공무원의 직무집행을 위축시킬 우려가 있는 점 등을 논거로 하고 있다.

---

13) 대법원 1991.5.10. 선고 91다6764 판결
14) 김남진·김연태, 행정법 I, 523면.

3) 제한적 긍정설

제한적 긍정설은 공무원에게 고의 또는 중과실이 있는 경우에 한하여 선택적 청구권을 인정하는 견해로서 기본적으로 공무원 개인의 직접책임을 긍정하는 입장에 서지만 그 책임을 경감하기 위하여 예외를 인정하는 절충적인 태도이다.

이 견해는 ① 국가배상책임의 본질은 자기책임이라는 점, ② 공무의 원활한 수행보장이라는 요청은 경과실의 경우에는 타당할지 모르나 고의·중과실의 경우와 같이 위법한 행위까지 포함시킬 수 없다는 점, ③ 공무원은 공무수행자로서의 주의의무가 요구되므로 전적으로 배상책임이 배제되어서는 안 된다는 점 등에 그 논거를 두고 있다. 대법원 판례는 제한적 긍정설의 입장을 취하고 있다.

4) 판례의 입장

판례는 제한적 긍정설을 취하고 있다. 국가 등이 국가배상책임을 부담하는 외에 공무원 개인도 고의 또는 중과실이 있는 경우에는 피해자에 대하여 그로 인한 손해배상책임을 부담하고, 가해공무원 개인에게 경과실만이 인정되는 경우에는 공무원 개인은 손해배상책임을 부담하지 아니한다고 보고 있다.

판례

국가배상법 제2조 제1항 본문 및 제2항의 입법 취지는 공무원의 직무상 위법행위로 타인에게 손해를 끼친 경우에는 변제자력이 충분한 국가 등에게 선임감독상 과실 여부에 불구하고 손해배상책임을 부담시켜 국민의 재산권을 보장하되, 공무원이 직무를 수행함에 있어 경과실로 타인에게 손해를 입힌 경우에는 그 직무수행상 통상 예기할 수 있는 흠이 있는 것에 불과하므로, 이러한 공무원의 행위는 여전히 국가 등의 기관의 행위로 보아 그로 인하여 발생한 손해에 대한 배상책임도 전적으로 국가 등에만 귀속시키고 공무원 개인에게는 그로 인한 책임을 부담시키지 아니하여 공무원의 공무집행의 안정성을 확보하고, 반면에 공무원의 위법행위가 고의·중과실에 기한 경우에는 비록 그 행위가 그의 직무와 관련된 것이라고 하더라도 그와 같은 행위는 그 본질에 있어서 기관행위로서의 품격을 상실하여 국가 등에게 그 책임을 귀속시킬 수 없으므로 공무원 개인에게 불법행위로 인한 손해배상책임을 부담시키되, 다만 이러한 경우에도 그 행위의 외관을 객관적으로 관찰하여 공무원의 직무집행으로 보여질 때에는 피해자인 국민을 두텁게 보호하기 위하여 국가 등이 공무원 개인과 중첩적으로 배상책임을 부담하되 국가 등이 배상책임을 지는 경우에는 공무원 개인에게 구상할 수 있도록 함으로써 궁극적으로 그 책임이 공무원 개인에게 귀속되도록 하려는 것이라고 봄이 합당하다(대법원 1996.2.15. 선고 95다38677 판결).

한편 공무를 위탁받은 자가 법인인 경우, 즉 "한국토지공사는 구 한국토지공사법(2007.4.6. 법률 제8340호로 개정되기 전의 것) 제2조, 제4조에 의하여 정부가 자본금의 전액을 출자하여 설립한 법인이고, 같은 법 제9조 제4호에 규정된 한국토지공사의 사업에 관하여는 공익사업을 위한 토지 등의 취득 및 보상에 관한 법률 제89조 제1항, 위 한국토지공사법 제22조 제6호 및 같은 법 시행령 제40조의3 제1항의 규정에 의하여 본래 시·도지사나 시장·군수 또는 구청장의 업무에 속하는 대집행권한을 한국토지공사에게 위탁하도록 되어 있는바, 한국토지공사는 이러한 법령의 위탁에 의하여 대집행을 수권받은 자로서 공무인 대집행을 실시함에 따르는 권리·의무 및 책임이 귀속되는 행정주체의 지위에 있다고 볼 것이지 지방자치단체 등의 기관으로서 국가배상법 제2조 소정의 공무원에 해당한다고 볼 것은 아니다."[15]라고 하고 있다. 이 판결은 행정주체인 공무수탁법인이 배상책임을 지는 경우 그는 경과실이 면책되는 국가배상법 제2조 소정의 공무원이 아니라는 것에 의미가 있다.

8. 영조물의 설치·관리의 하자로 인한 손해배상

국가배상법 제5조 제1항은 "도로·하천 기타 공공의 영조물의 설치 또는 관리에 하자가 있어 타인에게 손해를 발생하게 하였을 때에는 국가 또는 지방자치단체는 그 손해를 배상하여야 한다. 이 경우에는 제2조 제1항 단서 및 제3조 및 제3조의2 규정을 준용한다."라고 규정하고 있다. 본조는 민법 제758조의 공작물의 설치·보존의 하자로 인한 배상책임에 상응하는 것이나 점유자의 면책조항이 없다는 점과 그 대상이 민법상의 공작물보다 넓은 개념이라는 데서 차이가 있다. 다수의 학설과 판례는 영조물의 설치·관리를 담당하는 공무원의 고의·과실의 유무를 불문한다는 점에서 직무상 불법행위로 인한 배상책임과는 달리 무과실책임으로 보고 있다.

02 절 행정상 결과제거청구권

1. 의의 및 성질

1) 의의

행정상 결과제거청구권이란 위법한 행정작용의 결과로서 남아 있는 상태로 인하여 자기의 법률상 이익을 침해받고 있는 자가 행정주체를 상대로 그 위법한 상태를 제거해 줄 것을 청구하는 권리를 말한다. 결과제거청구권은 다음과 같은 점에서 행정상 손해배상과 구별된다. ① 결과제거청구권은 행정청이 적법하게 행하였더라면 존재할 권리상의 상태의 회복을 위한 것이라는 점에서 금전의 배상을 목적으로 하는 행정상 손해배상과 다르며, ② 손해배상은 가해행위의 위법과 함께 가해자의 고의·과실을 요건으로 하지만, 결과제거청구는 가해행위의 위법여부나 가해자의 고의·과실을 요건으로 하지 않고, ③ 그 대상에 있어서 결과제거청구는 공행정작용의 직접적인 결과만을 대상으로 한다는 점에서 가해행위와 상당인과관계가 있는 손해를 그 대상으로 하는 행정상 손해배상과는 다르다.[16] 결국 결과제거청구권이란 손해배상이나 손실보상청구권도 아닌 원상회복청구권을 의미하는 것으로서 위법한 침해에 대한 사실상의 결과를 제거하거나 위법한 침해로 말미암아 변동된 원상태의 회복을 목표로 한다.

행정상 결과제거청구권은 행정상의 손실보상·손해배상 또는 행정쟁송에 의하여 권리구제를 받지 못하는 경우에 기존의 권리구제제도를 보완하기 위하여 성립된 것으로서 그 법리는 민법 제214조에서

15) 대법원 2010.1.28. 선고 2007다82950, 82967 판결
16) 박균성, 행정법론(상), 817면.

규정한 소유물방해제거청구와 유사하다. 예컨대 토지의 수용이라는 처분이 취소되었음에도 불구하고 기업자(행정주체)가 그 토지를 반환하지 않는다던가, 공직자의 공석상의 발언으로 자기 명예나 권리를 침해당한 경우 등에 피해자는 금전배상이나 행정작용의 취소만으로는 만족할 수 없고, 따라서 불법점유된 토지점유의 회복 내지 방해배제 또는 명예회복조치를 가능케 하기 위하여 성립된 이론이다.

2) 성질

행정상 결과제거청구권의 성질에 관하여는 공권인지의 여부와 물권적 청구권인지의 여부가 문제된다.

(1) 개인적 공권 여부

① 사권설

이 설에 의하면 결과제거청구권의 원인은 반드시 공권력 행사와 관계되는 것만이 아니며 권원 없는 행위로 야기된 물권적 침해상태의 제거를 도모하는 권리인 것이므로 공법적 규율의 대상으로 삼아야 할 이유가 없다. 사인 상호 간에 있어서의 동일한 법률관계의 경우와 같이 취급하는 것이 타당하다고 한다.[17)]

② 공권론

이 설에 의하면 행정상 결과제거청구권의 요건으로서 권력적 침해행위를 들고 국가의 사법활동에 의한 침해는 여기서 논외로 하여야 한다. 또한 쟁송절차도 행정소송법의 적용을 받는 당사자소송이라야 한다고 한다.

③ 결어

생각건대, 행정상 결과제거청구권은 행정주체의 고권적 행정작용에 의하여 야기된 결과로서 위법한 상태의 제거를 목적으로 한다는 점에서 공권으로 보아야 할 것이다.

(2) 대물적 청구권 여부

결과제거청구권은 행정청의 정당한 권한 없는 행위로 말미암아 사인의 물권적 지배권이 침해된 경우에 발생하는 물권적 청구권이라는 견해도 있으나, 다수의 견해는 물권적 지배권에 한정하지 않고 명예 등과 같은 비재산적 침해의 경우에도 발생할 수 있는 것으로 보고 있다.[18)]

2. 행정상 결과제거청구권의 근거

공법상 결과제거청구권을 일반적으로 인정하는 명문의 법규정은 없다.

독일과 유사한 법체제를 채택하고 있는 우리나라에 있어서도 결과제거청구권의 법리는 법상의 법치국가원리(제107조 등 참조), 기본권규정(제10조 내지 제37조 제1항), 민법상의 관계규정(제213조, 제214조)의 유추적용 등에서 그 근거를 찾을 수 있다고 본다.[19)] 특히 위법한 공권력의 행사에 의하여 권리상의 상태가 국민에게 불이익하게 변경되었을 경우에 법치국가제는 그 이전의 적법한 상태의 회복(즉 훼손된 법치

17) 박윤흔, 최신행정법강의(상), 741면.
18) 홍정선, 행정법원론(상), 727면.
19) 홍정선, 행정법원론(상), 728면.

국가제의 복원)을 요구한다. 위에서 본 바와 같이 우리 현행법에서도 결과제거청구권의 근거를 찾을 수 있다 하겠으나 보다 근본적인 입법적 해결방법으로는 독일의 국가책임법과 같이 우리도 국가배상법을 개정하여 결과제거청구권에 관한 직접적인 근거를 마련하는 것이라 하겠다.

3. 행정상 결과제거청구권의 성립요건

행정상 결과제거청구권이 성립하기 위하여는 다음과 같은 요건이 충족되어야 한다.

1) 행정주체의 공행정작용에 의한 침해

여기에서의 공행정작용에는 법적 행위뿐만 아니라 사실행위도 포함하며, 또한 권력작용뿐만 아니라 관리작용, 즉 비권력작용도 포함한다. 그리고 의무위반의 부작위도 포함한다. 예컨대 행정주체가 처음에는 타인의 승용차를 합법적으로 압류하였으나 뒤에 압류가 취소된 후에도 계속 압류하고 반환하지 아니한 행위 등이다. 그러나 그 침해가 행정주체의 사법적 활동에 의한 것인 경우에는 사법상의 소유물반환청구권(민법 제213조)이나 소유물방해제거청구권(민법 제214조)이 발생될 뿐이다. 그러한 의미에서 공법과 사법의 구별은 여기에 있어서도 중요한 의미를 가진다.

2) 법률상 이익의 침해

위법한 권력행사의 결과로 타인의 권리 또는 법률상 이익을 침해하여야 하며, 또한 법적 보호가치가 있어야 한다. 관계자가 불법적으로 취득한 권리 또는 이익은 결과제거청구권의 대상이 되지 못한다. 예컨대 경찰이 불법주차한 자동차를 다른 곳에 옮겨 놓은 경우, 차주는 그에 대하여 원상회복을 요구할 수 없다. 여기서 권리 또는 법률상 이익은 재산적 가치가 있는 것에 한정하는 것은 아니고 명예나 호평 등 비재산적인 것까지도 포함된다.

3) 위법한 상태의 계속성

결과제거청구권은 현존하는 사실상태(위법한 침해)와 권리상태를 일치시키기 위한 것이므로 법률상 이익에 대한 침해가 계속적 상태로 남아있어야 한다. 따라서 결과로서의 상태는 존재하지 않고 권리침해로서의 불이익만 남아있는 경우에는 국가배상·손실보상의 문제만이 고려될 수 있을 뿐이다. 발생된 결과에 대하여 관련 사인에게도 공동책임이 있다면, 그러한 결과를 가져오는 침해에 대하여 사인은 결과제거청구권을 갖지 못한다.[20]

4) 행위의 위법성

결과제거청구권은 위법한 상태의 제거를 목적으로 하는 것이므로 침해행위에 위법성이 있어야 하며, 그것의 존재여부는 사실심의 변론종결 시를 기준으로 판단할 것이다. 이러한 위법성은 정당한 권원 없이 타인의 토지를 도로용지로 편입하는 것과 같이 처음부터 발생할 수도 있으며, 기한부 행정행위의 경우나 해제조건부 행정행위의 경우와 같이 기간의 경과 또는 해제조건의 성취 등에 의하여 사후에 발생할 수도 있다.

20) 홍정선, 행정법원론(상), 729면.

침해상태가 위법하나 무효가 아닌 취소할 수 있는 행정행위에 있어서의 결과제거청구는 해당 행정행위의 취소가 확정된 후에 또는 취소소송의 청구와 병합하여 제기하지 않으면 안 된다. 즉 행정행위가 유효하게 존속하고 있으며, 행정행위에 의하여 야기되고 있는 상태가 정당화되고 있는 한 결과제거청구권은 성립하지 않는다.

5) 결과제거의 가능성 · 허용성 · 기대가능성

결과제거청구권은 종래 상태로의 원상회복을 목적으로 하는 만큼 이러한 원상회복이 사실상으로나 법적으로 가능하며, 의무자에 대하여 기대 가능한 것이어야 한다. 이러한 요건이 충족되지 않을 경우에는 손해전보(손해배상 · 손실보상)만이 고려될 수 있을 것이다. 우리나라 대법원도 같은 취지의 판시를 한 바 있다.

판례

> 수용절차는 없었더라도 도로예정지로서 도로법 제40조 등의 준용이 있은 경우 특별한 사정이 없는 한 손실보상은 몰라도 불법점유를 이유로 토지의 인도나 손해배상은 청구할 수 없다(대법원 1969.3.25. 선고 68다2081 판결).
> 또한 원상회복에 과다한 비용을 요한다든가 또는 신의성실의 원칙에 반한다고 판단되는 경우에는 기대가능성이 없으므로 이 경우에도 다른 손해전보의 방법을 강구하여야 할 것이다.

4. 결과제거청구권의 내용과 한계

결과제거청구권의 구체적인 내용과 한계는 해당 청구권의 내용에 따라 결정되겠지만 그 성질상 다음과 같은 범위 내의 내용을 가진다고 할 것이다.

(1) 결과제거청구권은 위법한 행정작용에 의하여 야기된 현존하는 결과의 제거를 그 내용으로 한다.

(2) 어떤 결과가 행정행위를 통해서 또는 행정행위의 집행을 통해서 초래된 경우에 그 행정행위가 존속하고 있는 한 결과의 제거는 실현될 수 없다. 이 경우 행정행위의 취소소송과 그 관련청구(행정소송법 제10조)로서 결과제거청구소송은 물론 가능하다.

(3) 원상회복이 사실상으로나 법적으로 가능하지도 않으며, 또한 의무자에 대하여 기대가능성이 없는 경우에 있어서도 결과제거청구권을 대신하여 일반적인 손해배상책임에 따른 청구권이 당연히 인정되는 것은 아니다.

(4) 건축허가와 같은 복효적 행정행위에 있어서 제3자(예 隣人)가 해당 행정행위의 취소소송을 제기하여 승소한 경우에 해당 행정행위의 직접 상대방(예 건축허가를 받은 자)의 행위로 인하여 생긴 결과의 제거를 청구할 수 있는지가 문제된다. 결과제거청구권은 행정주체의 위법한 행정작용으로 인하여 생긴 직접적인 결과의 제거를 내용으로 하며, 행정작용의 상대방 등 행정주체가 아닌 자의 개입으로 생긴 결과의 제거를 내용으로 하는 것은 아니므로 부정적으로 보아야 할 것이다.

(5) 위법한 상태의 발생에서 피해자의 과실도 있는 경우에 민법상 과실상계규정(민법 제396조)은 결과제거청구권의 행사에도 준용된다고 볼 수 있다. 따라서 피해자의 과실 정도에 따라 결과제거청구권이 수축되거나 상실되는 경우도 있을 수 있다. 그러나 명예훼손발언의 철회나 타인 토지의 불법점유와 같이 처음부터 과실상계의 문제가 없는 경우도 있다.

5. 쟁송절차

공법상 결과제거청구권에 관한 소송은 행정소송의 일종으로서 당연히 행정소송법상 당사자소송에 의해야 할 것이다(동법 제3조 제2호 참조). 그러나 현재 판례는 당사자소송으로서 공법상 위법상태의 제거를 구하는 당사자소송(이행소송)을 인정하지 않고 있다. 한편 국가나 공공단체의 사법적 활동에 의해 소유권을 방해받은 자가 사법(민법 제214조) 및 민사소송법에 의거하여 소유권에 기한 방해제거청구권을 행사하여 소구할 수 있음은 당연하다 할 것이다.

03 절 행정상 손실보상

1. 행정상 손실보상의 개념

행정상 손실보상이란 공공필요에 의한 적법한 공권력 행사에 의하여 개인에게 가하여진 특별한 희생에 대하여 사유재산권의 보장과 공평부담의 견지에서 행정주체가 행하는 조절적인 재산적 전보를 말한다. 행정상 손실보상은 그 보상원인이 적법한 공권력 행사에 의한 것이며, 그 손실은 적법하게 과하여진 특별한 희생이라는 점 등에서 행정상 손해배상과 다르다. 이를 분설하면 다음과 같다.

(1) 행정상 손실보상은 적법행위로 인한 손실의 보상이다. 토지수용, 징발, 농지매수 등과 같이 법률이 처음부터 개인에게 손실을 발생시킬 권한을 행정주체에게 부여하고 있는 경우에 그 권한의 적법한 행사로 인하여 생긴 손실이다. 이 점에서 위법행위로 인한 손해의 배상인 행정상 손해배상과 구별된다. 그러나 현대복리국가에서 국가기능의 확대와 기업의 대형화 등에 따라 손해배상분야에서의 불법행위론 그 자체에 대하여 수정이 불가피하게 되면서 국가의 위험책임 내지는 무과실책임론이 등장하게 되었다. 양 제도는 다같이 사회적 공평부담의 제도라는 새로운 각도에서 파악됨으로써 이념면에서 그 대립이 점차 해소되면서 융합하는 경향이 있다.

(2) 손실보상은 특별한 희생에 대한 조절적인 보상이다. 행정상 손실보상은 적법한 공권력 행사로 인하여 특정한 개인이 입은 재산상의 특별한 희생을 공평부담의 견지에서 국민전체의 부담으로 전가시켜 이를 조절하기 위하여 행하는 보상이다. 따라서 일반적인 부담이나 재산권 그 자체에 내재하는 사회적 제약에 대하여는 보상문제가 생기지 아니한다. 그러나 그 사회적 제약의 범위를 일탈한 재산권침해의 경우에는 그 침해는 결과적으로 위법한 것이 되기 때문에 손실보상제도에 준하

여 보상되어야 할 것이다. 이러한 경우에 수용유사의 침해이론이 적용된다. 공공필요에 대한 판단은 헌법상 비례의 원칙이 고려되어야 하며, 공공필요를 충족치 못한 사업에 대한 사업인정 내지 수용재결은 위법을 면치 못하게 된다. 특히 2002년 2월 4일(법률 제7758호)에 토지수용법과 공공용지의 취득 및 손실보상에 관한 특례법이 폐지되고, 이들을 통합해 제정된 「공익사업을 위한 토지 등의 취득 및 보상에 관한 법률」(이하 '토지보상법'이라 한다)은 토지를 취득 또는 사용할 수 있는 공익사업의 범위를 구 토지수용법의 경우보다 한정하고, 공용침해 법률주의를 강화하였으며, 공익사업에 공영차고지, 화물터미널, 하수종말처리장, 폐수처리 등이 새롭게 포함되고, 제철이나 비료 등에 관한 사업을 제외시켰다.

(3) 적법한 공권력 행사로 인한 손실의 보상이다. 손실보상의 원인은 언제나 적법한 공권력 행사이며, 정당한 권한행사에 의하여 가하여진 손실에 대한 보상이므로 그것은 당연히 공법적 성질을 가지며, 그 보상의무도 공법상의 의무이다. 공익사업을 위하여 협의매수에 대한 대가는 사법상 계약에 의한 비권력적인 매매이지만 수용권이란 공권력이 그 배후에 있음을 감안할 때 그 사회적 기능에 있어서는 행정상 손실보상과 큰 차이가 없다고 하겠다.

(4) 재산권의 수용·사용 또는 제한, 즉 공용침해에 대한 보상이다. 이 점에서 적법하게 강제된 노역에 대한 대가와 구별된다. 다만, 노역이나 역무는 재산권은 아니나 경제적 가치를 가진 것임에는 틀림없으므로 특별한 희생에 해당하는 경우에는 재산권침해의 경우에 준하여 대상이 주어져야 한다. 종래에는 특별한 희생을 재산권의 침해에 대한 것으로 한정하는 것이 통설이었으나 오늘날은 재산권침해뿐만 아니라 생활권침해에 대하여서도 보상이 행하여진다. 또한 손실보상은 의도적 침해가 원칙적으로 그 대상이 되나 도로건설 등 공공사업에 의한 소음·진동 등 피해, 영업상 손실 등 의도되지 않은 침해도 보상대상이 충분히 될 수 있다.

(5) 손실보상은 비재산적 손실, 즉 생명·신체·건강 등에 관한 이익의 침해 및 정신적 고통에 있어서는 보상도 인정되지 않는다는 것이 일반적 견해이었다. 그 이유로서 헌법이나 법률이 사람의 생명·신체·건강을 해한 침해를 전제로 보상규정을 두는 것은 도저히 생각할 수 없기 때문이다. 그러나 생명·신체·건강의 침해에 대해서도 손실보상이 인정될 여지가 전혀 없다고는 할 수 없다. 즉 일정한 상황하에 국민의 노력제공이 의무화된 경우는 일정한 요건보상이 인정되고 있다. 또한 예방접종피해와 같은 생명·신체·건강의 중대한 침해에 대해서도 보상을 인정하는 것에 의해 법질서 전체의 균형적 시각에서도 필요하다고 생각된다.

2. 행정상 손실보상의 근거

행정상 손실보상의 근거는 이론적 근거와 실정법적 근거로 나누어 볼 수 있다.

1) 이론적 근거

행정상 손실보상의 이론적 근거는 재산권 보장과 공적 부담 앞의 평등원칙이라고 보는 것이 타당하다.

2) 실정법적 근거

(1) 헌법 제23조 제3항

① 헌법 제23조 제3항의 "공공필요에 의한 재산권의 수용·사용 또는 제한 및 그에 대한 보상은 법률로써 하되 정당한 보상을 지급하여야 한다."라고 규정하고 있다.

② 이 규정은 재산권의 수용은 공공필요가 있는 경우에 한하며 또한 법률에 근거가 있는 경우에만 가능하도록 하고 있다. 공공필요를 위한 재산권 침해의 근거를 법률로 정하는 경우에 입법자는 반드시 보상에 관한 사항도 법률로 규정하도록 하고 있다. 또한 입법권은 손실보상에 관한 규정을 제정함에 있어서 무한정의 재량을 갖는 것이 아니라 정당한 보상이 되도록 규정하여야 한다는 것을 분명히 하고 있다.

③ 그런데 국가배상의 경우와는 달리 헌법규정에 근거하여 보상의 기준과 방법 등에 관하여 정한 일반법은 없고 「공익사업을 위한 토지 등의 취득 및 보상에 관한 법률」(이하 토지보상법)과 개별법에서 규정하고 있다. 손실보상에 관한 법률로서는 일반법적 지위에 있는 토지보상법 이외에, 개별법으로 징발법, 하천법, 도로법, 국토의 계획 및 이용에 관한 법률, 소방기본법 등이 있는데 이 법률에서도 주로 토지보상법을 준용한다는 규정이 있다.

(2) 헌법 제23조 제3항의 효력

헌법 제23조 제3항은 국가가 국민의 재산권을 수용·사용·제한하는 경우 그에 대한 보상은 법률로써 하되 정당한 보상을 지급하여야 한다고 규정하고 있는데, 실제로 법률이 공용침해(수용·사용·제한)규정을 두면서 그 보상규정을 두지 않는 경우 재산권을 침해당한 개인은 헌법 제23조 제3항의 규정만을 근거로 해서 보상금을 청구할 수 있는가 하는 것이 문제된다. 이와 관련하여서는 다음과 같은 견해가 있다.

① 입법방침설(방침규정설)

이 설은 손실보상에 관한 헌법규정을 입법에 대한 방침규정으로서 행정권이 적법하게 사유재산을 침해할 경우에 이 헌법규정에 의하여 직접 행정권에게 손실보상의무가 성립되는 것이 아니고 손실보상에 관하여 법률에 명시적 규정이 있어야만 비로소 성립된다고 보는 견해이다. 그러나 이 설은 헌법상 재산권보장의 실효성을 무시한 점과 어떤 법률이 공공필요에 의한 재산권의 침해만 규정하고 그에 대한 보상을 규정하지 아니하였을 때에는 보상을 청구할 권리가 없다는 점 등에서 비판이 된다.

② 위헌무효설(입법자에 대한 직접효력설)

이 설은 보상청구를 위해서는 법률의 명시적 규정이 있어야 한다는 점에서는 입법규정설과 같으나 법률이 재산권침해를 규정하면서 보상에 관하여 규정하지 않으면 그 법률은 위헌무효이며(위헌무효설), 그 법률에 근거한 재산권침해행위는 위법한 직무행위가 된다. 따라서 재산권을 침해받은 자는 행정처분(예 개발제한구역지정처분)에 대한 취소소송과 국가배상을 청구할 수 있다는 것이다. 그리고 국가배상청구를 한 경우에는 행정처분의 위법성을 주장하면서 구체적 규범통제를 통하여 근거법률의 위헌성을 주장하여 헌법재판소의 위헌결정을 받아야 한다는 것이다.

"보상은 법률로서 하되…"라고 규정한 것은 입법자에 대한 직접효력을 규정한 것이라는 의미에서 '입법자에 대한 직접적 효력설'이라고 한다. 그러나 이 설은 (ⅰ) 국가배상의 성립요건에는 공무원의 고의·과실이 있어야 하는데, 경우에 따라서는 그 요건을 충족시킬 수 없는 때도 있다는 점, (ⅱ) 재산권침해에 대하여 손해배상을 했을지라도 국가행위의 위법성은 그대로 남고 공공필요를 위한 재산권의 수요를 충족시키지도 못했으며, 따라서 국회가 필요한 법률을 제정하여야 할 번잡함을 면하지 못한다는 점, (ⅲ) 보상규정에 대한 법의 침묵이 곧 손실보상을 부정한 것이라고 할 수는 없으므로 위헌무효로 단정해서는 안 된다는 점 등 여러 가지 난점이 있다.

그런데 우리 대법원의 판례에서는 법률이 헌법재판소의 결정에 의하여 위헌으로 된 경우에도 위헌결정 전에 해당 법률에 근거하여 행한 처분은 그 처분 시에는 그 근거법률의 위헌여부가 명백한 것은 아니라는 이유로 특별한 사정이 없으면 당연무효는 아니며, 취소할 수 있는 행위에 그친다고 보고 있다.[21] 이러한 판례의 입장에서 보면 재산권을 침해하는 입법을 행하면서 보상규정을 두지 아니한 법률에 의한 재산권의 침해행위도 무효는 아니며, 취소할 수 있는 행위에 그친다고 하겠다.

③ 직접효력설

이 설은 헌법은 그 자체로서 실정법적 효력을 갖는 것이므로 재산권침해만을 규정하고 보상을 규정하지 아니하거나 또는 정당한 보상에 미치지 아니한 법률로써 재산권을 침해당한 경우에는 국민은 헌법규정에 의하여 직접 정당한 보상을 청구할 수 있다고 한다. 이 견해는 헌법 제23조 제3항에서 정당보상의 원칙이 명시적으로 규정되어 있고, 이 헌법규범도 법규범으로 입법자뿐만 아니라 국민에게도 직접적 구속력을 갖는다고 보는 데 근거한다. 그러나 헌법 제23조 제3항은 보상은 법률로써 하도록 규정하고 있어 직접효력설은 무리가 있다.

④ 유추적용설

직접효력설이 직접적으로 헌법에 근거하여 보상을 청구할 수 있다는 입장을 취하는 데 대하여, 이 설은 먼저 그 보상규정을 결한 법률의 위헌성을 인정하면서 헌법 제23조 제3항을 직접 적용하여 보상을 청구할 수는 없다. 그러나 헌법 제23조 제1항 및 제11조에 근거하여 헌법 제23조 제3항 및 관계규정을 유추적용에 의한 수용유사침해법리에 따라 손실보상을 청구할 수 있다고 한다. 그러한 의미에서 엄격한 의미의 공용침해에 따른 손실보상의 청구와 국가배상법에 의거한 손실배상의 청구와도 구별된다는 것이다. 이 견해를 통상 유추적용설이라고 부른다.

반면 관련 법규상의 보상규정의 유추적용은 특정한 재산권의 공용침해에 대한 수권법률이 보상에 대하여 규정을 두지 않았을 때에, 유사한 재산권의 공용침해의 근거법률이 보상규정을 두고 있는 경우에, 그 보상규정을 유추적용하여 보상을 하는 것을 내용으로 하는 것이다. 우리 판례 역시 제외지에 대하여 하천법 제74조에 의한 보상규정을 유추적용한 바 있으며, 공공사업의 시행으로 발생된 간접손실의 경우에 「공공용지의 취득 및 손실보상에 관한 특례법」을

21) 대법원 1994.10.28. 선고 93다41860 판결

유추적용하였다. 판례가 인정하는 유추적용은 재산권에 대한 공용침해를 규정하면서도 보상규정을 두지 않는 경우에, 법의 일반적 해석원리에 따라 개별적으로 검토하여 유사한 재산권 침해규정이 보상규정을 둔 경우에 이를 유추적용함을 의미하는 것이다.

⑤ 보상입법부작위위헌설

보상입법부작위위헌설은 헌법 제23조 제3항과 헌법 제23조 제1항 및 제2항은 별개의 논의로서 공용제한 규정 자체는 재산권의 내용과 한계를 규정한 것으로 헌법에 위반되는 것은 아니고, 공공필요를 위한 공용제한을 하면서 손실보상을 위한 규정이 결여된 것이 보상입법부작위 헌이라고 보는 견해이다.[22]

⑥ 판례의 태도

판례의 입장은 변화를 거듭하고 있다.

제3공화국 헌법하에서 대법원 1967.11.2. 선고 67다1334 전원합의체 판결은 "정당한 보상이라는 취지는 그 손실보상액의 결정에 있어서 객관적인 가치를 충분하게 보상하여야 된다는 취지이고 나아가 그 보상의 시기, 방법 등에 있어서 어떠한 제한을 받아서는 아니 된다는 것을 의미한다고 풀이할 것이므로 징발물보상에 관하여 그 보상의 시기와 방법에 관하여 여러모로 제한을 두고 있는 징발법 부칙 제3항에 의한 징발재산의 보상에 관한 규정은 위 헌법 제20조 제3항에 저촉되는 규정이다. 본조에서 규정한 징발보상심의회에 관한 규정이나 그 운영기능에 관한 모든 규정들은 모두 국방부장관이 징발에 의한 손해보상의 주무장관으로서 그 사무를 처리할 적에 하나의 자문의 구실을 하는 대내적인 기관의 규정들에 기관의 규정들에 부과하므로 징발보상금 청구권은 징발보상 심의회의 조정이 없더라도 곧 발생한다고 보는 것이 정당하다."라고 하여 직접효력설을 취했으나,[23] 이후 제4공화국 헌법 제20조 제3항에 의하여 보상을 법률로 정하도록 개정한 다음에는 "개정헌법 제20조 제3항의 규정에 의하면 공공필요에 의한 재산권의 수용 사용 또는 제한 및 그 보상의 기준과 방법은 법률로 정한다."라고 명시하고 있어서 적어도 개정헌법 시행 후에 있어서는 손실보상을 청구하려면 그 손실보상의 기준과 방법을 정한 법률에 의하여서만 가능하다. 그런데 원심은 "손실보상의 기준과 방법을 정한 법률이 없더라도 손실을 보상하여야 하고 이러한 손실보상을 민사법원이 정하는 바에 의한다는 취지로 판단한 원심판시는 개정헌법 제20조 제3항의 규정을 잘못 적용한 위법을 면하기 어렵다."라고 하여 직접효력설을 포기하고, 방침규정설 내지 간접효력설을 취하였다.[24] 또 사유지가 보상 없이 경찰서 부지로 된 사건에서 국가배상청구를 인정하여 위헌무효설을 취한 듯한 사례도 있다.[25]

최근에는 "하천법에 의하면 제외지는 하천구역에 속하는 토지로서 법률의 규정에 의하여 당연히 그 소유권이 국가에 귀속된다고 할 것인바, 한편 동법에서는 위 법의 시행으로 인하여 국유화가 된 제외지의 소유자에 대하여 그 손실을 보상한다는 직접적인 보상규정을 둔 바가 없으나 동법

22) 박균성, 행정법론(상), 736면.

23) 대법원 1976.11.2. 선고 67다1334 판결 ; 대법원 1972.11.28. 선고 72다1597 판결

24) 대법원 1976.10.12. 선고 76다1443 판결

25) 대법원 1978.3.14. 선고 76다1529 판결

제74조의 손실보상요건에 관한 규정은 보상사유를 제한적으로 열거한 것이라기보다는 예시적으로 열거하고 있으므로 국유로 된 제외지의 소유자에 대하여는 위 법조를 유추적용하여 관리청은 그 손실을 보상하여야 한다."라고 판시하고,[26] 또 "공공사업의 시행 결과 그 공공사업의 시행이 기업지 밖에 미치는 간접손실에 관하여 그 피해자와 사업시행자 사이에 협의가 이루어지지 아니하고 그 보상에 관한 명문의 근거 법령이 없는 경우라고 하더라도…, 같은 법 시행규칙 제23조의2 내지 7에서 공공사업시행지구 밖에 위치한 영업과 공작물 등에 대한 간접손실에 대하여도 일정한 조건하에서 이를 보상하도록 규정하고 있는 점에 비추어, 공공사업의 시행으로 인하여 그러한 손실이 발생하리라는 것을 쉽게 예견할 수 있고 그 손실의 범위도 구체적으로 이를 특정할 수 있는 경우라면 그 손실의 보상에 관하여 「공공용지의 취득 및 손실보상에 관한 특례법 시행규칙」의 관련 규정 등을 유추적용할 수 있다고 해석함이 상당하다."[27]라고 하여 유추적용설을 취하고 있다.

한편 헌법재판소는 분명한 것은 아니지만 위헌무효설에 가까운 입장으로 보인다.[28]

판례

개별법률에서 보상규정을 결한 경우의 손실보상청구의 법적 근거

[1] 위헌무효설의 입장에 선 판례(헌법재판소)

구 도시계획법 제21조에 규정된 개발제한구역의 지정은 재산권 형성적 법률유보에 의해 보장되는 재산권의 특성과 토지재산권의 사회기속성에 비추어 정당성이 인정되는 합헌적인 행위이나, 구역지정으로 인해 예외적으로 토지를 종래의 목적으로도 사용할 수 없거나 또는 법적으로 허용된 토지이용방법이 없어 실질적으로 토지의 사용수익의 길이 막혀버린 경우에는 토지소유자가 수인해야 하는 사회적 제약의 한계를 넘는 것이기 때문에 적정한 보상규정이 없으면 위헌이다[헌재결정 1998.12.24. 선고 89헌마214, 90헌바16, 97헌바78(병합) 전원재판부].

[2] 관계보상규정을 유추적용한 판례(대법원)

구 수산업법(2007.1.3. 법률 제8226호로 개정되기 전의 것, 이하 같다) 제81조의 규정에 의한 손실보상청구권이나 손실보상 관련 법령의 유추적용에 의한 손실보상청구권은 사업시행자를 상대로 한 민사소송의 방법에 의하여 행사하여야 한다(대법원 2001.6.29. 선고 99다56468 판결 참조). 그렇지만 구 공익사업을 위한 토지 등의 취득 및 보상에 관한 법률(2008.2.29. 법률 제8852호로 개정되기 전의 것, 이하 '구 공익사업법'이라 한다)의 관련 규정에 의하여 취득하는 어업피해에 관한 손실보상청구권은 민사소송의 방법으로 행사할 수는 없고, 구 공익사업법 제34조, 제50조 등에 규정된 재결절차를 거친 다음 그 재결에 대하여 불복이 있는 때에 비로소 구 공익사업법 제83조 내지 제85조에 따라 권리구제를 받아야 하며, 이러한 재결절차를 거치지 않은 채 곧바로 사업시행자를 상대로 손실보상을 청구하는 것은 허용되지 않는다고 봄이 타당하다(대법원 2014.5.29. 선고 2013두12478 판결[어업손실보상금]).

26) 대법원 1987.7.21. 선고 84누126 판결
27) 대법원 1999.10.8. 선고 99다27231 판결 ; 대법원 1999.11.23. 선고 98다11529 판결
28) 헌재결정 1994.6.30. 선고 92헌가18 전원재판부 ; 헌재결정 1998.12.24. 선고 90헌바16, 97헌바78(병합) 전원재판부 ; 헌재결정 1999.10.21. 선고 97헌바26 전원재판부

⑦ 결어

현행 헌법 아래에서는 공용수용 · 사용 또는 제한이 있으면 일반적 · 추상적인 손실보상청구권이 헌법 제23조 제3항에 의하여 발생하는 것이지만 구체적인 손실보상청구권의 내용과 행사방법은 동조 제3항 후단에서 법률로 정하도록 규정하고 있다. 결국 어떤 법률이 재산권의 공권적 침해에 관하여만 규정하고 보상에 관하여는 침묵하고 있거나 또는 헌법규정에 상응하지 않는 보상규정을 두고 있는 때에는 결과적으로 그 법률은 위헌이 된다.

이 경우에 재산권의 침해를 받은 자는 어떻게 구제받을 것인가가 문제인데, 이 경우에는 헌법 제23조 제1항(재산권보장조항) 및 제12조(평등원리)를 근거로 하는 동시에 헌법 제23조 제3항 및 관계규정의 유추적용을 통하여 보상을 청구할 수 있다고 할 것이다. 왜냐하면 헌법에 적법한 재산권침해에 관해서도 그 손실을 보상해 주도록 규정하고 있는데, 하물며 위법한 재산권침해에 대하여 권리구제를 해주는 것은 너무나 당연한 논리적인 귀결이기 때문이다.

3. 손실보상청구권의 성질

행정상 손실보상청구권의 성질에 관하여 다음과 같은 견해가 대립되고 있다.

1) 공권설

손실보상은 그 원인행위인 권력작용(토지수용 · 징발)과 일체성의 관계에 있으므로 그 권력작용의 법적 효과로 보아야 하는 것이기 때문에 손실보상청구권은 공법상 권리라고 한다. 이것이 우리나라의 통설이다. 손실보상청구권의 성질을 공법상 권리로 보는 경우에는 그에 관한 소송은 공법상의 권리관계에 관한 소송으로서 행정소송인 당사자소송에 속하게 된다. 최근 대법원 전원합의체 판결(2004다6207)은 하천법상의 손실보상청구권을 공법상 권리로 보면서 행정소송법상 당사사소송의 대상이 된다고 판시하였다.

판례

하천법 등이 하천구역으로 편입된 토지에 대하여 손실보상청구권을 규정한 것은 헌법 제23조 제3항이 선언하고 있는 손실보상청구권을 하천법에서 구체화한 것으로서, 하천법 그 자체에 의하여 직접 사유지를 국유로 하는 이른바 입법적 수용이라는 국가의 공권력 행사로 인한 토지소유자의 손실을 보상하기 위한 것이므로 하천구역 편입토지에 대한 손실보상청구권은 공법상의 권리임이 분명하고, 따라서 그 손실보상을 둘러싼 쟁송은 사인 간의 분쟁을 대상으로 하는 민사소송이 아니라 공법상의 법률관계를 대상으로 하는 행정소송절차에 의하여야 할 것이며, 이 때문에 개정 하천법 이래 현행 하천법에 이르기까지 하천구역으로 편입된 토지에 대한 하천법 본칙에 의한 손실보상청구는 행정소송에 의하는 것으로 규정되어 왔거나 해석되어 왔고, 실무상으로도 계속하여 행정소송 사건으로 처리하여 왔다(대법원 1994.6.28. 선고 93다46827 판결 ; 대법원 2003.4.25. 선고 2001두1369 판결). 그런데 개정 하천법은 그 부칙 제2조 제1항에서 개정 하천법의 시행일인 1984.12.31. 전에 유수지에 해당되어 하천구역으로 된 토지 및 구 하천법의 시행으로 국유로 된 제외지 안의 토지에 대하여는 하천구역으로 된 토지 및 구 하천법의 시행으로 국유로 된 제외지 안의 토지에 대하여는 관리청이 그 손실을 보상하도록 규정하였고, 특별조치법 제2조

> 는 개정 하천법 부칙 제2조 제1항에 해당하는 토지로서 개정 하천법 부칙 제2조 제2항에서 규정하고 있는 소멸시효의 만료로 보상청구권이 소멸되어 보상을 받지 못한 토지에 대하여는 시·도지사가 그 손실을 보상하도록 규정하고 있는바, 위 각 규정들에 의한 손실보상청구권은 모두 종전의 하천법 규정 자체에 의하여 하천구역으로 편입되어 국유로 되었으나 그에 대한 보상규정이 없었거나 보상청구권이 시효로 소멸되어 보상을 받지 못한 토지들에 대하여, 국가가 반성적 고려와 국민의 권리구제 차원에서 그 손실을 보상하기 위하여 규정한 것으로서, 그 법적 성질은 하천법 본칙이 원래부터 규정하고 있던 하천구역에의 편입에 의한 손실보상청구권과 하등 다를 바가 없는 것이어서 공법상의 권리임이 분명하므로 그에 관한 쟁송도 행정소송절차에 의하여야 할 것이다(대법원 2006.5.18. 선고 2004다6207 판결).

2) 사권설

손실보상의 원인행위가 공법적인 것이라 할지라도 그에 대한 보상은 사법상의 채권·채무관계나 또는 손해배상과 다름이 없으므로 손실보상청구권의 성질을 사권의 일종으로 본다. 종래 우리나라 판례의 태도이다. 손실보상청구권을 사권으로 볼 때에는 그에 관한 소송도 당연히 민사소송에 의하게 된다.

판례

> 징발이 국가의 일방적인 공권력 행사에 의한 행정처분에 해당되는 것임이 소론과 같다 하여, 피징발자의 국가에 대한 징발물 또는 징발권리에 관한 보상청구까지를 공권관계에 속하는 권리라고는 할 수 없으므로 당원은 종전부터 징발보상청구권에 관하여 그것이 비록 징발에 필수적으로 수반되는 권리이기는 하나 그 성질은 사법상의 권리에 지나지 않는 것이다(대법원 1969.12.30. 선고 69다9 판결).

3) 결어

손실보상청구권은 ① 공익을 위하여 공권력으로 적법하게 개인의 재산권을 침해하는 것으로서 사법관계에서 볼 수 없는 공법에 특유한 현상이라는 점, ② 손실보상에 관하여 규정한 실정법이 손실보상의 청구에 관하여 전심절차로서 행정심판절차(토지보상법 제83조 이의신청 등)를 고려할 때 공권으로 봄이 타당시된다고 할 것이다. 따라서 행정소송법 제3조 제2호에 규정된 공법상 당사자소송에 의하여 손실보상을 다투는 것이 타당하다고 판단된다.

4. 행정상 손실보상의 원인(요건)

행정상 손실보상의 원인은 헌법 제23조 제3항이 규정한 '공공필요에 의한 재산권의 수용·사용 또는 제한'이다. 그러나 모든 공용침해가 보상의 원인이 되는 것이 아니고 그 공용침해가 사회적 제약을 넘어선 특별한 희생에 해당되어야 한다. 따라서 이론적인 손실보상의 원인은 공공필요에 의한 특별한 희생으로서 재산권에 대한 공용침해가 된다. 이를 분설하면 다음과 같다.

1) 재산권에 대한 공권적 침해

⑴ 재산권의 의의

손실보상이 행해지기 위해서는 개인의 재산권에 대한 침해가 있어야 하는데, 여기서 재산권이란 소유권만이 아니라 법에 의하여 보호되고 있는 일체의 재산적으로 가치 있는 권리를 의미한다. 이러한 재산권에는 사법상의 권리만이 아니라 공법상의 권리도 포함되며, 현존하는 재산가치이어야 한다. 따라서 기대이익 같은 것은 이에 포함되지 않는다. 보상에 관한 대표적인 법률인 토지보상법 제3조 보상적용대상에서 토지만이 아니라 ① 토지에 관한 소유권 이외의 권리, ② 토지와 함께 공익사업을 위하여 필요로 하는 입목・건물 기타 토지에 정착한 물건 및 이에 관한 소유권 이외의 권리, ③ 광업권・어업권 또는 물의 사용에 관한 권리, ④ 토지에 속한 흙・돌・모래・자갈에 관한 권리(동법 제75조)・영업상의 손실(동법 제77조) 등도 보상의 원인이 됨을 규정하고 있다.

⑵ 공권적 침해

보상청구권이 성립하기 위하여는 개인의 재산권에 대한 공권적 침해가 있어야 한다. 공권적이란 공법상의 것을 의미하며, 행정 주체의 사법적 작용은 배제된다. 여기서 공행정작용은 법적 행위(토지수용 또는 징발 등)뿐만 아니라 사실행위(도로공사, 공공시설의 설치)를 포함한다. 침해란 일체의 재산적 감손을 의미한다.

헌법은 재산권에 대한 공권적 침해에 해당하는 경우로서 재산권의 수용・사용 또는 제한을 들고 있다. 여기서 수용은 재산권의 박탈을, 사용은 재산권의 박탈에 이르지 아니하는 일시사용을, 제한은 소유자 기타 사인에 대한 사용・수익의 제한을 의미한다. 그러나 이 세 가지뿐만이 아니라 그 밖에 재산권에 대한 공권력에 의한 일체의 침해가 그에 해당한다고 볼 것이다.

⑶ 침해의 직접성

개인의 재산권에 대한 침해가 공권력주체에 의하여 의욕되고 지향되었거나 아니면 적어도 상대방의 재산권손실에 대한 직접적인 원인이 되어야 한다. 따라서 개인이 입은 재산상의 손실이 공권력의 발동을 통하여 직접 야기된 것이 아니고 그 밖의 부수적 사정이 가미되거나 또는 간접적・결과적으로 야기된 경우에는 여기에서 말하는 보상의 직접적인 원인이 되지 아니한다.

손실보상의 요건의 하나로서 침해의 직접성은 엄격한 의미의 공용침해와 수용유사적 침해 및 수용적 침해를 구분함에 있어 중요한 의미를 가진다.

2) 공공의 필요

손실보상의 원인이 되는 재산권에 대한 공권적 침해는 헌법 제23조 제3항이나 토지수용법 제3조에서 규정하고 있는 바와 같이 '공공의 필요'를 위하여 또는 '공익'을 위하여 행해지는 것이어야 한다. 따라서 보상은 이와 같은 목적을 위하여 재산권이 침해된 경우의 대상을 의미하며, 다른 목적을 위한 금전 등의 지급은 여기서의 보상에 해당되지 않는다. 그러나 공공필요의 의미와 내용은 적극적으로 정의할 수 없는 불확정법개념의 하나라고 할 수 있다. 따라서 공공필요의 의미와 내용은 구체적 사안에 따라 확정되어야 한다. 일반적으로 공용침해에 의하여 얻어지는 공익과 재산권자의 재산권보유의 이익 간의 이익형량을 통하여 공공필요여부가 결정될 수 있다.

판례

> 하천관리의 공익목적을 달성하기 위하여는 국가가 제외지를 유수형적토지와 일체화하여 일률적으로 관리할 필요성이 인정되고, 이러한 관리목적을 위하여 국가가 택할 수 있는 방법에는 제외지를 국유화하는 방안 또는 제외지를 일률적으로 국유화하지 아니하고 하천의 관리 등을 위하여 필요한 토지를 개별적으로 수용한다든가 하천관리상의 필요에 대응하여 사소유권의 이용·처분에 제한을 가하는 것에 그치는 방안이 있을 수 있는데, 이 두 가지 방안 중 어느 것을 택할 것인지는 입법자가 홍수피해방지와 하천의 적정한 이용 등 효율적인 하천관리라는 공익적 필요성의 정도와 이를 위해 국민의 재산권이 희생되고 제한되는 정도를 조화롭게 형량하여 결정할 문제이고, 이에 관한 사실의 평가와 가치판단은 일차적으로 입법자의 몫으로 그것이 현저히 자의적이거나 비례성을 벗어난 것이라고 보이지 않는 한 이를 존중하여야 할 것인바, 근대적 수리법체계에서 국가의 하천관리의 중요성이 날로 커지고 있으며, 하천이라는 자연현상을 대상으로 하는 하천법은 합목적성과 기술성의 요청에 민감할 수밖에 없다는 점과 제외지가 가진 특성을 고려할 때, 국민의 재산권에 대한 제약의 정도가 큰 국유화의 방법을 채택하였다 하더라도 하천의 보다 효율적 관리 및 이용이라는 중대한 공익목적에 비추어 볼 때 적정한 보상이 수반되는 한 이를 두고 현저히 자의적이라거나 비례성을 벗어난 것으로서 위헌이라고 할 수 없다(헌재결정 1998.3.26. 선고 93헌바12 전원재판부).

헌법 제23조 제3항의 공공필요란 불확정 개념으로 넓은 의미의 공익목적을 위한 필요로 해석하되, 현대복지국가를 지향하면서 공공필요의 개념이 점차 확대되고 있는바, 최근에는 주택, 공장 등의 이주단지 조성에 관한 사업을 추가하면서 토지보상법 제78조의2에 공장에 대한 이주대책의 수립 등을 새로이 규정하고 있는바 공공필요의 확대화 경향과 밀접한 관련이 있다고 할 것이다.

3) 보상규정

헌법은 공용침해에 대한 보상과 관련하여 '보상은 법률로써 하되, 정당한 보상이 지급되어야 한다'(제23조 제3항)라고 규정하고 있다. 이와 같이 법률상에 있어 보상규정에 입각하여 보상을 지급하는 것이 본래적 의미의 공법상(또는 행정상) 손실보상이므로 보상규정이 법률상 존재해야 한다는 것이 손실보상의 중요한 요건이 된다.

4) 특별한 희생

(1) 의의

손실보상이 행해지려면 재산권에 대한 공권적 침해가 특정인에게 특별한 희생을 가한 것이 되어야 한다. 특별한 희생이란 특정인에 한정된 손실이며 그 손실을 방치하면 평등의 원리에 반하는 경우로서 재산권에 일반적으로 내재하는 사회적 제약을 넘어선 손실을 의미한다.

그런데 손실보상을 하여야 할 특별한 희생의 범위를 어느 정도까지 인정할 것인가가 문제되는데, 오늘날에는 재산권의 사회성 내지 의무성이 강조되고 있기 때문에 재산권에 내재하는 일반적인 사회적 제약을 넘어선 손실의 범위에 대하여 의문이 많다. 이 문제는 특히 재산권에 대한 제한과 관련하여 학설상 논란의 대상이 되고 있다.

(2) **판례**

최근 헌법재판소의 구 도시계획법 제21조와 제4조에 대한 헌법불합치결정[29]을 토대로 하여 분리이론과 경계이론에 대한 학설상 논의가 활발하게 전개되고 있다. 학설상의 논의를 살펴보기 전에 공용제한에 따른 손실보상에 대한 헌법재판소의 결정문[30] 전문에 대한 논고를 살펴본다(이하는 89헌마214 (1998.12.24) 헌법재판소 결정문에 다수견해 및 반대견해이다).

① 토지재산권의 사회적 의무성

헌법상의 재산권은 토지소유자의 이용 가능한 모든 용도로 토지를 자유로이 최대한 사용할 권리나 가장 경제적 또는 효율적으로 사용할 수 있는 권리를 보장하는 것을 의미하지는 않는다. 입법자는 중요한 공익상의 이유로 토지를 일정 용도로 사용하는 권리를 제한할 수 있다. 따라서 토지의 개발이나 건축물의 합헌적 법률로 정한 재산권의 내용과 한계 내에서만 가능한 것일 뿐만 아니라 토지 재산권의 강한 사회성 내지는 공공성으로 말미암아 이에 대하여서는 다른 재산권에 비하여 보다 강한 제한과 의무가 부과될 수 있다.

② 개발제한구역 지정으로 인한 토지 재산권 제한의 성격과 한계

개발제한구역을 지정하여 그 안에서는 건축물의 건축 등을 할 수 없도록 하고 있는 도시계획법 제21조는 헌법 제23조 제1항, 제2항에 따라 토지재산권에 관한 권리와 의무를 일반 추상적으로 확정하는 규정으로서 재산권을 형성하는 규정인 동시에 공익적 요청에 따른 재산권의 사회적 제약을 구체화하는 규정인바, 토지재산권은 강한 사회성·공공성을 지니고 있어 이에 대하여는 다른 재산권에 비하여 보다 강한 제한과 의무를 부과할 수 있으나 그렇다고 하더라도 다른 기본권을 제한하는 입법과 마찬가지로 비례성원칙을 준수하여야 하고 재산권의 본질적 내용인 사용·수익권과 처분권을 부인하여서는 아니 된다.

③ 토지재산권의 사회적 제약의 한계를 정하는 기준

개발제한구역 지정으로 인하여 토지를 종래의 목적으로도 사용할 수 없거나 또는 더 이상 법적으로 허용된 토지이용의 방법이 없기 때문에 실질적으로 토지의 사용 수익의 길이 없는 경우에는 토지소유자가 수인해야 하는 사회적 제약의 한계를 넘는 것으로 보아야 한다.

④ 토지를 종전의 용도대로 사용할 수 있는 경우에 개발제한구역 지정으로 인한 지가의 하락이 토지재산권에 내재하는 사회적 제약의 범주에 속하는지 여부

개발제한구역의 지정으로 인한 개발가능성의 소멸과 그에 따른 지가의 하락이나 지가상승률의 상대적 감소는 토지소유자가 감수해야 하는 사회적 제약의 범주에 속하는 것으로 보아야 한다. 자신의 토지를 장래의 건축이나 개발목적으로 사용할 수 있으리라는 기대 가능성이나 신뢰 및 이에 따른 지가상승의 기회는 원칙적으로 재산권의 보호범위에 속하지 않는다.

---

29) 헌재결정 1998.12.24. 선고 89헌마214 전원재판부
30) 헌재결정 1998.12.24. 선고 89헌마214 전원재판부

구역지정 당시의 상태대로 토지를 사용·수익·처분할 수 있는 이상 구역지정에 따른 단순한 토지이용의 제한은 원칙적으로 재산권에 내재하는 사회적 제약의 범주를 넘지 않는다.

⑤ 구 도시계획법 제21조의 위헌 여부

도시계획법 제21조에 의한 재산권의 제한은 개발제한구역으로 지정된 토지를 원칙적으로 지정 당시의 지목과 토지현황에 의한 이용방법에 따라 사용할 수 있는 한 재산권에 내재하는 사회적 제약을 비례의 원칙에 합치하게 합헌적으로 구체화한 것이라고 할 것이나, 종래의 지목과 토지현황에 의한 이용방법에 따른 토지의 사용도 할 수 없거나 실질적으로 사용·수익을 전혀 할 수 없는 예외적인 경우에도 아무런 보상 없이 이를 감수하도록 하고 있는 한 비례의 원칙에 위반되어 해당 토지소유자의 재산권을 과도하게 침해하는 것으로서 헌법에 위반된다.

⑥ 헌법불합치결정을 하는 이유와 그 의미

도시계획법 제21조에 규정된 개발제한구역제도 그 자체는 원칙적으로 합헌적인 규정인데 다만 개발구역지정으로 말미암아 일부 토지소유자에게 사회적 제약의 범위를 넘는 가혹한 부담이 발생하는 예외적인 경우에 대하여 보상규정을 두지 않는 것에 위헌성이 있는 것이고 보상의 구체적인 기준과 방법은 헌법재판소가 결정할 성질의 것이 아니라 광범위한 입법 형성권을 가진 입법자가 입법 정책적으로 정할 사항임으로, 입법자가 보상입법을 마련함으로써 위헌적인 상태를 제거할 때까지 위 조항을 형식적으로 존속케 하기 위하여 헌법불합치결정을 하는 것인바, 입법자는 되도록 빠른 시일 내에 보상입법을 하여 위헌적 상태를 제거할 의무가 있고, 행정청은 보상입법이 마련되기 전에는 새로 개발제한구역을 지정하여서는 아니 되며 토지소유자는 보상입법을 기다려 그에 따른 권리행사를 할 수 있을 뿐 개발제한구역의 지정이나 그에 따른 토지재산권의 제한 그 자체의 효력을 다투거나 위 조항에 위반하여 행한 자신들의 행위의 정당성을 주장할 수는 없다.

⑦ 보상입법의 의미 및 법적 성격

입법자가 도시계획법 제21조를 통하여 국민의 재산권을 비례의 원칙에 부합하게 합헌적으로 제한하기 위해서는 수인의 한계를 넘어 가혹한 부담이 발생하는 예외적인 경우에는 이를 완화하는 보상규정을 두어야 한다. 이러한 보상규정은 입법자가 헌법 제23조 제1항 및 제2항에 의하여 재산권의 내용을 구체적으로 형성하고 공공의 이익을 위하여 재산권을 제한하는 과정에서 이를 합헌적으로 규율하기 위하여 두어야 하는 규정이다. 재산권의 침해와 공익 간의 비례성을 다시 회복하기 위한 방법은 헌법상 반드시 금전보상에 갈음하거나 기타 손실을 완화할 수 있는 제도를 보완하는 등 여러 가지 다른 방법을 사용할 수 있다.

⑧ 헌법재판소 이영모 재판관의 반대의견에 따른 해결

모든 국민이 건강하고 쾌적한 환경에서 생활할 수 있는 환경권은 인간의 존엄과 가치 행복추구권의 실현에 기초가 되는 기본권이므로 사유재산권인 토지소유권을 행사하는 경제적 자유보다 우선하는 지위에 있다.

도시계획법 제21조는 국가안전보장과 도시의 자연환경 생활환경의 권리보전에 유해한 결과를 수반하는 환경오염을 미리 예방하기 위한 필요한 규제입법으로 헌법상 정당성을 갖추고 있다.

이 규제 입법으로 말미암아 나대지의 이용이 제한되고 사정변경으로 인하여 토지를 사용하는데 지장이 생겼다고 할지라도 입법목적에 어긋나지 않는 범위 안에서 이를 이용할 수 있는 방법이 있고 또 소유권자의 처분을 제한하는 것도 아니므로 이와 같은 규제는 성질상 재산권에 내재된 사회적 제약에 불과하다고 보는 것이 상당하다. 법익의 비교형량에서도 토지소유권자가 입는 불이익보다 국가안전보장과 공공복리에 기여하는 이익이 더 크고 입법목적의 달성을 위한 합리성 필요성을 갖추었으므로 헌법 제37조 제2항 소정의 기본권제한 한계요건을 벗어나는 것도 아니다. 뿐만 아니라 제한구역 내의 다른 토지와 서로 비교하여 보아도 나대지와 사정변경으로 인한 토지의 특성상 재산권의 박탈로 볼 수 있는 정도의 제한을 가한 합리성이 없는 차별취급으로 인정되지 아니하므로 평등원칙을 위반한 것도 아니다.

(3) **특별한 희생에 대한 판단기준**

오늘날에는 재산권의 사회성 내지 의무성이 강조되고 있기 때문에 재산권에 내재하는 일반적인 사회적 제약을 넘어선 손실의 범위에 대하여 의문이 많다. 이에 관하여는 형식적 기준설, 실질적 기준설, 절충설 등이 있다.

① 형식적 기준설(형식설)

이 설은 재산권에 대한 침해행위가 일반적인 것이냐 아니면 개별적인 것이냐 라는 형식적 기준에 의하여 내재적 제약과 특별한 희생을 구별하려는 견해이다. 개별적 행위설이라고도 한다. 이 견해에 의하면 개별적 침해, 즉 특정인 또는 국한된 범위 내에 있는 자에 대한 침해를 특별한 희생으로 보게 된다. 즉, 침해행위의 인적범위 특정가능성 및 침해행위가 일반적인지 개별적인지 여부로 판단할 수 있다는 견해이다.

② 실질적 기준설(실질설)

이 설은 침해의 정도가 재산권에 내재하는 사회적 제약을 넘어 해당 권리의 본질적 내용을 제한하는 것인지의 여부에 따라 특별한 희생이 있었느냐 아니냐를 판단하는 견해이다. 즉, 침해행위의 '성질 및 강도'를 고려하여 특별한 희생을 판단한다. 이 설은 관점에 따라 다음과 같이 세분할 수 있다.

㉠ 보호가치설 : 역사나 일반적 사상, 언어의 관행 및 법률의 취지 등에 비추어 그렇지 아니한 것으로 나누어 보호가치가 있는 희생으로 보아 보상을 요한다고 한다.

㉡ 수인한도설 : 이 설은 국가가 헌법상 사유재산제를 보장하기 위하여 재산권의 내용과 한계를 법률로 정하고 있는바, 이 재산권의 배타적 지배권으로서 권리의 본질에 영향을 주지 않는 침해는 재산권에 내재하는 사회적 제약이고 공공의 필요에 의하여 사유재산 제도의 핵심을 변혁하여 재산권의 본체인 배타적 지배권을 침해하는 것은 특별한 희생이라고 한다.

㉢ 목적 위배설 : 이 설은 재산권을 침해하는 행위가 그 재산권에 대하여 종래부터 인정되었던 목적・용도에 위배되는 성질의 것이면 특별한 희생이고 재산권에 대한 침해・제한행위가 재산권의 본래적 기능에 따라 공공복리에 적합하도록 재산권 행사를 규제하는 성질을 가질 때에는 특별한 희생이 아니라고 한다.

㉣ **사적 효용설** : 이 설은 사유재산제도의 본질을 재산권의 사적 효용성에서 구하고 그 사적 효용성을 침해하는 행위가 보상을 요하는 특별한 희생에 해당한다고 한다.

㉤ **상황구속성설** : 이 설은 주로 토지의 이용제한과 관련하여 판례를 통하여 발전된 견해로서 일정한 토지는 그것이 놓여 있는 사실상 위치로 인하여 토지의 일정한 이용이 제약받게 되며, 이와 같은 지리적 위치로 인한 제약은 재산권에 내재하는 사회적 제약으로서 보상의 대상에서 제외된다고 한다. 이 견해에 의하면 인구가 밀집하고 있는 도시 및 그 근교에 위치하고 있는 토지는 사회적 구속을 강하게 받는다는 결론에 도달하게 된다.

㉥ **사회적 비용설** : 이 설은 특별한 희생에 대한 손실보상을 실시하기 위해서는 사회적 비용에 대한 고려가 선행되어야 하며, 특히 특별한 희생의 범위와 액수 등을 조사하는 비용, 담당 공무원의 보수, 기타 제도운영비용 등의 사회적 비용을 참작하여야 한다. 따라서 손실보상의 시점은 특별한 희생이 손실보상의 사회적 비용보다 큰 경우에 가능하다는 견해이다.

③ 절충적 기준설(절충설)

이 설은 위에서 본 형식설과 실질설이 각각 일면적인 타당성밖에는 없다고 보며, 양론을 종합하여 침해에 대한 보상여부를 결정할 수밖에 없다는 견해이며, 통설이다.

④ 결어

생각건대, 위에서 본 양설의 표준을 함께 고려하여 판단하는 통설의 견해, 즉 사회적 제약과 손실보상을 요하는 특별한 희생의 구별을 결정함에 있어서 실질적 기준을 주로 하고 형식적 기준을 참작하여 결정하는 것이 타당하다.

그리고 실질적·본질적 제한의 유무를 결정하는 기준으로서 위의 제학설 중 목적위배설이 타당하다고 생각되며, 경우에 따라서는 상황구속성설의 견해를 보완적으로 함께 고려할 필요가 있다.

그러나 어느 특정이론으로서 공용침해와 사회적 구속의 구분문제가 완전히 해결되는 것은 아니기 때문에 피침해재산의 성질, 침해행위의 성질, 피침해자에게 주는 손실 등을 유형화하여 보다 구체적으로 검토하여야 할 것이다.

5. 손실보상의 기준

1) 학설

침해된 재산가치에 대하여 어느 정도까지 손실보상을 인정할 것인가의 문제는 각국의 입법태도 및 재산권에 대한 사회윤리적 가치관에 따라 달라질 수 있으나 우리나라는 헌법 제23조 제3항은 "공공필요에 의한 재산권의 수용·사용 또는 제한 및 그에 대한 보상은 법률로써 하되, '정당한 보상'을 지급하여야 한다."라고 규정하고 있다.

(1) 완전보상설

손실보상은 피침해재산이 가지는 완전한 가치의 보상이어야 한다는 견해이다. 이러한 완전보상설은 다시, ① 보통 발생되는 손실의 전부를 보상하는 것이어야 하며, 부대적 손실을 포함한다고 보는 설(손실전부보상설)과, ② 손실보상은 재산권에 대응하는 것이므로 피침해재산의 시가·거래가격에 의한 객관적 가치를 완전히 보상하는 것이어야 하지만 부대적 손실은 포함되지 않는다는 설(객관적 가치보상설)로 나누어진다. 헌법재판소는 정당보상이란 완전보상을 뜻하는 것이라고 판시[31]한 바 있다.

(2) **상당보상설**

손실보상은 현대복지주의에 따라 재산권의 사회적 구속성을 감안하고 또한 개인의 이익과 사회의 이익을 정당하게 비교형량하여 합리적인 조화를 이룬 보상이어야 한다는 견해이다. 이 견해는 다시, ① 사회통념에 비추어 객관적으로 공정・타당한 것이면 완전보상을 하회하여도 무방하다고 보는 견해와, ② 완전한 보상이 원칙이지만 합리적인 이유가 있으면 완전보상을 상회하거나 하회할 수 있다는 견해로 나누어진다.

2) 현행 헌법상의 보상기준

현행헌법 제23조 제3항은 "보상은 법률로써 하되, 정당한 보상을 지급하여야 한다."라고 규정함으로써 정당한 보상이라는 기준을 명시하면서 구체적인 보상기준을 법률에 유보하고 있다.[32] 이러한 경우 정당한 보상이란 항상 획일적인 보상기준이 적용되는 것이 아니라 완전보상을 원칙으로 하면서도 공익상 합리적 이유가 있은 경우에는 그것을 하회할 수도 있고 또한 생활보상 등 완전한 보상을 상회하는 경우도 있다는 것으로 보아야 할 것이다. 최근 헌법재판소도 "현행 헌법 제23조 제3항의 정당한 보상에 관하여는 그 손실보상은 원칙적으로 피수용자의 객관적인 재산가치를 완전하게 보상하는 것이어야 한다는 완전보상을 뜻하는 것으로서, 보상금액 뿐만 아니라 보상의 시기, 방법 등에 있어서도 어떠한 제한을 두어서는 아니 된다는 것을 의미한다."라고 하여 완전보상입장을 취하고 있다.[33] 완전보상의 경우에 피침해재산권의 객관적 가치의 손실과 부대적 손실에 대하여도 보상하여야 할 것이다. 이것은 토지수용 등에 따르는 이전료・영업상 손실 등도 본인의 의사에 반한 토지의 강제취득에 따르는 불이익이기 때문이다.

3) 법률규정(토지보상법상 보상액의 산정기준)

헌법 제23조에서 '보상은 법률'로 하도록 규정되어 있지만 통일되어 있지 못하였다. 특히 2002년도 이전에는 사업인정을 얻어 행해지는 협의취득 및 강제취득과 보상은 토지수용법에서, 사업인정을 얻지 않고 행해지는 협의취득과 보상은 공공용지의 취득 및 손실보상에 관한 특례법에서 각각 규율하고 있었다.

---

31) 헌재결정 1990.6.25. 선고 89헌마107 전원재판부

32) 우리 헌법상의 보상기준의 변천 : 우리나라에서는 ① 1948년 헌법 제15조 제3항에서 '상당한 보상'을 규정하였으나, ② 1963년의 제3공화국에서는 제20조 제3항은 '정당한 보상'으로 표현을 바꾸어서 그 해석에 있어 학설은 갈리었으나 판례는 완전보상의 뜻으로 이해하였다. ③ 1972년 제4공화국헌법 제20조 제3항은 "… 보상의 기준과 방법은 법률로 정한다."로 하여 구헌법의 경우와는 달리 보상기준을 헌법 자신이 명시하지 아니하고 완전히 법률유보조항으로 하였으나 해석상으로는 완전보상원칙설이 주장되었다. ④ 1980년 제5공화국헌법 제22조 제3항에서는 "… 보상을 지급하여야 한다. 보상은 공익 및 관계자의 이익을 정당하게 형량하여 법리로 정한다."로 하여, Bonn기본법 제14조 제3항 3단과 같은 표현을 써서 헌법은 추상적인 보상기준만을 정하였다.

33) 헌재결정 1990.6.25. 선고 89헌마107 전원재판부

손실보상현장에서 혼란이 가중되어 구 토지수용법과 공특법을 통합하여 일원적으로 규율할 필요성에서 「공익사업을 위한 토지 등의 취득 및 보상에 관한 법률」(이하 '토지보상법')이 2002년 2월 4일 제정되고 2003년 1월 1일부터 시행되었다. 토지보상법은 공공필요를 위한 토지수용의 근거 및 보상의 기준과 절차 등을 규정하고 있다.

이 밖에도 하천법(법 제74조), 도로법(법 제79조), 철도법(법 제76조 제3항), 공유수면매립법(법 제20조), 수산업법(법 제81조), 산림법(법 제63조) 등 많은 법률이 있으나 보상에 관한 규율방식이 다양할 뿐만 아니라, 보상기준 역시 통일되어 있지 않다.

이하에서는 토지보상법상의 주요 보상규정에 대하여 살펴보기로 한다.

6. 구체적 보상기준

1) 재산권 보상

(1) 취득하는 토지 등의 객관적 가치보상

① 보상액의 가격시점(협의 또는 재결 당시의 가격)

보상액의 산정은 협의에 의한 경우는 협의의 성립 당시 가격을, 재결에 의한 경우는 수용 또는 사용의 재결 당시의 가격을 기준으로 한다(토지보상법 제67조 제1항).

② 공시지가에 의한 적정가격의 보상

협의나 재결에 의하여 취득하는 토지에 대하여는 「부동산 가격공시에 관한 법률」에 따른 공시지가를 기준으로 하여 보상하되, 그 공시기준일부터 가격시점까지의 관계 법령에 따른 그 토지의 이용계획, 해당 공익사업으로 인한 지가의 영향을 받지 아니하는 지역의 대통령령으로 정하는 지가변동률, 생산자물가상승률(한국은행법 제86조에 따라 한국은행이 조사・발표하는 생산자물가지수에 따라 산정된 비율을 말한다)과 그 밖에 그 토지의 위치・형상・환경・이용상황 등을 고려하여 평가한 적정가격으로 보상하여야 한다(토지보상법 제70조 제1항).

③ 현실적 이용 및 객관적 가치의 보상

토지에 대한 보상액은 가격시점에서의 현실적인 이용상황과 일반적인 이용방법에 의한 객관적 상황을 고려하여 산정하되, 일시적인 이용상황과 토지소유자나 관계인이 갖는 주관적 가치 및 특별한 용도에 사용할 것을 전제로 한 경우 등은 고려하지 아니한다(토지보상법 제70조 제2항).

④ 사업인정 전의 협의취득 보상

사업인정 전 협의에 의한 취득의 경우에 제1항에 따른 공시지가는 해당 토지의 가격시점 당시 공시된 공시지가 중 가격시점과 가장 가까운 시점에 공시된 공시지가로 한다(토지보상법 제70조 제3항).

⑤ 사업인정 후의 취득보상

사업인정 후의 취득의 경우에 제1항에 따른 공시지가는 사업인정고시일 전의 시점을 공시기준일로 하는 공시지가로서, 해당 토지에 관한 협의의 성립 또는 재결 당시 공시된 공시지가 중 그 사업인정고시일과 가장 가까운 시점에 공시된 공시지가로 한다(토지보상법 제70조 제4항).

⑥ 개발이익의 배제

토지보상법 제67조 제2항은 "보상액을 산정할 경우에 해당 공익사업으로 인하여 토지 등의 가격이 변동되었을 때에는 이를 고려하지 아니한다."라고 규정하고 있는바 개발이익의 배제를 명시하고 있다. 또한 동법 제70조 제5항은 사업인정 전후의 지가상승 등에 대한 불균형을 해소하기 위하여 토지보상법 제70조 제3항 및 제4항에도 불구하고 공익사업의 계획 또는 시행이 공고되거나 고시됨으로 인하여 취득하여야 할 토지의 가격이 변동되었다고 인정되는 경우에는 제1항에 따른 공시지가는 해당 공고일 또는 고시일 전의 시점을 공시기준일로 하는 공시지가로서 그 토지의 가격시점 당시 공시된 공시지가 중 그 공익사업의 공고일 또는 고시일과 가장 가까운 시점에 공시된 공시지가로 한다.

불로소득인 개발이익은 형평의 관념에 비추어 볼 때 토지 등 소유자에게 귀속시키는 것은 타당하지 않으며 투자자인 시행자, 궁극적으로 국민 모두인 사회에 귀속시켜야 하기 때문이다. 헌법재판소와 대법원도 같은 취지의 입장을 취하고 있다. 다만 판례에 의하면 토지수용으로 인한 손실보상액을 산정함에 있어서 해당 공공사업과는 관계없는 다른 사업의 시행으로 인한 개발이익은 이를 배제하지 아니한 가격으로 평가하여야 한다.[34)]

한편 토지를 수용당하는 토지소유자는 공시지가제도에 의하여 공공사업시행에 따른 개발이익이 배제되나, 그 인근 지역의 토지소유자의 경우에는 공공사업으로 인한 지가상승에 따른 지가상승의 이익을 누리게 되어 형평의 문제가 제기될 뿐만 아니라 토지투기현상을 야기할 수 있다. 따라서 여기서 그 토지의 양도 차익에 대해 양도소득세를 부과하고, 개발사업자에게는 해당 개발사업으로 인하여 얻게 되는 지가상승분에 대해 개발부담금(개발이익의 1/4, 개발이익환수에 관한 법률 제13조)을 부과하도록 하고 있다.

판례

헌법 제23조 제3항이 규정하는 '정당한 보상'이란 원칙적으로 피수용 재산의 객관적인 재산가치를 완전하게 보상하여야 한다는 완전보상을 뜻하는 것이나, 공익사업의 시행으로 지가가 상승하여 발생하는 개발이익은 사업시행자의 투자에 의하여 발생하는 것으로서 피수용자인 토지소유자의 노력이나 자본에 의하여 발생하는 것이 아니므로, 이러한 개발이익은 형평의 관념에 비추어 볼 때, 토지소유자에게 당연히 귀속되어야 할 성질의 것이 아니고, 오히려 투자자인 사업시행자 또는 궁극적으로는 국민 모두에게 귀속되어야 할 성질의 것이며, 또한, 개발이익이란 해당 공익사업이 순조롭게 시행되어야 비로소 현재화될 수 있는 것이어서, 아직 공익사업이 시행되기도 전에 개발이익을 기대하여 증가된 지가부분은 공익사업의 시행을 볼모로 한 주관적 가치부여에 지나지 않는 것이므로, 개발이익은 피수용토지가 수용 당시 갖는 객관적 가치에 포함된다고 볼 수도 없고, 따라서 개발이익은 그 성질상 완전보상의 범위에 포함되는 피수용자의 손실이라고 볼 수 없으므로, 개발이익을 배제하고 손실보상액을 산정한다 하여 정당보상의 원리에 어긋나는 것은 아니다(헌재결정 2009.9.24. 선고 2008헌바112 전원재판부).

34) 대법원 1999.1.15. 선고 98두8896 판결

㉠ **공시지가에 의한 개발이익 배제** : 공시지가에 이미 해당 사업의 시행으로 인한 개발이익이 포함되어 있을 경우에는 그 공시지가에서 개발이익을 배제하여 손실보상액을 평가하고, 반대로 그 공시지가가 해당 사업의 시행으로 지가가 동결되어 개발이익을 배제한 자연적인 지가상승분조차 반영하지 못한 경우에는 그 자연적인 지가상승률을 포함하여 손실보상액을 평가하는 것이 정당보상의 원리에 합당하다고 할 것이다.[35]

㉡ **공법상 제한을 받는 토지 등의 평가시 개발이익의 배제** : 원칙상 공법상 제한을 받는 토지에 대하여는 제한받는 상태대로 평가한다. 다만, 그 공법상 제한이 해당 공익사업의 시행을 직접 목적으로 하여 가하여진 경우에는 제한이 없는 상태를 상정하여 평가하며, 특히 해당 공익사업의 시행을 직접 목적으로 하여 용도지역 또는 용도지구 등이 변경된 토지에 대하여는 변경되기 전의 용도지역 또는 용도지구 등을 기준으로 평가한다고 규정함으로써 개발이익배제를 명시화하였다.

㉢ **사업시행이익과의 상계금지** : 사업시행자는 동일한 소유자에 속하는 일단의 토지의 일부를 취득하거나 사용하는 경우 해당 공익사업의 시행으로 인하여 잔여지의 가격이 증가하거나 그 밖의 이익이 발생한 경우에도 그 이익을 그 취득 또는 사용으로 인한 손실과 상계할 수 없다(토지보상법 제66조).

(2) 부대적 손실의 보상

부대적 손실이란 공익사업을 위한 토지 등 취득이 직접 원인이 되어 부수적으로 발생한 손실을 말한다. 완전보상이 되기 위하여는 취득의 대상이 된 재산권의 재산적 가치뿐만 아니라 취득이 원인이 되어 부수적으로 발생한 손실도 보상되어야 한다.

① 잔여지의 손실과 공사비 보상(잔여지 보상)

사업시행자는 동일한 소유자에게 속하는 일단의 토지의 일부가 취득되거나 사용됨으로 인하여 잔여지의 가격이 감소하거나 그 밖의 손실이 있는 때 또는 잔여지에 통로·도랑·담장 등의 신설이나 그 밖의 공사가 필요한 때에는 국토교통부령으로 정하는 바에 따라 그 손실이나 공사의 비용을 보상하여야 한다. 다만, 잔여지의 가격 감소분과 잔여지에 대한 공사의 비용을 합한 금액이 잔여지의 가격보다 큰 경우에는 사업시행자는 그 잔여지를 매수할 수 있다(토지보상법 제73조 제1항).

② 잔여 건축물의 손실에 대한 보상 등

토지보상법은 법 제75조의2를 신설하여 제1항에서 다음과 같이 규정하고 있다. “사업시행자는 동일한 소유자에게 속하는 일단의 건축물의 일부가 취득되거나 사용됨으로 인하여 잔여 건축물의 가격이 감소되거나 그 밖의 손실이 있는 때에는 국토교통부령으로 정하는 바에 따라 그 손실을 보상하여야 한다. 다만, 잔여 건축물의 가격 감소분과 보수비(건축물의 나머지 부분을 종래의 목적대로 사용할 수 있도록 그 유용성을 동일하게 유지하는 데에 일반적으로 필요하다고 볼 수 있는 공사에 사용되는 비용을 말한다. 다만, 「건축법」 등 관계 법령에 따라 요구되는

35) 대법원 1993.7.27. 선고 92누11084 판결

시설의 개선에 필요한 비용은 포함하지 아니한다)를 합한 금액이 잔여 건축물의 가격보다 큰 경우에는 사업시행자는 그 잔여 건축물을 매수할 수 있다."라고 규정하여 잔여 건축물의 보상을 명확히 하였다.

동조 제2항에서는 "동일한 소유자에게 속하는 일단의 건축물의 일부가 협의에 의하여 매수되거나 수용됨으로 인하여 잔여 건축물을 종래의 목적에 사용하는 것이 현저히 곤란한 때에는 그 건축물소유자는 사업시행자에게 잔여 건축물을 매수하여 줄 것을 청구할 수 있으며, 사업인정 이후에는 관할 토지수용위원회에 수용을 청구할 수 있다. 이 경우 수용 청구는 매수에 관한 협의가 성립되지 아니한 경우에만 하되, 그 사업의 공사완료일까지 하여야 한다."라고 규정하고 있다.

③ 건축물 등의 이전에 필요한 비용보상

건축물·입목·공작물과 그 밖에 토지에 정착한 물건(이하 '건축물 등'이라 한다)에 대하여는 이전에 필요한 비용(이하 '이전비'라 한다)으로 보상하여야 한다. 분묘에 대하여는 이장에 드는 비용 등을 산정하여 보상하여야 한다(토지보상법 제75조 제1항 및 제4항).

④ 광업권 및 어업권 등 권리에 대한 보상

광업권·어업권·양식업권 및 물(용수시설을 포함한다) 등의 사용에 관한 권리에 대하여는 투자비용·예상수익 및 거래가격 등을 고려하여 평가한 적정가격으로 보상하여야 하며, 보상액의 구체적인 산정 및 평가방법은 국토교통부령으로 정한다(토지보상법 제76조).

⑤ 영업손실 등에 대한 보상

영업을 폐지하거나 휴업함에 따른 영업손실에 대하여는 영업이익과 시설의 이전비용 등을 고려하여 보상하여야 한다(토지보상법 제77조 제1항). 즉 공익사업의 시행으로 인하여 영업을 폐지하는 경우의 영업손실은 2년간의 영업이익(개인영업인 경우에는 소득을 말한다)에 영업용 고정자산·원재료·제품 및 상품 등의 매각손실액을 더한 금액으로 평가한다(동법 시행규칙 제46조 제1항). 그리고 사업인정고시일 등 전부터 허가 등을 받아야 행할 수 있는 영업을 허가 등이 없이 행하여 온 자가 공익사업의 시행으로 인하여 해당 장소에서 영업을 계속할 수 없게 된 경우에는 제45조 제2호(허가를 득한 영업)의 규정에도 불구하고 제52조에 의해 산정한 금액을 영업손실에 대한 보상금으로 지급하도록 하고 있다. 토지보상법 시행규칙 제47조에서는 공익사업의 시행으로 인하여 상가세입자가 영업장소를 이전하여야 하는 경우 영업손실을 보상하도록 하고, 영업손실 보상 시 휴업기간은 4월 이내로 한다. 이전에 장기간이 소요되는 경우에는 휴업기간을 2년까지 인정할 수 있도록 하고 있다.

대법원 판례는 "영업손실의 보상대상인 영업을 정한 공익사업을 위한 토지 등의 취득 및 보상에 관한 법률 시행규칙 제45조 제1호에서 말하는 '적법한 장소에서 인적·물적 시설을 갖추고 계속적으로 행하고 있는 영업'에 해당하는지 여부의 판단 기준 시기에 대하여 공익사업을 위한 토지 등의 취득 및 보상에 관한 법률(이하 '공익사업법'이라고 한다) 제67조 제1항은 공익사업의 시행으로 인한 손실보상액의 산정은 협의에 의한 경우에는 협의성립 당시의 가격을, 재결에 의한 경우에는 수용 또는 사용의 재결 당시의 가격을 기준으로 한다고 규정하므로, 공익사업법 제77조 제4항의 위임에 따라 영업손실의 보상대상인 영업을 정한 공익사업법 시행규칙 제45조 제1호에서 말하는 '적법한 장소(무허가 건축물 등, 불법형질변경토지, 그 밖에 다른 법령에서 물건을 쌓아놓는 행위가 금지되는 장소가 아닌 곳을 말한다)에서 인적 · 물적시설을 갖추고 계속적으로 행하고 있는 영업'에 해당하는지 여부는 협의성립, 수용재결 또는 사용재결 당시를 기준으로 판단하여야 한다."[36]라고 판시하였다.

농업의 손실에 대하여는 농지의 단위면적당 소득 등을 고려하여 실제 경작자에게 보상하여야 한다. 다만, 농지소유자가 해당 지역에 거주하는 농민인 경우에는 농지소유자와 실제 경작자가 협의하는 바에 따라 보상할 수 있다. 또 농업의 폐지 · 이전에 따르는 전업기간 또는 휴업기간 중의 일실손실을 일반농업 · 축산업 · 잠업별로 보상한다(동법 시행규칙 제48조 내지 제50조). 휴직 또는 실직하는 근로자의 임금손실에 대하여는 근로기준법에 의한 평균임금 등을 고려하여 보상하여야 한다. 보상액의 구체적인 산정 및 평가방법과 보상기준, 제2항에 따른 실제 경작자 인정기준에 관한 사항은 국토교통부령으로 정한다. 공익사업의 시행으로 인하여 영업을 폐지하는 경우의 영업손실은 2년간의 영업이익(개인영업인 경우에는 소득을 말한다.)에 영업용 고정자산 · 원재료 · 제품 및 상품 등의 매각손실액을 더한 금액으로 평가한다.

판례

[1] 영농손실액의 산정기준이 되는 '당해 토지에서 실제로 재배하고 있는 작물'은 영농자가 영농의 의사를 갖고 정상적인 방법으로 수확을 목적으로 실제 재배한 작물을 말하며 보상을 목적으로 잠정적, 일시적으로 재배하는 것은 해당 안 된다(대법원 2001.8.21. 선고 2001두3211 판결).

[2] 구 도시계획법(2000.1.28. 법률 제6243호로 전문 개정되기 전의 것) 제14조의2 제4항의 규정은 도시계획시설사업의 집행계획이 공고된 토지에 대하여 건축물을 건축하고자 하는 자는 장차 도시계획사업이 시행될 때에는 건축한 건축물을 철거하는 등 원상회복의무가 있다는 점을 이미 알고 있으므로 건축물의 한시적 이용 및 원상회복에 따른 경제성 기타 이해득실을 형량하여 건축 여부를 결정할 수 있도록 한 것으로서, 이러한 사실을 알면서도 건축물을 건축하였다면 스스로 원상회복을 명하는 것이 과도한 침해라거나 특별한 희생이라고 볼 수 없다. 그러므로 토지소유자는 도시계획사업이 시행될 때까지 가설건축물을 건축하여 한시적으로 사용할 수 있는 대신 도시계획사업이 시행될 경우에는 자신의 비용으로 그 가설건축물을 철거하여야 할 의무를 부담할 뿐 아니라 가설건축물의 철거에 따른 손실보상을 청구할 수 없고, 보상을 청구할 수 없는 손실에는 가설건축물 자체의 철거에 따른 손실 뿐만 아니라 가설건축물의 철거에 따른 영업손실도 포함된다고 할 것이며, 소유자가 그 손실보상을 청구할 수 없는 이상 그의 가설건축물의 이용권능에 터잡은 임차인 역시 그 가설건축물의 철거에 따른 영업손실의 보상을 청구할 수는 없다(대법원 2001.8.24. 선고 2001다7209 판결).

토지보상법 제77조에서 규정하고 있는 '영업손실'은 수용대상이 토지와 건물 등을 이용하여 영업을 하다가 그 토지 및 건물 등이 수용됨으로 인하여 영업을 할 수 없거나 제한을 받게 됨으로 인하여 생기는 직접적인 손실, 즉 수용으로 인한 영업손실을 말하며, 후술하는 간접손실 내지 사업손실과 구별하여야 한다.

36) 대법원 2010.9.9. 선고 2010두11641 판결

(3) 확장수용보상

확장수용이란 일정한 사유로 인하여 공익사업에 필요한 토지 이외의 토지를 수용하는 것을 말하며, 이로 인한 보상을 확장수용보상이라고 한다.

① 잔여지 등의 매수 및 수용청구(잔여지 수용)

동일한 소유자에게 속하는 일단의 토지의 일부가 협의에 의하여 매수되거나 수용됨으로 인하여 잔여지를 종래의 목적에 사용하는 것이 현저히 곤란한 때에는 해당 토지소유자는 사업시행자에게 잔여지를 매수하여 줄 것을 청구할 수 있으며, 사업인정 이후에는 관할 토지수용위원회에 수용을 청구할 수 있다. 이 경우 수용의 청구는 매수에 관한 협의가 성립되지 아니한 경우에만 할 수 있으며, 그 사업의 공사완료일까지 하여야 한다(토지보상법 제74조 제1항). 동법 제74조 제1항의 규정에 따라 매수 또는 수용의 청구가 있는 잔여지 및 잔여지에 있는 물건에 관하여 권리를 가진 자는 사업시행자나 관할 토지수용위원회에 그 권리의 존속을 청구할 수 있다(동법 제74조 제2항). 잔여지 및 잔여지에 있는 물건에 대한 구체적인 보상액 산정 및 평가방법 등에 대하여는 토지보상법 제70조, 제75조, 제76조, 제77조 및 제78조 제4항부터 제6항까지의 규정을 준용한다(동법 제74조 제4항).

판례

[1] 잔여지수용청구권은 그 요건을 구비한 때에는 토지수용위원회의 특별한 조치를 기다릴 것 없이 청구에 의하여 수용의 효과가 발생하는 형성권적 성질을 가지고, 그 행사기간은 제척기간으로서 토지소유자가 그 행사기간 내에 잔여지수용청구권을 행사하지 아니하면 그 권리가 소멸한다(대법원 2004.9.4. 선고 99두11080 판결).

[2] 공익사업을 위한 토지 등의 취득 및 보상에 관한 법률(이하 '토지보상법'이라고 한다) 제72조의 문언, 연혁 및 취지 등에 비추어 보면, 위 규정이 정한 수용청구권은 토지보상법 제74조 제1항이 정한 잔여지 수용청구권과 같이 손실보상의 일환으로 토지소유자에게 부여되는 권리로서 그 청구에 의하여 수용효과가 생기는 형성권의 성질을 지니므로, 토지소유자의 토지수용청구를 받아들이지 아니한 토지수용위원회의 재결에 대하여 토지소유자가 불복하여 제기하는 소송은 토지보상법 제85조 제2항에 규정되어 있는 '보상금의 증감에 관한 소송'에 해당하고, 피고는 토지수용위원회가 아니라 사업시행자로 하여야 한다(대법원 2015.4.9. 선고 2014두46669 판결[토지수용재결신청거부처분취소]).

[3] 구 '공익사업을 위한 토지 등의 취득 및 보상에 관한 법률'(2007.10.17. 법률 제8665호로 개정되기 전의 것) 제74조 제1항에 규정되어 있는 잔여지 수용청구권은 손실보상의 일환으로 토지소유자에게 부여되는 권리로서 그 요건을 구비한 때에는 잔여지를 수용하는 토지수용위원회의 재결이 없더라도 그 청구에 의하여 수용의 효과가 발생하는 형성권적 성질을 가지므로, 잔여지 수용청구를 받아들이지 않은 토지수용위원회의 재결에 대하여 토지소유자가 불복하여 제기하는 소송은 위 법 제85조 제2항에 규정되어 있는 '보상금의 증감에 관한 소송'에 해당하여 사업시행자를 피고로 하여야 한다.

> [4] 구 '공익사업을 위한 토지 등의 취득 및 보상에 관한 법률'(2007.10.17. 법률 제8665호로 개정되기 전의 것) 제74조 제1항에 의하면, 잔여지 수용청구는 사업시행자와 사이에 매수에 관한 협의가 성립되지 아니한 경우 일단의 토지의 일부에 대한 관할 토지수용위원회의 수용재결이 있기 전까지 관할 토지수용위원회에 하여야 하고, 잔여지 수용청구권의 행사기간은 제척기간으로서, 토지소유자가 그 행사기간 내에 잔여지 수용청구권을 행사하지 아니하면 그 권리가 소멸한다. 또한 위 조항의 문언 내용 등에 비추어 볼 때, 잔여지 수용청구의 의사표시는 관할 토지수용위원회에 하여야 하는 것으로서, 관할 토지수용위원회가 사업시행자에게 잔여지 수용청구의 의사표시를 수령할 권한을 부여하였다고 인정할 만한 사정이 없는 한, 사업시행자에게 한 잔여지 매수청구의 의사표시를 관할 토지수용위원회에 한 잔여지 수용청구의 의사표시로 볼 수는 없다(대법원 2010.8.19. 선고 2008두822 판결[토지수용이의재결처분취소등]).

② 이전대상물건의 수용

건축물・입목・공작물과 그 밖에 토지에 정착한 물건(이하 '건축물 등'이라 한다)에 대하여는 이전에 필요한 비용(이하 '이전비'라 한다)으로 보상하여야 한다. 다만, 다음 사항에 해당하는 경우에는 해당 물건의 가격으로 보상하여야 한다(토지보상법 제75조 제1항).

(i) 건축물 등의 이전이 어렵거나 그 이전으로 인하여 건축물 등을 종래의 목적대로 사용할 수 없게 된 경우, (ii) 건축물 등의 이전비가 그 물건의 가격을 넘은 경우, (iii) 사업시행자가 공익사업에 직접 사용할 목적으로 취득하는 경우

판례

> 토지수용시 지장물에 대해 이전비보상은 타당하지 않아 취득가격으로 보상하는 경우 그 취득가격에 건물철거비를 포함시키거나 취득가격과 별도로 철거비를 보상할 것이 아니고, 사업시행자가 철거비를 부담해 철거하면 된다(대법원 1998.12.8. 선고 98두13249 판결).

③ 사용하는 토지의 매수 및 수용청구

사업인정고시가 된 후 다음의 어느 하나에 해당하는 때에는 해당 토지소유자는 사업시행자에게 해당 토지의 매수를 청구하거나 관할 토지수용위원회에 그 토지의 수용을 청구할 수 있다. 이 경우 관계인은 사업시행자나 관할 토지수용위원회에 그 권리의 존속을 청구할 수 있다(토지보상법 제72조).

(i) 토지를 사용하는 기간이 3년 이상인 경우, (ii) 토지의 사용으로 인하여 토지의 형질이 변경되는 경우, (iii) 사용하려는 토지에 그 토지소유자의 건축물이 있는 경우

④ 사용하는 토지의 보상 등

협의 또는 재결에 의하여 사용하는 토지에 대하여는 그 토지와 인근 유사토지의 지료(地料)・임대료・사용방법・사용기간 및 그 토지의 가격 등을 고려하여 평가한 적정가격으로 보상하여야 한다. 사용하는 토지와 그 지하 및 지상의 공간 사용에 대한 구체적인 보상액 산정 및 평가방법은 투자비용・예상수익 및 거래가격 등을 고려하여 국토교통부령으로 정한다(토지보상법 제71조).

(4) 보상의 상대방

토지보상법상 보상의 대상이 되는 자는 공익사업에 필요한 토지의 소유자 및 관계인이다. '관계인'이란 사업시행자가 취득하거나 사용할 토지에 관하여 지상권 · 지역권 · 전세권 · 저당권 · 사용대차 또는 임대차에 따른 권리 또는 그 밖에 토지에 관한 소유권 외의 권리를 가진 자나 그 토지에 있는 물건에 관하여 소유권이나 그 밖의 권리를 가진 자를 말한다.

2) 생활보상

(1) 생활보상의 의의 및 근거

손실보상의 대상은 역사적으로 변화를 거듭하여 왔는데, 그것은 대인보상에서 대물보상으로 대물보상에서 생활보상으로 변천하여 왔다고 할 수 있다.

생활보상이란 피수용자와 관계인의 수용전과 같은 생활상태를 실현시켜주는 보상을 말한다. 손실보상의 대상은 그 시대의 사조에 따라 변천되어야 하는데, 종래의 보상은 개개의 재산권에 대한 보상을 그 내용으로 하는 것이었으나 현대사회복리국가에서는 대물적 보상을 주축으로 하되, 생활보상을 포함하는 개념이 될 때 비로소 정당한 보상이 된다. 오늘날의 대규모 공익사업에 있어서는 다수 주민의 동시이주가 불가피한바, 이들은 모든 재산권을 박탈당하고 종래 생활기반까지 상실되는 까닭에, 이 경우에 있어서의 보상은 전혀 새로운 환경하에서의 새로운 생활을 시작하기에 족한 총체금액으로서의 의미를 가진다. 이때의 보상은 대물주의적(屬物主義) 보상과는 다른 대인주의적(屬人主義) 보상이라고 한다.

판례

> 공공용지의 취득 및 손실보상에 관한 특례법상의 이주대책은 공공사업의 시행에 필요한 토지 등을 제공함으로 인하여 생활의 근거를 상실하게 되는 이주자들을 위하여 사업시행자가 기본적인 생활시설이 포함된 택지를 조성하거나 그 지상에 주택을 건설하여 이주자들에게 이를 그 투입비용원가만의 부담하에 개별 공급하는 것으로써, 그 본래의 취지에 있어 이주자들에 대하여 종전의 생활상태를 원상으로 회복시키면서 동시에 인간다운 생활을 보장하여 주기 위한 이른바 생활보상의 일환으로 국가의 적극적으로 정책적인 배려에 의하여 마련된 제도이다(대법원 1994.5.24. 선고 92다35783 판결).

생활보상의 법적 근거는 헌법적 근거와 법률적 근거로 나누어 살펴볼 수 있다. 생활보상의 헌법적 근거에 대해서는 제34조설과 제34조 · 제23조 통일설의 대립이 존재한다. 제34조설은 공용수용에 따른 피수용자의 생활의 기초의 박탈은 국가가 당연히 그에 따른 피해를 전보해 주어야 하며 피수용자의 생활이 수용이전의 생활상태로 회복될 수 있도록 해주어야 한다는 것이 인간다운 생활권을 보장한 헌법이념의 실현이다. 이 견해에 의하면 생활보상은 헌법 제23조 제3항의 정당보상의 범위에 포함되지 아니한다고 한다.[37] 이에 반해 제34조 · 제23조 통일설은 헌법 제34조가 헌법의 기본권체계의 중심을 이루고 있다는 전제하에, 제23조상의 재산권도 고전적 의미의 재산권이 아니라, 제34조상의 생활권을 기초로 한 재산권이라고 한다. 이 견해는 전통적 보상이론의 최대의

37) 박윤흔, 「최신행정법강의 (上)」 (박영사 2004) 779면.

약점은 토지재산권의 개념을 상품소유권내지는 교환가치지배권으로서 구성함으로써, 그것을 생활권과 분리・대립된 것으로 파악한 점에 있다고 보고 따라서 재산권보상과 생활보상을 별개의 대립된 것으로 보는 오류를 범하거나, 재산권 보상은 인정하면서도 생활보상은 부인하게 되었다고 한다. 그러므로 재산권보상과 생활보상은 통일적으로 파악하여야 한다고 한다. 이 견해에 의하면 헌법 제23조 제3항의 해석에 있어서도, 헌법 제34조의 생존권을 현대헌법의 기본권체계의 중심으로 이해하면서, 재산권과 생존권은 대립관념으로 보지 않고, 재산권도 생존권을 기초로 한 재산권으로 파악하여야 한다고 한다. 생각건대, 제34조설에 의하면 손실보상에는, 제23조에 의한 것과 제34조에 의한 것이 병존할 수 있어 이원적인 보상체계가 될 수 있다. 반면, '제34조・제23조 통일설'에 의하면, 생활보상도 정당보상의 내용으로 되어 일원적인 손실보상체계가 된다. 이상의 어느 견해에 의하든 생활보상이 헌법적 근거를 가진 제도이며, 헌법상 보장된 권리로서, 단순히 정책적 배려에 그치는 권리는 아니라는 점은 분명하다고 할 것이다. 또한 오늘날의 재산권은 단순히 자유권적 측면에 그치지 아니하고 인간다운 생활을 가능하게 하는 전제로서의 측면을 가진다는 점을 고려한다면 재산권과 생존권은 이를 통일적으로 파악함이 옳다고 본다.

생활보상의 법률적 근거는 명확하지 않다. 이것은 종래 우리의 손실보상법체계가 대물보상을 위주로 규정되어졌기 때문이다. 그러나 토지보상법 제79조 제4항은 "그 밖에 공익사업의 시행으로 인하여 발생하는 손실의 보상 등에 대하여는 국토교통부령으로 정하는 기준에 의한다."라고 규정하고 있는바, 이 규정을 생활보상의 근거규정으로 제시하는 견해가 있다.[38] 이 견해는 생활보상도 '그 밖에 공익사업의 시행으로 인하여 발생하는 손실'이기 때문이라고 한다. 또한 토지보상법 시행령과 시행규칙에는 생활보상적 규정이 다수 존재하고 있다. 자세한 내용은 후술한다.

헌법 제23조 제3항은 보상에 관하여 "공공필요에 의한 재산권의 수용・사용 또는 제한은 법률로써 하되, 정당한 보상을 지급하여야 한다."라고 규정하고 있는데, 이러한 헌법규정은 대물보상의 원칙을 선언하고 있는 것으로 보인다. 그러나 헌법 제34조 제1항은 "모든 국민은 인간다운 생활을 할 권리를 가진다(헌법 제34조 제1항)."라고 규정하여 생존권적 기본권을 보장하고 있다. 결국 이들 양규정에 비추어 우리나라에서의 손실보상은 대물적 보상을 주축으로 하되, 생활보상을 지향하는 것으로 이해하는 것이 타당하다.

(2) 생활보상의 특색

① 대인보상은 주관적 성격이 강한 데 대하여, 생활보상은 일정한 수입, 일정한 이윤 또는 일정한 생활비 등 보상액이 객관적으로 산출되므로 객관적 성격이 강하다.

② 대물보상에 있어서 수용대상과 보상대상이 일치됨이 원칙인 데 대하여, 생활보상에 있어서는 수용대상과 보상대상이 일치되지 아니하고 그 보상의 대상이 훨씬 확대되고 있다.

③ 생활보상은 피수용자의 재산보다 생활에 중점을 두고 보상이 행하여지는 점에서 대인보상과 유사하다.

38) 박윤흔, 전게서, 780면.

④ 일반적으로 손실보상은 수용이 없었던 것과 같은 재산 또는 경제상태를 재현하는 것이 그 이념이라고 볼 때, 생활보상이야말로 보상의 종국적 모습이다. 따라서 보상의 역사에 있어서 최종단계는 생활보상이라고 할 수 있다.

(3) 생활보상의 내용

① 개설

생활보상개념은 이를 광의로 이해하는 입장과 협의로 이해하는 입장으로 나누어진다. 생활보상을 광의로 이해하는 입장에서는 협의의 생활보상 외에 부대적 손실에 대한 보상까지를 포함하여 생활보상으로 본다. 즉 재산권 상실에 부대하여 지출을 요하는 경비에 대한 실비변상적 보상과 재산권상실에 부대하여 경제활동을 폐지 또는 휴지함으로써 생기는 일실손실에 대한 보상을 생활보상의 내용으로 파악한다.

본서에서는 실비변상적 보상의 일종인 이전료 보상이나 일실손실보상의 하나인 영업손실보상 등은 개별적・구체적 재산손실에 대한 대가성을 갖는 대물보상의 일종으로 보기 때문에 이를 생활보상의 관념에서 제외하기로 한다.

생활보상은 이와 같이 생활 또는 생존권의 보장을 위하여 인정되는 보상이지만 구체적으로 (i) 협의의 생활권 보상, (ii) 생활재건조치 내지 그 알선, (iii) 간접보상의 문제가 제기되고 있다.

② 협의의 생활보상

그 종류가 확정되었다고 말할 수 없다고 할 것이나 우리 실정법이 인정하는 협의의 생활보상은 다음과 같다.

㉠ 영세농민 등 생활보상

ⓐ **휴직 또는 실직보상** : 사업인정고시일 등 당시 공익사업시행지구 안의 사업장에서 3월 이상 근무한 근로자에 대하여는 근로장소의 이전으로 인하여 일정기간 휴직을 하게 된 경우에는 휴직일수(휴직일수가 120일을 넘는 경우에는 120일로 본다)에 근로기준법에 의한 평균임금의 70퍼센트에 해당하는 금액(다만, 평균임금의 70퍼센트에 해당하는 금액이 근로기준법에 의한 통상임금을 초과하는 경우에는 통상임금을 기준으로 한다), 또한 근로장소의 폐지 등으로 인하여 직업을 상실하게 된 경우에는 근로기준법에 의한 평균임금의 120일분에 해당하는 금액을 보상하여야 한다(동법 시행규칙 제51조).

ⓑ **허가 등을 받지 아니한 영업의 손실보상에 관한 특례** : 사업인정고시일 등 전부터 허가 등을 받아야 행할 수 있는 영업을 허가 등이 없이 행하여 온 자가 공익사업의 시행으로 인하여 해당 장소에서 영업을 계속할 수 없게 된 경우에는 제45조 제2호(허가를 득한 영업)의 규정에도 불구하고 제52조에 의해 산정한 금액을 영업손실에 대한 보상금으로 지급하도록 하고 있다.

㉡ 생활비(이농비・이어비) 보상 : 수용 전후의 일정기간의 생활비 보호

공익사업의 시행으로 인하여 영위하던 농・어업을 계속할 수 없게 되어 다른 지역으로 이주

하는 농·어민이 받을 보상금이 없거나 그 총액이 국토교통부령으로 정하는 금액에 미치지 못하는 경우에는 그 금액 또는 그 차액을 보상하여야 한다. 즉, 가구원수에 따른 1년분의 평균생계비를 보상하여야 한다(동법 제78조 제6항, 동법 시행규칙 제56조).

ⓒ 주거이전비 보상(전세입자 등에 대하여 일시적으로 주거이전비 보상)

공익사업의 시행으로 인하여 이주하게 되는 주거용 건축물의 세입자로서 사업인정고시일 등 당시 또는 공익사업을 위한 관계법령에 의한 고시 등이 있는 당시 해당 공익사업시행지구 안에서 3월 이상 거주한 자에 대하여는 가구원수에 따라 4월분의 주거이전비를 보상하여야 한다(동법 시행규칙 제54조 제2항).

또한 주거용 건축물로서 제33조(주거용 건축물)에 따라 평가한 금액이 6백만원 미만인 경우 그 보상액은 6백만원으로 한다. 단 무허가건축물 등에 대하여는 그러하지 아니하다(동법 시행규칙 제58조 제1항).

판례는 토지보상법 제75조 제5항 및 같은 법 시행규칙 제54조 제2항, 제55조 제2항의 각 규정에 의하여 공익사업의 시행으로 인하여 이주하는 주거용 건축물의 세입자에게 지급되는 주거이전비와 이사비의 법적 성격을 '해당 공익사업 시행지구 안에 거주하는 세입자들의 조기이주를 장려하여 사업추진을 원활하게 하려는 정책적인 목적과 주거이전으로 인하여 특별한 어려움을 겪게 될 세입자들을 대상으로 하는 사회보상적인 차원에서 지급하는 금원의 성격을 갖는다 할 것'이라 하고 있다.[39)]

판례

[1] 도시 및 주거환경정비법(이하 '도시정비법'이라 한다) 제36조 제1항 제1문 등에서 정한 세입자에 대한 임시수용시설 제공 등은 주거환경개선사업 및 주택재개발사업의 사업시행자로 하여금 주거환경개선사업 및 주택재개발사업의 시행으로 철거되는 주택에 거주하던 세입자에게 거주할 임시수용시설을 제공하거나 주택자금 융자알선 등 임시수용시설 제공에 상응하는 조치를 취하도록 하여 사업시행기간 동안 세입자의 주거안정을 도모하기 위한 조치로 볼 수 있는 반면, 공익사업을 위한 토지 등의 취득 및 보상에 관한 법률(이하 '공익사업법'이라 한다) 제78조 제5항, 공익사업을 위한 토지 등의 취득 및 보상에 관한 법률 시행규칙(이하 '공익사업법 시행규칙'이라 한다) 제54조 제2항 본문의 각 규정에 의하여 공익사업 시행에 따라 이주하는 주거용 건축물의 세입자에게 지급하는 주거이전비는 당해 공익사업 시행지구 안에 거주하는 세입자들의 조기이주를 장려하여 사업추진을 원활하게 하려는 정책적인 목적과 주거이전으로 말미암아 특별한 어려움을 겪게 될 세입자들을 대상으로 하는 사회보장적인 차원에서 지급하는 돈의 성격을 갖는 것으로 볼 수 있는 점, 도시정비법 및 공익사업법 시행규칙 등의 관련 법령에서 임시수용시설 등 제공과 주거이전비 지급을 사업시행자의 의무사항으로 규정하면서 임시수용시설 등을 제공받는 자를 주거이전비 지급대상에서 명시적으로 배제하지 않은 점을 비롯한 위 각 규정의 문언, 내용 및 입법 취지 등을 종합해 보면, 도시정비법에 따라 사업시행자에게서 임시수용시설을 제공받는 세입자라 하더라도 공익사업법 및 공익사업법 시행규칙에 따른 주거이전비를 별도로 청구할 수 있다고 보는 것이 타당하다.

39) 대법원 2006.4.27. 선고 2006두2435 판결

[2] 공익사업을 위한 토지 등의 취득 및 보상에 관한 법률은 공익사업에 필요한 토지 등을 협의 또는 수용에 의하여 취득하거나 사용함에 따른 손실의 보상에 관한 사항을 규정함으로써 공익사업의 효율적인 수행을 통하여 공공복리의 증진과 재산권의 적정한 보호를 도모함을 목적으로 하고 있고, 위 법에 근거하여 공익사업을 위한 토지 등의 취득 및 보상에 관한 법률 시행규칙(이하 '공익사업법 시행규칙'이라 한다)에서 정하고 있는 세입자에 대한 주거이전비는 공익사업 시행으로 인하여 생활근거를 상실하게 되는 세입자를 위하여 사회보장적 차원에서 지급하는 금원으로 보아야 하므로, 사업시행자의 세입자에 대한 주거이전비 지급의무를 정하고 있는 공익사업법 시행규칙 제54조 제2항은 당사자 합의 또는 사업시행자 재량에 의하여 적용을 배제할 수 없는 강행규정이라고 보아야 한다.

[3] 주택재개발사업 정비구역 안에 있는 주거용 건축물에 거주하던 세입자 갑이 주거이전비를 받을 수 있는 권리를 포기한다는 취지의 '이주단지 입주에 따른 주거이전비 포기각서'를 제출한 후 사업시행자가 제공한 임대아파트에 입주한 다음 별도로 주거이전비를 청구한 사안에서, 사업시행자는 주택재개발 사업으로 철거되는 주택에 거주하던 갑에게 임시수용시설 제공 또는 주택자금 융자알선 등 임시수용에 상응하는 조치를 취할 의무를 부담하는 한편, 갑이 공익사업을 위한 토지 등의 취득 및 보상에 관한 법률 시행규칙(이하 '공익사업법 시행규칙'이라 한다) 제54조 제2항에 규정된 주거이전비 지급요건에 해당하는 세입자인 경우, 임시수용시설인 임대아파트에 거주하게 하는 것과 별도로 주거이전비를 지급할 의무가 있고, 갑이 임대아파트에 입주하면서 주거이전비를 포기하는 취지의 포기각서를 제출하였다 하더라도, 포기각서의 내용은 강행규정인 공익사업법 시행규칙 제54조 제2항에 위배되어 무효라고 한 사례(대법원 2011.7.14. 선고 2011두3685 판결[주거이전비 등])

③ 생활재건조치(이주대책 등)

㉠ 생활재건조치란 공익사업행자가 피수용자에게 직접 지불하는 보상금은 아니고 보상금이 피수용자의 생활재건에 가장 유효하게 유도하는 각종 조치를 말한다. 또한 생활재건조치는 그 자체로서는 생활보상과 직접적인 연관성은 없으나 간접적으로는 생활보상적 측면이 있음을 부인할 수는 없다.

현행법상으로는 여러 가지 생활재건조치가 규정되어 있으나 사업시행자가 행정당국과의 협력하에 도로, 급수시설, 배수시설 등과 같은 생활기본시설을 갖춘 택지를 조성하거나 주택을 건설하여 이주자에게 분양하는 내용의 이주대책이 가장 중요한 것이라 할 것이다. 이에 대하여는 토지보상법 제78조에서 상세히 규정하고 있다. 토지보상법 제78조의2에서 공장에 대한 이주대책의 수립 등에서 "사업시행자는 대통령령으로 정하는 공익사업의 시행으로 인하여 공장부지가 협의 양도되거나 수용됨에 따라 더 이상 해당 지역에서 공장(「산업집적활성화 및 공장설립에 관한 법률」 제2조 제1호에 따른 공장을 말한다)을 가동할 수 없게 된 자가 희망하는 경우 「산업입지 및 개발에 관한 법률」에 따라 지정・개발된 인근 산업단지에 입주하게 되는 등 대통령령으로 정하는 이주대책에 관한 계획을 수립하여야 한다."라고 규정하여 공장부지 제공자에게도 이주대책을 실시하도록 규정하고 있다. 이하에서는 주거용 건축물의 제공자의 이주대책을 중심으로 살펴보고자 한다.

㉡ **이주대책 수립의무** : 사업시행자는 법령에서 정한 일정한 경우 이주대책을 수립할 의무가 있다. 사업시행자의 이주대책 수립실시의무를 정하고 있는 토지보상법 제78조 제1항과 이주대책의 내용을 정하고 있는 같은 조 제4항 본문은 당사자의 합의 또는 사업시행자의 재량에 의하여 적용을 배제할 수 없는 강행법규이다.[40)]

㉢ **이주대책의 구체적 수립 등**

ⓐ 사업시행자는 공익사업의 시행으로 인하여 주거용 건축물을 제공함에 따라 생활의 근거를 상실하게 되는 자(이하 '이주대책대상자'라 한다)를 위하여 대통령령으로 정하는 바에 따라 이주대책을 수립・실시하거나 이주정착금을 지급하여야 한다(토지보상법 제78조 제1항). 사업시행자가 이주대책을 수립하려면 미리 관할 지방자치단체의 장과 협의하여야 한다(동법 제78조 제2항). 토지보상법 시행령 제40조에서는 이주자 중 이주정착지에 이주를 희망하는 자가 10호 이상인 경우에 이주대책을 수립・실시한다고 규정하고 있다.

ⓑ **국민주택기금 등의 우선지원** : 국가나 지방자치단체는 이주대책의 실시에 따른 주택지의 조성 및 주택의 건설에 대하여는 주택도시기금법에 따른 주택도시기금을 우선적으로 지원하여야 한다(토지보상법 제78조 제3항).

ⓒ **생활기본시설의 포함 및 비용부담** : 이주대책의 내용에는 이주정착지(이주대책의 실시로 건설하는 주택단지를 포함한다)에 대한 도로・급수시설・배수시설, 그 밖의 공공시설 등 통상적인 수준의 생활기본시설이 포함되어야 하며, 이에 필요한 비용은 사업시행자의 부담으로 한다. 다만, 행정청이 아닌 사업시행자가 이주대책을 수립・실시하는 경우에 지방자치단체는 비용의 일부를 보조할 수 있다(토지보상법 제78조 제4항). 생활기본시설에 필요한 비용의 기준은 대통령령으로 정한다(토지보상법 제78조 제8항).

ⓓ **주거이전에 필요한 비용** : 주거용 건물의 거주자에 대하여는 주거이전에 필요한 비용과 가재도구 등 동산의 운반에 필요한 비용을 산정하여 보상하여야 하며, 보상에 대하여는 국토교통부령으로 정하는 기준에 의한다(토지보상법 제78조 제5항 및 제9항).

ⓔ **농어민의 차액보상** : 공익사업의 시행으로 인하여 영위하던 농업・어업을 계속할 수 없게 되어 다른 지역으로 이주하는 농민・어민이 받을 보상금이 없거나 그 총액이 국토교통부령으로 정하는 금액에 미달하는 경우에는 그 금액 또는 그 차액을 보상하여야 한다(토지보상법 제78조 제6항). 본 규정에 의한 보상에 대하여는 국토교통부령으로 정하는 기준에 의한다(토지보상법 제78조 제9항).

ⓕ **취업알선 등의 조치** : 사업시행자는 해당 공익사업이 시행되는 지역에 거주하고 있는 국민기초생활 보장법 제2조 제1호・제11호에 따른 수급권자 및 차상위계층이 취업을 희망하는 경우에는 그 공익사업과 관련된 업무에 우선하여 고용할 수 있으며, 이들의 취업알선에 노력하여야 한다(토지보상법 제78조 제7항).

---

40) 대법원 2011.6.23. 선고 2007다63089, 63096 전원합의체 판결

ⓖ 기타 개별법령 등에서 행하는 생활재건조치 : 댐주변지역정비사업(댐건설 및 주변지역 지원 등에 관한 법률 제41조), 댐주변지역지원사업(동법 제43조), 댐주변지역의 친환경 공간조성(동법 제44조의2) 및 공익사업용 토지 등에 대한 양도소득세의 감면조치(조세특례제한법 제77조 제1항 제1호 및 제3호)도 일종의 생활재건조치라 할 수 있을 것이다. 또한 도시개발법(제23조), 산업입지 및 개발에 관한 법률(제36조), 택지개발촉진법(제12조), 폐기물처리시설 설치촉진 및 주변지역지원 등에 관한 법률(제33조) 등에 있어서도 이주대책을 수립·실시하도록 규정하고 있다.

ⓗ 이주자의 법적 지위 : 종전 이주자는 수분양권(이주대책상 택지분양권이나 아파트입주권 등을 받을 수 있는 권리) 등 이주대책상의 권리를 취득하는데, 이 권리를 언제 취득하는가에 대하여 견해의 대립이 있었으나, 최근 대법원 판례에서 이주대책은 강행규정이라고 판시함으로써 토지보상법상 요건을 충족한 이주자의 법적 지위는 실체적 권리를 인정할 수 있다고 할 것이다.

- 법상의 이주대책대상자의 이주대책계획수립청구권 : 토지보상법 시행령 제40조 제2항은 법상 예외가 인정되고 있는 경우를 제외하고는 사업시행자에게 이주대책을 실시할 의무를 부여하고 있다고 보아야 하고, 토지보상법상의 요건을 충족한 이주대책대상자에게는 특정한 이주대책에 대한 실체적 권리를 갖는다고 볼 수 있다. 토지보상법상의 이주대책대상자가 이주대책계획의 수립을 청구하였음에도 불구하고 사업시행자가 이주대책을 수립하지 않는 경우에는 부작위위법확인소송을 제기할 수 있다고 보아야 한다.
- 이주대책대상자의 수분양권 등 특정한 실체법상의 권리와 취득 : 취득시기 문제는 이주대책대상자에게 언제 수분양권 등 특정한 실체법상의 권리가 취득되는가 하는 것이다.
  - 이주대책계획수립이전설 : 토지보상법 제78조 및 동법 시행령 제40조의 요건을 충족하는 경우에 실체적 권리인 수분양권이 취득된다고 보는 견해이다.
  - 이주대책계획수립시설 : 사업시행자가 이주대책에 관한 구체적인 계획을 수립하여 이를 해당자에게 통지 내지 공고한 경우에 이것으로 이주자에게 수분양권이 취득된다고 보는 견해이다.
  - 확인·결정시설 : 이주자가 이주대책대상자 선정을 신청하고 사업시행자가 이를 받아들여 이주대책대상자로 확인·결정하여야 비로소 수분양권이 발생한다는 것이다.
  - 판례 : 종전 전원합의체 판례는 수분양권의 발생에 관하여 확인·결정시설을 취하고 있다.[41] 즉, 이주자의 이주대책대상자선정신청에 대하여 사업시행자가 이를 받아들이는 확인·결정은 이주대책대상자가 택지분양권이나 아파트입주권 등 구

41) 대법원 1994.5.24. 선고 94다35783 전원합의체 판결

체적인 권리를 취득하기 위한 요건에 해당한다고 본다.[42] 종전 판례는 그 논거로 구 공특법 제8조 제1항이 이주대책에 대한 구체적인 내용을 규정하고 있지 아니하다는 것을 들고 있다. 이에 대하여 반대의견은 구 공특법 제8조는 사업시행자에게 이주대책사업을 실시해야 할 의무를 부과하고 있고, 각 법령에서 이주대책의 구체적인 내용을 정하지 않은 것은 이주대책의 절차, 방법, 내용 등에 대하여 재량을 인정할 필요 때문이지 그것 때문에 이주대책대상자의 구체적 권리를 부정할 사유는 되지 못한다고 비판하면서 구 공특법 제8조로부터 이주대책대상자는 실체법상의 권리를 갖는다고 본다.

최근의 이주대책 전원합의체 판결에서 토지보상법 제78조 제1항 및 제4항은 강행규정이라고 판시함으로써 이주대책은 요건을 갖춘다고 하면 실체적 권리가 있는 것으로 보는 것이 타당하다고 본다. 따라서 이주대책 대상자가 언제 수분양권을 취득하는가에 대한 종전의 학설의 논의는 큰 의미가 없을 것으로 판단된다. 이주대책이 강행규정이면 법상 요건만 충족한다면 실체적 권리가 되므로 수분양권의 취득시기에 대한 견행의 대립은 종전의 전원합의체 판결 시에는 유의미하였으나, 현재 바뀐 최든 전원합의체판결에서는 큰 의미가 없다고 할 것이다.

참고

다수의견

구 공익사업을 위한 토지 등의 취득 및 보상에 관한 법률(2007.10.17. 법률 제8665호로 개정되기 전의 것, 이하 '구 공익사업법'이라 한다) 제78조 제1항은 사업시행자의 이주대책 수립·실시의무를 정하고 있고, 구 공익사업을 위한 토지 등의 취득 및 보상에 관한 법률 시행령(2008.2.29. 대통령령 제20722호로 개정되기 전의 것, 이하 '구 공익사업법 시행령'이라 한다) 제40조 제2항은 "이주대책은 건설교통부령이 정하는 부득이한 사유가 있는 경우를 제외하고는 이주대책대상자 중 이주를 희망하는 자가 10호 이상인 경우에 수립·실시한다. 다만 사업시행자가 택지개발촉진법 또는 주택법 등 관계 법령에 의하여 이주대책대상자에게 택지 또는 주택을 공급한 경우(사업시행자의 알선에 의하여 공급한 경우를 포함한다)에는 이주대책을 수립·실시한 것으로 본다."라고 규정하고 있으며, 한편 구 공익사업법 제78조 제4항 본문은 "이주대책의 내용에는 이주정착지에 대한 도로·급수시설·배수시설 그 밖의 공공시설 등 당해 지역조건에 따른 생활기본시설이 포함되어야 하며, 이에 필요한 비용은 사업시행자의 부담으로 한다."라고 규정하고 있다. 위 각 규정을 종합하면 사업시행자가 구 공익사업법 시행령 제40조 제2항 단서에 따라 택지개발촉진법 또는 주택법 등 관계 법령에 의하여 이주대책대상자들에게 택지 또는 주택을 공급(이하 '특별공급'이라 한다)하는 것도 구 공익사업법 제78조 제1항의 위임에 근거하여 사업시행자가 선택할 수 있는 이주대책의 한 방법이므로, 특별공급의 경우에도 이주정착지를 제공하는 경우와 마찬가지로 사업시행자의 부담으로 같은 조 제4항이 정한 생활기본시설을 설치하여 이주대책대상자들에게 제공하여야 한다고 보아야 하고, 이주대책대상자들이 특별공급을 통해 취득하는 택지나 주택의 시가가 공급가액을 상회하여 그들에게 시세차익을 얻을 기회나 가능성이 주어진다고 하여 달리 볼 것은 아니다(대법원 2011.6.23. 선고 2007다63089, 63096 전원합의체 판결[채무부존재확인·채무부존재확인]).

42) 대법원 1999.8.20. 선고 98두17043 판결

- 결어 : 종전의 대법원 전원합의체 판결의 해석에 의하면 이주대책대상자의 경우 이주대책계획수립시설이 타당하다고 보고, 다만, 이주대책대상자가 아닌 이주자는 이주대책대상자선정신청을 하고 사업시행자가 이를 받아들여 이주대책대상자로 확인·결정하여야 비로소 실체적인 권리를 취득한다고 보아야 한다는 것이 종전의 견해였다. 그러나 새로운 최근 이주대책의 새로운 전원합의체 판결에 의하면 이주대책은 강행규정으로서 토지보상법상 이주대책의 요건을 충족한다면 실체적 권리로 보는 것이 타당하다.

• 소송형식 : 종전 이주대책 전원합의체 대법원 판결에 의하면 위와 같은 수분양권의 발생시점에 관한 견해의 차이는 소송상 어떠한 차이를 가져오는가가 문제된다.
종전 전원합의체 판례와 같이 확인·결정시설을 취하면 이주대책대상자 선정신청에 대한 거부에 대하여는 동 거부는 거부처분이 되므로 이에 대하여 취소소송을 제기하고 부작위인 경우에는 부작위위법확인소송을 제기하여야 한다.
만일 이주대책계획수립시설을 취하면 이주대책대상자 선정신청의 거부에 대하여 거부처분의 취소를 청구할 수 있을 뿐만 아니라 구체적 이주대책계획에서 제외된 이주대책대상자는 자기 몫이 참칭 이주대책대상자에게 이미 분양되어 분양신청을 하더라도 거부할 것이 명백한 특수한 경우에는 이주대책대상자로서 분양을 받을 권리 또는 그 법률상 지위의 확인을 구할 수 있다고 보아야 한다.
종전 대법원 전원합의체(92누53783) 판례에 의해서 만일 수분양권의 확인을 구하는 소송을 인정한다면 이주대책의 수립 및 집행은 공행정사무로 보아야 하므로 수분양권은 공법상 권리로 보는 것이 타당하고 따라서 공법상 당사자소송을 제기하여야 할 것이다. 위의 이주대책에 대한 소송형식이 바로 종전 이주대책 전원합의체 판결[43]의 취지였다. 그러나 최근에 바뀐 대법원 전원합의체(2007다63089, 63096) 판결에 의하면 이주대책은 강행규정으로서 법령의 요건을 충족하면 발생되는 실체적 권리로써 위와 같은 수립의 시기가 중요한 쟁점이 되지 않는다. 오히려 토지보상법령상 이주대책의 요건의 충족 여부가 실무에서 중요한 쟁점이 된다고 보아야 할 것이다. 쟁송의 형태는 이주대책의 요건을 충족하여 신청하였음에도 불구하고 이를 거부하는 경우에는 거부처분 취소소송으로 다투면 되고, 이주대책의 요건을 충족하였음에도 이주자 지위를 부여하지 않는다면 이주자지위확인에 대한 공법상 당사자소송을 제기하면 될 것으로 판단된다.

43) 대법원 1992.11.27. 선고 92누3618 판결 ; 1994.5.24. 선고 92누35783 판결

판례

[1] 대한주택공사가 시행한 택지개발사업 및 이에 따른 이주대책에 관한 처분이 항고소송의 대상이 되는 행정처분이라 하고(대법원 1992.11.37. 선고 92누3618 판결), 택지개발촉진법에 따른 사업시행을 위하여 토지 등을 제공한 자가 공공용지의 취득 및 손실보상에 관한 특례법 제8조(이주대책)에 해당함을 이유로 특별분양을 요구한데 대하여 이를 거부한 사업시행자의 행위가 항고소송의 대항이 되는 거부처분(행정처분)이라 한다(대법원 1992.11.27. 선고 92누3618 판결).

[2] 사업시행자가 이주대책대상자로의 확인·결정은 곧 구체적인 이주대책상의 수분양권을 취득하기 위한 요건이 되는 행정작용으로서의 처분인 것이지, 결코 이를 단순한 절차상의 필요에 따른 사실행위에 불과한 것으로 평가할 수는 없다. 따라서 수분양권의 취득을 희망하는 이주자가 소정의 절차에 따라 이주대책대상자 선정신청을 한 데 대하여 사업시행자가 이주대책대상자가 아니라고 하여 위 확인·결정 등의 처분을 하지 않고 이를 제외시키거나 또는 거부조치한 경우에는, 이주자로서는 당연히 사업시행자를 상대로 항고소송에 의하여 그 제외처분 또는 거부처분의 취소를 구할 수 있다(대법원 1994.5.24. 선고 92다35783 판결).

[3] 이러한 수분양권은 위와 같이 이주자가 이주대책을 수립·실시하는 사업시행자로부터 이주대책 대상자로 확인·결정받음으로써 취득하게 되는 택지나 아파트 등을 분양받을 수 있는 공법상의 권리라고 할 것이므로, 이주자가 사업시행자에 대한 이주대책대상자 선정신청 및 이에 따른 확인·결정 등 절차를 받지 아니하여 구체적인 수분양권을 아직 취득하지도 못한 상태에서 곧바로 분양의무의 주체를 대상으로 하여 민사소송이나 공법상 당사자소송으로 이주대책상의 수분양권의 확인 등을 구하는 것은 허용될 수 없고, 나아가 그 공급대상인 택지나 아파트 등의 특정부분에 관하여 그 수분양권의 확인을 소구하는 것은 더더욱 불가능하다고 보아야 한다(대법원 1994.5.24. 선고 92다35783 판결).

[4] 공공사업시행지구 내에 건물을 소유하고 있다가 당해 공공사업의 시행을 위하여 당해 건물을 사업시행자에게 제공함으로써 생활근거를 상실하게 되는 자만이 공공용지의 취득 및 손실보상에 관한 특례법 소정의 이주대책대상자가 되고, 당해 건물에 계속하여 거주하지 아니하던 자는 당해 건물의 제공으로 인하여 생활근거를 상실하게 된 자가 아니어서 이주대책 대상자가 되지 아니한다(대법원 1994.2.22. 선고 93누15120 판결).

④ 공익사업법 시행령 부칙(2002.12.30.) 제6조(이하 '시행령 부칙 제6조'라 한다)는 "1989.1.24. 현재 허가를 받거나 신고를 하고 건축하여야 하는 건축물을 허가를 받지 아니하거나 신고를 하지 아니하고 건축한 건축물의 소유자에 대하여는 제40조 제3항 제1호의 규정에 불구하고 이주대책대상자에 포함한다."라고 규정하고 있다. 위 부칙 규정의 문언과 도입경위, 이주대책제외대상자를 규정한 공익사업법 시행령 제40조 제3항 각 호의 취지 및 체계 등에 비추어 보면, 위 부칙 규정은 1989.1.24. 당시 이미 건축된 무허가 건축물인 경우에는 그 소유자에 대하여 공익사업법 시행령 제40조 제3항 각 호가 정하는 이주대책대상자 제외요건 중 제1호의 적용을 예외적으로 배제하려는 데 그 취지가 있는 것일 뿐이고, 이와 같은 건축시점뿐만 아니라 무허가 건축물의 소유권 또는 실질적 처분권의 취득시점까지도 1989.1.24. 이전이어야만 이주대책대상자의 범위에 포함될 수 있다는 의미는 아니라고 해석함이 상당하다(대판 2015.7.23, 2014다14672 등 참조). 나아가 공익사업법 시행령 제40조 제3항 제1호의 예외 규정인 시행령 부칙

제6조에 따라 이주대책대상자에 포함될 수 있게 된 무허가 건축물 소유자가 법이 정하는 이주대책대상자에 해당되려면 공익사업법 시행령 제40조 제3항 제2호가 정하는 소유 및 거주 요건까지 갖추어야 한다(대판 2015.12.23, 2014다29360 참조).

한편, 피고가 구체적인 이주대책을 수립하면서 법령이 정한 것 이외의 추가적인 요건을 두는 방법으로 법이 정한 이주대책대상자를 배제하는 것은 강행규정인 공익사업법 제78조 제1항, 공익사업법 시행령 제40조 제3항 각 호에 반하는 것으로서 허용되지 않는다고 할 것이다(대판 2016.7.14, 2014두43592[이주대책대상자부적격처분무효등확인의소]).

⑤ 구 공익사업을 위한 토지 등의 취득 및 보상에 관한 법률(2007.10.17. 법률 제8665호로 개정되기 전의 것, 이하 '구 공익사업법'이라 한다)은 공익사업에 필요한 토지 등을 협의 또는 수용에 의하여 취득하거나 사용함에 따른 손실의 보상에 관한 사항을 규정함으로써 공익사업의 효율적인 수행을 통하여 공공복리의 증진과 재산권의 적정한 보호를 도모함을 목적으로 하고 있고, 위 법에 의한 이주대책은 공익사업의 시행에 필요한 토지 등을 제공함으로 인하여 생활의 근거를 상실하게 되는 이주대책대상자들에게 종전의 생활상태를 원상으로 회복시키면서 동시에 인간다운 생활을 보장하여 주기 위하여 마련된 제도인 점에 비추어, 이주대책의 일환으로 이주대책대상자들에게 아파트를 특별공급하기로 하는 내용의 분양계약은 영리를 목적으로 하는 상행위라고 단정하기 어려울 뿐만 아니라, 사업시행자가 아파트에 관한 특별공급계약에서 강행규정인 구 공익사업법 제78조 제4항에 위배하여 생활기본시설 설치비용을 분양대금에 포함시킴으로써 특별공급계약 중 그 부분이 무효가 되었음을 이유로 이주대책대상자들이 민법의 규정에 따라 사업시행자에게 이미 지급하였던 분양대금 중 그 부분에 해당하는 금액의 반환을 구하는 부당이득반환청구의 경우에도 상거래 관계와 같은 정도로 거래관계를 신속하게 해결할 필요성이 있다고 볼 수 없으므로 위 부당이득반환청구권에는 상법 제64조가 적용되지 아니하고, 소멸시효기간은 민법 제162조 제1항에 따라 10년으로 보아야 한다(대판 2016.9.28, 2016다20244 판결[부당이득금반환]).

3) 간접손실보상

판례

대법원 2019.11.28. 선고 2018두227 판결

【판시사항】

[1] 공익사업을 위한 토지 등의 취득 및 보상에 관한 법률 시행규칙 제64조 제1항 제2호에서 정한 공익사업시행지구 밖 영업손실보상의 요건인 '공익사업의 시행으로 인한 그 밖의 부득이한 사유로 일정기간 동안 휴업이 불가피한 경우'에 공익사업의 시행 결과로 휴업이 불가피한 경우가 포함되는지 여부(적극)

[2] 실질적으로 같은 내용의 손해에 관하여 공익사업을 위한 토지 등의 취득 및 보상에 관한 법률 제79조 제2항에 따른 손실보상과 환경정책기본법 제44조 제1항에 따른 손해배상청구권이 동시에 성립하

는 경우, 영업자가 두 청구권을 동시에 행사할 수 있는지 여부(소극) 및 '해당 사업의 공사완료일로부터 1년'이라는 손실보상 청구기간이 지나 손실보상청구권을 행사할 수 없는 경우에도 손해배상청구가 가능한지 여부(적극)

[3] 공익사업으로 인하여 공익사업시행지구 밖에서 영업을 휴업하는 자가 공익사업을 위한 토지 등의 취득 및 보상에 관한 법률 제34조, 제50조 등에 규정된 재결절차를 거치지 않은 채 곧바로 사업시행자를 상대로 공익사업을 위한 토지 등의 취득 및 보상에 관한 법률 시행규칙 제47조 제1항에 따라 영업손실에 대한 보상을 청구할 수 있는지 여부(소극)

[4] 어떤 보상항목이 공익사업을 위한 토지 등의 취득 및 보상에 관한 법령상 손실보상대상에 해당함에도 관할 토지수용위원회가 사실을 오인하거나 법리를 오해함으로써 손실보상대상에 해당하지 않는다고 잘못된 내용의 재결을 한 경우, 피보상자가 제기할 소송과 그 상대방

【판결요지】

[1] 모든 국민의 재산권은 보장되고, 공공필요에 의한 재산권의 수용 등에 대하여는 정당한 보상을 지급하여야 하는 것이 헌법의 대원칙이고(헌법 제23조), 법률도 그런 취지에서 공익사업의 시행 결과 공익사업의 시행이 공익사업시행지구 밖에 미치는 간접손실 등에 대한 보상의 기준 등에 관하여 상세한 규정을 마련해 두거나 하위법령에 세부사항을 정하도록 위임하고 있다.

이러한 공익사업시행지구 밖의 영업손실은 공익사업의 시행과 동시에 발생하는 경우도 있지만, 공익사업에 따른 공공시설의 설치공사 또는 설치된 공공시설의 가동・운영으로 발생하는 경우도 있어 그 발생원인과 발생시점이 다양하므로, 공익사업시행지구 밖의 영업자가 발생한 영업상 손실의 내용을 구체적으로 특정하여 주장하지 않으면 사업시행자로서는 영업손실보상금 지급의무의 존부와 범위를 구체적으로 알기 어려운 특성이 있다. 공익사업을 위한 토지 등의 취득 및 보상에 관한 법률 제79조 제2항에 따른 손실보상의 기한을 공사완료일부터 1년 이내로 제한하면서도 영업자의 청구에 따라 보상이 이루어지도록 규정한 것[공익사업을 위한 토지 등의 취득 및 보상에 관한 법률 시행규칙(이하 '시행규칙'이라 한다) 제64조 제1항]이나 손실보상의 요건으로서 공익사업시행지구 밖에서 발생하는 영업손실의 발생원인에 관하여 별다른 제한 없이 '그 밖의 부득이한 사유'라는 추상적인 일반조항을 규정한 것(시행규칙 제64조 제1항 제2호)은 간접손실로서 영업손실의 이러한 특성을 고려한 결과이다.

위와 같은 공익사업시행지구 밖 영업손실보상의 특성과 헌법이 정한 '정당한 보상의 원칙'에 비추어 보면, 공익사업시행지구 밖 영업손실보상의 요건인 '공익사업의 시행으로 인한 그 밖의 부득이한 사유로 일정 기간 동안 휴업이 불가피한 경우'란 공익사업의 시행 또는 시행 당시 발생한 사유로 휴업이 불가피한 경우만을 의미하는 것이 아니라 공익사업의 시행 결과, 즉 그 공익사업의 시행으로 설치되는 시설의 형태・구조・사용 등에 기인하여 휴업이 불가피한 경우도 포함된다고 해석함이 타당하다.

[2] 공익사업을 위한 토지 등의 취득 및 보상에 관한 법률(이하 '토지보상법'이라 한다) 제79조 제2항(그 밖의 토지에 관한 비용보상 등)에 따른 손실보상과 환경정책기본법 제44조 제1항(환경오염의 피해에 대한 무과실책임)에 따른 손해배상은 근거 규정과 요건・효과를 달리하는 것으로서, 각 요건이 충족되면 성립하는 별개의 청구권이다. 다만 손실보상청구권에는 이미 '손해 전보'라는 요소가 포함

되어 있어 실질적으로 같은 내용의 손해에 관하여 양자의 청구권을 동시에 행사할 수 있다고 본다면 이중배상의 문제가 발생하므로, 실질적으로 같은 내용의 손해에 관하여 양자의 청구권이 동시에 성립하더라도 영업자는 어느 하나만을 선택적으로 행사할 수 있을 뿐이고, 양자의 청구권을 동시에 행사할 수는 없다. 또한 '해당 사업의 공사완료일로부터 1년'이라는 손실보상 청구기간(토지보상법 제79조 제5항, 제73조 제2항)이 경과하여 손실보상청구권을 더 이상 행사할 수 없는 경우에도 손해배상의 요건이 충족되는 이상 여전히 손해배상청구는 가능하다.

[3] 공익사업을 위한 토지 등의 취득 및 보상에 관한 법률(이하 '토지보상법'이라 한다) 제26조, 제28조, 제30조, 제34조, 제50조, 제61조, 제79조, 제80조, 제83조 내지 제85조의 규정 내용과 입법 취지 등을 종합하면, 공익사업으로 인하여 공익사업시행지구 밖에서 영업을 휴업하는 자가 사업시행자로부터 공익사업을 위한 토지 등의 취득 및 보상에 관한 법률 시행규칙 제47조 제1항에 따라 영업손실에 대한 보상을 받기 위해서는, 토지보상법 제34조, 제50조 등에 규정된 재결절차를 거친 다음 그 재결에 대하여 불복이 있는 때에 비로소 토지보상법 제83조 내지 제85조에 따라 권리구제를 받을 수 있을 뿐이다. 이러한 재결절차를 거치지 않은 채 곧바로 사업시행자를 상대로 손실보상을 청구하는 것은 허용되지 않는다.

[4] 어떤 보상항목이 공익사업을 위한 토지 등의 취득 및 보상에 관한 법령상 손실보상대상에 해당함에도 관할 토지수용위원회가 사실을 오인하거나 법리를 오해함으로써 손실보상대상에 해당하지 않는다고 잘못된 내용의 재결을 한 경우에는, 피보상자는 관할 토지수용위원회를 상대로 그 재결에 대한 취소소송을 제기할 것이 아니라, 사업시행자를 상대로 공익사업을 위한 토지 등의 취득 및 보상에 관한 법률 제85조 제2항에 따른 보상금증감소송을 제기하여야 한다(대법원 2019.11.28. 선고 2018두227 판결[보상금]).

(1) 의의

간접보상이란 토지・건물 등 재산권이 직접 공공단지의 취득대상 또는 수용대상이 되지는 않으나 대상물건이 공공사업으로 인하여 본래의 기능을 수행할 수 없는 경우에 그 소유자 등이 입은 손실을 보상하는 것을 의미한다. 사업주변에 미치는 손실에는 물리적 내지 기술적 손실과 경제적・사회적 손실로 구분할 수 있다. 물리적 내지 기술적 손실에는 예컨대 공사 중의 소음・진동이나 완성된 시설에 의한 일조 또는 전파에 의한 장해 등 넓은 의미의 공해에 해당한다. 사업손실 중 경제적・사회적 손실을 간접손실보상이라 하고 물리적・기술적 부분을 간접침해보상이라고 칭하기로 한다. 경제적 내지 사회적 손실에는, 예컨대 댐 건설 등에 의하여 주민이 이전함으로써 발생되는 생산체계와 유통구조의 변화 또는 어업권의 소멸에 따라 발생되는 지역경제의 변화를 통하여 개인에 미치는 간접적인 피해를 말한다.

이러한 간접보상은 본래 댐의 건설에 따른 수몰 등으로 생기는 손실에 적용하기 위하여 실정법상 채택된 제도인데, 현행법은 댐건설에 따른 수몰로 인하여 농업경영이나 거주가 어렵게 된 경우의 농경지・택지보상・건물보상・소수잔존보상 및 영업보상에 관한 규정을 두고 이를 주택단지조성사업・공업단지조성사업・신도시 개발사업에 준용하도록 하고 있다.

토지보상법 제79조 제2항에서 "공익사업이 시행되는 지역 밖에 있는 토지 등이 공익사업의 시행으로 인하여 본래의 기능을 다할 수 없게 되는 경우에는 국토교통부령으로 정하는 바에 따라 그 손실을 보상하여야 한다."라고 규정하고 있다. 이에 근거하여 동법 시행규칙 제59조 이하에서 상세히 명시하고 있다.

(2) 간접보상의 방법

간접보상은 해당 지역에서의 농업 등을 행하는 것이 어렵게 된 경우에 행하는 매수보상과 생활여건의 변화로 지가가 하락된 경우에 행하는 차액보상으로 나누어질 수 있는데, 현행법은 차액보상을 인정하지 아니하고 매수보상을 원칙으로 하고 있다.

(3) 간접손실보상의 근거

① 헌법적 근거

간접손실도 적법한 공용침해로 인하여 예견되는 통상의 손실이고, 헌법 제23조 제3항을 손실보상에 관한 일반적 규정으로 보는 것이 타당하므로 간접손실보상을 헌법 제23조 제3항의 손실보상에 포함시키는 것이 타당하다. 판례도 간접손실을 헌법 제23조 제3항에서 규정한 손실보상의 대상이 된다고 보고 있다(대판 1999.10.8, 99다2723).

② 법률적 근거

토지보상법 제79조 제2항은 "공익사업이 시행되는 지역 밖에 있는 토지 등이 공익사업의 시행으로 인하여 본래의 기능을 다할 수 없게 되는 경우에는 국토교통부령으로 정하는 바에 따라 그 손실을 보상하여야 한다."라고 간접손실보상의 원칙을 규정하며 간접손실보상의 기준, 내용 및 절차 등을 국토교통부령에 위임하고 있다. 이에 따라 동법 시행규칙은 제59조 이하에서 간접손실보상을 유형화하여 열거, 규정하고 있다.

(4) 간접손실보상의 요건

간접손실보상이 인정되기 위해서는 간접손실(공익사업시행지구 밖에서 발생한 손실, 손실의 예견가능성, 손실범위의 특정 가능성)이 발생하여야 하고, 해당 간접손실이 특별한 희생이 되어야 한다. 따라서 간접손실이 재산권에 내재하는 사회적 제약에 속하는 경우에는 보상의 대상이 되지 아니한다.

(5) 간접보상의 내용과 기준(토지보상법 시행규칙 제59조~제65조)

① 공익사업시행지구 밖의 대지 등에 대한 보상

공익사업시행지구 밖의 대지(조성된 대지를 말한다)·건축물·분묘 또는 농지(계획적으로 조성된 유실수단지 및 죽림단지를 포함한다)가 공익사업의 시행으로 인하여 산지나 하천 등에 둘러싸여 교통이 두절되거나 경작이 불가능하게 된 경우에는 그 소유자의 청구에 의하여 이를 공익사업시행지구에 편입되는 것으로 보아 보상하여야 한다. 다만, 그 보상비가 도로 또는 도선시설의 설치비용을 초과하는 경우에는 도로 또는 도선시설을 설치함으로써 보상에 갈음할 수 있다.

② 공익사업시행지구 밖의 건축물에 대한 보상

소유농지의 대부분이 공익사업시행지구에 편입됨으로써 건축물(건축물의 대지 및 잔여농지를 포함한다)만이 공익사업시행지구 밖에 남게 되는 경우로서 그 건축물의 매매가 불가능하고 이주가 부득이한 경우에는 그 소유자의 청구에 의하여 이를 공익사업시행지구에 편입되는 것으로 보아 보상하여야 한다.

③ 소수잔존자에 대한 보상

공익사업의 시행으로 인하여 1개 마을의 주거용 건축물이 대부분 공익사업시행지구에 편입됨으로써 잔여 주거용 건축물 거주자의 생활환경이 현저히 불편하게 되어 이주가 부득이한 경우에는 해당 건축물 소유자의 청구에 의하여 그 소유자의 토지 등을 공익사업시행지구에 편입되는 것으로 보아 보상하여야 한다.

④ 공익사업시행지구 밖의 공작물 등에 대한 보상

공익사업시행지구 밖에 있는 공작물 등이 공익사업의 시행으로 인하여 그 본래의 기능을 다할 수 없게 되는 경우에는 그 소유자의 청구에 의하여 이를 공익사업시행지구에 편입되는 것으로 보아 보상하여야 한다.

⑤ 공익사업시행지구 밖의 어업의 피해에 대한 보상

공익사업의 시행으로 인하여 해당 공익사업시행지구 인근에 있는 어업에 피해가 발생한 경우 사업시행자는 실제 피해액을 확인할 수 있는 때에 그 피해에 대하여 보상하여야 한다. 이 경우 실제 피해액은 감소된 어획량 및 수산업법 시행령 [별표 4]의 평년수익액 등을 참작하여 평가한다. 이에 따른 보상액은 수산업법 시행령 [별표 4]에 따른 어업권・허가어업 또는 신고어업이 취소되거나 어업면허의 유효기간이 연장되지 아니하는 경우의 보상액을 초과하지 못한다. 사업인정고시일 등 이후에 어업권의 면허를 받은 자 또는 어업의 허가를 받거나 신고를 한 자에 대하여는 시행규칙 제63조 제1항 및 제2항을 적용하지 아니한다.

⑥ 공익사업시행지구 밖의 영업손실에 대한 보상

공익사업시행지구 밖에서 제45조에 따른 영업손실의 보상대상이 되는 영업을 하고 있는 자가 공익사업의 시행으로 인하여 다음의 어느 하나에 해당하는 경우에는 그 영업자의 청구에 의하여 해당 영업을 공익사업시행지구에 편입되는 것으로 보아 보상하여야 한다.

(i) 배후지의 3분의 2 이상이 상실되어 그 장소에서 영업을 계속할 수 없는 경우, (ii) 진출입로의 단절, 그 밖의 부득이한 사유로 인하여 일정한 기간 동안 휴업하는 것이 불가피한 경우 위에 불구하고 사업시행자는 영업자가 보상을 받은 이후에 그 영업장소에서 영업이익을 보상받은 기간 이내에 동일한 영업을 하는 경우에는 실제 휴업기간에 대한 보상금을 제외한 영업손실에 대한 보상금을 환수하여야 한다.

⑦ 공익사업시행지구 밖의 농업의 손실에 대한 보상

경작하고 있는 농지의 3분의 2 이상에 해당하는 면적이 공익사업시행지구에 편입됨으로 인하여 해당 지역(동법 시행령 제26조 제1항 각 호의 1의 지역을 말한다)에서 영농을 계속할 수 없게 된 농민에 대하여는 공익사업시행지구 밖에서 그가 경작하고 있는 농지에 대하여도 동칙 제48조 제1항 내지 제3항 및 제4항 제2호의 규정에 의한 영농손실액을 보상하여야 한다.

위 내용 중 대부분은 실비변상적 손실이나 일실손실에 속한다고 할 수 있지만 소수잔존자보상은 공공사업을 위한 토지의 매수나 수용에 의해 생활공동체로부터 분리되는 자에 대한 보상이며, 재산권이 침해되지 않은 채 생활에 중대한 지장을 초래한 자에 대한 보상이라는 의미에서 생활보상의 범주에 속한다고 할 것이다.

(6) 간접보상에 있어서 정신적 보상의 문제

토지보상법 등 현행법은 보상대상을 재산권적 청구권에 한정하는 대물주의에 입각하고 있다. 따라서 정신적 피해에 대한 보상은 허용되지 않고 있다. 그러나 대대로 오랜 시간 그 토지에서 살아왔던 사람들이 토지를 수용당함으로써 얻은 정신적 고통이 없다고는 말할 수 없을 것이다. 따라서 학설상 이 점에 대한 보상이 인정되어야 한다고 주장되고 있음이 현실이다. 따라서 종래의 손실보상의 개념수정이 요청되고 있다.

(7) 보상청구방법 및 불복방법

토지보상법은 간접손실보상의 청구 및 보상결정에 대한 불복수단에 관하여 아무런 규정을 두고 있지 않은 것으로 보고, 불복 시 손실보상청구소송(학설에 의하면 당사자소송, 판례에 의하면 민사소송)을 제기하여야 한다고 보는 견해가 있다.

그러나 토지보상법은 간접손실보상을 공익사업시행지구에 편입된 것으로 보고 보상하는 것으로 규정하고 있으므로 토지수용위원회의 재결에 의해 보상액이 결정된다고 보는 것이 타당하다. 따라서 간접손실보상의 거부와 보상액에 관한 다툼은 이의신청 또는 보상금증감청구소송으로 하여야 한다.

(8) 보상규정이 결여된 간접보상

토지보상법 및 동법 시행규칙에 규정되지 않은 간접손실보상이 가능 여부가 문제된다. 이는 보상규정이 결여된 간접손실보상의 문제이다. 토지보상법 및 동법 시행규칙의 간접손실보상규정에 의해 간접손실보상이 입법적으로 해결된 것으로 보는 견해도 있으나 토지보상법 및 동법 시행규칙에 의해 보상되지 못하는 간접손실이 있을 수 있다.

보상규정이 없는 간접손실에 관하여는 견해의 대립이 있다.

① 보상부정설

토지보상법 시행규칙 제59조 이하의 간접보상규정을 제한적 열거규정으로 보고, 동 규정에 의해 간접보상의 문제가 전부 해결된 것으로 보며, 동 규정에서 규정하지 않은 간접손실은 보상의 대상이 되지 않는다고 보는 견해이다.

② 유추적용설

구법하에서 대법원은 간접손실에 대한 보상규정이 없는 경우 기존의 공공용지의 취득 및 손실보상에 관한 특례법상의 보상규정을 유추적용하여 보상할 수 있다고 보았다(대판 1999.10.8, 99다27231). 현행법하에서도 보상규정이 결여된 간접손실에 대하여 헌법 제23조 제3항 및 토지보상법령상의 간접손실보상에 관한 규정을 유추적용하여 그 손실보상을 청구할 수 있다고 볼 수 있다고 보는 견해이다.

③ 헌법 제23조 제3항의 직접적용설

손실보상에 관하여 헌법 제23조 제3항의 직접효력을 인정하고, 간접손실도 제23조 제3항의 손실보상의 범위에 포함된다고 본다면 보상규정이 없는 간접손실에 대하여는 헌법 제23조 제3항에 근거하여 보상청구권이 인정된다고 볼 수 있다는 견해이다.

④ 평등원칙 및 재산권보장규정근거설

공적부담 앞의 평등원칙 및 재산권 보장규정이 손실보상의 직접적 근거가 될 수 있다면 간접손실도 헌법상 평등원칙 및 재산권 보장규정에 근거하여 보상해 주어야 한다는 견해이다.

⑤ 수용적 침해이론

간접손실을 수용적 침해로 보고 독일법상의 수용적 침해이론을 적용하여 구제해주어야 한다는 견해이다.

⑥ 손해배상설

간접손실에 대하여 명문의 보상규정이 없는 경우에는 손해배상을 청구해야 한다는 견해이다.

⑦ 판례

판례는 간접손실을 헌법 제23조 제3항에 규정한 손실보상의 대상이 된다고 보고, 간접손실보상규정을 유추적용하여 그에 관한 보상을 인정하는 것이 타당하다고 본다(대판 2013.6.14, 2010다9658).

⑧ 결어

간접손실도 헌법 제23조 제3항의 손실보상의 범주에 포함되므로, 법령의 규정이 흠결되었다고 하여 보상을 부정하는 것은 타당하지 못하다. 따라서 헌법 제23조 제3항을 직접 근거로 관련 손실 보상규정을 유추적용하여 손실을 보상함이 타당하다.

(9) 간접침해보상

① 유형

간접침해보상이란 대규모 공익사업의 시행 또는 완성 후의 시설로 인해 사업시행지 밖에 미치는 사업 손실 중에서 사회적·경제적 손실을 의미하는 간접보상을 제외한 물리적·기술적 손실에 대한 보상을 말한다. 간접침해의 유형으로는 (i) 공공사업으로 인한 소음·진동·먼지 등에 의한 침해, (ii) 환경오염 및 용수고갈 등으로 인한 손실, (iii) 일조권침해 등이 있다.

② 간접침해보상의 법적 근거

사업손실 중 간접보상에 관하여는 구 토지수용법 제47조·제48조 및 공특법 시행규칙 제23조의2 내지 제23조의7에 그 법적 근거가 있었지만, 간접침해보상에 관하여는 실정법상 전혀 보상규정이 없었다. 그럼에도 불구하고 실무적으로 일정한 범위의 보상을 하고 있었던 것은 보상법리상 문제가 있다. 따라서 간접침해가 손실보상의 요건을 갖추는 경우에는 보상이 가능하도록 보상규정을 두는 입법적 개선이 필요하지만, 새로 제정된 토지보상법은 또한 이를 받아들이지 않았다.

PART · 03

③ 간접침해에 대한 구제수단

㉠ 손실보상 : 간접침해가 수인한도를 넘어 보상을 하여야 하는 경우에도 보상규정이 없어 보상을 하지 못함으로써 실무상 많은 민원이 제기되었다. 이에 따라 사업시행자가 보상의 근거를 내부규정으로 정하기도 하였다. 즉, 한국도로공사는 '용지업무처리예규'를 정하여 그 근거를 마련하고 소음·진동 등의 침해에 대한 보상청구가 있는 경우 종례의 목적대로 사용이 곤란한 경우 등에 대하여 보상을 하였다.

한편, 판례는 구 공특법상의 간접보상에 관한 규정을 유추적용하여 간접침해보상을 인정하는 경향에 있다. 그러나 판례는 보상청구권은 공법상의 권리가 아니라 사법상의 권리이므로 민사소송으로 손실보상금 지급청구를 인정하였다.

㉡ 손해배상 : 간접침해가 손해배상의 요건을 충족하면 사법상의 손해배상을 청구할 수 있다. 즉, 간접침해에 위법성이 있고 고의·과실이 있어야 한다. 이 경우 공익사업 시행에 있어서는 간접침해의 위법성이나 고의·과실의 여부가 명확하지 않아 손해배상책임을 인정하기가 어려운 면이 많다. 그러나 공익사업의 시행으로 사업시행지 밖의 자에게 수인한도를 넘는 간접침해가 발생하는 때에는 손해배상청구를 인정할 수 있다.

판례는 사인 간의 소유권 행사에 의한 일조 침해에 대하여 건물신축이 건축 당시의 공법적 규제에 형식적으로 적합하나 일조 침해의 정도가 현저하게 커 사회통념상 수인한도를 넘는 경우에는 손해배상청구를 인정하였다.[44]

또한 판례는 고속도로의 확장으로 인하여 소음, 진동 등이 증가하여 인근 양돈업자가 양돈업을 폐업하게 된 사안에서, 양돈업에 대한 침해의 정도가 사회통념상 일반적으로 수인할 정도를 넘어선 경우에 사업시행자의 배상책임을 인정하였고, 또 사업장 등에서 발생되는 환경오염으로 인하여 피해가 발생한 경우에는 해당 사업자는 귀책사유가 없더라도 그 피해를 배상하여야 한다고 하였다.[45] 환경오염에는 소음, 진동으로 사람의 건강이나 환경에 피해를 주는 것도 포함되므로, 피해자들의 손해에 대하여 사업자는 그 귀책사유가 없더라도 특별한 사정이 없는 한 이를 배상할 의무가 있기 때문이다.

7. 손실보상의 방법과 절차

1) 손실보상의 방법

행정상 손실보상의 방법으로는 금전보상, 현물보상, 매수보상, 채권보상 등이 있다. 「공익사업을 위한 토지 등의 취득 및 보상에 관한 법률」상 제6장의 제1절에서는 손실보상의 원칙을 규정하고 있는바, 사업시행자 보상(법 제61조), 사전보상(법 제62조), 현금보상 등(법 제63조), 개인별 보상(법 제64조), 일괄보상(법 제65조), 사업시행이익과의 상계금지(법 제66조), 시가보상(법 제67조 제1항), 개발이익 배제보상(법 제67조 제2항), 복수평가에 의한 보상(법 제68조) 등을 규정하고 있다.

44) 대법원 1999.1.26. 선고 98다23850 판결

45) 대법원 2001.2.9. 선고 99다55434 판결

⑴ 금전보상

손실보상은 현금의 지급에 의함이 원칙인데(토지보상법 제63조), 금전은 자유로운 유통이 보장되고 객관적 가치의 변동이 적기 때문이다. 금전보상에 준하는 것으로 국채 기타의 유가증권에 의한 보상이 있는데, 이러한 경우에는 그의 액면가액에만 의할 것이 아니라 실질가액을 참작하여야 한다.

⑵ 채권보상(토지보상법 제63조 제7항 내지 제9항)

① 채권보상의 요건(토지보상법 제63조 제7항)

사업시행자가 국가・지방자치단체, 그 밖에 대통령령으로 정하는 공공기관의 운영에 관한 법률에 따라 지정・고시된 공공기관 및 공공단체인 경우로서, (ⅰ) 토지소유자나 관계인이 원하는 경우, (ⅱ) 사업인정을 받은 사업의 경우에는 대통령령으로 정하는 부재부동산 소유자의 토지에 대한 보상금이 대통령령으로 정하는 일정금액을 초과하는 경우 그 초과하는 금액에 대하여 보상하는 경우에 해당 사업시행자가 발행하는 채권으로 지급할 수 있다. 또한 종전의 비업무용 토지는 채권보상의 대상에서 제외되었다.

② 상환기한 및 이자율(토지보상법 제63조 제9항)

채권으로 지급할 경우 정당한 보상이 될 수 있도록 채권의 상환기한, 이자율 등을 정해야 한다. 이 경우 상환기한은 5년을 넘지 아니하는 범위에서 정하여야 하며, 그 이자율은 3년 만기 정기예금 이자율「은행법」에 따라 설립된 은행 중 전국을 영업구역으로 하는 은행이 적용하는 이자율을 평균한 이자율로 한다.

③ 부재부동산소유자에 대한 채권보상

㉠ 기준금액 및 양도소득세의 가산지급(시행령 제27조) : (ⅰ) 부재부동산 소유자에 대한 채권보상을 함에 있어서 토지소유자의 불이익을 방지하기 위하여 토지보상법 제63조 제7항 제2호의 "일정금액"의 기준이 변경되었는바, 종전의 3천만원에서 1억원으로 증가되었다. 또한 (ⅱ) 부재부동산 소유자가 해당 토지를 사업시행자에게 양도하거나 수용으로 인하여 발생하는 소득에 대하여 납부하여야 하는 양도소득세 상당금액을 세무사의 확인을 받아 현금으로 지급하여 줄 것을 요청하는 때에는 해당 양도소득세 상당금액을 1억원에 가산하여 현금으로 지급하여야 한다.

㉡ 투기가 우려되는 지역 안에서의 부재부동산 소유자에 대한 채권보상(제63조 제8항) : 토지투기가 우려되는 지역으로서 대통령령으로 정하는 지역 내에서 (ⅰ) 택지개발촉진법에 따른 택지개발사업, (ⅱ) 산업입지 및 개발에 관한 법률에 따른 산업단지개발사업, (ⅲ) 그 밖에 대규모 개발사업을 시행하는 자 중 공공기관의 운영에 관한 법률 제4조부터 제6조까지의 규정에 따라 지정・고시된 공공기관으로서 대통령령으로 정하는 공공기관은 제6항의 규정에 불구하고 제7항 제2호의 규정에 의한 부재부동산 소유자의 토지에 대한 보상금 중 대통령령이 정하는 1억원 이상의 일정금액을 초과하는 부분에 대하여는 해당 사업시행자가 발행하는 채권으로 지급하여야 한다. 다만 사업시행자가 발행하는 채권으로 보상할 수 있다고 규정하고 있는 본 규정은 재산권을 보장한 헌법과의 관계에서 위헌의 문제가 제기될 수 있다.

(3) 현물보상

금전보상에 대한 예외로서 현물보상을 인정하는 경우가 있다. 도시 및 주거환경정비법 제54조에 의한 주택재개발사업의 경우, 시행자가 관리처분계획에서 정한 토지 또는 건축시설을 분양하거나 도시개발법 제38조에 의한 도시개발사업의 경우, 시행자가 환지계획에서 정한 사항을 환지교부를 하는 것이 그 예이다. 특히 개정 토지보상법 제63조 제1항 내지 제5항에서는 대토보상으로써 현물보상을 명시화하고 있는 것은 획기적인 조치로 보여진다. 이하에서 현물보상으로써 토지보상법에 규정된 대토보상을 구체적으로 살펴본다.

① 대토보상의 시행

손실보상은 현금보상을 원칙으로 하되, 토지소유자가 원하는 경우로서 사업시행자가 해당 공익사업의 토지이용계획 및 사업계획 등을 고려하여 공익사업의 시행으로 조성된 토지로 보상이 가능한 경우에는 토지소유자가 받을 보상금 중 현금 및 채권보상액 등을 제외한 부분에 대하여 일정한 기준과 절차에 따라 그 공익사업의 시행으로 조성한 토지로 보상할 수 있도록 하였다.

② 대토보상의 기대효과

토지소유자의 손실보상관련 불만을 상당부분 해소할 수 있고, 토지구입 수요를 줄임으로써 인근지역 부동산가격의 상승을 억제할 수 있을 것으로 기대된다.

③ 토지로 보상받을 수 있는 자

건축법 제49조 제1항에 따른 대지의 분할제한 면적 이상의 토지를 사업시행자에게 양도한 자가 된다. 이 경우 대상자가 경합하는 때에는 토지보상법 제63조 제7항 제2호에 따른 부재부동산소유자가 아닌 자로서 동법 제63조 제7항에 따라 채권으로 보상을 받는 자에게 우선하여 토지로 보상하며, 그 밖의 우선순위 및 대상자 결정방법 등에 관하여는 사업시행자가 정하여 공고한다.

④ 보상하는 토지가격의 산정 기준금액

다른 법률에 특별한 규정이 있는 경우를 제외하고는 일반 분양가격으로 한다.

⑤ 보상기준 등의 공고

토지보상법 제15조에 따라 보상계획을 공고하는 때에 토지로 보상하는 기준을 포함하여 공고하거나 토지로 보상하는 기준을 따로 일간신문에 공고할 것이라는 내용을 포함하여 공고한다.

⑥ 토지로 보상하는 면적

사업시행자가 그 공익사업의 토지이용계획과 사업계획 등을 고려하여 정한다. 이 경우 그 보상면적은 주택용지는 990평방미터, 상업용지는 1,100평방미터를 초과할 수 없다.

⑦ 대토보상 결정 권리의 전매제한 등

토지보상법 제63조 제1항 단서에 따라 토지로 보상받기로 결정된 권리는 그 보상계획의 체결일부터 소유권이전등기를 완료할 때까지 전매(매매, 증여, 그 밖의 권리의 변동을 수반하는 일체의 행위를 포함하되, 상속의 경우를 제외한다)할 수 없으며, 이를 위반하는 때에는 사업시행자는 토지로 보상하기로 한 보상금을 현금으로 보상할 수 있다. 이 경우 현금보상액에 대한 이자율은 3년 만기 정기예금 이자율의 2분의 1로 한다. 기타 대토보상자이나 현금보상요청시 일정한 경우 현금을 보상하는 예외도 규정하고 있다.

(4) 매수보상

매수보상은 금전보상의 변형으로서, 수용 또는 사용할 토지에 정착한 지상물건은 이전료를 보상하고 이전하게 하는 것이 원칙이지만 물건의 이전이 현저히 곤란하거나 이전으로 인하여 종래의 목적에 사용할 수 없게 되는 때 등에는 상대방의 이익을 위하여 그 물건의 매수청구권을 인정하고 이에 따라 그 물건을 매수함으로써 실질적인 보상을 도모하기 위한 것이다(토지보상법 제75조). 잔여지의 매수보상(토지보상법 제74조)과 더불어 토지보상법 제75조의2에서 잔여건축물의 손실에 대한 보상 등을 규정하여 잔여건물의 경우에도 매수보상을 인정함으로써 정당보상에 부합하는 조치로써 높이 평가된다고 할 것이다.

2) 손실보상의 원칙

(1) 사업시행자 보상원칙

공익사업에 필요한 토지 등의 취득 또는 사용으로 인하여 토지소유자나 관계인이 입은 손실은 사업시행자가 보상하여야 한다(토지보상법 제61조).

(2) 사전보상

사업시행자는 해당 공익사업을 위한 공사에 착수하기 이전에 토지소유자와 관계인에게 보상액 전액을 지급하여야 한다. 다만, 제38조에 따른 천재지변 시의 토지의 사용과 제39조에 따른 시급한 토지의 사용 또는 토지소유자 및 관계인의 승낙이 있은 경우에는 그러하지 아니하다(토지보상법 제62조).

Check Point!

▶ 사전보상 원칙의 예외

1. 천재지변 시의 토지의 사용(토지보상법 제38조)
2. 시급한 토지의 사용(토지보상법 제39조)
3. 측량·조사로 인한 손실보상(토지보상법 제9조 제4항)
4. 사업인정·재결의 실효로 인한 손실보상(토지보상법 제23조 및 동법 제42조)
5. 그 밖의 토지에 관한 비용보상(토지보상법 제79조)

(3) 현금보상 등

손실보상은 다른 법률에 특별한 규정이 있는 경우를 제외하고는 현금으로 지급하여야 한다. 다만 일정한 경우 대토보상 및 채권보상 등을 규정하고 있다(토지보상법 제63조).

(4) 개인별 보상

손실보상은 토지소유자나 관계인에게 개인별로 행하여야 한다. 다만, 개인별로 보상액을 산정할 수 없는 때에는 그러하지 아니하다(토지보상법 제64조).

(5) 일괄보상

사업시행자는 동일한 사업지역에 보상시기를 달리하는 동일인 소유의 토지 등이 여러 개 있는 경우 토지소유자나 관계인이 요구할 때에는 한꺼번에 보상금을 지급하도록 하여야 한다(토지보상법 제65조).

⑹ 사업시행이익과 상계금지

사업시행자는 동일한 토지소유자에 속하는 일단의 토지의 일부를 취득하거나 사용하는 경우 해당 공익사업의 시행으로 인하여 잔여지의 가격이 증가하거나 그 밖의 이익이 발생한 경우에도 그 이익을 그 취득 또는 사용으로 인한 손실과 상계할 수 없다(법 제66조).

⑺ 시가보상

보상액의 산정은 협의에 의한 경우에는 협의성립 당시의 가격을, 재결에 의한 경우에는 수용 또는 사용의 재결 당시의 가격을 기준으로 한다(법 제67조 제1항).

⑻ 개발이익배제보상

보상액을 산정할 경우에 해당 공익사업으로 인하여 토지 등의 가격이 변동되었을 때에는 이를 고려하지 아니한다(법 제67조 제2항).

⑼ 복수평가에 의한 보상

사업시행자는 토지 등에 대한 보상액을 산정하려는 경우에는 감정평가업자 3인(감정평가업자를 추천하지 아니하는 경우에는 2인)을 선정하여 토지 등의 평가를 의뢰하여야 한다. 다만, 사업시행자가 국토교통부령으로 정하는 기준에 따라 직접 보상액을 산정할 수 있는 때에는 그러하지 아니하다(법 제68조).

3) 보상액의 결정방법

손실보상액의 결정방법에 관하여는 통칙적 규정이 없고 손실보상에 관한 각 개별법에서 여러 가지의 방법을 규정하고 있을 뿐이다. 이하에서는 토지보상법제를 기준으로 살펴본다.

⑴ 당사자 간의 협의에 의하는 경우(토지보상법 제16조 및 제26조)

일차적으로 당사자 사이의 협의에 의하여 결정하도록 하고, 협의가 이루어지지 않으면, 토지수용위원회 등의 재결에 의하여 결정하게 된다(토지보상법 제16조 및 제26조 또는 도로법 제79조, 하천법 제76조, 공유수면관리법 제18조).

⑵ 토지수용위원회 등의 재결에 의하는 경우

이 경우는 토지수용위원회의 수용결정과 같이 토지 등의 재산권 수용결정 및 그에 따른 보상액의 결정이 동시에 행해지는 경우와, 수용이 선행되고 추후 보상액의 결정이 있는 경우(도로법 제79조 및 제80조, 산림법 제63조, 징발법 제22조 제2항・제24조 제3항)가 있다.

토지수용위원회는 보상금을 재결의 형식으로 수용과 함께 결정한다(법 제50조). 여기서의 수용재결은 행정심판의 재결이 아니라 원행정행위의 성질을 가진다.

토지 등의 수용과 사용에 관한 재결을 하기 위하여 국토교통부에 중앙토지수용위원회를, 특별시・광역시・도・특별자치도(이하 '시・도'라 한다)에 지방토지수용위원회를 둔다(토지보상법 제49조). 토지수용위원회의 재결사항은 수용하거나 사용할 토지의 구역 및 사용방법, 손실보상, 수용 또는 사용의 개시일과 기간, 그 밖에 이 법 및 다른 법률에서 규정한 사항 등이다. 토지수용위원회는 사업시행자 · 토지소유자 또는 관계인이 신청한 범위에서 재결하여야 한다(토지보상법 제50조).

(3) 토지수용위원회의 재결에 대한 불복절차

토지수용위원회의 재결에 대한 불복절차로 이의신청과 행정소송이 있다.

① 이의신청

토지수용위원회의 재결(원재결)은 수용재결과 보상재결로 구별된다. 이의신청단계에서는 이 중에 어느 부분에 불복하더라도, 이의신청의 대상은 토지수용위원회의 재결 자체가 이의신청의 대상이 된다. 지방토지수용위원회의 재결(원재결)에 대하여 불복이 있는 자는 해당 지방토지수용위원회를 거쳐 중앙토지수용위원회에, 중앙토지수용위원회의 재결에 대하여 불복이 있는 경우에는 재결서의 정본을 받은 날부터 30일 이내에 중앙토지수용위원회에 이의신청을 할 수 있다(제83조). 이의신청은 행정심판의 성질을 가지며 임의절차이다. 따라서 재결에 불복이 있는 경우에 곧바로 행정소송을 제기할 수 있다.

이의신청을 받은 중앙토지수용위원회는 원재결이 위법하거나 부당하다고 인정할 때에는 그 재결의 전부 또는 일부를 취소하거나 보상액을 변경할 수 있다(제84조 제1항). 손실보상액의 변경이라 함은 손실보상액의 증액 또는 감액을 말한다. 제85조 제1항에 따른 기간 이내에 소송이 제기되지 아니하거나 그 밖의 사유로 이의신청에 대한 재결이 확정된 때에는 민사소송법상의 확정판결이 있은 것으로 보며, 재결서 정본은 집행력 있는 판결의 정본과 동일한 효력을 가진다(제86조 제1항).

② 행정소송

사업시행자 · 토지소유자 또는 관계인은 수용재결에 불복할 때에는 재결서를 받은 날부터 90일 이내에, 이의신청을 거쳤을 때에는 이의신청에 대한 재결서를 받은 날부터 60일 이내에 각각 행정소송을 제기할 수 있다(제85조 제1항 ; 2019년 7월 1일 시행).

참고

일부 개정

1. 개정 이유

공익사업 신설 등에 대한 개선요구 등의 근거를 마련하고, 사업인정 또는 사업인정이 의제되는 지구지정 · 사업계획승인 등에 대한 중앙토지수용위원회의 사전 협의절차 이행, 협의 시 검토기준 명시, 기간연장 · 서류보완요구 등 근거 마련하는 한편, 사업인정 또는 사업인정이 의제되는 지구지정 · 사업계획 승인 등에 있어 중앙토지수용위원회와 사전에 협의절차를 이행하도록 하고, 토지수용위원회의 재결에 불복하는 경우 행정소송 제소기간을 확대하려는 것임.

2. 주요 내용

① 중앙토지수용위원회가 공익사업의 신설, 변경 및 폐지 등에 관하여 개선요구 등을 할 수 있도록 하고, 중앙토지수용위원회의 개선요구 등에 대한 관계 행정기관의 반영의무를 규정하며, 중앙토지수용위원회는 개선요구 등을 위하여 관계 기관 소속 직원 또는 관계 전문가 등에게 의견진술이나 자료제출을 요구할 수 있도록 함(제4조의3 신설).

> ② 사업시행자의 고의 또는 과실로 토지소유자 및 관계인에게 보상계획을 통지하지 아니한 경우 열람기간이 지난 후 협의가 완료되기 전까지 토지조서 및 물건조서의 내용에 대한 이의제기가 가능하도록 함(제15조 제3항).
> ③ 국토교통부장관이나 허가 · 인가 · 승인권자가 사업인정 또는 사업인정이 의제되는 지구지정 · 사업계획 승인 등에 있어 중앙토지수용위원회와 사전에 협의절차를 이행할 것을 규정함(제21조 제1항 및 제2항).
> ④ 사업인정 등에 대한 협의 시, 대상사업에 대한 검토기준으로 사업인정에 이해관계가 있는 자에 대한 의견수렴절차, 허가 · 인가 · 승인대상 사업의 공공성, 수용의 필요성, 그 밖에 대통령령으로 정하는 사항을 명시함(제21조 제3항).
> ⑤ 사업인정 고시 후 사업시행자나 감정평가업자가 토지나 물건을 측량하거나 조사할 경우 사업시행자가 출입에 관한 사항을 토지점유자에게 직접 통지토록 명확하게 규정하여 행정절차를 간소화함(제27조 제1항 및 제2항).
> ⑥ 토지수용위원회에서 위원장이 필요하다고 인정하는 경우 회의 구성을 위한 위원정수를 20명 이내에서 확대할 수 있도록 하여 위원회 운영에 탄력성을 부여함(제52조 제6항 단서 및 제53조 제4항 단서 신설).
> ⑦ 토지수용위원회의 재결에 불복하는 경우 행정소송 제소기간을 60일에서 90일로, 이의신청을 거쳤을 때는 이의 신청에 대한 재결서를 받은 날로부터 30일에서 60일로 늘려 국민의 재판청구권을 폭넓게 보장함(제85조 제1항).
>
> – 출처 : 법제처

수용재결 또는 이의재결에 대한 불복에는 수용 자체를 다투는 경우와 보상액을 다투는 경우가 있다. 수용 자체를 다투는 것인 때에는 재결에 대하여 취소소송 또는 무효확인소송을 제기하고 보상금의 증감을 청구하는 것인 때에는 보상액의 증감을 청구하는 소송을 제기하여야 한다(제85조 제2항).

보상금증감청구소송은 수용재결 중 보상금에 대하여서만 이의가 있는 경우에 보상금의 증액 또는 감액을 청구하는 소송이다. 토지소유자 또는 관계인은 보상금의 증액을 청구하는 소송(보상금증액청구소송을 제기하고 사업시행자는 보상액의 감액을 청구하는 소송)을 제기한다. 종래 토지수용법에서는 보상금 증감청구소송에 있어서도 원고인 토지소유자는 사업시행자와 토지수용위원회를 각각 피고로 하여 제기하도록 되어 있었던 결과, 이 소송의 법적 성격에 대해 논란이 있었으나 현행 토지보상법은 보상금의 증감에 관한 소송은 토지소유자와 사업시행자가 각각 당사자로 되어 있어 이 소송이 형식적 당사자소송에 해당한다고 보는 것이 통설 · 판례의 입장이다. 보상금증감청구소송에서 법원은 보상금을 직접 결정한다. 소송제기자가 토지소유자 또는 관계인일 때에는 사업시행자를, 소송제기자가 사업시행자일 때에는 토지소유자 또는 관계인을 각각 피고로 한다(제85조 제2항).

이러한 소송은 형식적으로는 직접 권리관계에 당사자를 피고로 하여 제기하는 당사자소송이지만은 내용적으로는 보상재결이라는 행정처분을 다툰다는 점에서 형식적 당사자소송인바, 1990년 개정된 토지수용법(1990.4.7. 법률 제4321호)에 의하여 명문으로 채택되었다. 그 후에 공익사업을 위한 토지 등의 취득 및 보상에 관한 법률(이하 토지보상법)에서 제도가 다시 정비되어, 피고적격으로 재결청이 삭제되어 오늘에 이르고 있다. 이 제도로 인하여 신속한 권리구제가 가능하게 되었는바, 재결결정처분의 효력을 다투는 취소소송절차에 의한 구제는 간접적이며 우회적일 뿐더러 수용결정 자체에 위법이 없는 경우도 있을 것이기 때문이다. 이 보상금증감청구소송은 형성소송(실질적으로 토지수용위원회의 보상결정의 취소·변경을 구하는 소송이라는 견해)인가 확인소송(발생된 보상청구권의 확인을 구하는 소송이라는 견해)인가도 문제되고 있다.

이 소송의 법적 성질을 부연하면, 수용재결의 당부를 다루는 소송이므로 그 실질은 항고소송인데, 법률의 규정에 의하여 법률관계의 당사자인 사업시행자나 토지소유자 등을 피고로 하도록 하고 있으므로 형식적 당사자소송이라 한다고 할 수 있다.

일본토지수용법은 피고적격에서 재결청을 당사자로 하지 않고 있으므로 일본에서는 이를 전형적인 형식적 당사자소송으로 설명하고 있다. 현행 토지보상법 제85조 제2항은 구 토지수용법 제75조의2의 제2항과는 달리 재결청인 토지수용위원회를 피고에서 제외시켜 법률관계의 당사자인 사업시행자나 토지소유자 등을 각 피고로 하여 형식적 당사자소송임을 명확히 하고 있다.

보상금증감소송이 실질적으로 토지수용위원회의 보상금에 대한 결정의 취소·변경을 구하는 형성소송인지, 아니면 발생된 보상청구권의 내용·범위의 확인을 구하는 확인을 구하는 소송인지 여부가 문제되고 있다.

① 형성소송설은 보상금증감청구소송은 형식적으로는 당사자 간의 쟁송방식을 취하고 있으나, 실질적으로는 토지수용위원회의 보상재결의 취소, 변경을 구하는 항고소송으로서의 형성소송이라 한다. 행정작용의 위법을 주장하여 그 시정을 구하는 소송의 피고를 법률관계의 한쪽 당사자로 하였다 하여 소송의 성질이 변하는 것은 아니며, 형식적 당사자소송이 행정작용의 위법을 주장하여 그 시정을 구하는 소송이라는 점에서 항고소송이며, 다만 소송형식이 법률관계 당사자로 하고 있기 때문에 형식적 당사자소송이라 불리는 것이지 실질은 항고소송이라 한다.

반면, ② 확인·급부소송설은 보상재결의 취소, 변경을 구할 필요 없이 보상금의 증감청구를 소의 취지로 하며, 정당보상액이 얼마이며 당사자 간의 법률관계 자체에 대한 급부청구이고, 보상청구권은 토지보상법상의 보상규정 유무에 관계없이 헌법규정에 근거하여, 토지보상법상의 보상금증감청구소송은 이미 헌법규정에 따라 객관적으로 확정되어 있는 보상액의 확인 또는 급부를 구하는 소송이라 한다.

생각건대, 보상금증감청구소송은 재결의 취소를 수반하지만 보상액은 정당보상의 원칙과 보상법령에 따라 확정되는 것이므로 법원에 의한 보상액의 결정은 다툼이 있는 보상액을 법원이 확인하는 것으로 보아야 한다.

법률에 보상액 결정에 관하여 규정이 없는 경우 당사자는 보상금청구소송을 제기한다. 이 경우의 소송은 공법상 당사자소송에 의할 것이나, 종전 판례는 손실보상청구권을 사권으로 보고 손실보상청구소송을 민사소송으로 보았으나 최근 대법원 전원합의체 판결[46]은 하천법상 손실보상청구가 민사소송이 아니라 당사자소송의 대상이 된다고 판례를 변경하였다.

46) 대법원 2006.5.18. 선고 2004다6207 판결

판례

[1] 하나의 재결에서 피보상자별로 여러 가지의 토지, 물건, 권리 또는 영업(이처럼 손실보상 대상에 해당하는지, 나아가 그 보상금액이 얼마인지를 심리・판단하는 기초 단위를 이하 '보상항목'이라고 한다)의 손실에 관하여 심리・판단이 이루어졌을 때, 피보상자 또는 사업시행자가 반드시 재결 전부에 관하여 불복하여야 하는 것은 아니며, 여러 보상항목들 중 일부에 관해서만 불복하는 경우에는 그 부분에 관해서만 개별적으로 불복의 사유를 주장하여 행정소송을 제기할 수 있다. 이러한 보상금 증감 소송에서 법원의 심판범위는 하나의 재결 내에서 소송당사자가 구체적으로 불복신청을 한 보상항목들로 제한된다.
법원이 구체적인 불복신청이 있는 보상항목들에 관해서 감정을 실시하는 등 심리한 결과, 재결에서 정한 보상금액이 일부 보상항목의 경우 과소하고 다른 보상항목의 경우 과다한 것으로 판명되었다면, 법원은 보상항목 상호 간의 유용을 허용하여 항목별로 과다 부분과 과소 부분을 합산하여 보상금의 합계액을 정당한 보상금으로 결정할 수 있다.

[2] 피보상자가 당초 여러 보상항목들에 관해 불복하여 보상금 증액 청구소송을 제기하였으나, 그중 일부 보상항목에 관해 법원에서 실시한 감정 결과 그 평가액이 재결에서 정한 보상금액보다 적게 나온 경우에는, 피보상자는 해당 보상항목에 관해 불복신청이 이유 없음을 자인하는 진술을 하거나 단순히 불복신청을 철회함으로써 해당 보상항목을 법원의 심판범위에서 제외하여 달라는 소송상 의사표시를 할 수 있다.
한편 사업시행자가 특정 보상항목에 관해 보상금 감액을 청구하는 권리는 공익사업을 위한 토지 등의 취득 및 보상에 관한 법률 제85조 제1항 제1문에서 정한 제소기간 내에 보상금 감액 청구소송을 제기하는 방식으로 행사함이 원칙이다. 그런데 사업시행자에 대한 위 제소기간이 지나기 전에 피보상자가 이미 위 보상항목을 포함한 여러 보상항목에 관해 불복하여 보상금 증액 청구소송을 제기한 경우에는, 사업시행자로서는 보상항목 유용 법리에 따라 위 소송에서 과다 부분과 과소 부분을 합산하는 방식으로 위 보상항목에 대한 정당한 보상금액이 얼마인지 판단받을 수 있으므로, 굳이 중복하여 동일 보상항목에 관해 불복하는 보상금 감액 청구소송을 별도로 제기하는 대신 피보상자가 제기한 보상금 증액 청구소송을 통해 자신의 감액청구권을 실현하는 것이 합리적이라고 생각할 수도 있다.
이와 같이 보상금 증감 청구소송에서 보상항목 유용을 허용하는 취지와 피보상자의 보상금 증액 청구소송을 통해 감액청구권을 실현하려는 기대에서 별도의 보상금 감액 청구소송을 제기하지 않았다가 그 제소기간이 지난 후에 특정 보상항목을 심판범위에서 제외해 달라는 피보상자의 일방적 의사표시에 의해 사업시행자가 입게 되는 불이익 등을 고려하면, 사업시행자가 위와 같은 사유로 그에 대한 제소기간 내에 별도의 보상금 감액 청구소송을 제기하지 않았는데, 피보상자가 법원에서 실시한 감정평가액이 재결절차의 그것보다 적게 나오자 그 보상항목을 법원의 심판범위에서 제외하여 달라는 소송상 의사표시를 하는 경우에는, 사업시행자는 그에 대응하여 법원이 피보상자에게 불리하게 나온 보상항목들에 관한 법원의 감정 결과가 정당하다고 인정하는 경우 이를 적용하여 과다하게 산정된 금액을 보상금액에서 공제하는 등으로 과다 부분과 과소 부분을 합산하여 당초 불복신청된 보상항목들 전부에 관하여 정당한 보상금액을 산정하여 달라는 소송상 의사표시를 할 수 있다고 봄이 타당하다.
이러한 법리는 정반대의 상황, 다시 말해 사업시행자가 여러 보상항목들에 관해 불복하여 보상금 감액 청구소송을 제기하였다가 그중 일부 보상항목에 관해 법원 감정 결과가 불리하게 나오자 해당 보상항목에 관한 불복신청을 철회하는 경우에도 마찬가지로 적용될 수 있다(대법원 2018.5.15. 선고 2017두41221 판결[손실보상금증액 등]).

8. 수용유사의 침해 · 수용적 침해 · 희생침해에 대한 보상

1) 수용유사의 침해에 대한 보상

(1) 의의

수용유사의 침해란 위법한 공용침해, 즉 공용침해의 모든 허용요건을 갖추고 있으면서도 보상에 관한 요건을 결하고 있는 침해의 경우를 말한다. 보상규정의 결여로 보상을 받을 수 없게 된 경우에도 독일에 있어서는 헌법의 재산권보장규정에 의하여 보상이 가능하다고 하는바, 이것을 수용유사의 침해의 법리라 한다.

모든 기본권침해에 대한 무과실배상책임을 인정하는 데까지 확대한 바 있었다.

수용유사침해의 보상은 위법한 공용침해에 대한 보상인 점에서 적법한 공용침해에 대한 보상인 본래 의미의 공용침해와 구별되며 공용침해로 야기된 손실의 조절적 보상인 점에서 위법 · 유책의 손해에 대한 배상을 의미하는 국가배상과 구별된다. 이 이론이 적용되는 분야를 살피면 법률에 근거하여 개인의 재산권에 특별한 희생을 가하지만 대부분 보상규정을 결하고 있는 것이 이에 해당한다. 그런데도 현실적으로는 공용제한에 관계법령에 그에 관한 보상규정이 없기 때문에 보상이 주어지지 않고 있다. 이러한 경우에 앞에서 살펴본 바와 같이 국가배상법에 의한 손해배상을 청구할 수 있다고 생각될 수 있으나 손해배상의 요건으로는 해당 행위가 위법할 뿐만 아니라 공무원에게 고의 또는 과실이 있어야 하는데, 위와 같은 경우에는 고의 또는 과실에 의한 침해라고 볼 수 없으므로 배상을 청구할 수 없게 된다. 따라서 이러한 경우에는 공용수용의 법리에 준하여 직접 헌법(제23조 제1항 및 제3항, 제11조 제1항)에 의거한 손실보상을 청구함이 타당하다 할 것이다.

(2) 수용유사침해의 구성요건

수용유사침해의 구성요건은 타인의 재산권에 대한 위법한 공용침해로 인한 특별한 희생의 발생이다. 이를 분설하면 다음과 같다.

① 재산권에 대한 침해가 있어야 한다.

여기서 재산권은 모든 재산적 가치 있는 권리를 의미하며, 민법상 소유권은 물론 무체재산권, 그 밖의 공 · 사법상 일체의 권리가 포함된다.

② 재산권에 대한 공용침해(공공필요에 의한 재산권의 수용 · 사용 · 제한)가 있어야 한다.

재산권의 수용 등의 개념에 포함되지 않더라도 재산권의 침해로 볼 수 있는 한, 공용침해의 요소를 이룬다. 여기서 재산권의 침해는 공권력 행사로 인해 직접적으로 야기된 것이면 족하며, 부작위인 경우에도 상대방의 권리영역을 침해하는 행위로서 성격 지을 수 있다면 재산권의 침해로 볼 수 있다.

③ 재산권자에게 특별한 희생이 발생해야 한다.

재산권에 대한 사회적 제약을 넘는 특별한 희생인 경우에 해당되어야만 수용유사적 침해가 가능하게 되는바 이를 충족하여야 한다.

④ 위법한 공용침해가 있어야 한다.

여기서의 위법은 공용침해에 대한 근거법규가 당연히 보상규정을 두어야 함에도 불구하고 그에 관한 규정을 두지 않음으로써 위헌법률이 되는 결과, 동법률에 근거한 공용침해가 결과적으로 위헌이 된다는 의미에서 위법을 말한다. 따라서 공용침해권자에게는 공공필요가 그의 동기이므로 공용침해권자의 과실을 요하지 않는다. 즉 수용유사의 침해는 위법・무과실의 침해가 전형적이다. 그러나 과실유무는 중요한 요소가 아니므로 엄격한 의미에서 위법유책의 공용침해까지 포함하는 것이 독일에서 수용유사침해의 내용이다.

이러한 경향은 손실보상에서 그 원인인 행위가 적법한 침해이건, 위법한 침해이건 가리지 않고 동일한 취급을 하게 된 것을 의미한다. 위법・유책에 의한 공용침해는 일견 국가배상의 요건을 충족하는 것으로 볼 수도 있으나 수용유사의 침해와 국가배상은 다음과 같이 서로 다르다. 즉 (i) 청원권의 성립요건이 수용유사침해는 공공필요에 의한 재산권침해에 대한 보상이나, 국가배상은 공무원의 위법한 직무집행행위로 타인에 가한 손해의 배상이다. (ii) 국가배상은 모든 손해에 대한 배상으로서의 완전보상을 원칙으로 하나, 보상은 완전보상을 원칙으로 하되, 합리적 이유가 있으면 그것을 상・하회할 수 있는 상당보상이다. (iii) 청구절차에 있어서도 국가배상은 국가배상법의 규정에 따라 국가배상을 청구하기 위해서는 우선적으로 배상심의회의 배상결정을 거쳐야 손해배상의 소송제기가 가능한 결정 전치주의를 거쳐야 하지만 수용유사침해의 경우에는 보상규정이 없으므로 행정소송법상 당사자소송절차에 의거하여야 한다.

결국 적법한 공용침해로 인해 특별한 희생을 입은 자에게 정당한 보상을 해주는 것이 공법상 손실보상제도의 취지라고 할 때 위법한 공용침해로 인하여 특별한 희생을 입은 자에게 보상을 해주는 것은 너무나 당연한 논리적 귀결이라는 사상적 기초 아래 서독연방최고법원의 판례를 통하여 수용유사침해의 법리가 형성되었다.

(3) 수용유사침해법리에 대한 비판

Bonn기본법 제14조에 근거하여 수용유사침해이론을 처음으로 긍정한 1952년 6월 10일 연방최고법원의 판결[47] 이래 30년간 동이론은 순조로운 발전을 보아왔으나 1981년 7월 15일 연방헌법재판소는 이른바 자갈채취사건을 통하여 동법리에 따르는 보상청구를 제약하는 판결[48]을 하였다.

47) 연방민사법원은 1952년 6월 10일 판결에서 무주택자의 강제배정으로 손해를 입은 원고들에 대하여 수용유사적 침해에 대한 보상을 인정하였다. 연방민사법원은 행정청의 강제배정이 근거법률에 보상규정의 결여로 인하여 위법한 침해가 됨을 확인하고, 이러한 위법한 침해에 의하여 야기된 재산상의 손해가 그 효과와 내용에 있어서 기본법 제14조 제3항의 적법한 침해와 똑같이 피해자에게 특별한 희생을 강요한다면, 이러한 위법한 침해에 대하여 적법한 침해와 같이 보상을 하여 주는 것이 타당하다고 판시하였다. 즉, 연방민사법원은 위법한 침해가 기본법 제14조 제3항의 적법한 침해, 다시 말하면 수용과 유사한 효과를 개인에게 부과한다는 이유로 동 조항을 유추적용하여 보상을 하였다.

48) 1976년에 연방법으로 제정된 수자원관리법은 지하수를 포함하여 모든 수자원이용에는 행정관청의 허가를 요한다는 규정을 새로이 신설하였는데, 동법이 제정되기 이전에는 지하수 등 여타 수자원을 이용하는데 아무런 제한이 없었다. 그러나 동법이 제정되어 지하수 등을 이용하고자 하는 자는 반드시 행정청의 허가를 얻지 않으면 안 되게 되었으나, 수자원 이용허가가 거부된 자에 대해서는 아무런 보상근거규정을 두지 아니하였다. 자갈채취사건은 동 법에 의해 하천에서의 자갈채취허가를 신청한 소송당사자가 허가거부처분을 당하였고, 이에 당사자는 행정심판을 제기하였으나 기각당하게 되었다. 당사자는 동 허가처분에 대해 다투는 행정소송 대신에 과거 상기 법률이 없었을 당시 오랫동안 자갈채취업을 해 온 재산적 가치가 동 법에 의한 허가거

이 연방헌법재판소의 결정에 의하면 보상규정이 없는 경우에는 먼저 침해행위의 취소를 구해야 하는 것이며 기본법 제14조 제3항을 근거로 직접보상을 구할 수 없다. 법원도 보상에 대한 법적 근거 없이 어떠한 보상도 개인에게 인정하여서는 안 된다는 것이다. 따라서 이러한 결정 아래서는 수용유사의 침해이론 같은 것은 그 존재여지가 없다는 견해[49]가 적지 않았으나 그 후 연방최고법원은 1984년 1월 26일의 판결에서 위의 연방헌법재판소판결의 범위를 한정하여 기본적으로는 수용유사침해에 의한 보상청구권을 유지하였다. 연방최고법원은 수용유사침해의 원리를 기본법 제14조를 준용하여 구성하였는바, 오늘날에는 그 구성요건이나 법적 효과에 있어서 기본법 제14조와의 관련성을 잃게 되었으며 그것은 헌법상 개념이 아니라 헌법보다 하위의 법개념이기 때문에 연방헌법재판소의 기본법 제14조에 대한 해석의 변경은 수용유사침해에 직접 영향을 미치지 않는다고 하였다. 즉 연방통상법원은 이제는 동법리의 법적 기초를 헌법 제14조에서가 아니라 1794년의 프로이센 일반 란트법 서장 제74조・제75조에 근거를 둔 관습법으로서 희생보상청구권에서 구하여 동법리를 재확립하였다. 이러한 관점에서는 동 법리는 기본법 제14조 제3항과는 독립한 보상의 법리로 존재하게 된다.

우리나라 판례 중 수용유사침해이론이 거론된 판례가 있지만 판례는 수용유사침해이론의 도입에 관하여는 판단하지 않았다.[50]

판례

> 수용유사적 침해의 이론은 국가 기타 공권력의 주체가 위법하게 공권력을 행사하여 국민의 재산권을 침해하였고 그 효과가 실제에 있어서 수용과 다름없을 때에는 적법한 수용이 있는 것과 마찬가지로 국민이 그로 인한 손실의 보상을 청구할 수 있다는 것인데, 1980년 6월 말경의 비상계엄 당시 국군보안사령부 정보처장이 언론통폐합조치의 일환으로 사인 소유의 방송사 주식을 강압적으로 국가에 증여하게 한 것이 위 수용유사행위에 해당되지 않는다(대법원 1993.10.26. 선고 93다6409 판결).

부처분으로 인해 상실되었다는 이유로 주 지방일반법원 및 주 일반고등법원에 손실보상청구의 소를 제기하여 승소하였으나, 독일연방일반법원은 당사자의 손실보상청구권을 부인하였다. 이에 당사자는 기본법 제100조에 의거 독일연방헌법재판소에 대하여 토지의 소유자에게 지하수의 이용을 근본적으로 금지하고 있는 상기 수자원관리법(WHG)이 기본법 제14조에 부합되는지에 관하여 제소한 것이다. 우선 종래의 판례의 입장과 달리 재산권의 내용규정과 보상규정을 별개로 파악하여 사회적 기속을 넘어서는 재산권침해를 공용수용으로 보는 것을 허용하지 않았다. 아울러 부대조항에서 발생되는 문제해결을 위하여 공용수용을 기술적 의미의 수용, 즉 '재산권의 일부 또는 전부의 박탈'로 이해하였다. 또한 공용수용에 대한 수권법률은 반드시 보상규정을 두어야 하며, 공용수용으로 인하여 손실을 받은 개인은 보상에 대한 법적 근거가 있는 경우에만 보상을 요구할 수 있다는 견해를 재확인하였다. 공용침해에 대하여 보상규정이 없는 법률은 위헌무효이며 이러한 위헌무효에 근거한 재산권침해는 위법하게 된다. 이 경우 개인은 우선적으로 취소소송을 통하여 위법한 처분을 취소해야 하며, 취소소송 대신에 법에서 인정하지 않은 보상을 요구할 수 없고, 법원 역시 보상에 대한 법적 근거없이 어떠한 보상도 인정하여서는 안된다는 입장을 취하였다.

49) Vgl. Bull, Allgemeines Verwaltungsrecht, 1982, S. 404 ; Schrödter, Zur Bindungswirkung der Teilungsgenehmigung, DVB1 1982, S. 328 ; Berkmann, Aus der Rechtsprechung des Bundesverfassungsgerichts, JR 1982, S. 232.

50) 대법원 1993.10.26. 선고 93다6409 판결

2) 수용적 침해에 대한 보상

수용적 침해란 적법한 행정작용의 유형적·비의욕적인 부수적 결과로서 타인의 재산권에 가하여진 침해이며 이 침해에 대하여는 보통의 경우 상대방은 그 침해를 수인할 의무를 지고 있으므로, 즉 재산권의 사회적 제약의 범위 내의 것이므로 보상을 요하지 아니한다. 다만, 침해정도가 사회적 제약의 범위를 넘은 경우는 수용유사침해의 법리에 따라 보상을 해야 한다고 한다. 예컨대 도로 또는 지하철의 건설로 인한 차량통행제한으로 인근 상점 등이 입게 되는 피해 또는 교통기관, 쓰레기 적치장과 같은 공공시설의 경영 등에서 발생되며, 이러한 것들이 시간이 흐름에 따라 수인할 수 없을 정도의 피해가 발생되는 경우 등이 이에 해당된다.

수용적 침해는 예측할 수 없고, 따라서 당초에 법률에 의해 규율되지 않은 희생을 수반하는 점에서 예측할 수 있는 특별한 희생을 수반하는 본래적 의미의 공용침해와 구별되며, 또한 침해 그 자체가 적법한 행정작용에 의한 것이라는 점에서 침해 그 자체가 위법한 수용유사의 침해와 구별된다.

그러나 수용유사의 침해의 경우와 마찬가지로 헌법규정(제23조 제3항)상 법률에 근거규정을 두지 않는 한, ① 수용적 침해이론에 의하여 보상을 청구하기는 어렵다는 견해 및 ② 헌법 제23조 제3항의 해석에 있어서 직접효력설을 취하면서 동 규정을 확대 적용하여 보상청구가 가능하다는 견해도 있으나, ③ 이러한 독일의 수용적 침해보상의 법리를 적용하는 것이 가능하다고 보는 견해도 있다.

3) 희생보상청구권

수용이나 수용유사침해 또는 수용적 침해로 인한 손실보상은 오로지 재산적으로 가치 있는 권리나 법적 지위에 대한 침해에 대해서만 인정되고 그 밖에 생명·건강·명예·자유 등과 같은 법익의 침해에 대하여는 인정되지 않는다. 이러한 비재산적 가치가 보장되지 않는다면 그것은 기본권 보장, 법치국가 원칙, 사회국가 원칙에 반한다는 이유에서 인정되는 것이 희생보상청구권이다.

Chapter 02

행정쟁송

01 절 행정심판

1. 개관

1) 행정심판의 개념

행정심판이라 함은 행정청의 위법·부당한 처분 또는 부작위에 대한 불복에 대하여 행정기관이 심판하는 행정심판법상의 행정쟁송절차를 말한다. 행정심판을 규율하는 법으로는 일반법인 행정심판법이 있고, 각 개별 법률에서 행정심판법에 대한 특칙을 규정하고 있다. 각 개별 법률에서는 행정심판에 대하여 이의신청(독점규제 및 공정거래에 관한 법률 등), 심사청구 또는 심판청구(국세기본법 등) 또는 재심요구 등의 용어를 사용하고 있다.

현행 헌법 제107조 제3항은 행정심판은 준사법적 절차가 되어야 한다고 규정하고 있고, 행정심판법은 행정심판을 규율하는 준사법적 절차를 규정하고 있기 때문에 행정기관이 심판기관이 되는 행정불복절차 모두가 엄밀한 의미의 행정심판(행정심판법의 규율대상이 되는 행정심판)은 아니고, 준사법적 절차가 보장되는 행정불복절차만이 행정심판이라고 보아야 할 것이다.

2) 행정심판의 성격

① 행정심판은 일반적으로 두 가지의 성격을 갖는다. 하나는 심판작용으로서의 성질이고, 다른 하나는 행정행위로서의 성질이다. 전자, 즉 판단작용으로서의 행정심판은 사실을 확정하고 이에 대하여 법을 해석·적용하는 재판에 준하는 작용(준사법작용)이다. 이러한 성격에서 행정심판은 권리구제제도로서의 기능을 발휘할 수 있다. 후자, 즉 행정행위로서의 행정심판은 행정상 법률관계에 관한 분쟁을 해결함으로써 국가의 행정의사를 표현하고 행정목적을 실현하는 권력적 행위이다. 이러한 성격이 강조되면 행정심판은 행정의 자율적 통제로서의 기능을 보다 많이 발휘할 수 있다. 우리나라 헌법 제107조 제3항 후단은 "행정심판의 절차는 법률로 정하되, 사법절차가 준용되어야 한다."라고 규정함으로써 행정심판의 판단작용으로서의 성격을 부각시키고 있다. 그러나 행정심판의 판단작용으로서의 성격을 지나치게 강조하여 정식쟁송과 유사하게 그 제도를 설정하면 사법기능의 보충이라는 역할을 수행할 수 없으므로 준사법절차를 채용하는 데 있어서도 한계가 있다고 할 것이다.

② 종전의 행정심판기관은 심판청구를 수리한 후 이를 심리·판정하는 권한을 가진 기관을 말한다. 행정심판법은 행정심판의 객관성의 확보를 위하여 심리·의결기능과 재결기능을 분리하여 행정심판위원회에서 심판청구사건을 심리·의결하면 재결청이 그에 따라 재결하는 이원적 구조로 되어 있었다. 그러나 2008년 개정 행정심판법은 행정심판에 있어 재결청을 폐지하고 행정심판위원회가

직접 재결하는 구조로 변경되었다. 따라서 행정심판위원회는 국세심판원・소청심사위원회・토지수용위원회와 같이 의결기능과 재결기능이 통합된 심판기관이 된 것이다. 이러한 행정심판위원회는 합의제 행정청으로서의 성격을 가진다.

3) 유사개념과의 구별

(1) 이의신청과의 구별

이의신청은 위법 또는 부당한 처분 등으로 권익을 침해당한 자가 해당 처분청에 대하여 그 재심의를 구하는 행정쟁송절차로서 행정심판과는 심판기관이나 허용범위에서 차이가 있다. 즉 행정심판은 처분청의 직근상급청인 재결청을 상대방으로 하여 제기하는 것에 대하여 이의신청은 해당 처분청에 제기하며, 그 허용범위에 있어서도 행정심판은 일반법인 행정심판법에 의하여 모든 위법 또는 부당한 처분 등에 대하여 인정되는 것에 비하여, 이의신청은 각 개별법이 정하는 바에 따라 일정한 처분 등에 대해서만 인정된다(국세기본법 제66조 제1항, 지방자치법 제140조 제3항).

이의신청은 강학상의 용어이며, 실정법에는 불복신청, 소원, 재심사청구 등 다양한 용어로 사용되고 있다. 예외적으로 명칭은 '이의신청'이지만 실질은 '행정심판'에 해당하는 경우가 있으므로 유의할 필요가 있다. 예컨대, 토지보상법상의 토지수용위원회의 수용재결에 대한 이의신청은 실질적으로 행정심판의 성질을 가지며, 따라서 동법에 특별규정이 있는 경우를 제외하고는 행정심판법의 규정이 적용된다.[1]

(2) 청원과의 구별

헌법 제26조는 국가기관에 대한 청원권을 인정하고 있다. 청원과 행정심판은 행정청에 대하여 자기반성을 촉구하고 피해구제를 도모하기 위한 제도라는 점에서 공통성을 지닌다. 그러나 행정심판은 기본적으로 행정구제를 위한 쟁송제도인데 대하여, 청원은 쟁송수단이라기보다는 국정에 대한 국민의 정치적 의사의 표시를 보장하기 위한 제도라는 점에서 양자의 본질적인 차이가 있다.

이러한 본질적인 차이에 따라 양자의 차이점을 개관하면 다음과 같다.

① 행정심판은 제기사항(처분의 취소・변경 등), 제기권자(권리・이익을 침해당한 자), 제기기관(원칙적으로 직근상급행정청), 제기기간(단기의 제척기간) 등에 제한이 있으나 청원은 그러한 제한이 없다.

② 행정심판은 심사절차・판정형식・판정내용・통지형식 등에 있어서 법의 기속을 받는데, 청원은 이러한 사항에 있어서 법적 기속이 없다.

③ 행정심판에 대한 재결은 불가쟁력・불가변력의 효력을 발생하는 데 대하여, 청원에 대한 재결은 그러한 효력을 갖지 않는다.

(3) 직권취소와의 구별

행정심판에 의한 취소는 쟁송취소로서 직권취소와 구별된다(행정행위의 취소와 철회 참조).

---

1) 대법원 1992.6.9. 선고 92누565 판결

(4) **고충민원처리절차와의 구별**

행정심판은 「국민권익위원회법」상의 고충민원처리제도와도 구별된다. 고충처리절차는 국무총리 소속하에 설치된 국민권익위원회(부패방지 및 국민권익위원회의 설치와 운영에 관한 법률 제11조)로 하여금 행정과 관련된 국민의 고충민원을 상담・조사하여 행정기관의 처분 등이 위법・부당하다고 인정할 만한 상당한 이유가 있는 경우에 관계행정기관의 장에게 적절한 시정조치를 권고하도록 함으로써 국민의 불편과 부담을 시정하기 위한 제도로서 행정소송의 전심절차가 아닐뿐더러 그 제기권자・제기기간・대상・절차 그리고 고충처리의 법적 효과 등 여러 가지 면에서 행정심판과는 다르다.

(5) **행정소송과의 구별 및 양자의 관계**

행정심판과 행정소송은 양자 모두 행정쟁송제도로서의 공통점을 지니면서도 전자는 약식절차에 의한 행정쟁송인 동시에 행정의 자기통제라는 특색을 가지며, 후자는 법원에 의한 정식절차로서의 소송이라는 특색을 가지고 있다. 또한 현행법에서 행정심판과 행정소송은 전심・후심으로서의 관계를 이루고 있다.

구 행정소송법은 취소소송 등을 제기하기 전에 반드시 행정심판을 거치도록 하는 행정심판전치주의를 채택하였는데, 현행 행정소송법(1994년 개정 행정소송법)은 행정심판을 원칙적으로 임의적인 절차로 하였고, 다만, 다른 개별법률에서 취소소송 등을 제기하기 전에 필요적으로 행정심판을 거치도록 규정한 경우에 한해 행정심판을 필요적 전치절차로 하였다(행정소송법 제18조 제1항).

행정심판의 제기가 임의적인 경우 행정소송제기 후 행정심판을 제기할 수도 있고, 행정심판 제기 후 행정소송을 제기할 수도 있고, 행정심판과 행정소송을 동시에 제기할 수도 있다.

개별법에서 행정심판전치주의를 규정하고 있는 예로서는 조세부과처분, 징계처분 등 공무원의 의사에 반하는 불리한 처분, 도로교통법에 의한 처분 등이 있다('행정소송'편 참조).

4) 행정심판의 존재이유

행정심판의 존재이유는 행정심판법 제1조에서 명시되어 있는 것과 같이 국민의 권리구제와 행정의 적정운영이라고 할 수 있다.

(1) **권력분립・자율적 행정통제**

행정심판제도는 행정권 스스로의 손으로 행정에 대한 국민의 권리・이익을 구제하는 제도로서의 의의를 가지고 있지만 대륙법계의 행정국가에서는 그 권익구제의 기능보다는 오히려 행정의 적법성・타당성을 행정권 스스로 자율적으로 보장하려고 하는 행정의 자기통제 내지 행정감독의 제도로서의 기능에 중점을 두어 왔다.

(2) **행정능률의 보장**

사법절차에 의한 행정사건에 대한 심판은 심리절차의 공정과 신중으로 인하여 충분한 권익구제를 도모할 수 있으나 상당한 시일이 소요되므로 말미암아 현대행정에서 요구되는 능률성에 반할 수 있다. 따라서 사법절차에 앞서 신속・간편한 행정심판을 인정함으로써 행정사건에 관한 분쟁을 신속히 해결할 수 있음은 일면 행정능률에 기여한다고 볼 수 있다.

⑶ **사법기능의 보충**(행정청의 전문지식의 활용)

오늘날의 산업사회에서 일반법원은 전문적・기술적인 문제의 처리에는 적합하지 않은 점이 있다. 이에 대하여 행정기관은 행정의 전문적・기술적 문제처리에 적합하게 조직되어 있으므로 전문성과 기술성을 지닌 행정사건에 대한 쟁송의 경우, 적어도 제1차적인 단계에서라도 전문기관인 행정청으로 하여금 그에 관한 분쟁을 심판하게 하는 것이 보다 바람직할 수 있다. 행정심판은 행정소송보다 간편하고 신속하며 저렴한 쟁송수단이다. 또한 행정심판은 처분의 부당도 심판대상으로 한다.

⑷ **소송경제의 확보**

사법절차는 법원・소송당사자 기타 관계인에게 막대한 노력・경비 등을 부담하게 할 뿐만 아니라 그 심리에 오랜 시간을 요하는 결함이 있다. 이에 비하여 행정심판은 경비・시간 등을 크게 절감할 수 있음은 물론, 행정소송의 제기 이전에 전심절차를 거치게 되어 행정소송사항에 대하여 일차적으로 여과할 수 있다. 따라서 행정심판제도는 불필요한 행정소송의 제기를 방지할 수 있게 되므로 법원의 소송부담을 경감시키게 되어 소송경제의 확보에 기여할 수 있게 된다.

2. 행정심판의 종류

1) 일반적 구분

행정심판을 일반적으로 구분한다면 행정심판도 행정쟁송의 하나이므로 크게 주관적 심판과 객관적 심판으로 나눌 수 있고, 주관적 심판은 다시 항고심판과 당사자심판으로 나눌 수 있다. 행정심판의 일반법인 행정심판법은 항고심판만을 규율하고 있으며, 당사자심판은 각 개별법에서 인정되고 있다. 당사자심판은 행정청의 처분이 있은 후에 그에 불복하여 제기하는 것이 아니라 처음부터 쟁송절차에 의하여 법률관계의 형성 또는 존부에 관한 행정청의 판단을 구하는 것이므로 시심적 쟁송이다. 미리 처분이 있어서 다투는 절차가 아니라 처음부터 행정청의 재결을 구하는 형식(예 공익사업을 위한 토지 등의 취득 및 보상에 관한 법률 제30조)으로 행하는 것이기 때문이다. 실정법상의 용어는 각기 다르나(재결・재정・결정 등), 학문상으로는 그 신청절차를 재결신청이라 하고, 그에 대한 판정을 재결이라 한다. 재결기관은 법령에 의하여 그 권한이 부여된 행정심판위원회인 것이 보통이다. 그러나 재결의 신중・공정을 기하기 위하여 특별한 행정위원회가 설치되는 경우가 많다(예 토지수용위원회・노동위원회). 재결에 불복하는 자는 법이 정하는 바에 따라 법정기간 내에 행정소송을 제기할 수 있다.

2) 행정심판법상의 행정심판의 종류

행정심판법은 행정심판의 종류로 취소심판, 무효등확인심판 및 의무이행심판의 세 가지를 규정하고 있다(법 제5조).

(1) 취소심판

① 의의

취소심판이란 행정청의 위법 또는 부당한 처분으로 인하여 권익을 침해당한 자가 그 취소 또는 변경을 구하는 행정심판을 말한다(행정심판법 제5조 제1호). 취소심판은 행정심판 가운데 가장 중요한 행정심판이다.

② 성질

취소심판의 성질에 관하여는 확인적 쟁송으로 보는 설과 형성적 쟁송으로 보는 설 등으로 견해가 대립되고 있다. 확인적 쟁송으로 보는 설은 취소심판이란 처분의 위법성을 확인하는 행정심판이기 때문에 확인쟁송적인 것이라고 하는 견해로서 위법한 처분을 원칙적으로 무효인 것으로 보는 견해에 근거하고 있다. 이에 대하여 형성적 쟁송으로 보는 설은 일응 일정한 법률관계로 성립시킨 처분의 효력을 다툼으로써 해당 처분의 취소 또는 변경을 통하여 그 법률관계를 소멸·변경하는 성질의 심판, 즉 형성적 성질의 것으로 보는 견해로서 통설·판례의 입장이다.

③ 재결

행정심판위원회는 취소심판의 청구가 이유가 있다고 인정하면 재결로서 스스로 처분을 취소 또는 다른 처분으로 변경하거나 처분을 다른 처분으로 변경할 것을 피청구인에게 명한다(행정심판법 제43조 제3항). 따라서 취소재결에는 처분취소재결, 처분변경재결, 처분변경명령재결이 있다.

(2) 무효등확인심판

① 의의

무효등확인심판이란 처분의 효력 유무 또는 존재 여부에 대한 확인을 구하는 행정심판을 말한다(행정심판법 제5조 제2호). 무효인 처분은 무효선언 등 별도의 행위를 기다릴 것 없이 처음부터 당연히 무효이다. 그러나 실제로는 그 처분이 유효 또는 존재하는 것으로 오인됨으로써 법적으로 무효 또는 부존재인 처분도 행정청에 의하여 집행될 우려가 적지 아니하다. 또한 반대로 유효하게 존재하는 처분을 무효 또는 부존재라 하여 무시하는 수도 있다. 그러므로 처분의 상대방이나 이해관계인은 특정한 처분의 효력의 유무나 존재여부에 대한 공권적인 판단·선언을 받음으로써 처분의 무효·부존재 또는 유효·존재를 확정하여야 할 필요가 있게 된다.

무효등확인심판은 취소심판의 경우와는 달리 청구기간의 제한이 없고(동법 제27조 제7항), 사정재결이 인정되지 아니한다(통설).

② 성질

무효등확인심판의 성질에 대하여는 확인적 쟁송설, 형성적 쟁송설 및 준형성적 쟁송설로 각각 견해가 대립하고 있다.

㉠ 확인적 쟁송설은 처분의 무효등확인심판은 적극적으로 처분의 효력을 소멸시키기 위한 것이 아니라 당연무효 또는 부존재이거나 유효하게 존재하는 처분의 효력 유무나 존재 여부를 그대로 공권적으로 확인·선언하는 데 그치는 것으로 보는 견해이다.

㉡ 형성적 쟁송설은 무효원인인 하자와 취소원인인 하자와의 차이의 상대성을 전제로 하여 무효등확인심판도 결국 행정권에 의한 작용의 효력관계를 다투는 것으로서 본질적으로는 형성적 쟁송으로서의 성질을 가진다는 견해이다.

㉢ 준형성적 쟁송설은 무효등확인심판은 실질적으로는 확인적 쟁송인 것이나 형식적으로는 처분의 유무 또는 존재 여부를 직접 쟁송의 대상으로 한다는 점에서 형성적 쟁송의 측면을 아울러 지닌다고 보는 견해로서 통설의 입장이다.

③ 재결

위원회는 무효등확인심판의 청구가 이유가 있다고 인정하면 심판청구의 대상이 된 처분의 유효・무효 또는 존재・부존재를 확인하는 재결을 한다(행정심판법 제43조 제4항).

(3) 의무이행심판

① 의의

의무이행심판이란 행정청의 위법 또는 부당한 거부처분 또는 부작위가 있는 경우에 법률상 의무가 지워진 처분의 이행을 구하는 행정심판을 말한다(행정심판법 제5조 제3호). 의무이행심판의 재결에는 처분명령재결뿐만 아니라 처분재결이 있다. 즉, 행정심판법은 "행정심판위원회는 의무이행심판의 청구가 이유 있다고 인정하면 지체 없이 신청에 따른 처분을 하거나 처분할 것을 피청구인에게 명한다."라고 규정하고 있다(법 제43조 제5항). 처분재결은 행정심판위원회가 스스로 처분을 하는 것이므로 형성재결이고, 처분명령재결은 피청구인에게 처분을 명하는 재결이므로 이행재결이다. 국민의 권익은 행정청의 적극적인 공권력발동뿐만 아니라 소극적인 공권력불행사(예 생활배려의 거부, 규제・감독권의 불행사)에 의해서도 침해되는바, 국민생활의 행정의존도가 높아진 오늘날은 더욱 그러하다.

이러한 논거는 기본적으로는 행정소송으로서 의무이행소송을 인정할 수 있는 근거가 될 수도 있지만 의무이행심판의 경우는 그 심리기관이 원칙적으로 부작위나 거부처분을 행한 처분청의 직근상급청인 데 비하여, 의무이행소송의 경우는 독립한 제3의 기관인 법원이라는 점에서 권력분립원칙과 관련하여 후자를 명문으로 인정하기에는 아직도 무리가 있다고 보아 우선 전자만을 인정한 것으로 본다. 즉 행정소송법은 의무이행소송 대신에 부작위위법확인소송을 제도화하는 데에 그치고 있다. 거부처분에 대한 의무이행심판은 청구기간의 제한을 받지만 부작위에 대한 의무이행심판은 부작위가 존재하는 한 언제든지 심판을 제기할 수 있어야 할 것이므로 심판청구기간의 제한을 받지 아니한다(동법 제27조 제7항).

② 성질

의무이행심판은 이행쟁송으로서의 성질을 가진다. 즉 의무이행심판은 피청구인인 행정청에게 일정한 처분을 할 것을 명하는 재결을 구하는 행정심판이다. 의무이행심판은 그의 항고쟁송으로서 그 성질에 비추어 현재의 이행쟁송, 즉 피청구인이 일정한 처분을 하여야 할 법률상 의무의 이행기가 도래하여 현실화된 경우에 그 이행의무의 존재를 주장하는 행정심판만이 가능하고 장래의 이행쟁송(민사소송법 제251조 참고)과 같은 것은 허용되지 아니한다.

③ 재결

의무이행심판의 재결에는 처분명령재결뿐만 아니라 처분재결이 있다. 즉, 행정소송법은 "행정심판위원회는 의무이행심판의 청구가 이유 있다고 인정하면 지체 없이 신청에 따른 처분을 하거나 처분할 것을 피청구인에게 명한다."라고 규정하고 있다(법 제43조 제5항). 처분재결은 행정심판위원회가 스스로 처분을 하는 것이므로 형성재결이고, 처분명령재결은 피청구인에게 처분을 명하는 재결이므로 이행재결이다.

3. 행정심판의 대상

이것은 행정심판사항, 즉 심판청구의 제기대상으로 삼을 수 있는 사항을 말한다. 행정심판의 대상을 어떻게 정할 것인지는 각국의 여건 등을 고려한 입법정책의 문제라 하겠으며, 개괄주의와 열기주의로 대별된다.

우리나라의 행정심판법은 개괄주의를 채택하여 "행정청의 처분 또는 부작위에 대하여 다른 법률에 특별한 규정이 있는 경우를 제외하고는 이 법에 의하여 행정심판을 제기할 수 있다."(동법 제3조 제2항)라고 규정함으로써 행정심판의 대상으로 처분과 부작위를 규정하고 있다. 행정심판의 대상은 '행정청의 처분 또는 부작위'이다. 행정심판의 대상인 '처분' 또는 '부작위'는 기본적으로 행정소송의 대상이 되는 처분 또는 부작위와 동일하므로 후술하기로 한다.

다만, 행정심판법은 대통령의 처분 또는 부작위에 대하여는 다른 법률에 특별한 규정이 있는 경우를 제외하고는 행정심판을 제기할 수 없도록 규정하고 있다(법 제3조 제2항). 또 처분적 법규명령이 행정심판의 대상이 될 것인지에 관하여는 견해가 대립하고 있다.

먼저, 부정설은 법규명령과 같은 규범통제에는 헌법적 근거가 필요한데, 헌법 제107조 제2항은 명령에 대한 규범통제권을 법원에 부여하고 있다는 점을 근거로 한다.

다음으로 긍정설은 명령 중 처분성이 인정되는 것은 행정심판의 대상이 된다고 한다. 이 견해는 행정심판법상 처분개념과 행정소송법상의 처분개념은 동일한 개념인데, 행정소송에서는 처분적 명령이 행정소송의 대상이 된다는 점을 논거로 한다.

생각건대, 행정심판법과 행정소송법상의 처분개념은 동일한 개념으로 규정되어 있고, 행정소송에서는 처분적 명령이 행정소송의 대상이 된다는 점, 헌법 제107조 제3항은 재판의 전심절차로 행정심판을 둘 수 있게 하고, 행정심판을 준 사법절차로 하고 있는 점, 헌법 제107조 제2항이 명령의 위헌・위법 여부에 대한 법원의 최종적 판단권을 규정하고 있는 것이 명령의 위헌・위법 여부에 대한 법원의 배타적 판단권까지 규정한 것은 아니라고 해야 한다는 점을 고려할 때, 긍정설이 타당하다고 하겠다.

4. 행정심판의 당사자 및 관계인

1) 행정심판의 당사자

(1) 청구인

① 개설

행정심판의 청구인이란 심판청구의 대상인 처분 또는 부작위에 불복하여 그의 취소 또는 변경 등을 구하기 위하여 심판청구를 제기하는 자를 말한다. 청구인은 권리능력자임을 요하는 것이므로 자연인 또는 법인이어야 함이 원칙이나 법인격 없는 사단 또는 재단으로서 대표자나 관리인이 있을 때에는 그 이름으로 청구인이 될 수 있다(동법 제14조). 또한 해당 처분이나 부작위의 직접 상대방이 아닌 제3자라도 뒤에서 보는 바와 같이 해당 행정심판을 청구할 법률상 이익이 있으면 심판청구인이 될 수 있다.

② 청구인적격

청구인적격이란 행정심판의 청구인이 될 수 있는 자를 말한다. 행정심판의 청구인은 '행정심판을 제기할 법률상 이익이 있는 자'이다(법 제13조). 통설・판례는 행정심판법상의 '법률상 이익'을 취소소송에서와 같이 공권 내지 법적 이익으로 해석하고 있다. 따라서 처분의 근거법규 및 관계법규에 의해 보호되는 이익이 침해되거나 침해될 가능성이 있는 자가 제기할 수 있다 ('취소소송의 원고적격' 참조).

행정심판에 있어서 사실문제, 법률문제, 재량문제가 모두 심리・재결의 대상이 될 수 있으므로 행정소송의 원고적격보다는 행정심판 청구인적격이 더 넓게 인정되는 것은 당연한 것이다.

행정심판법은 취소심판, 무효등확인심판, 의무이행심판의 청구인적격을 각각 '처분의 취소・변경을 구할 법률상 이익', '처분의 효력유무 또는 존재여부에 대한 확인을 구할 법률상 이익', '거부처분 또는 부작위에 대하여 일정한 처분을 구할 법률상 이익'이 있는 자에게 인정하고 있다(법 제13조 제1항). 그러나 행정심판의 청구인적격에 대하여 행정심판의 종류에 관계없이 동일하게 법률상 이익이라는 개념을 사용하고 있지만 그 구체적 의미는 행정심판의 종류에 따라 다르기 때문에 이를 구분하여 설명하기로 한다.

㉠ 취소심판의 청구인적격

ⓐ **법률상 이익** : 취소심판의 청구인적격은 구체적인 처분의 취소나 변경을 구할 법률상 이익이 있는 자이다(동법 제13조 제1항). 법률상 이익이 무엇인가에 관하여는 견해가 대립하고 있다. 우리의 판례와 학설은 기본적으로 법률상 보호된 이익설의 입장에 있다.

ⓑ **처분의 효과가 소멸된 때** : 행정심판법은 '처분의 효과가 기간의 경과, 처분의 집행 그 밖의 사유로 인하여 소멸된 뒤에도 그 처분의 취소로 회복되는 법률상 이익이 있는 자'의 청구인적격을 명시적으로 인정하고 있다(동법 제13조 제1항 제2문). 그러나 이 규정은 이론상 엄격한 의미에서의 청구인적격에 관한 것이 아니라 권리보호의 필요성 내지 분쟁의 현실성(협의의 소익)에 관한 것으로 엄격한 의미에서의 법률상 이익이 아니라 경제적 이익 등을 포함한 정당한 이익을 말하는 것이다. 이는 청구인이 주장・입증하여야 한다.

ⓛ **무효등확인심판의 청구인적격** : 무효등확인심판의 청구인적격은 처분의 효력의 유무나 존재여부에 대한 확인을 구할 법률상 이익이 있는 자이다(동법 제13조 제2항). 여기서 말하는 확인을 구할 법률상 이익이라고 함은 계쟁 처분의 효력 유무 또는 존재 여부에 관하여 당사자 사이에 다툼이 있어서 재결로 공권적인 확정을 하는 것이 청구인의 법적 지위의 불안정 상태를 제거하기 위하여 필요한 것을 말한다. 다만, 확인을 구할 법률상 이익을 판례는 확인의 이익 또는 즉시확정의 이익이라고도 말하는바, 현재의 권리 또는 법률관계에 관한 확인의 이익은 원고의 권리나 법률적 지위에 현존하는 불안이나 위험을 제거하기 위하여 확인재결을 얻는 것이 필요하다는 입장이다. 그러나 무효등확인심판의 목적은 특정한 처분의 효력관계 내지는 존부를 확인함으로써 분쟁을 종국적으로 해결하는 데 있으므로 이를 확인할 필요가 있는 때에 그 확인에 정당한 이익을 가지고 있으면 법률상 이익이 있는 것으로 보아야 한다.[2)]

판례

[1] 행정처분무효확인의 소에 있어서 확인의 이익은 그 대상인 법률관계에 관하여 당사자 사이에 분쟁이 있고 그로 인하여 원고의 권리 또는 법률상의 지위에 불안, 위험이 있어 판결로써 그 법률관계의 존부를 확인하는 것이 위 불안, 위험을 제거하는 데 필요하고도 적절한 경우에 확정되는 것인바… (대법원 1989.10.10. 선고 89누3397 판결).

[2] 행정처분의 부존재확인소송은 행정처분의 부존재확인을 구할 법률상 이익이 있는 자만이 제기할 수 있고 여기에서의 법률상 이익은 원고의 권리 또는 법률상 지위에 현존하는 불안, 위험이 있고 그 불안, 위험을 제거함에는 확인판결을 받는 것이 가장 유효적절한 수단일 때 인정되는 것이다(대법원 1990.9.28. 선고 89누6396 판결).

ⓒ **의무이행심판의 청구인적격** : 의무이행심판의 청구인적격은 거부처분이나 부작위에 대하여 일정한 처분을 구할 법률상 이익이 있는 자이다(동법 제13조 제3항). 여기에서 법률상 이익은 취소심판의 청구인적격으로서의 법률상 이익과 크게 다를 것이 없다. 일반적으로 이행을 구하는 처분을 신청한 자가 청구인이 되지만 해당 청구인에게 청구인적격이 인정되기 위해서는 일정한 처분의 신청을 한 것만으로 족하지 않고 법령에 의한 처분의 신청권이 있어야 한다.

ⓓ **청구인적격의 입법상의 과오문제** : 위에서 본 바와 같이 행정심판법 제13조는 행정심판의 청구인적격을 행정소송의 원고적격(행정소송법 제12조)과 동일하게 법률상 이익이 있는 자로 규정하고 있다. 이와 같이 행정심판의 청구인적격에 대하여 법률상 이익이 있는 자로 한정하는 것이 행정심판의 목적에 비추어 입법론상 타당한 것인가에 관하여 과오설과 비과오설이 대립하고 있다. 과오설은 행정심판의 경우 위법한 침해뿐만 아니라 부당한 침해에

2) 참고로 독일 행정법원법은 확인소송에 대하여 "원고가 즉시확정의 정당한 이익을 가지는 경우에는 소를 통하여 법률관계의 존부 또는 행정행위의 무효의 확인을 청구할 수 있다."(동법 제43조 제1항)라고 하고 일본 행정사건소송법은 무효등확인소송의 원고적격에 대하여 "무효등확인의 소는 해당 처분 또는 재결에 따르는 처분에 의하여 손해를 받을 염려가 있는 자, 기타 해당 처분 또는 재결의 무효등확인을 구함에 있어서 법률상 이익을 가진 자로서…"(동법 제36조)라고 규정하여 명백히 법률상 이익 또는 권리보다 넓은 개념을 명시적으로 규정하고 있다.

대해서도 다툴 수 있는데, 부당한 행위로서는 법률상 이익이 침해될 수 없기 때문에 사실상 이익이 침해된 경우에도 심판청구를 할 수 있도록 규정하지 아니한 것은 과오라는 것이다.[3] 이에 대해 비과오설은 청구인적격의 문제는 행정의 적법・타당성에 대한 실효적 보장과 남소방지의 요청 사이에서 비교형량에 따라 결정되는 문제이고 이것은 본안심리에서의 승소사유와는 무관하다고 지적한다.[4]

이 점에 대해서 보면 행정심판의 대표적인 것이라고 할 수 있는 취소심판은 '행정청의 위법 또는 부당한 처분의 취소 또는 변경을 하는 심판'(동법 제5조 제1호)인데 대하여, 취소소송은 '행정청의 위법한 처분 등을 취소 또는 변경하는 소송'이므로 행정심판의 청구인적격과 행정소송의 원고적격은 당연히 구별되어야 한다. 즉 행정심판은 행정청의 위법한 처분은 물론 부당한 처분에 대해서도 제기할 수 있도록 하고 있는 반면에 항고소송은 위법한 처분 등에 대해서만 제기할 수 있도록 하고 있다. 여기서 '위법한 처분은 물론 부당한 처분'에 대해서도 행정심판을 제기할 수 있다는 것은 행정처분이 위법한 경우(기속행위를 그르친 경우 내지 재량의 유월 또는 남용이 있는 경우)뿐만 아니라 재량을 그르친 경우(재량권의 범위 내에서의 비합목적인 행위)에 대해서도 행정심판을 제기할 수 있다는 것이다. 그리고 재량을 그르침으로써 개인이 입게 되는 불이익은 권리침해가 아니라 반사적 이익이나 사실상 이익침해에 해당한다고 하는 점에 이론이 없다.

결국 법률상 이익을 침해받은 자만이 행정소송을 제기할 수 있는 것과 달리 반사적 이익 또는 사실상 이익을 침해받은 자까지도 행정심판을 제기할 수 있도록 하고 있는 제도의 취지에 비추어 볼 때 우리나라의 행정심판법이 법률상 이익을 침해받은 자 또는 법률상 이익이 있는 자만이 행정심판을 제기할 수 있게 하고 있는 점은 모순이며, 입법상의 과오라고 할 것이다.

이에 대하여 비과오설은 부당한 처분에 의해서도 권리의 침해가 가능하고, 또한 "행정심판 = 위법・부당의 통제", "행정소송 = 위법의 통제"라고 하는 고전적인 공식이 오늘날에 있어서 사실상 타당성이 의문시될 정도로 흔들리고 있어 위법성과 타당성에 대한 구별의 가능성 내지 의의가 재검토되지 않으면 안 된다는 등의 반론을 제기하고 있다.

③ 선정대표자

다수의 청구인이 공동으로 심판청구를 할 때에는 청구인 중 3인 이하의 대표자를 선정할 수 있고 행정심판위원회는 청구인에게 대표자 선정을 권고할 수 있다(동법 제15조 제1항 및 제2항).

---

3) 김남진, "행정심판의 청구인적격과 쟁점", 「행정심판에 관한 제문제」(한국공법학회, 제52회 학술발표회, 1995년 5월 20일), 9면 이하.

4) 김동희, "행정심판상의 청구인적격", 「현대행정과 공법이론」(서원우교수 화갑기념논문집, 1991), 509면 이하 ; 홍정선, "행정심판법 제9조(청구인적격)의 입법상의 과오여부", 「행정심판에 관한 제문제」(한국공법학회, 제52회 학술발표회, 1995년 5월 20일), 21면 이하 등의 논문 참고

④ 청구인의 지위승계

행정심판을 제기한 후에 자연인인 청구인이 사망한 때에는 상속인이나 그 밖에 법령에 의하여 심판청구의 대상인 처분에 관계되는 권리 또는 이익을 승계한 자가 그 청구인의 지위를 승계하며, 법인 또는 법인격 없는 사단이나 재단인 청구인이 다른 법인 등과 합병한 때에는 합병에 의하여 존속하거나 설립된 법인 등이 그 청구인의 지위를 승계한다(동법 제16조 제1항, 제2항). 심판청구의 대상인 처분에 관계되는 권리 또는 이익을 양수한 자는 관계행정심판위원회의 허가를 받아 청구인의 지위를 승계할 수 있다(동법 제16조 제5항).

(2) **피청구인**

① 의의

피청구인이란 심판청구를 제기받은 상대방인 당사자를 말한다. 행정심판의 피청구인은 해당 심판청구의 대상인 처분을 한 처분청 또는 부작위를 한 부작위청이 되는 것이 원칙이나(동법 제17조 제1항), 처분이나 부작위가 있은 뒤에 그에 관한 권한이 다른 행정청에 이전(권한의 위임 또는 위탁)되거나 승계된 때에는 새로이 그 권한을 양수하거나 승계한 행정청이 피청구인이 된다(동법 제17조 제1항 단서).

행정심판에서 당사자의 일방으로 피청구인을 인정한 것은 행정심판의 심리가 행정심판절차의 사법화에 부응하여 대립되는 양 당사자인 청구인과 피청구인이 상호 공격・방어할 수 있는 당사자주의적 구조(대심주의)에 입각하고 있기 때문이다.

② 피청구인의 경정

청구인이 피청구인을 잘못 지정한 경우 또는 행정심판이 제기된 후에 해당 처분이나 부작위에 관한 권한이 다른 행정청에 승계된 경우에는 행정심판위원회는 당사자의 신청 또는 직권에 의하여 결정으로써 피청구인을 경정할 수 있다(동법 제17조 제2항). 이와 같은 피청구인경정제도를 둔 것은 행정조직의 복잡성과 권한의 중복 등으로 정당한 피청구인을 잘못 판단하는 경우가 많으며, 이를 이유로 행정심판의 제기를 부적법한 것으로 각하할 수 없게 하여 국민의 권리구제의 실효성을 확보하려는 데 있다.

행정심판위원회가 피청구인의 경정결정을 한 때에는 그 결정정본을 원래의 당사자 쌍방과 피청구인에게 송달하여야 하는바(동법 제17조 제3항), 행정심판위원회가 피청구인의 경정결정을 한 때에는 종전의 피청구인에 대한 심판청구는 취하되고 새로운 피청구인에 대한 심판청구가 처음 심판청구를 한 때에 제기된 것으로 본다(동법 제17조 제4항).

2) 행정심판의 관계인(참가인)

심판참가라 함은 현재 계속 중인 타인 간의 행정심판의 결과에 대하여 이해관계가 있는 제3자 또는 행정청이 참가하는 것을 말한다.

심판참가에는 제3자의 심판참가와 행정청의 심판참가가 있다. 또한, 심판참가는 이해관계인의 신청에 의한 참가와 재결청의 직권에 의한 참가로 나눌 수도 있다. 행정심판법 제20조 제1항은 "행정의 심판결과에 이해관계가 있는 제3자나 행정청은 해당 심판청구에 대한 제7조 제6항 또는 제8조 제7항에 따른 위원회나 소위원회의 의결이 있기 전까지 그 사건에 대하여 심판참가를 할 수 있다."라고 이해관계인의 신청에 의한 심판참가를 규정하고 있고, 동법 제21조 제1항은 "위원회는 필요하다고 인정하면 그 심판결과에 대하여 이해관계가 있는 제3자나 행정청에 그 사건에 참가할 것을 요구할 수 있다." 라고 직권에 의한 심판참가를 규정하고 있다. 제1항의 요구를 받은 제3자 또는 행정청은 지체 없이 그 사건 심판에 참가할 것인지 여부를 위원회에 통지하여야 한다(동법 제21조 제2항).

5. 행정심판기관

1) 개설

행정심판기관이란 행정심판의 청구를 수리・심리・재결하여 행정상 법률관계에 관한 분쟁을 해결하는 권한을 가진 행정기관을 말한다. 어떠한 행정기관을 재결청으로 할 것인지는 행정제도 전체의 구조 및 행정심판제도의 취지를 감안하여 결정할 입법정책적 문제이다.

행정심판법은 재결의 객관적인 공정성을 도모하여 행정심판의 행정구제제도로서의 실효성을 확보하기 위하여 심판청구사건에 대한 심리 및 재결기능을 각급 행정심판위원회에 부여하였다(동법 제6조, 2008년 2월 9일 개정).[5]

2) 행정심판위원회

⑴ 행정심판위원회의 종류

행정심판위원회는 행정심판법에 의해 설치되는 일반행정심판위원회와 개별법에 의해 설치되는 특별행정심판위원회가 있다.

① 일반행정심판위원회

여기에는 독립기관 등 소속 행정심판위원회(법 제6조 제1항), 중앙행정심판위원회(법 제6조 제2항), 시・도행정심판위원회(법 제6조 제3항), 직근 상급행정기관 소속 행정심판위원회(법 제6조 제4항) 등이 있다.

② 특별행정심판위원회

개별법에 의해 설치되는 특별행정심판을 담당하는 특별행정심판위원회로는 소청심사위원회, 조세심판원, 중앙토지수용위원회 등이 있다.

⑵ 법적 지위

① 행정심판위원회는 행정심판청구를 심리・재결하는 기관이다(법 제6조). 달리 말하면 행정심판위원회는 합의제행정청의 지위를 갖는다.

② 행정심판위원회는 소속기관으로부터 직무상 독립된 행정청이다.

---

5) 2008년 2월 29일에 개정되기 전의 구 행정심판법은 심판청구사건에 대하여 심리・의결하는 권한을 가진 행정심판위원회와 행정심판위원회의 심리・의결에 따라 재결만을 행하는 재결청의 이원적 구조였으나, 현행 법률은 재결청을 폐지하고 행정심판위원회가 심리・의결과 재결을 모두 하도록 하는 일원적 구조를 취하고 있다.

③ 행정심판위원회는 상설기관이 아니다. 행정심판위원회는 행정심판청구를 심리・의결할 필요가 있는 때마다 이미 임명되어 있는 행정심판위원 중 일부 위원으로 구성된다. 행정심판위원은 원칙상 비상임이지만 중앙행정심판위원회에는 4인 이내의 상임위원을 둘 수 있도록 되어 있다.

(3) 설치 및 구성

현행 행정심판법은 행정심판위원회를 준 제3기관화하고 있다. 즉, 행정심판위원회는 합의제행정청이고, 피청구인으로부터 독립되어 있으며 중앙행정심판위원회의 경우 위원장, 상임위원 및 위원장이 회의마다 지정하는 비상임 위원을 포함하여 총 9명으로 구성되고(법 제8조 제5항), 시・도 행정심판위원회의 경우 9인의 위원 중 6인 이상이 외부인사가 되도록 하고 있다(법 제7조 제5항).

(4) 위원 등의 제척・기피・회피

행정심판법은 심판청구사건에 대한 심리・재결의 공정을 도모하기 위하여 법관에 준하여 위원과 해당 사건의 심의에 관한 사무에 관여하는 행정심판위원회직원의 제척・기피 및 회피에 관하여 명시하고 있다(동법 제10조).

(5) 행정심판위원회의 권한

행정심판위원회는 재결청이 회부한 심판청구사건에 대하여 심리하고 재결하는 권한을 가진다. 이를 나누어 살펴보면 다음과 같다.

① 심리권

행정심판위원회는 심판청구사건을 심리하는 권한을 가진다. 행정심판위원회는 행정심판의 심리를 위하여 대표자선정 권고권(법 제15조 제2항), 청구인지위의 승계 허가권(법 제16조 제5항), 피청구인경정 결정권(법 제17조 제2항), 대리인선임 허가권(법 제18조 제1항 제5호), 심판참가 허가 및 요구권(법 제20조 제5항, 제21조 제1항), 청구의 변경 허가권(법 제29조 제6항), 보정요구권 및 직권보정권(법 제32조 제1항), 증거조사권(법 제36조 제1항) 등을 가진다.

② 재결권

행정심판위원회는 재결하는 권한을 가진다(법 제6조). 행정심판위원회는 재결 이외에 집행정지결정(법 제30조 제2항), 집행정지결정의 취소(법 제30조 제4항), 사정재결(법 제44조 제1항)을 행한다.

③ 불합리한 법령 등의 시정조치요청권

중앙행정심판위원회는 심판청구를 심리・의결함에 있어서 처분 또는 부작위의 근거가 되는 명령 등(대통령령・총리령・부령・훈령 예규・고시・조례・규칙 등을 말한다. 이하 같다)이 법령에 근거가 없거나 상위법령에 위배되거나 국민에게 과도한 부담을 주는 등 크게 불합리하면 관계 행정기관에 그 명령 등의 재정・폐지 등 적절한 시정조치를 요청할 수 있다(법 제59조 제1항). 이와 같은 요청을 받은 관계 행정기관은 정당한 사유가 없으면 이에 따라야 한다(법 제59조 제2항).

6. 행정심판의 청구

1) 심판청구의 방식

행정심판의 청구는 일정한 사항을 기재하여 서면으로 하여야 한다(동법 제28조 제1항). 심판청구서는 위원회 또는 피청구인인 행정청(처분청 또는 부작위청)에 제출하여야 한다(동법 제23조 제1항). 심판청구의 필요적 기재사항에 대해서는 행정심판법 제28조 제2항 내지 제5항에서 자세하게 규정하고 있다. 필요적 기재사항에 대하여 하자가 있는 경우는 행정심판위원회가 이를 보정할 수 있다고 인정하는 때에는 상당한 기간을 정하여 보정을 명할 수 있다(동법 제32조 제1항). 판례는 엄격한 형식을 요하지 아니하는 서면행위로써 족한 것으로 본다. 이와 같이 심판청구를 서면으로만 하게 한 것(서면주의)은 내용을 명확히 하고 획일적인 방식으로 통일하며, 구술로 하는 경우에 생길 수 있는 지체와 번잡을 피하자는 취지라고 할 것이나 입법론적으로는 심판청구인의 편의를 위하여 일정한 경우에는 구술로 제기하는 특례가 검토되어야 할 것으로 본다.

2) 행정심판청구기간

심판청구는 소정의 청구기간 내에 제기하여야 한다. 행정심판 가운데 무효등확인심판과 부작위에 대한 의무이행심판은 청구기간제한규정의 적용이 배제되므로(동법 제27조 제7항), 청구기간의 문제는 취소심판청구와 거부처분에 대한 의무이행심판청구에만 적용된다. 한편 특별행정심판에 관해서는 특별법상 청구기간에 특례를 두고 있는 경우도 많다(국가공무원법 제76조).

⑴ 원칙적인 심판청구기간

행정심판청구는 원칙적으로 처분이 있음을 안 날로부터 90일 이내, 처분이 있은 날로부터 180일 이내에 제기하여야 한다(법 제27조 제1항 및 3항). 처분이 있음을 안 날이란 처분이 있음을 현실적으로 안 날을 말하며, 90일은 불변기간이고(동조 제4항), 기간준수 여부는 행정심판위원회의 직권조사사항이다.

⑵ 예외적인 심판청구기간

① 90일에 대한 예외

청구인이 천재지변・전쟁・사변 그 밖의 불가항력으로 인하여 처분이 있음을 안 날로부터 90일 이내에 심판청구를 할 수 없었을 때에는 그 사유가 소멸한 날로부터 14일(국외에서의 심판청구에 있어서는 30일) 이내에 심판청구를 제기할 수 있다(동법 제27조 제2항). 그러나 이 경우에도 정당한 사유가 없는 한 처분이 있은 날로부터 180일을 경과하게 되면 심판청구를 할 수 없다(법 제27조 제2항). 행정청이 행정심판청구기간을 상대방에게 고지하지 아니한 경우에는 당사자가 처분이 있음을 알았다고 하더라도 심판청구기간은 처분이 있은 날부터 180일 이내가 된다(법 제27조 제6항).

② 180일에 대한 예외

처분이 있은 날로부터 180일 이내에 제기하여야 하지만 정당한 사유가 있는 경우에는 180일이 넘어도 제기할 수 있다(법 제27조 제3항 단서). 어떤 사유가 '정당한 사유'에 해당하는가는 건전한 사회통념에 의해 판단되어야 한다.

행정심판의 실무에서는 처분이 있은 날부터 180일이 경과된 경우에도 처분이 있음을 안 날부터 90일 이내에 행정심판을 제기할 수 있다고 보고 있다.

(3) 심판청구기간에서 불고지 등의 경우

행정청이 서면에 의하여 처분을 하는 경우에 그 처분의 상대방에게 행정심판청구에 관한 고지를 하도록 되어 있다(법 제58조). 그런데 행정청이 심판청구 기간을 처분이 있음을 알게 된 날부터 90일보다 긴 기간으로 잘못 알린 경우, 그 잘못 알린 기간에 심판청구가 있으면 그 행정심판은 90일내에 청구된 것으로 본다(법 제27조 제5항). 행정심판법이 심판청구 기간을 길게 고지하거나 또는 고지하지 않은 경우에 대비하여 규정을 둔 것은 고지제도(법 제58조)의 실효성을 확보하고 고지를 신뢰한 국민을 보호하고자 함이다.

(4) 복효적 행정행위의 심판청구기간

복효적 행정행위에 있어서 직접 상대방이 아닌 제3자가 행정심판을 제기하는 경우에도 행정심판 청구기간은 원칙적으로 처분이 있음을 안 날로부터 90일 이내, 처분이 있은 날로부터 180일 이내라 할 것이다. 그러나 행정행위는 원칙적으로 상대방에게 통지됨으로써 그 효력이 발생하나 현행법상으로는 제3자에 대한 통지절차는 마련되어 있지 않다.[6] 따라서 제3자는 청구에 의한 불복고지 등과 같이 특별한 사정이 없는 한 처분이 있음을 안다는 것은 매우 어렵다. 따라서 제3자에 의한 심판청구제기기간은 일반적으로 처분이 있은 날로부터 180일 이내가 적용될 것이다. 또한 180일이 경과한 경우라도 심판청구기간 내에 심판청구가 가능하였다는 특별한 사정이 없는 한, 동법 제27조 제3항 단서의 제척기간의 적용을 배제할 정당한 사유가 있는 경우에 해당되어 심판청구가 가능하다고 볼 것이다. 판례도 이러한 입장에 있다.[7]

다만, 이러한 경우에도 180일을 경과한 후 언제까지를 '정당한 사유'가 있는 것으로 볼 것인지의 여부, 즉 제3자가 180일이 지난 후 언제까지 행정심판을 청구할 수 있는지가 여전히 문제로 남는다. 이는 신의칙에 비추어 그 제3자가 처분이 있는 것을 알았다고 할 수 있는 때부터 기산하여 판단하여야 할 것이다.

---

6) 독일행정절차법 및 우리 행정절차법은 제3자에 대해서도 통지를 하도록 규정하고 있다. 즉 독일행정절차법 제41조 제1항은 "행정행위는 그 상대방이나 이와 관련된 관계인에게 통지하여야 한다. 수임자가 선임되어 있는 경우에는 그에게 통지할 수 있다."라고 규정하고 있고 우리나라의 행정절차법 제21조 제1항은 "행정청은 당사자에게 의무를 과하거나 권익을 제한하는 처분을 하는 경우에는 미리 다음 각 호의 사항을 당사자 등에게 통지하여야 한다."라고 규정하고 있다.

7) 대법원 1992.7.28. 선고 91누12844 판결

3) 심판청구의 변경 · 취하

(1) 심판청구의 변경

① 의의

청구의 변경이란 심판청구의 계속 중에 당초에 청구한 심판사항을 변경하는 것을 말한다. 이처럼 행정심판법이 청구인에게 새로운 심판청구를 제기할 필요 없이 청구의 변경을 할 수 있도록 한 것은 청구인의 이익과 심판경제를 고려하기 때문이다.

② 허용범위

청구인은 청구의 기초에 변경이 없는 범위 안에서 청구의 취지(예 취소심판청구를 무효등확인심판이나 의무이행심판으로 변경하는 것) 또는 이유(예 처분의 부당을 위법으로 변경하는 것)를 변경할 수 있다(동법 제29조 제1항).

③ 처분변경으로 인한 청구변경

피청구인인 행정청이 심판청구 후에 그 대상인 처분을 변경한 때(예 허가취소처분을 1년의 허가정지처분으로 변경하는 것)에는 청구인은 변경된 처분에 맞추어 청구의 취지 또는 이유를 변경할 수 있다(동조 제2항).

④ 절차

청구의 변경은 서면으로 신청하여야 하며(동조 제3항), 서면은 그 부본을 다른 당사자에게 송달하여야 한다(동조 제4항). 위원회는 청구변경 신청에 대하여 허가할 것인지 여부를 결정하고, 지체 없이 신청인에게는 결정서 정본을, 당사자 및 참가인에게는 결정서 등본을 송달하여야 한다(동조 제6항).

(2) 심판청구의 취하

청구인은 심판청구에 대하여 제7조 제6항 또는 제8조 제7항에 따른 의결이 있을 때까지 서면으로 그의 심판청구를 취하할 수 있다(법 제42조 제1항). 이는 위원회에 대하여 심판청구를 철회하는 일방적 의사표시이다. 심판청구를 취하하게 되면 심판청구의 계속이 처음부터 없었던 것으로 본다. 한편 참가인도 심판청구에 대한 의결이 있을 때까지 서면으로 참가신청을 취하할 수 있다(동조 제2항).

4) 심판청구의 효과

행정심판의 청구가 있게 되면 행정심판기관과 심판대상인 처분에 대해 일정한 효과가 발생한다.

(1) 처분청과 행정심판위원회에 대한 효과(심판의무)

심판청구가 제기되면 행정심판위원회는 해당 심판 청구에 관하여 심리 · 재결해야 할 의무를 진다. 이에 대해 심판청구인은 행정심판법이 보장하는 절차적 권리를 가지게 된다.

(2) 처분에 대한 효과

① 집행부정지원칙

행정심판의 청구는 원칙적으로 처분의 효력, 처분의 집행 또는 절차의 속행을 정지시키는 효력이 없는바(동법 제30조 제1항), 이를 집행부정지의 원칙이라 한다. 다만 위원회는 처분, 처분의 집행 또는 절차의 속행 때문에 중대한 손해가 생기는 것을 예방할 필요성이 긴급하다고 인정할 때에는 직권으로 또는 당사자의 신청에 의하여 처분의 효력, 처분의 집행 또는 절차의 속행의 전부 또는 일부의 정지(집행정지)를 결정할 수 있다(법 제30조 제2항).

② 집행정지결정의 요건

집행부정지가 원칙이지만 예외적으로 일정한 경우에 재결청은 당사자의 신청 또는 직권에 의하여 처분의 효력이나 그 집행 또는 절차의 속행의 전부 또는 일부의 정지를 결정할 수 있다. 행정심판법 제30조 제2항은 집행정지에 관하여 '결정할 수 있다'고 규정하고 있으나 특별한 사정이 없는 한 집행정지의 요건을 충족하는 때에는 행정심판위원회는 집행정지결정을 할 기속을 받는 것으로 '결정을 하여야 한다'로 새겨야 할 것이다.

집행정지결정의 요건은 크게 적극적 요건과 소극적 요건으로 나눌 수 있다.

처분의 집행 또는 절차의 속행 때문에 중대한 손해가 생기는 것을 예방할 필요성이 긴급하다고 인정할 때에는 직권으로 또는 당사자의 신청에 의하여 처분의 효력, 처분의 집행 또는 절차의 속행의 전부 또는 일부의 정지를 결정할 수 있다(법 제30조 제2항).

다만, 처분의 효력정지는 처분의 집행 또는 절차의 속행을 정지함으로써 그 목적을 달성할 수 있을 때에는 허용되지 아니한다(법 제30조 제3항). 이것은 처분의 효력정지에 대한 제한으로서, 처분의 집행(강제퇴거 등)이나 절차의 속행(공용수용에서의 사업인정에 따른 토지수용 등)을 정지함으로써 그 목적을 달성할 수 있을 때에는 효력정지는 불허된다는 의미이다. 왜냐하면 집행정지제도의 목적이 중대한 손해의 발생을 방지하려는 데에 있으므로 집행의 정지 또는 절차의 속행의 정지에 의하여 그 목적을 달성할 수 있을 때에는 해당 처분의 효력까지 정지시킬 필요가 없기 때문이다.

③ 집행정지결정의 취소

위원회는 집행정지결정을 한 후에 집행정지가 공공복리에 중대한 영향을 미치거나, 그 정지사유가 없어진 경우에는 당사자의 신청에 의해 또는 직권으로 집행정지결정을 취소할 수 있다(법 제30조 제4항). 다만, 위원회의 심리・결정을 기다려서는 회복하기 어려운 손해가 발생할 우려가 있다고 인정될 때에는 위원회의 위원장은 직권으로 위원회의 심리・결정에 갈음하는 결정을 할 수 있고, 이 경우에 위원장은 위원회에 그 사실을 보고하고 추인을 받아야 한다. 만일 위원회의 추인을 받지 못한 때에는 위원장은 집행정지의 취소에 관한 결정을 취소하여야 한다(법 제30조 제6항).

집행정지결정의 취소의 신청은 처분청과 집행정지로 권익을 침해당한 제3자, 즉 복효적 행정행위의 수익을 받는 제3자가 할 수 있다. 행정심판의 당사자가 아닌 복효적 행정행위의 수익을 받는 제3자가 집행정지결정의 취소신청을 하기 위하여는 행정심판에 참가하고 있어야 한다.

판례

[1] 행정처분의 효력정지나 집행정지 등을 구하는 신청사건에 있어서는 행정처분 자체의 적법여부를 판단할 것이 아니고 그 처분의 효력이나 집행 등을 정지시킬 것인가의 여부에 대한 행정소송법 소정의 요건의 존부가 그 심판대상이 된다(대법원 1986.3.21.자 86두5 결정).

[2] 회복하기 어려운 손해라 함은 특별한 사정이 없는 한, 금전으로 보상할 수 없는 손해라고 할 것인데, 이는 금전보상이 불능인 경우뿐만 아니라 권리보상으로는 사회관념상 행정처분을 받은 당사자가 견딜 수 없거나 또는 참고 견디기가 현저히 곤란한 경우의 유형·무형의 손해를 말한다(대법원 1986.3.21.자 86두5 결정).

(3) 임시처분

그동안 의무이행심판은 인정하면서 임시의 지위를 정하는 임시구제는 인정하고 있지 않고 있어서 의무이행심판에 의한 권리구제의 실효성이 제약되고 있었다.

개정 행정심판법은 처분 또는 부작위가 위법·부당하다고 상당히 의심되는 경우로서 처분 또는 부작위 때문에 당사자가 받을 우려가 있는 중대한 불이익이나 당사자에게 생길 급박한 위험을 막기 위하여 임시의 지위를 정하여야 할 필요가 있는 경우에는 직권으로 또는 당사자의 신청에 의하여 위원회가 임시처분을 결정할 수 있도록 하였다(법 제31조 제1항).

임시처분에 관하여는 집행정지에 관한 제30조 제3항부터 제7항까지를 준용한다. 이 경우 제30조 제6항 전단 중 '중대한 손해가 생길 우려'는 '중대한 불이익이나 급박한 위험이 생길 우려'로 본다(동조 제2항). 임시처분은 집행정지로 목적을 달성할 수 있는 경우에는 허용되지 아니한다(제3항).

7. 행정심판의 심리

1) 개설

개정된 행정심판법은 행정심판에 관한 지식과 경험이 있는 전문가로 구성된 재결기관인 행정심판위원회로 하여금 행정심판사건의 심리 및 재결을 담당하게 하고 또한 행정심판절차에는 민사소송법의 규정이 준용되지 않기 때문에 직접 소송절차에 준하는 구체적인 심리절차에 관한 제 규정을 마련함으로써 헌법 제107조 제3항의 취지에 따라 심리절차를 준사법화하고 있다.

2) 심리의 내용과 범위

(1) 심리의 내용

행정심판의 심리는 그 심리의 내용에 따라 요건심리와 본안심리로 나누어진다. 행정심판법이 각하의 규정(동법 제43조 제1항)을 두고 있음은 법이 간접적으로 요건심리와 본안심리를 구분하고 있음을 나타내는 것이다.

① 요건심리

해당 심판청구의 수리 여부를 결정하기 위하여 제기요건을 갖춘 적법한 심판청구인지의 여부를 형식적으로 심리하는 것을 말한다. 그 형식적인 요건에 해당하는 것으로서는 (ⅰ) 행정심판의 대상(처분 또는 부작위)의 존재여부, (ⅱ) 권한 있는 행정청 및 행정심판위원회에의 제기여부, (ⅲ) 행정심판의 청구기간의 준수여부, (ⅳ) 심판청구서의 기재사항의 구비 등이 있다.

요건심리의 결과, 그것이 심판청구의 제기요건을 갖추지 아니한 부적법한 것이라 인정되면 각하하면 되나 그 하자가 보정할 수 있는 것일 때에는 상당한 보정기간을 정하여 보정을 명하여야 하며, 보정할 사항이 경미한 것인 때에는 보정을 명할 것 없이 행정심판위원회가 직권으로 보정할 수도 있다(동법 제32조 제1항). 이러한 절차에 따라 보정이 행하여지면 처음부터 적법한 행정심판청구의 제기가 있었던 것으로 보며, 보정기간은 재결기간에 산입되지 아니한다(동법 제32조 제2항 내지 제4항).

② 본안심리

요건심리의 결과, 심판청구를 적법한 것으로 보아 수리한 경우에 해당 심판청구의 내용에 대하여 실질적으로 심리하는 것을 말하며, 실질적 심리라고도 한다. 본안심리의 결과, 그 심판청구가 적법·타당한가 또는 위법·부당한가에 따라 청구인용 또는 청구기각의 재결을 한다.

(2) 심리의 범위

① 불고불리 및 불이익변경금지의 원칙

행정심판법은 국민의 권리구제를 도모하기 위하여 불고불리의 원칙과 불이익변경금지의 원칙을 채택하고 있다.

행정심판법 제47조 제1항은 "위원회는 심판청구의 대상이 되는 처분 또는 부작위 외의 사항에 대하여는 재결하지 못한다."라고 불고불리의 원칙을 규정하고 있다.

행정심판법 제47조 제2항은 "위원회는 심판청구의 대상이 되는 처분보다 청구인에게 불리한 재결을 하지 못한다."라고 불이익변경금지의 원칙을 규정하고 있다.

② 법률문제와 사실문제

행정심판의 심리에 있어서는 행정소송에서처럼 심판청구의 대상인 처분이나 부작위에 관한 적법·위법의 판단인 법률문제 및 사실문제를 심리할 수 있을 뿐만 아니라 행정소송에서와 달리 당·부당의 문제도 심리할 수 있다.

3) 심리의 기본원칙

(1) 대심주의

대심주의란 대립되는 분쟁 당사자들의 공격·방어를 통하여 심리를 진행하는 소송원칙을 말한다. 대립되는 당사자에게 공격·방어를 할 수 있는 대등한 지위가 보장되고 심판기관의 중립적인 지위가 보장되어야 한다.

행정심판법은 심판청구인과 피청구인이라는 대립되는 당사자를 전제로 하여(법 제13조 내지 제22조) 당사자 쌍방에게 공격과 방어방법을 제출하도록 하고 있고(법 제23조, 제33조, 제34조, 제36조 등),

원칙적으로 당사자가 제출한 공격・방어방법을 심리의 기초로 삼으며 행정심판위원회가 중립적인 지위에서 심리를 행하도록 하고 있다.

(2) 직권심리주의

직권심리주의란 심리에 있어서 심판기관이 당사자의 사실의 주장에 근거하지 않거나 그 주장에 구속되지 않고 적극적으로 직권으로 필요한 사실상의 탐지 또는 증거조사를 행하는 소송원칙을 말한다.

행정심판법은 실체적 진실을 밝히고, 심리의 간이・신속을 도모하기 위하여 직권심리주의를 인정하고 있다. 즉, 행정심판법은 "위원회는 필요하다면 당사자가 주장하지 아니한 사실에 대하여도 심리할 수 있다."라고 위원회의 직권탐지를 인정하고 있고(법 제39조), 위원회에 직권으로 증거조사를 할 수 있도록 하고 있다(법 제36조). 위원회의 직권심리는 대심주의와 조화하는 한도 내에서 행해져야 한다.

(3) 직권증거조사

위원회는 사건을 심리하기 위하여 필요하면 직권으로 또는 당사자의 신청에 의하여 다음의 방법에 따라 증거조사를 할 수 있다. 당사자나 관계인(관계 행정기관소속 공무원을 포함한다. 이하 같다)을 위원회의 회의에 출석하게 하여 신문하는 방법, 당사자나 관계인이 가지고 있는 문서・장부・물건 또는 그 밖의 증거자료의 제출을 요구하고 영치하는 방법, 특별한 학식과 경험을 가진 제3자에게 감정을 요구하는 방법, 당사자 또는 관계인의 주소・거소・사업장이나 그 밖의 필요한 장소에 출입하여 당사자 또는 관계인에게 질문하거나 서류・물건 등을 조사・검증하는 방법(법 제36조 제1항). 다만, 위원회는 필요하면 위원회가 소속된 행정청의 직원이나 다른 행정기관에 촉탁하여 제1항의 증거조사를 하게 할 수 있다(동조 제2항).

(4) 서면심리주의와 구술심리주의

행정심판법은 "행정심판의 심리는 구술심리나 서면심리로 한다. 다만, 당사자가 구술심리를 신청한 때에는 서면심리만으로 결정할 수 있다고 인정되는 경우 외에는 구술심리를 하여야 한다."라고 규정하고 있다(법 제40조 제1항). 이와 같은 행정심판법상의 규정만으로는 행정심판의 심리방식의 선택은 위원회의 재량에 속하는 것으로 보인다. 위원회는 행정심판사건의 특성에 비추어 심리방식을 정할 수 있다.

(5) 발언 내용 등의 비공개

위원회에서 위원이 발언한 내용이나 그 밖에 공개되면 위원회의 심리 재결의 공정성을 해칠 우려가 있는 사항으로서 대통령령으로 정하는 사항은 공개하지 아니한다(법 제41조).

(6) 소관 중앙행정기관의 심리에의 참여

중앙행정심판위원회에서 심리・재결하는 심판청구의 경우 소관 중앙행정기관의 장은 의견서를 제출하거나 위원회에 출석하여 의견을 진술할 수 있다(법 제35조 제4항).

4) 당사자의 절차적 권리

심판청구의 당사자는 심리절차에 있어서 다음과 같은 권리를 갖는다.

(1) 위원 · 직원에 대한 기피신청권

당사자는 행정심판위원회의 위원에게 심리 · 의결의 공정을 기대하기 어려운 사정이 있는 경우에는 그 위원에 대한 기피신청을 할 수 있다(법 제10조 제2항).

(2) 이의신청권

행정심판위원회의 결정 중 당사자 또는 심판참가인의 절차적 권리에 중대한 영향을 미치는 지위승계의 불허가, 참가신청의 불허가 또는 청구의 변경 불허가 등에 대하여는 행정심판위원회에 이의신청을 할 수 있다(법 제16조 제8항, 제17조 제6항, 제20조 제6항 및 제29조 제7항).

(3) 보충서면 제출권

당사자는 심판청구서 · 보정서 · 답변서 또는 참가신청서에서 주장한 사실을 보충하고 다른 당사자의 주장을 다시 반박하기 위하여 필요하면 보충서면을 제출할 수 있다. 이 경우 위원회가 보충서면의 제출기한을 정한 때에는 그 기한 내에 이를 제출하여야 한다(법 제33조).

(4) 구술심리신청권

당사자는 구술심리를 신청할 수 있고, 당사자가 구술심리를 신청한 때에는 행정심판위원회는 서면심리만으로 결정할 수 있다고 인정되는 경우 외에는 구술심리를 하여야 한다(법 제40조 제1항).

(5) 물적 증거제출권

당사자는 심판청구서 · 보정서 · 답변서, 참가신청서 · 보충서면 등에 덧붙여 주장을 뒷받침하는 증거서류 또는 증거물을 제출할 수 있다(법 제34조 제1항). 위의 증거서류에는 다른 당사자의 수만큼 부본을 함께 제출하여야 한다(법 제34조 제2항). 위원회는 당사자가 제출한 증거서류의 부본을 지체 없이 다른 당사자에게 송달하여야 한다(법 제34조 제3항).

(6) 증거조사신청권

당사자는 그의 주장을 뒷받침하기 위하여 필요하다고 인정할 때에는 위원회에 본인 또는 참고인의 심문, 당사자 또는 관계인이 소지하는 문서 · 장부 · 물건 그의 증거자료의 위원회에의 제출요구, 제3자에 의한 감정의 요구, 검증의 요구증거조사를 신청할 수 있다(법 제36조 제1항).

(7) 참가인의 절차적 권리

심판참가인에게 당사자에 준하는 절차적 권리가 주어지고, 관련 서류를 참가인에게도 송달하도록 하는 등 참가인의 절차적 권리가 보장되고 있다(법 제20조 내지 제22조).

8. 행정심판의 재결 및 조정제도

1) 재결의 의의 및 성질

재결이란 행정심판의 청구에 대한 행정심판위원회의 법적 판단을 말한다(동법 제2조 제3호). 즉 심판청구사건에 대한 종국적 판단인 의사표시이다.

재결은 행정법상의 법적 분쟁에 대하여 판단·확정하는 행위이기 때문에 확인행위의 성질을 가지며, 또한 재결은 심판청구의 제기를 전제로 한 행정심판위원회의 판단작용이라는 점에서 법원의 판결과 성질이 비슷하기 때문에 준사법행위에 해당하며, 불가변력이 나타난다.

2) 재결의 절차와 형식

⑴ 행정심판위원회의 의결에 기속

행정심판위원회는 심리를 마치면 직접 재결한다. 재결은 피청구인인 행정청과 그 밖의 관계행정청을 기속한다(동법 제49조 제1항).

⑵ 재결기간

행정심판법은 행정법관계의 조속한 확정과 신속한 심리·재결을 도모하기 위하여 재결기간을 명시적으로 규정하고 있다.

재결은 위원회 또는 피청구인이 심판청구서를 받은 날부터 60일 이내에 하여야 한다. 다만, 부득이한 사정이 있을 때에는 위원장이 직권으로 30일을 연장할 수 있다(법 제45조 제1항). 재결기간을 연장한 때에는 재결기간이 만료되기 7일 전까지 당사자에게 이를 통지하여야 한다(법 제45조 제2항).

행정심판법상 재결기간은 재결에 관한 시간적 기준을 제시한 훈시규정이므로 그 기간경과 후에 한 재결도 유효하다.

⑶ 재결의 방식(재결서)

재결은 소정의 사항을 기재한 서면으로 하여야 하는 요식행위인바(동법 제46조 제1항), 이는 재결이 심판청구사건에 대한 판단행위로서 법적 안정성의 요청에 따른 것이다.

재결서에는 ① 사건번호와 사건명, ② 당사자·대표자 또는 대리인의 이름과 주소, ③ 주문, ④ 청구와 취지, ⑤ 이유, ⑥ 재결한 날짜를 기재하여야 한다(법 제46조 제2항). 재결서에 기재하는 이유에는 주문내용이 정당함을 인정할 수 있는 정도로 판단을 표시할 것이 요구되고 있는바(법 제46조 제3항), 법률상의 이유뿐만 아니라 사실상의 이유까지 표시하여야 할 것이다.

⑷ 재결의 범위

위원회는 심판청구의 대상이 되는 처분 또는 부작위 외의 사항에 대하여는 재결하지 못한다(제47조 제1항). 즉, 행정심판에는 불고불리의 원칙이 채택되고 있다. 위원회는 심판청구의 대상이 되는 처분보다 청구인에게 불이익하게 재결하지 못한다(법 제47조 제2항). 즉, 불이익변경금지의 원칙이 인정되고 있다. 위원회는 처분의 위법 여부뿐만 아니라 당·부당도 판단할 수 있다(법 제1조·제2조).

행정심판은 행정소송과는 달리 위법한 처분이나 부작위뿐만 아니라 부당한 처분이나 부작위도 그 대상이 된다(동법 제1조). 즉 행정심판은 행정청의 재량문제에 대한 판단도 그 범위로 한다.

(5) **재결의 송달 및 공고**

① 재결의 송달 및 효력발생

위원회는 지체 없이 당사자에게 재결서의 정본을 송달하여야 한다(법 제48조 제1항). 재결은 청구인에게 송달이 있은 때에 그 효력이 생긴다(법 제48조 제2항).

위원회는 재결서의 등본을 지체 없이 참가인에게 송달하여야 하며 처분의 상대방이 아닌 제3자가 심판청구를 한 경우 위원회는 재결서의 등본을 지체 없이 피청구인을 거쳐 처분의 상대방에게 송달하여야 한다(법 제48조 제3항·제4항).

② 공고

법령의 규정에 의하여 공고하거나 고시한 처분이 재결로써 취소 또는 변경된 때에는 처분을 행한 행정청은 지체 없이 그 처분이 취소 또는 변경되었음을 공고하여야 하고(제49조 제4항) 법령의 규정에 의하여 처분의 상대방 외의 이해관계인에게 통지된 처분이 재결로써 취소 또는 변경된 때에는 처분을 행한 행정청은 지체 없이 그 이해관계인에게 그 처분이 취소 또는 변경되었음을 통지하여야 한다(법 제49조 제5항).

3) 재결의 종류

재결은 그 내용에 따라 심판청구요건의 불비를 이유로 한 각하재결, 본안심리의 결과 청구의 이유가 없음을 이유로 한 기각재결, 기각재결의 특수형태인 사정재결, 청구가 이유가 있다고 인정하여 청구의 취지를 받아들이는 인용재결이 있다.

(1) **각하재결**

심판청구의 제기요건을 충족하지 않은 부적법한 심판청구에 대하여 본안에 대한 심리를 거절하는 내용의 재결을 말한다(동법 제43조 제1항).

(2) **기각재결**

일반적으로 기각재결이란 심판청구에 대한 본안심리의 결과 청구가 이유 없다고 하여 청구인의 주장을 배척하고 원처분의 적법타당성을 인정하는 재결을 말한다(동조 제2항). 이러한 의미에서 보통의 기각재결 이외에 뒤에서 보는 사정재결로서의 기각재결이 있다.

(3) **사정재결**

① 의의

행정심판위원회는 심판청구가 이유 있다고 인정하는 경우에도 이를 인용하는 것이 현저히 공공복리에 적합하지 아니하다고 인정하는 때에는 행정심판위원회의 의결에 의하여 그 심판청구를 기각하는 재결을 할 수 있는바(동법 제44조 제1항), 이를 사정재결이라 한다.

② 사정재결의 근거 및 취지

행정처분이 비록 위법한 것이라고 하더라도 청구인의 이익을 위하여 하자 있는 처분을 취소 또는 변경하는 것이 공공복리를 현저히 해칠 우려가 있는 경우에 공·사익의 합리적인 조정을 도모하기 위하여 예외적으로 심판청구를 기각하는 재결을 말한다(법 제44조 제1항). 무효등확인심판의 경우에는 사정재결이 인정되지 아니한다(동조 제3항).

③ 사정재결의 요건

사정재결의 실질적 요건으로서 심판청구가 이유가 있음에도 불구하고 이를 인용하는 것이 현저히 공공복리에 적합하지 아니하다고 인정되어야 한다.

사정재결을 함에 있어 행정심판위원회는 그 재결의 주문에서 그 처분 또는 부작위가 위법 또는 부당함을 명시하여야 한다(동법 제44조 제1항 2단). 이것은 사정재결을 통해 위법 또는 부당한 처분이 적법처분으로 전환되는 것이 아님을 명백히 하는 동시에 사정재결에 불복하여 통상의 행정소송을 제기하거나 사정재결에 따른 국가배상청구소송을 제기하는 경우에 행정심판위원회가 위법·부당성을 승인함으로써 위법판단의 반복을 방지하고 재결서만으로도 충분한 증거방법이 되는 실익이 있기 때문이다.

④ 구제방법

행정심판위원회는 사정재결을 함에 있어서 청구인에 대하여 상당한 구제방법을 취하거나 피청구인에게 상당한 구제방법을 취할 것을 명할 수 있다(동조 제2항).

(4) **인용재결**

인용재결이란 본안심리의 결과, 심판청구가 이유가 있다고 인정하여 심판청구인의 청구의 취지를 받아들이는 내용의 재결을 말한다. 인용재결에는 심판청구의 내용에 따라 취소·변경재결, 무효등확인재결 및 의무이행재결이 있다.

① 취소·변경재결 및 변경명령재결

행정심판위원회는 취소심판의 청구가 이유가 있다고 인정할 때에는 재결로써 스스로 처분을 취소 또는 변경하거나 처분청에게 취소 또는 변경할 것을 명한다(동법 제43조 제3항). 따라서 취소재결에는 처분취소재결, 처분변경재결, 처분취소명령재결, 처분변경명령재결이 있다. 이 중에서 앞의 두 가지는 형성재결의 성질을 가진 것인 데 반하여, 뒤의 두 가지는 이행재결의 성질을 가진다고 할 것이다.[8)]

처분을 취소하거나 취소를 구하는 취소재결에는 해당 처분의 전부취소를 내용으로 하는 것과 일부취소를 내용으로 하는 것이 있다.

② 무효등확인재결

무효등확인재결이란 행정심판위원회가 무효등확인심판의 청구가 이유 있다고 인정한 때에 처분의 효력 유무 또는 존재 여부에 대하여 확인하는 재결을 말한다(동법 동조 제4항).

---

8) 따라서 전자의 경우는 별도의 행위를 기다릴 것 없이 해당 재결의 효력(형성력)으로써 당연히 해당 처분이 취소·변경되지만, 후자의 경우에는 재결에 따르는 처분청의 별도의 행위를 기다려서 비로소 심판청구의 목적을 달성할 수 있다.

이러한 무효등확인재결에는 처분무효확인재결, 처분유효확인재결, 처분부존재확인재결, 처분존재확인재결, 처분실효확인재결 등이 있을 수 있다. 그러나 무효등확인재결은 행정행위의 유효・무효 또는 그 존재・부존재를 공적으로 확인할 뿐이므로 형성적 효과는 발생하지 않는다.

③ 이행재결

행정심판위원회는 의무이행심판의 청구가 이유 있다고 인정할 때에는 지체 없이 신청에 따른 처분을 하거나 처분청에게 그 신청에 따른 처분을 할 것을 명하는 재결을 말한다(동조 제5항). 전자의 재결을 '처분재결'이라고 하고, 후자의 재결을 '처분명령재결'이라고 부를 수 있는바, 전자는 형성재결의 성질을 가진다고 볼 수 있다.

신청에 따른 처분을 할 것을 명하는 재결은 청구인의 신청대로 처분을 할 것을 명하는 재결과 신청을 더 이상 방치하지 말고 지체 없이 어떤 처분(신청대로의 처분, 거부 또는 기타의 처분)을 하도록 명하는 재결이 있다. 즉 그 행정청의 처분의무의 내용이 기속행위에 대한 것인 경우에는 청구인이 신청한 처분의 이행명령이 되지만 처분의무의 내용이 재량이 부여된 행위인 경우에는 특정행위의 이행명령이 아니라 어떠한 내용의 처분이든 신청을 방치하지 말고 지체 없이 재량에 따른 처분(신청대로의 처분, 거부 또는 기타의 처분)을 하도록 명하는 재결, 즉 재량행사명령된다. 이 경우 해당 행정청은 지체 없이 그 재결의 취지에 따라 이전의 신청에 대하여 처분을 하여야 한다(제49조 제2항).

4) 재결의 효력

행정심판법은 재결의 효력에 대하여 기속력에 관한 규정만을 두고 있으나, 재결도 행정행위로서의 성질을 가지므로 재결서의 정본이 당사자에게 송달되어 재결이 그 효력을 발생하게 되면(행정심판법 제48조 제2항), 행정행위로서의 여러 가지 구속력(불가쟁력・공정력)을 가지게 된다.

(1) 형성력

재결의 형성력이란 재결의 내용에 따라 기존의 법률관계에 변동(새로운 법률관계의 발생이나 종래의 법률관계의 변경・소멸)을 가져오는 효력을 말한다.

재결에 의하여 청구가 인용되어 원처분의 전부 또는 일부가 취소된 때에는 원처분의 해당 부분의 효력은 동시에 소멸되며 처음부터 존재하지 않는 것으로 되는 효과가 발생한다. 또한 변경재결에 의하여 원처분이 취소되고 그에 갈음하는 별개의 처분이 행해진 경우 및 의무이행심판에 있어서의 처분재결이 행해진 경우에 있어서의 구속력 역시 형성력의 성질을 가진다고 할 것이다. 그러나 행정심판위원회가 재결로써 직접 처분의 취소・변경 등을 하지 않고 처분취소명령재결, 처분변경명령재결, 처분명령재결을 한 경우에는 해당 재결은 형성력을 발생시키는 것이 아니라 뒤에서 보는 기속력을 발생시키게 된다. 재결의 형성력은 제3자에게도 미치는 대세적인 효력이다.

다만, 변경재결에 있어서 새로운 처분효력은 제3자의 권익을 침해하지 아니하는 한 소급한다고 할 것이나 의무이행심판에 있어 처분재결은 성질상 소급되지 않는다.

판례

> 행정심판에 있어서 재결청의 재결내용이 처분청에 취소를 명하는 것이 아니라 처분청의 처분을 스스로 취소하는 것일 때에는 그 재결에 형성력이 발생하여 해당 행정처분은 별도의 행정처분을 기다릴 것 없이 당연히 취소되어 소멸된다(대법원 1994.4.12. 선고 93누1879 판결).

⑵ 불가변력

재결은 쟁송절차에 의하여 행하여진 판단행위이므로 일단 재결을 한 이상 행정심판위원회라고 하더라도 임의로 취소・변경할 수 없는 효력을 가진다. 이러한 구속력을 불가변력 또는 자박력이라고 한다. 문제는 재결에 재판판결의 기판력과 비슷한 실질적 확정력이 발생하는가에 관하여 판례는 일반적으로는 행정심판재결에 판결의 기판력과 같은 실질적 확정력이 발생하는 것은 아니라는 입장이다.[9] 그러나 최소한 재결 중 사정재결에 있어서는 행정심판법 제44조 제1항 후단이 사정판결을 하는 경우 행정심판위원회는 재결의 주문에서 그 처분 또는 부작위가 위법 또는 부당함을 명시하도록 한 것은 처분이 위법하다는 것에 실질적 확정력을 발생하게 하기 위한 것으로 해석된다.

⑶ 불가쟁력

재결은 그 자체에 고유한 위법이 있는 경우에 그에 대한 행정소송의 제기가 가능하나(행정소송법 제19조), 그 제소기간이 경과하면 더 이상 효력을 다툴 수 없게 된다(동법 제20조).

⑷ 기속력

기속력이란 재결내용에 따라 피청구인인 행정청과 그 밖의 관계행정청을 구속하는 힘을 말한다(행정심판법 제49조 제1항). 앞의 협의의 구속력과 기속력을 합하여 해당 심판청구의 당사자 기타 관계인이 그 재결의 취지에 따르도록 구속하는 구속력이라고 한다.

재결의 기속력은 인용재결의 경우에만 인정되고 각하・기각재결의 경우에는 인정되지 아니한다. 재결의 기속력으로서는 소극적 효력으로서 반복금지효와 적극적 효력으로서 행정청의 원상회복의무와 재처분의무가 있다.

① 소극적 효력(반복금지효)

처분의 취소, 변경재결, 처분의 무효등확인재결이 있는 경우에 관계행정청은 같은 사정 아래서의 같은 내용의 처분을 되풀이하지 못하게 된다.

판례

> 양도소득세 및 방위세부과처분이 국세청장에 대한 불복심사청구에 의하여 그 불복사유가 이유 있다고 인정되어 취소되었음에도 처분청이 동일한 사실에 관하여 부과처분을 되풀이한 것이라면 설령 그 부과처분이 감사원의 시정요구에 의한 것이라 하더라도 위법하다(대법원 1986.5.27. 선고 86누127 판결).

9) 대법 1993.4.13. 선고 92누17181 판결 등

② 적극적 처분의무(재처분의무)

㉠ 의의 : 당사자의 신청을 거부하거나 부작위로 방치한 처분의 이행을 명하는 재결이 있는 경우에는 행정청은 지체 없이 그 재결의 취지에 따라 다시 이전의 신청에 대한 처분을 하여야 한다(법 제49조 제3항).

행정심판의 기속력의 적극적 효력으로서 재처분의무는 당사자의 신청에 대한 거부처분 또는 부작위에 대하여 제기되는 처분발급신청의 인용재결과 관련하여 인정되는 효력이다. 따라서 청구인의 처분의 발급신청이 위법・부당하게 거부되거나 방치된 경우에는 의무이행심판을 제기하여 해당 처분의 발급을 구할 수 있을 것이다. 이때 행정청은 지체 없이 재결의 취지에 따른 처분을 해야 한다. 행정청이 처분을 하지 않을 때에는 위원회는 당사자의 신청에 따라 기간을 정하여 서면으로 시정을 명한 후, 그 기간 내에 이행하지 아니하는 경우에는 직접 처분을 할 수 있다(법 제50조 제1항 후단). 이것은 의무이행명령재결의 실효성을 확보하기 위한 조치로서의 처분이다.

㉡ 절차적 위법으로 인한 처분의 취소 : 동법은 재처분의무를 처분이 절차의 위법 또는 부당을 이유로 재결로써 취소된 경우에도 준용하고 있다(법 제49조 제4항). 이는 제3자효행정행위에 의하여 그 권익에 침해가 있는 제3자가 제기한 취소심판에서 해당 처분이 절차상의 위법을 이유로 취소된 경우에 있어서의 행정청의 재처분의무에 관한 것이다.

판례

> 당사자의 신청을 거부하는 처분을 취소하는 재결이 있는 경우에는 행정청은 그 재결의 취지에 따라 이전의 신청에 대한 처분을 하여야 하는 것이므로 행정청이 그 재결의 취지에 따른 처분을 하지 아니하고 그 처분을 하는 것은 위법한 것이라 할 것이고 이 경우 그 재결의 신청인은 위법한 다른 처분의 취소를 소구할 이익이 있다(대법원 1988.12.13. 선고 88누7880 판결).

㉢ 결과제거의무 : 행정청은 처분의 취소 또는 무효확인 등의 재결이 있게 되면 결과적으로 위법 또는 부당으로 재결된 처분에 의하여 초래된 상태를 제거해야 할 의무가 발생한다고 할 것이다.

③ 기속력의 범위

㉠ 주관적 범위 : 행정심판법은 "재결은 피청구인인 행정청과 그 밖의 관계행정청을 기속한다(동법 제49조 제1항)."라고 규정하여 기속력은 피청구인인 행정청뿐만 아니라 그 밖의 모든 행정청에 미친다는 것을 명백히 하고 있다.

㉡ 객관적 범위 : 기속력의 객관적 범위는 재결주문 및 그 전제가 된 요건사실의 인정과 효력의 판단만 미치고 재결의 결론과 직접 관계없는 간접사실에 대한 판단에까지 미치는 것은 아니다.

5) 재결에 대한 불복

심판청구에 대한 재결이 있으면 그 재결 및 같은 처분 또는 부작위에 대하여 다시 행정심판을 청구할 수 없다(동법 제51조). 다만, 다른 법률에 특별한 규정이 있는 경우에는 이에 따라야 한다. 재결의 취소소송 및 무효등확인소송은 재결 자체에 고유한 위법이 있거나 재결 자체에 무효사유가 있음을 이유로 하는 경우에만 제기할 수 있다(행정소송법 제19조 단서 및 제38조 참조).

9. 행정심판의 불복고지

1) 개설

(1) 고지제도의 의의

고지제도란 행정청이 행정처분을 함에 있어서 상대방이나 이해관계인에게 그 처분에 대한 행정심판을 제기하고자 하는 경우에 필요사항을 알려주는 제도이다(행정심판법 제58조).

현행의 행정심판법은 각국의 입법례에 따라 고지제도를 도입하였는바, 고지제도는 국민에게 행정심판의 기회를 잃지 않게 하기 위한 행정구제제도로서 법치국가의 필요불가결한 제도라고 할 수 있다.

(2) 고지의 성질

고지는 행정청의 일정한 관념이나 의사를 알리는 이른바 준법률행위적 행정행위인가 아니면 행정심판법에 규정된 바를 구체적으로 알리는 비권력적 사실행위로서 그 자체로서는 아무런 법적 효과도 나타나지 않는 행정작용인가가 문제된다. 고지는 행정심판법상 행정심판의 제기에 관한 사항을 구체적으로 알리는 비권력적 사실행위에 불과하다. 따라서 고지 자체는 항고소송의 대상이 되지 아니하며, 고지를 하지 아니하거나 잘못 고지된 경우에도 해당 행정처분의 효력에는 아무런 영향을 미치지 아니한다.[10] 그러나 당사자의 고지청구(행정심판법 제58조 제2항)에 대하여 이를 거부하는 행위, 즉 고지의 거부는 사실행위가 아니라 거부처분으로써 행정행위의 성질을 갖는다고 보아야 할 것이다. 따라서 이 경우에는 행정쟁송을 제기할 수 있을 것이다.

행정심판법상의 고지에 관한 규정을 훈시규정으로 보는 견해가 있으나 이는 강행규정 또는 의무규정으로 보는 것이 타당하다.

(3) 고지제도의 필요성

① 행정불복의 기회보장

고지제도의 1차적 필요성은 처분의 상대방이 해당 처분에 대한 불복절차를 알지 못함으로 인하여 불복의 기회를 일실한다거나 불복절차를 취하는 요건을 그르침으로써 부적법한 행정심판으로 각하되는 일이 없도록 함으로써 실질적으로 행정구제의 기회를 보장하려는 데에 있다.

② 행정의 적정화

고지제도는 처분청에게 처분에 대한 상급감독청 소속 행정심판위원회의 재결 또는 행정쟁송의 제기를 예상하게 하여 무언의 압력을 가함으로써 행정처분을 신중하게 하는 효과가 있다. 이로 인하여 고지는 간접적으로 행정의 적정한 운영의 확보에 기여하게 된다.

---

10) 행정심판법이 뒤에서 보는 바와 같이 불고지 또는 오고지에 대하여 일정한 법적 효과를 부여하고 있지만 그것은 어디까지나 규율의 효과로서가 아니라 행정청의 절차상 의무위반에 대한 불이익부과 또는 반금언의 원칙에 따른 효과일 뿐이다.

2) 고지의 종류

(1) 고지의 종류

행정심판법은 처분의 직접 상대방에게 행할 것을 행정청의 의무로 하고 있는 직권에 의한 고지(동법 제58조 제1항)와 상대방 이외의 이해관계인의 청구가 있을 경우에만 하는 청구에 의한 고지(동조 제2항)로 나누어 규정하고 있다.

(2) 고지의 시기 및 방법

고지를 신청받은 행정청은 지체 없이 고지를 하여야 한다. '지체 없이'라는 의미는 사회통념상 인정할 수 있는 범위 내에서 신속한 시간의 범위 내를 뜻한다고 할 것이다.
고지의 방법에는 특별한 제한이 없다. 서면이나 구두로 알려주면 될 것이나 고지를 신청한 자가 서면에 의한 고지를 요구한 때에는 반드시 서면으로 고지하여야 한다(동법 제58조 제2항).

3) 불고지 또는 오고지의 효과

행정심판법은 행정청이 고지를 하지 아니하거나(불고지), 고지를 잘못한 경우(오고지)에 대하여 경유절차 및 청구기간과 관련하여 일정한 제약을 가하고 있다. 고지의무위반의 효과는 행정심판법상의 고지제도의 실효성을 확보하기 위해서 인정되는 것임을 고려할 때, 고지의무위반으로 인해 해당 처분이 위법하게 되는 것은 아니라고 하겠다.

(1) 불고지의 효과

① 불고지 또는 오고지로 인하여 청구인이 심판청구서를 다른 기관에 제출한 경우 그 행정기관은 지체 없이 정당한 권한이 있는 피청구인에게 보내야 한다(법 제23조 제2항). 심판청구서를 보낸 행정기관은 지체 없이 그 사실을 청구인에게 알려야 한다(동조 제3항). 이 경우 심판청구 기간을 계산할 때에는 제1항에 따른 피청구인이나 위원회 또는 제2항에 따른 행정기관에 심판청구서가 제출되었을 때에 행정심판이 청구된 것으로 본다(동조 제4항).

② 행정청이 심판청구 기간을 고지하지 않은 경우에는, 제3항에 해당 처분이 있은 날로부터 180일이 된다(법 제27조 제6항).

(2) 오고지의 효과

① 경유절차 행정청이 고지를 잘못하여 청구인이 정당한 행정청이 아닌 다른 행정청에 심판청구서를 제출한 경우, 불고지와 같은 방법으로 구제받을 수 있다.

② 행정청이 심판청구 기간을 법정 기간보다 길게 고지한 때에는, 그 잘못 알린 기간에 심판청구가 있으면 법정청구기간에 청구된 것으로 본다(동조 제5항).

(3) 행정심판전치요건의 면제

행정소송법은 처분을 행한 행정청이 상대방에게 행정심판을 거칠 필요가 없다고 잘못 고지한 때에는 다른 법률에 의하여 행정심판이 필수적으로 요구되고 있다 하더라도 행정심판을 제기함이 없이 행정소송을 제기할 수 있도록 하고 있다(행정소송법 제18조 제3항 제4호).

02 절 행정소송

01 개설

1. 행정소송의 의의

행정소송이란 행정작용으로 인해 위법하게 권익을 침해받은 자가 독립적이고 중립적인 위치에 있는 법원에 제기하는 소송, 즉 행정법상 분쟁에 대한 재판의 형식으로 행하여지는 행정쟁송을 말한다. 분설하면 다음과 같다.

1) 행정소송은 법원이 사법의 일환으로 행하는 재판이다

행정소송은 재판인 점에서 사법작용이며 행정작용이 아니다. 행정소송은 사법작용인 점에서 일반행정작용과는 본질적 성격을 달리한다. 행정소송 또한 재판작용이므로 그 한도에서 민사재판이나 형사재판과 그 본질을 달리하는 것은 아니다.

2) 행정소송은 행정사건에 관한 재판이다

행정사건이란 행정법규, 즉 공법법규의 적용에 관한 소송사건을 의미한다. 이와 같이 행정소송은 행정사건에 관한 소송이라는 점에서 사법상 권리관계에 관한 소송인 민사소송이나 국가형벌권의 존부에 관한 소송인 형사소송과 구별된다. 다만, 실제상으로는 행정사건과 민사사건 및 형사사건의 구별 및 한계는 반드시 명료한 것이 아니며, 구체적 사건이 어느 것에 해당하는가를 판단하는 것이 어려울 때가 많다. 이는 공법·사법의 구별 및 한계가 불명료한 데에 기인하는 것으로 구체적으로 소송물의 성질에 따라 판단하는 수밖에 없다.

3) 행정소송은 정식절차에 의한 재판이다

정식 소송절차로서의 행정소송의 특색은 ① 소송당사자 또는 이해관계인의 권익보호를 위한 대심구조, ② 심판절차의 원칙적인 공개, ③ 구술변론, ④ 법정절차에 의한 증거조사, ⑤ 판결에 대한 특별한 효력의 인정 등이 인정되는 점에 나타난다. 행정소송은 이와 같은 의미의 정식절차인 점에서 약식절차인 행정심판, 재결의 신청 등과 구별된다.

2. 행정소송의 기능

행정소송법은 행정소송의 목적에 대하여 "행정소송절차를 통하여 행정청의 위법한 처분 그 밖에 공권력의 행사·불행사 등으로 국민의 권리 또는 이익의 침해를 구제하고 공법상의 권리관계 또는 법적용에 관한 다툼을 적정하게 해결함을 목적으로 한다(행정소송법 제1조)."라고 규정하고 있다. 이 목적규정을 통해서 알 수 있는 바와 같이 행정소송은 국민의 권리구제기능과 행정통제기능을 수행한다.

3. 행정소송의 종류

행정소송법은 내용에 따라 행정소송을 항고소송, 당사자소송, 민중소송, 기관소송으로 분류하고, 항고소송을 다시 취소소송, 무효등확인소송, 부작위위법확인소송으로 세분하고 있다(동법 제3조 · 제4조). 행정소송은 목적에 따라 주관소송과 객관소송으로 분류할 수 있다. 주관소송은 국민의 개인적 권리이익의 보호를 목적으로 하는 소송인 데 대하여, 객관소송은 객관적인 법질서유지를 위한 소송이다. 항고소송과 당사자소송은 주관소송에 속하고, 민중소송과 기관소송은 객관소송에 속한다. 행정소송은 그 성질에 따라 형성소송 · 이행소송 · 확인소송으로 구분된다.

1) 성질에 의한 분류

(1) 형성소송

형성소송은 법률관계의 변동을 일으키는 일정한 법률요건의 존재를 주장하여 그 변동을 선언하는 판결을 구하는 소송이다. 따라서 형성판결은 형성요건의 존재를 확정하는 동시에 새로운 행정법상 법률관계를 발생하게 하고 기존의 행정법상 법률관계를 변경 · 소멸하게 하는 판결이다. 확인판결이나 이행판결이 선언적 효과를 갖는 데 대하여, 형성판결은 이러한 의미에서 창설적 효과를 가진다. 따라서 형성소송은 소송비용의 문제를 제외하고는 집행의 문제를 남기지 않는다. 항고소송 중 취소소송은 행정청의 위법한 처분 등의 취소 또는 변경을 구하는 소송이므로 형성소송의 가장 대표적인 예에 속한다.

(2) 이행소송

이행소송은 원고가 피고에 대한 실체법상 이행청구권의 존재를 전제로 하여 법원에 대하여 피고에게 일정한 행위(작위, 부작위, 수인, 급부)를 하라고 명하는 이행명령을 발하여 줄 것을 구하는 소송이다. 이행소송은 원고가 주장하는 이행청구권의 강제적 실현에 이바지하는 소송이므로 이행청구권의 확정과 피고에 대한 이행명령의 두 가지를 목적으로 한다. 이행소송은 형성소송과 달리 직접 법률관계의 변동을 가져오는 것은 아니라 이행명령을 통하여 피고에게 원칙적으로 강제집행 가능성을 유보하여 일정한 이행의무를 부과하는 효과를 가져오는 데 불과하다. 따라서 이행소송에서는 이행판결의 집행(실현)의 보장이 중요한 의미를 가진다. 행정청의 위법한 부작위에 대한 의무이행소송이나 일정한 이행명령을 목적으로 하는 당사자소송이 이행소송에 속한다.[11)]

(3) 확인소송

확인소송이란 특정한 권리 또는 법률관계의 존재 또는 부존재를 주장하여 이를 확인하는 판결을 구하는 소이다. 원칙적으로 권리 또는 법률관계만이 확인의 소의 대상이 된다. 확인소송도 소송목적상 집행의 문제를 남기지 않는다. 항고소송 중 무효등확인소송, 부작위위법확인소송이나 공법상 법률관계의 존부를 확인받기 위한 당사자소송은 확인소송에 속한다.

---

11) 독일의 경우 행정법원법상 행정행위의 발급을 구하는 의무이행소송과 행정행위 이외의 행위 또는 급부 등을 구하는 일반이행소송이 인정되고 있고, 영 · 미에서는 직무집행명령소송이 인정되고 있다.

2) 내용에 의한 분류

(1) 항고소송

항고소송이란 행정청의 처분 등이나 부작위에 대하여 제기하는 소송을 말한다. 즉 행정청의 위법한 처분, 재결 또는 부작위에 의하여 법률상 이익을 침해당한 자가 그 위법을 다투기 위하여 제기하는 소송을 의미한다.

① **취소소송**

취소소송이란 행정청의 위법한 처분 등을 취소 또는 변경하는 소송을 말한다(동법 제4조 제1호). 항고소송 가운데 가장 중심적인 것이라 할 수 있다. 이것은 일단 유효한 처분의 취소 또는 변경을 통하여 계쟁처분에 의해 형성된 법률관계를 소멸 또는 변경시키는 등 위법상태를 제거하여 원상회복시키는 성질의 소송, 즉 형성소송이다.

② **무효등확인소송**

㉠ **의의** : 무효등확인소송이란 행정청의 처분 등의 효력유무 또는 존재여부를 확인하는 소송을 말한다(동법 제4조 제2호). 무효등확인소송에는 처분이나 재결의 성립요건의 존부 확인을 구하는 존재확인소송・부존재확인소송과 그것의 효력요건의 유무확인을 구하는 유효확인소송・무효확인소송・실효확인소송 등이 있다. 이 중에서 제일 주된 것은 무효확인소송이다.

㉡ **성질** : 현행법은 무효등확인소송을 항고소송으로 규정하고 있다. 그런데 실질에 있어서는 무효등확인소송은 항고소송의 성질과 확인소송의 성질을 아울러 갖는 것으로 보아야 한다. 즉, 무효등확인소송은 처분 등의 존재 또는 유효를 부정하거나 부존재 또는 무효를 주장하는 행정청의 태도를 다투는 소송이므로 항고소송이라고 볼 수 있다. 그러나 다른 한편으로 무효등확인판결은 처분 등의 효력을 소멸시키거나 발생시키는 등 형성적 효력을 갖는 것이 아니라 처분 등의 존부나 효력의 유무를 확인하는 것에 불과하므로 무효등확인소송은 확인소송의 성질을 갖는다. 또한 무효등확인소송에는 취소소송에서와 달리 행정심판전치주의, 제소기간, 사정판결, 간접강제 등의 규정이 적용되지 않는다.

㉢ **판결** : 무효확인소송의 대상이 된 행위의 위법이 심리의 결과 무효라고 판정되는 경우에는 무효확인판결을 내린다. 그런데 해당 위법이 취소원인에 불과한 경우에 법원은 어떠한 판결을 내려야 하는지 문제된다.

해당 무효확인소송이 취소소송요건을 갖추지 못한 경우 기각판결을 내려야 한다. 해당 무효확인청구가 취소소송요건을 갖춘 경우 판례는 무효확인청구는 취소청구를 포함한다고 보고, 취소소송의 소송요건을 충족한 경우 취소판결을 하여야 한다고 한다.[12)]

③ **부작위위법확인소송**

㉠ **의의** : 부작위위법확인소송이란 행정청의 부작위가 위법하다는 것을 확인하는 소송을 말한다(동법 제4조 제3호). 즉 행정청이 당사자의 신청에 대하여 상당한 기간 내에 일정한 처분을 할 법률상 의무가 있음에도 불구하고 이를 행하지 아니한 경우 이 부작위가 위법임을 확인

12) 대법원 1994.12.23. 선고 94누477 판결 ; 대법원 2005.12.23. 선고 2005두3554 판결

하는 판결을 구하는 소송이다. 부작위위법확인소송은 신청에 대한 행정청의 부작위에 대한 권리구제제도로서는 우회적인 구제수단이다. 부작위에 대한 보다 직접적인 구제수단은 의무이행소송이다. 그런데 현행 행정소송법이 의무이행소송을 명문으로 인정하지 않고 부작위위법확인소송만을 둔 것은 권력분립의 원칙이나 행정청의 일차적 판단권을 존중하려는 것에 있다.

㉡ **성질** : 부작위위법확인소송은 행정청의 위법하다는 것을 확인하는 것이라는 점에서 확인소송에 해당하나, 한편 공권력의 불행사로 인한 위법상태의 배제를 구하는 점에서는 항고소송의 성질도 아울러 가진다.

㉢ **소송물** : 이 소송의 소송물은 행정청의 부작위의 위법성이다. 따라서 법령상 행정청에 작위의무가 부과되어 있다 하더라도 단지 부작위가 위법함을 확인하는 데 그치고, 특정작위의무가 있음을 확인하거나 작위의무를 이행할 것을 명하는 내용의 판결을 할 수는 없다.

(2) 당사자소송

당사자소송이란 행정청의 처분 등을 원인으로 하는 법률관계에 관한 소송 그 밖에 공법상 법률관계에 대한 소송으로서 그 법률관계의 한쪽 당사자를 피고로 하는 소송을 말한다(동법 제3조 제2호). 당사자소송은 다시 실질적 당사자소송과 형식적 당사자소송으로 구분된다.

통상 당사자소송이라 함은 실질적 당사자소송을 말한다. 그 예로 공무원의 지위확인소송, 공법상 계약에 관한 소송 등을 들 수 있다. 형식적 당사자소송은 행정청의 처분 등을 원인으로 하는 법률관계에 관한 다툼으로서 형식적으로는(소송형태상) 당사자소송이지만, 그 전제로서 행정청의 처분을 다투는 것을 포함하고 있는 소송을 말한다. 형식적 당사자소송은 기본적으로는 법률관계의 내용을 다투는 점에서 당사자소송이지만 처분의 효력의 부인을 전제로 하는 점에서 실질적 당사자소송과 다르다. 그 예로 토지보상법상의 보상금증감청구소송을 들 수 있다.

형식적 당사자소송은 권리구제의 실효성 제고와 소송경제에 의의가 있다. 형식적 당사자소송은 처분 등을 원인으로 하는 법률관계의 내용에 대하여 불복하는 소송인데, 만일 형식적 당사자소송이 인정되지 않으면 먼저 항고소송으로 처분의 효력을 다투어야 하고, 그 소송의 결과에 따라 처분청의 새로운 처분이 있어야 권리구제가 실현된다. 또한 만일 새로운 처분에 의해 형성된 새로운 법률관계 역시 불복한 자에게 만족을 주지 못하면 다시 그 새로운 처분의 효력을 다투는 항고소송을 제기하므로 권리구제가 지체되고 무용한 소송의 반복을 가져오는 결과가 되기 쉽다. 따라서 권리구제의 실효성을 제고하고 소송경제를 확보하기 위하여 일정한 처분 등을 원인으로 하는 법률관계의 내용에 불복하는 때에는 직접 그 법률관계의 내용을 다투고 수소법원이 그 법률관계의 내용을 결정하도록 하는 소송을 인정할 필요가 있는 것이다. 형식적 당사자소송은 바로 이러한 필요성에 부응하기 위하여 인정되는 소송형식이다. 형식적 당사자소송에서는 법원이 다툼의 대상이 되는 법률관계의 내용을 직접 결정한다.

(3) 민중소송

민중소송이란 국가 또는 공공단체 등의 기관이 법률에 위반되는 행위를 한 때에 직접 자기의 법률상 이익과 관계없이 그 시정을 구하기 위하여 제기하는 소송을 말한다(동법 제3조 제3호). 행정법규의 적정한 적용을 확보하기 위한 객관적 소송의 성질을 갖는다. 현행법상으로는 공직선거법상 민중소송과 국민투표법상 민중소송이 있다.

(4) 기관소송

기관소송이란 국가 또는 공공단체의 기관 상호 간에 있어서의 권한의 존부 또는 그 행사에 관한 다툼이 있을 때에 이에 대하여 제기하는 소송을 말한다(동법 제3조 제4호). 다만, 헌법재판소법 제2조의 규정에 의하여 헌법재판소의 관장사항으로 되어 있는 소송은 제외된다. 예컨대 지방자치단체장이 지방의회 의결의 위법성을 이유로 제기하는 소송(지방자치법 제188조 · 제192조)이 이에 해당한다.

4. 행정소송의 한계

행정소송은 '사법기관에 의한 행정사건에 대한 재판'이라는 점에서 앞에서 본 특색과 아울러 일정한 한계를 지닌다. 다시 말하면 행정소송에는 첫째로 사법의 본질에서 오는 한계와, 둘째로 권력분립주의에서 오는 한계를 인정하지 않을 수 없다.

1) 사법의 본질에 의한 한계

법원조직법 제2조 제1항은 법원은 "헌법에 특별한 규정이 있는 경우를 제외한 일체의 법률상의 쟁송을 심판하고 기타 법률에 의하여 법원에 속하는 권한을 가진다."라고 규정하여 행정사건에 있어서도 민사사건에 있어서와 같이 법률에 특별한 규정이 없으면 원칙적으로 법률상 쟁송일 것을 필요로 한다. 법률상 쟁송이란 법령의 해석 · 적용에 의하여 해결할 수 있는 당사자 사이의 구체적인 권리 · 의무에 관한 분쟁을 의미한다. 따라서 법률상 쟁송에 해당하지 않는 경우에는 행정소송의 대상이 되지 않는다는 점에서 행정재판권에는 사법권의 본질에서 유래하는 한계가 있다. 즉 행정소송은 당사자 간의 구체적 권리 · 의무관계에 관한 쟁송이어야 함은 물론 법령을 해석 · 적용함으로써 해결할 수 있는 쟁송이어야 한다. 전자는 구체적 사건성의 문제이며, 후자는 법적 해결가능성의 문제이다.

2) 권력분립에서 오는 한계

사법은 본래 구체적인 쟁송사건을 전제로 하여 이를 해결하기 위한 법의 적용을 그 목적과 사명으로 하는데 반해, 행정은 전체로서 일정한 결과의 실현을 위해 계속적으로 활동하는 작용인 점이 특색이다. 이러한 양자의 성격과 기능상의 차이로 인해 사법권의 행정권에 대한 개입과 심사는 스스로 일정한 한계가 있음을 인정하지 않을 수 없다.

권력분립의 원칙으로부터 우러나는 행정소송의 한계의 문제는 특히 법원이 적극적 형성판결과 이행판결을 할 수 있느냐의 문제로 나타난다. 적극적 형성판결이란 없었던 행정상 법률관계를 법원이 판결로써 새로이 형성하는 것을 내용으로 하며, 이행판결이란 법원이 원고의 신청을 받아들여 행정청에게 어떤 행위를 행할 것을 명령하는 판결이다. 즉 전자는 법원이 판결의 형식으로 직접 행정행위를 행하는 것이며, 후자는 법원이 행정청에게 상급기관처럼 명령하는 것이다.

5. 행정소송의 일반적 절차

1) 행정소송의 절차구조

행정소송의 절차구조는 원고와 피고를 당사자로 하는 다툼이 원고의 소송제기에 의하여 개시되고 이에 대한 심리를 통하여 법원이 절차의 산물로서 판결을 내림으로써 종료되는 일련의 과정으로 이루어져 있다.

2) 행정소송의 제기

행정소송도 일반민사소송과 마찬가지로 오로지 원고의 소송제기에 의해서만 개시될 수 있다(처분권주의). 행정소송이 제기되면 법원, 당사자 및 행정소송의 대상(처분이나 부작위, 기타 공법상 법률관계)에 대하여 일정한 효과를 발생하게 된다. 즉 행정소송이 제기됨으로써 법원에 대한 관계에서 사건이 계속되게 되며(소송계속), 법원은 이를 심리하고 판결할 구속을 받는다. 나아가 당사자는 같은 사건에 대하여 다시 소를 제기하지 못하는 중복제소금지의 효과가 발생하게 된다(주관적 효과). 한편 행정소송이 제기되었다는 것은 소송의 대상이 된 처분의 취소・효력의 유무나 부작위의 위법여부, 기타 공법상 법률관계가 소송상 다투어짐을 의미하며, 따라서 소변경 등 특정한 사정이 없는 한 소송의 대상이 객관적으로 확정되는 결과가 된다(객관적 효과). 그러나 소의 제기는 처분 등의 효력이나 그 집행 또는 절차의 속행에 아무런 영향을 주지 못한다(집행부정지원칙).

3) 행정소송의 심리

(1) 요건심사

행정소송이 제기됨으로써 이를 심리하고 판결할 구속을 받게 된 법원은 먼저 소송이 적법하게 제기되었는지를 심사하게 된다. 여기서 심사되는 것은 행정소송이 적법하게 제기되었는가 하는 점이다. 이를 위하여 충족되어야 할 일정한 요건들을 일반적으로 '행정소송의 제기요건' 또는 '소송요건'이라고 한다. 행정소송의 제기요건으로는 소장, 관할법원, 원고적격, 피고적격, 전심절차, 제소기간, 소의 이익, 행정소송의 대상, 재소금지, 중복제소금지 등이다. 행정소송의 제기요건에 관한 문제는 본안심리의 필요유무를 결정하는 관건이 되는 문제이므로 법원은 당사자의 주장여부와 무관하게 이를 직권으로 심사하여야 한다. 법원은 만일 어느 하나라도 결여하면 법원은 본안심사에 들어갈 필요도 없이 소를 부적법한 것으로 각하한다.

(2) 본안심사

요건심사의 결과 소송이 적법하게 제기된 것이라고 판단되면 법원은 당사자가 제기한 권리보호의 주장, 즉 청구의 당부를 심리・판단하여 결론을 내려야 한다. 이와 같이 본안심리는 원고와 피고의 공격 방어와 이에 관한 증거조사를 통하여 원고의 청구가 이유 있는지의 여부를 판단하기 위한 절차이다. 즉 청구의 인용여부를 사실과 법의 양측면에서 심사하는 것이다. 본안심리의 결과 청구의 전부 또는 일부를 인용하거나 기각함을 내용으로 하는 판결(본안판결)이 나오게 된다. 본안심리가 행정소송의 심리의 본체를 이루는 것이므로 심리의 범위·절차에 관한 문제는 주로 본안심리에 관한 것이다. 따라서 본안심사와 관련해서는 심리의 범위와 원칙, 주장책임과 입증책임, 위법판단의 기준시 등이 특히 중요하다.

4) 소송의 종료

행정소송의 본안심리결과 사건이 종국판결을 내릴 수 있을 만큼 성숙되었다고 판단되면 법원은 심리를 종결하고 판결을 한다. 청구가 이유 있다고 인정되면 법원은 청구인용의 판결을 내린다. 다만, 취소소송과 같은 경우는 청구가 이유 있다고 인정되는 경우에도 이를 인용하는 것이 현저히 공공복리에 적합하지 아니하다고 인정할 때에는 소송청구를 기각하는 사정판결제도가 인정되고 있다. 만일 청구가 이유 없다고 판단되는 경우에는 청구의 기각판결을 한다. 소취하 등 특별한 사정이 없는 한 행정소송의 절차는 이와 같은 종국판결에 의하여 일단 종료되며, 이 종국판결은 상소기간의 경과나 상소권의 포기 등과 같은 일정한 사유에 의하여 확정됨으로써 행정소송법 소정의 효력을 발하게 된다. 심리의 종료와 관련해서는 판결 이외에 소의 취하, 청구의 인락·포기, 소송상 화해 등이 인정될 수 있는지가 문제된다.

02 항고소송

Ⅰ. 취소소송

1. 개설

1) 취소소송의 의의

취소소송이란 행정청의 위법한 처분이나 재결의 취소 또는 변경을 구하는 소송을 말한다(행정소송법 제4조 제1호). 다만, 재결의 취소·변경은 재결 자체에 고유한 위법이 있음을 이유로 하는 경우에만 인정된다(동법 제19조). 취소소송은 보통 취소원인의 하자 있는 처분이나 재결에 대하여 행해지지만 행정행위의 무효선언을 구하는 의미에서의 취소소송도 판례상 허용된다. 취소소송은 행정소송 가운데 가장 중심적인 역할을 하는바, 행정소송법은 취소소송에 대한 상세한 규정을 두고(취소소송중심주의) 기타 소송에 대하여는 취소소송에 대한 규정을 준용하도록 하고 있다.

2) 취소소송의 성질

취소소송의 성질에 대해서는 확인소송인가 형성소송인가에 관하여 학설이 대립되고 있다.

(1) 형성소송설

이 견해는 취소소송을 일단 유효한 처분의 취소 또는 변경을 통하여 계쟁처분에 의해 형성된 법률관계를 소멸 또는 변경시키는 등 위법상태를 제거하여 원상회복시키는 성질의 소송, 즉 형성소송으로 이해한다. 이 견해가 통설・판례이다.

(2) **확인소송설**

이 견해는 취소소송의 중점은 처분의 위법성을 확인하는 데 있다고 보며 취소소송은 본질상 처분의 위법성을 확인하는 소송이라고 한다.

(3) **구제소송설(병립설)**

이 견해는 취소소송을 처분의 위법성을 확인하는 확인소송적 성질과 처분의 효력을 다투는 형성소송적 성질을 아울러 가지는 특별한 유형의 구제소송으로 보는 견해이다.

(4) **결어**

행정소송법은 취소소송의 인용판결에 대하여 대세적 효력을 규정(동법 제29조 제1항)함으로써 형성소송설을 뒷받침하고 있고, 행정청의 위법한 처분 등의 취소 또는 변경을 구하는 소송이라는 행정소송법 제4조 제1호의 규정상 형성소송설이 타당하다.

판례

위법한 행정처분의 취소를 구하는 소는 위법한 처분에 의하여 발생한 위법상태를 배제하여 원상으로 회복시키고 그 처분으로 침해되거나 방해받는 권리와 이익을 보호 구제하고자 하는 소송이다(대법원 1996.2.9. 선고 95누14987 판결).

3) 취소소송의 소송물

소송물이란 소송법상 심판대상 또는 심판대상이 되는 단위를 말한다. 소송물은 소의 병합, 변경, 기판력의 범위와 관련하여 중요한 의미를 가진다. 이에 관해서는 다음과 같은 견해의 대립이 있다.

(1) **처분의 위법성 일반이라고 보는 견해**

이 견해에 의하면 개개의 위법사유에 관한 주장은 단순한 공격방어방법에 지나지 않는다고 보며 취소소송에서 판결의 기판력은 처분의 위법 또는 적법 일반에 대하여 미친다고 한다. 이 견해에 의하면 취소소송에서 기각판결을 받은 자는 다른 위법사유를 이유로 하여 취소소송을 제기할 수 없을 뿐만 아니라 다른 위법사유를 이유로 하여 국가배상청구소송을 제기할 수도 없다. 이 견해의 근거는 분쟁의 일회적 해결과 행정작용의 조기 확정의 필요성에 있으나, 기판력의 범위가 부당히 확대되어 국민의 권리구제의 측면에서 불리하다는 비판이 있다. 이 견해가 다수견해이며 판례의 입장이다.

(2) **주관소송적 관점설**

이 견해는 소송물을 실체법적 내용과는 독립된 소송법적 관점에서 고찰하여, 취소소송을 주관소송으로 보면서 취소소송의 소송물은 해당 처분을 통하여 자신의 권리가 침해되었다는 원고의 법적 권리주장이라고 보는 견해이다.[13] 이 견해에 대해서는 권리침해는 원고적격의 문제이고, 본안판단에 관한 사항만을 대상으로 하는 소송물의 요소가 될 수 없고, 취소소송을 주관소송으로만 보는 것은 타당하지 않다는 비판이 있다.

(3) **결어**

취소소송의 원고는 특정한 처분의 위법성을 주장하는 것이며, 그 처분의 위법성이 심리대상이 되어 원고의 주장의 당부가 법원의 판결에 의하여 확정된다. 따라서 취소소송의 소송물은 대상처분의 위법성인바 여기서의 소송물이란 개개의 위법사유가 아니라, 행정처분의 위법사유일반이 하나의 소송물을 이루고 있다고 하겠다.

판례

취소판결의 기판력은 소송물로 된 행정처분의 위법성 존부에 관한 판단 그 자체에만 미치는 것이므로 전소와 후소가 그 소송물을 달리하는 경우에는 전소 확정판결의 기판력이 후소에 미치지 아니한다(대법원 1996.4.26. 선고 95누5820 판결).

2. 취소소송과 무효등확인소송의 관계

1) 병렬관계

취소판결과 무효등확인소송은 보충관계에 있는 것이 아니라 서로 병렬관계에 있다. 따라서 양 소송은 주위적・예비적 청구로서 병합은 가능하나, 선택적 청구로서 병합이나 단순병합은 허용되지 아니한다.[14] 취소소송에서 청구가 기각된 확정판결의 기판력은 다시 그 과세처분의 무효확인을 구하는 소송에도 미친다.[15]

2) 포섭관계

취소소송과 무효등확인소송은 서로 포섭관계에 있다.

(1) **무효인 처분에 대하여 취소판결을 구하였을 경우**

무효인 처분을 취소소송으로 다투면, 원고가 취소만을 다투는 것이 명백한 것이 아니라면 무효확인을 구하는 취지까지 포함되어 있는 것으로 본다(무효를 구하는 의미의 취소소송). 물론 이러한 경우에는 취소소송의 요건을 구비하여야 한다.[16] 요건을 구비하였다면 취소판결을 하게 된다.[17] 이러한 요건을 구비한 것이 아니면, 무효등확인소송으로 소 변경을 하도록 하여야 할 것이다.

13) 유지태/박종수, 행정법신론 13판 616면.
14) 대법원 1999.8.20. 선고 97누6889 판결
15) 대법원 1993.4.27. 선고 92누9777 판결
16) 대법원 1984.5.29. 선고 84누175 판결
17) 대법원 1999.4.27. 선고 97누6780 판결

(2) 취소할 수 있는 처분에 대하여 무효등확인판결을 구하였을 경우

일반적으로 행정처분의 무효확인을 구하는 소에는 원고가 그 처분의 취소를 구하지 아니한다고 밝히지 아니한 이상 그 처분이 만약 당연무효가 아니라면 그 취소를 구하는 취지도 포함되어 있는 것으로 보아야 한다.[18] 다만 법원의 취소판결은 법원이 석명권을 행사하여 무효등확인소송을 취소소송으로 변경한 후에 이루어질 것이다. 물론 이러한 경우에는 취소소송의 요건을 구비하여야 한다.[19] 만약 소 변경이 이루어지지 않은 경우에는 행정행위의 공정력 때문에 무효확인판결을 내릴 수 없고, 처분권주의 때문에 취소판결을 내릴 수도 없으므로 청구기각판결이 내려질 것이다.

3) 취소소송과 당사자소송의 관계

취소원인인 흠이 있는 처분은 행정청이 직권으로 취소하지 아니하는 한, 취소소송(행정심판을 거치는 경우에는 취소심판)에 의하여서만 다툴 수 있다(취소소송의 배타적 관할). 따라서 이미 행하여진 처분의 공정력을 배제하여 그 효력을 소멸시키기 위해서는 취소소송으로 다투어야 하는 것이지 당사자소송으로 다툴 수 없다. 즉 취소소송과 당사자소송의 관계는 보충적 관계에 있다. 예컨대 공무원이 파면처분을 당한 경우 그 처분에 취소원인인 흠이 있는 때에는 파면처분취소소송을 제기하여야 하며, 곧바로 당사자소송으로 공무원지위확인소송을 제기할 수 없다.

판례

> 재결에 대하여 불복절차를 취하지 아니함으로써 그 재결에 대하여 더 이상 다툴 수 없게 된 경우에는 기업자는 그 재결이 당연무효이거나 취소되지 않는 한, 이미 보상금을 지급받은 자에 대하여 민사소송으로 그 보상금을 부당이득이라 하여 반환을 구할 수 없다(대법원 2001.4.27. 선고 2000다50237 판결).

3. 취소소송의 재판관할

1) 재판관할의 의의

재판관할이란 재판권을 행사하는 각 법원 사이에서 재판권의 분장관계를 정해 놓은 것을 말하는 것으로서 결국 한 법원의 다른 법원과의 관계에서 정한 직무범위이다. 행정소송은 헌법 제101조 제1항과 제107조 제2항에 근거를 둔 법원조직법 제2조 및 행정소송법에 의하여 일반법원의 관할에 속하지만 구체적인 관할 문제는 소송유형에 따라서 반드시 같지는 않다.

2) 심급관할

취소소송의 제1심 관할법원은(지방법원급) 행정법원이다(행정소송법 제9조 제1항). 구 행정소송법하에서는 취소소송의 1심 관할법원은 고등법원으로 하였던바, 행정심판을 실질적인 제1심에 해당하는 것으로 전제하였기 때문이었다. 그러나 현행 행정소송법은 국민의 권리구제를 강화하는 취지에서 행정심판을 임의절차로 하고, 행정소송도 3심제로 전환하였다.

---

18) 대법원 1994.12.23. 선고 94누477 판결
19) 대법원 1986.9.23. 선고 85누838 판결

3) 토지관할

취소소송의 1심 관할법원은 피고인 행정청(처분청 · 재결청 · 부작위청 등)의 소재지를 관할하는 행정법원이 그 관할법원이다. 다만, 중앙행정기관 또는 그 장이 피고인 경우의 관할법원은 대법원 소재지의 행정법원으로 한다(동법 제9조 제1항). 그런데 행정법원이 설치되지 아니한 지역에 있어서는 해당 지방법원의 본원이 관할하도록 되어있으므로(법원조직법 중 개정법률 부칙 2), 현재로서는 행정법원이 설치된 서울을 제외하고는 피고의 소재지를 관할하는 지방법원 본원이 취소소송의 1심 관할법원이 된다. 또한 토지의 수용 기타 부동산 또는 특정의 장소에 관계되는 처분 등에 대한 취소소송은 그 부동산 또는 장소의 소재지를 관할하는 행정법원에 이를 제기할 수 있다(동조 제2항).

4) 관할법원에의 이송

원고의 고의 또는 중대한 과실 없이 행정소송이 심급을 달리하는 법원에 잘못 제기된 경우에는 법원은 결정으로 관할법원에 사건을 이송한다(동법 제7조). 관할위반의 경우 소를 각하하기보다는 관할법원에 사건을 이송함으로써 소송의 재제기의 번잡을 피하고, 제척기간의 준수 등의 이익을 제소자가 누릴 수 있다.

5) 관련청구소송의 이송 · 병합

⑴ 제도의 취지

동일한 처분에 관련하여 성립된 수 개의 청구를 병합하여 하나의 소송절차에서 통일적으로 심판함으로써, 한편으로 당사자나 법원의 부담을 경감하고 심리의 중복과 모순을 피하면서 동일한 처분에 관한 분쟁을 한꺼번에 해결하도록 하고, 다른 한편으로 심리의 복잡화를 방지하여 취소소송 자체의 신속한 처리를 도모하고자 취소소송에 관련되는 청구의 병합과 이송제도를 인정한 것이다.

⑵ 관련청구소송의 범위

관련청구라고 함은 청구의 내용 또는 발생원인이 법률상 · 사실상 공통되는 것이거나 병합되는 청구가 해당 처분으로 인한 경우 또는 처분의 취소 · 변경을 선결문제로 하는 경우를 말하는 것으로 관련청구소송의 범위는 행정소송법 제10조 제1항에서 규정하고 있다.

⑶ 관련청구소송의 이송

취소소송과 관련청구소송이 각각 다른 법원에 계속되고 있는 경우에 관련청구소송이 계속된 법원이 상당하다고 인정하는 때에는 당사자의 신청 또는 직권에 의하여 이를 취소소송이 계속된 법원으로 이송할 수 있다(동법 제10조 제1항). 이 조항은 다른 항고소송은 물론 당사자소송 · 기관소송 · 민중소송에도 준용된다(동법 제38조 · 제44조 · 제46조).

⑷ 관련청구소송의 병합

관련청구의 병합에 관하여 행정소송법은 취소소송에 사실심의 변론종결 시까지 관련청구소송을 병합하거나 피고 외의 자를 상대로 한 관련청구소송을 취소소송이 계속된 법원에 병합하여 제기할 수 있다고 규정함으로써 민사소송법에 대한 특칙을 규정하고 있다. 행정소송법은 취소소송과 관련하여 (ⅰ) 관련청구소송의 병합인 객관적 병합(동법 제10조 제2항 전단), (ⅱ) 피고 외의 자를 상대로 한 관련청구소송을 병합하는 것으로서의 주관적 병합(동항 후단), (ⅲ) 공동소송으로서의 주관적 병합(동법 제15조) 등을 인정하고 있다. 이러한 소의 병합은 다시 병합의 시점에 따라 (ⅰ) 제소 시에 행하는 원시적 병합과, (ⅱ) 소송의 계속 중에 행하는 후발적(추가적) 병합으로 나누어진다.

4. 취소소송의 당사자 등

1) 개설

(1) 당사자의 지위

취소소송은 당사자소송이나 민사소송과 같이 당사자 쌍방이 서로 권리를 주장하는 것이 아니라, 한쪽 당사자인 원고는 위법한 처분 등으로 권리・이익이 침해되었음을 이유로 그 처분의 취소・변경을 주장함에 반하여, 한쪽 당사자인 피고는 공익을 대표하여 행정법규의 적용에 위법이 없었음을 주장함에 그친다.

(2) 당사자능력과 당사자적격

① 당사자능력

당사자능력이란 소송의 주체(원고・피고・참가인)가 될 수 있는 능력을 말한다. 민법 기타 법률에 의하여 권리능력을 갖는 자연인, 법인은 물론 법인격 없는 사단 또는 재단도 당사자능력을 갖는다(민사소송법 제52조 행정소송법 제8조 제2항). 법인격 없는 사단・재단은 그 단체의 이름으로 대표자를 통하여 원고가 될 수 있다.

② 당사자적격

당사자적격이란 특정한 소송사건에 있어서 당사자로서 소송을 수행하고 본안판결을 받기에 적합한 자격을 말한다. 당사자적격이 있는 자를 보통 '정당한 당사자'라고 한다.

2) 원고적격

(1) 원고적격의 의의

행정소송법 제12조는 원고적격이라는 표제하에 "취소소송은 처분 등의 취소를 구할 법률상 이익이 있는 자가 제기할 수 있다. 처분 등의 효과가 기간의 경과, 처분 등의 집행 그 밖의 사유로 인하여 소멸된 뒤에도 그 처분 등의 취소로 인하여 회복되는 법률상 이익이 있는 자의 경우에도 또한 같다." 라고 규정하여 행정청의 위법한 처분 등에 의하여 법률상 이익을 침해당한 자만이 취소소송의 원고적격을 가지도록 하고 있다. 원고적격이란 구체적인 소송에서 원고로서 소송을 수행하여 본안판결을 받을 수 있는 자격을 말한다. 항고소송에서 원고적격의 문제는 구체적인 행정처분에 대하여 누가 원고로서 취소소송 등 항고소송을 제기하여 본안판결을 받을 자격이 있느냐에 관한 문제이다.

(2) 법률상 이익

취소소송의 원고적격을 규정한 '법률상 이익'이라는 표현은 매우 추상적이므로 그 의미가 해석상 문제된다. 오늘날 원고적격은 권리개념의 확대와 행정통제의 필요성에 의하여 점차 확대되어 가고 있는데, 그 추이에 따른 학설을 소개하면 다음과 같다.

① 권리구제설(권리향수회복설)

취소소송의 목적이 위법한 처분으로 인하여 야기된 개인의 권리의 회복에 있다는 전제하에 권리가 침해된 자만이 소송을 제기할 수 있다는 견해이다. 그러나 오늘날 후술하는 이유로서 권리구제설은 법률상 이익설과 동일하게 취급되어야 할 것이다.

② 법률상 이익구제설(법이 보호하는 이익구제설)

이 설은 취소소송의 목적・기능을 법이 직접 사인에게 보장한 법적 권리는 물론 행정법규가 사인 등 권리주체의 개인적 법익을 보호함을 목적으로 하여 행정권의 행사에 제약을 과함으로써 보장되고 있는 이익도 구제하는 것으로 보아 처분의 근거법규에 의하여 보호되는 이익을 침해받은 자가 법률상 이익이 있는 자에 해당된다는 견해이다. 이 설이 현재 우리나라의 통설이다.

③ 보호가치이익설

이 설은 취소소송의 목적・기능을 개개의 실정법규가 어떠한 이익을 보호하려고 하고 있는가를 떠나서 행정청의 행위에 의하여 침해되는 이익이 법질서 전체의 관점에서 사법적으로 보호할 가치가 있는 이익인가의 여부를 판단하여 그러한 이익을 가진 자의 구제를 도모하려는 제도로 보아 사법적으로 보호할 만한 가치가 있는 이익(사실상의 이익이든 법률상의 이익이든)을 침해당한 자가 법률상 이익이 있는 자에 해당된다는 견해이다.

④ 적법성 보장설

이상의 견해들은 공통적으로 개인의 주관적인 권리(법률상 이익)구제라는 행정소송의 기능・목적에 그 바탕을 두고 있다. 그러나 이와는 달리 행정의 적법성 보장설은 행정소송의 적법성 보장 내지 행정통제기능을 중시한다. 이에 의하면 원고적격을 판정함에 있어서 원고의 주장이익의 성질만에 의존하지 아니하고 해당 처분의 성질에 관하여 판단하여 해당 처분을 다툴 가장 적합한 이익 상태에 있는 자가 제소한 경우에는 원고적격을 인정하여야 한다.

⑤ 판례의 태도

우리나라 대법원의 판례는 법률상 이익의 개념과 아울러 원고적격을 확대함으로써 비록 보호가치이익설을 따른 듯한 판례도 있지만 대개의 경우 법률상 이익구제설을 취하고 있다고 본다.

판례

[1] 행정처분의 직접 상대방이 아닌 제3자라 하더라도 당해 행정처분으로 인하여 법률상 보호되는 이익을 침해당한 경우에는 그 처분의 무효확인을 구하는 행정소송을 제기하여 그 당부의 판단을 받을 자격이 있다 할 것이며, 여기에서 말하는 법률상 보호되는 이익이라 함은 당해 처분의 근거 법규 및 관련 법규에 의하여 보호되는 개별적・직접적・구체적 이익이 있는 경우를 말하고, 공익보호의 결과로 국민 일반이 공통적으로 가지는 일반적・간접적・추상적 이익이 생기는 경우에는 법률상 보호

되는 이익이 있다고 할 수 없다(대법원 1995.6.30. 선고 94누14230 판결 ; 대법원 2004.8.16. 선고 2003두2175 판결 등 참조).

[2] 그리고 공유수면매립면허처분과 농지개량사업 시행인가처분의 근거 법규 또는 관련 법규가 되는 구 공유수면매립법(1997.4.10. 법률 제5337호로 개정되기 전의 것, 이하 '구 공수법'이라 하고, 1999.2.8. 법률 제5911호로 개정된 공유수면매립법은 '공수법'이라 한다), 구 농촌근대화촉진법(1994.12.22. 법률 제4823호로 개정되기 전의 것, 이하 '농근법'이라 한다), 구 환경보전법(1990.8.1. 법률 제4257호로 폐지되기 전의 것), 구 환경보전법 시행령(1991.2.2. 대통령령 제13303호로 폐지되기 전의 것), 구 환경정책기본법(1993.6.11. 법률 제4567호로 개정되기 전의 것, 이하 같다), 구 환경정책기본법 시행령(1992.8.22. 대통령령 제13715호로 개정되기 전의 것)의 각 관련 규정의 취지는, 공유수면매립과 농지개량사업시행으로 인하여 직접적이고 중대한 환경피해를 입으리라고 예상되는 환경영향평가 대상지역 안의 주민들이 전과 비교하여 수인한도를 넘는 환경침해를 받지 아니하고 쾌적한 환경에서 생활할 수 있는 개별적 이익까지도 이를 보호하려는 데에 있다고 할 것이므로, 위 주민들이 공유수면매립면허처분 등과 관련하여 갖고 있는 위와 같은 환경상의 이익은 주민 개개인에 대하여 개별적으로 보호되는 직접적·구체적 이익으로서 그들에 대하여는 특단의 사정이 없는 한 환경상의 이익에 대한 침해 또는 침해우려가 있는 것으로 사실상 추정되어 공유수면매립면허처분 등의 무효확인을 구할 원고적격이 인정된다고 할 것이다(대법원 2001.7.27. 선고 99두2970 판결 등 참조).

[3] 한편, 환경영향평가 대상지역 밖의 주민이라 할지라도 공유수면매립면허처분 등으로 인하여 그 처분 전과 비교하여 수인한도를 넘는 환경피해를 받거나 받을 우려가 있는 경우에는, 공유수면매립면허처분 등으로 인하여 환경상 이익에 대한 침해 또는 침해우려가 있다는 것을 입증함으로써 그 처분 등의 무효확인을 구할 원고적격을 인정받을 수 있다고 할 것이다(대법원 2006.3.16. 선고 2006두330 전원합의체 판결[정부조치계획취소 등]).

⑥ 결어

적법성보장설은 행정소송법이 취하고 있는 주관적 소송의 원칙에 반할 뿐만 아니라 취소소송을 민중소송화할 우려가 있다는 점에서 타당하지 않다. 따라서 문제는 법률상 보호이익설과 보호가치이익설의 대립으로 귀착된다.

보호가치이익설에 관하여 보건대, 실질적으로 보호할 만한 가치 있는 이익, 즉 일종의 소송법상 이익을 인정하여 출소를 허용한다 하더라도 실체법상 그 이익이 보호되어 있지 않다고 하면 결국 패소하게 되어 소의 인정을 무의미하게 한다. 또한 실질적으로 보호할 만한 가치인지 아닌지의 판단은 극히 주관적이며, 그 범위에 있어서도 불명확하다. 법개념에 이와 같은 불명확한 내용을 수용하는 것은 적당치 않다고 할 것이다. 또한 원고적격의 인정범위에 관하여 보호가치이익설이 법률상 이익구제설보다 원고적격을 넓게 보장하는 것이라고 쉽게 말할 수 없다. 실정법규의 해석에 의해서 원고적격을 인정하는 것을 원칙으로 하면서도 공권성립요소의 축소나 헌법상 기본권에 의한 원고적격의 확대가 가능하기 때문이다.

다만, 통설의 입장인 법률상 이익구제설을 취한다 하더라도 무엇이 법률에 의하여 보호되고 있는 이익인지는 반드시 늘 명확하다고는 할 수 없으므로 사회·경제의 변화에 의하여 그 해석이 달라질 수 있다는 것을 간과해서는 안 될 것이다. 따라서 권리구제의 충실화라는 요청에 입각한다 하더라도 단순에 '보호가치 있는 이익'이라는 불명확한 개념으로 비약할 것이 아니라 전통적인 '법률상 보호되는 이익'이라는 이론적인 범주 안에서 사회・경제의 실태에 비추어 각 법분야마다 법률상 보호되는 이익으로 해석되는 새로운 이익을 하나하나 축적해가는 것이 법해석상 보다 견실하고 타당하다고 할 것이다.

한편 학설은 법률상 이익의 구체적 개념, 특히 법률상 이익을 권리(공권)와 같은 개념으로 볼 것인가에 대해서도 법률상 이익과 권리를 이질적인 것으로 보면서 법률상 이익이 권리보다 넓은 상위개념으로 이해하는 견해와 법률상 이익과 권리를 같은 것으로 보는 견해가 대립한 바 있으나 법률상 이익이란 법적으로 보호된 이익으로서 권리의 또 다른 표현에 지나지 않는다는 점으로 그 의견이 귀일되어졌다.

(3) 법률상 이익의 주체

① 자연인과 법인

법률상 이익이 있는 자에는 권리주체로서 자연인과 법인이 있다. 법인에는 공법인과 사법인이 있다. 지방자치단체도 법인으로서 포함될 수 있지만 자기의 고유한 권리(자치권)가 (주로 국가의 감독처분에 의해) 침해되었을 때만 당사자 적격이 인정될 수 있다. 법인격 없는 단체도 구체적인 분쟁대상과 관련하여 법률상 이익이 있는 범위 안에서 주체가 될 수 있다. 예컨대 사회단체신고의 수리를 거부하는 처분에 대해 소송을 제기하는 경우에 대표자를 통해 단체의 이름으로 제소할 수 있다.

② 상대방과 제3자

이중효과적(복효적)행정처분, 특히 제3자효행정처분의 경우에 있어서는 처분의 상대방이 아닌 제3자가 법률상 이익의 주체가 될 수 있다(예 경쟁자소송, 경원자소송, 인인소송).

③ 단체

단체(예 환경단체)가 단체의 목적(예 환경보호)이나 단체구성원의 권익(예 의사들의 권익)을 위해 단체의 이름으로 소송을 제기하는 것(단체소송)은 인정되지 않는다. 단체소송은 행정작용의 적법성을 확보하기 위한 것일 뿐이고 개인(들)의 주관적인 법률상의 이익을 위한 것이 아니기 때문이다. 다만 법률이 정한 경우 법률에 정한 자가 제기할 수 있으므로(행정소송법 제45조) 단체소송의 도입가능성은 존재한다. 여러 개인이 단체적으로 소송을 제기하는 것은 단체소송이라고 하지 않으며, 그러한 것은 허용된다.

④ 행정심판의 피청구인(행정청)

판례는 인용재결이 있는 경우, 피청구인인 행정청은 재결의 기속력(행정심판법 제49조 제1항)으로 인해 취소소송을 제기할 수 없다는 입장이다.

(4) 법률상 이익침해의 주장

취소소송의 원고적격의 인정에 있어서는 취소소송을 제기하는 자가 사실상 법률상 이익이 침해되었을 것을 요구하는 것은 아니다. 원고가 처분 등으로 인하여 사실상 법률상 이익이 침해되었는지의 여부는 취소소송의 제기요건이 아니라 청구인용의 요건이다. 원고적격의 유무는 원고가 사실상

법률상 이익을 침해받았는지를 기준으로 판단할 것이 아니라 원고가 주장하는 바와 같은 법률상 이익이 객관적으로 존재할 가능성이 있는지를 기준으로 판단하여야 한다. 즉 원고적격의 유무에 대한 입증은 소송의 심리과정에서 행해질 일이며, 소의 제기단계에서는 원고적격의 가능성이 존재함으로써 충분하다(가능성이론).

3) 피고적격

(1) 처분 등을 행한 행정청(처분청)

취소소송은 다른 법률에 특별한 규정이 없는 한 그 처분 등을 행한 행정청, 즉 처분청을 피고로 하여 제기한다(행정소송법 제13조). 처분 등의 효과가 귀속하는 권리주체인 국가나 공공단체가 피고로 되는 것이 원칙이나 취소소송에 있어서는 소송수행의 편의를 위하여 국가나 공공단체의 기관인 해당 행정청을 피고로 하게 한 것이다.

① 처분 등을 행한 행정청의 의의

여기에서 행정청이란 국가 또는 공공단체의 기관으로 국가나 공공단체의 의사를 결정하여 외부에 표시할 수 있는 권한, 즉 처분권한을 가진 기관을 말한다. 따라서 그것은 행정조직법상의 행정청의 개념과 반드시 부합되는 것은 아니다. 처분 등을 행한 행정청이란 원처분을 행한 행정청과 재결청을 의미한다(동법 제2조 제1항 참조). 다만, 재결에 대한 취소소송은 재결 자체에 고유한 위법이 있음을 이유로 하는 경우에만 가능하다(동법 제19조).

② 대통령이 처분청인 경우

대통령이 처분청인 경우에는 특칙이 있다. 즉 국가공무원, 교육공무원, 외무공무원, 경찰공무원과 국가소방공무원에 대한 징계 기타 불이익처분의 처분청이 대통령인 때에는 각각 소속장관이 피고가 된다(국가공무원법 제16조, 외무공무원법 제30조, 경찰공무원법 제28조, 소방공무원법 제25조 등).

③ 권한의 위임·위탁의 경우

행정청의 권한이 위임·위탁된 경우에는 그 권한을 받아 처분을 행한 수임·수탁청이 피고가 된다. 그것은 수임·수탁행정청이 자기의 권한으로 현실적으로 처분을 행한 행정청이기 때문이다. 그러나 권한의 대리나 내부위임의 경우에는 권한의 이전이 없고 본인 또는 위임청의 명의로 처분을 행한 것이므로 본인이나 위임청이 처분행정청으로서 피고가 된다. 그러나 판례는 권한 위임의 경우와 같이 다루고 있다.

판례

> 서울특별시장의 권한을 관할구청장에게 내부위임한 경우, 구청장이 그 명의로 불수리처분한 것은 적법이지만, 그 불수리처분에 대한 행정소송은 그 처분을 한 구청장을 피고로 하여야 하고, 서울특별시장을 피고로 함은 부적법하다(대법원 1980.11.25. 선고 80누217 판결).

④ 타법에 특별규정이 있는 경우

법률에 특별한 규정이 있는 경우에는 처분 등을 행하지 않은 행정기관도 피고가 된다.

(2) 권한승계와 기관폐지의 경우

처분 등이 있은 뒤에 그 처분 등에 관계되는 권한이 다른 행정청에 승계된 때에는 이를 승계한 행정청이 피고로 된다(동법 제13조 제1항 단서). 또한 처분 등을 행한 행정청이 없게 된 때에는 그 처분 등에 관한 사무가 귀속되는 국가 또는 공공단체를 피고로 한다(동조 제2항). 이러한 두 가지 경우가 발생하면, 법원은 당사자의 신청 또는 직권에 의하여 피고를 경정하여야 한다(동법 제14조 제6항).

4) 피고의 경정

(1) 의의

행정소송법은 민사소송법과는 별도로 피고경정에 관한 규정을 두고 있다(동법 제14조). 이는 행정소송이 소송의 형태에 따라 피고적격자가 다르고 또한 취소소송의 경우 권리주체가 아닌 행정청을 피고로 하고 있는 관계로 피고를 잘못 지정하는 경우가 민사소송보다 빈번히 발생할 가능성이 있을 뿐만 아니라 행정소송에는 제소기간 등의 제한이 있어서 피고 경정을 허용하지 않을 경우에 사인의 권리구제에 중대한 장애를 가져오기 때문이다(제소기간 내에 제소하지 못함으로써 받는 불이익 등).

(2) 요건

피고경정의 요건은 두 가지이다. 첫째, 요건은 소송이 법원에 계속 중일 것이다. 여기서 말하는 법원은 사실심에 한하며, 법률심인 상고심에서는 피고경정이 허용되지 아니한다.[20] 둘째, 요건은 원고가 피고를 잘못 지정하였을 것이다. 예컨대 구청장을 피고로 하여야 할 것을 서울특별시장을 피고로 한 것과 같이 원고가 지정한 피고가 정당한 피고적격을 가지지 아니하는 경우를 말한다.

(3) 절차

피고경정은 원고의 신청에 의하여, 법원은 요건이 인정되면 피고경정허가결정을 한다(동법 제14조 제1항). 결정을 하면 법원은 결정의 정본을 새로운 피고에게 송달하여야 한다(동조 제2항). 피고경정신청을 각하하는 결정에 대하여는 신청인은 즉시 항고할 수 있다(동조 제3항).

(4) 효과

피고경정허가결정이 있은 때에는 새로운 피고에 대한 소송은 처음에 소를 제기한 때에 제기된 것으로 보며(동조 제4항), 종전의 피고에 대한 소송은 취하된 것으로 본다(동조 제5항). 취소소송이 제기된 후에 피고 행정청의 권한이 다른 행정청에 승계되거나 행정청이 없게 된 때에는 법원은 당사자의 신청 또는 직권에 의하여 피고를 경정한다는 것은 이미 설명한 바와 같다(소제기 후의 권한승계 등). 이 경우에는 위의 제14조 제4항과 제5항의 규정이 준용된다.

20) 대법원 1996.1.23. 선고 95누1378 판결

5) 공동소송

수인의 청구 또는 수인에 대한 청구가 처분 등의 취소청구와 관련되는 청구인 경우에 한하여 그 수인은 공동소송인이 될 수 있다(행정소송법 제15조). 이것은 전술한 관련청구소송에 있어서 주관적 병합에 관한 규정이다. 예컨대 동종의 과세처분을 다투는 수인의 수 개의 취소소송 또는 처분청을 상대로 하는 취소소송과 그와 관련하여 국가를 상대로 하는 손해배상청구소송 등에 있어서는 관계되는 수인의 원고 또는 피고는 이 규정에 의하여 공동소송인이 될 수 있는 것이다. 공동소송의 형태에 관하여서는 민사소송법이 준용될 것이다(동법 제65조 내지 제68조 참고).

5. 소송참가

1) 소송참가의 의의

소송참가란 소송의 계속 중에 소송 외의 제3자가 타인 사이의 소송의 결과에 따라 자기의 법률상의 이익에 영향을 미치게 될 경우에 자기의 이익을 위하여 그 소송절차에 가입하는 것을 말한다. 행정소송법은 취소소송에 대한 참가제도로서 ① 소송의 결과에 의하여 권리 또는 이익이 침해되는 제3자가 계속 중인 소송절차에 참가하는 제3자의 소송참가와 ② 취소소송의 피고 이외의 행정청이 소송절차에 참가하는 행정청의 소송참가의 두 가지를 규정하고 있다. 다음에서 보는 것과 같이 양자의 취지・목적은 동일하지 않다.

2) 제3자의 소송참가

(1) 제도의 취지

제3자의 소송참가는 원고와 피고 행정청 간의 소송결과에 의하여 권리 또는 이익을 침해받을 제3자를 소송에 참가시키는 제도이다. 이에 대하여 행정소송법은 "법원은 소송의 결과에 따라 권리 또는 이익의 침해를 받을 제3자가 있는 경우에는 당사자 또는 제3자의 신청 또는 직권에 의하여 결정으로써 그 제3자를 소송에 참가시킬 수 있다."라고 규정하고 있다(동법 제16조 제1항).

제3자의 소송참가제도의 취지는 일차적으로 제3자의 권익보호에 있다. 즉 취소판결은 제3자에 대해서도 효력이 있으며(동법 제29조 제1항), 취소판결의 기속력(동법 제30조 제1항)에 의한 행정청의 조치에 의하여 제3자가 영향을 받는 경우도 있다. 따라서 제3자의 소송참가는 취소판결의 대세적 효력과 기속력에 따른 제3자의 권익보호를 위한 제도라고 할 수 있다. 또한 실질적인 당사자로서의 지위를 가지게 되는 제3자로 하여금 소송에 참가시켜 공격・방어의 기회를 부여함으로써 적정한 심리・재판을 실현함과 동시에 제3자에 의한 재심청구(동법 제31조)를 미연에 방지함에도 제도의 취지가 있다. 제3자의 소송참가는 취소소송 이외의 항고소송, 당사자소송, 민중소송 및 기관소송에 준용된다(동법 제38조・제44조 제1항・제46조).

(2) 참가요건

① 타인 간의 취소소송의 계속

제3자의 소송참가가 인정되기 위하여는 적법한 타인 사이의 취소소송이 제기되어 계속되고 있어야 한다. 소송이 어느 심급에 있는가는 불문이다. 소송참가는 판결선고 시까지 가능하며, 소의 취하나 재판상의 화해가 있은 후에는 불가능하다.

② **소송의 결과에 따라 권리 또는 이익의 침해를 받을 제3자**

제3자의 소송참가가 인정되기 위해서는 '소송의 결과에 따라 권리 또는 이익을 침해받을 제3자'일 것이 필요하다. 이 의미를 풀어보면 다음과 같다.

㉠ '제3자'란 해당 소송당사자 이외의 자를 말하는 것으로서 국가 및 공공단체도 이에 포함될 수 있는 것이나 행정청은 그 자체로서 당사자능력이 없으므로 제3자에 해당되지 아니한다.

㉡ 소송의 결과에 따라 침해될 '권리 또는 이익'은 법률상 이익을 말하며, 따라서 반사적 이익이나 단순한 사실상의 이익은 이에 해당하지 않는다.

㉢ '소송의 결과에 따라' 권리 또는 이익을 침해를 받는다는 것은 판결의 결론, 즉 판결주문에 있어서의 소송물 자체에 관한 판단의 결과 기득의 권리·이익을 박탈당하는 것을 의미함이 보통이나, 그 밖에 판결에 구속되는 행정청의 새로운 처분에 의하여 권리·이익을 박탈당하는 경우까지 포함한다. 예컨대 자동차운송사업면허와 같이 제한된 인원만을 선정하여 사업면허를 발급하는 경우, 경원인인 갑과 을 중 갑이 면허를 받고 을이 거부되어 을이 거부처분의 취소소송을 제기하여 승소한 경우에 있어서 이에 의하여 갑에 대한 면허가 자동적으로 소멸하지는 않으나 취소판결의 구속을 받는 처분청의 행위를 통하여 궁극적으로 갑에 대한 면허가 취소될 것이므로 결국 갑은 판결에 의하여 권익을 침해받게 된다. 따라서 갑은 소송참가자격이 있는 제3자가 되는 것이다.

㉣ '제3자가 권리 또는 이익을 침해받을 경우'는 실제로 제3자의 권리·이익을 침해받았을 것이 아니라 법원의 판단으로 보아 소송의 결과에 따라 제3자의 권리·이익이 침해될 개연성이 있는 경우를 말한다. 이것은 소송참가 시 소송의 결과가 확정되어 있지 않다는 점을 고려할 때 지극히 당연한 것이며, 그렇지 않으면 아예 제3자의 소송참가가 불가능하게 되는 결과가 되기 때문이다.

⑶ 참가절차

제3자의 소송참가는 당사자 또는 제3자의 신청 또는 직권에 의한다. 참가신청이 있으면 법원은 직권으로 그 요건의 존부를 심리하여 결정으로 허가 또는 각하하여야 하며, 직권으로 제3자를 소송에 참가시킬 필요가 있다고 인정할 경우에는 결정으로 참가를 명한다(행정소송법 제16조 제1항). 법원이 제3자의 참가를 허가하거나 명하는 결정을 하고자 할 때에는 미리 당사자 및 제3자의 의견을 들어야 한다(동조 제2항). 참가신청을 한 제3자는 그 신청을 각하한 결정에 대하여 즉시 항고할 수 있다(동조 제3항).

⑷ 참가인의 지위

법원의 참가결정이 있게 되면 제3자는 참가인의 지위를 취득한다. 참가인인 제3자에 대하여는 필요적 공동소송에 관한 민사소송법 제67조의 규정이 준용된다(행정소송법 제16조 제4항). 따라서 참가인은 필요적 공동소송에 있어서의 공동소송인에 준한 지위에 서는 것이나 참가인이 당사자로서 독자적인 청구권을 가지고 있는 것은 아니므로 그 성질은 공동소송적 보조참가[21]와 비슷하다고 보는 것이 통설이다.

아무튼 참가인은 소송당사자가 아닌 이상 소송물에 대한 처분권을 갖지 못한다고 보아야 할 것이며, 또한 현실적으로 소송행위를 하든 안 하든 당연히 소송의 판결의 효력을 받는다(동법 제29조).

3) 행정청의 소송참가

⑴ 의의

법원은 다른 행정청을 소송에 참가시킬 필요가 있다고 인정할 때에는 당사자 또는 당해 행정청의 신청 또는 직권에 의하여 결정으로써 그 행정청을 소송에 참가시킬 수 있다(행정소송법 제17조 제1항). 처분 등을 취소하는 확정판결은 그 사건에 관하여 당사자인 행정청과 그 밖의 관계행정청을 기속한다(동법 제30조 제1항). 따라서 행정작용의 결정과정에 다른 행정청의 관여(협의, 승인 등)가 인정되는 때에는 해당 소송의 결과에 의해 직접적인 영향을 받게 되는 다른 행정청도 미리 소송과정에 참여시켜 이해관계를 반영할 수 있도록 하는 것이다.

판례

타인 사이의 항고소송에서 소송의 결과에 관하여 이해관계가 있다고 주장하면서 민사소송법(2002.1.26. 법률 제6626호로 전문 개정된 것) 제71조에 의한 보조참가를 할 수 있는 제3자는 민사소송법상의 당사자능력 및 소송능력을 갖춘 자이어야 하므로 그러한 당사자능력 및 소송능력이 없는 행정청으로서는 민사소송법상의 보조참가를 할 수는 없고 다만 행정소송법 제17조 제1항에 의한 소송참가를 할 수 있을 뿐이다(대법원 2002.9.24. 선고 99두1519 판결).

⑵ 참가의 요건 · 절차 등

① 소송참가의 요건으로는 (ⅰ) 타인의 취소소송이 계속 중이어야 하고, (ⅱ) 참가행정청은 '다른 행정청'으로서 법적인 이해관계를 가지고 있어야 하며, (ⅲ) 법원이 소송에 참가시킬 필요가 있다고 인정하는 경우, 즉 소송자료 · 증거자료가 풍부하게 되어 그 결과 사건의 적정한 심리와 재판을 하기 위하여 필요한 경우이어야 한다.[22]

② 당사자 또는 당해 행정청의 신청 또는 법원의 직권에 의하여 법원이 결정의 형식으로 행하며, 법원이 참가결정을 하고자 할 때에는 사전에 당사자 및 당해 행정청의 의견을 들어야 한다(동법 제17조 제1항 · 제2항).

③ 소송에 참가한 행정청에 대하여는 민사소송법 제76조(참가인의 소송행위)의 규정이 준용된다(동법 제17조 제3항). 즉, 참가행정청은 소송에 관하여 공격 · 방어 · 이의 · 상소, 그 밖의 모든 소송행위를 할 수 있다. 그러나 소송행위에 어긋나는 행위는 효력이 없다(민사소송법 제76조).

---

21) 공동소송적 보조참가는 명문의 규정이 없으므로 해석상 인정될 뿐이다. 공동소송적 보조참가인의 피참가인으로부터의 독립성과 종속성에 관해서는 ① 참가인이 피참가인의 행위와 저촉되는 행위를 할 수 있는 점, ② 참가인의 상소기간이 피참가인의 그것과는 독립하여 기산된다는 점 등에 있어서는 단순한 보조참가인보다 독립성이 강한 지위가 부여된다.

22) 대법원 2002.9.24. 선고 99두1519 판결

(3) 민사소송법에 의한 소송참가

① 행정소송법 제16조(제3자의 소송참가)에 따른 참가를 행정소송법상 특별한 제도로 이해하고, 행정소송법 제8조(법적용례)에 따른 민사소송법상 보조참가제도(예 보조참가)도 행정소송의 특수성에 어긋나지 않는 범위 내에서 인정된다고 볼 것이다.

② 서로 이해관계가 대립하는 원고・피고・참가인 사이의 분쟁해결에 적합한 독립당사자참가는 개인의 권익보호 외에 공익실현 등을 목적으로 하는 행정소송의 위치 등에 비추어 볼 때 행정소송에서 인정하기 어렵다. 판례는 독립당사자참가에 대해 부정적이다.[23)]

6. 소송대리인

취소소송에 있어서의 소송대리에 관하여는 원칙적으로 민사소송법의 규정(동법 제87조 내지 제97조)에 의하여야 하나, 국가를 당사자로 하는 소송에 관한 법률에 의한 특별규정이 있다. 이 법률에 의하면 법무부장관과 행정청의 장은 소송수행자를 지정할 수도 있고 변호사를 소송대리인으로 선임할 수도 있다(국가를 당사자로 하는 소송에 관한 법률 제3조, 제5조).

7. 취소소송의 제기

1) 소송요건

소송요건이라 함은 소가 적법하기 위한 요건을 말한다. 즉 소송을 제기하여 그 청구의 당부에 관한 법원의 본안판결을 구하기 위한 요건을 말한다. 소송요건의 전부 또는 일부가 결여되면 소는 부적법하게 되어 법원은 본안판결에 들어가지 아니하고 판결로서 소를 각하하게 된다.

취소소송의 소송요건은 크게 형식적 요건과 실체적 요건으로 나누어진다. 형식적 요건으로서 중요한 것은 ① 소장, ② 관할법원, ③ 피고적격, ④ 전심절차, ⑤ 제소기간 등이다. 취소소송의 실체적 요건은 일반의 소송법이론에 따라 '소의 이익' 또는 '권리보호요건'이라고 부르기도 한다. 법원에 의한 본안판결을 받기 위해서는 앞의 형식적 요건을 갖춘 것만으로는 불충분하고, '소의 내용인 당사자의 청구가 국가의 소송제도를 이용하여 해결할 만한 실제적인 가치 내지는 필요', 즉 소의 이익이 있다고 인정되지 않으면 안 된다. 소의 이익은 전술한 바와 같이 ① 소송대상의 문제, ② 원고적격의 문제, ③ 권리보호의 필요성의 세 가지 측면에서 검토되며, 협의의 이익이라 할 때에는 ③만을 가리킨다.

이하에서는 앞에서 기술한 것과 중복되지 않은 범위 안에서 취소소송의 형식적・실체적 요건에 대하여 고찰한다.

2) 원고적격・피고적격・관할법원

원고적격과 피고적격 및 관할법원에 대해서는 이미 앞에서 본 것과 같다.

---

23) 대법원 1970.8.31. 선고 70누70, 71 판결

3) 취소소송의 대상

(1) 개설

행정소송법은 취소소송의 대상에 관하여 "취소소송은 처분 등을 대상으로 한다. 다만, 재결취소소송의 경우에는 재결 자체에 고유한 위법이 있음을 이유로 하는 경우에 한한다(동법 제19조)."라고 규정하고 있다. 그리고 처분 등에 대해서는 "행정청이 행하는 구체적 사실에 관한 법집행행위로서의 공권력의 행사 또는 그 거부와 그 밖에 이에 준하는 행정작용(이하 '처분'이라 한다) 및 행정심판에 대한 재결을 말한다(동법 제2조 제1항)."라고 정의하고 있다. 따라서 취소소송의 대상은 구체적으로 ① 행정청이 행하는 구체적 사실에 관한 법집행으로서의 공권력의 행사, ② 행정청이 행하는 구체적 사실에 관한 법집행으로서의 공권력의 행사의 거부, ③ 그 밖에 이에 준하는 행정작용, ④ 행정심판의 재결이다.

(2) 처분

① 처분의 의의

행정소송법은 처분에 대하여 '행정청이 행하는 구체적 사실에 관한 법집행으로서의 공권력의 행사 또는 그 거부와 그 밖에 이에 준하는 행정작용'(동법 제2조 제1항 제1호)으로 정의하고 있다.[24] 이러한 의미의 행정소송법상 처분개념이 학문적 의미의 행정행위와 같은 것인가 아닌가 하는 점이 논란의 대상이 되고 있다.

㉠ 학설

ⓐ 실체법상 개념설(행정행위일원론) : 행정소송법상 처분개념을 학문상 행정행위와 같은 것으로 보는 견해이다. 즉 먼저 실체법적으로 행정행위의 개념을 정의해 놓고 그 정의에 해당하는 행정청의 행위만을 처분이라고 보는 입장이다. 따라서 행정소송법상 처분은 공권력성을 가지고 일정한 법적 효과를 갖는 이른바 공정력을 가진 행정행위에 한정되며, 취소소송의 본질은 이와 같은 공정력의 배제에 있다고 본다.

ⓑ 쟁송법상 개념설(형식적 행정행위설, 행정행위이원론) : 이 견해는 취소소송의 기능이 국민의 권익구제에 있음을 중시하여 실체법상 행정행위와는 별도로 쟁송법상 처분개념을 정립하고자 하는 입장으로, 행정에의 의존이 대폭 확대된 현대 행정국가에서는 행정활동의 형식이 다양하므로 국민의 권리구제의 견지에서 학문상 행정행위가 아닌 국가작용도 항고소송의 대상으로 삼아야 한다는 견해이다(다수설).

결국 이 견해는 실체법상 행정행위가 아닌 것도 취소소송의 대상으로 하기 위하여 형식적으로 행정행위로 다루고 있으며, 이러한 행위를 형식적 행정행위라 부르고 이에 대하여 본래의 행정행위를 실체적 행정행위라 부른다. 따라서 취소소송의 대상인 처분에는 공정력을 가진 실체적 행정행위 이외에 공정력이 없는 형식적 행정행위도 포함된다. 이러한 형식적 행정행위에 해당할 수 있는 행위로서 권력적 사실행위, 일반적 기준설정행위, 행정내부적 결정, 사회보장적 급부결정, 보조금교부결정, 유해공공시설설치행위, 행정지도, 비권력적 행정조사 등이 열거되고 있다.

---

24) 행정절차법도 처분에 대하여 같은 정의 규정을 두고 있다(동법 제2조 제3호 참조).

ⓛ **판례** : 판례는 '행정처분은 행정청이 공권력의 주체로서 행하는 구체적 사실에 관한 법집행으로서 국민의 권리의무에 직접적으로 영향을 미치는 행위'로 정의하고 있다(대판 2007.10.11, 2007두1316).

한편 대법원 판례 중에는 처분성의 인정은 목적론적 해석방법에 입각하여 행위의 성질, 효과 외에 행정소송제도의 목적 또는 사법권에 의한 국민의 권리보호의 기능도 충분히 고려하여 합목적으로 판단해야 한다는 판례가 있다. 그리고 학자에 따라서는 이러한 판례를 인용하면서 대법원의 판례가 쟁송법상 개념설의 경향을 띤 것으로 볼 수 있다고 한다. 생각건대, 이러한 판례의 내용이 형식적 행정행위의 대표적인 사례인 비권력적 행정작용이나 행정내부적 결정에 대하여 취소소송의 제기를 인정하는 결론으로 이어지고 있는 것은 아니라는 점에서 쟁송법상 개념설을 취한 것으로는 보이지 않지만 적어도 국민의 권리구제라는 측면에서 종래의 엄격한 처분성의 인정에서 탈피하여 처분의 범위를 확대하려는 취지로는 볼 수 있을 것 같다.

판례

행정청의 어떤 행위를 행정처분으로 볼 것이냐의 문제는 추상적, 일반적으로 결정할 수 없고 구체적인 경우 행정처분은 행정청이 공권력의 주체로서 행하는 구체적 사실에 관한 법집행행위로서 국민의 권리·의무에 직접 영향을 미치는 행위라는 점을 고려하고, 행정처분이 그 주체·내용·절차·형식에 있어서 어느 정도 성립 내지 효력요건을 충족하느냐에 따라 개별적으로 결정하여야 하며, 행정청의 어떤 행위가 법적 근거도 없이 객관적으로 국민에게 불이익을 주는 행정처분과 같은 외형을 갖추고 있고, 그 행위의 상대방이 이를 행정처분으로 인식할 정도라면 그로 인하여 파생되는 국민의 불이익 내지 불안감을 제거시켜 주기 위한 구제수단이 필요한 점에 비추어 볼 때 행정청의 행위로 인하여 그 상대방이 입는 불이익 내지 불안이 있는지 여부도 그 당시에 있어서의 법치행정의 정도와 국민의 권리의식 수준 등은 물론 행위에 관련한 당해 행정청의 태도 등도 고려하여 판단하여야 할 것이다(대법원 1993.12.10. 선고 93누126129 판결).

ⓒ 결어

ⓐ 실체법상 개념설은 논리적 정합성을 갖추고 있으나 적어도 행정쟁송법상 처분을 학문상 행정행위에 한정하는 것은 동법상 처분의 정의에 부합하지 않는다.

ⓑ 행정쟁송법상 처분에는 법적 규율성이 나타나지 않으며 '그 밖에 이에 준하는 행정작용'이 포함된다는 점에서 실체적 행정행위 개념보다는 넓다. 그러나 그것은 구체적 사실에 대한 법집행작용과 권력적 행정작용에 한정된다는 점에서 형식적 행정행위로 논의되는 비권력적 사실행위, 행정내부적 결정 또는 일반적 기준설정행위 등이 여기에 포함될 여지는 없다. 이런 점에서 우리 행정쟁송법은 형식적 행정행위의 개념을 도입한 것이 아니라 실체법상 행정행위와 형식적 행정행위의 중간 정도의 범위에서 처분성을 인정하는 확장된 처분개념을 취하고 있다.

ⓒ 그 밖에 이에 준하는 행정작용의 구체적 내용은 앞으로 학설과 판례형성에 의하여 밝혀질 수밖에 없는 문제이다.

② 처분의 개념

㉠ 행정청의 행위 : 처분은 행정청의 행위이다. 행정청은 조직법상이 아니라 기능상의 개념으로서 '행정에 관한 의사를 결정하여 (외부에) 표시하는 국가 또는 지방자치단체의 기관, 기타 법령 또는 자치법규에 의하여 행정권한을 가지고 있거나 위임 또는 위탁받은 공공단체나 그 기관 또는 사인'을 말한다(행정절차법 제2조 제1호).

ⓐ 행정청은 대개 단독기관으로서 주로 국가의 행정기관의 장과 지방자치단체의 장이 된다(예 국토교통부장관, 국세청장, 경찰서장, 서울특별시장, 동대문구청장). 합의제기관(예 공정거래위원회, 노동위원회, 방송통신위원회, 토지수용위원회, 소청심사위원회, 국가배상심의회)인 경우도 있다.

ⓑ 국회・법원의 기관(예 국회사무처장, 법원행정처장)도 행정청이 될 수 있다.

ⓒ 지방의회, 지방자치단체의 장 등도 행정청이 될 수 있다. 즉, 지방의회의장에 대한 의회의 불신임의결이나 지방의회의원에 대한 징계의결의 경우는 지방의회가 처분청이 되며,[25] 처분적 조례에 대한 항고소송을 제기하는 경우는 조례의 공포권자인 지방자치단체의 장(교육조례의 경우에는 교육감)이 행정청이 된다.[26]

ⓓ 법령 또는 자치법규에 의하여 행정권한을 가지고 있거나 위임 또는 위탁받은 공공단체나 그 기관 또는 사인(공무수탁사인)도 행정권을 부여받은 범위 안에서 행정청이 될 수 있다(예 한국토지주택공사, 국민건강보험공단, 공무원연금관리공단, 근로복지공단, 교통안전공단, 한국농어촌공사, 한국자산관리공사, 도시재개발조합, 별정우체국장).

그러나 이러한 공법인 등 공공단체가 행하는 모든 행위가 행정소송의 대상이 되는 것은 아니고, 그 행위 중 법령에 의하여 국가 또는 지방자치단체의 사무를 위임받아 행하는 국민에 대한 권력적 행위만이 행정소송의 대상이 됨을 주의하여야 한다. 그러므로 국가 또는 지방자치단체의 사무가 아닌 이들 공법인과 그 임직원 간의 내부 법률문제나 법률에 근거 없이 공법인이 내규 중에 정한 바에 따라 자체적으로 행한 행위는 항고소송의 대상이 될 수 없다.

㉡ 공권력적 행위 : 행정처분은 행정청이 법에 의하여 고권적 지위에서 한 공법상 행위를 말한다. 그러므로 행정청이 상대방과 하는 대등한 지위에서 하는 이른바 공법상의 계약(예 계약직 공무원에 대한 채용계약 해지 통보)이나 합동행위라든가 행정청의 사법상의 행위는 이에 포함되지 아니한다.

행정주체의 어떠한 행위가 공권력적 행위인지 여부는 일률적으로 단정하기 어렵고, 그 행위의 근거법령, 목적, 방법, 내용, 분쟁해결에 관한 특별규정의 존재여부 등 여러 가지 점을 종합적으로 검토하여 결정하여야 한다.

---

25) 대법원 1994.10.11. 선고 94두23 판결

26) 대법원 1996.9.20. 선고 95누8003 판결 참조

ⓒ 공권력 행사의 거부행위

ⓐ 의의 : 거부처분이라 함은 국민의 공권력 행사의 신청에 대하여 처분의 발령을 거부하는 행정청의 의사작용을 의미한다. 행정소송법상의 처분개념으로서의 거부란 신청된 행정작용이 처분에 해당되는 경우에의 거부만을 의미한다.

거부는 처분의 신청에 대한 거절의 의사표시라는 점에서 처음부터 아무런 의사표시를 하지 않는 부작위와 구별된다. 다만 법령상 일정 기간의 경과에 의하여 거부로 간주되는 간주거부와 묵시적 처분에 포함된다. 거부의 의사표시는 행정청이 외부적으로 명백히 표시하는 것이 일반적이겠으나, 신청인에 대해 직접 거부의 의사표시를 하지 아니하더라도 본인이 알았거나 알 수 있었을 때에 거부처분이 있는 것으로 볼 수 있다는 것이 또한 판례의 입장이다.

ⓑ 거부처분의 요건 : 한편, 거부처분이 성립하기 위한 요건으로서 행위신청에 대한 거부행위가 행정처분에 해당되려면 법규상 조리상 신청권이 있어야 하는지에 대하여 논란이 있다. 판례는 "그 신청한 행위가 공권력의 행사 또는 이에 준하는 행정작용이어야 하고, 그 거부행위가 신청인의 법률관계에 어떤 변동을 일으키는 것이어야 하며, 그 국민에게 그 행위발동을 요구할 법규상·조리상의 신청권이 있어야 한다."라는 입장을 취한다.

판례

행정청이 국민의 신청에 대하여 한 거부행위가 항고소송의 대상이 되는 행정처분이 된다고 하기 위하여는 국민이 행정청에 대하여 그 신청에 따른 행정행위를 하여 줄 것을 요구할 수 있는 법규상 또는 조리상의 권리가 있어야 하며, 또한 항고소송의 대상이 되는 처분이라 함은 행정청의 공법상의 행위로서 특정 사항에 대하여 법규에 의한 권리의 설정 또는 의무의 부담을 명하거나 기타 법률상 효과를 발생하게 하는 등 국민의 권리의무에 직접 관계가 있는 행위를 가리키는 것이고, 상대방 또는 기타 관계자들의 법률상 지위에 직접적인 법률적 변동을 일으키지 아니하는 행위 등은 항고소송의 대상이 되는 처분이 될 수 없으므로, 국민의 법규상 또는 조리상의 신청권에 의한 신청에 대하여 행정청이 이를 거부하는 조치를 취하였다고 할지라도 이로써 신청인의 권리의무나 법률관계에 영향을 미치는 것이 아니라면 행정청이 한 거부의 의사표시는 항고소송의 대상이 되는 거부처분이 될 수 없다[대법원 1997.5.9. 선고 96누5933 판결; 대법원 2005.4.15. 선고 2004두11626 판결(경기도 교육감의 교사임용거부처분의 취소를 구한 사건); 대법원 2005.2.25. 선고 2004두4031 판결(원고(대한불교조계종 향림사)가 피고 화순군수의 납골시설 등 설치신고 반려처분의 취소를 구한 사건)].

생각건대, 신청권을 대상적격으로 처리하는 판례의 입장에는 문제가 있다.[27] 어떠한 거부행위가 행정소송의 대상이 되는 처분에 해당하는가의 여부는 '그 거부된 행위가 행정소송법 제2조 제1항 제1호의 처분에 해당하는가'의 여부에 따라 판단하는 것이 논리적이다. 그래야만 행정소송법이 제2조 제1항 제1호에서 처분개념에 관한 정의규정을 두고 있는 취지에 부합할 것이다. 따라서 신청권은 원고적격의 문제로 보아야 한다.

27) 홍정선, 행정법원론(상), 968면.

㉣ **구체적 집행행위** : 행정소송은 구체적 사건에 관한 법적 분쟁을 법에 의하여 해결하기 위한 것이므로, 구체적 사실에 대한 법집행 행위만이 소송의 대상이 될 수 있을 뿐, 일반적 추상적인 법령 또는 내규나 사업계획 등은 그 규율대상이 제한되어 있다 하더라도 원칙적으로 항고소송의 대상이 되지 못한다.

그러므로 대통령령이나 각 부령, 지침・고시 등 행정입법의 유효여부, 피고 행정청에게 어떠한 사항에 관하여 일반적, 추상적 권한 있음을 가려달라는 소송 등은 허용되지 않는다.[28]

그러나 법령 또는 조례가 구체적 집행행위의 개입 없이 그 자체로서 직접 국민에 대하여 구체적 효과를 발생하여 특정한 권리의무를 형성하게 하는 경우에는 항고소송의 대상이 된다.[29]

또는 불특정 다수인에 대한 일반처분이나 물적 행정행위도 그것이 바로 국민의 법률상 이익을 구체적으로 규제하는 효과가 있는 이상은 항고소송의 대상이 된다고 봄이 상당하다.[30]

㉤ **국민의 권리 의무에 직접 영향이 있는 법적 행위** : 항고소송은 국민의 권리 이익구제를 위한 것이므로, 국민의 권리 의무에 영향이 없는 단순한 행정청 내부의 중간처분, 의견, 질의답변 또는 내부적 사무처리절차이거나, 알선, 권유, 행정지도 등 비권력적 사실행위 등은 항고소송의 대상이 될 수 없다.

ⓐ **중간행위** : 여러 단계의 행위를 거쳐 최종적인 처분이 행해지는 경우가 있다. 이러한 경우에 중간단계에서 행해지는 행정결정이 처분에 해당하여 항고소송의 대상이 되는지가 다투어진다. 일반적으로 말하면 중간행위가 국민의 권익에 직접적인 영향을 미치는지 여부, 달리 말하면 일정한 구체적인 법적 효과를 가져오는지 여부가 판단의 기준이 된다. 중간행위가 그 자체로서 일정한 법적 효과를 가져오면 해당 행위는 처분이 되고 항고소송의 대상이 되지만, 그렇지 않으면 내부행위에 불과하여 항고소송의 대상이 되지 않으며 중간행위의 위법은 종국처분을 다툼에 있어 종국처분의 위법사유로 주장될 수 있을 뿐이다.

ⓑ **부분허가** : 부분허가는 그 자체가 규율하는 내용에 대한 종국적인 결정이므로 행정행위의 성질을 가진다. 판례는 '원자로 및 관계 시설의 부지사전승인처분은 원자로 등의 건설허가 전에 그 원자로 등 건설예정지로 계획 중인 부지가 원자력법의 관계 규정에 비추어 적법성을 구비한 것인지 여부를 심사하여 행하는 사전적 부분 건설허가처분의 성격을 가지고 있는 것'이라고 보았다.[31]

ⓒ **사전결정** : 판례는 구 건축법 제7조와 제8조 제3항의 규정에 의한 '건축에 관한 계획의 사전결정'은 건축허가 신청 전에 시장 등 허가권자로부터 계획하고 있는 건축물을 해당 대지 위에 건축하는 것이 건축법 등 관련 법규에 의하여 허용되는지 여부에 대한 사전

---

28) 대법원 1983.4.26. 선고 82누528 판결 ; 대법원 1987.3.24. 선고 86누656 판결 ; 대법원 1994.9.10.자 94두33 결정
29) 대법원 1996.9.20. 선고 95누8003 판결 [두밀분교를 폐지하는 경기도의 조례를 항고소송의 대상으로 인정]
30) 도시계획결정을 항고소송의 대상으로 본 대법원 1982.3.9. 선고 80누105 판결
31) 대법원 1998.9.4. 선고 97누19588 판결

결정을 받는 제도라고 보면서 항고소송의 대상이 되는 처분이라고 보았다.32) 또한 판례는 폐기물관리법령상의 폐기물처리업허가 전의 사업계획에 대한 적정통보 또는 부적정통보를 행정처분으로 보았다. 다만, 적정통보 또는 부적정통보의 법적 성질을 명시하지는 않았지만 그러한 취지의 판시를 하고 있다.

판례

폐기물관리법 관계 법령의 규정에 의하면 폐기물처리업의 허가를 받기 위하여는 먼저 사업계획서를 제출하여 허가권자로부터 사업계획에 대한 적정통보를 받아야 하고, 그 적정통보를 받은 자만이 일정 기간 내에 시설, 장비, 기술능력, 자본금을 갖추어 허가신청을 할 수 있으므로, 결국 부적정통보는 허가신청 자체를 제한하는 등 개인의 권리 내지 법률상의 이익을 개별적이고 구체적으로 규제하고 있어 행정처분에 해당한다. … 폐기물처리업의 허가에 앞서 사업계획서에 대한 적정·부적정 통보 제도를 두고 있는 것은 폐기물처리업을 하고자 하는 자가 스스로 시설 등을 설치하여 허가신청을 하였다가 허가단계에서 그 사업계획이 부적정하다고 판명되어 불허가되면 허가신청인이 막대한 경제적·시간적 손실을 입게 되므로, 이를 방지하는 동시에 허가관청으로 하여금 미리 사업계획서를 심사하여 그 적정·부적정통보 처분을 하도록 하고, 나중에 허가단계에서는 나머지 허가요건만을 심사하여 신속하게 허가업무를 처리하는 데 그 취지가 있다(대법원 1998.4.28. 선고 97누21086 판결).

ⓓ **가행정행위** : 가행정행위는 본행정행위가 있기까지 잠정적으로 행정상 권리와 의무를 확정하는 행정의 행위형식이므로 가행정행위는 잠정적이기는 하지만 직접 법적 효과를 발생시키므로 행정행위이며 따라서 처분이라고 보아야 할 것이다. 소득액 등이 확정되지 아니한 경우에 과세관청이 상대방의 신고액에 따라 잠정적으로 과세액을 결정하는 것을 들 수 있다.

ⓔ **확약** : 확약에 대하여는 다수설은 확약이 원칙상 행정청에 대하여 구속력을 가지므로 처분이라고 보고 있지만, 확약은 사정변경에 의해 바뀔 수 있으므로 종국적 규율성을 갖지 못한다는 점에서 처분은 아니라고 보는 견해도 있다.

판례는 후자의 견해를 취하고 있다. 즉 어업권면허에 선행하는 우선순위결정을 확약이라고 보면서도 행정처분은 아니라고 판시하고 있다.33)

그러나 최소한 우선순위에서 배제하는 결정은 면허 등의 거부와 같은 법적 효과를 가져오므로 처분으로 보아야 할 것이다. 우선순위에서 배제하는 결정은 면허 등의 요건을 선취하여 결정하는 의미도 가지므로 일종의 사전결정으로 볼 수도 있을 것이다.

ⓕ **공시지가결정** : 판례는 개별공시지가결정은 항고소송의 대상이 되는 처분이라고 보고 있다. 또한 표준지공시지가결정도 처분이라고 보고 있다.34) 판례는 표준지공시지가결정도 항고소송의 대상되는 처분이라고 보고 있다.

---

32) 대법원 1996.3.12. 선고 95누658 판결
33) 대법원 1995.1.20. 선고 94누6529 판결
34) 대법원 1993.6.11. 선고 92누16706 판결 ; 대법원 1993.1.15. 선고 92누12407 판결

ⓑ **행정처분으로서의 외형을 갖출 것** : 취소소송이나 무효등확인소송의 소송의 대상이 되기 위하여는 처분으로서의 외형을 갖추어야 하고, 그러한 외형조차 갖추지 못한 행정청의 행위는 그것이 비록 국민의 권리 의무에 관계되는 것이라 하더라도 부존재확인소송의 대상이 될 수 있을 뿐, 취소소송이나 무효등확인소송의 대상이 될 수는 없다.

ⓐ 행정청의 어떠한 행위, 특히 법적 근거 없이 행하여진 행위가 행정처분으로서의 외형을 갖추었는지 여부는 추상적 · 일반적으로 결정할 수 없고, 행정처분은 행정청이 공권력의 주체로서 행하는 구체적 사실에 관한 법집행으로서 국민의 권리 의무에 직접 영향을 미치는 행위라는 점을 고려하여 행정처분이 그 주체, 내용, 형식, 절차에 있어서 어느 정도 성립 내지 효력발생 요건을 충족하고 있는지, 그 행위의 상대방이 이를 행정처분으로 인식하는지, 해당 행정청의 태도 등을 그 당시에 있어서의 법치행정의 원리와 국민의 권리 의식 수준 등에 비추어 종합적으로 판단하여 결정하여야 한다.[35)]

ⓑ 처분이 내부적으로 결정되었을 뿐, 외부에 표시되지 아니하면 아직 처분이 있다 할 수 없고, 취소소송이나 무효등확인소송의 대상이 되지 못한다. 그러나 상대방이 있는 처분에 있어서 처분서를 송달(공시송달 포함)하였으나 그 송달이 부적법한 경우에는 외부적 표시가 없는 경우와는 달리 그 효력발생요건에 흠이 있는 무효의 처분이라 보아야 하고 처분이 존재하지 않는다고 할 수는 없다.[36)]

ⓢ **행정소송 이외의 특별 불복절차가 따로 마련되어 있지 않을 것** : 근거법률이 행정소송 이외의 다른 절차에 의하여 불복할 것을 예정하고 있는 처분은 항고소송의 대상이 될 수 없다.

③ 특수한 처분

㉠ **통치행위** : 국민의 권리와 의무에 직접 관련 있는 공권력적 행위에 해당하나, 고도의 정치행위이어서 사법심사의 대상에서 제외되는 행위를 통치행위라 한다. 그 인정 근거에 관하여 권력분립설, 자유재량설, 사법자제설 등 의견이 분분하고, 범위에 관하여도 다툼이 있으나, 사법심사의 대상에서 제외되는 통치행위의 개념을 인정하고 있는 것이 각국의 일반적인 상황이다.

이러한 통치행위는 사법심사의 대상에서 제외되므로 항고소송의 대상이 될 수 없다.

㉡ **특별권력관계 내부의 행위** : 과거 국민 간에 당연히 성립되는 일반권력관계를 인정하고, 이 특별권력관계는 특별한 행정목적을 위하여 특별히 성립하는 관계로서 권력주체로서 권력주체가 구체적인 법률의 근거 없이도 특정 신분자에 대하여 필요한 조치를 명할 수 있으며 그 조치에 대하여는 사법심사의 대상에서 제외된다는 견해가 있었다.

그러나 오늘날에 있어서는 특수한 생활관계 내에 있는 자라 할지라도 법령의 근거 없는 기본권의 제한은 허용될 수 없고, 그 내부의 행위도 모두 사법심사의 대상이 된다고 보는 것이 통설 · 판례이다.[37)]

35) 대법원 1989.9.12. 선고 88누8883 판결 ; 대법원 1992.1.17. 선고 91누1714 판결 ; 대법원 1993.12.10. 선고 93누12619 판결
36) 대법원 1984.5.9. 선고 82누332 판결 ; 대법원 1995.8.22. 선고 95누3909 판결
37) 대법원 1991.11.22. 선고 92누2144 판결

㉢ **권력적 사실행위** : 강제격리, 유치나 예치, 영업소 폐쇄, 단수처분[38] 등 권력적 사실행위도 공권력 행사에 해당하는 것으로 항고소송의 대상이 된다. 다만, 단기간에 실행행위가 종료되어 버리는 사실행위(예 위법건물의 철거행위 등)는 그 취소나 무효확인 등을 받을 소의 이익이 없게 됨을 주의하여야 한다.

ⓐ **타인토지출입행위의 법적 성질** : 조서작성을 하기 위해서 타인토지에 출입하는 행위는 토지의 점유자 등에게 수인의무를 발생한다는 점에서 권력적 사실행위에 해당한다.

ⓑ **조서작성행위의 법적 성질** : 조서작성행위는 토지조서 및 물건조서의 내용(토지면적, 물건의 수량, 소유자 성명, 이해관계인 등)에 대한 사실적 효과를 발생한다는 점에서 순수한 비권력 사실행위이다.

㉣ **부관** : 행정행위의 일반적 효력 내지 효과를 제한하기 위하여 주된 의사표시의 내용에 부가된 의사표시인 부관에 하자가 있는 경우, 그 쟁송가능성에 관하여 다툼이 있다.

㉤ **경정처분** : 행정청이 일정한 처분을 한 뒤에 그 처분을 감축 또는 확장(증액)하는 경우가 있다. 과세처분 등 각종 부담금 부과처분의 경우에 자주 보이나 그 외 징계처분이나 영업정지처분 등 제재처분에서도 찾아볼 수 있다. 이러한 경우 처음의 처분을 당초처분, 뒤의 처분을 경정처분이라 하는데,[39] 어느 것을 항고소송의 대상으로 하여야 하는지가 문제된다. 이에 관하여 병존설(당초처분과 경정처분은 독립된 처분으로 별개의 소송대상이라는 견해), 흡수설(당초처분은 경정처분에 흡수되어 소멸하고, 경정처분만이 효력을 가지며 소송의 대상이 된다는 견해), 병존적 흡수설(당초 처분의 효력이 그대로 존속하지만 경정처분만이 소송의 대상이 된다는 견해), 역흡수설(경정처분은 당초처분에 흡수되어 경정처분에 의하여 수정된 당초의 처분이 소송의 대상이라는 견해), 역흡수병존설(당초처분과 경정처분은 결합하여 일체로서 병존하나, 소송의 대상은 경정처분으로 수정된 당초처분이라는 견해) 등의 다툼이 있다.

㉥ **반복된 행위** : 행정대집행법상의 건물 철거의무는 제1차 철거명령 및 계고처분으로서 발생하였고, 제2차, 제3차의 계고처분은 새로운 철거의무를 부과한 것이 아니고 다만 대집행기한의 연기 통지에 불과하므로 행정처분이 아니다.[40]

그러나 판례는 거부처분은 행정청이 국민의 처분신청에 대하여 거절의 의사표시를 함으로써 성립되고, 그 이후 동일한 내용의 신청에 대하여 다시 거절의 의사표시를 명백히 한 경우에는 새로운 처분이 있은 것으로 보아야 할 것이며, 이 경우 행정심판 및 행정소송의 제기

---

38) 대법원 1979.12.28. 선고 79누218 판결

39) 경정처분은 당초처분을 유지한 채 이를 수정하는 데 불과한 점에서, 당초 처분을 취소하거나 철회하고 새로운 처분을 하는 경우와 구별된다(따라서 절차 위배 등을 이유로 처분 등을 취소한 후 절차를 갖추어 다시 처분을 하는 경우 이는 별개의 처분이고 경정처분이 아니다). 그러나 후행처분이 당초처분을 전부 취소하고 새로운 처분을 하는 형식을 취하였을망정, 실질적으로는 처분의 확장이나 감축으로 볼 수 있다면 이에는 경정처분의 법리가 그대로 적용되어야 한다(대법원 1987.4.14. 선고 85누740 판결 참조).

40) 대법원 1994.10.28. 선고 94누5144 판결

기간은 각 처분을 기준으로 진행된다고 보고 있다.[41] 따라서 판례에 의하면 거부처분에 대한 제소기간이 경과한 뒤에도 동일한 내용의 신청을 다시 하여 그에 대하여 행정청의 거부처분이 행해지면 해당 거부처분은 독립된 새로운 처분이므로 그 거부처분에 대하여 소를 제기할 수 있다.

그러나 사실적 또는 법적 상황의 변경이 없는 한 동일한 내용의 신청에 대한 거부는 새로운 처분이 아니므로 처분이라 볼 수 없고 따라서 그에 대하여 불복기간이 다시 진행된다고 보는 것은 타당하지 않다.

ⓢ 신고의 수리거부행위 : 신고는 본래 신고의 요건을 갖춘 신고만 하면 신고의무를 이행한 것이 되고 행정청이 신고(예 건축신고)의 수리(엄밀히 말하면 접수)를 거부하더라도 이 수리의 거부는 행정처분이 아닌 사실행위이므로 취소소송으로 다툴 수 없다.

그런데 판례는 일정한 경우에 수리거부를 거부처분으로 보고 있다. 이 경우의 신고는 '수리를 요하는 신고'라고 한다.

ⓞ 일반처분

ⓐ 의의 : 일반처분이란 불특정인에 대한 특정사건의 규율을 말한다. 일반처분 역시 행정행위의 일종이므로 위법한 일반처분도 당연 무효가 아닌 한 준수되어야 한다.

일반처분은 처분의 상대방이 불특정적이므로, 처분 전에 이루어지는 의견청취제도와 이유제시의 요구와 거리가 다소 멀고, 처분의 적법요건으로서 통지 대신 공고와 친하다.

ⓑ 대인적 일반처분 : 이는 구체적 사안과 관련하여 일반적 기준에 따라 결정되거나 결정될 수 있는 자를 대상으로 발령되는 행정행위를 말한다. 예컨대 특정일・특정시간 및 특정장소에서의 집행행위금지조치, 일정시간 이후의 통행금지조치, 구속적 행정계획 등을 들 수 있다.

ⓒ 물적 행정행위로서의 일반처분 : 물적 행정행위란 물건에 대한 규율을 내용으로 하는 행정행위이다. 이러한 물적 행정행위는 사람이 아니라 물건의 법적 성질 또는 상태를 규율내용으로 하는 것이나 간접적으로는 사람의 권리・의무를 설정하는 효과가 있는 것이다. 예컨대 도로의 공용개시・공용폐지행위, 도로에 설치된 속도제한표지판・일방통행표지판・주정차금지구역표지판, 교통신호등, 개별공시지가결정 등을 들 수 있다.

대법원은 개별공시지가결정에 대하여 처분성을 인정하고 있다.

"시장・군수 또는 구청장의 개별토지가격결정은 관계법령에 의한 토지초과이득세, 택지초과소유부담금 또는 개발부담금 산정의 기준이 되어 국민의 권리나 의무 또는 법률상 이익에 직접적으로 관계되는 것으로서 행정소송법 제2조 제1항 제1호 소정의 행정청이 행하는 구체적 사실에 관한 법집행으로서의 공권력 행사이므로 항고소송의 대상이 되는 행정처분에 해당한다."[42]

---

41) 대법원 1992.10.27. 선고 92누1643 판결
42) 대법원 1994.2.8. 선고 93누111 판결

ⓓ **일반처분에 대한 취소소송의 대세효** : 일반처분에 대하여 그 적용대상이 되는 일부의 자가 그 취소소송을 제기하여 취소판결을 받은 경우, 소송을 제기하지 않은 일반 제3자가 해당 취소판결을 원용함으로써 일반처분의 구속으로부터 벗어날 수 있는지가 문제된다. 일본의 학설로는 일반처분이 취소되더라도 원고만이 취소판결의 효과를 원용・향수할 수 있다는 견해(상대적 대세효설)와, 원고뿐만 아니라 일반 제3자도 취소판결의 효과를 원용・향수할 수 있다는 견해(절대적 대세효설)가 대립하고 있다.

이에 대한 우리나라의 학설로는 첫째, 명확한 입장을 유보한 채 취소소송의 본질・기능 등과의 관련하에서 학설・판례의 해결과제로 유보한 입장, 둘째, 행정법관계의 획일적 규율의 요청과 법률상태 변동의 명확화 요청에 의거하여 절대적 대세효설을 취한 입장, 셋째, '해당 판결에 의하여 권리 또는 이익이 영향을 받게 되는 이해관계인'에 한하여 취소판결의 효과를 원용・향수할 수 있다는 입장 등이 대립하고 있다.

㉧ 이에 준하는 행정작용

ⓐ **권력적 사실행위** : 권력적 사실행위란 명령적・강제적 공권력 행사로서의 사실행위를 말한다(**예** 무허가 건물의 강제철거, 즉시강제 등 행정강제의 실행, 단전・단수조치, 무기사용, 불심검문, 강제적 행정조사 등). 이는 단순한 '사실행위'와는 달리 육체적・물리적 행위(순수한 사실행위)로서와 법적 행위(의무부과행위, 수인행위)가 결합된 '합성행위'로서 '수인하면'의 부분이 '의무의 부과'라는 법률효과를 발생시키므로 '공권력(명령・강제)'을 행사하는 것에 해당되어 행정처분성이 인정된다.

ⓑ 비권력적 행위

- **행정지도** : 권유・알선・행정지도 등 비권력적 사실행위는 항고소송의 대상이 될 수 없다. 행정지도에 불응한 것을 이유로 어떤 불이익한 부담적 행위가 행하여질 경우 그 부담적 행위를 대상으로 행정지도의 위법성을 간접적으로 다툴 수 있을 뿐이다.
- **경고・권고・추천** : 비권력적 사실행위는 공권력의 행사와 직접 관련성이 없는 사실행위를 말한다. 그런데 이에 속하는 것으로서 명령적이지는 않지만 영향력 있는 사실행위(비명령적 영향력 행사행위 : 경고, 권고, 비공식적 조정, 행정지도, 홍보)가 문제이다. 특히 경고・권고・추천 중에는 사실행위라고 할 수 없는 것이 있다. 이들 중에는 개인의 권익에 직접적인 영향을 미치게 되어(**예** 특정 물질의 발암성・환경유해성에 대한 경고로 인한 해당 물질의 생산업자의 피해) 국민의 권익구제를 강화하기 위해 개별적・구체적으로 검토하여 행정처분성을 인정하여야 하는 것도 있을 수 있다(행정처분이 인정되는 것은 '권력적 사실행위'로 분류하는 것이 보다 논리체계적일 수 있다).
- **행정입법** : 법규명령・행정규칙(특히 고시)・자치입법(조례・규칙)이 별도의 집행행위의 매개 없이도 그 자체로서 직접 국민의 구체적인 권리・의무나 법률관계를 규율하는 성격을 가질 때에는 '처분적 명령'으로서 처분성이 인정될 수 있다.

판례

[1] 경기도 가평군 가평읍 상색국민학교 두밀분교를 폐지하는 내용의 이 사건 조례는 위 두밀분교의 취학아동과의 관계에서 영조물인 특정의 국민학교를 구체적으로 이용할 이익을 직접적으로 상실하게 하는 것이므로 항고소송의 대상이 되는 행정처분이다(대법원 1996.9.20. 선고 95누8003 판결).

[2] 항정신병 치료제의 요양급여 인정기준에 관한 고시가 불특정의 항정신병 치료제 일반을 대상으로 한 것이 아니라 특정 제약회사의 특정 의약품을 규율 대상으로 하는 점 및 의사에 대하여 특정 의약품을 처방함에 있어서 지켜야 할 기준을 제시하면서 만일 그와 같은 처방기준에 따르지 않은 경우에는 국민건강보험공단에 대하여 그 약제비용을 보험급여로 청구할 수 없고 환자 본인에 대하여만 청구할 수 있게 한 점 등에 비추어 볼 때, 이 사건 고시는 다른 집행행위의 매개 없이 그 자체로서 제약회사, 요양기관, 환자 및 국민건강보험공단 사이의 법률관계를 직접 규율하는 성격을 가진다고 할 것이므로, 이는 항고소송의 대상이 되는 행정처분으로서의 성격을 갖는다(대법원 2003.10.9.자 2003무23 결정).

(3) **행정심판의 재결**

① **원처분주의와 재결주의의 개념**

원처분주의라 함은 원처분과 재결에 대하여 다같이 소를 제기할 수 있되, 원처분의 위법은 원처분항고소송에서만 주장할 수 있고, 재결에 대한 항고소송에 있어서는 원처분의 하자가 아닌 재결 자체의 고유한 하자에 대해서만 주장할 수 있도록 하는 제도를 말한다. 이에 반해 재결주의라 함은 원처분에 대해서는 제소 자체가 불허되고 재결에 대해서만 제소가 허용되나 재결 자체의 위법뿐만 아니라 원처분의 위법도 재결항고소송에서 주장할 수 있도록 하는 제도를 말한다.

그런데 재결주의는 위법한 처분으로 인하여 권리이익을 침해받았음에도 그에 대하여는 제소하지 못하고 재결을 기다려 비로소 소를 제기하여야 하는 점에서 권리구제에 문제가 있고, 재결의 위법과 원처분의 위법을 아울러 심리하는 경우 심리판단의 순서, 판결의 구속력의 범위 등 곤란한 문제가 발생한다. 그리하여 우리 행정소송법 제19조 단서, 제38조는 원처분과 아울러 재결에 대해서도 취소소송이나 무효등확인소송등 항고소송을 제기할 수 있도록 하면서 단지 재결에 대한 소송에 있어서는 원처분의 위법을 이유로 할 수 없고 재결 자체에 고유한 위법이 있음을 이유로 하는 경우에 한하도록 하여 원처분주의를 택하고 있다.

② **재결 자체의 고유한 위법의 의미**

㉠ 의의 : 재결에 대한 항고소송은 원칙적으로 재결 자체에 고유한 위법이 있음을 이유로 하는 경우에 한하는바, 재결 자체의 고유한 위법이란 원처분에는 없고 재결에만 있는 흠을 말한다.

㉡ 주체·절차·형식상의 위법 : 행정심판위원회의 권한 또는 구성에 위법이 있는 경우에 원칙적으로 고유한 위법이 있다고 할 수 있다. 권한이 없는 기관이 재결하거나 행정심판위원회 구성상의 위법이 있는 경우, 예컨대 행정심판위원회 구성원에 결격사유가 있는 경우, 정족수의 흠결, 적법한 소집이 없는 경우 등이 이에 해당한다.

재결의 절차에 관한 위법사유로서는 구두로 의견을 진술할 기회를 부여하도록 하고 있는 경우 이를 이행하지 않은 경우 공개심리를 정하고 있는데 이를 지키지 않은 경우 등이 이에 해당한다.

행정심판법 제46조의 재결방식에 위반한 경우가 이에 해당한다. 예컨대 서면에 의하지 아니한 재결이나 재결서에 주요 기재사항이 누락된 경우, 전혀 이유를 붙이지 않은 경우, 기명날인을 하지 않은 경우 등이다.

㉢ 내용상의 위법

ⓐ 각하재결 : 심판청구가 위법하지 않음에도 실체심리를 하지 않은 채 각하한 경우에 실체심리를 받을 권리를 박탈당한 것이므로 재결에 고유한 하자가 있어 이러한 재결은 취소소송의 대상이 된다. 다만, 이러한 경우에는 원처분에 대해 바로 소송을 제기할 수 있기 때문에 각하재결에 대한 취소소송을 제기할 실익은 별로 없다.

ⓑ 기각재결 : 원처분과 동일한 이유로 원처분을 정당하다고 유지하는 기각재결에 대하여는 원칙적으로 내용상의 위법을 이유로 제소할 수 없다. 원처분에 있는 하자와 동일한 하자를 주장하는 것이 될 것이기 때문이다. 그러나 행정심판법 제3조에 위반하여 심판청구의 대상이 되지 않은 사항에 대하여 한 재결이나, 원처분보다 청구인에게 불리한 재결은 심판범위를 위반한 재결고유의 하자가 있으므로 그 취소를 구할 수 있고, 사정재결에 대해서는 원처분을 취소하더라도 현저히 공익에 반하는 것이 아니라는 이유 등으로 재결취소의 소를 제기할 수 있다고 할 것이다.

판례

> 국공립학교교원에 대한 징계 등 불리한 처분은 행정처분이므로 국공립학교교원이 징계 등 불리한 처분에 대하여 불복이 있으면 교원징계재심위원회에 재심청구를 하고 위 재심위원회의 재심결정에 불복이 있으면 항고소송으로 이를 다투어야 할 것인데, 이 경우 그 소송의 대상이 되는 처분은 원칙적으로 원처분청의 처분이고, 원처분이 정당한 것으로 인정되어 재심청구를 기각한 재결에 대한 항고소송은 원처분의 하자를 이유로 주장할 수는 없고 그 재결 자체에 고유한 주체·절차·형식 또는 내용상의 위법이 있는 경우에 한한다고 할 것이므로, 도교육감의 해임처분의 취소를 구하는 재심청구를 기각한 재심결정에 사실오인의 위법이 있다거나 재량권의 남용 또는 그 범위를 일탈한 것으로서 위법하다는 사유는 재심결정 자체에 고유한 위법을 주장하는 것으로 볼 수 없어 재심결정의 취소사유가 될 수 없다(대법원 1994.2.8. 선고 93누17874 판결).

ⓒ 인용재결

- **제3자효 행정행위에 대한 인용재결** : 재결취소의 소가 그 기능을 발휘하는 것은 제3자효를 수반하는 행정행위의 인용재결에서이다. 즉 통상의 경우 인용재결에 대하여 불복할 이유도, 그 취소 등을 구할 이익도 없다. 그러나 특정인에게는 이익이 되고 다른 자에게는 불이익이 되는 복효적 행정행위에 있어서 인용재결이 있게 되면, 그로 인하여 행정처분의 상대방이나 제3자의 법률상 이익이 침해된다. 이와 같이 원처분으로 법률상 이익에 침해를 입지 않았으나 재결로 인하여 비로소 피해를 입게 된 행정처

분의 상대방이나 제3자로서는 원칙적으로 원처분에 대하여 불복할 이유도 없고 재결을 대상으로 불복할 수밖에 없다. 이러한 경우 소송의 대상이 된 인용재결은 원처분과 내용을 달리하는 것으로, 그 인용재결의 취소를 구하는 취소의 소는 원처분에는 없는 재결 자체의 위법을 주장하는 셈이 되고, 이러한 인용재결은 항고소송의 대상이 된다.

판례

[1] 가. 이른바 복효적 행정행위, 특히 제3자효를 수반하는 행정행위에 대한 행정심판청구에 있어서 그 청구를 인용하는 내용의 재결로 인하여 비로소 권리이익을 침해받게 되는 자(예 제3자가 행정심판 청구인인 경우의 행정처분 상대방 또는 행정처분 상대방이 행정심판 청구인인 경우의 제3자)는 재결의 당사자가 아니라고 하더라도 그 인용재결의 취소를 구하는 소를 제기할 수 있으나, 그 인용재결로 인하여 새로이 어떠한 권리이익도 침해받지 아니하는 자인 경우에는 그 재결의 취소를 구할 소의 이익이 없다.

[2] 나. 처분상대방이 아닌 제3자가 당초의 양식어업면허처분에 대하여는 아무런 불복조치를 취하지 않고 있다가 도지사가 그 어업면허를 취소하여 처분상대방인 면허권자가 그 어업면허취소처분의 취소를 구하는 행정심판을 제기하고 이에 재결기관인 수산청장이 그 심판청구를 인용하는 재결을 하자 비로소 그 제3자가 행정소송으로 그 인용재결을 다투고 있는 경우, 수산청장의 그 인용재결은 도지사의 어업면허취소로 인하여 상실된 면허권자의 어업면허권을 회복하여 주는 것에 불과할 뿐 인용재결로 인하여 제3자의 권리이익이 새로이 침해받는 것은 없고, 가사 그 인용재결로 인하여 그 면허권자의 어업면허가 회복됨으로써 그 제3자에 대하여 사실상 당초의 어업면허에 따른 효과와 같은 결과를 초래한다고 하더라도 이는 간접적이거나 사실적·경제적인 이해관계에 불과하므로, 그 제3자는 인용재결의 취소를 구할 소의 이익이 없다(대법원 1995.6.13. 선고 94누15592 판결).

- 형성적 재결 : 인용재결에는 행정심판위원회 스스로가 직접 처분을 취소 또는 변경하는 형성적 재결과 처분청에게 취소 또는 변경을 명하는 명령적 재결 내지 이행적 재결의 두 가지가 있다. 형성적 재결로 피해를 입은 자는 그 재결 이외에는 행정청의 별도의 처분이 없기 때문에 형성적 재결 자체를 대상으로 하여야 할 것이다.

판례

[1] 인용재결청인 문화체육부장관 스스로가 직접 당해 사업계획승인처분을 취소하는 형성적 재결을 한 경우에는 그 재결 외에 그에 따른 행정청의 별도의 처분이 있지 않기 때문에 재결 자체를 쟁송의 대상으로 할 수밖에 없다(대법원 1997.12.23. 선고 96누10911 판결).

[2] 당해 의약품제조품목허가처분취소재결은 보건복지부장관이 재결청의 지위에서 스스로 제약회사에 대한 위 의약품제조품목허가처분을 취소한 이른바 형성재결임이 명백하므로, 위 회사에 대한 의약품제조품목허가처분은 당해 취소재결에 의하여 당연히 취소·소멸되었고, 그 이후에 다시 위 허가처분을 취소한 당해 처분은 당해 취소재결의 당사자가 아니어서 그 재결이 있었음을 모르고 있는 위 회사에게 위 허가처분이 취소·소멸되었음을 확인하여 알려주는 의미의 사실 또는 관념의 통지에

불과할 뿐 위 허가처분을 취소·소멸시키는 새로운 형성적 행위가 아니므로 항고소송의 대상이 되는 처분이라고 할 수 없다. 그럼에도 불구하고 원심이 이 사건 처분을 항고소송의 대상이 되는 새로운 행정처분으로 보아 본안에 들어가 판단하였으니 거기에는 항고소송의 대상이 되는 처분에 관한 법리오해의 위법이 있다. 원처분의 상대방이 아닌 제3자가 행정심판을 청구하여 재결청이 원처분을 취소하는 형성재결을 한 경우에 그 원처분의 상대방은 그 재결에 대하여 항고소송을 제기할 수밖에 없고, 이 경우 재결은 원처분과 내용을 달리 하는 것이어서 재결의 취소를 구하는 것은 원처분에 없는 재결 고유의 위법을 주장하는 것이 된다(대법원 1998.4.24. 선고 97누17131 판결).

- **명령적 재결(이행재결)** : 명령적 재결의 경우에는 재결 이외에 재결에 따른 행정청의 처분이 존재하므로 어느 것이 소송의 대상이 되는지 문제가 된다. 재결에 따른 행정처분은 재결의 기속력(행정심판법 제49조 제1항)에 따른 부차적 처분에 지나지 않는다는 점을 강조하면 재결을 소의 대상으로 해야 할 것이나, 구체적 권익침해는 재결에 따른 처분이 있어야 한다는 점을 강조하면 처분을 소의 대상으로 해야 한다고 할 것이다.

  이에 대해 판례는 인용재결(이행재결)과 이에 따른 처분청의 처분을 각각 독자적인 항고소송의 대상으로 인정하고 있다.
- **일부인용재결과 수정재결**[43] : 일부인용재결이나 수정재결(변경재결 포함)도 원처분주의 원칙상 재결은 소송의 대상이 되지 못하고 재결에 대하여 일부취소되고 남은 원처분이나 수정변경된 원처분이 소송의 대상이 될 것이고 원처분주의의 원칙상 원처분청이 피고가 됨이 원칙이다(통설·판례). 예컨대, 공무원에 대한 파면처분이 소청절차에서 해임처분으로 감경된 경우에는, 원처분청을 피고로 해임으로 수정된 원처분을 다투어야 하고 재결청인 소청심사위원회를 상대로 소청결정에 대해 다툴 수는 없다.
- **변경처분과 변경된 원처분** : 취소심판청구에 대해 위원회의 변경명령재결이 있은 후 피청구인인 행정청이 변경처분을 한 경우, 변경처분과 변경된 원처분(변경된 내용의 당초 처분) 중 어느 행위가 항고소송의 대상인가에 대하여 원처분은 변경된 원처분에 흡수되어 변경된 원처분만이 소의 대상으로 보고 있다(통설·판례).

---

43) 수정재결이란 원처분청과 다른 사실인정 또는 이유에 의하여 상이한 법규를 적용하여 수량적으로 불가분적인 원처분의 동일성을 보유하면서 그것을 가중 또는 감경하는 재결을 말한다. 다만 현행 행정심판법이 불이익변경금지의 원칙을 취하고 있어 가중재결의 경우는 통상의 경우 생각하기 어려우나, 가중재결을 하였다면 이로 인하여 권리이익이 침해되었다면 재결로 인하여 추가적·독자적 침해가 있으므로 재결을 대상으로 취소소송을 제기할 수 있다고 하여야 한다. 그러나 감경재결의 경우에는 재결 자체의 고유한 위법이 있는 경우에 재결취소소송을 제기할 수 있을 뿐이다.

판례

과징금 부과처분에서 행정청이 납부의무자에 대하여 부과처분을 한 후 그 부과처분의 하자를 이유로 과징금의 액수를 감액하는 경우에 그 감액처분은 감액된 과징금 부분에 관하여만 법적효과가 미치는 것으로서 처음의 부과처분과 별개 독립의 과징금 부과처분이 아니라 그 실질은 당초 부과처분의 변경이고, 그에 의하여 과징금의 일부취소라는 납부의무자에게 유리한 결과를 가져오는 처분이므로 처음의 부과처분이 전부 실효되는 것은 아니며, 그 감액처분으로도 아직 취소되지 않고 남아 있는 부분이 위법하다고 하여 다투는 경우 항고소송의 대상은 처음의 부과처분 중 감액처분에 의하여 취소되지 않고 남은 부분이고 감액처분이 항고소송의 대상이되는 것은 아니다(대판 2008.2.15. 선고 2006두3957 판결).

행정정이 식품위생법령에 따라 영업자에게 행정제재처분을 한 후 그 처분을 영업자에게 유리하게 변경하는 처분을 한 경우, 변경처분에 의하여 당초 처분은 소멸하는 것이 아니고 당초부터 유리하게 변경된 내용의 처분으로 존재하는 것이므로, 변경처분에 의하여 유리하게 변경된 내용의 행정제재가 위법하다 하여 그 취소를 구하는 경우 그 취소소송의 대상은 변경된 내용의 당초 처분이지 변경처분은 아니고, 제소기간의 준수 여부도 변경처분이 아닌 변경된 내용의 당초 처분을 기준으로 판단하여야 한다(대판 2007.4.27. 선고 2004두9302 판결).

항고소송은 원칙적으로 당해 처분을 대상으로 하나, 당해 처분에 대한 재결 자체에 고유한 주체, 절차, 형식 또는 내용상의 위법이 있는 경우에 한하여 그 재결을 대상으로 할 수 있다고 해석되므로, 징계혐의자에 대한 감봉 1월의 징계처분을 견책으로 변경한 소청결정 중 그를 견책에 처한 조치는 재량권의 남용 또는 일탈로서 위법하다는 사유는 소청결정 자체에 고유한 위법을 주장하는 것으로 볼 수 없어 소청결정의 취소사유가 될 수 없다(대법원 1993.8.24. 선고 93누5673 판결).

ⓓ **행정소송법 제19조 단서에 위반한 소송의 처리** : 재결 자체에 고유한 위법이 없음에도 불구하고 재결에 대한 취소소송을 제기한 경우 법원은 소를 각하해야 하는지 청구기각하여야 하는지가 문제될 수 있다.

이에 대해 (ⅰ) 행정소송법 제19조 단서는 소송요건을 정한 것으로 보아 각하해야 한다는 견해와, (ⅱ) 재결 자체에 고유한 위법은 본안판단 사항이므로 기각해야 한다는 견해가 대립한다. 기각설이 다수설・판례의 태도이다.[44]

ⓔ **원처분주의에 대한 예외**

- 의의 : 행정소송법이 취하고 있는 원처분주의에 대한 예외로서 개별법이 재결주의를 채택하고 있는 경우가 있다.

  재결주의가 채택되고 있는 경우에는 원처분은 항고소송의 대상이 되지 못하고, 행정심판재결만이 소송의 대상이 된다. 이때에는 행정소송법 제19조 단서 같은 제한이 없으므로 원고는 재결취소의 소에 있어서 재결고유의 하자뿐만 아니라 재결로서 치유되지 않고 남은 원처분의 하자도 당연히 주장할 수 있다.

44) 대법원 1994.1.25. 선고 93누16901 판결

다만 재결주의가 적용되는 행정처분이라 할지라도 해당 행정처분이 당연 무효인 경우에 그 효력은 처음부터 당연히 발생하지 않은 것이므로 원처분의 무효 확인의 소도 제기할 수 있다.

판례

> 토지수용법 제73조 내지 제75조의2의 각 규정과 관련하여, 중앙 또는 지방토지수용위원회의 수용재결에 대하여 불복이 있는 자는 중앙토지수용위원회에 이의신청을 하고, 중앙토지수용위원회의 이의재결에도 불복이 있으면 수용재결이 아닌 이의재결을 대상으로 행정소송을 제기하도록 해석・적용한 것은 어디까지나 토지수용에 관한 재결이 위법 부당함을 이유로 그 취소를 소구하는 경우에 한하는 것이지, 수용재결 자체가 당연무효라 하여 그 무효확인을 구하는 경우에까지 그와 같이 해석할 수는 없다(대법원 1993.1.19. 선고 91누8050 판결).

- **재결주의가 채택된 것으로 인정되는 예** : 원처분주의에 대한 예외로서 개별법에 재결주의를 채택하고 있는 경우가 있다. 이 경우에는 취소소송의 대상은 재결이 된다. 재결주의를 채택한 경우로는 감사원의 변상판정에 대한 재심의 판정(감사원법 제36조 제1항, 제40조 제2항), 노동위원회의 처분에 대한 재심의 판정(노동위원회법 제26조, 제27조 제1항) 등을 들 수 있다.

  한편, 「공익사업을 위한 토지 등의 취득 및 보상에 관한 법률」은 재결에 대한 행정소송과 관련하여 "사업시행자・토지소유자 또는 관계인은 제34조에 따른 재결에 불복할 때에는 재결서를 받은 날로부터 90일 이내에, 이의신청을 거쳤을 때에는 이의신청에 대한 재결서를 받은 날부터 60일 이내에 각각 행정소송을 제기할 수 있다(토지보상법 제85조 제1항 제1문)."라고 규정하고 있다. 토지보상법 제34조의 규정에 의한 재결에 대하여 불복하는 행정소송은 원처분에 대한 행정소송임이 명백하지만, 중앙토지수용위원회의 이의재결을 거친 후 행정소송을 제기하는 경우에는 소의 대상과 관련하여 구 토지수용법의 경우와 같은 논쟁의 여지가 있다. 즉, 구 토지토지수용법(제75조의2)에도 대동소이한 규정이 있었는데 당시 판례는 재결주의를 취하여 이의재결이 소송대상이 된다고 하였다.[45] 이에 대해 비판적인 견해가 다수설이었다. 그러나 현행의 토지보상법 제85조 제1항은 이의신청의 재결을 거친 후에도 행정소송을 제기할 수 있음을 규정하는 조항일 뿐이고 명시적으로 재결주의를 규정하고 있는 것은 아니며, 또한 재결주의가 적용되어야 할 특별한 이유도 없으므로 현행 토지보상법상 재결주의가 포기된 것으로 해석하는 것이 일반적 견해이며, 판례의 입장이다. 따라서 이의재결에 불복하여 취소소송을 제기하는 경우 원처분인 수용재결을 대상으로 하여야 한다.

45) 대법원 1995.12.8. 선고 95누5561 판결

판례

공익사업을 위한 토지 등의 취득 및 보상에 관한 법률 제85조 제1항 전문의 문언 내용과 같은 법 제83조, 제85조가 중앙토지수용위원회에 대한 이의신청을 임의적 절차로 규정하고 있는 점, 행정소송법 제19조 단서가 행정심판에 대한 재결은 재결 자체에 고유한 위법이 있음을 이유로 하는 경우에 한하여 취소소송의 대상으로 삼을 수 있도록 규정하고 있는 점 등을 종합하여 보면, 수용재결에 불복하여 취소소송을 제기하는 때에는 이의신청을 거친 경우에도 수용재결을 한 중앙토지수용위원회 또는 지방토지수용위원회를 피고로 하여 수용재결의 취소를 구하여야 하고, 다만 이의신청에 대한 재결 자체에 고유한 위법이 있음을 이유로 하는 경우에는 그 이의재결을 한 중앙토지수용위원회를 피고로 하여 이의재결의 취소를 구할 수 있다고 보아야 한다(대법원 2010.1.28. 선고 2008두1504 판결).

(4) 처분 등의 위법성 주장

취소소송을 제기하기 위하여서는 처분 등의 존재와는 별도로 처분 등의 위법성을 주장하여야 한다. 처분 등이 위법하다는 것은 성문 또는 불문의 법규에 객관적으로 위반하였음을 의미한다. 재량행위에 있어서 재량을 그르친 행위는 재량위반 또는 공익위반으로서 부당성을 띠는 데 불과하며, 위법행위는 아니므로 행정심판의 대상은 되나 취소소송의 대상이 되지 아니한다. 다만, 재량권의 유월 또는 남용의 경우는 위법성을 띠게 되므로 취소소송의 대상이 된다.

그러나 여기서 주의할 것은 처분 등의 객관적으로 사실상 위법하여야 한다는 것은 아니며, 원고의 주장에 따른다면 처분이 위법하리라는 합리적인 가능성이 있으면 충분하다. 처분의 객관적 위법성 자체는 소송요건이 아니라 본안의 이유유무의 문제이기 때문이다.

판례

■ 이주대책대상자제외 2차 결정이 1차 결정과 별도로 행정심판 및 행정소송의 대상이 되는 처분에 해당되는지 여부 : 별도의 처분으로 본다. (대법원2020두50324판결)

대법원 2021. 1. 14. 선고 2020두50324 판결 [이주대책대상자제외처분취소][공2021상,391]

【판시사항】

[1] 행정청의 행위가 항고소송의 대상이 될 수 있는지 결정하는 방법 및 행정청의 행위가 '처분'에 해당하는지 불분명한 경우, 이를 판단하는 방법

[2] 수익적 행정처분을 구하는 신청에 대한 거부처분이 있은 후 당사자가 새로운 신청을 하는 취지로 다시 신청을 하였으나 행정청이 이를 다시 거절한 경우, 새로운 거부처분인지 여부(적극)

【판결요지】

[1] 항고소송의 대상인 '처분'이란 "행정청이 행하는 구체적 사실에 관한 법집행으로서의 공권력의 행사 또는 그 거부와 그 밖에 이에 준하는 행정작용"(행정소송법 제2조 제1항 제1호)을 말한다. 행정청의 행위가 항고소송의 대상이 될 수 있는지는 추상적・일반적으로 결정할 수 없고, 구체적인 경우에 관련 법령의 내용과 취지, 그 행위의 주체・내용・형식・절차, 그 행위와 상대방 등 이해관계인이 입는 불이익 사이의 실질적 견련성, 법치행정의 원리와 그 행위에 관련된 행정청이나 이해관계인의

태도 등을 고려하여 개별적으로 결정하여야 한다. 행정청의 행위가 '처분'에 해당하는지 불분명한 경우에는 그에 대한 불복방법 선택에 중대한 이해관계를 가지는 상대방의 인식가능성과 예측가능성을 중요하게 고려하여 규범적으로 판단하여야 한다.

[2] 수익적 행정처분을 구하는 신청에 대한 거부처분은 당사자의 신청에 대하여 관할 행정청이 이를 거절하는 의사를 대외적으로 명백히 표시함으로써 성립된다. 거부처분이 있은 후 당사자가 다시 신청을 한 경우에는 신청의 제목 여하에 불구하고 그 내용이 새로운 신청을 하는 취지라면 관할 행정청이 이를 다시 거절하는 것은 새로운 거부처분이라고 보아야 한다. 관계 법령이나 행정청이 사전에 공표한 처분기준에 신청기간을 제한하는 특별한 규정이 없는 이상 재신청을 불허할 법적 근거가 없으며, 설령 신청기간을 제한하는 특별한 규정이 있더라도 재신청이 신청기간을 도과하였는지는 본안에서 재신청에 대한 거부처분이 적법한가를 판단하는 단계에서 고려할 요소이지, 소송요건 심사단계에서 고려할 요소가 아니다. (출처 : 대법원 2021. 1. 14. 선고 2020두50324 판결 [이주대책대상자제외처분취소])

4) 제소기간

(1) 소송기간의 제한

행정소송법에는 민사소송의 경우와 달리 취소소송의 제소기간에 제한을 두고 있다. 이것은 행정법관계가 직접 공익과 밀접한 관계가 있어서 행정작용과 그로 인한 권리관계를 조속히 안정시킬 필요가 있기 때문이다. 이러한 제소기간의 준수 여부는 소송요건으로서 법원의 직권조사사항이다. 그러나 제소기간을 경과하게 되면 처분 등의 효력을 더 이상 다툴 수 없게 되는 불가쟁력이 발생할 뿐 위법한 처분 등이 적법한 것으로 되는 것은 아니다. 따라서 제소기간의 경과는 행정청의 직권에 의한 취소·변경 또는 하자의 승계에는 전혀 영향을 미치지 않는다.

(2) 처분 등이 있음을 안 날로부터 90일 이내

취소소송은 주관적으로 처분이 있음을 안 날로부터 90일 이내에 제기하여야 한다. 다만, 행정심판을 거친 경우, 즉 다른 법률에 해당 처분에 대한 행정심판의 재결을 거치지 아니하면 취소소송을 제기할 없다는 규정이 있는 경우, 그 밖에 행정심판청구를 할 수 있는 경우 또는 행정청이 행정심판청구를 할 수 있다고 잘못 알린 경우에 행정심판청구가 있은 때의 기간은 재결서의 정본을 송달받은 날로부터 기산한다(동법 제20조 제1항). '처분이 있음을 안 날'이란 그 처분의 존재를 현실적으로 알게 된 날을 말하며, 구체적으로 그 처분의 위법성 여부를 판단한 날을 말하는 것은 아니다. 이 기간은 불변기간이므로(동조 제3항) 법원은 직권으로 이를 신축할 수 없고, 원격지에 주소·거소를 둔 자를 위하여 부가기간을 정하거나 당사자에게 책임 없는 사유로 인하여 이 기간을 준수할 수 없는 경우에는 2주일 내에 소송행위의 추완을 허용할 수 있을 뿐이다(민사소송법 제173조 제1항). 국외에서의 소송행위의 추완에 있어서는 그 기간을 14일에서 30일로 한다(행정소송법 제5조).

판례

대법원 개별공시지가 이의신청 강학상 이의신청에 대한 쟁점 판례 전문(대법원 2010.1.28. 선고 2008 두 19987 판결)

부동산 가격공시 및 감정평가에 관한 법률 제12조, 행정소송법 제20조 제1항, 행정심판법 제3조 제1항의 규정 내용 및 취지와 아울러 부동산 가격공시 및 감정평가에 관한 법률에 행정심판의 제기를 배제하는 명시적인 규정이 없고 부동산 가격공시 및 감정평가에 관한 법률에 따른 이의신청과 행정심판은 그 절차 및 담당 기관에 차이가 있는 점을 종합하면, 부동산 가격공시 및 감정평가에 관한 법률이 이의신청에 관하여 규정하고 있다고 하여 이를 행정심판법 제3조 제1항에서 행정심판의 제기를 배제하는 '다른 법률에 특별한 규정이 있는 경우'에 해당한다고 볼 수 없으므로, 개별공시지가에 대하여 이의가 있는 자는 곧바로 행정소송을 제기하거나 부동산 가격공시 및 감정평가에 관한 법률에 따른 이의신청과 행정심판법에 따른 행정심판청구 중 어느 하나만을 거쳐 행정소송을 제기할 수 있을 뿐 아니라, 이의신청을 하여 그 결과 통지를 받은 후 다시 행정심판을 거쳐 행정소송을 제기할 수도 있다고 보아야 하고, 이 경우 행정소송의 제소기간은 그 행정심판 재결서 정본을 송달받은 날부터 기산한다.

판례

■ **행정기본법 제36조 제4항에 따라 개별공시지가 이의신청을 한 경우 이의신청의 결과를 통지받은 날로부터 90일 이내에 행정심판 또는 행정소송 제기 가능함(개별공시지가 이의신청 결과통지서는 새로운 처분으로 인식한다고 볼 수 있음)**

행정기본법 제36조(처분에 대한 이의신청)

① 행정청의 처분(「행정심판법」 제3조에 따라 같은 법에 따른 행정심판의 대상이 되는 처분을 말한다. 이하 이 조에서 같다)에 이의가 있는 당사자는 처분을 받은 날부터 30일 이내에 해당 행정청에 이의신청을 할 수 있다.

② 행정청은 제1항에 따른 이의신청을 받으면 그 신청을 받은 날부터 14일 이내에 그 이의신청에 대한 결과를 신청인에게 통지하여야 한다. 다만, 부득이한 사유로 14일 이내에 통지할 수 없는 경우에는 그 기간을 만료일 다음 날부터 기산하여 10일의 범위에서 한 차례 연장할 수 있으며, 연장 사유를 신청인에게 통지하여야 한다.

③ 제1항에 따라 이의신청을 한 경우에도 그 이의신청과 관계없이 「행정심판법」에 따른 행정심판 또는 「행정소송법」에 따른 행정소송을 제기할 수 있다.

④ 이의신청에 대한 결과를 통지받은 후 행정심판 또는 행정소송을 제기하려는 자는 그 결과를 통지받은 날(제2항에 따른 통지기간 내에 결과를 통지받지 못한 경우에는 같은 항에 따른 통지기간이 만료되는 날의 다음 날을 말한다)부터 90일 이내에 행정심판 또는 행정소송을 제기할 수 있다.

⑤ 다른 법률에서 이의신청과 이에 준하는 절차에 대하여 정하고 있는 경우에도 그 법률에서 규정하지 아니한 사항에 관하여는 이 조에서 정하는 바에 따른다.

⑥ 제1항부터 제5항까지에서 규정한 사항 외에 이의신청의 방법 및 절차 등에 관한 사항은 대통령령으로 정한다.

⑶ 처분 등이 있은 날로부터 1년 이내

취소소송은 처분 등이 있은 날로부터 1년(행정심판을 거친 경우에는 재결이 있은 날로부터 1년)을 경과하면 이를 제기하지 못한다(동법 제20조 제2항). '처분 등이 있은 날'이란 처분 등이 대외로 표시되어 효력을 발생한 날, 즉 효력발생일을 말한다. 이 기간은 불변기간이 아니므로 정당한 사유가 있은 때에는 1년이 경과 후에도 소를 제기할 수 있다(동항 단서). 여기서 정당한 사유란 해당 제소기간 안에 소를 제기하지 못함을 정당화할 만한 객관적인 사유를 의미하는바, 천재・지변・전쟁・사변 등 제소기간의 준수를 불가능하게 한 불가항력적 사유를 의미하는 것으로 보아야 할 것이다. 정당한 사유는 원고가 소명하여야 한다.[46]

⑷ 무효처분과 제소기간

무효등확인소송의 경우에는 제소기간의 제한이 없으나 무효처분을 무효선언을 구하는 취소소송의 형식으로 제기하는 경우에는 제소기간이 적용된다는 것이 판례의 입장이다.

⑸ 소의 변경과 제소기간

"청구취지를 변경하여 구소가 취하되고 새로운 소가 제기된 것으로 변경되었을 때에 새로운 소에 대한 제소기간의 준수 등은 원칙적으로 소의 변경이 있은 때를 기준으로 하여야 한다."라는 것이 판례의 입장이다.[47]

5) 전심절차

⑴ 행정심판의 필요적 전치주의와 임의적 전치주의

행정심판과 행정소송은 하자 있는 행정행위를 다투기 위해서 행하는 쟁송절차라는 점에서는 공통점이 있으나 그 밖에 본질, 심판기관, 심리절차, 쟁송사항 등에 있어서는 차이가 많다.

⑵ 원칙으로서 행정심판의 임의적 전치

행정소송법은 "취소소송은 법령의 규정에 의하여 당해 처분에 대한 행정심판을 제기할 수 있는 경우에도 이를 거치지 아니하고 제기할 수 있다(동법 제18조 제1항 본문)."라고 규정하여 원칙적으로 행정심판의 제기를 행정소송의 제기를 위한 임의적인 절차로 규정하고 있다.

이와 같은 행정심판의 임의절차화는 1951년 소원법 이래 채택되어 온 행정심판의 필요적 전치주의의 문제점에 대한 개선책으로 새로이 규정된 것이다. 즉 행정심판전치주의는 간이・신속한 행정구제제도로서 행정의 자기반성의 기회제공(자율적 행정통제), 행정청의 전문지식 활용(사법기능의 보충), 법원의 부담경감, 시간・비용 등의 절감 등 많은 장점에도 불구하고 행정심판 자체가 행정청에 의한 심판이 되어 자연적 정의에 반하고 국민에게 신속하고 효과적인 권리구제를 제공하기보다는 오히려 행정소송의 제기를 지연시키고 비용부담을 가중시키는 등 권리구제의 장애요

---

46) 처분 등이 있음을 안 날로부터 90일 및 처분 등이 있은 날로부터 1년의 기간은 선택적인 것이 아니라 이 중 어느 하나의 기간만료로서 제소기간은 끝난다.

47) 대법원 2004.11.25. 선고 2004두7023 판결

인으로 작용하는 경우가 적지 않다는 비판이 끊임없이 제기되어 왔다.
이러한 문제점에 대하여 한편으로는 행정심판제도를 개선하는 한편 행정처분의 상대방이 법원에 의하여 신속하게 권리구제를 받을 수 있도록 하기 위하여 행정심판전치주의의 원칙을 폐지하고 이를 임의절차화한 것이다.

(3) 예외로서 행정심판의 필요적 전치

① 행정심판전치주의의 개념과 적용범위

행정심판전치주의란 법령에 의하여 위법・부당한 행정행위에 대한 행정심판이 인정되고 있는 경우에는 그 행정심판의 재결을 거칠 것을 행정소송의 제기요건으로 하는 제도를 말한다. 이 경우 행정심판이란 이의신청・심사청구・재심청구 등 명칭 여하를 불문하고 일체의 불복신청을 말한다.

행정소송법은 다른 법률에 당해 처분에 대한 행정심판의 재결을 거치지 아니하면 취소소송을 제기할 수 없다는 규정이 있는 때에는 행정심판을 거친 후에 행정소송을 제기하도록 하여 행정심판의 임의적 전치주의에 대한 예외로서 종전과 같이 행정심판전치주의를 취하고 있다(동법 제18조 제1항 단서). 그러나 행정소송법은 예외적으로 행정심판전치주의를 취하는 경우에도 동조 제2항 및 제3항에 의해 일정한 경우 행정심판의 제기 또는 재결을 거치지 아니하고 취소소송을 제기할 수 있도록 함으로써 행정심판전치주의를 더욱 제한하고 있다. 행정심판전치주의의 적용범위와 관련하여 특히 문제되는 것은 다음과 같다.

행정소송법은 취소소송에 대하여 행정심판전치주의가 적용됨을 규정하고(동법 제18조 제1항 단서), 이를 부작위법확인소송에도 준용하고 있다(동법 제38조 제2항). 한편 항고소송 중 무효등확인소송에 대하여 행정심판전치주의가 적용되는지 문제될 수 있으나 무효인 행정행위는 처음부터 당연히 효력이 발생하지 않고 또한 비록 외형상으로는 존재한다 하더라도 법적으로 효력이 없으므로 무효등확인소송의 경우에는 행정심판전치주의가 적용될 여지가 없다. 행정소송법은 이를 명백히 하였다(동법 제38조 제1항). 또한 행정심판은 항고쟁송의 형식으로 인정되고 있으므로 공법상 법률관계에 관한 소송인 당사자소송의 경우에는 성질상 행정심판전치주의가 적용될 여지가 없다. 아울러 행정소송법 제44조는 당사자소송에는 행정심판전치주의가 적용되지 않는다는 것을 규정하였다.

취소소송의 형식으로 행정행위의 무효선언을 구하는 경우에 행정심판전치주의가 적용되는지의 여부가 문제이다. 행정행위의 무효확인을 구하는 뜻에서라고 하더라도 그 소송의 방식이 취소소송이라면 행정소송법상 취소소송에 대하여 요구되는 여러 제소요건이 적용되어야 하므로 행정심판전치주의도 적용되는 것으로 보아야 한다. 판례도 이 입장을 취하고 있다.

판례

> 행정처분의 무효를 선언하는 의미에서 취소를 구하는 소송도 항고소송의 일종이므로 전심절차를 거쳐야 한다(대법원 1989.9.22. 선고 87누482 판결).

복효적 행정행위에 있어서는 처분의 상대방이 아닌 제3자가 취소소송을 제기할 수 있다. 이 경우에도 행정심판전치주의가 적용되느냐가 문제된다. 행정심판전치주의의 예외를 규정한 행정소송법 제18조 제2항 제4호의 '그 밖에 정당한 사유가 있을 때'에 있어서도 재결을 거치지 아니할지라도 행정심판의 제기만은 거쳐야 한다고 규정하고 있는 점에서 행정심판전치주의가 적용된다고 보아야 한다. 대법원은 제3자에 대하여도 이 원칙은 적용하되, 행정심판법 제27조 제3항의 제척기간의 적용을 배제할 정당한 사유가 있는 것으로 판시한 바 있다.[48)]

② 행정심판전치주의의 내용

행정처분에 대한 취소소송은 다른 법령에 해당 처분에 대한 행정심판의 재결을 거치도록 되어 있는 경우에는 이에 대한 재결을 거치지 아니하면 이를 제기할 수 없다(행정소송법 제18조 제1항). 여기서 행정심판이란 행정심판, 이의신청, 심사청구 그 밖에 명칭 여하를 묻지 않고 법령에 의하여 행정기관의 처분 등에 대한 불복수단으로 인정되는 모든 심판절차를 포함한다. 하나의 처분에 대하여 법령이 이의신청・행정심판 등 2 이상의 행정심판절차를 규정하고 있는 경우(국세기본법, 생활보호법, 자동차관리법 등)에 그 전부를 거쳐야 하는가 아니면 그중의 하나만 거치면 되는 것인가가 문제이다. 행정심판전치주의의 존재이유가 행정청의 전문지식을 활용하여 자기반성의 기회를 부여하는 데 있으므로 1차의 행정심판절차로써도 그 취지를 달성할 수 있는바, 그와 같은 경우 2단계 이상의 모든 행정심판절차를 거치게 한다는 것은 오히려 관계인에게 불필요한 절차를 강요하는 등 너무 큰 부담을 지우게 된다. 따라서 특히 명문규정이 있는 경우를 제외하고서는 그중의 하나만 거치면 족할 것이다.

전치를 요하는 행정심판은 적법하게 제기되고 본안에 관해 재결을 받을 수 있는 것이어야 한다. 따라서 (i) 행정심판의 제기 자체가 부적법하여 요건심리의 결과 각하된 경우에는 행정심판전치의 요건을 충족한 것이 되지 않는다. (ii) 부적법한 행정심판(청구기간 경과 후에 제기한 행정심판 등)에 대하여 행정심판위원회가 이를 각하하지 않고 본안에 대하여 재결을 하였을 경우, 판례는 심판청구의 요건이 구비되지 않은 것으로 본다.[49)] (iii) 반면에 행정심판이 적법하게 제기되었음에도 불구하고 행정심판위원회의 판단을 그르쳐 각하함으로써 본안에 관해 재결하지 않은 경우에는 행정심판전치원칙의 근본취지가 행정청에게 자기반성의 기회를 제공하는 데 있음을 생각할 때 적법하게 행정심판이 제기되었으므로 전치요건이 충족되었다고 본다.[50)]

③ 행정심판의 청구인과 행정소송의 원고와의 사이에는 어느 정도의 관련성이 있어야 하며, 또한 양자는 청구원리 등에 있어 어느 정도로 관련되어야 행정심판전치의 요건이 충족되는지가 문제된다.

행정심판전치의 취지는 해당 행정처분에 관하여 행정청에 의한 재심사를 요구하는 것에 있으므로 행정심판 청구인과 원고는 반드시 동일인일 필요는 없다. 상설하면 다음과 같다.

48) 대법원 1989.5.9. 선고 88누5150 판결
49) 대법원 19991 6.25. 선고 90누8091 판결
50) 대법원 1965.6.29. 선고 65누57 판결

㉠ 공동소송의 경우 공동소송인 중의 1인이 행정심판을 경유하였으면 다른 공동소송인은 행정심판을 경유하지 않아도 된다는 것이 통설・판례[51]이다.

㉡ 행정소송의 원고가 해당 행정처분에 대한 관계에서 심판청구인과 동일한 지위에 있는 경우 또는 그의 지위를 실질적으로 승계하고 있는 경우에는 원고 자신이 행정심판을 경유하지 않고 제소할 수 있다고 보아야 할 것이다. 한편 행정소송법(제18조 제3항 제1호)에서 '동종사건에 관하여 이미 행정심판의 기각재결이 있은 때'에는 행정심판을 제기할 필요가 없음을 명시함으로써 동종사건에 대한 행정심판의 기각재결이 있었다면 그 행정심판의 청구인이 누구이든 행정심판을 거치지 않고 행정소송을 제기할 수 있는 것으로 하여 전치원칙에 관한 인적 관련을 완화시켜 놓고 있다.

㉢ 행정소송에서 주장할 수 있는 사유는 행정심판에서 주장한 사유에 한하는지가 문제되는바, 각 청구원인은 그 기본적인 점에서 동일성이 유지되면 족하다 할 것이다.[52] 그것은 행정심판전치의 근본취지는 행정청에게 해당 행정행위에 대한 재심사기회를 부여하려는 데 있고, 또한 행정심판 및 행정소송의 심리는 직권심리의 원칙을 취하고 있기 때문이다.

㉣ 행정심판대상으로서의 행정처분과 행정소송의 대상으로서의 행정처분은 원칙으로 동일한 것이어야 한다.[53] 다만, 이 문제와 관련해서 행정소송법 제18조 제3항 제2호는 서로 내용상 관련되는 처분 또는 같은 목적을 위하여 단계적으로 진행되는 처분 중 어느 하나가 이미 행정심판의 재결을 거친 때에는 행정심판을 제기할 것 없이 행정소송을 제기할 수 있음을 규정하고 있다.

행정심판의 재결이 있기 전에 제기된 취소소송은 부적법하나 소가 각하되기 전에 재결이 있게 되면 그 흠은 치유되며, 또한 행정심판을 거치지 않고 제기된 소송도 사실심 변론종결시까지 행정심판전치요건을 갖추면 흠이 치유된다는 것, 즉 행정심판전치요건은 사실심 변론종결시까지만 갖추면 된다는 것이 판례의 태도이다.

④ 행정심판전치주의에 대한 예외

행정소송법은 예외적으로 행정심판전치주의를 취하는 경우에도 행정심판전치주의의 결함을 제거하기 위하여 ㉠ 행정심판을 제기한 후 재결을 기다릴 것 없이 행정소송을 제기할 수 있는 경우와, ㉡ 행정심판의 제기 그 자체를 요하지 않는 경우의 예외를 인정함으로써 이를 더욱 완화하고 있다.

㉠ **행정심판의 재결을 거칠 필요가 없는 경우(동법 제18조 제2항)** : 행정심판의 재결을 거치지 아니하고 직접 행정소송을 제기할 수 있는 사유는 다음의 네 가지이다.

ⓐ **행정심판의 청구가 있은 날로부터 60일이 지나도 재결이 없는 때** : 재결의 부당한 지연으로 입게 될 불이익을 방지하기 위한 것이다. 이 경우의 60일의 경과요건은 행정소송을 제기한 날에 충족되어야 하는 것이 원칙이나 위에서 본 바와 같이 해당 소송의 변론

51) 대법원 1986.10.14. 선고 83누584 판결 ; 대법원 1988.2.23. 선고 87누704 판결
52) 대법원 1980.11.11. 선고 79누312 판결
53) 대법원 1981.1.27. 선고 80누447 전원합의체 판결

종결시까지 '60일의 경과'라는 요건이 충족되면 행정심판전치주의에 대한 흠이 치유되는 것으로 본다.

ⓑ **처분의 집행 또는 절차의 속행으로 인하여 생길 중대한 손해를 예방하여야 할 긴급한 필요가 있는 때** : 예컨대 조세부과결정에 대하여 이미 납부금액・납부장소 및 납부기간이 지정되고 제소 당시 이미 그 납부기일이 경과한 때,[54] 해수욕장 내의 건물에 대한 철거계고[55] 등이 이에 해당한다고 볼 것이다.

ⓒ **법령의 규정에 의한 행정심판기관이 의결 또는 재결을 하지 못할 사유가 있는 때** : 예컨대 행정심판위원회가 구성되어 있지 않거나 과반수 이상의 결원이 있고 단시일 안에 보충될 가망이 없는 경우

ⓓ **그 밖에 정당한 사유가 있는 때** : 예컨대 재결기간 내에 재결이 행해질 가망이 없다거나 진정서 등을 통해 기각재결이 있을 것이 예상되는 때 등이 이에 해당하는 것으로 새겨지고 있다.

㉡ **행정심판을 제기함이 없이 행정소송을 제기할 수 있는 경우(동법 제18조 제3항)** : 행정심판전치주의가 적용되는 경우에도 행정심판을 제기함이 없이 직접 행정소송을 제기할 수 있는데, 행정심판전치주의의 적용을 받지 않고 직접 행정소송을 제기할 수 있는 사유는 다음과 같다.

ⓐ **동종사건에 관하여 이미 행정심판의 기각결정이 있은 때** : 동종사건, 즉 해당 사건을 물론이고 해당 사건과 기본적인 점에서 동질성이 인정되는 사건에 관하여 이미 행정심판의 기각재결이 있은 때에 행정심판을 제기함이 없이 행정소송을 제기할 수 있도록 한 것은 전심절차의 불필요한 중복을 피하고 심판청구인 등에 불필요한 부담을 주지 않기 위한 것이다.

ⓑ **서로 내용상 관련되는 처분 또는 같은 목적을 위하여 단계적으로 진행되는 처분 중 어느 하나가 이미 행정심판의 재결을 거친 때** : '서로 내용상 관련되는 처분'이라 함은 별개 독립된 행정처분이지만 서로 내용상 관련된 처분을 말하는 것으로 그중 어느 하나의 행정행위에 대하여 행정심판을 거친 경우에는 그와 관련된 일정한 행정행위에 대하여는 행정심판을 거치지 않고 행정소송을 제기할 수 있게 한 것이다.

ⓒ '같은 목적을 위하여 단계적으로 진행되는 처분'이란 독립된 별개의 처분이지만 하나의 행정목적을 실현하기 위하여 일련의 단계적으로 행해지는 연속되는 처분을 말한다. 예컨대 건물철거의 대집행에 있어서 계고처분과 그의 후속행위로서 대집행영장에 의한 통지가 이에 해당한다. 한편 둘 이상의 처분이 단계적으로 행해져서 별개의 법적 효과를 발생하는 경우(**예** 과세처분과 납세처분, 지가공시와 과세처분)는 이에 해당하지 않는다.

ⓓ **행정청이 사실심의 변론종결 후 소송의 대상인 처분을 변경하여 해당 변경된 처분에 관하여 소를 제기하는 때** : 행정청이 사실심 변론종결 후 소송의 대상인 처분을 변경하

54) 대법원 1962.4.2. 선고 4294행상68 판결

55) 대법원 1968.6.10. 선고 69누29 판결

게 되면 소의 변경은 불가능하고, 원고는 변경된 해당 처분에 관하여 별소를 제기하여야 한다. 원고가 소의 변경을 할 수 없어 별소를 제기할 수밖에 없는 경우까지 행정심판전치주의를 적용하는 것은 소의 변경 시 전치절차를 충족한 것으로 보는 행정소송법 제22조 제1항 및 제3항과 균형이 맞지 않고 또한 원고에게 가혹하고 행정청에 의한 소송지연 내지 소송방해를 위한 방편으로 악용될 우려도 있기 때문에 해당 변경된 처분에 대한 소송을 제기할 때에는 행정심판전치주의의 적용이 없도록 한 것이다.

ⓔ **처분을 행한 행정청이 행정심판을 거칠 필요가 없다고 잘못 알린 때** : 이는 행정에 대한 국민의 신뢰보호와 행정청의 성실한 고지를 촉구하기 위함이다.

ⓕ **처분의 변경에 따라 소를 변경하는 때** : 취소소송이 계속되고 있는 동안에 행정청이 해당 소송의 대상인 처분을 변경한 때에는 그 변경된 처분에 맞추어 소의 변경을 할 수 있는바(동법 제22조 제1항), 이 경우에는 변경된 처분에 대하여 따로 행정심판을 거칠 필요가 없다(동조 제3항).

⑤ **행정심판전치주의의 이행 여부 판단**

㉠ **직권조사사항** : 행정심판절차를 거치는 것은 취소소송의 제기를 위한 요건이므로 전심절차를 거쳤는지의 여부는 다른 소송요건의 경우와 마찬가지로 법원의 직권조사사항에 속한다. 따라서 행정심판전치절차의 이행 여부는 해당 소송당사자의 인정 여부와 관계없이 법원이 직권으로 조사하여야 한다.

판례

> 전심절차를 거친 여부는 행정소송제기의 소송요건으로서 직권조사사항이라 할 것이므로 이를 거치지 않았음을 원고소송대리인이 시인하였다고 할지라도 그 사실만으로 전심절차를 거친 여부를 단정할 수 없다(대법원 1986.4.8. 선고 82누242 판결).

㉡ **판단기준 시** : 우리 판례는 가급적 원고의 권익을 구제할 수 있게 하기 위하여 행정소송제기 후에도 사실심 변론종결 시까지 행정심판전치요건의 불충족으로 인한 흠의 치유를 인정한다. 이는 결국 행정심판전치주의 충족여부의 판단기준 시는 해당 행정소송의 사실심 변론종결 시가 된다는 것을 의미한다고 하겠다.

판례

> 전심절차를 밟지 아니한 채 증여세부과처분취소소송을 제기하였다면 제소당시로 보면 전치요건을 구비하지 못한 위법이 있다 할 것이지만, 소송계속중 심사청구 및 심판청구를 하여 각 기각결정을 받았다면 원심변론종결일 당시에는 위와 같은 전치요건흠결의 하자는 치유되었다고 볼 것이다(대법원 1987.4.28. 선고 86누29 판결).

6) 권리보호의 필요(협의의 소의 이익)

(1) 의의

소송은 당사자에게 관념적인 만족이 아니고 현실적인 구제를 목적으로 하는 것이므로 쟁송대상인 처분에 대하여 원고적격을 가진 자가 소송을 제기하는 외에 취소판결이 내려지면 원고의 구제가 현실적으로 달성될 가능성이 있을 것이 필요하다. 이와 같이 '분쟁을 재판에 통해서 해결할 만한 현실적 필요성'을 권리보호의 필요 또는 협의의 소의 이익이라고 한다.[56]

취소소송에서 소의 이익은 계쟁처분의 취소를 구할 현실적 이익이 있는지 여부를 기준으로 판단된다. 일반적으로 원고적격이 있는 자가 항고소송을 제기한 경우에는 원칙상 협의의 소의 이익(권리보호의 필요)이 있는 것으로 보아야 한다. 그런데 소송목적이 실현된 경우(처분의 효력이 소멸한 경우, 권익침해가 해소된 경우 등), 원상회복이 불가능한 경우 및 보다 실효적인 권리구제절차가 있는 경우에는 소의 이익이 부정된다. 즉 승소판결에 의하더라도 이미 원고의 권익구제가 실현될 수 없는 경우에는 권리보호의 필요 내지 협의의 소익은 인정되지 않는다. 가령 가옥철거명령취소소송의 계속 중 가옥이 철거되었다면 철거명령을 취소하여도 복원되는 것은 아니므로 소의 이익이 없는 것이 된다. 또한 협의의 소익은 비단 취소소송뿐만 아니라 행정소송 일반에 대하여 요구되는 일반적 소송요건의 하나이다. 그러나 행정소송법은 제12조 제2문과 같은 예외적 규정을 두고 있을 뿐 이에 대한 일반적 규정을 두고 있지 않다.

(2) 소의 이익의 확장(처분의 효력이 소멸된 후의 권리보호의 필요)

① 관련 조문

위에서 본 것과 같이 권리보호의 필요성은 원칙적으로 처분 등의 효력이 존속되고 있어야 존재한다. 그러나 예외적으로 처분 등의 효력이 소멸된 뒤에도 그 처분 등의 취소로 인하여 회복되는 이익이 있는 경우에는 존재한다고 할 것이다. 행정소송법은 이를 명문화하여 "처분 등의 효과가 기간의 경과, 처분 등의 집행 그 밖의 사유로 인하여 소멸된 뒤에도 그 처분 등의 취소로 인하여 회복되는 법률상 이익이 있는 자의 경우에도 또한 같다."라고 규정하고 있다(동법 제12조 제2문). 즉 행정소송법이 '원고적격'이라는 제목하에 규정하고 있지만 이 규정은 엄격한 의미의 원고적격에 관한 것이 아니고 권리보호의 필요에 관한 것으로 보는 견해가 통설이다. 이에 대하여 이 조항은 협의의 소의 이익(이익보호의 필요)에 관한 규정이 아니라 원고적격에 관한 규정이라는 견해가 있다.[57] 그 이유는 취소소송은 처분의 존재를 전제로 하는데, 이 조항을 협의의 소의 이익에 관한 규정으로 보면 처분 등이 소멸된 뒤에 취소소송을 제기할 수 있는 원고적격에 관한 조항은 행정소송법에 없는 것이 된다는 것이다.

② 소송의 성질

행정소송법 제12조 제2문은 처분의 효과가 소멸한 뒤에도 그 처분의 취소로 인하여 회복되는 법률상 이익이 있는 자는 취소소송을 제기할 수 있도록 하고 있다. 그러나 해당 처분은 이미

56) 일반적으로 소익 또는 소의 이익이라고 하면 협의의 소의 이익을 말하는 것이 보통이다.
57) 홍정선, 행정법원론(상), 893면.

효력이 소멸되어 취소소송의 대상이 될 수 없는 것이며, 따라서 취소소송을 제기하여 인용판결을 받는다 하더라도 실질적으로는 효력이 이미 소멸된 해당 처분의 위법성을 확인받는 것 이상의 효과를 기대할 수 없다. 그러므로 이 소송의 성질을 취소소송으로 보아야 할 것인가 아니면 특수한 형태의 위법확인소송으로 보아야 할 것인가가 문제된다. 만일 후자로 보는 경우에는 취소소송의 경우와는 다른 소송요건 및 효력이 인정되는 등 적지 않는 차이가 생기기 때문이다.

이 조항의 근본취지가 종래처럼 취소소송이란 처분의 효력을 배제하기 위한 것이라는 견지에서 처분의 존재가 소멸되어 버린 경우 소의 대상이 없는 것으로 보아 각하할 것이 아니라 이 경우에도 원고에게 적정한 권리구제의 길을 보장하는 것에 있다는 점을 고려할 때 이 조항에 의한 소송은 비록 문언상 취소소송으로 되어 있다고 할지라도 단순한 취소소송이 아니라 독일 행정법원법 제113조 제1항 제4문의 규정[58]에 의한 계속확인소송적 성격으로 파악된다. 즉 형식은 취소소송이지만 실질적 내용은 위법성을 확인하는 확인소송적 성격으로 판단된다.

③ 법률상 이익의 범위

행정소송법 제12조 제2문의 '법률상 이익'에 관하여 (ⅰ) 조문의 해석상 법률상 이익에는 명예·신용 등을 포함하지 않는다는 견해, (ⅱ) 명예·신용 등의 인격적 이익, 보수청구와 같은 재산적 이익 및 불이익제거와 같은 사회적 이익도 인정될 수 있다고 보는 견해, (ⅲ) 처분의 위법확인에 대한 정당한 이익으로 보아 법률상 이익보다 넓은 것으로서 원고의 경제적·정치적·사회적·문화적 이익까지 포함된다는 견해가 주장되고 있다.

생각건대, 행정소송법 제12조 제2문의 '회복되는 법률상 이익'을 취소소송의 보호대상이 아니라 권리보호의 이익으로 이해하는 한 주관적 공권으로서 법률상 이익에 한정하는 것은 이 조문의 취지에 비추어 타당하지 않다. 위에서 본 것과 같이 이 조문에 의한 소송이 계속확인소송으로서의 성질을 가진다고 볼 때 이 조문의 '법률상 이익'은 처분의 위법확인에 대한 정당한 이익으로써 취소소송의 원고적격에 관한 법률상 이익보다는 넓은 것으로 원고의 경제적 이익을 비롯한 정치적·문화적·종교적 이익까지 포함하는 것이다.

이런 점에서 행정소송법 제12조 제2문이 원고적격과 구별하지 않고 양자에 대하여 다 같이 '법률상 이익'이라는 용어를 사용하고 있는 것은 문제가 있는 것으로 보인다.

④ 처분의 효력소멸 후 법률상 이익이 부인되는 경우(원칙)

행정소송법 제12조 제2문의 해석상 처분의 효력이 소멸된 경우에는 소익이 부인되는 것이 원칙이다. 이에 속하는 예로는 제소 전에 또는 소송 도중에, (ⅰ) 행정처분에서 정한 효력기간(예 영업정지처분의 경우 영업정지기간)이 경과한 경우[59], (ⅱ) 처분의 집행이 완료되어 원상회복이 불가능한 경우(예 건물철거대집행계고처분 후에 대상건물이 철거된 경우[60]), (ⅲ) 의원제명처분

58) 독일 행정법원법은 제113조 제1항 제4문에서 취소소송이 제기된 후부터 판결기준 시 이전에 계쟁행정행위가 취소 기타의 사유로 완료된 경우 법원은 원고가 그 위법확인에 정당한 이익을 가지는 때에는 그 신청에 따라 해당 처분이 위법한 것이었음을 판결로써 확인할 수 있다고 규정하고 있다. 계속확인소송이란 이에 따른 소송을 말한다.

59) 대법원 1999.2.23. 선고 98두14471 판결

이후에 의원임기가 만료된 경우[61], (ⅳ) 처분 후에 법령・제도 개폐로 처분의 근거법률이 소멸한 경우[62], (ⅴ) 직위해제중인 공무원에 대해 새로운 직위해제사유로 직위해제를 한 경우에 구 직위해제에 대해 취소소송을 제기한 경우[63]

⑤ **처분의 효력소멸 후 법률상 이익이 인정되는 경우(예외)**

처분의 효력소멸 후 법률상 이익이 인정되는 경우는 크게 두 가지로 나눌 수 있다.

㉠ **판결의 소급효에 의하여 해당 처분이 소급적으로 취소되게 됨으로써 원고의 이익이 구제될 수 있는 경우** : 기본적인 권리회복은 불가능하다 하더라도 판결의 소급효에 의하여 해당 처분이 소급적으로 취소되게 됨으로써 원고의 부수적인 이익이 구제될 수 있는 경우에는 법률상 이익이 긍정된다.

판례는 학교법인의 이사에 대한 취임승인 취소처분의 취소를 구하는 소의 계속 중 이사의 임기가 만료된 경우에도 후임이사의 선임이 없고 임기만료된 이사로 하여금 법인의 업무를 수행케 함이 부적당하다고 인정될 특별한 사정이 없는 한 이사에게 임기만료 후에도 소를 유지할 법률상 이익이 있다고 하였으며,[64] 또한 공무원이 파면처분을 다투고 있는 중에 다른 사정으로 당연퇴직하여 공무원의 지위를 회복할 여지가 없게 된 경우에도 그동안의 급여청구와의 관계에서 아직 이익이 있는 이상 소를 제기할 수 있다고 하였다.[65]

㉡ **해당 처분이 존재하였다는 것이 원고에 대한 장래의 불이익한 전력이 되는 경우** : 취소소송의 대상이 되고 있는 행정처분이 존재하였다는 것이 원고에 대한 장래의 어떤 불리한 법률효과에 대하여 그 요건사실로서의 의미를 가지고 있는 경우에는 처분 등의 효과가 소멸된 뒤에도 법률상 이익이 인정된다. 이에 대한 논의를 판례를 통해 정리해 본다.

ⓐ 종래 대법원은 선행의 제재적 처분이 장래에 다시 행해질 수 있는 제재적 처분의 전제요건 또는 가중요건이 되는 경우, "제재사유가 법률 또는 대통령령에 규정되어 있는 경우에는 그에 따라 향후 가중된 제재적 처분을 받을 우려가 있으므로 비록 제재적 처분에서 정한 제재기간이 경과하였다고 하더라도, 그로 인한 법률상 지위에 대한 위험이나 불안을 제거하기 위하여 처분의 취소를 구할 법률상 이익이 있으나, 가중적 제재사유가 부령에 규정되어 있는 경우에는, 그것은 행정청 내부의 사무처리준칙에 불과하므로 행정청이 그에 따라 가중된 제재적 처분을 하더라도 법원은 거기에 구속됨이 없이, 근거 법률의 규정 및 취지에 따라 가중된 제재적 처분의 적법여부를 심리, 판단할 수 있는 것이고, 따라서 제재적 처분을 받은 전력이 가중사유로 규정되어 있다고 하더라도 그로 인한 불이익은 사실상의 불이익에 지나지 아니하므로, 그 제재기간이 경과하였다면 취소를 구할 법률상의 이익이 없다."라는 입장을 견지해왔다.

---

60) 대법원 1995.11.21. 선고 94누11293 판결
61) 대법원 1996.2.9. 선고 95누14978 판결
62) 대법원 1999.6.11. 선고 97누379 판결
63) 대법원 2003.10.10. 선고 2003두5945 판결
64) 대법원 1972.4.11. 선고 72누86 판결
65) 대법원 1977.7.12. 선고 74누147 판결

ⓑ **대법원의 새로운 견해** : 대법원은 환경영향평가대행업무 정지처분을 받은 환경영향평가대행업자가 업무정지처분기간 중 환경영향평가대행계약을 신규로 체결하고 그 대행업무를 한 사안에서, '환경 · 교통 · 재해 등에 관한 영향평가법 시행규칙' 제10조 [별표 2] 2. 개별기준 (11)에서 환경영향평가대행업자가 업무정지처분기간 중 신규계약에 의하여 환경영향평가대행업무를 한 경우 1차 위반 시 업무정지 6월을, 2차 위반 시 등록취소를 각 명하는 것으로 규정하고 있으므로, 업무정지처분기간 경과 후에도 위 시행규칙의 규정에 따른 후행처분을 받지 않기 위하여 위 업무정지처분의 취소를 구할 법률상 이익이 인정되는지가 문제된 사안에서, "제재적 행정처분의 가중사유나 전제요건에 관한 규정이 법령이 아니라 규칙의 형식으로 되었다고 하더라도, 그러한 규칙이 법령에 근거를 두고 있는 이상, 그 법적 성질이 대외적, 일반적 구속력을 갖는 법규명령인지 여부와는 상관없이 관할 행정청이나 담당공무원은 이를 준수할 의무가 있으므로, 이들이 그 규칙에 정해진 바에 따라 행정작용을 할 것이 당연히 예견되고, 그 결과 행정작용의 상대방인 국민으로서는 그 규칙의 영향을 받을 수밖에 없다.

따라서 그러한 규칙이 정한 바에 따라 선행처분을 받은 상대방이 그 처분의 존재로 인하여 장래에 받을 불이익, 즉 후행처분의 위험은 구체적이고, 현실적인 것이므로 상대방에게는 선행처분의 취소소송을 통하여 그 불이익을 제거할 필요가 있다고 할 것이다. … 행정처분으로 인한 권익침해를 효과적으로 구제하려는 행정소송법의 목적 등에 비추어, 행정처분의 존재로 인하여 국민의 권익이 실제로 침해되고 있는 경우는 물론이고, 권익침해의 구체적, 현실적 위험이 있는 경우에도 이를 구제하는 소송이 허용되어야 한다는 요청을 고려하면, 규칙이 정한 바에 따라 선행처분을 가중사유 또는 전제요건으로 하는 후행처분을 받을 우려가 현실적으로 존재하는 경우에는, 선행처분을 받은 상대방은 비록 그 처분에서 정한 제재기간이 경과하였다고 하더라도 그 처분의 취소소송을 통하여 그러한 불이익을 제거할 권리보호의 필요성이 충분히 인정된다 할 것이므로, 선행처분의 취소를 구할 법률상 이익이 있다고 보아야 할 것이다."[66]라고 판시하였다.

ⓒ 이 판례는, 첫째, 행정소송법 제12조 후단의 법률상 이익이 무엇이며, 언제 그것을 인정할 수 있는가 하는 점과 선행처분의 존재가 후행처분에 있어 가중적 제재처분 사유가 될 경우에 그 가중적 제재처분 사유가 행정내부규정(행정규칙)에 규율되어 있는 경우라도, 선행처분의 취소를 구할 법률상 이익이 인정되는가 하는 문제와, 둘째, 부령으로 제정된 일반적 · 추상적 규정 역시(대법원의 입장과는 달리) 이제 법규명령으로 인정되어야 할 것이 아닌가 하는 쟁점을 담고 있다.

대법원은 새 판결에서(부령의 형식으로 제정되었으나) 행정규칙의 성질을 가지는 환경, 교통 등에 관한 환경영향평가법 시행규칙상의 가중처분 내지 전제요건 규정의 적용과 관련하여, 그것이 행정내부적 효력(그에 대한 공무원의 준수의무)이 있어 그 구체적, 현실적 구속성을 인정할 수 있다는 이유로 영업정지기간이 경과된 처분의 취소를 구할

66) 대법원 2006.6.22. 선고 2003두1684 판결

법률상의 이익이 있다고 인정하였다. 이 판례는 전술한 바와 같이 몇 가지의 법적 쟁점을 내포하고 있다.

ⓓ **행정소송법 제12조 후문의 법률상 이익의 본질** : 행정소송법 제12조 후문은 "처분 등의 효과가 기간의 경과, 처분 등의 집행 그 밖의 사유로 인하여 소멸된 뒤에도 그 처분 등의 취소로 인하여 회복되는 법률상의 이익이 있는 경우에는 그러하지 아니하다."라고 규정하여 이와 같은 경우에 취소소송을 허용하고 있다. 여기서 법률상 이익은 무엇이며, 그것은 언제 인정되는가 하는 문제가 그간 학계와 실무계에서의 오랜 쟁점사항이었다. 이 쟁점사항은 흔히 행정소송법 제12조 본문의 법률상 이익과 동 조 후문의 법률상 이익이 같은 것인가 아닌가의 문제로 다루어져 왔다. 그간 판례와 통설은 행정소송법 제12조 후문에서 규정하고 있는 '처분 등의 취소로 인하여 회복될 법률상 이익'에 대하여 이를 협의의 소의 이익으로 인식하고 취소소송이 제기되어 '처분 등이 취소되는 경우에 회복되는 이익 그 자체가 법률상의 이익'이어야 하는 것으로 해석하여 왔다. 즉 이 조항에 대하여 "동조 후문이 제정되기 전에는 회복되는 법률상 이익을 좁게 보아 위법한 처분에 의하여 침해된 기본적인 권리 내지 법적 지위가 회복되어야 하며, 다만 부수적인 이익만 회복되는 데 그치는 경우에는 판단의 구체적 이익이 인정되지 아니하였으나, 위법한 처분의 취소에 의하여 어떠한 법률상의 이익이 회복될 가능성이 있는 경우에는 그것이 부수적인 이익이라도 소의 이익으로 인정해주기 위한 입법적 해결이다."라고 해석하여 왔다. 이는 우선 이 조항으로 인정하고자 하는 소의 이익은 법률상 이익이어야 한다는 것으로 '법적 보호이익설'의 입장에서 법률에 근거가 있는 이익에 한정된다는 것으로 보고 있다.

생각건대 처분의 상대방의 입장에서는 처분이 위법한 것이었다는 것을 다투고자 한다면 그 다툼의 이익은 인정되어야 하는 것이 법치국가원리에 부합한다고 할 것이다. 따라서 우선 제재적 행정처분의 제재기간이 경과하였다 해도 선행의 제재적 처분의 존재가 후행처분에 있어 가중처분의 요건이나 전제요건이 되는 경우에 한정하여 처분의 취소로 인하여 회복될 법률상 이익을 인정하는 판례와 통설의 입장은 처분의 존속력 등고 관련하여 문제가 있다. 결론적으로 행정소송법 제12조 후문의 법률상 이익을 '처분의 위법이었음을 확인하는 이익'으로 해석하여야 할 것이다.

(3) 한계

종래 권리보호의 필요는 가급적 널리 인정하여야 하겠지만 다음과 같은 한계가 있다고 하였다.

① **소송목적이 다른 간편한 방법에 의해 달성될 수 있는 경우**

간편한 행정적인 방법이나 절차로써 목적을 달성할 수 있음에도 소송을 제기한 경우(예 명백한 계산상의 오류는 간단히 정리하면 됨에도 불구하고 제소한 경우[67]), 보다 직접적이고 유효적절한 소송이 있는 경우(부당이득반환청구소송 대신 무효확인소송을 제기한 경우[68]) 등이다.

67) 대법원 1991.9.10. 선고 91누3840 판결

② **소송의 제기를 부당한 목적으로 하거나 남용하는 경우**
원고가 자신의 권리를 관철하려는 것이 목적이 아니라 단지 피고에게 불이익을 주거나 법원에 부담을 주려는 목적으로 소를 제기하는 경우이다. 예컨대, 수용당한 지 오랜 세월이 지난 후에 수용보상금 중 극히 일부가 미지급되었음을 이유로 수용재결의 실효를 주장하는 경우이다.[69]

③ **이익침해가 해소된 경우**
처분 후의 사정변경에 의하여 이익침해가 해소된 경우에는 소익이 없다. 예컨대, 사법시험 제1차 시험 불합격처분취소를 구하는 소송 도중에 새로이 실시된 같은 시험에 합격한 경우이다.[70]

④ **원상회복이 불가능한 경우**
위법한 처분을 취소한다 하더라도 원상회복이 불가능한 경우에도 소익이 인정되지 않는다. 예컨대, 건축허가에 따른 건축공사가 완료된 경우, 이격거리 위반을 이유로 건축허가처분의 취소를 구할 경우 이미 공사가 완료되어 이격거리를 확보하는 것은 불가능하므로 소의 이익이 인정되지 않는다.[71]

7) 소장

행정소송의 제기는 일정한 형식을 갖춘 서면인 소장을 법원에 제출함으로써 한다. 소장에 관하여는 행정소송법에 특별한 규정이 없으므로 동법 제8조에 의하여 민사소송법을 준용한다(민사소송법 제248조).

8. 소의 변경

1) 의의

소의 변경이란 소송 중에 원고가 심판의 대상인 청구를 변경하는 것을 말하며, 청구의 변경이라고도 한다. 소의 변경은 청구 그 자체의 변경일 것을 요하고 청구를 이유 있게 하기 위한 공격・방어방법의 변경은 소의 변경이 아니다.

2) 행정소송법상 소의 변경

행정소송법은 소의 변경에 관한 특별한 규정을 두고 있는바, 제21조의 규정에 의한 소의 종류의 변경과 제22조에서 규정한 처분변경으로 인한 소의 변경 그리고 기타의 소의 변경의 경우가 있다.

(1) 소의 종류의 변경

① 의의
법원은 처분 등의 취소소송을 해당 처분 등에 관계되는 사무가 귀속하는 국가 또는 공공단체에 대한 당사자소송으로 또는 취소소송 이외의 항고소송(무효등확인소송 또는 부작위위법확인소송)

---

68) 대법원 1993.4.23. 선고 92누17297 판결
69) 대법원 1993.5.14. 선고 92다51433 판결
70) 대법원 1996.2.23. 선고 95누2685 판결
71) 대법원 1992.4.24. 선고 91누11131 판결

으로 변경하는 것이 상당하다고 인정할 때에는 청구의 기초에 변경이 없는 한 사실심의 변론 종결 시까지 원고의 신청에 의하여 결정으로써 소의 변경을 허가할 수 있다(동법 제21조 제1항). 소의 종류의 변경에는 (ⅰ) 취소소송을 다른 항고소송으로 변경하거나 당해 처분 등의 효과가 귀속되는 국가 또는 공공단체 자체에 대한 당사자소송으로 변경하는 경우와(동법 제21조 제1항) (ⅱ) 무효등확인소송・부작위위법확인소송을 취소소송으로 변경하거나(동법 제37조), 당사자 소송을 항고소송으로 변경하는 경우(동법 제42조)를 포함한다.

행정소송법이 소의 종류 자체의 변경을 인정하는 이유는 행정소송의 종류가 다양하여 원고가 종류를 잘못 선택함으로써 권익의 구제에 차질이 있을 수 있기 때문이다. 다만, 소의 종류변경은 교환적 변경(구 청구를 새로운 청구로 대체하는 것)만이 허용되고, 구 청구를 유지하면서 새로운 청구를 제기하는 추가적 변경은 허용되지 아니한다. 추가적 변경은 관련청구소송의 병합적 제기(동법 제10조 제2항)의 방법에 의하여야 할 것이다.

② **소의 변경의 요건・절차**

㉠ 취소소송이 계속되고 있을 것

㉡ 사실심의 변론종결 시까지 원고의 신청이 있을 것

㉢ 취소소송을 '해당 처분 등에 관계되는 사무가 귀속하는 국가 또는 공공단체에 대한 당사자 소송 또는 취소소송 외의 항고소송'으로 변경하는 것일 것 : 여기서 '사무가 귀속하는 국가 또는 공공단체'란 조직법상 근거에 관한 것이 아니라 해당 처분 또는 재결의 효과가 귀속하는 국가 또는 공공단체를 의미한다. 따라서 국가의 사무인 경우에는 국가가, 공공단체의 사무인 경우에는 공공단체가 피고가 된다.

㉣ **청구의 기초에 변경이 없을 것** : 청구의 기초에 변경이 없어야 한다는 것은 법원에 계속 중인 취소소송에 의하여 구제받으려는 원고의 법률상 이익의 동일성이 유지되어야 한다는 것을 의미한다.[72]

㉤ 법원이 상당하다고 인정하여 허가결정을 할 것

㉥ **피고로 될 자의 의견청취** : 법원은 소의 변경을 허가함에 있어 피고를 달리 하게 될 때에는 새로이 피고가 될 자의 의견을 들어야 한다(동법 제21조 제2항).

③ **소 변경의 효과**

소의 변경을 허가하는 결정이 확정되면 새로운 소는 변경된 소를 처음에 제기한 때에 제기된 것으로 보며, 변경된 구소는 취하된 것으로 본다(동법 제21조 제4항).

④ **불복방법**

법원의 소변경허가결정에 대하여는 새로운 소의 피고와 변경된 소의 피고는 즉시 항고할 수 있다(동법 제21조 제3항).

72) 대법원 1987.7.7. 선고 87다카225 판결

(2) 처분변경으로 인한 소의 변경

① 의의

행정청이 소송의 대상인 처분을 소가 제기된 후 변경한 때에 원고가 법원의 허가를 얻어 청구의 취지 또는 원인을 변경하는 경우가 이에 해당한다(동법 제22조 제1항). 예컨대 영업허가철회처분의 취소소송의 계속중에 행정청이 허가철회처분을 허가정지처분으로 변경한 경우에 원고가 전자에 대한 소를 후자에 대한 소로 변경하는 것과 같은 것이 이에 해당한다. 이러한 소의 변경을 인정하는 취지는 피고의 책임 있는 사유로 소의 목적물이 소멸(실제로는 변경)되어 생기는 소각하와 재제소라는 불합리한 절차의 반복을 피하고 원고가 간이・신속하게 권익구제를 받을 수 있도록 하는 데 있다.

② 요건

㉠ 처분의 변경이 있을 것

㉡ 처분의 변경이 있은 것을 안 날로부터 60일 이내일 것

㉢ 기타의 요건 : 행정소송법 제18조 제1항 단서에 의하여 예외적으로 취소소송의 제기요건으로 요구되는 행정심판전치주의는 따로 충족할 것 없이 전심절차의 요건을 갖춘 것으로 본다(동법 제22조 제3항).

③ 절차

㉠ 원고의 신청 : 처분변경으로 인한 소의 변경은 원고의 신청이 있어야 하며, 법원의 직권에 의한 변경은 있을 수 없다. 원고의 소 변경의 신청은 서면에 의한 것이어야 한다.

㉡ 허가결정 : 처분변경으로 인한 소의 변경은 원고의 신청에 대하여 해당 법원이 그 변경을 허가하는 결정함으로써 한다.

④ 효과

소의 변경을 허가하는 결정이 있으면 신소는 구소가 제기된 때에 제기된 것으로 보며, 구소는 취하된 것으로 본다.

(3) 행정소송법상 기타의 소의 변경

① 무효등확인소송・부작위위법확인소송의 변경

행정소송법 제21조의 규정은 무효등확인소송이나 부작위위법확인소송을 취소소송 또는 당사자소송으로 변경하는 경우에 준용한다(동법 제37조).

② 당사자소송의 변경

행정소송법 제21조의 규정은 당사자소송을 항고소송으로 변경하는 경우에 준용한다(동법 제42조).

3) 민사소송법에 의한 소의 변경

행정소송법에 의한 소 변경은 민사소송법상 그것에 대해서 특별한 것이다. 따라서 원고는 행정소송법에 의한 소 변경 외에 소송절차를 지연케 함이 현저한 경우가 아닌 한 청구의 기초에 변경이 없는 한도

에서 민사소송법(제262조 · 제263조)에 의하여 변론의 종결 시까지 소 변경을 할 수 있다(행정소송법 제8조 제2항). 물론 이 경우에는 법원의 적극적인 허가결정은 요하지 않는다.

4) 소의 변경과 처분의 근거변경

소의 변경은 소송물을 변경하는 것인 데 대하여, 처분의 근거변경은 처분의 이유 내지 법률적 근거를 변경하는 점에서 양자는 구별된다. 법원은 당초의 처분사유와 기본적 사실관계에 있어서 동일성이 인정되는 한도 내에서만 새로운 처분사유의 추가나 변경을 허용하는 태도를 취하고 있다.[73)]

5) 처분사유의 추가 · 변경

(1) 의의

행정청이 행정처분 시에 존재하였던 사실상 · 법률상의 근거를 행정처분의 근거로 사용하지 않았으나, 사후에 취소소송의 심리과정에서 그 사유를 새로이 처분 사유로 추가하거나 변경하는 것을 말한다. 처분사유의 추가란 당초의 처분사유는 그대로 두고 새로운 사유를 처분사유로서 추가하는 것을 말하고, 처분사유의 변경이란 당초의 처분사유에 대체하는 새로운 사유를 내세우는 이른바 교환적 변경을 의미한다.

(2) 구별개념

① 처분사유의 추가 · 변경은 처분 시에 객관적으로 이미 존재하였던 법적 근거와 사실상황을 고려하는 것이므로, 처분의 성립 당시에 법적 요건의 하자가 있었으나 그 요건을 사후에 보완함으로써 그 처분의 효력을 유지시키는 하자의 치유와 구별된다.

② 처분사유의 사후변경은 행위는 그대로 두고 처분의 이유만 변경하는 것이므로, 하자 있는 행정처분을 새로운 행정처분으로 대체하는 행정처분의 전환과는 구별된다.

③ 처분사유의 사후변경과 행정절차의 하자의 치유문제로서 이유제시의 흠결 시 처분이유의 사후제시와는 구별된다. 즉, 처분이유의 사후제시가 절차적 흠결을 보완하기 위한 형식적 적법성의 문제라면, 처분사유의 사후변경은 행정행위의 실체적 적법성의 문제로서 소송 계속 중에 그 대상이 된 처분을 실체적인 적법성을 확보하기 위하여 잘못 제시된 처분의 사유를 변경하는 것을 말한다.

(3) 처분사유의 사후 변경의 인정 여부

① 학설

처분사유의 사후변경의 인정 여부와 관련하여, (ⅰ) 처분사유의 사후 변경은 처분의 상대방에게 예기치 않은 법적 불안을 초래하는 결과가 되므로 인정될 수 없다는 견해(부정설), (ⅱ) 행정청은 처분 시에 처분사유로 삼지 않은 법적 · 사실적 근거에 의하여 처분의 적법성이 인정되는지를 검토할 권한과 의무가 있으므로 처분사유의 추가 변경이 인정된다는 견해(긍정설),

---

73) 대법원 1992.2.14. 선고 91누3895 판결 등

(iii) 처분의 상대방의 신뢰보호와 소송경제적 관점에서 일정한 범위 내에서 제한적으로 허용된다는 견해(제한적 긍정설)가 있다. (iii)이 통설・판례의 입장이다.

② 판례

우리 대법원은 "행정처분의 취소를 청구하는 항고소송에 있어서 행정청은 당초 처분의 근거로 삼은 사유와 기본적 사실관계가 동일하다고 인정되는 한도 내에서만 다른 처분사유를 새로 추가하거나 변경할 수 있을 뿐, 기본적 사실관계가 동일하다고 인정되지 않는 별개의 사실을 들어 처분사유로 주장하는 것은 원칙적으로 허용되지 않는다."[74]라고 하여, 기본적인 사실관계가 동일한지의 여부에 따라 결정한다.

문제는 동일성의 인정여부에 관한 판단 기준인바, 이에 대하여 대법원은 일반적으로 시간적・장소적 근접성, 행위의 태양・결과 등의 제반 사정을 종합적으로 고려하여 처분사유를 법률적으로 평가하기 이전의 구체적인 사실에 착안하여 그 기초가 되는 사회적 사실관계가 기본적인 점에서 동일한지 여부에 따라 판단할 것이라고 하고 있다.[75]

이러한 관점에서 보면 (i) 처분 당시의 사실을 변경하지 않은 채 처분의 근거법령만을 변경한 경우, (ii) 허가기준에 맞지 않음을 이유로 불허가 처분한 후, 구체적 불허가 사유를 제시하는 경우 등은 기본적 사실관계의 동일성이 인정된다고 한다.

③ 범위

대법원 판례 등을 종합적으로 검토하면 그 범위는 다음과 같다.

㉠ 처분사유의 변경은 청구의 변경을 가져오는 것이어서는 안 되므로 소송물의 범위 내에서만 가능하다. 그리고 소송물의 범위 내에서도 행정처분의 상대방인 국민에 대한 신뢰보호의 관점에서 기본적 사실관계에 있어서의 동일성이 유지되는 한도 내에서만 가능하다. 따라서 분쟁 대상인 행정행위의 요건・내용・효과에 본질적인 변경이 없어야 한다. 만약 변경이 따른다면, 분쟁대상이 변경됨을 의미한다.[76]

㉡ 위법성의 판단은 처분시설에 따라 처분 시를 기준으로 판단되므로 추가사유나 변경사유는 처분 시에 객관적으로 존재하던 사유이어야 하며 처분 시 이후의 사정은 사후변경할 수 있는 이유에 해당하지 않는다.

㉢ 처분사유의 변경은 취소소송의 소송물의 범위 내에서만 가능하다. 처분사유의 변경으로 소송물이 변경된다면 청구가 변경되는 것이므로 이 경우에는 소의 변경을 하여야 한다. 예컨대, 징계처분의 경우에는 징계처분사유(비위사실)를 변경하는 것은 징계처분을 변경하는 것이 되므로 징계처분사유를 변경하는 것은 인정될 수 없다. 다만, 징계처분사유와 동일성을 가지는 범위 내에서는 처분사유의 추가가 인정될 수 있을 것이다.

74) 대법원 2004.5.28. 선고 2002두5016 판결
75) 대법원 2001.3.23. 선고 99두6392 판결
76) 홍정선, 행정법원론(상), 926면.

판례

행정처분의 취소를 구하는 항고소송에 있어서, 처분청은 당초 처분의 근거로 삼은 사유와 기본적 사실관계가 동일성이 있다고 인정되는 한도 내에서만 다른 사유를 추가하거나 변경할 수 있고, 여기서 기본적 사실관계의 동일성 유무는 처분사유를 법률적으로 평가하기 이전의 구체적인 사실에 착안하여 그 기초인 사회적 사실관계가 기본적인 점에서 동일한지 여부에 따라 결정되며 이와 같이 기본적 사실관계와 동일성이 인정되지 않는 별개의 사실을 들어 처분사유로 주장하는 것이 허용되지 않는다고 해석하는 이유는 행정처분의 상대방의 방어권을 보장함으로써 실질적 법치주의를 구현하고 행정처분의 상대방에 대한 신뢰를 보호하고자 함에 그 취지가 있다(대법원 2003.12.11. 선고 2001두8827 판결).

판례

대법원 2013. 8. 22. 선고 2011두28301 판결 [이주대책대상자거부처분취소][미간행]

【판시사항】

행정처분의 취소를 구하는 항고소송에서 처분청이 당초 처분의 근거로 삼은 사유와 기본적 사실관계에서 동일성이 인정되는 다른 사유를 추가하거나 변경할 수 있는지 여부(적극) 및 기본적 사실관계가 동일하다는 것의 의미

【참조조문】

행정소송법 제1조[행정처분일반], 제19조, 제27조[행정소송재판일반]

【참조판례】

대법원 2001. 9. 28. 선고 2000두8684 판결(공2001하, 2371)

대법원 2008. 2. 28. 선고 2007두13791, 13807 판결(공2008상, 462)

【전 문】

【원고, 피상고인】 원고 1 외 12인 (소송대리인 변호사 차균희)

【피고, 상고인】 한국철도시설공단 (소송대리인 법무법인 나은 담당변호사 석윤수 외 2인)

【원심판결】 서울고법 2011. 10. 14. 선고 2011누8378 판결

【주 문】

원심판결을 파기하고, 사건을 서울고등법원에 환송한다.

【이 유】

상고이유를 판단한다.

1. 공익사업을 위한 토지 등의 취득 및 보상에 관한 법률(이하 '공익사업법'이라 한다) 제78조 제1항은 "사업시행자는 공익사업의 시행으로 인하여 주거용 건축물을 제공함에 따라 생활의 근거를 상실하게 되는 자(이하 '이주대책대상자'라 한다)를 위하여 대통령령이 정하는 바에 따라 이주대책을 수립·실시하거나 이주정착금을 지급하여야 한다."고 규정하고 있다.

이에 따라 구 공익사업을 위한 토지 등의 취득 및 보상에 관한 법률 시행령(2011. 12. 28. 대통령령 제23425호로 개정되기 전의 것, 이하 '공익사업법 시행령'이라 한다) 제40조 제2항은 "이주대책은 국토해양부령이 정하는 부득이한 사유가 있는 경우를 제외하고는 이주대책대상자 중 이주정착지에 이주를 희망하는 자가 10호 이상인 경우에 수립・실시한다."고 규정하고 있고, 제41조는 "사업시행자는 법 제78조 제1항의 규정에 의하여, 이주대책을 수립・실시하지 아니하는 경우, 이주대책대상자가 이주정착지가 아닌 다른 지역으로 이주하고자 하는 경우에는 이주대책대상자에게 국토해양부령이 정하는 바에 따라 이주정착금을 지급하여야 한다."고 규정하고 있다.

그리고 구 공익사업을 위한 토지 등의 취득 및 보상에 관한 법률 시행규칙(2013. 3. 23. 국토교통부령 제1호로 개정되기 전의 것, 이하 '공익사업법 시행규칙'이라 한다) 제53조 제1항은 "영 제40조 제2항에서 국토해양부령이 정하는 부득이한 사유라 함은 다음 각 호의 1에 해당하는 경우를 말한다."고 하면서 제1호에서 "공익사업시행지구의 인근에 택지 조성에 적합한 토지가 없는 경우"를, 제2호에서 "이주대책에 필요한 비용이 당해 공익사업의 본래의 목적을 위한 소요비용을 초과하는 등 이주대책의 수립・실시로 인하여 당해 공익사업의 시행이 사실상 곤란하게 되는 경우"를 들고 있다.

2. 원심은 그 채택 증거에 의하여 원고들이 수원 － 인천 간 복선전철화 사업(이하 '이 사건 사업'이라 한다)으로 인하여 거주하고 있던 주거용 건축물을 피고에게 제공하여 생활의 근거를 상실하게 되었다면서 이주대책을 수립하여 줄 것을 신청한 사실, 이에 대하여 피고는 2009. 10. 8. "한국토지주택공사에서 관계 법령에 의거 이주대책을 수립하는 단지형 사업과는 달리 피고의 경우 택지 또는 주택을 공급할 수 있는 관계 법령이 없고, 이 사건 사업은 선형사업으로서 철도건설에 꼭 필요한 최소한의 토지만 보상하므로 사실상 이주택지공급이 불가능하여 결국 이 사건 사업은 공익사업법 시행령 제40조 제2항에서 정하는 이주대책 수립이 불가능한 사유에 해당되어 공익사업법 시행령 제41조에 따라 이주정착금을 지급하고 있다."는 이유로 원고들의 신청을 거부하는 이 사건 처분을 한 사실을 인정한 다음, 이 사건 처분 당시 피고가 이주대책을 수립하지 못할 '부득이한 사유'가 있었다는 점을 인정할 수 없으므로 원고들의 신청을 거부한 이 사건 처분은 위법하다고 판단하였다.

나아가 원심은 원고들 중 일부가 당해 건축물에 계약체결일 또는 수용재결일까지 계속하여 거주하고 있지 아니하였거나 이주정착지로의 이주를 포기하고 이주정착금을 받은 자에 해당하여 피고에게 이주대책 수립・실시를 요구할 수 있는 이주대책대상자는 10호 미만이므로 공익사업법 시행령 제40조 제2항에 따라 이주대책 수립・실시를 거부한 이 사건 처분은 적법하다는 피고의 주장에 대하여, 피고의 이러한 주장사실은 이 사건 처분사유가 아닐 뿐만 아니라, 이 사건 처분사유와 기본적 사실관계에 있어 동일성도 인정되지 아니하므로 피고가 주장하는 위 사유를 이 사건 처분에 대한 적법성의 근거로 삼을 수 없다고 판단하였다.

3. 우선 관련 규정 및 원심이 적법하게 채택한 증거들에 비추어 살펴보면, 원심이 철도건설사업인 이 사건 사업이 공익사업법의 적용을 받는 이상 이주대책의 수립과 관련하여 택지 또는 주택을 공급할 수 있는 관계 법령이 없다고 볼 수 없고, 이 사건 처분 당시 피고가 이주대책을 수립하지 못할 '부득이한 사유'가 있었다는 점을 인정할 수 없다고 판단한 것은 정당하고, 거기에 상고이유 주장과 같이 공익사업법 시행령 제40조 및 공익사업법 시행규칙 제53조 소정의 '부득이한 사유'의 해석에 관한 법리를 오해한 위법이 없다.

4. 그러나 '이주대책대상자 중 이주정착지에 이주를 희망하는 자가 10호에 미치지 못한다.'는 피고의 주장에 관한 원심의 위와 같은 판단은 다음과 같은 이유로 수긍하기 어렵다.

행정처분의 취소를 구하는 항고소송에 있어서는 실질적 법치주의와 행정처분의 상대방인 국민에 대한 신뢰보호라는 견지에서 처분청은 당초 처분의 근거로 삼은 사유와 기본적 사실관계에 있어서 동일성이 있다고 인정되지 않는 별개의 사실을 들어 처분사유로 주장함은 허용되지 아니하나, 당초 처분의 근거로 삼은 사유와 기본적 사실관계에 있어서 동일성이 있다고 인정되는 한도 내에서는 다른 사유를 추가하거나 변경할 수 있다. 그리고 기본적 사실관계가 동일하다는 것은 처분사유를 법률적으로 평가하기 이전의 구체적인 사실에 착안하여 그 기초적인 사회적 사실관계가 기본적인 점에서 동일한 것을 말하며, 처분청이 처분 당시에 적시한 구체적 사실을 변경하지 아니하는 범위 내에서 단지 그 처분의 근거 법령만을 추가·변경하거나 당초의 처분사유를 구체적으로 표시하는 것에 불과한 경우에는 새로운 처분사유를 추가하거나 변경하는 것이라고 볼 수 없다(대법원 2001. 9. 28. 선고 2000두8684 판결, 대법원 2008. 2. 28. 선고 2007두13791, 13807 판결 등 참조).

기록에 의하면, 피고가 2009. 10. 8. 원고들에게 보낸 이주대책수립요구에 대한 회신(갑 제1호증)에는 원심이 이 사건 처분사유로 인정한 것 이외에도 "이주대책수립을 요구해 오신 사람 중에서 상당수(7인, 수용재결 중 3인)가 이미 계약을 체결한 후 보상금을 수령 하신 상태에서 이주정착지를 요구하는 것은 실효성이 없는 것으로 판단되며"라고 기재되어 있는 것을 알 수 있는데, 거기에는 이주대책대상자 중에서 이주정착금을 지급 받은 자들은 이주대책의 수립·실시를 요구할 수 없으므로 전체 신청자 19명 중에서 이들을 제외하면 이주대책 수립 요구를 위한 10명에 미달하게 된다는 의미를 내포하고 있다고 볼 수 있다.

그렇다면 이 사건 처분사유에는 '이주대책을 수립·실시하지 못할 부득이한 사유에 해당한다.'는 점 이외에도 '이주대책대상자 중 이주정착지에 이주를 희망하는 자가 10호에 미치지 못한다.'는 점도 포함하고 있다고 할 수 있으므로 원심으로서는 이주대책대상자 중 10호 이상이 이주정착지에 이주를 희망하고 있는지, 그에 따라 피고가 이주대책을 수립·실시하여야 할 의무가 있는지 등을 심리하여 이 사건 처분의 적법 여부를 판단하였어야 옳다.

그럼에도 피고가 이 사건 소송에서 주장한 '이주대책대상자 중 이주정착지에 이주를 희망하는 자가 10호에 미치지 못한다.'는 사유에 관한 심리·판단을 생략한 채, 단지 공익사업법 시행령 제40조 및 공익사업법 시행규칙 제53조에서 정한 '부득이한 사유'에 해당하지 않는다는 이유만을 들어 이 사건

처분이 위법하다고 판단한 원심판결에는 처분사유의 추가·변경에 관한 법리를 오해하여 필요한 심리를 다하지 아니함으로써 판결에 영향을 미친 위법이 있다고 할 것이다. 이 점을 지적하는 상고이유 주장은 이유 있다.

5. 그러므로 원심판결을 파기하고 사건을 다시 심리·판단하게 하기 위하여 원심법원에 환송하기로 하여, 관여 대법관의 일치된 의견으로 주문과 같이 판결한다.

(출처 : 대법원 2013. 8. 22. 선고 2011두28301 판결 [이주대책대상자거부처분취소])

④ 결어

우리 판례는 기속행위와 재량행위를 구분하지 않고 '기본적인 사실관계의 동일성'이라는 기준을 근거로 이를 인정하고 있으나 실제로 처분사유의 추가·변경이 인정되는 범위는 아주 제한적이다. 판례는 단순히 근거법령을 추가하거나 변경하는 경우 또는 추상적이고 불명확한 당초의 처분사유를 구체화하는 정도 내에서만 이를 허용하고 있다. 직권탐지주의와 소송경제의 원칙에 입각하여 인정되고 있는 처분사유의 추가·변경의 범위는 해당 행정처분이 기속행위인가 재량행위인가의 여부에 따라 현저히 차이가 날 수밖에 없다.

즉 기속행위에 있어서는 규율 내용이 객관적으로 법에 상응하는지 여부가 적법성 판단에 결정적이며, 반면 재량행위에서는 이유제시에 필수적인 재량고려가 결여되어 있다거나 재량고려의 대상이 되는 관점이 잘못 평가된다면 재량처분이 위법하다고 볼 수 있다.[77] 재량처분에 있어서 중심적인 재량고려의 변경과 재량고려의 완전한 교체 및 불행사된 재량고려의 추가·처분의 동일성 변경에 해당되어 허용되지 않는다. 즉, 처분 사유의 추가·변경을 통하여 행정처분의 동일성이 변경되어 새로운 행정처분이 존재하게 되는 경우에는 원고는 이를 안지 60일 이내에 소의 변경을 신청할 수 있다.

9. 소제기의 효과

1) 주관적 효과

법원은 취소소송이 제기되면 해당 사건을 심리하고 판결할 기속(법원의 심리의무)을 받는 동시에 당사자는 동일한 사건에 대하여 다시 소를 제기하지 못하게 된다(중복제소금지). 이를 소제기의 주관적 효과라고 한다.

2) 객관적 효과

취소소송의 제기가 계쟁처분 또는 재결에 미치는 효력의 문제를 소제기의 객관적 효과라고 한다. 소송의 제기는 집행정지 또는 집행부정지의 효과를 발생할 수 있으나 그것은 입법정책적으로 결정되어질 문제인 것이다. 행정소송법은 원칙적으로 집행부정지의 원칙을 채택하고 예외적으로 일정한 사유가 있는 경우에 한하여 집행정지가 인정되고 있는데, 그 범위 내에서 인정되는 것이라 할 수 있다.

77) 류지태, 행정법신론, 588면.

10. 취소소송과 가구제

1) 개설

행정소송을 제기하여 확정판결을 받기까지는 상당한 시일이 요하게 되므로 그동안 분쟁의 대상이 된 법률관계의 내용이 실현되어 버린다면 소송에 승소하더라도 그 구제의 목적을 달성하기 어려운 때가 있을 수 있다. 이러한 경우에 판결이 있기 전이라도 미리 잠정적으로 분쟁 대상이 된 행정작용이나 공법상 권리관계에 관하여 잠정적인 임시의 효력관계나 지위를 정함으로써 본안판결의 확정 시까지 권리구제를 도모하는 것이 필요하다.

행정소송에 있어서 가구제란 이와 같이 정상적인 권리구제절차에 의해서는 구제목적을 달성할 수 없는 경우 원고에게 일정한 요건하에 잠정적인 권리보호를 부여하는 절차를 말한다. 보통 집행정지와 가처분으로 구분되고 있으나 그 구체적인 내용은 각국의 제도적 차이로 인하여 동일하지 아니하다.

2) 현행법상 가구제제도

(1) 집행부정지원칙

행정소송법은 "취소소송의 제기는 처분 등의 효력이나 그 집행 또는 절차의 속행에 영향을 주지 아니한다(동법 제23조 제1항)."라고 규정하여 집행부정지원칙을 채택하고 있다. 집행부정지원칙을 행정처분의 공정력에서 근거를 구하는 견해도 있으나 그것은 오해이다. 집행정지원칙을 택할 것인가, 집행부정지원칙을 택할 것인가는 행정의 신속성·실효성을 중시하는가 아니면 국민의 권리보호를 중시하는가에 의하여 결정될 입법정책의 문제이다.[78] 현행법이 집행정지원칙을 채택하고 있는 것은 전자의 입장에서 행정의 원활한 운영의 보장 및 남소의 방지에 그 이유를 두고 있다.

(2) 집행정지

행정소송법은 집행부정지원칙으로 인한 불합리한 결과를 방지하기 위하여 일정한 경우에 당사자의 신청 또는 직권에 의하여 법원이 예외적으로 집행정지를 할 수 있도록 하고 있다. 그러나 입법론적으로 보면 이러한 예외와 앞의 원칙을 역으로 하는 것이 실질적 법치국가원리에 보다 더 충실하다 할 것이다. 어찌되었던 집행정지는 본안판결이 확정될 때까지 임시의 지위를 정하는 잠정적 처분이므로 본안소송과는 달리 ① 잠정성, ② 긴급성 및, ③ 본안소송에의 부종성 등의 특성을 지닌다.

① 집행정지결정의 성질

처분 등의 집행정지결정의 성질에 관해서 집행정지결정은 본래 일반 행정작용과 다름이 없지만 편의상 본안소송이 계속된 법원이 그 권한을 갖는 데 불과하다는 행정작용설도 있다. 그러나 집행정지결정이란 원고의 권리보전을 도모하기 위하여 법원이 계쟁처분의 집행을 잠정적으로 정지하는 것이며, 따라서 형식적으로나 내용적으로 보전소송절차적인 것으로 보아야 하므로 사법작용설이 타당하다.

---

78) 일본과 제2차 세계대전 전의 독일은 집행부정지의 원칙을 채택하였으나, 제2차 세계대전 후 독일은 집행정지원칙을 채택하고 있다.

② 집행정지요건

법원의 집행정지결정에는 다음과 같은 적극적 요건과 소극적 요건이 충족되어야 한다.

㉠ 적극적 요건 : 적극적 요건의 존재는 신청자가 소명하여야 한다.

ⓐ 적법한 본안소송의 계속 : 민사소송법상 가처분이 소송제기 전에 보전수단으로 신청될 수 있는 것과 달리 집행정지는 본안인 항고소송의 계속을 요건으로 한다. 행정소송법 제23조 제3항이 '취소소송이 제기된 경우에', '본안이 계속되고 있는 법원'이라고 규정하고 있음은 이를 나타낸 것이다. 다만, 소송제기로써 소송계속이 성립되는 것인 이상 소제기와 동시에 집행정지신청을 하는 것은 허용된다고 본다. 또한 집행정지는 본안소송에서 원고가 승소할 수 있는 가능성을 전제로 한 권리보호수단이므로 본안소송은 적법한 것이어야 한다.

ⓑ 처분 등의 존재 : 처분 등이 존재해야 한다. 행정소송법 제23조 제1항에 의한 집행정지의 대상은 처분 등의 효력, 처분 등의 집행, 절차의 속행이다. 따라서 처분 등이 효력을 발생하기 전에 그의 정지를 할 수 없음은 말할 것도 없거니와 부작위의 경우나 처분 등이 그의 목적을 달성하여 소멸한 후에는 원칙적으로 집행정지의 실익이 없다. 그러므로 집행정지는 취소소송이나 무효등확인소송에만 허용되고 부작위위법확인소송의 경우에는 허용되지 않는다. 거부처분의 경우 견해가 나뉘고 있는바, 부정설의 입장은 집행정지를 인정한다 하여도 신청인의 지위는 거부처분이 없는 상태로 돌아가는 것에 불과하고, 집행정지결정의 기속력과 관련하여 행정소송법 제23조 제6항은 기속력에 관한 원칙규정인 제30조 제1항의 준용만을 규정할 뿐, 재처분 의무를 규정한 제30조 제2항을 규정하고 있지 아니함을 논거로 부정해야 한다는 견해이다. 통설・판례의 입장이다.
이에 대하여 원칙적으로 부정설의 입장이 타당하지만, 기간에 제한이 있는 허가사업을 영위하는 자가 허가기간의 만료 시 갱신허가를 신청하였음에도 권한행정청이 거부처분한 경우에는 집행정지를 인정할 실익도 있는바, 거부처분이 언제나 집행정지의 대상이 아니라고 말하기는 어려운바, 제한적으로 긍정할 필요가 있다는 제한적 긍정설의 견해도 유력하다.

ⓒ 회복하기 어려운 손해예방의 필요 : '회복하기 어려운 손해'란 금전보상이 불가능한 경우뿐만 아니라 금전보상으로는 사회관념상 처분을 받은 당사자가 참고 견딜 수 없거나 또는 참고 견디기가 현저히 곤란한 경우의 유형・무형의 손해를 말한다는 것이 통설이고 판례[79]이다.

ⓓ 긴급한 필요 : 집행정지는 손해발생가능성이 절박하여 본안판결을 기다릴 만한 시간적 여유가 없는 경우에만 허용될 수 있다. '긴급한 필요'는 손해발생의 시간적 절박성을 포괄하는 개념이라 할 수 있다. 그리고 회복하기 어려운 손해의 예방과 긴급한 필요의 여부는 각각 개별적으로 판단할 것이 아니라 앞의 요건이 충족하면 뒤의 요건이 충족되지 않는 것으로 보아 합일적・포괄적으로 판단하여야 할 것이다.

---

79) 대법원 1986.3.21.자 86두5 결정

㉡ **소극적 요건** : 집행정지는 공공복리에 중대한 영향을 미칠 우려가 있는 경우에는 허용되지 않는다(동법 제23조 제3항). 집행정지가 공공에 미치는 영향과 처분의 집행이 신청인에게 가하는 손해를 비교형량하여 결정할 일로서 비례원칙의 적용에 신중을 기할 필요가 있다.

㉢ **본안의 이유 유무와 집행정지**(본안청구의 이유 없음이 명백하지 않을 것)
행정소송법은 본안에 관한 이유 유무(처분의 위법성 여부)가 집행정지에 어떠한 영향을 미치는가에 대하여 명문으로 규정하고 있지 않다.[80] 그러나 행정소송법 제23조 제2항 및 제3항에서 정하는 집행정지의 요건 외에 본안에 관한 이유 유무가 집행정지의 요건으로 될 수 있는지가 문제된다. 판례는 집행정지사건 자체에 의하여도 신청인의 본안청구가 이유 없음이 명백하지 않아야 함을 집행정지의 요건에 포함시키고 있다(대결 1992.6.8, 92두14). 학설은 (ⅰ) 본안청구에 이유 없음이 명백하지 않아야 한다는 것을 집행정지의 소극적 요건으로 보는 견해(한견우, 김철용), (ⅱ) 그것을 요건으로 보지 아니하는 견해, (ⅲ) 본안청구에 이유 있음이 명백하여야 한다는 것을 집행정지의 적극적 요건으로 보는 견해로 나뉜다. 생각건대 본안의 이유 없음이 명백한 경우에까지 집행정지신청을 인용하는 것은 실질적인 국민의 권리보호와 원활한 행정운영의 확보와의 조정을 목표로 하는 집행정지제도의 취지에 반하고 그 권리보전적 성격에 모순된다고 할 수 있다. 따라서 이 경우에는 집행정지로서의 실질적 전제가 아예 상실되는 것이므로 이를 소극적 요건으로 보는 것이 타당하다고 본다. 행정처분의 효력정지나 집행정지를 구하는 신청사건에서는 행정처분 자체의 적법 여부는 원칙적으로 판단의 대상이 아니고, 그 행정처분의 효력이나 집행을 정지할 것인가에 관한 행정소송법 제23조 제2항 소정의 요건의 존부만이 판단의 대상이 되는 것이다. 다만, 집행정지는 행정처분의 집행부정지원칙의 예외로서 인정되는 것이고, 또 본안에서 원고가 승소할 수 있는 가능성을 전제로 한 권리보호수단이라는 점에 비추어 보면, 집행정지사건 자체에 의하여도 신청인의 본안청구가 적법한 것이어야 한다는 것을 집행정지의 요건에 포함시킴이 상당하다(대결 2010.11.26, 2010무137).

참고

감정평가 및 보상법규 기출문제 채점위원 강평 시 아래와 같이 정리를 요한다고 강평한다.

1. 적극적 요건

(1) 정지대상인 처분 등이 존재할 것 : 행정소송법상 집행정지는 종전의 상태, 즉 원상을 회복하여 유지시키는 소극적인 것이므로 침해적 처분을 대상으로 한다.

(2) 적법한 본안소송이 계속 중일 것 : 행정소송법상의 집행정지는 민사소송에서의 가처분과는 달리 적법한 본안소송이 계속 중일 것을 요하며, 계속된 본안소송은 소송요건을 갖춘 적법한 것이어야 한다.

(3) 회복하기 어려운 손해 : 판례는 금전보상이 불가능하거나 사회통념상 참고 견디기가 현저히 곤란한 유・무형의 손해(적소는 요건 아님)와 중대한 경영상의 위기를(아람마트 사건) 회복하기 어려운 손해로 보고 있다. 이에 대한 소명책임은 신청인에게 있다.

---

80) 일본 행정사건소송법 제25조 제3항은 "집행정지는 공공의 복지에 중대한 영향을 미칠 우려가 있는 때 또는 본안에 관하여 이유가 없는 것으로 보여질 때에는 할 수 없다."라고 규정하고 있다.

(4) 긴급한 필요의 존재 : 회복하기 어려운 손해의 발생이 절박하여 손해를 회피하기 위하여 본안판결을 기다릴 여유가 없을 것을 말한다(대판 1994.1.17, 93두79).

2. 소극적 요건

(1) 공공복리에 중대한 영향이 없을 것 : 처분의 집행에 의해 신청인이 입을 손해와 집행정지에 의해 영향을 받을 공공복리 간 이익형량을 하여 공공복리에 중대한 영향을 미칠 우려가 없어야 한다(대결 1999.12.20, 99무42).

(2) 본안청구가 이유 없음이 명백하지 아니할 것 : 집행정지는 인용판결의 실효성을 확보하기 위하여 인정되는 것이며 행정의 원활한 수행을 보장하며 집행정지신청의 남용을 방지할 필요도 있으므로 본안청구가 이유 없음이 명백하지 아니할 것을 집행정지의 소극적 요건으로 하는 것이 타당하다는 것이 일반적 견해이며 판례도 이러한 입장을 취하고 있다(대결 1992.8.7, 92두30).

③ 집행정지절차

㉠ 당사자의 신청 또는 직권 : 집행정지는 당사자의 신청 또는 법원의 직권에 의하여 행하여진다. 신청자는 신청인적격을 가져야 하며, 본안소송을 보전하기에 적합한 상대방을 상대로 신청하지 않으면 안 된다.

㉡ 관할 : 집행정지의 관할법원은 본안이 계속된 법원이다(동법 제23조 제2항 참조).

㉢ 심리 : 신청인은 그 신청의 이유에 대하여 소명하여야 한다(동법 제22조 제4항). 집행정지의 적극적 요건의 존재는 신청인이 소명하여야 하고, 집행정지로 인한 공공복리에 중대한 영향을 미칠 우려의 존재와 같은 소극적 요건은 피신청인인 행정청이 소명하여야 한다. 집행정지결정에 있어서는 원칙적으로 행정처분 자체의 적법여부가 아니라 그 행정처분의 효력이나 집행 등을 정지시킬 것인가의 여부에 대한 소정의 요건의 존부가 그 판단대상이 된다.

④ 집행정지결정의 대상

행정소송법상 집행정지는 종전의 상태(처분 전의 상태)를 유지시키는 소극적인 것이며, 종전의 상태를 변경시키는 적극적인 조치로 활용될 수 없다. 따라서 집행정지는 (i) 처분 전, (ii) 부작위 또는, (iii) 처분 소멸 후에는 그 대상이 없으므로 허용되지 아니한다. 그리하여 집행정지가 허용될 수 있는 본안소송은 취소소송과 무효등확인소송이며, 부작위위법확인소송은 제외된다.

수익처분의 신청에 대한 거부처분에 대한 집행정지도 인정되지 않는다는 것이 판례 및 다수설의 견해이다. 그것은 거부처분에 대한 집행정지결정이 있더라도 거부처분이 없었던 것과 같은 상태가 될 뿐이며, 수익처분이 있었던 것과 같은 법적 상태는 실현될 수 없기 때문이다. 그러나 사안에 따라서는 거부처분의 효력을 정지함으로써 거부처분이 없었던 것과 같은 상태를 실현하는 것만으로도 당사자의 권리가 보호되는 경우가 존재할 수 있으므로 거부처분을 일반적으로 집행정지 대상에서 제외하는 것은 타당하지 않다. 예컨대 외국인의 체류기간 갱신허가의 거부처분과 같은 것은 집행정지결정의 대상이 될 수 있다. 왜냐하면 이 거부처분의 효력이 정지되는 경우 신청인은 체류기간이 경과한 후에도 불법체류자가 되지 않는 이익이 있기 때문이다.

집행정지결정은 보통의 경우에는 사인 대 행정청의 이해관계 내지는 사익과 공익의 조절의 문제이나 복효적 행정행위에 있어서는 여기에 더하여 사인 대 사인의 이해관계 내지는 사익과 사익의 조절의 문제가 된다. 따라서 처분 등의 직접상대방에 대한 수익처분(예 건축허가처분)에 대하여 제3자(예 인인)가 취소소송을 제기하고 집행정지결정을 신청하는 경우 이에 대하여 수익자(건축주)의 대항수단의 강구가 요청된다.

행정행위의 부관 내지 가분적 처분이 집행정지의 대상이 되는가 하는 것이 문제된다. 부담과 같은 부관은 그 자체가 독립한 행정행위로서의 성질을 가지기 때문에 집행정지의 요건을 충족하는 때에는 집행정지결정을 할 수 있을 것이다.

⑤ 집행정지결정의 내용

집행정지결정은 본안소송이 종결될 때까지 처분 등의 효력이나 그 집행 또는 절차의 속행의 전부 또는 일부를 정지함을 그 내용으로 한다. 다만, 처분의 효력정지는 처분 등의 집행 또는 절차의 속행을 정지함으로써 목적을 달성할 수 있는 경우에는 허용되지 않는다(동법 제23조 제2항 단서). 이는 비례원칙적 고려에 의한 것으로 집행정지제도의 목적이 회복하기 어려운 손해의 발생을 방지하는 데 있으므로 집행의 정지 또는 절차속행의 정지에 의하여 그 목적을 달성할 수 있을 때에는 해당 처분의 효력까지 정지시킬 필요가 없기 때문이다.

⑥ 집행정지결정의 효력

㉠ **형성력** : 처분 등의 효력정지는 행정처분이 없었던 것과 같은 상태를 실현시키는 것이므로 그 범위 안에서 형성력을 가진다고 볼 수 있다.

㉡ **당사자 및 관계행정청에 대한 기속력** : 집행정지결정의 효력이 당사자, 즉 신청인과 피신청인에 미친다는 것은 당연한 일이나 판결의 효력에 준하여 관계행정청에 대하여도 효력이 미친다(동법 제23조 제6항). 당사자인 행정청 이외의 관계행정청에 대하여 집행정지결정의 효력이 미치는 것은 행정소송에서의 실질적인 피고는 행정주체인 국가 또는 지방자치단체라는 점에서 당연하다. 집행정지 결정에 위배되는 내용의 행정처분은 중대명백한 내용상 하자로 무효가 된다.

㉢ **제3자에 대한 효력** : 집행정지결정 및 집행정지의 취소결정의 효력은 제3자에 대하여도 미친다(동법 제29조 제2항). 그러나 취소판결 효력의 제3자효에 관한 상대효설과 대세효설 간의 대립이 집행정지결정의 효력의 제3자효에 관하여도 일어날 수 있다.

㉣ **시간적 효력** : 집행정지결정의 효력은 결정의 주문에 정하여진 시기까지 존속하는 것이나 주문에 특별한 정함이 없는 때에는 본안소송에 대한 판결이 확정될 때까지 존속한다. 한편 집행정지결정은 장래에 향하여 효력을 발생함이 원칙이겠으나 소급하는 경우도 있을 수 있다.

(3) 집행정지결정의 취소

집행정지결정이 확정된 후 집행정지가 공공복리에 중대한 영향을 미치거나 그 정지사유가 없어진 때에는 해당 집행정지결정을 한 법원은 당사자의 신청 또는 직권에 의하여 결정으로써 집행정지의 결정을 취소할 수 있다(동법 제24조 제1항). 당사자가 집행정지결정의 취소를 신청하는 때에는 그 사유를 소명하여야 한다(동조 제2항). 한편 집행정지결정의 취소신청은 행정청이 행하는 것으로 예정되어 있다고 볼 수 있는데, 복효적 행정행위에 있어서 처분의 직접 상대방인 수익자가 취소신청을 할 수 있는지가 문제되나 신청할 수 있다고 본다.

(4) 집행정지 등 결정에의 불복

집행정지결정 또는 기각결정에 대하여는 즉시 항고를 할 수 있다. 집행정지결정에 대한 즉시 항고에는 결정의 집행을 정지하는 효력이 없다(동법 제23조 제5항). 복효적 행정행위에 있어서는 집행정지결정에 대한 즉시 항고는 집행정지결정으로 불이익을 받는 자의 대항수단이 된다.

판례

■ **최근 집행정지에 대한 대법원 판례 쟁점**(보상법규 제34회 3번 기출)

★ **대법원 2022. 2. 11. 선고 2021두40720[위반차량운행정지취소등]**

【판시사항】

[1] 효력기간이 정해져 있는 제재적 행정처분에 대한 취소소송에서 법원이 본안소송의 판결 선고 시까지 집행정지결정을 한 경우, 처분에서 정해 둔 효력기간은 판결 선고 시까지 진행하지 않다가 선고된 때에 다시 진행하는지 여부(적극) / 처분에서 정해 둔 효력기간의 시기와 종기가 집행정지기간 중에 모두 경과한 경우에도 마찬가지인지 여부(적극) / 이러한 법리는 행정심판위원회가 행정심판법 제30조에 따라 집행정지결정을 한 경우에도 그대로 적용되는지 여부(적극)

[2] 효력기간이 정해져 있는 제재적 행정처분의 효력이 발생한 이후 행정청이 상대방에 대한 별도의 처분으로 효력기간의 시기와 종기를 다시 정할 수 있는지 여부(적극) / 위와 같은 후속 변경처분서에 당초 행정처분의 집행을 특정 소송사건의 판결 시까지 유예한다고 기재한 경우, 처분의 효력기간은 판결 선고 시까지 진행이 정지되었다가 선고되면 다시 진행하는지 여부(적극) / 당초의 제재적 행정처분에서 정한 효력기간이 경과한 후 동일한 사유로 다시 제재적 행정처분을 하는 것이 위법한 이중처분에 해당하는지 여부(적극)

【판결요지】

[1] 행정소송법 제23조에 따른 집행정지결정의 효력은 결정 주문에서 정한 종기까지 존속하고, 그 종기가 도래하면 당연히 소멸한다. 따라서 효력기간이 정해져 있는 제재적 행정처분에 대한 취소소송에서 법원이 본안소송의 판결 선고 시까지 집행정지결정을 하면, 처분에서 정해 둔 효력기간(집행정지결정 당시 이미 일부 집행되었다면 그 나머지 기간)은 판결 선고 시까지 진행하지 않다가 판결이 선고되면 그때 집행정지결정의 효력이 소멸함과 동시에 처분의 효력이 당연히 부활하여 처분에서 정한 효력기간이 다시 진행한다. 이는 처분에서 효력기간의 시기(시기)와 종기(종기)를 정해 두었는데, 그 시기와 종기가 집행정지기간 중에 모두 경과한 경우에도 특별한 사정이 없는 한 마찬가지이다. 이러한 법리는 행정심판위원회가 행정심판법 제30조에 따라 집행정지결정을 한 경우에도 그대로 적용된다. 행정심판위원회가 행정심판 청구 사건의 재결이 있을 때까지 처분의 집행을 정지한다고 결정한 경우에는, 재결서 정본이 청구인에게 송달된 때 재결의 효력이 발생하므로(행정심판법 제48조 제2항, 제1항 참조) 그때 집행정지결정의 효력이 소멸함과 동시에 처분의 효력이 부활한다.

[2] 효력기간이 정해져 있는 제재적 행정처분의 효력이 발생한 이후에도 행정청은 특별한 사정이 없는 한 상대방에 대한 별도의 처분으로써 효력기간의 시기와 종기를 다시 정할 수 있다. 이는 당초의 제재적 행정처분이 유효함을 전제로 그 구체적인 집행시기만을 변경하는 후속 변경처분이다. 이러한 후속 변경처분도 특별한 규정이 없는 한 의사표시에 관한 일반법리에 따라 상대방에게 고지되어

야 효력이 발생한다. 위와 같은 후속 변경처분서에 효력기간의 시기와 종기를 다시 특정하는 대신 당초 제재적 행정처분의 집행을 특정 소송사건의 판결 시까지 유예한다고 기재되어 있다면, 처분의 효력기간은 원칙적으로 그 사건의 판결 선고 시까지 진행이 정지되었다가 판결이 선고되면 다시 진행된다. 다만 이러한 후속 변경처분 권한은 특별한 사정이 없는 한 당초의 제재적 행정처분의 효력이 유지되는 동안에만 인정된다. 당초의 제재적 행정처분에서 정한 효력기간이 경과하면 그로써 처분의 집행은 종료되어 처분의 효력이 소멸하는 것이므로(행정소송법 제12조 후문 참조), 그 후 동일한 사유로 다시 제재적 행정처분을 하는 것은 위법한 이중처분에 해당한다.

(출처 : 대법원 2022. 2. 11. 선고 2021두40720[위반차량운행정지취소등])

★ 대법원 2020. 9. 3. 선고 2020두34070[직접생산확인취소처분취소]

【판시사항】

[1] 제재처분에 대한 행정쟁송절차에서 처분에 대해 집행정지결정이 이루어지고 본안에서 해당 처분이 최종적으로 적법한 것으로 확정되어 집행정지결정이 실효되고 제재처분을 다시 집행할 수 있게 된 경우 및 반대로 처분상대방이 집행정지결정을 받지 못했으나 본안소송에서 해당 제재처분이 위법하다는 것이 확인되어 취소하는 판결이 확정된 경우, 처분청이 취할 조치

[2] 중소기업제품 구매촉진 및 판로지원에 관한 법률에 따른 1차 직접생산확인 취소처분에 대하여 중소기업자가 제기한 취소소송절차에서 집행정지결정이 이루어졌다가 본안소송에서 중소기업자의 패소판결이 확정되어 집행정지가 실효되고 취소처분을 집행할 수 있게 되었으나 1차 취소처분 당시 유효기간이 남아 있었던 직접생산확인의 전부 또는 일부가 집행정지기간 중 유효기간이 모두 만료되고 집행정지기간 중 새로 받은 직접생산확인의 유효기간이 남아 있는 경우, 관할 행정청이 직접생산확인 취소 대상을 '1차 취소처분 당시' 유효기간이 남아 있었던 모든 제품에서 '1차 취소처분을 집행할 수 있게 된 시점 또는 그와 가까운 시점'을 기준으로 유효기간이 남아 있는 모든 제품으로 변경하는 처분을 할 수 있는지 여부(적극)

【판결요지】

[1] 집행정지결정의 효력은 결정 주문에서 정한 기간까지 존속하다가 그 기간이 만료되면 장래에 향하여 소멸한다. 집행정지결정은 처분의 집행으로 회복하기 어려운 손해를 예방하기 위하여 긴급한 필요가 있고 달리 공공복리에 중대한 영향을 미치지 않을 것을 요건으로 하여 본안판결이 있을 때까지 해당 처분의 집행을 잠정적으로 정지함으로써 위와 같은 손해를 예방하는 데 취지가 있으므로, 항고소송을 제기한 원고가 본안소송에서 패소확정판결을 받았더라도 집행정지결정의 효력이 소급하여 소멸하지 않는다.

그러나 제재처분에 대한 행정쟁송절차에서 처분에 대해 집행정지결정이 이루어졌더라도 본안에서 해당 처분이 최종적으로 적법한 것으로 확정되어 집행정지결정이 실효되고 제재처분을 다시 집행할 수 있게 되면, 처분청으로서는 당초 집행정지결정이 없었던 경우와 동등한 수준으로 해당 제재처분이 집행되도록 필요한 조치를 취하여야 한다. 집행정지는 행정쟁송절차에서 실효적 권리구제를 확보하기 위한 잠정적 조치일 뿐이므로, 본안 확정판결로 해당 제재처분이 적법하다는 점이 확인되었다면 제재처분의 상대방이 잠정적 집행정지를 통해 집행정지가 이루어지지 않은 경우와 비교하여

제재를 덜 받게 되는 결과가 초래되도록 해서는 안 된다. 반대로, 처분상대방이 집행정지결정을 받지 못했으나 본안소송에서 해당 제재처분이 위법하다는 것이 확인되어 취소하는 판결이 확정되면, 처분청은 그 제재처분으로 처분상대방에게 초래된 불이익한 결과를 제거하기 위하여 필요한 조치를 취하여야 한다.

[2] 직접생산확인을 받은 중소기업자가 공공기관의 장과 납품 계약을 체결한 후 직접생산하지 않은 제품을 납품하였다. 관할 행정청은 중소기업제품 구매촉진 및 판로지원에 관한 법률 제11조 제3항에 따라 당시 유효기간이 남아 있는 중소기업자의 모든 제품에 대한 직접생산확인을 취소하는 1차 취소처분을 하였다. 중소기업자는 1차 취소처분에 대하여 취소소송을 제기하였고, 집행정지결정이 이루어졌다. 그러나 결국 중소기업자의 패소판결이 확정되어 집행정지가 실효되고, 취소처분을 집행할 수 있게 되었다. 그런데 1차 취소처분 당시 유효기간이 남아 있었던 직접생산확인의 전부 또는 일부는 집행정지기간 중 유효기간이 모두 만료되었고, 1차 취소처분 당시 유효기간이 남아 있었던 직접생산확인 제품 목록과 취소처분을 집행할 수 있게 된 시점에 유효기간이 남아 있는 직접생산확인 제품 목록은 다르다.

위와 같은 경우 관할 행정청은 1차 취소처분을 집행할 수 있게 된 시점으로부터 상당한 기간 내에 직접생산확인 취소 대상을 '1차 취소처분 당시' 유효기간이 남아 있었던 모든 제품에서 '1차 취소처분을 집행할 수 있게 된 시점 또는 그와 가까운 시점'을 기준으로 유효기간이 남아 있는 모든 제품으로 변경하는 처분을 할 수 있다. 이러한 변경처분은 중소기업자가 직접생산하지 않은 제품을 납품하였다는 점과 중소기업제품 구매촉진 및 판로지원에 관한 법률 제11조 제3항 중 제2항 제3호에 관한 부분을 각각 궁극적인 '처분하려는 원인이 되는 사실'과 '법적 근거'로 한다는 점에서 1차 취소처분과 동일하고, 제재의 실효성을 확보하기 위하여 직접생산확인 취소 대상만을 변경한 것이다.
(출처 : 대법원 2020. 9. 3. 선고 2020두34070[직접생산확인취소처분취소])

3) 가처분

(1) 의의

가처분이란 금전 이외의 특정한 급부를 목적으로 하는 청구권의 집행보전을 도모하거나 다툼이 있는 권리관계에 관하여 임시의 지위를 정함을 목적으로 하는(보전처분) 제도를 말한다.
집행정지는 적극적으로 임시의 지위를 정하는 것이 아니라 소극적으로 계쟁처분 등의 효력 내지 집행을 정지시키는 것에 불과하므로 적극적으로 수익처분을 발할 것을 행정청에 명하거나 동일한 상태를 형성할 수는 없다. 즉 집행정지에 의해서는 수익적 행정처분의 신청에 대한 부작위나 거부 등에 대하여 잠정적인 허가나 급부 등의 조치는 할 수 없기 때문에 그 내용상 제도로서는 한계가 있다. 이에 대하여 행정소송법은 집행정지에 대하여 규정하고 있을 뿐 가처분 자체에 대하여는 아무런 규정을 두고 있지 않다. 따라서 민사소송법상 가처분이 행정소송에도 준용될 수 있는지의 문제가 제기된다.

(2) 가처분의 가능성

① 긍정설

긍정설의 논거는 행정소송법은 가처분에 관하여 아무런 규정도 두지 않고 있으므로 동법 제8조 제2항에 의하여 민사소송법상 가처분규정을 준용할 수 있으며, 이러한 해석은 위법한 행정작용으로부터 국민의 권익구제를 목적으로 함과 동시에 법치행정의 확보를 도모하려는 사법의 본질에 반하지 않는다고 한다.[81]

② 부정설

부정설의 주된 논거는 권력분립주의에 따른 사법권의 한계와 처분 등의 집행정지에 관하여 규정한 행정소송법 제23조 제2항에서 찾는다. 즉 법원은 구체적인 사건에 대한 법적용의 보장적 기능을 가지는 것이므로 행정처분의 적법여부는 판단할 수 있으나 그 판단에 앞서 행정처분에 대한 가처분을 하는 것은 사법권의 한계를 벗어나는 것이라고 한다.[82] 또한 처분의 집행정지에 관하여 규정한 행정소송법 제23조 제2항은 민사소송법상 가처분에 대한 특별규정이기 때문에 민사소송법상 규정은 준용될 수 없다고 한다. 종래 대법원 판례의 입장이다.

③ 절충설

행정소송에서도 민사집행법상의 가처분을 인정하면서, 다만 그 적용의 범위 등에 일정한 제한을 두려는 견해이다.[83] 제한적 긍정설이라고도 부른다.

④ 결어

행정소송법이 보전처분으로서 집행정지제도를 인정하고 있기 때문에 이 제도를 통해 목적을 달성할 수 있는 한 민사소송법상 보전조치에 관한 규정은 적용할 여지는 없다고 할 것이다. 그러나 취소소송 가운데는 행정처분의 집행정지로는 목적을 달성할 수 없는 경우가 있을 수 있으므로 사안에 따라서는 민사소송법상 가처분규정을 준용하여 행정처분에 따르는 불이익을 잠정적이나마 배제할 수 있다고 해석하는 것이 헌법상 재판청구권의 보장 및 권리구제의 취지에 부합하는 해석일 것이다.

11. 취소소송의 심리

소가 제기되면 법원은 그에 대하여 심리를 하여야 한다. 소송의 심리는 소에 대하여 판결하기 위하여 그 기초가 될 소송자료(주로 사실과 증거)를 수집하는 것으로 소송절차의 가장 중심적인 위치를 차지한다. 행정소송의 심리는 민사소송의 심리절차에 준하여 변론주의가 그 기본이 되지만 행정소송법은 행정소송의 특수성에 비추어 부분적으로 직권탐지주의를 가미하고 있다.

---

81) 류지태, 행정법신론, 575면.

82) 박균성, 행정법론(상), 1026면.

83) 김남진 · 김연태, 행정법 I, 714면.

1) 심리의 내용

심리는 그 내용에 따라 일단 요건심리와 본안심리로 나누어진다.

(1) 요건심리

요건심리는 소가 제기되었을 때에 법원이 해당 소가 소송요건(관할권, 제소권, 전심절차, 당사자능력 등)을 갖춘 적법한 것인지의 여부를 심사하는 것을 말한다. 심리 결과 행정소송의 제기요건을 구비하지 못한 것이라고 인정할 때에는 부적법한 소로서 원칙적으로 각하된다. 요건심리는 피고의 항변을 기다릴 필요도 없이 법원이 직권으로 조사할 사항이다.

소송요건의 존부를 판정하는 시기는 원칙적으로 사실심의 변론종결 시이다.

(2) 본안심리

취소소송이 적법하게 제기되면 본안심리에 들어가게 된다. 본안심리는 원고와 피고의 공격・방어와 이에 관한 증거조사를 통하여 원고의 청구가 이유 있는지의 여부를 판단하기 위한 절차이다. 즉 청구의 인용 여부를 사실과 법의 양 측면에서 심사하는 것이다.

2) 심리범위

행정소송의 심리범위의 문제는 법원이 구체적인 행정소송사건을 어느 정도까지 심사할 수 있는지의 문제로서 심리의 대상, 즉 소송물과는 구별하여야 한다.

(1) 불고불리원칙과 그 예외

불고불리원칙은 소의 제기가 없으면 재판할 수 없다는 소송원칙의 하나이다. 즉 법원은 당사자가 주장하지 않는 사안에 대하여는 심리하거나 재판할 수 없다는 원칙이다. 행정소송도 소송인 이상 민사소송법의 불고불리의 원칙이 그대로 적용된다. 다만, 행정소송은 개인의 권리구제라는 목적 이외에 행정의 공익성보장이라는 목적이 있기 때문에 불고불리의 원칙에 대한 예외가 인정된다. 행정소송법 제26조의 "법원은 필요하다고 인정할 때에는 직권으로 증거조사를 할 수 있고, 당사자가 주장하지 아니한 사실에 대해서도 판단할 수 있다."라는 규정이 그것이다. 그러나 대법원은 대체로 불고불리의 원칙대로 판결하고 있다.

(2) 법률문제・사실문제・재량문제의 심리

① 법률문제・사실문제의 심리

법원이 법률문제에 관하여 심리권을 가지고 있음은 당연하다. 법률문제란 어떠한 행정작용이 행정의 법률적합성의 원칙에 부합하는가의 문제이다. 사실의 인정문제 역시 법원의 심리대상이다. 특정사실이 법률요건에 해당하는가의 판단도 법원의 심리의 대상이 된다. 판단여지의 경우는 사실 문제에 대한 법원의 심리가 제한받게 된다.

② 재량문제의 심리

재량이 인정된 범위 내에서의 타당성(합목적성)의 문제는 법원의 심리대상이 되지 않는다. 다만, 행정소송법이 "행정청의 재량에 속하는 처분이라도 재량권의 한계를 넘거나 그 남용이 있는 때에는 법원은 이를 취소할 수 있다(동법 제27조)."라고 규정하고 있는 바와 같이 재량권 행사의 위법여부가 법원의 심리의 대상이 되는 경우가 있다. 따라서 재량행위에 대하여 취소소송이 제기된 경우 법원은 이를 각하할 것이 아니라 재량권 행사의 위법(재량의 유월・재량의 남용・재량의 흠결) 여부를 심리하여 그에 따라 처분 등을 취소하여야 한다.

3) 심리절차

(1) 심리에 관한 일반원칙

행정소송의 심리에도 민사소송법의 경우와 마찬가지로 소송의 심리에 관한 일반원칙이 적용된다. 다만, 행정소송법은 행정소송의 특수성을 감안하여 몇 가지 특례를 규정하고 있을 뿐이다. 심리에 관한 일반원칙으로서 ① 공개심리주의, ② 구술심리주의, ③ 당사자주의가 채택되고 있다.

공개심리주의는 근대입법국가의 사법제도상의 기본원리의 하나로서 재판에 있어서 심리과정을 공개함으로써 그 공정성을 보장하고 사법에 대한 국민의 신뢰를 유지하고 허위진술・허위증언을 방지하는 데 그 목적이 있다. 다만, 국가의 안전보장・안녕질서 또는 선량한 풍속을 해칠 수 있는 때에는 결정으로 공개를 정지할 수 있으며, 이 경우에는 이유를 개시하여야 한다(법원조직법 제57조 제1항・제2항).

구술심리주의는 서면주의에 대한 것으로 심리에 있어 당사자 및 법원의 소송행위, 특히 변론 및 증거조사를 구술로 행하는 원칙이다. 구술심리에 의하여 진술로부터 받는 인상이 선명하여 사건의 진상 파악이 쉽고 의문점이 있을 때에는 석명에 의해 쉽게 해명될 수 있다.

당사자주의는 직권주의에 대한 것으로 소송절차에 있어 당사자에게 주도권을 부여하는 주의, 즉 당사자 상호 간의 공격과 방어에 의하여 소송을 진행시키는 원칙이다. 당사자주의는 처분권주의와 변론주의로 나누어진다. 처분권주의란 절차의 개시, 심판의 대상 및 절차의 종결을 당사자의 의사에 일임하는 것을 말하며, 변론주의란 재판의 기초가 되는 소송자료의 수집・제출책임을 당사자에게 지우는 것을 의미한다.

(2) 행정소송의 심리절차에 있어서의 특수성

① 직권탐지주의의 가미

행정소송법 제26조는 "법원은 필요하다고 인정할 때에는 직권으로 증거조사를 할 수 있고 당사자가 주장하지 아니한 사실에 대하여도 판단할 수 있다."라고 규정하고 있는바, 이는 행정소송법이 변론주의를 기본으로 하면서 아울러 부분적으로 직권탐지주의를 가미하고 있다고 볼 수 있다. 행정소송법 제26조의 해석에 관하여 견해가 갈린다.

㉠ 변론보충설은 본조가 직권증거조사를 인정한 것은 변론주의에 대한 보충으로서 당사자가 제출하는 증거가 불충분하여 심증을 얻기 어려운 경우에 직권으로서 증거를 조사할 수 있다는 주장이다. 종래의 판례의 입장이다.

판례

> 행정소송법 제26조에 법원은 필요하다고 인정할 때에는 직권으로 증거조사를 할 수 있고 당사자가 주장하지 아니한 사실에 대하여도 판단할 수 있다고 규정하고 있기는 하나, 이는 행정소송의 특수성에서 연유하는 당사자주의, 변론주의에 대한 일부 예외규정일 뿐 법원이 아무런 제한 없이 당사자가 주장하지도 않은 사실을 판단할 수 있다는 것은 아니다(대법원 1986.6.24. 선고 85누321 판결).

㉡ 직권탐지설은 보충적 증거조사뿐만 아니라 더 나아가서 당사자가 주장하지 아니하는 사실에 대하여 직권으로 증거를 조사하여 이를 판단의 자료로 삼을 수 있다고 주장한다. 생각건대, 민사사건은 당사자의 이해관계에 그치지만 행정사건은 공익에 관계되므로 보다 객관적인 진실의 발견을 위하여 적극적 개입을 필요로 하며, 행정소송법 제26조 후단이 민사소송법 제292조와는 달리 "당사자가 주장하지 아니한 사실에 대하여도 판단할 수 있다."라는 규정을 두고 있음을 볼 때 직권탐지설이 타당하다. 그러나 직권탐지주의를 인정한다고 하더라도 변론주의가 배제되고 소송자료의 수집책임을 전적으로 법원이 지게 된다고 보아서는 아니 된다. 왜냐하면 현행 행정소송법 역시 변론주의를 그 기본으로 하고 있기 때문이다. 따라서 양 입장의 차이는 실질적으로는 큰 차이가 있는 것은 아니라고 할 것이다. 결국 행정소송법 제26조의 규정은 아무런 제한 없이 당사자가 주장하지 않은 사실을 판단할 수 있다는 것이 아니라 원고의 청구범위를 유지하면서 공익상 필요한 경우에는 그 범위 내에서 청구 이외의 사실에 대해서도 판단할 수 있다는 뜻, 즉 필요한 범위 내에서의 직권탐지의 뜻으로 해석된다.

② 행정심판기록제출명령

법원은 당사자의 신청이 있는 때에는 결정으로써 재결을 행한 행정청에 대하여 행정심판에 관한 기록의 제출을 명할 수 있다. 이러한 제출명령을 받은 행정청은 지체 없이 해당 행정심판에 관한 기록을 법원에 제출하여야 한다(동법 제25조). 이 규정은 원고의 지위보장과 소송경제를 위한 규정으로 볼 수 있다. 그러나 원고의 입증방법을 용이하게 하기 위해서는 행정청에 대하여 자료열람・복사청구권을 인정하는 것이 바람직하다고 할 것이다. 여기에서의 행정심판기록이란 행정심판청구서・답변서・재결서뿐만 아니라 해당 사건과 관련하여 행정심판위원회에 해당 사건과 관련하여 제출된 일체의 서류를 의미한다. 한편, 당사자(원고)가 행정청에 대하여 직접 서류를 열람하거나 복사를 청구할 수 있는 권리가 당사자에게 인정되고 있는 것은 아니다.

4) 주장책임과 입증책임

(1) 주장책임

변론주의하에서는 당사자는 주요사실에 대한 주장책임을 당사자가 부담한다. 주요사실을 주장하지 않으면 그만큼 유리한 법률효과상의 불이익을 부담하게 된다. 법원이 소송자료수집의 책임을 지는 직권탐지주의하에서는 당사자의 주장책임의 문제는 발생하지 않는다. 행정소송법은 항고소송이나 당사자소송을 불문하고 당사자가 주장하지 아니한 사실에 대해서도 자료의 판단을 인정하는 직권탐지주의를 가미하여 특례를 인정하고 있으므로 주장책임에 대한 예외를 인정한 것으로 볼 수 있다(동법 제26조).

(2) 입증책임

① 의의

입증책임이란 소송상의 일정한 사실의 존부가 확정되지 아니한 경우에 불리한 법적 판단을 받게 되는 당사자 일방의 불이익 내지 위험을 말한다. 입증책임은 변론주의 아래에서 특히 중요한 의미를 가지는 것이나, 직권탐지주의에서도 나름대로의 의미를 가지는 것으로서 행정소송이라 하여 그의 예외가 될 수는 없다. 입증책임의 중심적인 문제는 어떠한 사실에 대하여 어느 당사자가 입증책임을 질 것인지의 것으로서 이를 입증책임의 분배라고 한다.

② 입증책임의 분배

㉠ **원고책임설** : 과거의 통설로서 행정처분의 공정력을 이유로 입증책임은 그 위법을 주장하는 원고에게 있다고 한다. 즉 행정행위에는 공정력이 있는바, 공정력은 해당 행정행위의 적법요건이 실체법상 존재한다는 것을 추정시키는 '적법성의 추정'으로 보아 입증책임은 그 행위가 위법임을 주장하는 원고에게 있다는 견해이다.

㉡ **피고책임설** : 법치행정의 원리에서 볼 때 행정청은 행정행위의 적법성을 스스로 담보하지 않으면 안 되기 때문에 그가 행한 행정행위의 적법사유에 대하여 언제나 입증책임을 진다고 한다.

㉢ **입증책임분배설** : 이 설은 민사소송법의 법률요건분류설을 취소소송에 도입하여 행정청의 권한행사규정(…한 때에는 …의 처분을 하여야 한다)에 관하여는 권한행사를 주장하는 자가 요건사실에 대한 입증책임을 지며(적극적 처분에 대해서는 행정청이 신청거부처분과 같은 소극적 처분에 대해서는 원고가 입증책임을 진다) 행정청의 권한 불행사규정(…한 때에는 …의 처분을 하여서는 아니 된다)에 관하여는 처분권한의 불행사를 주장하는 자가 요건사실에 대한 입증책임을 진다(적극적 처분에 대해서는 원고가, 소극적 처분에 대해서는 행정청이 입증책임을 진다)는 견해이다. 현재 우리나라의 통설이다.

㉣ **특수성 인정설** : 행정소송에서의 입증책임분배는 행정소송과 민사소송의 목적과 성질의 차이, 행위규범과 재판규범과의 차이 등을 이유로 독자적으로 정하여야 한다고 한다. 이에 의하면 (ⅰ) 국민의 권리와 자유를 제한하거나 의무를 과하는 행정행위의 취소소송에서는 피고인 행정청이 그 적법성에 대한 입증책임을 지며(예 경찰허가신청거부의 취소소송의 경우 행정청이 입증책임), (ⅱ) 개인이 자기의 권리·이익영역의 확장을 구하는 소송에서는 원고가 그 청구권을 뒷받침하는 사실에 대한 입증책임을 지며(예 급부신청거부 취소소송의 경우 원고가 입증책임), (ⅲ) 행정청의 재량행위에 대한 일탈·남용을 이유로 한 취소소송에서는 원고가 일탈·남용사실에 대한 입증책임을 지며, (ⅳ) 무효확인소송에 있어서 무효사유에 대한 입증책임은 원고가 진다는 것이다.

ⓜ 결어 : (ⅰ) 공정력이란 처분내용의 적법성이 아니라 정책적 견지에서 인정되는 사실상의 통용력에 불과하므로 공정력을 입증책임의 근거로 삼는 원고책임설은 타당하지 않다. (ⅱ) 피고책임설은 입증이 곤란한 경우에 패소가능성을 피고에게만 전담시키는 결과가 되므로 공평의 원리에 반한다. (ⅲ) 특수성 인정설은 입증책임분배설과 근본적으로 다를 바가 없다. 그것은 입증책임분배설을 유형적으로 바꾸어 놓은 견해에 불과하다. (ⅳ) 입증책임분배설을 원칙으로 하되, 행정소송의 특성을 고려하는 방식이 타당하다고 본다. 판례는 원칙적으로 입증책임분배설의 입장에서 있는 것으로 보인다.

5) 법관의 석명의무

석명이란 당사자의 진술에 불명 · 모순 · 결함이 있거나 또는 입증을 다하지 못한 경우에 법관이 질문하거나 시사하는 형식으로 보충함으로써 변론을 보다 완전하게 하는 법원의 기능을 말한다(민사소송법 제136조 참조). 민사소송법은 석명이 법관의 재량(결정재량)인 양 규정하고 있다. 그러나 석명은 법원의 재량사항이 아니라 의무의 성질을 가진다는 것이 통설이다.

판례

> 원심은 석명권을 행사하여 피고를 처분청인 충남도지사로 결정하게 하여 소송을 진행케 했어야 한다. 원심이 그와 같은 조치를 취하지 아니한 채 소를 각하한 것은 석명권 불행사의 비난을 받아 마땅하다(대법원 1990.1.12. 선고 89누1032 판결).

6) 위법판단의 기준 시

행정법규는 항상 변동이 있고(법령의 개폐) 그 적용대상의 상태도 변하기 때문에(법령상 처분요건인 사실상태의 변동) 항고소송의 대상인 처분이나 재결의 위법성을 어느 때의 법규와 사실상태를 기준으로 판단할 것인가에 따라 판결의 결론이 좌우된다. 이에 관하여 처분시설과 판결시설이 대립하고 있는바, 이것은 취소소송의 목적이나 기능에 대한 견해의 차이에서 생기는 것이다.

(1) 처분시설

이 견해는 행정처분의 위법 여부의 판단은 처분시의 법령 및 사실을 기준으로 하여 판단하여야 한다고 한다. 만일에 판결 시를 기준으로 하여 처분의 위법성을 판단하게 되면 결국 법원은 원고가 요구하지 않은 소송물에 대해 판단하는 것이 되며, 또한 법원이 처분 후의 변화된 사정을 참작하여 해당 처분을 유지할 것인가 아닌가에 관해 결정한다고 하게 되면 그것은 행정청의 제1차적 판단권을 침범하는 것이 되어 권력분립원칙에 반한다고 하는 것 등을 그 논거로 하고 있다. 현재 우리나라의 통설과 판례의 입장이다.

판례

> 행정처분의 위법 여부는 그 처분 당시의 사유와 사정을 기준으로 하여 판단하여야 하고, 처분 없이 처분 이후에 추가한 새로운 사유를 보태어 처분당초의 흠을 치유시킬 수는 없다(대법원 1987.8.18. 선고 87누235 판결).

항고소송에서 행정처분의 위법 여부는 행정처분이 있을 때의 법령과 사실 상태를 기준으로 판단하여야 하며, 법원은 행정처분 당시 행정청이 알고 있었던 자료뿐만 아니라 사실심 변론종결 당시까지 제출된 모든 자료를 종합하여 처분 당시 존재하였던 객관적 사실을 확정하고 그 사실에 기초하여 처분의 위법 여부를 판단할 수 있다.[84)]

(2) 판결시설

항고소송의 목적은 계쟁처분의 효력을 현재에 유지할 것인가의 여부를 결정하는 데 있다고 보고 처분의 취소 여부를 판결시(정확하게는 구두변론 종결 시)를 기준으로 판단하여야 한다고 본다.

(3) 결어

생각건대, 행정법질서의 제1차적 형성권은 원칙적으로 행정권에 전속되며, 항고소송의 본질은 처분의 적법성을 사후심리하는 데 있으므로 처분시설이 타당하다고 본다. 여기서 주의할 것은 위법판단의 기준을 처분 시로 한다는 것과 위법판단의 근거로 삼을 수 있는 자료의 제출시기는 구별되어야 한다. 즉 법원은 사실심 변론종결 시까지 제출된 모든 자료를 종합하여 처분 시를 기준으로 처분의 위법 여부를 판단할 수 있다.
한편 처분시설은 처분 등의 존재를 전제로 하는 항고소송에 대한 원칙이지 부작위위법확인소송과 같이 아무런 처분도 전제되지 않은 항고소송에까지 타당하다고 할 수는 없다. 사정판결, 당사자소송도 판결 시가 기준이 된다. 또한 계속적 효과를 지닌 처분에 관해서도 판결시설이 타당하다. 계속효 있는 행정행위에 있어 원고의 입장은 처분 당시의 위법여하는 중요한 관심사가 아니며, 오로지 사실심 변론종결 시의 법 및 사실상태에 따른 처분의 취소가 문제될 뿐이기 때문이다.

12. 취소소송의 판결

1) 판결의 의의와 종류

(1) 의의

취소소송의 판결이란 법원이 원칙적으로 변론을 거쳐 구체적인 취소소송사건에 대한 법적 판단을 선언하는 행위를 말한다.

(2) 종류

취소소송의 판결 역시 민사소송의 경우와 마찬가지로 여러 가지 기준에 따라 구분할 수 있다. 일반적인 판결의 유형은 다음과 같다.

① 소송판결과 본안판결

소송판결이란 소송제기의 적부에 관한 판결로서 요건심리의 결과 그 소송제기를 부적법한 것으로서 각하하는 판결을 말한다. 당사자적격・관할권・소송제기기간 등의 형식적 요건의 불비가 이에 해당된다. 각하판결은 소송대상인 처분의 적법성을 확정하는 것이 아니므로 다시

84) 대법원 2010.1.14. 선고 2009두11843 판결

소송요건을 갖추어 소를 제기하면 법원은 이를 심리・판단하여야 한다. 본안판결은 청구의 당부에 관한 판결로서 청구내용의 전부 또는 일부를 기각하거나 인용하는 것을 그 내용으로 한다.

② 기각판결과 인용판결

본안판결은 그 내용에 따라 청구인용・청구기각판결 외에 예외적인 것으로서 사정판결이 있다.

㉠ **청구인용판결** : 처분의 취소・변경을 구하는 청구가 이유 있음을 인정하여 그 청구의 전부 또는 일부를 인용하는 형성판결을 말한다. 이에는 처분 또는 재결의 취소판결, 무효선언의미의 취소판결, 처분 또는 재결의 변경판결 등이 포함된다. 이 중 변경판결의 의미에 관하여는 처분 또는 재결의 일부취소라는 의미의 소극적 변경판결만이 가능하다는 견해와 원처분에 갈음하여 새로운 처분을 행하는 적극적 변경판결도 가능하다는 견해로 나누어지나 앞의 견해가 종래의 다수설・판례의 입장이다.

㉡ **청구기각판결** : 청구기각판결이란 처분의 취소청구가 이유 없다고 하여 원고의 청구를 배척하는 판결을 말한다. 계쟁처분에 위법성이 없는 경우에 행해진다. 다만, 원고의 청구가 이유 있는 경우(처분 등이 위법한 경우)라도 그 처분 등을 취소・변경함이 현저하게 공공복리에 적합하지 않다고 인정되는 경우에는 기각판결을 할 수 있는데, 이 경우의 기각판결을 사정판결이라 한다.

㉢ **사정판결**

ⓐ **개념** : 행정소송법 제28조는 "원고의 청구가 이유 있다고 인정하는 경우에도 처분 등을 취소하는 것이 현저히 공공복리에 적합하지 아니하다고 인정하는 때에는 법원은 원고의 청구를 기각할 수 있다."라고 규정하고 있다. 이것은 특별한 사정을 이유로 하는 청구기각판결이기 때문에 일반적으로 사정판결이라는 특수한 명칭이 주어지고 있다. 그러나 사정판결은 공공복리의 유지를 위해 극히 예외적으로 인정된 제도인 만큼 그 적용은 극히 엄격한 요건 아래 제한적으로 하여야 한다.[85)]

ⓑ **근거** : 위법한 행정처분은 취소되어야 하는 것이 원칙임에도 불구하고 사정판결에 의하여 취소청구를 기각함을 인정하는 근거로서는 일반적으로 기성사실의 존중이라는 관념을 들 수 있다. 이에 대하여 사정판결제도는 위법한 처분 등을 그대로 유지하도록 하는 것이기 때문에 법치행정의 원리 및 재판을 통한 개인의 권익보장이라는 헌법이념에 충실하지 못한 것이라는 비난을 면하기 어렵다는 부정적, 소극적 평가를 내리는 견해도 있다.

㉣ **요건** : 사정판결을 하기 위해서는 (ⅰ) 처분 등에 관한 취소소송일 것, (ⅱ) 청구가 이유 있는 경우일 것, (ⅲ) 청구인용의 판결이 현저히 공공복리에 적합하지 아니할 것 등이 인정되어야 한다. 행정소송법 제28조는 법치행정의 원칙에 대한 예외적 규정이므로 이들 요건은 원칙적으로 엄격하게 해석되어야 한다.

85) 대법원 2000.2.11. 선고 99두7210 판결 ; 대법원 1991.5.28. 선고 90누1359 판결

판례

행정소송법 제20조 제1항의 사정판결은 공공복리의 유지를 위하여 극히 예외적으로 인정된 제도인 만큼 그 적용은 엄격한 요건 아래 제한적으로 하여야 할 것이고 그 요건인 현저히 공공복리에 적합하지 아니한가의 여부를 판단함에 있어서는 위법, 부당한 행정처분을 취소변경하여야 할 필요와 그 취소변경으로 인하여 발생할 수 있는 공공복리를 해치는 사태 등을 비교형량하여 그 적용여부를 판단하여야 한다(대법원 1991.5.28. 선고 90누1359 판결).

사정판결의 대상이 되는 처분의 위법성판단의 기준시점은 사정판결제도의 취지에 비추어 성질상 처분 후의 사정이 고려될 수밖에 없으므로 일반적인 처분의 위법성판단시점인 처분시가 아니라 판결 시를 기준으로 판단하여야 할 것이다. 그리고 주장·입증의 책임은 사정판결을 하여야 할 사유는 예외적인 사항에 속하는 것이므로 당연히 피고인 행정청이 부담한다고 할 것이다.

ⓜ **사정판결과 직권주의** : 행정소송법 제28조에는 직권주의에 관한 내용은 없다. 그러나 동법 제26조 후단에 의하여 법원이 당사자의 변론주의를 배제하고 직권심리에 의하여 사정판결을 하여 원고의 청구를 기각할 수 있는지가 문제될 수 있다. 이에 대하여 직권주의가 인정된다고 하여 변론주의가 전적으로 배제되는 것이 아니므로 당사자의 주장 없이는 사정판결에 의한 청구기각의 판결을 할 수 없다는 것이 이제까지의 통설과 판례였다. 그러나 최근의 판례는 법원이 직권으로 사정판결을 할 수 있다는 것을 정면에서 인정하였다.

판례

행정소송법 제26조, 제28조 제1항 전단의 각 규정에 비추어 법원이 사정판결을 할 필요가 있다고 인정하는 때에는 당사자의 명백한 주장이 없는 경우에도 일건 기록에 나타난 사실을 기초로 하여 직권으로 사정판결을 할 수 있다(대법원 1992.2.14. 선고 90누9032 판결; 대법원 2001.1.19. 선고 99두9674 판결).

ⓑ 원고의 권리구제

ⓐ 법원이 사정판결을 하기 위해서는 원고가 그로 인하여 입게 될 손해의 정도와 배상방법, 그 밖의 사정을 미리 조사하여야 한다(행정소송법 제28조 제2항, 사정조사).

ⓑ 사정판결을 함에 있어 미리 원고가 그로 인하여 입게 될 손해의 정도와 배상방법, 그 밖의 사정을 조사한 법원은 사정판결을 행할 것임을 사전에 원고에게 알려 주어야 할 것이고, 이에 따라 원고는 피고인 행정청이 속하는 국가 또는 지방자치단체를 상대로 손해배상, 재해시설의 설치 그 밖에 적당한 구제방법의 청구를 법원에 병합하여 제기할 수 있다(동법 제28조 제3항, 원고의 보호).

ⓒ 사정판결 시 법원은 그 판결주문에서 처분 등이 위법함을 명시하여야 한다(동법 제28조 제1항 단서). 이는 후행의 손해배상청구소송 등에 있어서 행위의 위법성의 입증에 대한 분쟁을 미연에 방지하는 의미를 갖는다(위법성의 명시).

ⓓ 소송비용은 피고가 부담하여야 한다.

ⓢ **무효등확인소송과 사정판결** : 무효등확인소송의 경우에도 사정판결이 허용되는 가에 대하여는 학설이 대립하고 있다. 사정판결의 인정근거에 비추어 볼 때 가능하다고 본다.

2) 판결의 효력

취소소송의 판결이 확정되면 민사소송에서 인정되는 일반적인 효력인 자박력, 확정력 및 형성력 등의 효력을 발생하게 된다. 그 밖에 행정소송법은 행정소송 특유의 효력으로서 취소판결에 제3자에 대한 효력(제29조 제1항)과 기속력(제30조)을 정하고, 이를 다른 행정소송유형에 준용하고 있다.

(1) 불가변력(선고법원에 대한 효력)

법원이 판결을 일단 선고하면, 선고법원 자신도 그 내용을 취소·변경할 수 없는 구속을 받는다. 법원이 내린 판결은 해당 문제된 법률관계의 분쟁에 관한 공권적인 판단으로서의 성질을 갖기 때문이다. 불가변력이라고도 한다. 그러나 판결의 제목이나 내용에 명백한 오류가 있는 경우에는 법원은 직권 또는 당사자의 신청에 의하여 결정을 통하여 정정할 수 있다(민사소송법 제211조 제1항, 행정소송법 제8조 제2항).[86]

(2) 형식적 확정력(당사자에 대한 효력, 불가쟁력)

형식적 확정력이라 함은 취소소송의 판결을 더 이상 정식재판절차를 통해 다툴 수 없게 되는 효력을 말한다. 판결에 대하여 불복이 있으면, 그 취소·변경을 위하여 상소하여야 한다. 따라서 상소기간이 경과하거나 당사자가 상소를 포기하는 등 기타의 사유로 상소할 수 없게 된 상태를 판결의 형식적 확정력이라 한다. 불가쟁력이라고도 한다. 이러한 형식적 확정력은 당사자가 책임질 수 없는 사유로 인하여 상소기간을 경과하거나 상소의 추완이 인정되는 경우(민사소송법 제173조 제1항) 및 재심이 인정되는 경우에 배제된다.

(3) 실질적 확정력(기판력) – 법원과 양 당사자에 대한 효력

① 의의

실질적 확정력이란 행정소송의 대상인 소송물에 관한 법원의 판단이 내려져서 이 판단이 형식적 확정력을 갖게 된 경우에는, 법원은 동일한 소송물을 대상으로 후소에 있어서 종전의 판단에 모순·저촉되는 판단을 할 수 없으며, 소송의 당사자 및 그의 승계인도 그에 반하는 주장을 하여 다투는 것이 허용되지 않는 효력을 말한다. 확정판결의 내용적 구속력 또는 규준력이라고 표현할 수 있다.

기판력은 소송절차의 반복과 모순된 재판의 방지라는 법적 안정성의 요청에 따라 인정되는 효력이다. 이 효력은 판결의 내용이 갖는 효력이라는 점에서 형식적 확정력의 존재를 전제로 하는 것이다. 그러므로 당사자 일방이 이미 판결이 난 사항에 관하여 다시 소를 제기한 경우, 그 상대방은 기판력에 의한 항변에 의하여 그의 각하를 청구할 수 있으며, 법원도 기판력에 따라 해당 소를 각하하여야 한다. 행정소송법에는 판결이 갖는 이러한 기판력에 대한 명문의 규정은 없으나 행정소송 역시 재판이므로 판결이 갖는 일반적 효력으로서 인정된다고 본다.

---

86) 선고법원에 대한 이 효력은 스스로 내린 판결에 대한 구속력을 의미하므로 '구속력'이라고도 한다. 그러나 학자에 따라서는 '기속력'에 대하여 '구속력'이라는 표현을 쓰기도 하므로, 여기서는 '자박력'이라는 용어를 쓰기로 한다.

판례

확정판결의 기판력이라 함은 확정판결의 주문에 포함된 법률적 판단의 내용은 이후 그 소송당사자의 관계를 규율하는 새로운 기준이 되는 것이므로 동일한 사항이 소송상 문제가 되었을 때 당사자는 이에 저촉되는 주장을 할 수 없고 법원도 이에 저촉되는 판단을 할 수 없는 기속력을 의미하는 것이고 이 경우 적극당사자(원고)가 되어 주장하는 경우는 물론이고 소극당사자(피고)로서 항변하는 경우에도 그 기판력에 저촉되는 주장은 할 수 없다(대법원 1987.6.9. 선고 86다카2756 판결).

② 기판력의 내용과 본질

기판력이 발생하면 동일 소송물에 대하여 다시 소를 제기하지 못하게 되는 일사부재리효가 발생한다. 또한 후소에서 당사자는 이미 소송물에 대해 내려진 전소확정판결에 반하는 주장을 할 수 없고, 후소법원은 전소판결을 후소판결의 기초로 삼지 않으면 안 된다. 이를 모순금지효라 한다.

기판력의 본질에 대하여는 판례는 전소에서 승소판결을 받은 경우에는 후소를 제기할 권리보호의 필요성이 없는 경우이므로 후소는 부적법 각하하여야 하고 전소에서 패소판결을 받고 후소를 제기한 경우에는 권리보호의 필요성은 있으나 모순된 내용의 판단을 금하는 기판력에 의해 청구기각판결을 하여야 한다고 본다.

③ 범위

㉠ 주관적 범위(인적 범위) : 기판력은 해당 소송의 당사자 및 당사자와 동일시할 수 있는 자에게만 미치고, 제3자에게는 미치지 않는다. 이때의 소송당사자는 원고와 피고가 원칙이다. 소송참가를 한 제3자에게도 기판력이 미치지 않는다. 기판력의 주관적 범위를 소송당사자로 한정하는 것은 그렇지 않은 경우에 헌법상 보장되는 제3자의 재판청구권을 침해할 수 있기 때문이다.

문제는 그 밖에 해당 소송의 보조참가인에게도 그 효력이 미치는가 하는 것이다. 이에 대하여 민사소송에서 패소의 경우에 기판력과 구별되는 참가적 효력이 미치는 것으로 보고 있다. 그러나 행정소송에 있어서의 보조참가는 그 참가유형이 통상의 보조참가가 아니라 공동소송적 보조참가의 성격을 갖는 것이므로(행정소송법 제16조), 보조참가인에게도 기판력이 미친다고 보아야 할 것이다. 판례도 같은 입장이다.[87] 한편 취소소송의 피고는 행정청이므로, 그 판결의 기판력은 피고인 처분행정청이 속하는 국가나 공공단체에도 미친다.

㉡ 객관적 범위(물적 범위) : 일반적으로 기판력은 소송물에 관한 판단에만 미치고, 그에 이르기까지의 전제적인 문제에 관한 판단에는 미치지 않는 것이 원칙이다. 따라서 취소소송의 판결의 기판력도 민사소송과 마찬가지로 판결문 중에 표시된 소송물에 대한 판단에 대해서만 발생하는 것이 원칙이다. 그러므로 판결이유 중에서 판단된 사실인정, 선결적 법률관계, 항변 또는 법규의 해석 적용에 대해서는 기판력이 미치지 않음이 원칙이다. 통설과 판례의 입장이다.

87) 대법원 1966.12. 선고 66다1880 판결

소송물이란 소송법상 심판대상이 되는 단위를 말하는 바, 취소소송의 소송물은 행정처분의 위법성 내지 적법성 일반이라는 것이 다수의 견해이며 판례의 태도이다. 즉, 개개의 위법사유는 공격·방어방법에 불과하므로 기판력이 미치지 않고, 행정처분이 위법하다는 점 또는 적법하다는 점에 대해 기판력이 발생한다. 그 논거로는 분쟁의 일회적 해결요청과 행정작용의 조기 확정의 필요성을 들고 있다. 따라서 취소소송에서 청구기각판결이 확정된 경우에는 후소에서 그 처분의 위법성을 다시 주장할 수 없다. 예컨대, 원고가 영업허가취소처분에 대해 절차상의 하자를 주장하여 취소소송을 제기하였는데 이유없다고 하여 청구기각판결이 확정되면 해당 처분이 적법하다는 점에 기판력이 생기기 때문에 이후 원고가 위 영업허가취소처분이 재량권을 일탈·남용한 내용상의 하자가 있음을 이유로 다시 취소소송을 제기할 수는 없다.

판례

> 취소판결의 기판력은 소송물로 된 행정처분의 위법성 존부에 관한 판단 그 자체에만 미치는 것이므로 전소와 후소가 그 소송물을 달리하는 경우에는 전소 확정판결의 기판력이 후소에 미치지 아니한다(대법원 1996.4.26. 선고 95누5820 판결).

한편 처분의 절차·형식상의 위법이 있어 취소판결이 확정된 후, 행정청이 위법사유를 보완하여 다시 새로운 처분을 한 경우에, 새로운 처분이 종전의 처분과는 다른 별개의 처분이라 할 것이므로, 종전처분에 대한 취소판결의 기판력은 새로운 처분에 미치지 못한다.

㉢ **시간적 범위** : 기판력은 사실심의 변론종결시를 기준으로 하여 효력을 발생한다.[88] 확정판결은 변론종결 시까지 제출된 자료를 기초로 하여 이루어지는 것이기 때문이다. 따라서 변론종결 후 사실관계·법률관계에 변화가 있으면, 관계행정청은 새로운 사유에 근거하여 동일한 처분을 할 수도 있다.[89]

㉣ **기판력과 국가배상소송** : 취소소송의 기판력과 관련하여 특히 문제가 되는 것은, 취소소송의 판결의 기판력이 그 후에 제기된 국가배상소송에서 미치는가 하는 것이다. 이 경우에는 취소소송의 소송물이 후소인 국가배상청구소송에서 선결문제로서의 처분의 위법성(법령위반)을 동일하게 보는 일원설을 취하는가, 그렇지 않으면 양자를 다르게 보는 이원설을 취하는가에 따라 달라지게 된다. 일원설을 취하면 취소판결의 기판력은 국가배상소송에 미친다고 보지만, 이원설을 취하면 국가배상소송은 소송물이 다르므로 청구의 인용이나 기각 여부를 불문하고 기판력이 미치지 않는다고 한다. 또 다른 견해(제한적 긍정설)에 의하면 청구기각판결의 기판력은 국가배상청구소송에 미치지 않는다고 한다. 즉 국가배상소송에서 위법성의 범위가 취소소송의 경우보다 넓기 때문에 취소소송에서 처분이 위법하지 않다고 하여 기각판결이 내렸다고 하여 후소인 국가배상소송에서 위법판단이 불가한 것은 아니라 한다. 국민의 권리보호 측면에서 제한적 긍정설의 견해가 타당하다.

---

88) 대법원 1992.2.25. 선고 91누6108 판결

89) 대법원 1997.2.11. 선고 96누13057 판결

㉤ **취소소송에서 기각판결이 확정된 후의 무효확인소송** : 취소소송에서 기각판결이 확정되면 해당 처분의 위법성 일반에 기판력이 생기므로 무효확인소송을 제기하면 기판력에 반하게 된다.

판례

> 행정처분취소청구를 기각하는 판결이 확정되면 그 처분이 적법하다는 점에 관하여 기판력이 생기고 그 소의 원고뿐만 아니라 관계 행정기관도 이에 기속된다 할 것이므로 면직처분이 위법하지 아니하다는 점이 판결에서 확정된 이상 원고가 다시 이를 무효라 하여 그 무효확인을 소구할 수는 없다(대법원 1992.12.8. 선고 92누6891 판결).

㉥ **무효확인소송에서 기각판결이 확정된 후의 취소소송, 국가배상청구소송** : 취소소송에서 소송물은 처분의 위법성 내지 적법성 일반이지만, 무효확인소송의 소송물은 처분의 무효여부이므로, 무효확인소송에서 기각판결이 확정되었다 하더라도 해당 처분이 무효가 아니라는 점에 기판력이 발생하는 것이다. 따라서 당사자는 후소로 해당 처분의 위법성을 주장하면서 취소소송이나 국가배상청구소송을 제기할 수는 없다.

④ 기판력의 주장

당사자가 확정판결의 존재를 사실심 변론종결시까지 주장하지 아니하였다고 하더라도 상고심에서 새로이 이를 주장・입증할 수 있다(행정소송법 제8조 ; 민사소송법 제434조, 제432조).

판례

> 소송에서 다투어지고 있는 권리 또는 법률관계 존부가 동일한 당사자 사이의 전소에서 이미 다투어져 이에 관한 확정판결이 있는 경우에 당사자는 이에 저촉되는 주장을 할 수 없고, 법원도 이에 저촉되는 판단을 할 수 없음은 물론이고, 위와 같은 확정판결의 존부는 당사자의 주장이 없더라도 법원이 이를 직권으로 조사하여 판단하지 않으면 안 되고, 더 나아가 당사자가 확정판결의 존재를 사실심 변론종결시까지 주장하지 아니하였더라도 상고심에서 이를 새로이 주장・입증할 수 있는 것이다(대법원 1989.10.10. 선고 89누1308 판결).

⑤ 기판력과 처분청의 직권취소

기판력은 전소의 판결이 갖는 후소의 관할법원에 대한 구속력의 문제이기 때문에 행정행위의 직권취소와는 직접 관련성이 없다. 따라서 원고의 청구가 기각되는 경우에 처분청은 직권취소를 할 수도 있다.

(4) **기속력(행정기관에 대한 효력)**

① 의의

취소판결의 기속력이란 소송당사자인 행정청과 그 밖의 관계행정청이 판결의 내용에 따라 행동해야 하는 실체법상의 의무를 발생시키는 효력을 말한다. 구속력이라는 용어가 사용되기도 한다. 행정소송법은 "처분 등을 취소하는 확정판결은 그 사건에 관하여, 당사자인 행정청과 그 밖의 관계행정청을 기속한다(행정소송법 제30조 제1항)."라고 규정하여, 취소판결의 경우에 이와 같은 기속력을 인정하고, 이 규정을 그 밖의 항고소송과 당사자소송에도 준용하고 있다. 자박력·확정력·형성력과 달리 기속력은 민사소송에서는 찾아볼 수 없다.

② 성질(기판력과의 관계)

기속력의 성질에 대해서는 견해의 대립이 있다.

㉠ 기판력설 : 기속력을 기판력과 동일한 효력이라고 보는 견해이다. 즉, 확정판결이 있는 이상, 판결을 받은 행정청은 그 이후에 동일한 당사자 간의 동일한 사항을 처리함에 있어서 해당 판결이 위법이라고 확정한 판단을 존중하도록 구속하는 효력에 그친다고 본다. 판례가 취하고 있는 입장이기도 하다.

판례

> 어떠한 행정처분에 위법한 하자가 있다는 이유로 그 취소를 소구한 행정소송에서 그 행정처분을 취소하는 판결이 확정된 경우에 처분행정청이 그 행정소송의 사실심 변론종결 이전의 사유를 내세워 다시 확정판결에 저촉되는 행정처분을 하는 것은 확정판결의 기판력에 저촉되어 허용될 수 없는 것이고 이와 같은 행정처분은 그 하자가 명백하고 중대한 경우에 해당되어 당연무효라 할 것이다(대법원 1989.9.12. 선고 89누985 판결; 1982.5.11. 선고 80누104 판결).

㉡ 특수효력설 : 취소판결의 실효성을 확보하기 위하여 행정소송법이 취소판결에 특히 인정한 특유한 효력이라는 견해이다. 이 설에 따르면 기판력은 후소에 있어서 법원의 판단을 기속하는 소송법적 효력을 가질 뿐, 실체적으로 행정청에게 판결의 취지에 따른 의무를 부과하는 것은 아니다. 이에 반해 기속력은 행정청에 대해 판결의 취지대로 활동해야 할 실체법상의 의무를 부과하는 효력으로 인정되는 것이라고 한다.

㉢ 소결 : 생각건대, 기판력이란 실체법적 효력이 아니라 후소법원이 전소판결에 구속되어 전소의 판결과 모순되는 판결을 할 수 없다는 소송법적 효력인데, 기속력이란 행정청에 대하여 그 장래의 행동을 제약하는 실체법상의 의무를 부과하는 실체법상의 구속력이라는 점에서 구별되고 기판력은 인용판결이든 기각판결이든 모든 확정판결에 발생하지만 기속력은 인용판결에만 발생한다는 점, 기판력은 당사자의 후소법원에 미치는 효력이지만 기속력은 행정청과 관계행정청에 대해서만 미치는 효력이라는 점 등에 비추어 기속력은 기판력과는 다른 특수한 효력이라고 보는 것이 타당할 것이다.

③ 내용

㉠ 부담적 처분에 대한 취소판결의 기속력 : 부담적 처분에 대한 취소소송에서 인용판결이 확정되면 행정청은 동일한 사실관계 아래서 동일한 이유에 의하여 동일 당사자에 대하여 동일한 내용의 부담적 처분을 할 수 없다. 이러한 효력을 반복금지효라 한다.

만약 행정청이 확정판결의 기속력에 저촉되어 동일 사실관계에서 동일한 이유로 동일 당사자에 대해 동일한 내용의 처분을 하게 되면 이는 당연 무효라는 것이 통설·판례의 태도이다.

판례

> 확정판결의 당사자인 처분행정청이 그 행정소송의 사실심 변론종결 이전의 사유를 내세워 다시 확정판결과 저촉되는 행정처분을 하는 것은 허용되지 않는 것으로서 이러한 행정처분은 그 하자가 중대하고도 명백한 것이어서 당연무효라 할 것이다(대법원 1990.12.11. 선고 90누3560 판결; 대법원 1982.5.11. 선고 80누104 판결; 대법원 1972.2.29. 선고 71누110 판결).

기속력은 동일한 사실관계 아래서 동일한 이유에 의하여 동일 당사자에 대하여 동일한 내용의 처분을 할 수 없다는 것이다. 따라서 처분의 근거가 된 사실관계나 법률관계가 다른 경우, 즉 처분의 사유가 다른 경우는 새로운 처분이므로 기속력에 반하지 않는다. 또한 취소판결에서 위법하다고 판시한 위법사유를 시정하고 내린 처분도 별개의 처분이고 기속력에 반하지 않는다. 만약 이러한 경우에도 기속력이 미친다고 하면 오히려 법치행정의 원칙에 반하는 결과가 되기 때문이다.

취소판결을 받은 처분과 동일한 처분이라 하더라도 새로운 사실 관계 또는 새로운 법령에 따른 처분은 별개의 처분이므로 기속력에 반하지 않는다.

취소판결에서 위법이라고 판시한 위법사유를 시정한 처분은 새로운 처분이어서 기속력에 반하지 않는다. 따라서 과세가액의 평가방법이 잘못되어 적법한 평가방법으로 새로이 과세처분을 한 경우, 절차 하자를 시정하고 새로이 처분을 한 경우에는 기속력에 반하지 않는다는 것이 판례의 태도이다.

㉡ **거부처분에 대한 취소소송의 기속력** : 거부처분에 대한 취소판결이 나면 행정소송법 제30조 제1항에 따른 반복금지효 및 제2항에 따른 재처분의무가 발생한다. 행정소송법 제30조 제1항에 의해 동일한 사실관계에서, 동일한 사유로, 동일한 당사자에게, 동일한 거부처분을 해서는 안 되고, 만약 동일한 거부처분을 하면 이는 당연무효이다.

판례

> 행정소송법 제30조 제1항, 제2항의 규정에 의하면 행정처분을 취소하는 확정판결은 그 사건에 관하여 당사자인 행정청을 기속하고 판결에 의하여 취소되는 처분이 당사자의 신청을 거부하는 것을 내용으로 하는 경우에는 그 처분을 행한 행정청은 판결의 취지에 따라 다시 이전의 신청에 대한 처분을 하도록 되어 있으므로, 확정판결의 당사자인 처분행정청이 그 행정소송의 사실심 변론종결 이전의 사유를 내세워 다시 확정판결과 저촉되는 행정처분을 하는 것은 허용되지 않는 것으로서 이러한 행정처분은 그 하자가 중대하고도 명백한 것이어서 당연무효라 할 것이다(대법원 1990.12.11. 선고 90누3560 판결).

거부처분의 취소판결(또는 부작위위법확인판결)이 확정되면, 행정소송법 제30조 제2항에 따라 해당 거부처분을 한 행정청이나 또는 그 부작위를 범한 행정청은 원고의 신청을 기다리지 않고 판결의 취지에 따라 원래의 신청에 대한 처분을 다시 하여야 한다. 거부처분에 실체상의 하자가 있어 취소판결이 난 경우, 신청에 따른 처분이 기속행위라면 행정청은 원고의 신청을 인용하는 처분을 하여야 하고, 재량행위인 경우에는 다른 법정거부사유를 내세워 다시 거부처분하더라도 이는 기속력에 반하지 않는다. 단, 재량권이 영으로 수축된 경우에는 신청을 인용하는 처분을 하여야 할 것이다.

거부처분에 대한 취소판결이 확정되었다 하더라도, 거부처분시 이후 발생한 새로운 사실관계 또는 새로운 법령을 이유로 내린 거부처분은 처분사유가 다른 것이어서 기속력에 반하지 않는다.

판례

행정소송법 제30조 제2항에 의하면, 행정청의 거부처분을 취소하는 판결이 확정된 경우에는 그 처분을 행한 행정청은 판결의 취지에 따라 이전의 신청에 대하여 재처분할 의무가 있고, 이 경우 확정판결의 당사자인 처분 행정청은 그 행정소송의 사실심 변론종결 이후 발생한 새로운 사유를 내세워 다시 이전의 신청에 대하여 거부처분을 할 수 있으며, 그러한 처분도 이 조항에 규정된 재처분에 해당한다(대법원 1997.2.4.자 96두70 결정 ; 대법원 1999.12.28. 선고 98두1895 판결).

예컨대, 건축불허가처분에 대해 취소판결이 확정되었으나, 불허가처분 이후 근거법령이 개정되어 동일지역에 건축을 제한하고 있는 경우에는 행정청이 새로운 법령을 근거로 동일인에 대해 또다시 불허가처분을 하면 이는 기속력에 반하지 않는 적법한 처분이다.

판례

행정처분의 적법 여부는 그 행정처분이 행하여진 때의 법령과 사실을 기준으로 하여 판단하는 것이므로 거부처분 후에 법령이 개정·시행된 경우에는 개정된 법령 및 허가기준을 새로운 사유로 들어 다시 이전의 신청에 대한 거부처분을 할 수 있으며 그러한 처분도 행정소송법 제30조 제2항에 규정된 재처분에 해당된다.

건축불허가처분을 취소하는 판결이 확정된 후 국토이용관리법 시행령이 준농림지역 안에서의 행위제한에 관하여 지방자치단체의 조례로써 일정 지역에서 숙박업을 영위하기 위한 시설의 설치를 제한할 수 있도록 개정된 경우, 당해 지방자치 단체장이 위 처분 후에 개정된 신법령에서 정한 사유를 들어 새로운 거부처분을 한 것이 행정소송법 제30조 제2항 소정의 확정판결의 취지에 따라 이전의 신청에 대한 처분을 한 경우에 해당한다(대법원 1998.1.7.자 97두22 결정).

거부처분이 절차법상 이유로 취소된 경우에는 적법한 절차를 거쳐 신청에 따른 처분을 하여야 한다. 이때 행정청은 실체적 요건을 심사하여 신청된 대로 처분을 할 수도 있고 다시 거부처분을 할 수도 있다.

ⓒ 기타

ⓐ 거부처분취소소송의 경우, 위법판단의 기준 시는 변경된 법령을 고려할 수 있도록 판결시(사실심 변론종결 시)로 하는 것이 타당하다는 견해가 유력하다.[90]

ⓑ 개개의 허가요건은 허가발급의 법적 가능성이라는 점에서 기본적 사실관계가 동일한 규율내용에 해당하여 모두 동일한 소송물에 속한다. 따라서 하나의 허가요건의 흠결을 이유로 한 거부처분에 대해 취소소송이 제기된 경우에도 나머지 허가요건에 대해서도 소송계속이 성립되고, 원고는 나머지 요건충족을 주장할 수 있으며, 행정청도 나머지

90) 정하중, 행정법총론, 713면.

허가요건의 불비에 대하여 처분사유를 추가변경할 수 있다. 그 결과 취소판결이 확정되면, 허가요건 전부에 관하여 기판력과 기속력이 미치므로 행정청은 다른 요건불비를 이유로 다시 거부처분을 하지 못하고 바로 허가의무가 발생한다.

㉣ **행정소송법 제30조 제2항의 재처분의무** : 신청에 따른 처분, 즉 인용처분(예 영업허가처분 등)이 제3자의 제소에 의해 절차상 하자가 있음을 이유로 취소된 경우에는, 판결의 취지에 따라 적법한 절차에 따라 다시 신청에 대한 처분을 하여야 한다(행정소송법 제30조 제2항). 예컨대 제3자가 참여하는 공청회를 거치지 않았음을 이유로 영업허가가 취소되었다면, 행정청은 적법한 공청회를 거쳐 동일한 허가처분을 할 수 있고 이는 기속력에 반하지 않는다. 그런데 절차하자를 이유로 취소판결이 난 경우에 기속력은 그 절차상 위법사유에 한하여 미치는 것이므로 행정소송법 제30조 제3항은 당연한 것을 규정한 주의적 규정에 불과하다.

㉤ **원상회복의무(결과제거의무)의 문제** : 행정심판의 경우에 인용재결이 있게 되면, 기속력의 한 효과로서 행정청이 결과제거의무를 부담한다.

㉥ **간접강제** : 현행법은 의무이행소송을 인정하고 있지 않기 때문에 강제집행을 위한 집행력은 생기지 않는다. 그러나 행정소송법은 거부처분에 대한 취소판결의 기속력으로서 재처분의무의 실효성을 담보하기 위해 간접강제제도를 채택하였다. 즉, 행정청이 거부처분취소판결에 취지에 따른 처분을 하지 아니하는 경우에는, 제1심 수소법원은 당사자의 신청에 의하여 결정으로써 처분을 하여야 할 상당한 기간을 정하고 행정청이 그 기간 동안에 처분을 하지 아니한 때에는 그 지연기간에 따라 일정한 배상을 할 것을 명하거나 즉시 손해배상을 할 것을 명할 수 있다(행정소송법 제34조 제1항).

간접강제의 결정에도 불구하고 해당 행정청이 판결의 취지에 따른 처분을 하지 아니하는 경우에 신청인은 그 간접강제결정을 채무명의로 하여 집행문을 부여 받아 이행강제금을 강제집행할 수 있다. 이 경우 행정소송법 제33조와 민법 제262조가 준용되는 것으로 되어 있다(동법 제34조 제2항). 따라서 간접강제결정은 피고 또는 참가인이었던 행정청이 속하는 국가 또는 공공단체에 그 효력을 미친다.

판례

> 행정소송법 제34조 소정의 간접강제결정에 기한 배상금은 확정판결의 취지에 따른 재처분의 지연에 대한 제재나 손해배상이 아니고 재처분의 이행에 관한 심리적 강제수단에 불과한 것으로 보아야 하므로, 간접강제결정에서 정한 의무이행기한이 경과한 후에라도 확정판결의 취지에 따른 재처분이 행하여지면 배상금을 추심함으로써 심리적 강제를 꾀한다는 당초의 목적이 소멸하여 처분상대방이 더 이상 배상금을 추심하는 것이 허용되지 않는다(대판 2010.12.23, 2009다37725).

간접강제제도는 부작위위법확인소송에도 준용되고 있다(행정소송법 제38조 제2항). 다만, 무효확인판결에는 준용되고 있지 않은데, 이는 입법의 불비이다. 판례도 무효확인판결에는 간접강제제도가 허용되지 않는다고 보고 있다.[91]

91) 대법원 1998.12.24.자 98무37 결정

판례

행정소송법 제38조 제1항이 무효확인 판결에 관하여 취소판결에 관한 규정을 준용함에 있어서 같은 법 제30조 제2항을 준용한다고 규정하면서도 같은 법 제34조는 이를 준용한다는 규정을 두지 않고 있으므로, 행정처분에 대하여 무효확인 판결이 내려진 경우에는 그 행정처분이 거부처분인 경우에도 행정청에 판결의 취지에 따른 재처분의무가 인정될 뿐 그에 대하여 간접강제까지 허용되는 것은 아니라고 할 것이다(대결 1998.12.24, 98무37).

④ 효력범위

㉠ 주관적 범위 : 기속력은 그 사건에 관하여 당사자인 행정청과 그 밖의 관계행정청을 기속한다(인적 효력범위). 여기서 그 밖의 관계행정청이란 해당 판결에 의해 취소된 처분 등에 관계되는 무엇인지의 처분권한을 가지는 행정청, 즉 취소된 처분을 기초로 하여 그와 관련되는 처분이나 부수되는 행위를 할 수 있는 행정청을 총칭하는 것이라고 할 것이다.

㉡ 객관적 범위 : 기속력은 판결주문에 나타난 판단에 미친다. 판결의 주문의 범위는 판결이유에 의해 판단된 개개의 위법사유를 포함한다. 행정소송법 제30조 제1항은 '그 사건'에 관하여 당사자인 행정청과 그 밖의 관계행정청을 기속한다고 규정하고 있다. 그러나 판결의 결론과 직접 관계없는 방론이나 간접사실에는 미치지 않는다.

기판력은 후소법원은 구속하는 효력으로서 판결의 주문에 포함된 것에 한하지만, 기속력은 행정청을 구속하는 효력으로서 판결에 설시된 개개의 위법사유를 포함한다.

판례

[1] 기속력은 재결의 주문 및 그 전제가 된 요건사실의 인정과 판단, 즉 처분 등의 구체적 위법사유에 관한 판단에만 미친다고 할 것이고, 종전 처분이 재결에 의하여 취소되었다 하더라도 종전 처분 시와는 다른 사유를 들어서 처분을 하는 것은 기속력에 저촉되지 않는다고 할 것이며, 여기에서 동일 사유인지 다른 사유인지는 종전 처분에 관하여 위법한 것으로 재결에서 판단된 사유와 기본적 사실관계에 있어 동일성이 인정되는 사유인지 여부에 따라 판단되어야 한다(대법원 2005.12.9. 선고 2003두7705 판결).

[2] 행정소송법 제30조 제2항의 규정에 의하면 행정청의 거부처분을 취소하는 판결이 확정된 경우에는 그 처분을 행한 행정청이 판결의 취지에 따라 이전의 신청에 대하여 재처분할 의무가 있다고 할 것이나, 그 취소사유가 행정처분의 절차, 방법의 위법으로 인한 것이라면 그 처분 행정청은 그 확정판결의 취지에 따라 그 위법사유를 보완하여 다시 종전의 신청에 대한 거부처분을 할 수 있고, 그러한 처분도 위 조항에 규정된 재처분에 해당한다(대법원 2005.1.14. 선고 2003두13045 판결).

취소판결의 기속력은 처분에 명시된 처분사유에 한정된다(쟁점주의). 따라서 행정청은 다른 처분사유를 내세워 동일한 내용의 처분을 할 수 있다.

㉢ 시간적 범위 : 기속력은 처분 시까지의 법관계·사실관계를 판단의 대상으로 한다. 따라서 처분 시 이후에 발생한 사유로 동일한 처분, 또는 동일한 거부처분을 하여도 기속력에 반하는 것이 아니다. 왜냐하면 위법성판단의 기준 시가 처분 시이기 때문이다.

판례에 의하면 사실심 변론종결 시를 기준으로 그 이후의 사실관계 변동이 있어야만 기속력에 저촉되지 않는 것처럼 설시하는 예가 종종 있으나[92] 이들 판례는 모두 처분 시부터 사실심 변론종결 시까지 사이에 사실상태의 변동이 없었던 사례들이며 위법성 판단은 처분 시이다.

판례

> 행정소송법 제30조 제2항의 규정에 의하면 행정청의 거부처분을 취소하는 판결이 확정된 경우에는 그 처분을 행한 행정청이 판결의 취지에 따라 이전의 신청에 대하여 재처분할 의무가 있으나, 이때 확정판결의 당사자인 처분 행정청은 그 행정소송의 사실심 변론종결 이후 발생한 새로운 사유를 내세워 다시 이전의 신청에 대한 거부처분을 할 수 있고 그러한 처분도 위 조항에 규정된 재처분에 해당된다(대법원 1997.2.4.자 96두70 결정).

거부처분 이후 개정된 법령을 새로운 사유를 들어 다시 거부처분을 하더라도 이는 기속력에 반하지 않는다는 것이 판례의 태도이다.

판례

> 행정처분의 적법 여부는 그 행정처분이 행하여 진 때의 법령과 사실을 기준으로 하여 판단하는 것이므로 거부처분 후에 법령이 개정·시행된 경우에는 개정된 법령 및 허가기준을 새로운 사유로 들어 다시 이전의 신청에 대한 거부처분을 할 수 있으며 그러한 처분도 행정소송법 제30조 제2항에 규정된 재처분에 해당된다(대법원 1998.1.7.자 97두22 결정).

⑤ 기속력 위반의 효과

취소판결이 확정된 경우에 처분행정청이 그 행정소송의 사실심 변론종결 이전의 사유를 내세워, 다시 확정판결에 저촉되는 행정처분을 하면 그 행위는 위법한 것으로서 무효사유에 해당한다. 확정판결의 당사자인 처분행정청이 그 행정소송의 사실심 변론종결 이전의 사유를 내세워 다시 확정판결과 저촉되는 행정처분을 하는 것은 허용되지 않는 것으로서 이러한 행정처분은 그 하자가 중대하고도 명백한 것이어서 당연무효라 할 것이다.[93]

(5) **형성력**(감정평가사 제25회 2번 기출)

① 의의

판결의 형성력이란 판결의 취지에 따라 법률관계의 발생·변경·소멸을 가져오는 효력을 말한다. 취소판결이 확정되면 처분 등의 효력은 처분청의 별도의 행위를 기다릴 것 없이 처분 시에 소급하여 그 효력이 소멸되어 처분이 없었던 것과 같은 상태로 된다. 행정소송법에는 이에 관한 직접적인 규정이 없지만, 형성력은 특히 취소인용판결의 경우에 일반적으로 인정되는 효력이고 또한 취소판결의 제3자효를 규정한 제29조 제1항은 이를 전제로 한 규정이다.

92) 대법원 1990.12.11. 선고 90누3560 판결 ; 대법원 1997.2.4.자 96두70 결정
93) 대법원 1990.12.11. 선고 90누3560 판결

② 효과

㉠ **당연무효** : 행정처분을 취소한다는 확정판결이 있으면 그 취소판결의 형성력에 의하여 해당 행정처분의 취소나 취소통지 등의 별도의 절차를 요하지 아니하고 당연히 취소의 효과가 발생한다.[94]

㉡ **취소의 소급효** : 취소판결의 형성력은 소급한다. 따라서 취소판결 후에 취소된 처분을 대상으로 하는 처분은 당연히 무효이다. 그러나 문제되는 경우, 벌칙과 관련된 부분은 원칙적으로 소급하지 아니하는 것으로 볼 것이다.

③ 제3자효(대세효)

㉠ **내용** : 취소판결의 형성력이 당사자 사이에서만 발생하는가, 아니면 제3자에게도 미치는가에 대해서 종래 다툼이 있었다. 행정소송법 제29조 제1항은 "처분 등을 취소하는 확정판결은 제3자에 대하여도 효력이 있다."라고 규정하여, 취소판결의 형성력이 제3자에 대하여도 미친다는 것을 명시하였다. 이와 같이 형성력의 주관적 범위가 제3자에게도 미치는 것을 '취소판결의 제3자효' 또는 '대세효'라고 한다. 이는 취소판결의 실효성을 확보하기 위한 것으로, 제3자효가 없으면 원고가 승소하더라도 제3자와의 관계에서 처분의 효력을 주장할 수 없게 된다. 따라서 취소판결의 제3자효는 소송당사자와 제3자와의 관계에 있어 취소판결의 효력이 달라지는 것을 막고, 그 법률관계나 권리관계 등을 통일적으로 확보하기 위해 인정된 것이다. 행정소송법은 '취소판결의 제3자효 규정'을 무효등확인소송과 부작위위법확인소송은 물론 확인판결에도 준용하고 있다(법 제38조). 종래 판례는 행정처분의 무효확인판결은 비록 형식상은 확인판결이라 하여도 그 확인판결의 효력은 그 취소판결의 경우와 같이 소송의 당사자는 물론 제3자에게도 미친다고 하였다.[95]

㉡ **제3자의 보호문제** : 취소판결의 제3자효와 관련하여, 첫째, 취소소송의 원고와 제3자의 이해가 대립하는 경우에는 제3자가 취소판결의 효력을 부인할 수 있는지, 둘째, 취소소송의 원고와 제3자의 이해가 일치되는 경우에는 제3자가 취소판결의 효과를 원용·향수할 수 있는지가 문제된다.

예컨대, 국세체납절차에서 자기소유부동산을 공매당한 자가 제기한 공매처분취소소송에서 취소판결의 효력을 해당 부동산을 낙찰 받아 소유권이전등기를 마친 자가 부인할 수 있는지, 인근 주민이 제기한 연탄공장건축허가취소소송에서 취소판결의 효력을 공장건축주가 부인할 수 있는지, 기존업자가 제기한 신규면허취소소송에서 취소판결의 효력을 신규업자가 부인할 수 있는지 등이 문제된다.

생각건대, 행정소송법 제29조 및 제3자의 소송참가(행정소송법 제16조), 제3자의 재심청구(행정소송법 제31조) 규정을 종합할 때, 제3자가 취소판결의 효력을 부인할 수 없다는 점에 견해가 일치되어 있다.

---

94) 대법원 1991.10.11. 선고 90누5443 판결

95) 대법원 1982.7.27. 선고 82다173 판결

판례

행정소송 사건에서, 참가인이 한 피고보조참가가 행정소송법 제16조의 제3자의 소송참가에 해당하지 아니하는 경우에도, 판결의 효력이 참가인에게도 미치는 점 등 행정소송의 성질에 비추어 보면, 그 참가는 민사소송법 제78조에서 규정하는 공동소송적 보조참가라 할 것이다(대법원 2012.11.29. 선고 2011두30069 판결).

일반처분(통행금지조치, 통행제한표지판, 개별공시지가 등)과 처분적 법령에 대해 그 적용대상이 되는 일부의 자가 그 취소소송을 제기하여 취소판결을 받은 경우, 소송을 제기하지 않은 일반 제3자가 해당 취소판결을 원용함으로써 일반처분이나 처분적 법령의 구속으로부터 벗어날 수 있는지가 문제된다.

(ⅰ) 상대적 대세효설은 일반처분이 취소되더라도 원고만이 취소판결의 효과를 원용·향수할 수 있다는 견해인데, 그 근거로는 취소소송은 주관적 소송이라는 점을 들고 있다. (ⅱ) 절대적 대세효설은 원고뿐만 아니라 일반 제3자도 취소판결의 효과를 원용·향수할 수 있다는 견해인데, 그 근거로는 취소소송은 처분의 법률적합성을 심사하기 위한 시민의 대표소송적 성격을 가진다는 점, 일반처분의 취소판결은 행정청의 직권취소와 같이 대세적으로 그 처분의 효력을 상실시킨다는 점 등을 들고 있다.

이 문제는 법률관계의 획일적 규율의 요청과 실질적으로 불합리한 결과를 차단해야 한다는 요청 등에 비추어 취소판결에 절대적 대세효를 인정하여 제3자도 그 효과를 적극적으로 향수할 수 있어야 한다는 입장과, 취소소송은 주관적 소송이므로 그 효력은 원칙적으로 당사자에게만 미치고 명문규정이 없으므로 제3자가 판결의 효력을 원용할 수 없다는 입장이 충돌하는 국면이다.

취소판결의 효력이 미치게 되는 제3자의 불측의 손해를 막기 위해 행정소송법은 제3자의 소송참가(행정소송법 제16조)를 인정하고 있다. 또한 제3자가 귀책사유없이 소송에 참가하지 못한 경우를 대비해 행정소송법은 아울러 취소의 인용판결이 확정된 뒤에도 제3자가 자신의 권익침해를 주장할 수 있도록 제3자의 재심청구제도(동법 제31조)를 마련하고 있다.

(6) 집행력(간접강제)

집행력이란 이행판결에서 명령된 이행의무를 강제집행절차로써 실현할 수 있는 효력을 말한다. 따라서 형성판결인 취소판결에는 성질상 강제집행할 수 있는 효력, 즉 집행력이 인정되지 않는다. 만약 무명항고소송의 일종으로서 이행소송을 긍정한다면, 집행력이 인정될 수 있을 것이다. 행정소송법은 다만 거부처분취소판결의 확정 시에 행정청에 부과되는 재처분의무의 이행을 확보하기 위해 다음의 간접강제제도를 두고 있다.

행정청이 행정소송법 제30조 제2항의 규정에 의한 처분을 하지 아니한 때에는 제1심수소법원은 당사자의 신청에 의하여 결정으로써 상당한 기간을 정하고 행정청이 그 기간 내에 이행하지 아니한 때에는 그 지연기간에 따라 일정한 배상을 할 것을 명하거나, 즉시 손해배상을 할 것을 명할 수 있다(동법 제34조 제1항). 그리고 이 경우에 동법 제33조(소송비용에 관한 재판의 효력)와 민사집행법 제262조(채무자의 심문)의 규정이 준용된다(행정소송법 제34조 제2항). 간접강제제도는 부작위위법확인소송에도 준용되고 있다(동법 제38조 제2항).

13. 판결에 의하지 않는 취소소송의 종료

취소소송은 법원의 종국판결에 의하여 종료하는 것이 원칙이나 원고의 소취하에 의하여 종료한다. 취소소송에 있어 청구의 포기 · 인락 · 소송상 화해가 허용되는가에 관해서는 설이 나누어진다.

1) 소의 취하

소의 취하라 함은 원고가 소에 의한 심판청구의 전부 또는 일부를 철회하는 취지의 법원에 대한 일방적인 의사표시이다. 취소소송은 행정의 적법성 확보를 그 하나의 목적으로 하기 때문에 그의 가능성 여부가 문제가 되기는 하나 취소소송에도 처분권주의가 지배하므로 이를 부인할 이유가 없다. 소의 취하에 관하여는 취소소송에도 민사소송법상 원칙이 그대로 적용된다고 새겨진다(행정소송법 제8조 제2항). 그에 따라 원고는 판결이 확정되기까지는 언제라도 소를 취하할 수 있다. 다만, 피고가 본안에 대하여 준비서면을 제출하거나 준비절차에서 진술하거나 변론을 한 후에는 소의 취하에 피고의 동의를 필요로 한다(민사소송법 제266조 제2항 참조).

2) 청구의 포기 · 인락

청구의 포기라 함은 변론 또는 준비절차에서 원고가 자기의 소송상 청구가 이유 없음을 자인하는 법원에 대한 일방적 의사표시이며, 청구의 인락이라 함은 피고가 원고의 소송상 청구가 이유 있음을 자인하는 법원에 대한 일방적 의사표시이다. 청구의 포기나 인락은 조서에 기재함으로써 확정판결과 동일한 효력이 생기며, 이에 의하여 소송은 종결된다.

행정소송에 있어서는 청구의 포기 · 인락을 인정할 것인지 여부가 문제된다. 행정소송의 심리에 있어서도 변론주의와 처분권주의를 기본으로 하며, 행정소송법에 이를 배제하는 명시적 규정이 없으므로 민사소송법상의 청구의 포기 · 인락에 관한 규정이 준용될 수 있다는 견해가 있을 수 있다. 그러나 행정청이나 개인은 소송물인 처분을 임의로 취소 · 변경할 수 있는 것은 아니고, 취소소송에 있어서는 청구의 포기나 인락에 확정판결과 동일한 효력을 인정하기 어려우므로 행정소송에서는 청구의 포기 · 인락이 원칙적으로 인정되지 않는다고 할 것이다.

3) 소송상 화해

소송상 화해란 소송계속 중 당사자 쌍방이 소송물인 권리 또는 법률관계에 관한 주장을 서로 양보하여 소송을 종료시키기로 하는 기일에 있어서의 합의를 말하며, 화해조서는 확정판결과 같은 효력이 있다(민사소송법 제220조).

행정소송법에 이를 배제하는 규정이 없고 분쟁의 신속한 해결의 도모라는 화해제도의 취지에 따라서 민사소송법상 화해가 준용될 수 있다는 견해가 있으며, 대법원은 귀속재산처리사건에서 화해를 인정한 예가 있다.[96] 그러나 ① 행정청은 사인과의 사이에서 서로 양보에 의한 처분을 할 수 없음은 물론

재량행위라 하더라도 그 재량권은 소송물에 대한 처분권과는 다른 것이며, ② 행정소송의 심리에는 제한된 범위에서나마 직권탐지주의가 개입될 수 있고, ③ 행정소송의 확정판결은 대세적 효력을 가지는 점 등을 이유로 독일 행정법원법과 같이 이를 허용하는 명시적인 규정이 없는 한 취소소송의 화해에 의한 종료는 허용되지 않는다고 본다. 이는 행정소송에 있어 청구의 포기·인락이 허용되지 않는 것과 같은 취지이다. 그러나 기속행위인 때에는 할 수 없으나 재량행위인 때에는 합의가 재량의 남용으로 평가되지 않는 한 재량의 수권범위 안에서 화해할 수 있다는 주장도 있으며, 화해가 가능한 경우라면 소송의 밖에서 이른바 비정형적 행정작용(절충 등)의 방법을 통한 문제해결을 모색하는 것이 현명하다는 견해도 있다.[97]

4) 당사자의 소멸

원고가 사망하고, 또한 소송물을 승계한 자가 없는 경우(성질상 승계가 허용되지 않는 경우를 포함)에는 상대방 없는 소송이 되어 그 소송은 종료하게 된다. 그러나 피고인 행정청이 없게 된 때에는 그 처분 등에 관한 사무가 귀속되는 국가나 공공단체가 피고로 되는 것이므로(동법 제13조 제2항) 소송은 종료되지 않는다.

14. 상고 및 제3자에 의한 재심청구

1) 상고

제1심 취소판결에 불복하는 자는 고등법원에 항소할 수 있으며, 고등법원의 항소심 판결에 불복하는 자는 대법원에 상고할 수 있다. 상고심 절차에 관한 특례법상 심리불속행제도는 행정소송에도 적용된다(동법 제2조).

2) 심리불속행제도

심리불속행제도란 상고이유에 관한 주장에 일정한 사유를 포함하지 아니한다고 인정할 때에는 더 나아가 심리를 하지 아니하고 판결로 상고를 기각하는 제도를 말한다. 상고심사제라고도 한다. 심리불속행제도는 행정소송 외에 민사소송과 가사소송에도 적용된다(동법 제4조 제1항).

3) 제3자에 의한 재심청구

(1) 의의

재심이란 확정된 종국판결에 재심사유에 해당하는 하자가 있는 경우에 판결을 한 법원에 대하여 그 판결의 취소와 사건의 재심사를 구하는 비상불복신청방법을 말한다.

취소소송의 판결에는 민사소송법이 준용되므로 일반적인 재심청구가 가능하다. 그런데 행정처분은 원고 이외의 다수인에게 미치는 영향이 크고, 또한 취소판결의 제3자효로 말미암아 제3자가 불의의 불이익을 입게 될 우려가 있다. 따라서 행정소송법은 제3자로 하여금 소송에 있어 공격·방어방

96) 대법원 1956.9.2. 선고 4287행상58 판결

97) 김남진·김연태, 행정법I, 739면.

법을 제출할 기회를 제공하고 제3자에 의한 재심청구를 미연에 방지하기 위하여 제3자 및 행정청의 소송참가를 규정하고 있다(동법 제16조, 제17조).

그러나 제3자가 자기에게 귀책사유 없이 소송에 참가하지 못하여 판결의 결과에 영향을 미칠 공격·방어방법을 제출하지 못한 때가 생길 수 있다. 이에 대비하여 행정소송법은 "처분 등을 취소하는 판결에 의하여 권리 또는 이익을 침해받은 제3자는 자기에게 책임 없는 사유로 소송에 참가하지 못함으로써 판결의 결과에 영향을 미칠 공격 또는 방어방법을 제출하지 못한 때에는 이를 이유로 확정된 종국판결에 대하여 재심의 청구를 할 수 있다(동법 제31조 제1항)."라고 규정하여 제3자의 재심청구제도를 마련해 두고 있다.

(2) 당사자

재심청구의 원고는 취소소송의 인용판결에 의하여 권리 또는 이익의 침해를 받은 제3자이며, 재심청구의 피고는 확정판결에 나타난 원고와 피고가 함께 공동피고가 된다. 여기에서 '권리 또는 이익의 침해를 받은 제3자'란 행정소송법 제16조 제1항에 의하여 소송참가를 할 수 있는 '소송의 결과에 따라 권리 또는 이익의 침해를 받을 제3자'와 비슷한 뜻의 것으로서 해당 판결의 형성력이 미침으로써 그 판결주문에 따라 직접 자기의 권리나 이익이 침해되는 소송당사자 이외의 제3자를 말한다.

(3) 재심사유

① 자기에게 책임 없는 사유로 소송에 참가하지 못하였어야 한다. 구체적인 경우에 있어서 해당 취소소송의 계속을 알지 못하였거나 알았더라도 특별한 사정에 의하여 소송에 참가할 수 없었을 것이 요구된다.

② 소송에 참가하지 못함으로써 판결의 결과에 영향을 미칠 공격 또는 방어방법을 제출하지 못한 때이어야 한다.

(4) 재심청구기간

제3자는 재심청구를 확정판결이 있음을 안 날로부터 30일 이내, 판결이 확정된 날로부터 1년 이내에 제기하여야 한다. 이 기간은 불변기간이다(동법 제31조 제1항, 제3항).

15. 위헌판결의 공고

취소소송의 선결문제로서 명령·규칙이 대법원의 판결에 의하여 헌법 또는 법률에 위반함이 확정된 경우에는(헌법 제107조 제2항) 대법원은 지체 없이 그 사유를 행정안전부장관에게 통보하여야 한다. 대법원의 통보를 받은 행정안전부장관은 지체 없이 이를 관보에 게재하여 공고하여야 한다(행정소송법 제6조). 이것은 위헌판결의 효력이 비록 상대적이기는 하지만 그것이 규범통제로서 소극적 의미의 입법으로서 기능한다는 점을 고려하여 더 이상 위헌의 명령·규칙에 의한 국민의 권익침해의 확대를 방지한다는 예방적 취지에서 비롯된 것이다.

16. 소송비용

행정소송의 비용은 소송비용부담 원칙에 따라 패소자가 부담하고(민사소송법 제98조), 원고의 청구가 일부 인용된 판결의 경우에는 각 소송 당사자가 분담한다(동법 제101조). 그러나 취소청구가 사정판결에 의하여 기각되거나 행정청이 처분 등을 취소 또는 변경함으로 인하여 청구가 각하 또는 기각된 경우에는 소송비용은 피고가 부담한다(행정소송법 제32조). 소송비용에 관한 재판이 확정된 때에는 피고 또는 참가인이었던 행정청이 소속하는 국가 또는 공공단체에 그 효력을 미친다(행정소송법 제33조).

Ⅱ. 무효등확인소송

1. 개설

1) 의의 및 종류

무효등확인소송은 행정청의 위법한 처분 등의 효력 유무 또는 존재 여부를 확인하는 소송을 말한다(행정소송법 제4조 제2호). 행정소송법이 '무효등확인소송'이라고 규정하고 있는 것은 처분이나 재결의 무효확인소송뿐만 아니라 유효확인소송, 존재확인소송, 부존재확인소송 및 실효확인소송이 포함되는 것이라는 뜻을 분명히 하려는 것이다. 무효확인소송・부존재확인소송・실효확인소송을 소극적 확인소송이라고 하며, 존재확인소송・유효확인소송을 적극적 확인소송이라고 한다. 이러한 구별은 뒤에서 보는 입증책임의 분배와 관련하여 의미가 있다.

판례는 처분의 무효확인을 취소소송의 형식으로 제기하는 '무효선언을 구하는 의미의 취소소송'도 허용된다고 하며, 또한 무효확인소송에는 취소를 구하는 취지까지 포함된 것으로 본다. 한편 작위의무확인소송은 현행법상 명문으로 인정되고 있지 않지만 무명소송으로 인정할 수 있을 것이다. 그러나 판례는 이를 부인한다.

판례

[1] 일반적으로 행정처분의 무효확인을 구하는 소에는 원고가 그 처분의 취소는 구하지 아니한다고 밝히고 있지 아니하는 이상, 그 처분이 만약 당연무효가 아니라면 그 취소를 구하는 취지도 포함되어 있는 것으로 볼 것이나 행정심판절차를 거지치 아니한 까닭에 행정처분취소의 소를 무효확인의 소로 변경한 경우에는 무효확인을 구하는 취지 속에 그 처분이 당연무효가 아니라면 그 취소를 구하는 취지까지 포함된 것으로 볼 여지가 전혀 없다고 할 것이므로 법원으로서는 그 처분이 당연무효인가 여부만 심리판단하면 족하다고 할 것이다(대법원 1997.4.28. 선고 86누887 판결).

[2] 애국지사의 유족연금・사망일시금・유족생계보조수당과 이들 각 금원에 대한 청구권발생일로부터 연 5푼의 이율에 의한 복리계산금원의 청구권이 원고에게 있음의 확인을 구하거나 위 각 금원을 지급할 의무가 행정청에 있음의 확인을 구하는 청구는 작위의 의무확인소송으로서 항고소송의 대상이 되지 아니한다(대법원 1990.11.23. 선고 90누578 판결).

2) 무효등확인소송의 필요성

원래 무효인 처분은 중대하고 명백한 하자로 인하여 행정처분으로서의 실체적 효력이 인정되지 아니하고 따라서 실체적 효력을 뒷받침하는 절차적 효력인 공정력이나 불가쟁력 등의 효력이 발생될 수 없는 것이기 때문에 그러한 처분의 관계자는 법원이나 행정청의 무효선언 또는 취소 등을 기다릴 필요 없이 스스로의 판단에 따라 그러한 처분을 무시하거나 그 처분의 무효 또는 부존재를 전제로 활동할 수 있는 것이다. 왜냐하면 그렇더라도 하자의 중대·명백성으로 인해 처분 등의 상대방 및 일반 공중의 해당 처분에 대한 신뢰를 해치는 것이 되지 않기 때문이다.
그러나 무효인 처분이라도 행정처분으로써의 외관이 존재하고, 또한 현실에 있어 처분의 무효와 취소의 구별은 이론과 같이 절대적으로 명확하게 구별되는 것은 아니기 때문에 무효인 처분이 마치 유효인 것처럼 행정청에 의하여 집행되거나 무효인 처분을 전제로 후속조치가 취해질 우려가 적지 아니한 것이 사실이다. 그러므로 무효인 처분의 상대방이나 이해관계인은 그 처분이 무효임을 공적으로 확인받음으로써 처분의 외관적 존재 자체를 제거할 필요가 있는 것이며, 여기에서 무효확인소송의 필요성이 있다. 반대로 유효하게 존재하는 처분이나 재결을 관계행정청이 마치 무효 또는 부존재인 것처럼 주장하고 그러한 주장을 바탕으로 관계 처분을 행함으로써 개인의 권익을 침해하게 되는 예가 적지 않다. 그러한 경우에는 해당 처분 또는 재결이 유효하게 존재하는 것임을 확인받을 실익이 있는 것이다. 결국 무효등확인소송은 행정청과 당사자 간에 서로의 주장이 다를 수 있으므로 이에 처분의 유효·무효, 존재·부존재를 공적으로 판단·확인해 두고자 함에 있는 것이다.

3) 무효등확인소송의 기능

행정소송법 제4조 제2호는 무효등확인소송이란 '행정청의 처분 등의 효력유무 또는 존재여부를 확인하는 소송'이라고 규정하는 한편, 동법 제35조는 "무효등확인소송은 처분 등의 효력유무 또는 존재여부의 확인을 구할 법률상 이익이 있는 자가 제기할 수 있다."라고 규정하여 행정소송으로서의 일반적 기능 외에 구체적 기능을 시사하는 아무런 규정을 두고 있지 않다. 따라서 무효등확인소송의 구체적 기능은 무효등확인소송의 필요성 등에서 연혁적으로 모색할 수밖에 없는바, 무효등확인소송의 구체적 기능으로는 다음을 들 수 있다.

⑴ 예방소송적 기능

본래 부존재 또는 무효인 행정처분은 외관상으로는 행정처분 등이 존재하므로 행정청에 의해 집행될 우려가 있고, 특히 단계적 행정처분인 경우에는 후속처분이 행해질 가능성이 있으므로 무효라는 사실만으로는 당사자의 권리구제의 실효성을 거두기 쉽지 않다. 더욱이 행정청이 그 처분의 무효를 인정하지 않는 경우에는 무효인 처분에 의한 권리침해의 우려가 더 커진다고 할 수 있다. 그러므로 무효등확인소송을 통하여 권리침해의 우려를 미리 방지할 필요가 있는 것이다.

⑵ 현상정리적 기능

무효등확인소송은 행정소송법 제4조 제2호가 명시하고 있는바와 같이 처분 등의 효력유무 또는 존재여부의 객관적 사실을 확인하여 공적으로 선언함으로써 무효인 처분의 존재라는 외관적 상태를 제거・정리하는 기능을 한다. 예방소송적 기능이 무효등확인소송의 적극적 기능이라면, 현상정리적 기능은 소극적 기능이라고 할 수 있다.

(3) **보충적 기능**

무효등확인소송은 권리 또는 법률상 지위에 현존하는 불안・위험이 있고, 그 불안・위험을 제거함에 확인판결을 받는 것이 가장 유효 적절한 수단일 때에 인정된다. 확인의 이익은 즉시확정의 이익이라고 한다. 따라서 형성의 소를 제기할 수 있는 경우에는 확인의 소는 허용되지 않는다. 불안제거에 실효성이 없고 소송경제에 비추어 바람직하지 않기 때문이다. 그러나 이에 대해서는 무효등확인소송에 있어서도 확인의 이익은 필요로 하지 않고 따라서 무효등확인소송의 보충적 기능을 부인하는 것이 다수의 견해이다. 이에 대해서는 후술한다.

2. 무효등확인소송의 성질과 적용법규

1) 성질

1984년 행정소송법이 무효등확인소송을 규정하기 전까지는 무효등확인소송의 법적 성질과 관련하여 ① 당사자소송설(확인소송설), ② 항고소송설, ③ 준항고소송설 등의 학설상 다툼이 있었다.

현행 행정소송법은 무효등확인소송을 항고소송의 일종으로 명문화함으로써 입법적으로 해결하였다. 다만 해석상으로는 형성소송의 성질이 가미된 확인소송으로서 준항고소송으로 보아야 할 것이다. 즉 무효등확인소송은 행정처분의 하자의 존부(위법성) 자체를 소송물로 하여 판결의 효과로서 해당 처분이 효력을 갖지 않는다는 것을 확정한다는 점에서는 취소소송과 같다(항고소송성). 그러나 취소소송이 유효한 처분을 적극적으로 그 효력을 소멸시키거나 변경시키는 형성소송인 데 반하여, 무효등확인소송은 본래 아무런 효력을 발생시키지 않는 무효인 처분에 대해 단순히 그 무효성을 확인함에 그치는 확인소송으로서의 성질(확인소송성)을 가지는 것이다.

2) 적용법규

행정소송법은 무효등확인소송도 취소소송과 같이 항고소송의 성질을 가진다는 점에서 성질상 준용될 수 없는 것을 제외하고는 취소소송에 대한 대부분의 규정을 광범위하게 준용하고 있다.[98)]

(1) **취소소송에 관한 규정이 준용되는 것**

취소소송에 관한 재판관할, 피고적격, 집행정지, 판결의 구속력, 판결의 대세효, 관련청구의 이송・병합, 공동소송, 제3자 및 행정청의 소송참가, 소송대상(원처분주의), 소의 변경, 행정심판기록제출명령, 직권심리주의, 제3자의 재심청구, 소송비용재판의 효력에 관한 규정 등은 무효등확인소송에도 적용된다(동법 제37조, 제38조 제1항).

---

98) 행정소송법은 무효등확인소송에 대하여 취소소송에 관한 규정을 개별적으로 지정하여 준용하는 입법방식을 취하고 있다. 이로 인하여 이론상 준용되어야 할 것으로 생각되는 규정이 준용되지 않는 경우도 있다. 대표적인 것으로 사정판결을 들 수 있다. 이러한 문제점을 시정하기 위해서 입법론적으로는 오히려 취소소송에 관한 규정은 원칙적으로 모두 준용하는 것으로 하고 준용하지 않는 규정을 개별적으로 지정하는 방식을 취하는 것이 타당할 것으로 보인다.

(2) 취소소송에 관한 규정이 준용되지 않는 것

취소소송에 관한 전심절차, 제소기간은 무효등확인소송에는 적용되지 않는다. 이러한 규정이 준용되지 않는 것은 무효등확인소송이 비록 처분을 대상으로 한다고 하더라도 취소소송과는 달리 중대하고 명백한 하자가 있어서 무효인 처분을 대상으로 한다는 점에서 당연한 것이다. 한편 행정소송법은 사정판결에 관한 규정도 무효등확인소송에 준용하고 있지 않다. 이에 대해서는 학설상 그 허용성이 논란되고 있지만, 무효등확인소송에도 사정판결이 허용된다고 본다.

3. 재판관할

무효등확인소송의 재판관할은 취소소송의 그것이 준용되어 피고의 소재지를 관할하는 행정법원이 제1심 관할법원이다. 다만, 중앙행정기관 또는 그 장이 피고인 경우의 관할법원은 대법원 소재지의 행정법원이다(동법 제9조 제1항). 또한 토지의 수용 기타 부동산 또는 특정의 장소에 관계되는 처분 등에 대한 무효등확인소송은 그 부동산 또는 장소의 소재지를 관할하는 행정법원에 제기할 수 있다(동법 제9조, 제38조).

4. 당사자 및 참가인

1) 원고적격

행정소송법 제35조는 무효등확인소송의 원고적격에 관하여 "무효등확인소송은 처분 등의 효력유무 또는 존재여부의 확인을 구할 법률상 이익이 있는 자가 제기할 수 있다."라고 규정하고 있다. 여기서 법률상 이익이 무엇을 의미하는가에 대해서는 그 견해가 갈리고 있다.

(1) 학설

① 법적 보호이익설

이 설은 무효등확인소송의 원고적격을 확대하여 취소소송의 경우와 같게 한 점이 우리 행정소송법의 특색이라고 하며, 취소소송의 법률상 이익과 무효등확인소송의 법률상 이익을 모두 법적으로 보호된 이익으로 본다. 이 설에 의하면 무효등확인소송에는 민사소송법에 있어 확인소송과 같이 특별히 확인의 이익은 요구되지 않고 따라서 무효등확인소송의 보충성은 부인된다. 다수설이다.[99]

② 즉시확정이익설

이 설은 무효등확인소송에 있어서의 법률상 이익을 민사소송에서의 확인의 이익, 즉 '현존하는 불안이나 위험을 제거하기 위하여 확인판결을 받는 것이 필요하고 또한 적절한 때'와 같이 이른바 즉시확정에 관한 정당한 이익으로 보는 견해이다.[100] 이 설에 의하면 비록 명문의 규정은 없더라도[101] 무효등확인소송의 성질과 기능에 비추어 처분의 존부 또는 효력의 유무를 전제로

---

99) 박균성, 행정법론(상), 997면.
100) 박균성, 행정법론(상), 997면.
101) 참고로 독일 행정법원법은 확인소송에 대하여 "원고가 즉시확정의 정당한 이익을 가지는 경우에는 소를 통하여 법률관계의

하는 현재의 법률관계에 관한 소송, 즉 쟁점소송[102] 또는 당사자소송으로 목적을 달성할 수 없는 경우에 한하여 보충적으로만 무효등확인소송을 허용한다.

(2) **판례**

종래 판례는 즉시확정이익설의 입장에서 무효등확인소송을 보충적인 것으로 보았다. 즉 무효확인의 소에 있어서 법률상 이익은 원고의 권리 또는 법률상 지위에 현존하는 불안・위험이 있고 그 불안・위험을 제거함에는 확인판결을 받는 것이 가장 '유효적절한 수단'일 때 인정된다는 것이다. 부존재확인의 소의 경우도 마찬가지다.

그러나 최근 2008.3.20. 2007두6342 전원합의체 판결에서 판례를 변경하여 행정처분의 근거법률에 의해 보호되는 직접적, 구체적 이익이 있는 경우 무효확인소송의 보충성을 요구하지 않은 것으로 하였다.

판례

[1] 행정처분의 부존재확인소송은 행정처분의 부존재확인을 구할 법률상 이익이 있는 자만이 제기할 수 있고, 여기에서의 법률상 이익은 원고의 권리 또는 법률상 지위에 현존하는 불안・위험이 있고 그 불안・위험을 제거함에는 확인판결을 받는 것이 가장 유효적절한 수단일 때 인정되는 것이다(대법원 1990.9.28. 선고 89누6396 판결).

[2] 원고가 무효임을 주장하는 과세처분에 따라 그 부과세액을 납부하여 이미 그 처분이 집행될 것과 같이 되어 버렸다면 그 과세처분이 존재하고 있는 것과 같은 외관이 남아 있음으로써 장차 원고에게 다가올 법률상의 불안이나 위험은 전혀 없다 할 것이고, 다만 남아 있는 것은 이미 이루어져 있는 위법상태의 제거, 즉 납부효과가 발생한 세금의 반환을 구하는 문제뿐이라고 할 것인바, 이와 같은 위법상태의 제거방법으로써 그 위법상태를 이룬 원인에 관한 처분의 무효확인을 구하는 방법은 관세관청이 그 무효확인판결의 구속력을 존중하여 납부한 세금의 환급을 하여 줄 것을 기대하는 간접적인 방법이라고 할 것이므로 민사소송에 의한 부당이득반환청구의 소로써 직접 그 위법상태를 구할 길이 열려 있는 이상 위와 같은 과세처분의 무효확인의 소는 분쟁해결에 직접적이고도 유효적절한 해결방법이라 할 수 없어 확인을 구할 법률상 이익이 없다고 할 것이다(대법원 1992.9.19. 선고 91누3840 판결).

[3] **행정소송법 제35조에 규정된 '무효확인을 구할 법률상 이익'이 있는지를 판단할 때 행정처분의 무효를 전제로 한 이행소송 등과 같은 직접적인 구제수단이 있는지를 따져보아야 하는지 여부(소극)**
행정소송은 행정청의 위법한 처분 등을 취소・변경하거나 그 효력 유무 또는 존재 여부를 확인함으로써 국민의 권리 또는 이익의 침해를 구제하고 공법상의 권리관계 또는 법 적용에 관한 다툼을

존부 또는 행정행위의 무효의 확인을 청구할 수 있다(동법 제43조 제1항).", "확인은 원고가 형성의 소 또는 이행의 소를 통해 그의 권리를 추구할 수 있는 경우에는 구할 수 없다. 다만, 행정행위의 무효확인을 구하는 경우에는 그러하지 아니하다(동조 제2항)."라고 규정하고 있다. 또한 일본 행정사건소송법은 무효등확인소송에 대하여 "무효등확인소송은 해당 처분 또는 재결에 이은 처분에 의하여 손해를 받을 우려가 있는 자 기타 해당 처분 또는 재결의 무효등확인을 구할 법률상 이익이 있는 자로서 그 처분 또는 재결의 존부 및 효력의 유무를 전제로 하는 현재의 법률관계에 관한 소송에 의하여 목적을 달성할 수 없는 경우에 한하여 제기할 수 있다(동법 제36조)."라고 규정하고 있다.

102) 선결문제로써 행정처분의 효력을 다투는 민사소송을 쟁점소송이라고 한다.

적정하게 해결함을 목적으로 하므로, 대등한 주체 사이의 사법상 생활관계에 관한 분쟁을 심판대상으로 하는 민사소송과는 목적, 취지 및 기능 등을 달리한다. 또한 행정소송법 제4조에서는 무효확인소송을 항고소송의 일종으로 규정하고 있고, 행정소송법 제38조 제1항에서는 처분 등을 취소하는 확정판결의 기속력 및 행정청의 재처분 의무에 관한 행정소송법 제30조를 무효확인소송에도 준용하고 있으므로 무효확인판결 자체만으로도 실효성을 확보할 수 있다. 그리고 무효확인소송의 보충성을 규정하고 있는 외국의 일부 입법례와는 달리 우리나라 행정소송법에는 명문의 규정이 없어 이로 인한 명시적 제한이 존재하지 않는다. 이와 같은 사정을 비롯하여 행정에 대한 사법통제, 권익구제의 확대와 같은 행정소송의 기능 등을 종합하여 보면, 행정처분의 근거 법률에 의하여 보호되는 직접적이고 구체적인 이익이 있는 경우에는 행정소송법 제35조에 규정된 '무효확인을 구할 법률상 이익'이 있다고 보아야 하고, 이와 별도로 무효확인소송의 보충성이 요구되는 것은 아니므로 행정처분의 무효를 전제로 한 이행소송 등과 같은 직접적인 구제수단이 있는지 여부를 따질 필요가 없다고 해석함이 상당하다(대법원 2008.3.20. 선고 2007두6342 전원합의체 판결).

(3) **결어**

행정소송은 행정청의 위법한 처분 등을 취소・변경하거나 그 효력 유무 또는 존재 여부를 확인함으로써 국민의 권리 또는 이익의 침해를 구제하고 공법상의 권리관계 또는 법 적용에 관한 다툼을 적정하게 해결함을 목적으로 하며, 행정소송법 제4조에서는 무효확인소송을 항고소송의 일종으로 규정하고 있고, 동법 제38조 제1항에서는 처분 등을 취소하는 확정판결의 기속력 및 행정청의 재처분 의무에 관한 행정소송법 제30조를 무효확인소송에도 준용하고 있어 무효확인판결 자체만으로도 실효성을 확보할 수 있는바 별도로 무효확인소송의 보충성이 요구되지 않는다고 봄이 타당하다.

판례

【판시사항】

[1] 공익사업을 위한 토지 등의 취득 및 보상에 관한 법률상 토지수용위원회의 수용재결이 있은 후 토지소유자 등과 사업시행자가 다시 협의하여 토지 등의 취득이나 사용 및 그에 대한 보상에 관하여 임의로 계약을 체결할 수 있는지 여부(적극)

[2] 중앙토지수용위원회가 지방국토관리청장이 시행하는 공익사업을 위하여 갑 소유의 토지에 대하여 수용재결을 한 후, 갑과 사업시행자가 '공공용지의 취득협의서'를 작성하고 협의취득을 원인으로 소유권이전등기를 마쳤는데, 갑이 "사업시행자가 수용개시일까지 수용재결보상금 전액을 지급・공탁하지 않아 수용재결이 실효되었다."고 주장하며 수용재결의 무효확인을 구하는 소송을 제기한 사안에서, 갑이 수용재결의 무효확인 판결을 받더라도 토지의 소유권을 회복시키는 것이 불가능하고, 무효확인으로써 회복할 수 있는 다른 권리나 이익이 남아 있다고도 볼 수 없다고 한 사례

【판결요지】

[1] 공익사업을 위한 토지 등의 취득 및 보상에 관한 법률(이하 '토지보상법'이라 한다)은 사업시행자로 하여금 우선 협의취득 절차를 거치도록 하고, 협의가 성립되지 않거나 협의를 할 수 없을 때에 수용재결취득 절차를 밟도록 예정하고 있기는 하다. 그렇지만 일단 토지수용위원회가 수용재결을 하였더

라도 사업시행자로서는 수용 또는 사용의 개시일까지 토지수용위원회가 재결한 보상금을 지급 또는 공탁하지 아니함으로써 재결의 효력을 상실시킬 수 있는 점, 토지소유자 등은 수용재결에 대하여 이의를 신청하거나 행정소송을 제기하여 보상금의 적정 여부를 다툴 수 있는데, 그 절차에서 사업시행자와 보상금액에 관하여 임의로 합의할 수 있는 점, 공익사업의 효율적인 수행을 통하여 공공복리를 증진시키고, 재산권을 적정하게 보호하려는 토지보상법의 입법 목적(제1조)에 비추어 보더라도 수용재결이 있은 후에 사법상 계약의 실질을 가지는 협의취득 절차를 금지해야 할 별다른 필요성을 찾기 어려운 점 등을 종합해 보면, 토지수용위원회의 수용재결이 있은 후라고 하더라도 토지소유자 등과 사업시행자가 다시 협의하여 토지 등의 취득이나 사용 및 그에 대한 보상에 관하여 임의로 계약을 체결할 수 있다고 보아야 한다.

[2] 중앙토지수용위원회가 지방국토관리청장이 시행하는 공익사업을 위하여 갑 소유의 토지에 대하여 수용재결을 한 후, 갑과 사업시행자가 '공공용지의 취득협의서'를 작성하고 협의취득을 원인으로 소유권이전등기를 마쳤는데, 갑이 "사업시행자가 수용개시일까지 수용재결보상금 전액을 지급·공탁하지 않아 수용재결이 실효되었다."고 주장하며 수용재결의 무효확인을 구하는 소송을 제기한 사안에서, 갑과 사업시행자가 수용재결이 있은 후 토지에 관하여 보상금액을 새로 정하여 취득협의서를 작성하였고, 이를 기초로 소유권이전등기까지 마친 점 등을 종합해 보면, 갑과 사업시행자가 수용재결과는 별도로 '토지의 소유권을 이전한다는 점과 그 대가인 보상금의 액수'를 합의하는 계약을 새로 체결하였다고 볼 여지가 충분하고, 만약 이러한 별도의 협의취득 절차에 따라 토지에 관하여 소유권이전등기가 마쳐진 것이라면 설령 갑이 수용재결의 무효확인 판결을 받더라도 토지의 소유권을 회복시키는 것이 불가능하고, 나아가 무효확인으로써 회복할 수 있는 다른 권리나 이익이 남아 있다고도 볼 수 없다고 한 사례(대법원 2017.4.13. 선고 2016두64241 판결[수용재결무효확인])

2) 피고적격

취소소송의 피고적격을 규정한 제13조는 무효등확인소송의 경우에 준용된다. 즉 무효등확인소송은 처분 등을 행한 행정청을 피고로 한다(동법 제38조 제1항). 처분 등이 있은 후에 그 권한이 다른 행정청에 승계된 때에는 이를 승계한 행정청을 피고로 한다. 무효등확인소송에 있어서도 피고를 잘못 지정한 때에는 법원은 원고의 신청에 의하여 결정으로써 피고의 경정을 허가할 수 있다(동법 제14조, 동법 제38조 제1항).

3) 소송참가

공동소송에 관한 규정(동법 제15조), 제3자의 소송참가에 관한 규정(동법 제16조), 행정청의 소송참가에 관한 규정(동법 제17조) 등의 준용이 있다(동법 제38조 제1항 참조).

5. 소송제기

1) 소송대상

무효등확인소송도 취소소송과 마찬가지로 '처분 등', 즉 행정청이 행하는 구체적 사실에 관한 법집행으로서의 공권력의 행사 또는 그 거부와 그 밖에 이에 준하는 행정작용 및 행정심판에 대한 재결을 소송대상으로 한다(동법 제19조, 제38조 제1항). 무효등확인소송의 경우에는 취소소송과 행정심판과의 관계에 관한 규정이 적용되지 않으나 임의로 행정심판을 전치시킬 수는 있으므로 행정심판의 재결도 대상이 될 수 있는 것이다. 다만, 재결의 무효등확인소송은 재결 자체에 고유한 위법이 있다고 주장하는 경우에만 인정된다(원처분주의).

어느 경우에나 무효등확인소송이 되기 위해서는 적어도 유효한 처분 등으로 오인되거나 처분 등이 있는 것으로 의심될 만한 외견상의 존재가 필요하다. 처분 등의 무효나 부존재가 명백한 경우에는 그러한 유효한 처분의 외관이나 외견상 존재 자체가 없으므로 확인의 이익, 즉 권리보호의 필요가 없게 된다고 할 것이다.

2) 제소기간 및 행정심판과의 관계

무효등확인소송에는 취소소송의 제소기간에 관한 규정이 적용되지 않는다. 행정행위의 무효 또는 부존재는 당초부터 효력이 없는 것이므로 법률관계의 조속한 확정이라는 요청에 의한 제소기간의 제한 규정이 무효등확인소송에는 적용되지 아니하는 것은 당연하다. 또한 무효등확인소송에는 취소소송의 전심절차에 관한 규정이 적용되지 아니한다. 이는 행정행위의 하자 또는 부존재가 너무나 명백하므로 행정청의 판단을 구할 필요가 없기 때문이다.

6. 관련청구소송의 이송과 병합

무효등확인소송과 관련청구소송이 각각 다른 법원에 계속되고 있는 경우에 관련청구소송이 계속된 법원이 상당하다고 인정하는 때에는 당사자의 신청 또는 직권에 의하여 관련청구소송을 무효등확인소송이 계속된 법원으로 이송할 수 있으며, 무효등확인소송에 사실심 변론종결시까지 관련청구소송을 해당 법원에 병합하여 제기할 수 있다(동법 제10조, 제38조).

7. 소의 변경

행정소송법 제21조의 규정은 무효등확인소송을 취소소송 또는 당사자소송으로 변경하는 경우에 준용된다(동법 제37조). 즉 법원은 무효등확인소송을 취소소송 또는 당사자소송으로 변경하는 것이 권리구제 또는 소송경제를 위하여 상당하다고 인정할 때에는 청구의 기초에 변경이 없는 한 사실심 변론종결 시까지 원고의 신청에 의하여 결정으로써 소의 변경을 인정할 수 있다. 이것은 무효인 처분에 대하여서는 취소소송과 무효등확인소송을 선택적으로 제기할 수 있음을 의미한다. 또한 처분의 변경으로 인한 소의 변경(동법 제22조)도 무효등확인소송의 경우에 적용된다(동법 제38조 제1항).

8. 무효등확인소송에 있어 가구제

무효등확인소송의 제도에는 취소소송과 마찬가지로 집행정지와 가처분이 있다. 행정소송법은 취소소송에 있어 집행정지에 관한 규정을 무효등확인소송에도 준용하고 있으므로 무효등확인소송의 제기는 처분 등의 효력이나 그 집행 또는 절차의 속행에 영향을 주지 않음이 원칙이나 일정한 경우에는 집행정지가 인정된다(동법 제23조, 제24조, 제38조 제1항 참조). 이에 대해서 이론상 무효인 행정처분에는 처음부터 효력이 발생하지 않기 때문에 집행부정지원칙이 적용될 여지가 없으며 따라서 그것이 유효한 것임을 전제로 하여 집행이 정지된다는 것은 논리상 모순된다는 지적이 있다. 그러나 결과적으로는 당연 무효의 행정처분이라 하더라도 실제상 무효확인판결이 확정되기 이전에 행정청이 이를 유효하다고 주장하여 집행하는 것은 생각할 수 있는 문제이기 때문에 이러한 조치에 대한 권리보호수단으로 집행정지제도를 마련해 두는 것은 충분한 합리성이 있다고 생각된다. 다만, 무효등확인소송에서는 처분의 무효가 다투어지고 있다는 점에서 행정청은 확정판결이 나기 전에 기성사실의 창출을 위하여 무리하게 집행하는 것은 자제하여야 할 것이며, 보다 근본적으로는 집행정지를 원칙으로 하고 예외적으로 행정청의 집행보장을 위하여 집행부정지를 채용하는 것이 입법론적으로 타당할 것이다.

한편 행정소송법상 집행정지결정에 관한 규정이 가처분에 관한 민사소송법의 규정을 배제하는 것이 아니라고 보는 견해는 취소소송이나 무효등확인소송에 가처분에 관한 민사소송법의 규정이 적용된다고 한다. 비록 취소소송에는 가처분이 인정될 수 없다고 하더라도 무효등확인소송의 경우에는 무효인 행정처분에는 유효성을 추정하는 공정력이 인정되지 않으므로 취소소송의 경우보다 가처분이 인정될 수 있는 여지가 넓은 것으로 볼 수 있다.

9. 소송심리

1) 직권탐지주의의 가미

변론주의를 원칙으로 하나 부분적으로 직권탐지주의의 적용이 있다(동법 제26조, 제38조).

2) 행정심판기록제출명령

행정심판절차를 거친 경우에는 법원은 당사자의 신청이 있는 때에 결정으로써 재결을 행한 행정청에 대하여 행정심판에 관한 기록의 제출을 명할 수 있으며, 행정청은 지체 없이 이에 응해야 한다(동법 제25조, 제38조).

3) 입증책임

처분이 무효인 것에 대한 입증책임을 누가 지는가에 관해서는 원고가 부담한다는 견해와 취소소송의 경우와 다를 것이 없다는 견해로 나누어져 있다.

(1) 학설

① 원고책임설

(ⅰ) 무효등확인소송과 취소소송의 소송형식상의 차이, (ⅱ) 무효등확인소송의 취소소송에 대한 예외성 및 하자의 중대·명백성은 극히 예외적이라는 점 등을 이유로 원고가 그에 대하여 입증책임을 져야 한다고 본다. 이 견해에 의하면 원고는 그 처분에 존재하는 흠이 중대하고 명백하다는 것을 주장·입증하여야 하며, 이를 입증하지 못하면 패소의 불이익을 당한다.

② 취소소송동일설

(ⅰ) 무효등확인소송은 항고소송의 일종으로서 다투어지는 것이 처분 등의 적법여부인 점에서

취소소송과 다를 것이 없으며, (ii) 무효등확인소송에 있어서는 취소소송에 있어서보다 해당 처분 등의 법적합성에 대한 의문이 강하고, (iii) 위법의 중대・명백성은 법해석 내지 경험칙에 의하여 판단될 사항이기에 입증책임의 문제와 직접 관계가 없다는 등의 이유로 취소소송의 경우와 마찬가지로 피고인 행정청이 해당 처분 등의 유효요건에 대한 입증책임을 져야 한다고 본다.

(2) 판례

판례는 무효등확인소송의 입증책임에 대하여 "행정처분의 당연무효를 구하는 소송에 있어서는 그 무효를 구하는 사람(원고)에게 그 행정처분에 존재하는 하자가 중대하고 명백하다는 것을 주장・입증할 책임이 있다."[103]라고 하여 취소소송과는 달리 원고책임설을 취하고 있다.

(3) 결어

생각건대, 무효등확인소송이 항고소송의 일종으로 다루어지면 취소소송과 다를 것이 없으므로 전술한 취소소송에서의 입증책임의 분배기준이 동일하게 적용된다고 본다. 즉 소극적 확인소송(부존재확인소송, 무효확인소송, 실효확인소송)의 경우 처분 등이 부존재・무효 또는 실효라는 것은 권리장애요건사실에 해당하므로 이에 대해서는 원고가, 그 존재・유효성(적법성)에 대하여 피고 행정청이 각각 입증책임을 분담한다고 할 것이다. 이에 대하여 적극적 확인소송(존재확인소송, 유효확인소송)의 경우 처분 등이 유효하고 존재한다는 것은 권리발생요건사실에 해당하므로 그 유효・존재에 대해서는 원고가, 반대로 그 무효・부존재에 대해서는 피고가 각각 입증책임을 부담한다고 보아야 할 것이다.

4) 위법판단기준 시

취소소송에 있어서와 마찬가지로 처분시를 기준으로 처분의 무효 등을 판단해야 할 것이다.

10. 소송종료

1) 사정판결의 허용성

무효등확인소송에 대하여는 취소소송에 있어서의 사정판결을 준용하는 규정이 없으므로(동법 제38조 제1항 참조), 무효등확인소송에 사정판결이 인정될 수 있는지가 다투어진다.

(1) 긍정설

긍정설은 무효와 취소의 구별의 상대성, 사정판결제도가 분쟁해결의 화해적 기능 때문에 반드시 원고에게 불이익하지만은 않은 점, 무효처분에 대해서도 기성사실을 존중하여야 할 경우가 있을 수 있다는 점 등을 이유로 사정판결이 인정되어야 한다고 본다.

---

103) 대법원 1984.2.28. 선고 82누154 판결

(2) 부정설

부정설은 처분이 무효인 경우에는 존치시킬 유효한 처분이 없으며, 행정소송법은 무효등확인소송에 대하여 취소소송의 사정판결 규정을 준용하고 있지 않으므로 무효등확인소송에는 사정판결이 인정될 수 없다고 본다.

(3) 판례

판례는 무효등확인소송에는 사정판결이 인정되지 않는다고 하여 부정설을 취하고 있다.

판례

[1] 당연무효의 행정처분을 소송목적물로 하는 행정소송에서는 행정소송법(구법) 제12조 소정의 사정판결을 할 수 없다(대법원 1985.5.26. 선고 84누380 판결).

[2] 당연무효의 행정처분을 소송목적물로 하는 행정소송에서는 존치시킬 효력이 있는 행정행위가 없기 때문에 행정소송법 제28조 소정의 사정판결을 할 수 없다고 할 것이다(대법원 1996.3.22. 선고 95누5509 판결).

(4) 결어

사정판결제도는 공공복리를 이유로 하여 원고에게 일방적인 희생을 강요하는 제도가 아니라 처분등의 취소라고 하는 원고 본래의 청구에 갈음하여 손해배상 등 기타의 방법으로 원고의 청구를 수용하며, 그것을 통해, 또한 공공복리에도 이바지하려는 제도라고 할 수 있다. 따라서 계쟁 행정처분이 취소할 수 있는 것인가 아니면 무효인 행정처분인가 하는 점은 문제해결에 있어서의 결정적 요인은 아닌 것으로 보인다. 사정판결에 있어서 문제해결의 열쇠는 위법한 것으로 판명된 처분으로 인하여 이미 형성된 사실, 즉 기성사실을 원상복구시키는 것이 공공복리의 관점에서 유익한 것인가 아닌가 하는 점에 있다.

더욱이 행정소송법은 무효등확인소송이 제기되더라도 그 처분 등의 집행이 원칙으로 정지되지 않는다는 집행부정지원칙을 규정하고 있다(동법 제38조 제1항 참조). 따라서 재판을 통해서 처분의 무효 등이 확정된 단계에서 형성된 기성사실의 원상회복(위법처분의 결과제거)이 현저히 공공복리에 적합하지 아니하다고 인정된다든가 또는 그것이 불가능하거나 기대가능하지 않다고 판단될 수도 있을 것이다. 그러한 경우에는 사정판결을 통한 문제해결이 필요할 것이다.

2) 판결

무효등확인판결은 성질상 형성력이 발생하지 않으며, 또한 이행의 문제를 남기지 않기 때문에 간접강제에 의한 집행력을 가질 수 없다는 점을 제외하고는 기본적으로 취소소송의 판결의 효력이 그대로 인정된다. 따라서 무효등확인판결은 제3자에 대하여도 효력이 있다.

집행정지결정, 집행정지결정의 취소결정 역시 제3자효를 가진다(동법 제29조, 제38조 제1항). 이에 따라 제3자를 보호하기 위하여 제3자의 소송참가 및 재심청구가 준용된다(동법 제16조, 제31조 제1항). 또한 무효등확인판결은 그 사건에 관하여 당사자인 행정청과 그 밖의 관계행정청을 기속한다(동법

제30조, 제38조 제1항). 그리고 소송비용에 관한 재판이 확정된 때에는 피고 또는 참가인이었던 행정청이 소속하는 국가 또는 공공단체에 그 효력이 미친다.

3) 판결에 의하지 않는 소송종료

소의 취하에는 민사소송법상 원칙이 적용된다. 그 밖에 청구의 포기, 인낙, 화해 등의 가능성에 관하여는 취소소송에서 본 것과 같다.

Ⅲ. 부작위위법확인소송

1. 개설

1) 의의

부작위위법확인소송은 '행정청의 부작위가 위법하다는 것을 확인하는 소송'(행정소송법 제4조 제3호)을 말한다. 여기에서 부작위라고 함은 행정청이 당사자의 신청에 대하여 상당한 기간 내에 일정한 처분을 하여야 할 법률상 의무가 있음에도 불구하고 이를 하지 아니하는 것을 말한다(동법 제2조 제1항 제2호). 부작위소송에 관한 외국의 입법례 가운데에는 적극적인 이행소송(예 독일의 의무이행소송 및 영·미의 직무집행명령청구소송)을 인정하고 있는 경우가 많으며, 이와 같은 방법이 행정구제수단으로서 가장 바람직하다는 것은 재론의 여지가 없다. 그러나 행정소송법은 권력분립주의원칙, 사법부의 부담경감 및 사법자제적 관점에서 행정권과 사법권의 조화를 도모하면서 행정청의 부작위에 대한 구제 목적을 확보하기 위하여 소극적인 부작위위법확인소송만을 인정하되 그에 대한 인용판결에 대하여 적극적 구속력을 부여하고 간접강제를 인정함으로써 우회적이지만 이행효과를 기대하고 있다.[104]

판례

> 행정심판법 제3조에 의하면 행정청의 위법 또는 부당한 거부처분이나 부작위에 대하여 의무이행심판을 할 수 있으나 행정소송법 제4조에서는 행정심판법상의 의무이행심판청구에 대응하여 부작위위법확인소송만을 규정하고 있으므로 행정청의 부작위에 대한 의무이행소송은 현행법상 허용되지 않는다(대법원 1989.9.12. 선고 87누868 판결).

2) 성질

부작위위법확인소송은 행정청에 의한 공권력의 발동이 없는 상태를 대상으로 하여 소송이 제기된다는 점에서 공권력 작용이 있은 뒤에 이에 불복하여 제기되는 취소소송이나 무효등확인소송과 일단 구별된다. 그러나 부작위위법확인소송은 '공권력 행사로서의 행정청의 처분'의 부작위에 의하여 형성된 소극적인 위법한 법상태의 제거를 목적으로 하는 것이므로 취소소송이나 무효등확인소송과 마찬가지로 항고소송에 해당한다. 행정소송법 역시 부작위위법확인소송을 항고소송의 하나로 규정하고 있다(동법 제4조). 한편 부작위위법확인소송은 법률관계를 소극적이거나 적극적으로 형성하는 것이 아니라 행정청이 어

104) 행정소송법이 거부처분과 부작위에 대하여 거부처분취소소송과 부작위위법확인소송으로 차별화하고 있는 것에 대하여 행정심판법은 거부처분이나 부작위에 대한 의무이행심판을 인정하고 있는 점에서 대조적이다.

떠한 처분을 하여야 할 법적인 의무가 있음에도 불구하고 이를 하지 않음으로 인한 위법한 법상태가 외부화·현실화된 경우에 그 위법함을 확인받기 위한 것이므로 확인소송으로서의 성질을 갖는다. 그러므로 부작위위법확인소송에서의 판결은 행정청의 특정한 부작위의 위법 여부를 확인하는 데 그치고 적극적으로 행정청에 대하여 일정한 처분을 할 의무를 직접 명하는 것은 아니다. 그러나 부작위위법확인소송은 부작위위법확인판결이 있는 때에는 행정청에게 공권력을 발동하게 하는 기속(처분의무)을 과한다는 점에서 의무이행소송과 같이 직접적이지 못하고 간접적이기는 하나 사전적인 행정개입청구의 성질을 갖는다.

판례

> 행정소송법 제4조 제3호에 규정된 부작위위법확인의 소는 행정청이 당사자의 법규상 또는 조리상의 권리에 기한 신청에 대하여 상당한 기간 내에 그 신청을 인용하는 적극적 처분 또는 각하하거나 기각하는 등의 소극적 처분을 하여야 할 법률상의 응답의무가 있음에도 불구하고 이를 하지 아니하는 경우에 그 부작위가 위법하다는 것을 확인함으로써 행정청의 응답을 신속하게 하여 부작위 또는 무응답이라고 하는 소극적인 위법상태를 제거하는 것을 목적으로 하는 제도이다(대법원 1992.6.9.선고 91누11278 판결).

3) 적용법규

행정소송법은 무효등확인소송과 마찬가지로 부작위위법확인소송에 대해서도 별도의 상세한 규정을 두지 않고 성질상 준용될 수 없는 것을 제외하고는 취소소송에 대한 대부분의 규정을 광범위하게 준용하고 있다.

(1) 취소소송에 관한 규정이 준용되는 것

취소소송에 관한 규정 중 재판관할, 피고적격, 제소기간, 판결의 구속력, 관련청구의 이송·병합, 공동소송, 제3자 및 행정청의 소송참가, 소송대상(원처분주의), 전심절차, 소의 변경, 행정심판기록제출명령, 직권심리주의, 제3자의 재심청구, 소송비용에 관한 재판의 효력 등은 부작위위법확인소송에도 적용된다(동법 제37조, 제38조 제1항).

(2) 취소소송에 관한 규정이 준용되지 않는 것

취소소송에 관한 규정 중 처분변경으로 인한 소의 변경(동법 제22조), 집행정지(동법 제23조, 제24조), 사정판결(동법 제28조), 사정판결·처분변경으로 인한 피고의 소송비용의 부담(동법 제32조)에 관한 규정은 부작위위법확인소송에 준용되지 않는다.

2. 재판관할

1) 재판관할

부작위위법확인소송의 재판관할도 취소소송과 같이 제1심 관할법원은 피고인 행정청의 소재지를 관할하는 행정법원이다(동법 제9조, 제38조 제2항).

2) 관련청구소송의 이송·병합

부작위위법확인소송과 관련청구소송이 각각 다른 법원에 계속되고 있는 경우에 관련청구소송이 계속된 법원이 상당하다고 인정하는 때에는 당사자의 신청 또는 직권에 의하여 이를 부작위위법확인소송이 계속된 법원으로 이송할 수 있다. 또한 부작위위법확인소송에서 사실심의 변론종결 시까지 관련청구소송을 병합하거나 피고 외의 자를 상대로 한 관련청구소송을 부작위위법확인소송이 계속된 법원에 병합하여 제기할 수 있다.

3. 당사자

1) 원고적격

부작위위법확인소송은 처분의 신청을 한 자로서 부작위의 위법의 확인을 구할 법률상 이익이 있는 자만이 제기할 수 있다(동법 제36조). 여기에서 문제가 되는 것은 부작위위법확인소송의 원고적격이 인정되기 위해서는 일정한 처분의 신청을 한 것으로 충분한가, 아니면 법령에 의한 신청권이 있는 자에 한하느냐 하는 것이다. 이에 관하여 '현실적으로 처분을 신청한 자'이면 모두 원고적격이 인정된다는 견해[105]와 '법령에 의하여 신청권이 인정된 자'에게만 원고적격이 인정된다는 견해[106]가 대립하고 있다.

전자의 견해는 '현실적으로 처분을 신청한 자'이면 일단 신청권의 유무를 불문하고 원고적격을 갖는다고 하고 그 신청이 반드시 적법할 필요는 없다고 한다. 다만, 신청은 하였으나 법령에 의한 신청권이 없는 경우에는 행정청이 이에 응답을 하지 않아도 위법으로 되지 않기 때문에 결국은 청구가 기각될 것이며, 따라서 승소하기 위해서는 법령에 의한 신청권이 있고 실제로 신청을 한 것이 필요하다고 한다. 즉 원고적격과 소송대상(부작위)은 구별되어야 하고 신청권의 유무는 본안판단의 문제로서 본안심리에서 비로소 밝혀질 수 있는 문제라는 것이다. 후자의 견해는 부작위위법확인소송의 목적은 신청권을 가진 자의 불이익을 구제하기 위한 것으로 신청권의 유무는 행정청의 부작위가 위법인지의 여부를 판단하기 위한 전제가 되므로 법령에 근거하지 아니하고 신청을 한 자가 부작위에 대하여 소송을 제기하여도 결국 부작위가 성립될 수 없으며, 따라서 신청권이 없는 자는 원고적격이 인정되지 않는다고 본다. 다수설이며, 판례의 입장이다.

생각건대, 전자의 견해에 의할 경우에는 부작위위법확인소송의 원고적격의 범위에 사실상의 제한이 없게 되어 남소의 우려가 있다는 점과 부작위의 성립에는 신청권이 요구된다는 점을 고려할 때 후자의 견해가 타당하다.

2) 피고적격

부작위위법확인소송에 있어서의 피고는 당사자의 신청에 대하여 상당한 기간 내에 일정한 처분을 하여야 할 법률상 의무가 있음에도 불구하고 이를 하지 아니하는 행정청을 말한다. 즉 신청에 대응하는

105) 홍정선, 행정법원론(상), 971면.
106) 홍정선, 행정법원론(상), 971면.

행위를 하지 아니한 해당 부작위청이 피고가 된다. 위법한 부작위의 성립 이후에 그 부작위에 관계되는 권한이 다른 행정청에 승계된 때에는 이를 승계한 행정청을 피고로 하여야 할 것이며(동법 제13조 제1항, 제38조 제2항), 또한 부작위청이 없게 된 때에는 그 부작위에 관계되는 사무가 귀속되는 국가 또는 공공단체를 피고로 한다(동법 제38조 제2항, 제13조 제2항). 원고가 피고를 잘못 지정한 때에는 취소소송의 경우와 같이 피고를 경정할 수 있다(동법 제14조, 제38조 제2항).

4. 소송제기

1) 소송대상

부작위위법확인소송의 대상은 부작위이다.

(1) 의의

부작위란 행정청이 당사자의 신청에 대하여 상당한 기간 내에 일정한 처분을 하여야 할 법률상 의무가 있음에도 불구하고 이를 하지 아니하는 것을 말한다(동법 제2조 제1항 제2호). 행정청의 부작위를 행정소송의 대상으로 하는 것은 행정청의 공권력 행사에 의한 국민의 권익침해에 못지않게 공권력불행사에 의한 권익침해의 가능성이 점증되는 행정현실을 반영한 것이라 할 수 있다. 즉 현대와 같은 행정의존시대에서는 행정청이 법령에 의거한 개인의 일정한 신청을 방치하거나 사무처리를 지연하게 되면 해당 개인은 공권력의 직접적인 행사 못지않게 직접적인 불이익을 받게 된다.

(2) 성립요건

부작위가 성립되기 위하여는 ① 당사자의 적법한 신청이 있어야 하고, ② 행정청이 상당한 기간 내에, ③ 일정한 처분을 하여야 할 법률상 의무가 있음에도 불구하고, ④ 그 처분을 하지 아니할 것의 요건을 충족하여야 한다. 그러므로 이 요건을 충족하지 못하는 단순한 부작위는 부작위위법확인소송의 대상이 되지 아니한다.[107)]

① 당사자의 신청

행정청의 부작위가 성립되기 위하여는 먼저 당사자의 적법한 신청이 있어야 한다. 적법한 신청이란 법령에 의거한 신청을 뜻하는 것으로서 법령이 당사자가 행정청에 대하여 일정한 신청을 할 수 있음을 명문으로 규정한 경우(여권발급신청에 관한 여권법 제5조 제1항, 광업권설정출원에 관한 광업법 제17조 등)뿐만 아니라 법해석상 해당 규정이 특정인의 신청을 전제로 하는 것이라고 인정되는 경우(건설허가에 관한 건축법 제5조 제1항, 자동차운송사업면허에 관한 자동차운수사업법 제4조 등)의 해당 신청을 말한다. 판례도 적법한 신청의 요건으로서 국민이 행정청에 대하여 그 신청에 따른 행정행위를 해 줄 것을 요구할 법규 또는 조리상의 권리의 존재를 요구하고 있다. 따라서 그러한 권리에 의하지 아니한 국민의 신청의 경우 행정청이 그것을 반려하더라도 신청인의 권리나 법적 이익에 어떤 영향을 주는 것은 아니므로 위법한 부작위가 되지 않는다.[108)]

---

107) 대법원 1985.11.26. 선고 85누607 판결

신청의 내용은 급부행정의 영역에서 수익적 처분(인·허가, 특허 등)을 요구하거나 또는 침해행정·규제행정의 영역에서는 행정청의 규제권 발동과 같은 행정의 개입청구를 내용으로 할 수도 있다.

판례

행정청이 국민으로부터 어떤 신청을 받고서도 그 신청에 따르는 내용의 행위를 하지 아니한 것이 항고소송의 대상이 되는 위법한 부작위가 된다고 하기 위해서는 국민이 행정청에 대하여 그 신청에 따른 행정행위를 해 줄 것을 요구할 수 있는 법규상 또는 조리상의 권리가 있어야 하며, 이러한 권리에 의하지 아니한 신청을 행정청이 받아들이지 아니하였다고 해서 이 때문에 신청인의 권리나 법적 이익에 어떤 영향을 준다고 할 수 없다(대법원 1990.5.25. 선고 89누5786 판결).

② 상당한 기간

부작위가 성립하기 위하여는 신청에 대하여 상당한 기간 내에 일정한 처분을 하지 아니하여야 한다. 여기서 '상당한 기간'이란 사회통념상 해당 신청을 처리하는 데 소요될 것으로 판단되는 기간을 말한다. 그러나 이것은 일률적으로 판단하기 어렵기 때문에 해당 처분이나 재결의 성질, 내용, 동종사안에 대한 행정청의 종래의 처리선례, 기타 법령의 규정 등을 종합적으로 참작하여 타당한 기간을 판단하여야 할 것이다.

한편 행정절차법은 신청인의 편의를 위하여 처분의 처리기간을 종류별로 미리 설정하여 공표하고 공표된 처리기간 내에 처리할 수 없을 때에는 연장사유와 처리예정기간을 지체 없이 신청인에게 통지하도록 하고 있다. 이와 같이 행정절차법에 의하여 설정·공표된 처리기간(동법 제19조)도 그 기준이 될 수 있을 것이다.

③ 처분을 할 법률상 의무의 존재

행정청의 부작위가 성립하기 위해서는 행정청이 일정한 처분을 하여야 할 법률상 의무(처분의무)가 있어야 한다. 처분을 하여야 할 법률상 의무는 국민이 일정한 요건을 갖추어 어떤 행위를 해 줄 것을 신청한 때에는 그 신청에 대응한 처분을 하여야 한다고 법령이 규정한 기속처분의 경우에 발생함은 물론이다. 그러나 신청에 대응하는 처분을 행하는 여부가 행정청의 재량에 맡겨져 있는 경우는 처분을 하여야 할 법률상 의무는 없다. 다만, 행정청에 어떤 행위를 하느냐의 여부에 관한 재량권이 부여된 경우에도 그 재량권이 영으로 축소되어 어떤 행위를 하여야 할 기속을 받는 경우에는 행정청은 처분을 할 법률상 의무가 있다.

④ 처분의 부존재

처분을 하지 아니하는 것(부작위)은 행정청의 적극적 또는 소극적 처분으로 볼 만한 외관 자체가 전혀 존재하지 아니하는 상태를 말한다. 따라서 외관적 존재가 있는 무효인 행정처분의 경우는 부작위가 성립되지 않으며, 사실상 행정청의 부작위가 존재하는 경우에도 그것이 법령의 규정에 의하여 거부처분으로 간주되는 경우(간주거부)에는 부작위위법확인소송의 대상인 부작위가 되지 않는다.

108) 대법원 1982.2.23. 선고 87누648 판결

2) 소의 이익

부작위위법확인소송은 부작위상태가 계속되고 있고 부작위의 위법확인을 구할 실익이 있어야 한다. 따라서 행정청이 부작위위법확인소송의 제기 이후 판결 시까지 신청에 대하여 인·허가 등의 적극적 처분이나 각하·기각의 소극적 처분을 하면 행정청의 부작위상태는 해소되어 소의 이익은 상실되게 된다.

3) 행정심판과의 관계

취소소송과 행정심판의 관계를 규정한 행정소송법 제18조의 규정은 부작위위법확인소송에도 준용된다(동법 제38조 제2항). 따라서 부작위위법확인소송을 제기하기 전에 행정심판을 제기할 수 있다(임의적 전치). 그러나 개별법령이 부작위위법확인소송을 제기하기 전에 행정심판의 재결을 거치도록 하는 행정심판전치주의를 규정하고 있는 경우에는 행정심판의 재결을 거치지 아니하면 부작위위법확인소송을 제기할 수 없다.[109)]

4) 제소기간

행정소송법은 취소소송의 제소기간제한에 관한 규정을 부작위위법확인소송에도 준용하고 있다(동법 제38조 제2항). 그러나 이는 입법상의 과오로 보인다. 왜냐하면 취소심판의 심판청구제한에 관한 규정이 부작위에 대한 의무이행심판에는 적용하지 않는 것처럼(행정심판법 제27조 제7항) 처분이 있음을 전제로 하는 취소소송의 제소기간제한에 관한 규정은 부작위위법확인소송의 경우에는 처분이 처음부터 없으므로 성질상 적용의 여지가 없으며, 부작위상태가 계속되고 있는 한 부작위위법확인소송을 제기할 수 있다고 보아야 하기 때문이다. 따라서 취소소송의 제소기간제한규정은 임의적이든 필요적이든 행정심판의 재결을 거친 경우에 한하여 적용된다고 보아야 한다. 이 경우에는 행정심판재결서의 정본을 송달받은 날로부터 90일 이내에 부작위위법확인소송을 제기하여야 한다(동법 제20조 제1항 단서).

5. 소의 변경

부작위위법확인소송의 계속 중에 행정청이 처분을 하고 원고가 이에 불복하는 경우에는 취소소송으로의 변경이 가능하다. 또한 부작위위법확인소송을 당사자소송으로 변경할 수도 있으며, 이러한 소의 변경에는 법원의 허가가 필요하다(동법 제21조, 제37조).

6. 가구제

1) 집행정지

행정소송법상 집행정지결정은 오직 소극적으로 이미 존재하는 처분의 효력이나 그 집행 또는 절차의 속행을 정지하는 현상유지적인 것에 그치며, 적극적으로 어떤 임시의 지위를 정하는 것은 아니므로 부작위위법확인소송의 경우에는 부작위상태에 대한 집행정지는 그 성질상 생각할 수 없다.

109) 독일의 행정법원법은 의무이행소송에 있어 거부처분에 대하여는 행정심판전치주의를 취하지만 행정청의 부작위에 대해서는 행정심판전치주의를 배제하고 있다(동법 제68조 제2항).

2) 가처분

부작위위법확인소송에 있어서 가처분에 관한 민사소송법의 규정이 적용될 수 있는지가 문제될 수 있다. 이론상으로 부작위위법확인소송의 경우에는 본안소송 그 자체가 부작위가 위법임을 확인하는 데 지나지 않는다 할 것이므로 해당 처분을 임시로 행할 것을 명할 수 있는 가처분은 허용되지 않는다.

7. 심리

1) 심리권의 범위

법원이 어느 정도로 부작위위법확인소송을 심리할 수 있느냐에 관하여 학설이 대립되고 있다. 이는 행정소송법이 부작위를 "행정청이 일정한 처분을 하여야 할 의무가 있음에도 불구하고 이를 하지 아니하는 것"으로서 정의함에 따라 '일정한 처분'의 관념을 어떻게 해석할 것인가에 관한 문제라고 할 것이다.

(1) 실체적 심리설

이 견해는 행정소송법상 부작위개념에 있어서의 '일정한 처분'을 '특정처분'으로 해석하여 법원은 부작위위법확인소송에 있어 행정청이 법률상 의무에도 불구하고 일정한 처분을 하지 아니한 상태, 즉 부작위의 위법확인뿐만 아니라 특정작위의무, 즉 당사자의 신청에 대한 처분을 할 의무의 확인까지도 심리하여야 하는 것으로 본다. 또한 이 견해는 부작위법확인소송에 취소판결의 기속력에 관한 행정소송법 제30조와 거부처분취소판결의 간접강제에 관한 동법 제30조가 준용되는 것이므로 부작위확인소송은 의무이행소송에 준하는 또는 접근하는 소송형태라고 한다.

(2) 절차적 심리설

이 견해는 부작위개념에 있어서의 '일정한 처분'을 '어떠한 처분'으로 해석하여 부작위위법확인소송에서의 심리는 신청에 대하여 어떠한 작위(그것이 거부처분이든 인용처분이든)도 하지 아니한 상태가 위법임을 확인할 수 있을 뿐이라고 한다. 따라서 이 견해에 의하면 특정행위를 하여야 하는 기속행위의 경우에도 법원의 심리는 그러한 특정행위를 하지 아니한 상태의 위법성이 아니라 행정청이 신청에 대하여 어떠한 작위(응답)도 하지 아니한 것의 위법성의 판단에 그쳐야 한다는 결론에 도달하게 된다. 다수설의 입장이다.

(3) 판례

판례는 다수설과 마찬가지로 절차적 심리설을 따르고 있다.

판례

부작위위법확인의 소는 … 국민의 신청에 대하여 상당한 기간 내에 일정한 처분, 즉 그 신청을 인용하는 적극적 처분 또는 각하하거나 기각하는 등의 소극적 처분을 하여야 할 법률상의 응답의무가 있음에도 불구하고 이를 하지 아니하는 경우, 판결시를 기준으로 하여 그 부작위의 위법성을 확인함으로써 행정청의 응답을 신속하게 하여 부작위 내지 무응답이라고 하는 소극적 위법상태를 제거하는 것을 목적으로 하는 것이고, 나아가 당해 판결의 구속력에 의하여 행정청에 처분 등을 하게 하고, 다시 당해 처분 등에 대하여 불복이 있는 때에는 그 처분을 다투게 함으로써 최종적으로는 국민의 권리이익을 보호하려는 제도이므로… (대법원 1990.9.25. 선고 89누4758 판결).

⑷ **결어**

부작위위법확인소송에 있어 실체적 심리설과 같이 법원의 심리권의 범위가 행정청의 부작위의 위법판단에 그치지 아니하고 특정작위의무의 존재의 판단에까지 미칠 수 있는 것으로 보는 경우에는 부작위에 관한 부작위위법확인소송과 의무이행소송의 효과는 전적으로 동일하다고 할 것이다. 그것은 의무이행소송에 있어서는 법원은 행정청의 특정작위의무의 확인에 그치지 아니하고 보다 적극적으로 행정청에 대하여 특정작위의무를 명할 수는 있으나 행정청이 그 의무를 이행하지 아니하는 경우에는 결국 간접강제 등의 수단에 의하여 그 의무이행을 촉구할 수밖에 없는 것이므로 직접 해당 처분을 할 수는 없기 때문이다. 이러한 실체적 심리설의 견해는 국민의 권익구제라는 관점에서 바람직할지는 모르나 부작위위법확인소송은 특정작위의무의 확인소송 또는 이행의무소송과는 그 성질을 달리한다고 볼 때 부작위위법확인소송에서의 심리권의 범위는 행정청의 부작위상태의 위법, 즉 법률상 의무에도 불구하고 어떠한 처분도 하지 아니한 방치상태의 위법성의 판단에 한정되는 것으로 보아야 할 것이다.

2) 직권탐지주의의 가미

소송의 결과가 공공복리와 밀접한 관련이 있는 것은 부작위위법확인소송법의 경우도 마찬가지이므로 직권증거조사에 관한 규정이 준용된다(동법 제26조, 제38조 제2항).

3) 행정심판기록제출명령

법원은 당사자의 신청이 있는 때에는 결정으로써 재결을 행한 행정청에 대하여 행정심판에 관한 기록의 제출을 명할 수 있다(동법 제25조, 제38조 제2항 참조).

4) 입증책임

원고가 일정한 처분을 신청한 사실 및 원고에게 처분의 신청권이 있다는 것은 원고에게 주장·입증책임이 있다고 볼 것이다. 이에 대하여 원고의 처분신청 후 '상당한 기간'을 경과하게 된 것을 정당화할 만한 특별한 사유의 존재에 대하여는 행정청이 입증책임을 진다고 볼 것이다.

8. 판결

1) 개설

부작위위법확인소송에서 청구가 이유 있다고 인정되면 법원은 행정청의 부작위가 위법임을 확인하는 확인판결을 한다. 청구가 이유 없다는 판단일 경우에는 기각판결을 내리며 이는 부작위가 위법이 아니라는 소극적 확인판결의 성질을 띤다. 부작위위법확인판결은 확인판결이라는 점에서 무효등확인소송에서 본 것이 그대로 타당하며, 그 밖의 문제에 관해서는 성질상 다른 점을 제외하고는 대체로 취소소송의 판결에 관한 것이 그대로 타당하다(제3자효, 기판력, 제3자에 의한 재심, 명령・규칙의 위헌판결시 공고제도 등). 다만, 사정판결은 준용되지 않는다.

2) 위법판단 기준시

취소소송에 있어서 위법판단의 기준시에 대하여는 처분시설이 통설이다. 그러나 부작위위법확인소송에 있어서는 법원은 판결 시(구두변론 종결 시)의 사실 및 법상태를 기준으로 하여 판결하여야 할 것이다(판결시설). 소송의 제기 시에는 부작위상태였으나 판결 시에는 부작위가 없게 된 때에는 소의 이익이 없게 된다. 판례도 부작위위법확인소송에서 부작위의 위법성을 판결 시를 기준으로 판단한다.[110]

3) 사정판결의 적용배제

사정판결제도는 처분에 의하여 적극적으로 형성된 법률상태・사실상태를 공익적(공공복리) 견지에서 유지시키는 제도이므로 소극적인 부작위상태의 위법확인을 목적으로 하는 부작위위법확인소송의 경우에는 사정판결이 있을 수 없다.

4) 판결의 제3자효

행정소송법은 부작위위법확인판결은 형식상으로는 확인판결이지만 그 위법확인의 효과는 취소소송의 형성적 효과에 준하는 것으로 볼 수 있다는 입장에서 부작위위법확인판결의 제3자에 대한 효력을 인정하고 있다(동법 제29조, 제38조 제2항). 이에 따라 제3자를 보호하기 위하여 제3자의 소송참가와 재심청구가 인정된다(동법 제16조, 제31조, 제38조 제2항).

5) 판결의 기속력

부작위위법확인소송의 확정판결은 그 사건에 관하여 당사자인 행정청과 그 밖의 행정청을 기속한다(동법 제30조, 제38조 제2항). 취소판결의 처분청 및 관계행정청에 대한 기속력의 내용으로는 부작위의무(반복금지의무), 결과제거의무, 적극적인 재처분의무를 들 수 있다. 그러나 부작위위법확인판결의 기속력의 내용으로는 부작위위법확인소송이 부작위를 대상으로 한다는 점에서 적극적인 처분의무만을 생각할 수 있다. 따라서 부작위위법확인소송의 판결이 확정되면 행정청은 판결의 취지에 따라 이전의 신청에 대한 처분을 하여야 한다(동법 제30조 제2항, 제38조 제2항).

---

110) 대법원 1990.9.25. 선고 89누4758 판결

문제는 '판결의 취지'에 따른 '이전의 신청에 대한 처분', 즉 행정청의 처분내용이 무엇인가 하는 점이다. 가령 원고의 건축허가신청에 대하여 허가관청이 아무런 조치를 취하지 않아서 원고가 부작위위법확인소송을 제기하여 승소판결이 확정된 경우 피고인 행정청은 이에 따라 방치된 건축허가를 발급하여야 하는가 아니면 원고에 대하여 그 밖의 어떠한 내용의 처분이라도(건축허가거부처분이라도) 이를 하기만 하면 된다고 볼 것인가 하는 점이다.

행정청의 처분내용은 앞에서 본 법원의 심리권의 범위에 관한 견해 가운데 어느 입장을 취하는가에 따라 그 내용이 다르다. 이에 대하여 실체적 심사설에 의하면 법원은 행정청의 방치상태뿐만 아니라 특정행위, 즉 신청에 대한 처분을 하지 아니한 것의 위법판단도 할 수 있는 것이므로 신청이 기속행위에 대한 것인 경우는 행정청은 판결의 취지에 따라 그 신청에 대한 인용처분을 하여야 한다고 한다. 그러나 법원은, 다만 행정청의 부작위상태, 즉 적법한 신청에 대하여 어떠한 작위도 하지 아니한 것이 위법임을 판단함에 그치는 것이므로 행정청은 그 판결의 취지에 따라 원고의 신청을 받아들이는 적극적인 처분을 하거나 원고의 신청을 기각하거나 각하하는 소극적인 처분을 하면 충분하다. 따라서 행정청이 기속행위에 대하여 거부처분을 하여도 그것은 판결의 기속력에 위배되는 것은 아니므로 이 경우 당사자는 그 거부처분의 위법을 이유로 다시 취소소송을 제기할 수밖에 없을 것이다. 판례 또한 부작위위법확인소송은 행정청의 응답의무를, 그리고 오로지 응답의무만을 관철하기 위한 소송이라고 판시하여 이러한 입장에 있다.[111)]

03 당사자소송

1. 의의

당사자소송이란 행정청의 처분 등을 원인으로 하는 법률관계에 관한 소송, 그 밖에 공법상의 법률관계에 관한 소송으로서 그 법률관계의 한쪽 당사자를 피고로 하는 소송을 말한다(행정소송법 제3조 제2호). 즉 서로 대립하는 대등한 당사자 사이에 있어 법률관계의 형성·존부에 관한 소송이다.

2. 당사자소송의 특성

당사자소송은 행정청의 공권력의 행사·불행사로 인하여 생긴 법률관계를 포함하여 그 밖의 공법상의 법률관계에 관하여 대등한 당사자 간의 법적 분쟁을 해결하기 위한 소송이다. 그것은 기본적으로 대등한 당사자 간의 소송이라는 점에서 처분 등을 통해 표현된 행정청의 공권력 행사자로서의 우월적 지위가 전제되어 있는 항고소송과 구별되며, 공법상 법률관계에 관한 분쟁을 해결하기 위한 것이라는 점에서 사법상 분쟁해결수단인 민사소송과 구별된다.

---

111) 대법원 1990.9.25. 선고 89누4758 판결

1) 당사자소송과 항고소송

(1) 당사자소송과 항고소송의 구별

당사자소송(후술하는 실질적 당사자소송)은 일반적으로 그것이 대등한 당사자 간의 소송이라는 점에서 처분 등을 통해 표현된 행정청의 우월적 지위를 전제로 한 항고소송과 구별된다. 물론 항고소송 역시 당사자적인 법률관계로 환원될 수 없는 것은 아니라 하겠지만, 행정소송법은 처분 등 또는 부작위에 대하여 항고소송을, 그 밖의 공법상 법률관계에 관하여 당사자소송을 인정함으로써 일종의 소송유형별 분업체계를 취하고 있다. 그 결과 양자는 무엇보다도 그 대상면에서 구별된다. 즉 항고소송이 처분 등이나 부작위를 대상으로 하는 데 대하여, 당사자소송은 공법상 법률관계를 대상으로 한다. 따라서 양자는 후술하는 바와 같이 적용법규에 있어 상당한 차이가 있다.

(2) 포괄소송으로서의 당사자소송

당사자소송은 처분 등이나 부작위 이외에 공법상 법률관계 일반을 대상으로 하고 있다는 점에서 포괄소송으로서의 특성을 갖는다. 즉 당사자소송은 하나의 포괄적 개념이며, 행정소송 중에서 항고소송을 제외한 모든 소송을 가리키는 일종의 잔여개념이라 할 것이다. 그리하여 당사자소송은 새로운 소송유형을 창출할 수 있는 시원적인 소송유형이라 할 수 있다. 행정소송법상 당사자소송은 일반 소송법상 소송분류의 틀에 얽매임 없이 개괄적으로 규정되어 있어 경우에 따라서 이행소송이나 확인소송 등 다양한 소송유형을 내용으로 할 수 있다.

2) 당사자소송과 민사소송

(1) 구별 필요성

당사자소송과 민사소송의 구별은 우선 재판관할과 관련하여 행정소송은 행정법원의 관할에 속하고 민사소송은 일반법원의 관할에 속한다는 점에서 양자의 구별은 중요한 의미가 있다. 또한 당사자소송은 공법 및 공법원리를 적용하여 분쟁을 해결하는 것에 대하여 민사소송은 민법 기타 사법 및 사법원리를 적용하여 분쟁을 해결한다는 구별의 필요성이 있다.

(2) 구별기준

민사소송과 당사자소송을 구별하는 기준에 관하여 다음과 같은 학설이 대립이 있었다.
첫째, 소송물을 기준으로 하여 소송물이 공법상 권리이면 행정사건이고, 사법상 권리이면 민사사건이라고 하는 견해이다. 예컨대 공무원의 지위확인소송이나 공무원봉급지급청구소송 등은 행정사건이고, 소유권확인소송이나 민법상 부당이득반환청구소송 등은 민사사건이라고 하는 견해이다.
둘째, 소송물의 전제가 되는 법률관계를 기준으로 구별하는 견해로 소송물이 사법상의 것일지라도 그 전제인 법률관계가 공법상 법률관계이면 행정사건이며, 사법상 법률관계이면 민사사건이라고 보는 견해이다. 예컨대 다 같은 소유권확인소송이라 하더라도 농지매수처분의 무효를 이유로 할 때에는 행정사건이며, 매매계약의 무효를 이유로 할 때는 민사사건이 된다고 한다. 판례는 전설에 입각하고 있는 것으로 보인다.[112)]

생각건대, 행정소송법상 '공법상의 법률관계에 관한 소송'이란 소송상 청구의 대상이 되는 권리 내지 법률관계가 공법에 속하는 소송, 즉 공권의 주장을 소송물로 하는 소송 내지는 공법법규의 적용을 통해서 해결될 수 있는 법률관계에 관한 소송을 의미한다고 볼 수 있기 때문에 소는 소송물에 의해 구별된다고 하더라도 해당 소송물이 공법상의 것이냐 사법상의 것이냐를 판단해야 하므로 결국 공법과 사법의 구별을 전제로 하는 실체법상의 문제로 귀착되며, 따라서 양설은 근본적인 차이를 갖는 것은 아니라고 본다.

3. 당사자소송의 종류

1) 실질적 당사자소송

(1) 의의

실질적 당사자소송이란 공법상 법률관계에 관한 소송으로서 그 법률관계의 한쪽 당사자를 피고로 하는 소송을 말한다. 여기서 공법상 법률관계에 관한 소송이란 소송상 청구의 대상이 되는 권리 내지 법관계가 공법에 속하는 소송, 즉 공권의 주장을 소송물로 하는 소송 내지는 공법법규의 적용을 통해서 해결될 수 있는 법률관계에 관한 소송을 의미한다고 볼 수 있다. 그러나 이와 같이 정의한다 해도 공법과 사법의 구별 자체가 불명확하기 때문에 구체적으로 어느 것이 당사자소송에 해당하는지 또는 민사소송에 해당하는지가 명확하지 않은 경우가 많다.

(2) 실질적 당사자소송의 예

실질적 당사자소송에 해당하는 것으로는 ① 재산권의 수용·사용·제한에 따른 손실보상청구권(형식적 당사자소송에 의하는 경우는 제외), ② 공법상 채권관계(공법상 임치·부당이득·사무관리 등)에 관한 소송, ③ 기타 봉급 등 공법상 금전급부청구소송, ④ 공법상 지위나 신분(공무원, 학생 등)의 확인을 구하는 소송, ⑤ 공법상 결과제거청구소송, ⑥ 공법상 계약에 관한 소송, ⑦ 국가배상청구소송 등을 열거할 수 있다.

판례

> 전문직 공무원인 공중보건의사의 채용계약해지의 의사표시는 일반공무원에 대한 징계처분과는 달라서 항고소송의 대상이 되는 처분 등의 성격을 가진 것이 아니라 일정한 사유가 있을 때 관할 도지사가 채용계약관계의 한쪽 당사자로서 대등한 지위에서 행하는 의사표시이므로 공중보건의사채용계약 해지의 의사표시에 대하여는 대등한 당사자 간의 소송형식인 공법상의 당사자소송으로 그 의사표시의 무효확인을 청구할 수 있다(대법원 1996.5.31. 선고 95누10617 판결).

112) 대법원 1992.12.24. 선고 92누3335 판결. 그러나 판례의 입장이 이론상 반드시 일관된 것은 아니다. 가령 이론상 당사자소송으로 다루어져야 할 국가배상, 손실보상, 공법상의 부당이득반환청구, 연금지급청구 등을 실무상 민사소송으로 다루고 있기 때문이다.

(3) 적용법규

① 취소소송에 관한 규정이 준용되는 경우

취소소송에 관한 규정 중 관련청구의 이송・병합, 피고경정, 공동소송, 소송참가, 소의 변경, 처분변경으로 인한 소의 변경, 행정심판기록제출명령, 직권심리주의, 판결의 기속력, 소송비용 부담 등에 관한 것이 당사자소송에 준용되고 있다(동법 제44조).

② 취소소송에 관한 규정이 준용되지 않는 경우

취소소송의 제소기간에 관한 규정이 당사자소송에 준용되지 않는 것은 당연한 것이지만, 행정소송법은 "당사자소송에 관하여 법령에 제소기간이 정하여져 있을 때에는 그 기간은 불변기간으로 한다(동법 제41조)."라고 규정함으로써 개별 근거법에 의한 제소기간의 제한가능성을 예상하고 있다. 그 밖에 취소소송에 관한 규정 중 선결문제, 원고적격, 피고적격, 전심절차, 소송대상, 집행정지, 재량취소, 사정판결, 취소판결의 효력, 재처분의무, 제3자에 의한 재심, 간접강제 등 처분 등을 전제로 한 것들은 당연히 준용되지 않는다.

2) 형식적 당사자소송

(1) 의의

형식적 당사자소송이란 행정청의 처분 등이 원인이 되어 형성된 법률관계에 다툼이 있는 경우 그 원인이 되는 처분, 재결 등의 효력을 직접 다투는 것이 아니라 그 법률관계의 한쪽 당사자를 피고로 하는 소송을 말한다. 이 경우 실질적으로는 행정청의 처분 등의 효력을 다투는 소송이지만 형식적으로는 해당 처분이나 재결의 행정청을 피고로 하지 아니하고 그 법률관계의 한쪽 당사자를 피고로 하여 그 법률관계의 존부・내용 등을 다투는 소송이라고 하여 이를 형식적 당사자소송이라고 한다.

(2) 필요성

형식적 당사자소송을 인정하는 이유는, 예를 들어 토지보상법은 토지수용위원회의 재결에 관한 행정소송이 보상금의 증감에 관한 소송인 경우 해당 소송을 제기하는 자가 토지소유자 또는 관계인인 때에는 사업시행자를, 사업시행자인 때에는 토지소유자 또는 관계인을 각각 피고로 하여 제기하여야 한다고 규정하고 있다. 토지수용위원회의 재결과 관련하여 보상금액에 대해서만 불복이 있는 경우에는 분쟁관계의 실체가 그 법률관계 당사자 간의 재산상 분쟁에 불과하고 토지수용위원회가 피고가 되어 관여하지 않으면 아니 될 공적 이해관계가 있는 것이 아니므로 토지수용위원회를 해당 분쟁에서 제외하고 이해관계자들끼리 분쟁을 해결토록 하는 것이 합리적이기 때문이다. 즉 형식적 당사자소송은 분쟁의 실체가 재산상 분쟁인 경우처럼 처분청의 관여가 별반 의미가 없다고 판단될 경우에는 이해당사자가 직접 분쟁을 해결하도록 하는 것이 바람직하다는 고려를 바탕으로 한 소송유형이라고 할 수 있다.

(3) 허용성

형식적 당사자소송이 현행법상 별도의 개별법상의 근거가 없는 때에도 행정소송법 제3조 제2호의 규정에 근거하여 일반적으로 허용될 수 있는지에 대하여 학설의 대립이 있다.

① 긍정설

긍정설은 행정소송법 제3조 제2호의 '행정청의 처분 등을 원인으로 하는 법률관계에 관한 소송으로서 그 법률관계의 한쪽 당사자를 피고로 하는 소송'에는 형식적 당사자소송이 포함된다고 한다. 즉 긍정설은 이론상으로 공정력을 가진 처분을 그대로 둔 채 형식적 당사자소송을 제기하고 이에 대한 판결이 있으면 해당 판결이 처분보다 우선한 것으로 볼 수 있기 때문에 문제가 없다는 점, 형식적 당사자소송이 유래한 일본 행정사건소송법 제4조와 같이 '법률의 규정에 의하여'라는 제한규정을[113] 우리 행정소송법은 두고 있지 않다는 점 등을 이유로 개별법의 근거가 없는 경우에도 형식적 당사자소송의 제기가 가능한 것으로 본다.[114]

② 부정설

부정설은 행정청의 처분(위의 예에서 토지수용위원회의 재결)이 있으면 해당 처분은 공정력을 갖는데 명문의 규정이 없는데도 불구하고 형식적 당사자소송을 인정하여 공정력을 가지는 처분을 그대로 둔 채 해당 처분을 원인으로 하는 법률관계(위의 예에서 보상금증액청구)에 관한 소송을 제기하고 법원이 이를 심리・판단하는 것은 공정력에 반한다는 점, 개별법의 규정이 없으면 형식적 당사자소송의 원고・피고의 적격성, 소송제기기간 등 소송요건이 불분명하여 현실적으로 소송을 진행하기 어렵다는 점 등을 이유로 개별법의 근거가 없는 경우에는 형식적 당사자소송은 허용될 수 없다고 한다. 부정설이 다수의 견해이다.[115]

(4) 결어

형식적 당사자소송은 처분・재결 자체의 공정력을 부인하지 않은 채 그에 의하여 형성된 법률관계를 다투는 소송이라는 점에서 행정소송법의 규정만으로 일반적으로 허용될 수 없고 행정행위의 공정력에 의한 취소소송의 배타적 관할을 배제하는 개별법의 명시적 규정이 있는 경우에 허용될 수 있다고 볼 것이다. 따라서 부정설이 타당하다고 본다.

(5) 적용법규

형식적 당사자소송에 대하여는 각각의 개별법률의 특별한 규정이 있는 경우를 제외하고는 기본적으로 실질적 당사자소송의 적용법규들이 적용되어야 할 것이다. 반면 형식적 당사자소송은 어디까지나 실질적으로는 항고소송적 측면을 갖는 것이므로 만일 실질적 당사자소송의 경우와 같은 적용법규의 준용이 항고소송의 소송요건을 회피하는 결과가 될 경우에는 오히려 항고소송에 관한 규정의 유추적용을 인정하여야 할 필요가 생길 수도 있을 것이다.

---

113) 일본 행정사건소송법 제4조는 당사자소송에 관하여 "이 법률에서 당사자소송이라 함은 당사자 간의 법률관계를 확인 또는 형성하는 처분 또는 재결에 관한 소송으로 법령의 규정에 의하여 그 법률관계의 당사자 일방을 피고로 하는 소송 및 공법상 법률관계에 관한 소송을 말한다."라고 규정하고 있다.

114) 홍정선, 행정법원론(상), 988면.

115) 홍정선, 행정법원론(상), 988면.

(6) 형식적 당사자소송에 대한 입법례

공익사업을 위한 토지 등의 취득 및 보상에 관한 법률

토지보상법 제85조는 토지수용위원회의 재결에 대하여 불복하고자 할 때에는 행정소송을 제기할 수 있음을 규정하고(동조 제1항), 특히 그 소송이 보상금의 증감에 관한 소송일 때에는 "해당 소송을 제기하는 자가 토지소유자 또는 관계인인 때에는 사업시행자를, 사업시행자인 때에는 토지소유자 또는 관계인을 각각 피고로 한다(동조 제2항)."라고 규정하고 있다.[116]

판례

[1] 사업시행자가 동일한 토지소유자에 속하는 일단의 토지 일부를 취득함으로 인하여 잔여지의 가격이 감소하거나 그 밖의 손실이 있을 때 등에는 잔여지를 종래의 목적으로 사용하는 것이 가능한 경우라도 잔여지 손실보상의 대상이 되며, 잔여지를 종래의 목적에 사용하는 것이 불가능하거나 현저히 곤란한 경우이어야만 잔여지 손실보상청구를 할 수 있는 것이 아니다. 마찬가지로 잔여 영업시설 손실보상의 요건인 "공익사업에 영업시설의 일부가 편입됨으로 인하여 잔여시설에 그 시설을 새로이 설치하거나 잔여시설을 보수하지 아니하고는 그 영업을 계속할 수 없는 경우"란 잔여 영업시설에 시설을 새로이 설치하거나 잔여 영업시설을 보수하지 아니하고는 그 영업이 전부 불가능하거나 곤란하게 되는 경우만을 의미하는 것이 아니라, 공익사업에 영업시설 일부가 편입됨으로써 잔여 영업시설의 운영에 일정한 지장이 초래되고, 이에 따라 종전처럼 정상적인 영업을 계속하기 위해서는 잔여 영업시설에 시설을 새로 설치하거나 잔여 영업시설을 보수할 필요가 있는 경우도 포함된다고 해석함이 타당하다.

[2] 구 공익사업을 위한 토지 등의 취득 및 보상에 관한 법률(2013.3.23. 법률 제11690호로 개정되기 전의 것, 이하 '토지보상법'이라 한다) 제26조, 제28조, 제30조, 제34조, 제50조, 제61조, 제83조 내지 제85조의 규정 내용과 입법 취지 등을 종합하면, 공익사업에 영업시설 일부가 편입됨으로 인하여 잔여 영업시설에 손실을 입은 자가 사업시행자로부터 구 공익사업을 위한 토지 등의 취득 및 보상에 관한 법률 시행규칙(2014.10.22. 국토교통부령 제131호로 개정되기 전의 것) 제47조 제3항에 따라 잔여 영업시설의 손실에 대한 보상을 받기 위해서는, 토지보상법 제34조, 제50조 등에 규정된 재결절차를 거친 다음 그 재결에 대하여 불복이 있는 때에 비로소 토지보상법 제83조 내지 제85조에 따라 권리구제를 받을 수 있을 뿐이다. 이러한 재결절차를 거치지 않은 채 곧바로 사업시행자를 상대로 손실보상을 청구하는 것은 허용되지 않는다.

---

116) 구 토지수용법(1990년 4월 7일 개정된 것) 제75조의2는 토지수용재결의 이의신청에 대한 재결에 대하여 불복하여 행정소송을 제기하는 경우, 당해 소송이 보상금의 증감에 관한 소송인 경우에는 "당해 소송을 제기하는 자가 토지소유자 또는 관계인인 경우에는 재결청 외에 기업자를, 기업자인 경우에는 재결청 외에 토지소유자 또는 관계인을 각각 피고로 한다."고 규정하고 있었다. 따라서 이 규정에 의한 소송의 법적 성질이 형식적 당사자소송인가에 관하여 논란이 있었는 바, 우리 대법원은 필요적 공동소송이라고 판시한 바 있다. 그러나 구 토지수용법이 폐지되고 새로 제정된 공익사업을 위한 토지 등의 취득 및 보상에 관한 법률(2002년 2월 4일 법률 제6656호)에서는 본문과 같은 소송형태를 취하여 순수한 형식적 당사자소송의 소송을 도입하였다.

재결절차를 거쳤는지 여부는 보상항목별로 판단하여야 한다. 피보상자별로 어떤 토지, 물건, 권리 또는 영업이 손실보상대상에 해당하는지, 나아가 보상금액이 얼마인지를 심리·판단하는 기초 단위를 보상항목이라고 한다. 편입토지·물건 보상, 지장물 보상, 잔여 토지·건축물 손실보상 또는 수용청구의 경우에는 원칙적으로 개별물건별로 하나의 보상항목이 되지만, 잔여 영업시설 손실보상을 포함하는 영업손실보상의 경우에는 '전체적으로 단일한 시설 일체로서의 영업' 자체가 보상항목이 되고, 세부 영업시설이나 영업이익, 휴업기간 등은 영업손실보상금 산정에서 고려하는 요소에 불과하다. 그렇다면 영업의 단일성·동일성이 인정되는 범위에서 보상금 산정의 세부요소를 추가로 주장하는 것은 하나의 보상항목 내에서 허용되는 공격방법일 뿐이므로, 별도로 재결절차를 거쳐야 하는 것은 아니다.

[3] 어떤 보상항목이 공익사업을 위한 토지 등의 취득 및 보상에 관한 법령상 손실보상대상에 해당함에도 관할 토지수용위원회가 사실을 오인하거나 법리를 오해함으로써 손실보상대상에 해당하지 않는다고 잘못된 내용의 재결을 한 경우에는, 피보상자는 관할 토지수용위원회를 상대로 그 재결에 대한 취소소송을 제기할 것이 아니라, 사업시행자를 상대로 구 공익사업을 위한 토지 등의 취득 및 보상에 관한 법률(2013.3.23. 법률 제11690호로 개정되기 전의 것) 제85조 제2항에 따른 보상금증감소송을 제기하여야 한다(대법원 2018.7.20. 선고 2015두4044 판결[토지수용보상금등증액]).

판례

■ 최근 보상금증감청구소송 당사자적격 상실 여부에 대한 전원합의체 판결
대법원 2022. 11. 24. 선고 2018두67 전원합의체 판결 [손실보상금][공2023상,200]

【판시사항】

공익사업을 위한 토지 등의 취득 및 보상에 관한 법률에 따른 토지소유자 또는 관계인의 사업시행자에 대한 손실보상금 채권에 관하여 압류 및 추심명령이 있는 경우, 채무자인 토지소유자 등이 보상금의 증액을 구하는 소를 제기하고 그 소송을 수행할 당사자적격을 상실하는지 여부(소극)

【판결요지】

공익사업을 위한 토지 등의 취득 및 보상에 관한 법률(이하 '토지보상법'이라 한다) 제85조 제2항에 따른 보상금의 증액을 구하는 소(이하 '보상금 증액 청구의 소'라 한다)의 성질, 토지보상법상 손실보상금 채권의 존부 및 범위를 확정하는 절차 등을 종합하면, 토지보상법에 따른 토지소유자 또는 관계인(이하 '토지소유자 등'이라 한다)의 사업시행자에 대한 손실보상금 채권에 관하여 압류 및 추심명령이 있더라도, 추심채권자가 보상금 증액 청구의 소를 제기할 수 없고, 채무자인 토지소유자 등이 보상금 증액 청구의 소를 제기하고 그 소송을 수행할 당사자적격을 상실하지 않는다고 보아야 한다. 그 상세한 이유는 다음과 같다.

① 토지보상법 제85조 제2항은 토지소유자 등이 보상금 증액 청구의 소를 제기할 때에는 사업시행자를 피고로 한다고 규정하고 있다. 위 규정에 따른 보상금 증액 청구의 소는 토지소유자 등이 사업시행자를 상대로 제기하는 당사자소송의 형식을 취하고 있지만, 토지수용위원회의 재결 중 보상금 산정에 관한 부분에 불복하여 그 증액을 구하는 소이므로 실질적으로는 재결을 다투는 항고소송의 성질을 가진다.

행정소송법 제12조 전문은 "취소소송은 처분 등의 취소를 구할 법률상 이익이 있는 자가 제기할 수 있다."라고 규정하고 있다. 앞서 본 바와 같이 보상금 증액 청구의 소는 항고소송의 성질을 가지므로, 토지소유자 등에 대하여 금전채권을 가지고 있는 제3자는 재결에 대하여 간접적이거나 사실적·경제적 이해관계를 가질 뿐 재결을 다툴 법률상의 이익이 있다고 할 수 없어 직접 또는 토지소유자 등을 대위하여 보상금 증액 청구의 소를 제기할 수 없고, 토지소유자 등의 손실보상금 채권에 관하여 압류 및 추심명령이 있더라도 추심채권자가 재결을 다툴 지위까지 취득하였다고 볼 수는 없다.

② 토지보상법 등 관계 법령에 따라 토지수용위원회의 재결을 거쳐 이루어지는 손실보상금 채권은 관계 법령상 손실보상의 요건에 해당한다는 것만으로 바로 존부 및 범위가 확정된다고 볼 수 없다. 토지소유자 등이 사업시행자로부터 손실보상을 받기 위해서는 사업시행자와 협의가 이루어지지 않으면 토지보상법 제34조, 제50조 등에 규정된 재결절차를 거친 뒤에 그 재결에 대하여 불복이 있는 때에 비로소 토지보상법 제83조 내지 제85조에 따라 이의신청 또는 행정소송을 제기할 수 있을 뿐이고, 이러한 절차를 거치지 않은 채 곧바로 사업시행자를 상대로 손실보상을 청구하는 것은 허용되지 않는다.

이와 같이 손실보상금 채권은 토지보상법에서 정한 절차로서 관할 토지수용위원회의 재결 또는 행정소송 절차를 거쳐야 비로소 구체적인 권리의 존부 및 범위가 확정된다. 아울러 토지보상법령은 토지소유자 등으로 하여금 위와 같은 손실보상금 채권의 확정을 위한 절차를 진행하도록 정하고 있다. 따라서 사업인정고시 이후 위와 같은 절차를 거쳐 장래 확정될 손실보상금 채권에 관하여 채권자가 압류 및 추심명령을 받을 수는 있지만, 그 압류 및 추심명령이 있다고 하여 추심채권자가 위와 같은 손실보상금 채권의 확정을 위한 절차에 참여할 자격까지 취득한다고 볼 수는 없다.

③ 요컨대, 토지소유자 등이 토지보상법 제85조 제2항에 따라 보상금 증액 청구의 소를 제기한 경우, 그 손실보상금 채권에 관하여 압류 및 추심명령이 있다고 하더라도 추심채권자가 그 절차에 참여할 자격을 취득하는 것은 아니므로, 보상금 증액 청구의 소를 제기한 토지소유자 등의 지위에 영향을 미친다고 볼 수 없다. 따라서 보상금 증액 청구의 소의 청구채권에 관하여 압류 및 추심명령이 있더라도 토지소유자 등이 그 소송을 수행할 당사자적격을 상실한다고 볼 것은 아니다.

【참조조문】

공익사업을 위한 토지 등의 취득 및 보상에 관한 법률 제85조 제2항, 행정소송법 제12조

【참조판례】

대법원 2004. 8. 20. 선고 2004다24168 판결(공2004하, 1585)
대법원 2013. 11. 14. 선고 2013두9526 판결(변경)
대법원 2015. 11. 12. 선고 2015두2963 판결(공2015하, 1901)

【전 문】

【원고, 상고인 겸 피상고인】 주식회사 씨앤이토틀택스 (소송대리인 법무법인 명륜 담당변호사 임형욱)

【피고, 피상고인 겸 상고인】 한국토지주택공사 (소송대리인 법무법인(유한) 에이펙스 담당변호사 박기웅 외 4인)

【원심판결】 서울고법 2017. 12. 28. 선고 2014누6731 판결

【주 문】

상고를 모두 기각한다. 상고비용 중 원고의 상고로 인한 부분은 원고가, 피고의 상고로 인한 부분은 피고가 각 부담한다.

【이 유】

상고이유를 판단한다.

1. 사건의 개요와 쟁점

가. 원심판결 이유와 기록에 의하면 다음 사실을 알 수 있다.

1) 중앙토지수용위원회는 2012. 4. 6. 피고가 시행하는 이 사건 보금자리주택사업에 관하여 원고가 운영하는 공장 영업시설을 이전하게 하고 원고의 영업손실에 대한 보상금을 6,825,750,000원으로 정하는 내용의 수용재결을 하였다.

2) 원고는 위 보상금을 이의를 유보하고 수령한 뒤 2012. 5. 22. 보상금의 증액을 구하는 이 사건 소를 제기하였다.

3) 원고의 채권자들은 이 사건 소 제기일 이후부터 원심판결 선고일 이전까지 사이에 원고의 피고에 대한 손실보상금 채권에 관하여 압류・추심명령(이하 '이 사건 추심명령'이라 한다)을 받았다.

나. 이 사건의 주요 쟁점은 이 사건 추심명령으로 인하여 원고가 이 사건 보상금 증액 청구 소송을 수행할 당사자적격을 상실하는지 여부이다.

2. 원고의 당사자적격 상실 여부(피고의 제1상고이유)

가. 법리

「공익사업을 위한 토지 등의 취득 및 보상에 관한 법률」(이하 '토지보상법'이라 한다) 제85조 제2항에 따른 보상금의 증액을 구하는 소(이하 '보상금 증액 청구의 소'라 한다)의 성질, 토지보상법상 손실보상금 채권의 존부 및 범위를 확정하는 절차 등을 종합하여 보면, 토지보상법에 따른 토지소유자 또는 관계인(이하 '토지소유자 등'이라 한다)의 사업시행자에 대한 손실보상금 채권에 관하여 압류 및 추심명령이 있더라도, 추심채권자가 보상금 증액 청구의 소를 제기할 수 없고, 채무자인 토지소유자 등이 보상금 증액 청구의 소를 제기하고 그 소송을 수행할 당사자적격을 상실하지 않는다고 보아야 한다. 그 상세한 이유는 다음과 같다.

1) 토지보상법 제85조 제2항은 토지소유자 등이 보상금 증액 청구의 소를 제기할 때에는 사업시행자를 피고로 한다고 규정하고 있다. 위 규정에 따른 보상금 증액 청구의 소는 토지소유자 등이 사업시행자를 상대로 제기하는 당사자소송의 형식을 취하고 있지만, 토지수용위원회의 재결 중 보상금 산정에 관한 부분에 불복하여 그 증액을 구하는 소이므로 실질적으로는 재결을 다투는 항고소송의 성질을 가진다.

행정소송법 제12조 전문은 "취소소송은 처분 등의 취소를 구할 법률상 이익이 있는 자가 제기할 수 있다."라고 규정하고 있다. 앞서 본 바와 같이 보상금 증액 청구의 소는 항고소송의 성질을 가지므로, 토지소유자 등에 대하여 금전채권을 가지고 있는 제3자는 재결에 대하여 간접적이거나 사실적・경제적 이해관계를 가질 뿐 재결을 다툴 법률상의 이익이 있다고 할 수 없어 직접 또는 토지소유자 등을 대위하여 보상금 증액 청구의 소를 제기할 수 없고, 토지소유자 등의 손실보상금 채권에 관하여 압류 및 추심명령이 있더라도 추심채권자가 재결을 다툴 지위까지 취득하였다고 볼 수는 없다.

2) 토지보상법 등 관계 법령에 따라 토지수용위원회의 재결을 거쳐 이루어지는 손실보상금 채권은 관계 법령상 손실보상의 요건에 해당한다는 것만으로 바로 존부 및 범위가 확정된다고 볼 수 없다. 토지소유자 등이 사업시행자로부터 손실보상을 받기 위해서는 사업시행자와 협의가 이루어지지 않으면 토지보상법 제34조, 제50조 등에 규정된 재결절차를 거친 뒤에 그 재결에 대하여 불복이 있는 때에 비로소 토지보상법 제83조 내지 제85조에 따라 이의신청 또는 행정소송을 제기할 수 있을 뿐이고, 이러한 절차를 거치지 않은 채 곧바로 사업시행자를 상대로 손실보상을 청구하는 것은 허용되지 않는다(대법원 2015. 11. 12. 선고 2015두2963 판결 등 참조).

이와 같이 손실보상금 채권은 토지보상법에서 정한 절차로서 관할 토지수용위원회의 재결 또는 행정소송 절차를 거쳐야 비로소 구체적인 권리의 존부 및 범위가 확정된다. 아울러 토지보상법령은 토지소유자 등으로 하여금 위와 같은 손실보상금 채권의 확정을 위한 절차를 진행하도록 정하고 있다. 따라서 사업인정고시 이후 위와 같은 절차를 거쳐 장래 확정될 손실보상금 채권에 관하여 채권자가 압류 및 추심명령을 받을 수는 있지만(대법원 2004. 8. 20. 선고 2004다24168 판결 참조), 그 압류 및 추심명령이 있다고 하여 추심채권자가 위와 같은 손실보상금 채권의 확정을 위한 절차에 참여할 자격까지 취득한다고 볼 수는 없다.

3) 요컨대, 토지소유자 등이 토지보상법 제85조 제2항에 따라 보상금 증액 청구의 소를 제기한 경우, 그 손실보상금 채권에 관하여 압류 및 추심명령이 있다고 하더라도 추심채권자가 그 절차에 참여할 자격을 취득하는 것은 아니므로, 보상금 증액 청구의 소를 제기한 토지소유자 등의 지위에 영향을 미친다고 볼 수 없다. 따라서 보상금 증액 청구의 소의 청구채권에 관하여 압류 및 추심명령이 있다고 하더라도 토지소유자 등이 그 소송을 수행할 당사자적격을 상실한다고 볼 것은 아니다.

나. 현실적인 문제 해결

1) 토지보상법 제85조 제1항은, 같은 조 제2항에 따른 보상금 증액 청구의 소는 수용재결서를 받은 날부터 90일 이내에, 이의신청을 거쳤을 때에는 이의재결서를 받은 날부터 60일 이내에 제기하여야 한다고 규정하고 있다(토지보상법이 2018. 12. 31. 법률 제16138호로 개정되기 전에는 이러한 제소기간을 수용재결서를 받은 날부터 60일 이내 또는 이의재결서를 받은 날부터 30일 이내로 정하고 있었다).

토지소유자 등이 보상금 증액 청구의 소를 제기하였는데 그 손실보상금 채권에 관하여 압류 및 추심명령이 있다는 이유로 원고가 소송을 수행할 당사자적격을 상실하였다고 보아 그 소를 각하하는 판결이 확정되면 제소기간의 경과로 누구도 다시 보상금 증액 청구의 소를 제기할 수 없게 되는 불합리한 결과가 발생할 수 있다.

2) 채무자인 토지소유자 등이 제3채무자인 사업시행자를 상대로 보상금 증액 청구의 소를 제기한 결과 제3채무자에게 증액되어야 할 손실보상금의 지급을 명하는 판결이 확정된다고 하더

라도, 사업시행자는 토지소유자 등에게 확정된 손실보상금을 지급하여서는 아니 되지만, 민사집행법 제248조에 따라 이를 공탁함으로써 지급 의무를 면할 수 있다. 따라서 제3채무자인 사업시행자가 이중지급의 위험에서 벗어나지 못하는 등으로 부당한 상황에 놓인다고 볼 수 없다.

3) 추심채권자는 채무자인 토지소유자 등이 제기한 보상금 증액 청구 소송에 행정소송법 제44조 제1항, 제16조에 따라 소송참가를 하거나 행정소송법 제8조 제2항의 준용에 따라 민사소송법상 보조참가를 할 수 있다. 이와 같이 추심채권자가 보상금 증액 청구 소송에 관여할 수 있는 절차도 마련되어 있다.

다. 판례 변경

토지보상법상 손실보상금 채권에 관하여 압류 및 추심명령이 있는 경우 채무자가 보상금 증액 청구의 소를 제기할 당사자적격을 상실하고 그 보상금 증액 소송 계속 중 추심채권자가 압류 및 추심명령 신청의 취하 등에 따라 추심권능을 상실하게 되면 채무자는 당사자적격을 회복한다는 취지의 대법원 2013. 11. 14. 선고 2013두9526 판결은 이 판결의 견해에 배치되는 범위에서 이를 변경하기로 한다.

라. 이 사건에 관한 판단

원고의 채권자들이 이 사건 소 제기 이후에 장래 증액될 원고의 손실보상금 채권에 관하여 이 사건 추심명령을 받았다고 하더라도 원고가 이 사건 보상금 증액 청구 소송을 수행할 당사자적격을 상실한다고 볼 수 없다. 이와 달리 이 사건 추심명령으로 인하여 원고가 이 사건 보상금 증액 청구 소송을 수행할 당사자적격을 상실하였다는 취지의 피고의 이 부분 상고이유는 받아들일 수 없다.

3. 손실보상액 산정에 관하여(원고의 상고이유와 피고의 나머지 상고이유)

원심은 개별 평가요소별로 수용재결에서의 감정결과와 제1심 및 원심의 감정결과 중 각각 일부를 채택하여 원고의 영업시설 이전에 따른 정당한 손실보상금액을 산정하였다. 원심판결 이유를 관련 법리와 기록에 비추어 살펴보면, 원심의 이유 중 감손상당액이 '휴업기간 동안의 감손액'이라는 취지의 설시 부분은 적절하지 않지만, 원심의 판단은 수긍할 수 있고, 거기에 상고이유 주장과 같이 영업손실 보상에 관한 법리를 오해하여 필요한 심리를 다하지 아니하거나 논리와 경험칙에 반하여 자유심증주의의 한계를 벗어나는 등으로 판결에 영향을 미친 잘못이 없다.

4. 결론

그러므로 상고를 모두 기각하고, 상고비용은 패소자가 부담하기로 하여, 관여 법관의 일치된 의견으로 주문과 같이 판결한다. 이 판결에는 대법관 안철상의 보충의견이 있다.

5. 대법관 안철상의 보충의견

가. 대법원은, 민사소송의 경우 채무자의 제3채무자에 대한 채권에 관하여 압류 및 추심명령이 있으면 제3채무자에 대한 이행의 소는 추심채권자만 제기할 수 있고, 채무자에 의하여 이행의 소가 이미 제기된 경우에도 채무자는 그 소송을 수행할 당사자적격을 상실한다고 보고 있다(대법원 2000. 4. 11. 선고 99다23888 판결, 대법원 2009. 11. 12. 선고 2009다48879 판결 등 참조). 그러나 이와

같은 민사소송에 관한 판례의 법리는 그 자체도 의문이 제기되고 있지만, 앞에서 살펴본 바와 같이 행정소송인 토지보상법 제85조 제2항에 따른 보상금 증액 청구의 소에는 그대로 적용된다고 볼 수 없다.

공법관계는 사법관계와 다른 여러 가지 특수성이 있으므로, 행정소송에서는 민사소송의 법리를 그대로 적용할 것인지에 대하여 다시 한번 살펴보는 태도가 필요하다. 앞서 본 압류 및 추심명령이 있는 경우 채무자가 보상금 증액 청구의 소를 제기할 당사자적격을 상실한다는 선례는 민사법의 법리와의 통일성에 집중한 나머지 토지보상 법률관계라는 공법관계의 특수성을 잘 살피지 못한 결과라고 할 수 있다.

나. 헌법은 제23조에서 국가에게 국민의 재산권을 보장할 의무를 부여하는 한편, 국민의 재산권을 수용·사용 또는 제한하기 위해서는 공공필요에 의하여야 하고 법률로써 그에 대한 정당한 보상을 지급하여야 한다고 규정하고 있다. 이 사건과 같은 토지수용은 특정한 공적 과제의 이행을 위하여 구체적 재산권을 박탈하는 고권적 행위로서 토지보상법에서 정한 엄격한 요건과 절차에 따라 이루어진다.

토지보상법은 제85조 제2항에서 토지소유자 등이 재결에 불복하는 행정소송으로 토지수용 부분의 위법을 다투지 아니하고 보상금의 액수만 다투려는 경우에는 재결청을 상대로 재결 취소소송을 제기할 필요 없이 사업시행자를 피고로 하여 정당한 보상액과 이의재결 보상액의 차액을 당사자소송의 형식으로 구할 수 있게 하였다. 이러한 보상금 증액 청구의 소는 실질적으로는 재결청의 재결을 다투는 것이지만 형식적으로는 재결로 형성된 법률관계를 다투기 위하여 위 법률관계의 한쪽 당사자인 사업시행자를 피고로 하는 소송이고, 이를 형식적 당사자소송이라 하고 있다.

이 사건과 같은 보상금 증액 청구의 소에서는 토지소유자 등의 손실보상금 채권에 관하여 압류 및 추심명령이 있다 하더라도 토지소유자 등에게 당사자적격을 유지시켜 조속히 공법상 법률관계를 확정시킬 필요성이 크다. 압류 및 추심명령이 있었다는 사정으로 인하여 재판절차를 새로 진행하여야 하는 것은 소송경제에 반할 뿐만 아니라, 제소기간의 경과로 인하여 다시 소를 제기할 수 없는 상황이 발생하는 것은 토지보상법령을 비롯한 공법관계가 예정하고 있는 문제해결 방식이 아니다.

다. 정의의 여신상은 천으로 눈을 가리고 있다. 이는 '법 앞에 평등'을 의미하는 것으로, 소송 당사자 중 어느 한쪽에 치우치지 말고 사사로움이나 편견 없이 공평하게 심판할 것을 상징한다. 이 여신상은 대등한 당사자 관계를 전제로 한다. 그러나 오늘날 우리 사회는 대등한 관계를 갖지 못하는 법률관계가 곳곳에 존재하고 있다. 당사자가 대등하다는 전제를 갖추지 못한다면, 정의의 여신은 눈을 가려서는 안 되고 눈을 크게 떠서 구체적 개인에게 그의 지위에 상응하는 권리를 찾아주는 것이 필요하다.

공법관계도 일반적으로 대등관계가 아니다. 국가 또는 지방자치단체는 거대한 힘을 가지고 있고, 이를 상대하는 개인은 공익을 앞세워 개인의 권익을 침해하는 행정주체의 막강한 권력으로부터 보호되어야 마땅하다. 이러한 의미에서 공법관계에 관한 정의의 여신상은 눈을 부릅뜨고 있는 것이어야 한다.

> 현행 행정소송법은 1984. 12. 15. 전부 개정이 이루어진 이래 현재 46개 조문으로 된 낡은 틀을 유지하고 있다. 이는 국가 등 행정주체의 권력에 대응하여 개인의 권익을 구제하는 데 크게 부족하다. 우리 사회의 변화와 발전에 걸맞은 선진화된 행정소송법을 갖추는 것은 책임 행정에 대한 국민의 갈증을 해소하기 위한 우리의 시대적 요청이다. 행정소송법의 전면 개정이 절실하다.
>
> 이상과 같이 보충의견을 밝힌다.
>
> (출처 : 대법원 2022. 11. 24. 선고 2018두67 전원합의체 판결 [손실보상금])

4. 재판관할

항고소송에 있어서와 마찬가지로 행정법원이 제1심 관할법원이 된다. 다만, 당사자소송은 항고소송과는 달리 국가・공공단체 그 밖의 권리주체를 피고로 하는 것이므로 국가나 공공단체가 피고인 경우에는 당해 소송과 구체적인 관계가 있는 관계행정청의 소재지를 피고의 소재지로 하여 그 행정청의 소재지를 관할하는 행정법원이 당사자소송의 관할법원이 된다(동법 제40조). 여기에서의 '행정청'은 본래의 의미의 행정청 외에 관서 또는 청사의 뜻을 아울러 포함한다고 볼 것이다.

5. 당사자

1) 원고적격

당사자소송은 대등한 당사자 간의 공법상 법률관계에 관한 소송이므로 항고소송에 있어서와 같은 원고적격의 제한은 없으며, 따라서 민사소송법상 원고적격에 관한 규정이 준용된다(동법 제8조 제2항).

2) 피고적격

항고소송의 경우처럼 행정청을 피고로 하는 것이 아니고 실체법상 권리주체인 '국가・공공단체 그 밖의 권리주체'를 피고로 한다(동법 제39조). 국가가 피고가 될 때에는 법무부장관이 국가를 대표하고(국가를 당사자로 하는 소송에 관한 법률 제2조), 지방자치단체가 피고가 되는 때에는 해당 지방자치단체의 장이 대표한다.

판례

> 광주보상법에 의한 보상금 등의 지급에 관한 법률관계의 주체는 피고 대한민국이라고 해석되고 지방자치단체인 광주직할시나 국가기관으로서 보상금의 심의・결정 및 지급 등의 기능을 담당하는데 불과한 피고위원회 및 그 위원장 등을 그 주체로 볼 수 없다고 한 원심의 판단은 정당하고 위 법률에 있어서의 보상금지급주체에 관한 법리나 당사자소송에 있어서의 피고적격에 관한 법리를 오해한 위법이 있다고 할 수 없다(대법원 1992.12.24. 선고 92누3335 판결).

6. 소송제기

1) 당사자소송의 대상

행정소송법은 당사자소송은 행정청의 처분 등을 원인으로 하는 법률관계에 관한 소송과 그 밖에 공법상 법률관계에 관한 소송이라고 규정하고 있다. 따라서 당사자소송의 대상도 이와 같이 단지 포괄적으로 행정청의 처분 등을 원인으로 하는 법률관계와 그 밖에 공법상 법률관계에 관한 분쟁이라고 예정되어 있는 셈이다.

당사자소송이 확인소송의 형태를 띨 경우 이러한 공법상의 법률관계가 그 자체로서 당사자소송의 대상이 된다는 데에 대해서는 의문이 없으며, 다만 무엇이 공법상의 법률관계인가를 확정하는 문제가 제기될 뿐이다. 반면 당사자소송이 이행소송의 형태를 띠는 경우에는 항고소송과의 경계설정이 필요하다. 여기서는 비처분적 행정작용, 다시 말하면 금전지급이라든지 재해시설의 설치와 같은 비권력적 사실행위, 공법상의 결과제거청구권의 내용으로서 원상회복 등이 당사자소송의 대상으로 고려될 수 있을 것이다.

2) 제소기간

당사자소송에 관하여는 원칙적으로 제소기간의 제한이 없으나(동법 제44조 제1항), 장기간 소를 제기하지 않은 경우에는 소송제기권의 실효가 문제될 수 있을 것이다. 이 경우는 물론 민사소송법상 일반원리에 의해 판단하여야 할 것이다. 다만, 법령에서 당사자소송에 관하여 제소기간이 정하여져 있는 때에는 이에 따라야 하며, 그 기간은 불변기간이다(동법 제41조).

3) 행정심판과의 관계

당사자소송의 제기에는 성질상 행정심판전치주의가 적용될 수 없음은 당연하다. 그러나 각 개별법이 규정한 절차를 거쳐야 하는바, 예컨대 손실보상청구소송에 있어서 공익사업을 위한 토지 등의 취득 및 보상에 관한 법률(제28조 제1항) · 징발법(제24조의2)이 규정한 결정전치절차를 거쳐야 한다.

7. 관련청구소송의 이송 · 병합

당사자소송과 관련청구소송이 각각 다른 법원에 계속되어 있는 경우 관련청구소송이 계속된 법원은 당사자의 신청 또는 직권에 의하여 상당하다고 인정하는 때에는 관련청구소송을 당사자소송이 계속된 법원으로 이송할 수 있다(동법 제10조 제1항, 제44조 제2항). 또한 당사자소송에는 사실심의 변론종결 시까지 관련청구소송을 병합하거나 피고 이외의 자를 상대로 한 관련청구소송을 당사자소송이 계속된 법원에 병합하여 제기할 수 있다(동법 제10조 제2항, 제44조 제2항).

8. 소의 변경

법원은 당사자소송을 항고소송으로 변경하는 것이 상당하다고 인정할 때에는 청구의 기초에 변경이 없는 한 사실심의 변론종결 시까지 원고의 신청에 의하여 결정으로써 소의 변경을 허가할 수 있다(동법 제42조). 또한 행정소송법 제22조의 처분의 변경으로 인한 소의 변경도 당사자소송에 준용된다(동법 제44조 제1항). 처분의 변경은 그 처분을 원인으로 하여 형성된 법률관계에도 영향을 미치게 되고, 이것은 당사자소송의 목적물에 변경을 가져오므로 처분의 변경으로 인한 소의 변경을 인정하는 것은 당연하다.

9. 소송심리

1) 직권탐지주의의 가미

법원은 필요하다고 인정할 때에는 직권으로 증거조사를 할 수 있고 당사자가 주장하지 아니한 사실에 대하여도 판단할 수 있다(동법 제26조, 제44조 제1항). 민사소송과 비슷한 당사자소송에 직권탐지주의를 준용케 한 것은 당사자소송의 목적물이 공법적인 것이기 때문이다.

2) 처분 · 재결에 관한 기록제출명령

행정소송법은 당사자소송에 대해서도 동법 제25조의 행정심판기록의 제출명령의 규정을 준용하고 있다(동법 제44조 제1항 참고). 따라서 법원은 당사자의 신청이 있는 때에는 결정으로서 처분 · 재결 등을 행한 행정청에 대하여 그 처분 · 재결 등에 관한 기록의 제출을 명할 수 있고, 제출명령을 받은 행정청은 지체 없이 그것을 이행하여야 한다. 그러나 당사자소송의 제기에는 행정심판을 거칠 필요가 없으므로 행정심판기록의 제출명령은 그대로 적용될 수 없고 법률관계를 발생시킨 원인이 되는 처분 또는 재결에 관한 기록의 제출명령이라고 보아야 할 것이다.

10. 소송종료

1) 판결의 효력

당사자소송도 판결을 통해 확정되면 이후 당사자는 그에 모순된 주장을 할 수 없으며, 법원 역시 확정된 판결에 모순 · 저촉되는 판단을 할 수 없는 기속을 받는 기판력을 발생시킨다. 판결의 기판력은 판결의 주문에 포함된 사항에 한하여(기판력의 객관적 범위), 변론종결 시 확정된 법률관계에 한하여(기판력의 시간적 범위), 또한 그 소송의 당사자 및 그의 승계인에 대하여서만(기판력의 주관적 범위) 그 효력을 발생시킴이 원칙이다(민사소송법 제216조 · 제218조 등 참조). 따라서 취소소송에 있어서와 같은 판결의 제3자효(행정소송법 제29조 제1항)는 당사자소송에는 인정되지 않는다. 그러나 취소판결에 있어서의 판결의 기속력은 당사자소송에 준용된다(동법 제30조 제1항, 제44조 참조). 당사자소송에서는 국가 · 공공단체 등 행정주체(권리 · 의무의 귀속주체)만이 당사자가 되는 것인데, 그 행정주체를 위하여 직접 행정권을 행사하는 것은 관계행정청이므로 판결의 기속력을 직접 이들에게 미치게 하여 재판의 실효성을 확보하기 위함이다.

2) 가집행선고의 제한

행정소송법은 국가를 상대로 하는 당사자소송의 경우에는 가집행선고를 할 수 없도록 규정하고 있다(동법 제43조). 이는 구 소송촉진 등에 관한 특례법(1990년 1월 13일 개정 이전의 법률)에서 국가를 상대로 하는 민사소송판결에 가집행선고를 할 수 없게 한 것과 균형을 맞추기 위한 것이라고 할 수 있다(동법 제6조 제1항 단서). 그런데 헌법재판소는 1989년 1월 소송촉진 등에 관한 특례법 제6조 제1항 단서에 대하여 위헌결정을 하였다.[117] [118] 이러한 사실에 비추어 가집행선고의 제한을 규정하고 있는 행정소송법 제43조 역시 위헌의 여지가 있다. 따라서 이러한 명문의 규정에도 불구하고 당사자소송이 기본적으로 대등한 당사자 간의 분쟁을 해결하기 위한 소송이라는 점을 고려할 때 국가를 상대로 하는 재산권의 청구인 당사자소송의 경우에는 국가에 대해 가집행선고를 할 수 있다고 하겠다.

04 객관소송

1. 개념

행정소송은 위법한 행정작용에 의하여 개인의 권리·이익이 침해된 경우에 법원이 이러한 위법한 행정작용을 심리·판단하여 행정법규의 적정한 적용을 보장하고 개인의 권익을 보호함을 목적으로 한다. 이를 주관소송이라고 하며, 앞에서 본 항고소송과 당사자소송은 이런 의미에서 주관소송에 해당한다. 따라서 개인의 권익보호와는 무관하게 오직 행정법규의 적정한 적용을 보장하기 위한 행정소송은 허용되지 않는 것이 원칙이다.

그러나 입법정책으로 행정소송을 객관적인 법질서의 유지나 공공이익의 보호를 위해 이용하는 것을 헌법이 금지하고 있는 것은 아니다. 이와 같이 당사자의 개인적 권익의 보호를 목적으로 하는 것이 아니라 객관적인 법질서 유지, 행정의 적법성 보장을 목적으로 하는 소송을 객관소송이라고 한다. 따라서 주관소송에서는 원고에게 재판에 의하여 보호되어야 할 권리 또는 이익이 요구되는 것에 대하여 객관소송은 이것이 요구되지 않는다.

우리나라의 행정소송은 주관소송을 원칙으로 하고 있기 때문에 객관소송은 개별 법률의 규정이 있는 경우에 한하여 인정된다. 행정소송법은 객관소송으로 민중소송과 기관소송을 인정하고 있다.

---

117) 헌재결정 1989.1.25. 선고 88헌가7 전원재판부. 헌법재판소는 이 규정이 재산권과 재판을 받을 권리의 보장에 있어서 합리적인 이유 없이 소송당사자를 차별하여 국가를 우대하고 있는 것이므로 헌법 제11조 제1항에 위반된다고 판시함으로써 국가가 민사소송의 당사자인 경우에도 가집행을 할 수 있도록 하였다.

118) 현재 소송촉진 등에 관한 특례법 제4조 내지 제20조는 삭제되었다.

2. 민중소송

1) 개념

민중소송이란 국가 또는 공공단체의 기관이 법률에 위반되는 행위를 한 때에 직접 자기의 법률상 이익과 관계없이 그 시정을 구하기 위하여 제기하는 소송을 말한다(행정소송법 제3조 제3호). 민중소송은 행정법규의 적정한 적용을 보장하기 위하여 널리 일반대중에게 출소권을 인정하지만 말 그대로 모든 민중에게 소송제기권이 인정되는 것은 아니고, 법률은 소송의 종류에 따라 원고적격에 관하여 일정한 제한을 하고 있다(예 선거인 또는 주민).

2) 제도적 의의

오늘날 국민주권주의, 실질적 법치주의의 실효성을 확보하기 위해서는 국가의 행정운영에 대한 국민의 감시를 강화할 필요가 있다는 것은 당연한 것이며, 민중소송도 그러한 감시수단의 하나라고 할 것이다. 따라서 민중소송의 제도적 의의는 행정법규의 적정한 운영을 도모하기 위한 국민의 직접참정의 수단이 되며, 일반공공의 이익을 도모하고 행정기관의 법규에 적합하지 않은 행위에 대한 사법통제의 수단이 된다는 데 있다.

3) 성질

민중소송은 당사자 사이의 구체적인 권리·의무에 관한 분쟁(법률적 쟁송)의 해결을 위한 것이 아니라 행정감독적 견지에서 행정법규의 정당한 적용을 확보하거나 선거 등의 공정의 확보를 위한 소송으로서 객관소송에 속한다. 따라서 민중소송은 법률의 명시적 규정이 있는 경우에 법률이 정하는 자에 한하여 제기할 수 있다.

판례

행정소송법 제45조는 민중소송 및 기관소송을 법률이 정한 경우에 법률이 정한 자에 한하여 제기할 수 있다고 규정하고 있고, 이 사건과 같이 행정청이 주민의 여론을 조사한 행위에 대해서는 법상 소로서 그 시정을 구할 수 있는 아무런 규정이 없으며, 소론이 드는 행정소송법 제46조는 법률에서 민중소송을 허용하고 있는 경우에 그 재판절차를 규정한 것에 불과하므로 원심이 드는 같은 이유로 이 사건 소를 각하한 것은 정당하고 그 과정에 법률의 해석을 잘못한 위법이 없다(대법원 1996.1.23. 선고 95누12736 판결).

3. 기관소송

기관 상호 간의 권한의 존부 또는 그 행사에 관한 분쟁은 행정권 내부의 권한행사의 통일성확보에 관한 문제로 일반적으로는 상급기관의 감독권 또는 기관 상호 간의 협의에 의하여 내부적으로 처리되는 것이 통례이다. 그러나 이러한 분쟁에 대해서도 법원의 공정한 판단에 의하여 기관 상호 간의 권한질서를 유지하기 위하여 법률에서 소송절차에 의하여 해결할 수 있도록 하는 경우가 있는바, 이것이 바로 기관소송이다. 즉 기관소송은 국가 또는 공공단체의 기관 상호 간에 있어서 권한의 존부 또는 그 행사에 관한 다툼이 있을 때에 이에 대하여 제기하는 소송을 말한다. 다만, 헌법재판소법 제2조의 규정에 의하여 헌법재판소의 관장사항으로 되어 있는 사항(국가기관 상호 간, 국가기관과 지방자치단체 및 지방자치단체 상호 간의 권한쟁의)은 행정소송으로서의 기관소송에서 제외된다(행정소송법 제3조 제4호).

행정소송법의 기관소송에 대한 정의에 의할 경우 동일한 공법상 법인의 내부기관 간의 분쟁, 즉 국가기관 상호 간의 분쟁 또는 동일한 지방자치단체의 기관 상호 간의 분쟁에 관한 소송이 기관소송에 속한다는 것에 대해서는 의문이 없다. 문제는 법인격을 달리하는 공법상 법인의 기관 간의 소송이 기관소송에 포함되는가의 여부이다. 예컨대 국가기관과 지방자치단체기관과의 분쟁이 기관소송에 포함되는지의 여부이다. 생각건대, 국가나 지방자치단체와 같이 별개의 법인격을 가진 공법상 법인간의 분쟁은 외부관계를 이루므로 국가기관과 일반 사인 간의 관계와 아무런 근본적인 차이가 없다. 동일한 성질의 관계는 동일한 종류의 소송으로 제기되어야 하므로 법인격을 달리하는 공법상 법인간의 분쟁에 대해서는 기관소송이 아니라 일반행정소송으로 제기되어야 한다. 따라서 국가기관과 지방자치단체 간의 분쟁에 대한 소송은 기관소송이 아니다. 요컨대 기관소송은 단일의 법주체 내부에서 기관 상호 간의 권한분쟁에 관한 소송이다.

합격까지 박문각

부록

CHAPTER 01 행정기본법
CHAPTER 02 행정기본법 시행령

Chapter

01 행정기본법

제1장 총칙

제1절 목적 및 정의 등

제1조(목적)

이 법은 행정의 원칙과 기본사항을 규정하여 행정의 민주성과 적법성을 확보하고 적정성과 효율성을 향상시킴으로써 국민의 권익 보호에 이바지함을 목적으로 한다.

제2조(정의)

이 법에서 사용하는 용어의 뜻은 다음과 같다.

1. "법령등"이란 다음 각 목의 것을 말한다.
   가. 법령 : 다음의 어느 하나에 해당하는 것
      1) 법률 및 대통령령·총리령·부령
      2) 국회규칙·대법원규칙·헌법재판소규칙·중앙선거관리위원회규칙 및 감사원규칙
      3) 1) 또는 2)의 위임을 받아 중앙행정기관(「정부조직법」 및 그 밖의 법률에 따라 설치된 중앙행정기관을 말한다. 이하 같다)의 장이 정한 훈령·예규 및 고시 등 행정규칙
   나. 자치법규: 지방자치단체의 조례 및 규칙
2. "행정청"이란 다음 각 목의 자를 말한다.
   가. 행정에 관한 의사를 결정하여 표시하는 국가 또는 지방자치단체의 기관
   나. 그 밖에 법령등에 따라 행정에 관한 의사를 결정하여 표시하는 권한을 가지고 있거나 그 권한을 위임 또는 위탁받은 공공단체 또는 그 기관이나 사인(私人)
3. "당사자"란 처분의 상대방을 말한다.
4. "처분"이란 행정청이 구체적 사실에 관하여 행하는 법 집행으로서 공권력의 행사 또는 그 거부와 그 밖에 이에 준하는 행정작용을 말한다.
5. "제재처분"이란 법령등에 따른 의무를 위반하거나 이행하지 아니하였음을 이유로 당사자에게 의무를 부과하거나 권익을 제한하는 처분을 말한다. 다만, 제30조 제1항 각 호에 따른 행정상 강제는 제외한다.

제3조(국가와 지방자치단체의 책무)

① 국가와 지방자치단체는 국민의 삶의 질을 향상시키기 위하여 적법절차에 따라 공정하고 합리적인 행정을 수행할 책무를 진다.

② 국가와 지방자치단체는 행정의 능률과 실효성을 높이기 위하여 지속적으로 법령등과 제도를 정비·개선할 책무를 진다.

제4조(행정의 적극적 추진)

① 행정은 공공의 이익을 위하여 적극적으로 추진되어야 한다.

② 국가와 지방자치단체는 소속 공무원이 공공의 이익을 위하여 적극적으로 직무를 수행할 수 있도록 제반 여건을 조성하고, 이와 관련된 시책 및 조치를 추진하여야 한다.

③ 제1항 및 제2항에 따른 행정의 적극적 추진 및 적극행정 활성화를 위한 시책의 구체적인 사항 등은 대통령령으로 정한다.

제5조(다른 법률과의 관계)

① 행정에 관하여 다른 법률에 특별한 규정이 있는 경우를 제외하고는 이 법에서 정하는 바에 따른다.

② 행정에 관한 다른 법률을 제정하거나 개정하는 경우에는 이 법의 목적과 원칙, 기준 및 취지에 부합되도록 노력하여야 한다.

제2절 기간 및 나이의 계산

제6조(행정에 관한 기간의 계산)

① 행정에 관한 기간의 계산에 관하여는 이 법 또는 다른 법령등에 특별한 규정이 있는 경우를 제외하고는 「민법」을 준용한다.

② 법령등 또는 처분에서 국민의 권익을 제한하거나 의무를 부과하는 경우 권익이 제한되거나 의무가 지속되는 기간의 계산은 다음 각 호의 기준에 따른다. 다만, 다음 각 호의 기준에 따르는 것이 국민에게 불리한 경우에는 그러하지 아니하다.

1. 기간을 일, 주, 월 또는 연으로 정한 경우에는 기간의 첫날을 산입한다.
2. 기간의 말일이 토요일 또는 공휴일인 경우에도 기간은 그 날로 만료한다.

제7조(법령등 시행일의 기간 계산)

법령등(훈령·예규·고시·지침 등을 포함한다. 이하 이 조에서 같다)의 시행일을 정하거나 계산할 때에는 다음 각 호의 기준에 따른다.

1. 법령등을 공포한 날부터 시행하는 경우에는 공포한 날을 시행일로 한다.
2. 법령등을 공포한 날부터 일정 기간이 경과한 날부터 시행하는 경우 법령등을 공포한 날을 첫날에 산입하지 아니한다.
3. 법령등을 공포한 날부터 일정 기간이 경과한 날부터 시행하는 경우 그 기간의 말일이 토요일 또는 공휴일인 때에는 그 말일로 기간이 만료한다.

제7조의2(행정에 관한 나이의 계산 및 표시)

행정에 관한 나이는 다른 법령등에 특별한 규정이 있는 경우를 제외하고는 출생일을 산입하여 만(滿) 나이로 계산하고, 연수(年數)로 표시한다. 다만, 1세에 이르지 아니한 경우에는 월수(月數)로 표시할 수 있다.

[본조신설 2022.12.27]

제2장 행정의 법 원칙

제8조(법치행정의 원칙)
행정작용은 법률에 위반되어서는 아니 되며, 국민의 권리를 제한하거나 의무를 부과하는 경우와 그 밖에 국민생활에 중요한 영향을 미치는 경우에는 법률에 근거하여야 한다.

제9조(평등의 원칙)
행정청은 합리적 이유 없이 국민을 차별하여서는 아니 된다.

제10조(비례의 원칙)
행정작용은 다음 각 호의 원칙에 따라야 한다.
1. 행정목적을 달성하는 데 유효하고 적절할 것
2. 행정목적을 달성하는 데 필요한 최소한도에 그칠 것
3. 행정작용으로 인한 국민의 이익 침해가 그 행정작용이 의도하는 공익보다 크지 아니할 것

제11조(성실의무 및 권한남용금지의 원칙)
① 행정청은 법령등에 따른 의무를 성실히 수행하여야 한다.
② 행정청은 행정권한을 남용하거나 그 권한의 범위를 넘어서는 아니 된다.

제12조(신뢰보호의 원칙)
① 행정청은 공익 또는 제3자의 이익을 현저히 해칠 우려가 있는 경우를 제외하고는 행정에 대한 국민의 정당하고 합리적인 신뢰를 보호하여야 한다.
② 행정청은 권한 행사의 기회가 있음에도 불구하고 장기간 권한을 행사하지 아니하여 국민이 그 권한이 행사되지 아니할 것으로 믿을 만한 정당한 사유가 있는 경우에는 그 권한을 행사해서는 아니 된다. 다만, 공익 또는 제3자의 이익을 현저히 해칠 우려가 있는 경우는 예외로 한다.

제13조(부당결부금지의 원칙)
행정청은 행정작용을 할 때 상대방에게 해당 행정작용과 실질적인 관련이 없는 의무를 부과해서는 아니 된다.

제3장 행정작용

제1절 처분

제14조(법 적용의 기준)
① 새로운 법령등은 법령등에 특별한 규정이 있는 경우를 제외하고는 그 법령등의 효력 발생 전에 완성되거나 종결된 사실관계 또는 법률관계에 대해서는 적용되지 아니한다.

② 당사자의 신청에 따른 처분은 법령등에 특별한 규정이 있거나 처분 당시의 법령등을 적용하기 곤란한 특별한 사정이 있는 경우를 제외하고는 처분 당시의 법령등에 따른다.
③ 법령등을 위반한 행위의 성립과 이에 대한 제재처분은 법령등에 특별한 규정이 있는 경우를 제외하고는 법령등을 위반한 행위 당시의 법령등에 따른다. 다만, 법령등을 위반한 행위 후 법령등의 변경에 의하여 그 행위가 법령등을 위반한 행위에 해당하지 아니하거나 제재처분 기준이 가벼워진 경우로서 해당 법령등에 특별한 규정이 없는 경우에는 변경된 법령등을 적용한다.

제15조(처분의 효력)

처분은 권한이 있는 기관이 취소 또는 철회하거나 기간의 경과 등으로 소멸되기 전까지는 유효한 것으로 통용된다. 다만, 무효인 처분은 처음부터 그 효력이 발생하지 아니한다.

제16조(결격사유)

① 자격이나 신분 등을 취득 또는 부여할 수 없거나 인가, 허가, 지정, 승인, 영업등록, 신고 수리 등(이하 "인허가"라 한다)을 필요로 하는 영업 또는 사업 등을 할 수 없는 사유(이하 이 조에서 "결격사유"라 한다)는 법률로 정한다.
② 결격사유를 규정할 때에는 다음 각 호의 기준에 따른다.
1. 규정의 필요성이 분명할 것
2. 필요한 항목만 최소한으로 규정할 것
3. 대상이 되는 자격, 신분, 영업 또는 사업 등과 실질적인 관련이 있을 것
4. 유사한 다른 제도와 균형을 이룰 것

제17조(부관)

① 행정청은 처분에 재량이 있는 경우에는 부관(조건, 기한, 부담, 철회권의 유보 등을 말한다. 이하 이 조에서 같다)을 붙일 수 있다.
② 행정청은 처분에 재량이 없는 경우에는 법률에 근거가 있는 경우에 부관을 붙일 수 있다.
③ 행정청은 부관을 붙일 수 있는 처분이 다음 각 호의 어느 하나에 해당하는 경우에는 그 처분을 한 후에도 부관을 새로 붙이거나 종전의 부관을 변경할 수 있다.
1. 법률에 근거가 있는 경우
2. 당사자의 동의가 있는 경우
3. 사정이 변경되어 부관을 새로 붙이거나 종전의 부관을 변경하지 아니하면 해당 처분의 목적을 달성할 수 없다고 인정되는 경우
④ 부관은 다음 각 호의 요건에 적합하여야 한다.
1. 해당 처분의 목적에 위배되지 아니할 것
2. 해당 처분과 실질적인 관련이 있을 것
3. 해당 처분의 목적을 달성하기 위하여 필요한 최소한의 범위일 것

제18조(위법 또는 부당한 처분의 취소)

① 행정청은 위법 또는 부당한 처분의 전부나 일부를 소급하여 취소할 수 있다. 다만, 당사자의 신뢰를 보호할 가치가 있는 등 정당한 사유가 있는 경우에는 장래를 향하여 취소할 수 있다.

② 행정청은 제1항에 따라 당사자에게 권리나 이익을 부여하는 처분을 취소하려는 경우에는 취소로 인하여 당사자가 입게 될 불이익을 취소로 달성되는 공익과 비교·형량(衡量)하여야 한다. 다만, 다음 각 호의 어느 하나에 해당하는 경우에는 그러하지 아니하다.

1. 거짓이나 그 밖의 부정한 방법으로 처분을 받은 경우
2. 당사자가 처분의 위법성을 알고 있었거나 중대한 과실로 알지 못한 경우

제19조(적법한 처분의 철회)

① 행정청은 적법한 처분이 다음 각 호의 어느 하나에 해당하는 경우에는 그 처분의 전부 또는 일부를 장래를 향하여 철회할 수 있다.

1. 법률에서 정한 철회 사유에 해당하게 된 경우
2. 법령등의 변경이나 사정변경으로 처분을 더 이상 존속시킬 필요가 없게 된 경우
3. 중대한 공익을 위하여 필요한 경우

② 행정청은 제1항에 따라 처분을 철회하려는 경우에는 철회로 인하여 당사자가 입게 될 불이익을 철회로 달성되는 공익과 비교·형량하여야 한다.

제20조(자동적 처분)

행정청은 법률로 정하는 바에 따라 완전히 자동화된 시스템(인공지능 기술을 적용한 시스템을 포함한다)으로 처분을 할 수 있다. 다만, 처분에 재량이 있는 경우는 그러하지 아니하다.

제21조(재량행사의 기준)

행정청은 재량이 있는 처분을 할 때에는 관련 이익을 정당하게 형량하여야 하며, 그 재량권의 범위를 넘어서는 아니 된다.

제22조(제재처분의 기준)

① 제재처분의 근거가 되는 법률에는 제재처분의 주체, 사유, 유형 및 상한을 명확하게 규정하여야 한다. 이 경우 제재처분의 유형 및 상한을 정할 때에는 해당 위반행위의 특수성 및 유사한 위반행위와의 형평성 등을 종합적으로 고려하여야 한다.

② 행정청은 재량이 있는 제재처분을 할 때에는 다음 각 호의 사항을 고려하여야 한다.

1. 위반행위의 동기, 목적 및 방법
2. 위반행위의 결과
3. 위반행위의 횟수
4. 그 밖에 제1호부터 제3호까지에 준하는 사항으로서 대통령령으로 정하는 사항

제23조(제재처분의 제척기간)

① 행정청은 법령등의 위반행위가 종료된 날부터 5년이 지나면 해당 위반행위에 대하여 제재처분(인허가의 정지·취소·철회, 등록 말소, 영업소 폐쇄와 정지를 갈음하는 과징금 부과를 말한다. 이하 이 조에서 같다)을 할 수 없다.

② 다음 각 호의 어느 하나에 해당하는 경우에는 제1항을 적용하지 아니한다.

1. 거짓이나 그 밖의 부정한 방법으로 인허가를 받거나 신고를 한 경우

2. 당사자가 인허가나 신고의 위법성을 알고 있었거나 중대한 과실로 알지 못한 경우
3. 정당한 사유 없이 행정청의 조사·출입·검사를 기피·방해·거부하여 제척기간이 지난 경우
4. 제재처분을 하지 아니하면 국민의 안전·생명 또는 환경을 심각하게 해치거나 해칠 우려가 있는 경우

③ 행정청은 제1항에도 불구하고 행정심판의 재결이나 법원의 판결에 따라 제재처분이 취소·철회된 경우에는 재결이나 판결이 확정된 날부터 1년(합의제행정기관은 2년)이 지나기 전까지는 그 취지에 따른 새로운 제재처분을 할 수 있다.

④ 다른 법률에서 제1항 및 제3항의 기간보다 짧거나 긴 기간을 규정하고 있으면 그 법률에서 정하는 바에 따른다.

제2절 인허가의제

제24조(인허가의제의 기준)

① 이 절에서 "인허가의제"란 하나의 인허가(이하 "주된 인허가"라 한다)를 받으면 법률로 정하는 바에 따라 그와 관련된 여러 인허가(이하 "관련 인허가"라 한다)를 받은 것으로 보는 것을 말한다.

② 인허가의제를 받으려면 주된 인허가를 신청할 때 관련 인허가에 필요한 서류를 함께 제출하여야 한다. 다만, 불가피한 사유로 함께 제출할 수 없는 경우에는 주된 인허가 행정청이 별도로 정하는 기한까지 제출할 수 있다.

③ 주된 인허가 행정청은 주된 인허가를 하기 전에 관련 인허가에 관하여 미리 관련 인허가 행정청과 협의하여야 한다.

④ 관련 인허가 행정청은 제3항에 따른 협의를 요청받으면 그 요청을 받은 날부터 20일 이내(제5항 단서에 따른 절차에 걸리는 기간은 제외한다)에 의견을 제출하여야 한다. 이 경우 전단에서 정한 기간(민원 처리 관련 법령에 따라 의견을 제출하여야 하는 기간을 연장한 경우에는 그 연장한 기간을 말한다) 내에 협의 여부에 관하여 의견을 제출하지 아니하면 협의가 된 것으로 본다.

⑤ 제3항에 따라 협의를 요청받은 관련 인허가 행정청은 해당 법령을 위반하여 협의에 응해서는 아니 된다. 다만, 관련 인허가에 필요한 심의, 의견 청취 등 절차에 관하여는 법률에 인허가의제 시에도 해당 절차를 거친다는 명시적인 규정이 있는 경우에만 이를 거친다.

제25조(인허가의제의 효과)

① 제24조 제3항·제4항에 따라 협의가 된 사항에 대해서는 주된 인허가를 받았을 때 관련 인허가를 받은 것으로 본다.

② 인허가의제의 효과는 주된 인허가의 해당 법률에 규정된 관련 인허가에 한정된다.

제26조(인허가의제의 사후관리 등)

① 인허가의제의 경우 관련 인허가 행정청은 관련 인허가를 직접 한 것으로 보아 관계 법령에 따른 관리·감독 등 필요한 조치를 하여야 한다.

② 주된 인허가가 있은 후 이를 변경하는 경우에는 제24조·제25조 및 이 조 제1항을 준용한다.
③ 이 절에서 규정한 사항 외에 인허가의제의 방법, 그 밖에 필요한 세부 사항은 대통령령으로 정한다.

제3절 공법상 계약

제27조(공법상 계약의 체결)
① 행정청은 법령등을 위반하지 아니하는 범위에서 행정목적을 달성하기 위하여 필요한 경우에는 공법상 법률관계에 관한 계약(이하 "공법상 계약"이라 한다)을 체결할 수 있다. 이 경우 계약의 목적 및 내용을 명확하게 적은 계약서를 작성하여야 한다.
② 행정청은 공법상 계약의 상대방을 선정하고 계약 내용을 정할 때 공법상 계약의 공공성과 제3자의 이해관계를 고려하여야 한다.

제4절 과징금

제28조(과징금의 기준)
① 행정청은 법령등에 따른 의무를 위반한 자에 대하여 법률로 정하는 바에 따라 그 위반행위에 대한 제재로서 과징금을 부과할 수 있다.
② 과징금의 근거가 되는 법률에는 과징금에 관한 다음 각 호의 사항을 명확하게 규정하여야 한다.
1. 부과·징수 주체
2. 부과 사유
3. 상한액
4. 가산금을 징수하려는 경우 그 사항
5. 과징금 또는 가산금 체납 시 강제징수를 하려는 경우 그 사항

제29조(과징금의 납부기한 연기 및 분할 납부)
과징금은 한꺼번에 납부하는 것을 원칙으로 한다. 다만, 행정청은 과징금을 부과받은 자가 다음 각 호의 어느 하나에 해당하는 사유로 과징금 전액을 한꺼번에 내기 어렵다고 인정될 때에는 그 납부기한을 연기하거나 분할 납부하게 할 수 있으며, 이 경우 필요하다고 인정하면 담보를 제공하게 할 수 있다.
1. 재해 등으로 재산에 현저한 손실을 입은 경우
2. 사업 여건의 악화로 사업이 중대한 위기에 처한 경우
3. 과징금을 한꺼번에 내면 자금 사정에 현저한 어려움이 예상되는 경우
4. 그 밖에 제1호부터 제3호까지에 준하는 경우로서 대통령령으로 정하는 사유가 있는 경우

제5절 행정상 강제

제30조(행정상 강제)

① 행정청은 행정목적을 달성하기 위하여 필요한 경우에는 법률로 정하는 바에 따라 필요한 최소한의 범위에서 다음 각 호의 어느 하나에 해당하는 조치를 할 수 있다.

1. 행정대집행 : 의무자가 행정상 의무(법령등에서 직접 부과하거나 행정청이 법령등에 따라 부과한 의무를 말한다. 이하 이 절에서 같다)로서 타인이 대신하여 행할 수 있는 의무를 이행하지 아니하는 경우 법률로 정하는 다른 수단으로는 그 이행을 확보하기 곤란하고 그 불이행을 방치하면 공익을 크게 해칠 것으로 인정될 때에 행정청이 의무자가 하여야 할 행위를 스스로 하거나 제3자에게 하게 하고 그 비용을 의무자로부터 징수하는 것
2. 이행강제금의 부과 : 의무자가 행정상 의무를 이행하지 아니하는 경우 행정청이 적절한 이행기간을 부여하고, 그 기한까지 행정상 의무를 이행하지 아니하면 금전급부의무를 부과하는 것
3. 직접강제 : 의무자가 행정상 의무를 이행하지 아니하는 경우 행정청이 의무자의 신체나 재산에 실력을 행사하여 그 행정상 의무의 이행이 있었던 것과 같은 상태를 실현하는 것
4. 강제징수 : 의무자가 행정상 의무 중 금전급부의무를 이행하지 아니하는 경우 행정청이 의무자의 재산에 실력을 행사하여 그 행정상 의무가 실현된 것과 같은 상태를 실현하는 것
5. 즉시강제 : 현재의 급박한 행정상의 장해를 제거하기 위한 경우로서 다음 각 목의 어느 하나에 해당하는 경우에 행정청이 곧바로 국민의 신체 또는 재산에 실력을 행사하여 행정목적을 달성하는 것
   가. 행정청이 미리 행정상 의무 이행을 명할 시간적 여유가 없는 경우
   나. 그 성질상 행정상 의무의 이행을 명하는 것만으로는 행정목적 달성이 곤란한 경우

② 행정상 강제 조치에 관하여 이 법에서 정한 사항 외에 필요한 사항은 따로 법률로 정한다.

③ 형사(刑事), 행형(行刑) 및 보안처분 관계 법령에 따라 행하는 사항이나 외국인의 출입국・난민인정・귀화・국적회복에 관한 사항에 관하여는 이 절을 적용하지 아니한다.

제31조(이행강제금의 부과)

① 이행강제금 부과의 근거가 되는 법률에는 이행강제금에 관한 다음 각 호의 사항을 명확하게 규정하여야 한다. 다만, 제4호 또는 제5호를 규정할 경우 입법목적이나 입법취지를 훼손할 우려가 크다고 인정되는 경우로서 대통령령으로 정하는 경우는 제외한다.

1. 부과・징수 주체
2. 부과 요건
3. 부과 금액
4. 부과 금액 산정기준
5. 연간 부과 횟수나 횟수의 상한

② 행정청은 다음 각 호의 사항을 고려하여 이행강제금의 부과 금액을 가중하거나 감경할 수 있다.

1. 의무 불이행의 동기, 목적 및 결과

2. 의무 불이행의 정도 및 상습성
3. 그 밖에 행정목적을 달성하는 데 필요하다고 인정되는 사유

③ 행정청은 이행강제금을 부과하기 전에 미리 의무자에게 적절한 이행기간을 정하여 그 기한까지 행정상 의무를 이행하지 아니하면 이행강제금을 부과한다는 뜻을 문서로 계고(戒告)하여야 한다.
④ 행정청은 의무자가 제3항에 따른 계고에서 정한 기한까지 행정상 의무를 이행하지 아니한 경우 이행강제금의 부과 금액·사유·시기를 문서로 명확하게 적어 의무자에게 통지하여야 한다.
⑤ 행정청은 의무자가 행정상 의무를 이행할 때까지 이행강제금을 반복하여 부과할 수 있다. 다만, 의무자가 의무를 이행하면 새로운 이행강제금의 부과를 즉시 중지하되, 이미 부과한 이행강제금은 징수하여야 한다.
⑥ 행정청은 이행강제금을 부과받은 자가 납부기한까지 이행강제금을 내지 아니하면 국세강제징수의 예 또는 「지방행정제재·부과금의 징수 등에 관한 법률」에 따라 징수한다.

제32조(직접강제)

① 직접강제는 행정대집행이나 이행강제금 부과의 방법으로는 행정상 의무 이행을 확보할 수 없거나 그 실현이 불가능한 경우에 실시하여야 한다.
② 직접강제를 실시하기 위하여 현장에 파견되는 집행책임자는 그가 집행책임자임을 표시하는 증표를 보여 주어야 한다.
③ 직접강제의 계고 및 통지에 관하여는 제31조 제3항 및 제4항을 준용한다.

제33조(즉시강제)

① 즉시강제는 다른 수단으로는 행정목적을 달성할 수 없는 경우에만 허용되며, 이 경우에도 최소한으로만 실시하여야 한다.
② 즉시강제를 실시하기 위하여 현장에 파견되는 집행책임자는 그가 집행책임자임을 표시하는 증표를 보여 주어야 하며, 즉시강제의 이유와 내용을 고지하여야 한다.

제6절 그 밖의 행정작용

제34조(수리 여부에 따른 신고의 효력)

법령등으로 정하는 바에 따라 행정청에 일정한 사항을 통지하여야 하는 신고로서 법률에 신고의 수리가 필요하다고 명시되어 있는 경우(행정기관의 내부 업무 처리 절차로서 수리를 규정한 경우는 제외한다)에는 행정청이 수리하여야 효력이 발생한다.

제35조(수수료 및 사용료)

① 행정청은 특정인을 위한 행정서비스를 제공받는 자에게 법령으로 정하는 바에 따라 수수료를 받을 수 있다.
② 행정청은 공공시설 및 재산 등의 이용 또는 사용에 대하여 사전에 공개된 금액이나 기준에 따라 사용료를 받을 수 있다.

③ 제1항 및 제2항에도 불구하고 지방자치단체의 경우에는 「지방자치법」에 따른다.

제7절 처분에 대한 이의신청 및 재심사

제36조(처분에 대한 이의신청)

① 행정청의 처분(「행정심판법」 제3조에 따라 같은 법에 따른 행정심판의 대상이 되는 처분을 말한다. 이하 이 조에서 같다)에 이의가 있는 당사자는 처분을 받은 날부터 30일 이내에 해당 행정청에 이의신청을 할 수 있다.

② 행정청은 제1항에 따른 이의신청을 받으면 그 신청을 받은 날부터 14일 이내에 그 이의신청에 대한 결과를 신청인에게 통지하여야 한다. 다만, 부득이한 사유로 14일 이내에 통지할 수 없는 경우에는 그 기간을 만료일 다음 날부터 기산하여 10일의 범위에서 한 차례 연장할 수 있으며, 연장 사유를 신청인에게 통지하여야 한다.

③ 제1항에 따라 이의신청을 한 경우에도 그 이의신청과 관계없이 「행정심판법」에 따른 행정심판 또는 「행정소송법」에 따른 행정소송을 제기할 수 있다.

④ 이의신청에 대한 결과를 통지받은 후 행정심판 또는 행정소송을 제기하려는 자는 그 결과를 통지받은 날(제2항에 따른 통지기간 내에 결과를 통지받지 못한 경우에는 같은 항에 따른 통지기간이 만료되는 날의 다음 날을 말한다)부터 90일 이내에 행정심판 또는 행정소송을 제기할 수 있다.

⑤ 다른 법률에서 이의신청과 이에 준하는 절차에 대하여 정하고 있는 경우에도 그 법률에서 규정하지 아니한 사항에 관하여는 이 조에서 정하는 바에 따른다.

⑥ 제1항부터 제5항까지에서 규정한 사항 외에 이의신청의 방법 및 절차 등에 관한 사항은 대통령령으로 정한다.

⑦ 다음 각 호의 어느 하나에 해당하는 사항에 관하여는 이 조를 적용하지 아니한다.

1. 공무원 인사 관계 법령에 따른 징계 등 처분에 관한 사항
2. 「국가인권위원회법」 제30조에 따른 진정에 대한 국가인권위원회의 결정
3. 「노동위원회법」 제2조의2에 따라 노동위원회의 의결을 거쳐 행하는 사항
4. 형사, 행형 및 보안처분 관계 법령에 따라 행하는 사항
5. 외국인의 출입국・난민인정・귀화・국적회복에 관한 사항
6. 과태료 부과 및 징수에 관한 사항

제37조(처분의 재심사)

① 당사자는 처분(제재처분 및 행정상 강제는 제외한다. 이하 이 조에서 같다)이 행정심판, 행정소송 및 그 밖의 쟁송을 통하여 다툴 수 없게 된 경우(법원의 확정판결이 있는 경우는 제외한다)라도 다음 각 호의 어느 하나에 해당하는 경우에는 해당 처분을 한 행정청에 처분을 취소・철회하거나 변경하여 줄 것을 신청할 수 있다.

1. 처분의 근거가 된 사실관계 또는 법률관계가 추후에 당사자에게 유리하게 바뀐 경우
2. 당사자에게 유리한 결정을 가져다주었을 새로운 증거가 있는 경우

3. 「민사소송법」 제451조에 따른 재심사유에 준하는 사유가 발생한 경우 등 대통령령으로 정하는 경우

② 제1항에 따른 신청은 해당 처분의 절차, 행정심판, 행정소송 및 그 밖의 쟁송에서 당사자가 중대한 과실 없이 제1항 각 호의 사유를 주장하지 못한 경우에만 할 수 있다.

③ 제1항에 따른 신청은 당사자가 제1항 각 호의 사유를 안 날부터 60일 이내에 하여야 한다. 다만, 처분이 있은 날부터 5년이 지나면 신청할 수 없다.

④ 제1항에 따른 신청을 받은 행정청은 특별한 사정이 없으면 신청을 받은 날부터 90일(합의제행정기관은 180일) 이내에 처분의 재심사 결과(재심사 여부와 처분의 유지・취소・철회・변경 등에 대한 결정을 포함한다)를 신청인에게 통지하여야 한다. 다만, 부득이한 사유로 90일(합의제행정기관은 180일) 이내에 통지할 수 없는 경우에는 그 기간을 만료일 다음 날부터 기산하여 90일(합의제행정기관은 180일)의 범위에서 한 차례 연장할 수 있으며, 연장 사유를 신청인에게 통지하여야 한다.

⑤ 제4항에 따른 처분의 재심사 결과 중 처분을 유지하는 결과에 대해서는 행정심판, 행정소송 및 그 밖의 쟁송수단을 통하여 불복할 수 없다.

⑥ 행정청의 제18조에 따른 취소와 제19조에 따른 철회는 처분의 재심사에 의하여 영향을 받지 아니한다.

⑦ 제1항부터 제6항까지에서 규정한 사항 외에 처분의 재심사의 방법 및 절차 등에 관한 사항은 대통령령으로 정한다.

⑧ 다음 각 호의 어느 하나에 해당하는 사항에 관하여는 이 조를 적용하지 아니한다.

1. 공무원 인사 관계 법령에 따른 징계 등 처분에 관한 사항
2. 「노동위원회법」 제2조의2에 따라 노동위원회의 의결을 거쳐 행하는 사항
3. 형사, 행형 및 보안처분 관계 법령에 따라 행하는 사항
4. 외국인의 출입국・난민인정・귀화・국적회복에 관한 사항
5. 과태료 부과 및 징수에 관한 사항
6. 개별 법률에서 그 적용을 배제하고 있는 경우

제4장 행정의 입법활동 등

제38조(행정의 입법활동)

① 국가나 지방자치단체가 법령등을 제정·개정·폐지하고자 하거나 그와 관련된 활동(법률안의 국회 제출과 조례안의 지방의회 제출을 포함하며, 이하 이 장에서 "행정의 입법활동"이라 한다)을 할 때에는 헌법과 상위 법령을 위반해서는 아니 되며, 헌법과 법령등에서 정한 절차를 준수하여야 한다.

② 행정의 입법활동은 다음 각 호의 기준에 따라야 한다.

1. 일반 국민 및 이해관계자로부터 의견을 수렴하고 관계 기관과 충분한 협의를 거쳐 책임 있게 추진되어야 한다.
2. 법령등의 내용과 규정은 다른 법령등과 조화를 이루어야 하고, 법령등 상호 간에 중복되거나 상충되지 아니하여야 한다.
3. 법령등은 일반 국민이 그 내용을 쉽고 명확하게 이해할 수 있도록 알기 쉽게 만들어져야 한다.

③ 정부는 매년 해당 연도에 추진할 법령안 입법계획(이하 "정부입법계획"이라 한다)을 수립하여야 한다.

④ 행정의 입법활동의 절차 및 정부입법계획의 수립에 관하여 필요한 사항은 정부의 법제업무에 관한 사항을 규율하는 대통령령으로 정한다.

제39조(행정법제의 개선)

① 정부는 권한 있는 기관에 의하여 위헌으로 결정되어 법령이 헌법에 위반되거나 법률에 위반되는 것이 명백한 경우 등 대통령령으로 정하는 경우에는 해당 법령을 개선하여야 한다.

② 정부는 행정 분야의 법제도 개선 및 일관된 법 적용 기준 마련 등을 위하여 필요한 경우 대통령령으로 정하는 바에 따라 관계 기관 협의 및 관계 전문가 의견 수렴을 거쳐 개선조치를 할 수 있으며, 이를 위하여 현행 법령에 관한 분석을 실시할 수 있다.

제40조(법령해석)

① 누구든지 법령등의 내용에 의문이 있으면 법령을 소관하는 중앙행정기관의 장(이하 "법령소관기관"이라 한다)과 자치법규를 소관하는 지방자치단체의 장에게 법령해석을 요청할 수 있다.

② 법령소관기관과 자치법규를 소관하는 지방자치단체의 장은 각각 소관 법령등을 헌법과 해당 법령등의 취지에 부합되게 해석·집행할 책임을 진다.

③ 법령소관기관이나 법령소관기관의 해석에 이의가 있는 자는 대통령령으로 정하는 바에 따라 법령해석업무를 전문으로 하는 기관에 법령해석을 요청할 수 있다.

④ 법령해석의 절차에 관하여 필요한 사항은 대통령령으로 정한다.

부 칙 〈법률 제17979호, 2021.3.23.〉

제1조(시행일)

이 법은 공포한 날부터 시행한다. 다만, 제22조, 제29조, 제38조부터 제40조까지는 공포 후 6개월이 경과한 날부터 시행하고, 제23조부터 제26조까지, 제30조부터 제34조까지, 제36조 및 제37조는 공포 후 2년이 경과한 날부터 시행한다.

제2조(제재처분에 관한 법령등 변경에 관한 적용례)

제14조 제3항 단서의 규정은 이 법 시행일 이후 제재처분에 관한 법령등이 변경된 경우부터 적용한다.

제3조(제재처분의 제척기간에 관한 적용례)

제23조는 부칙 제1조 단서에 따른 시행일 이후 발생하는 위반행위부터 적용한다.

제4조(공법상 계약에 관한 적용례)

제27조는 이 법 시행 이후 공법상 계약을 체결하는 경우부터 적용한다.

제5조(행정상 강제 조치에 관한 적용례)

① 제31조는 부칙 제1조 단서에 따른 시행일 이후 이행강제금을 부과하는 경우부터 적용한다.

② 제32조 및 제33조는 부칙 제1조 단서에 따른 시행일 이후 직접강제나 즉시강제를 하는 경우부터 적용한다.

제6조(처분에 대한 이의신청에 관한 적용례)

제36조는 부칙 제1조 단서에 따른 시행일 이후에 하는 처분부터 적용한다.

제7조(처분의 재심사에 관한 적용례)

제37조는 부칙 제1조 단서에 따른 시행일 이후에 하는 처분부터 적용한다.

부 칙 〈법률 제19148호, 2022.12.27.〉

이 법은 공포 후 6개월이 경과한 날부터 시행한다.

Chapter

02

행정기본법 시행령

제1장 총칙

제1조(목적)

이 영은 「행정기본법」에서 위임된 사항과 그 시행에 필요한 사항을 규정함을 목적으로 한다.

제2조(행정의 적극적 추진)

「행정기본법」(이하 "법"이라 한다) 제4조에 따른 행정의 적극적 추진과 적극행정 활성화를 위한 시책의 구체적인 사항 등에 관하여는 「적극행정 운영규정」 및 「지방공무원 적극행정 운영규정」에서 정하는 바에 따른다.

제2장 행정작용

제3조(제재처분의 기준)

법 제22조 제2항 제4호에서 "대통령령으로 정하는 사항"이란 다음 각 호의 사항을 말한다.

1. 위반행위자의 귀책사유 유무와 그 정도
2. 위반행위자의 법 위반상태 시정·해소를 위한 노력 유무

제4조(인허가의제 관련 협의·조정)

① 법 제24조 제1항에 따른 주된 인허가(이하 "주된인허가"라 한다) 행정청은 같은 조 제3항에 따른 협의 과정에서 협의의 신속한 진행이나 이견 조정을 위하여 필요하다고 인정하는 경우에는 같은 조 제1항에 따른 관련 인허가(이하 "관련인허가"라 한다) 행정청과 협의·조정을 위한 회의를 개최할 수 있다. 〈개정 2022.5.24.〉

② 제1항에 따른 협의·조정을 위한 회의의 구성·운영 등에 필요한 사항은 주된인허가 행정청이 관련인허가 행정청과 협의하여 정한다. 〈신설 2022.5.24.〉

제5조(인허가의제 행정청 상호 간의 통지)

① 관련인허가 행정청은 법 제24조 제5항 단서에 따라 관련인허가에 필요한 심의, 의견 청취 등의 절차(이하 이 조에서 "관련인허가절차"라 한다)를 거쳐야 하는 경우에는 다음 각 호의 사항을 구체적으로 밝혀 지체 없이 주된인허가 행정청에 통지해야 한다.

1. 관련인허가절차의 내용
2. 관련인허가절차에 걸리는 기간
3. 그 밖에 관련인허가절차의 이행에 필요한 사항

② 주된인허가 행정청은 법 제24조 및 제25조에 따라 주된인허가를 하거나 법 제26조 제2항에 따라 주된인허가가 있은 후 이를 변경했을 때에는 지체 없이 관련인허가 행정청에 그 사실을 통지해야 한다.
③ 주된인허가 행정청 또는 관련인허가 행정청은 제1항 및 제2항에서 규정한 사항 외에 주된인허가 또는 관련인허가의 관리·감독에 영향을 미치는 중요 사항이 발생한 경우에는 상호 간에 그 사실을 통지해야 한다.

제6조(공법상 계약)

행정청은 법 제27조에 따라 공법상 법률관계에 관한 계약을 체결할 때 법령등에 따른 관계 행정청의 동의, 승인 또는 협의 등이 필요한 경우에는 이를 모두 거쳐야 한다.

제7조(과징금의 납부기한 연기 및 분할 납부)

① 과징금 납부 의무자는 법 제29조 각 호 외의 부분 단서에 따라 과징금 납부기한을 연기하거나 과징금을 분할 납부하려는 경우에는 납부기한 10일 전까지 과징금 납부기한의 연기나 과징금의 분할 납부를 신청하는 문서에 같은 조 각 호의 사유를 증명하는 서류를 첨부하여 행정청에 신청해야 한다.
② 법 제29조 제4호에서 "대통령령으로 정하는 사유"란 같은 조 제1호부터 제3호까지에 준하는 것으로서 과징금 납부기한의 연기나 과징금의 분할 납부가 필요하다고 행정청이 인정하는 사유를 말한다.
③ 행정청은 법 제29조 각 호 외의 부분 단서에 따라 과징금 납부기한이 연기되거나 과징금의 분할 납부가 허용된 과징금 납부 의무자가 다음 각 호의 어느 하나에 해당하는 경우에는 그 즉시 과징금을 한꺼번에 징수할 수 있다.
  1. 분할 납부하기로 한 과징금을 그 납부기한까지 내지 않은 경우
  2. 담보 제공 요구에 따르지 않거나 제공된 담보의 가치를 훼손하는 행위를 한 경우
  3. 강제집행, 경매의 개시, 파산선고, 법인의 해산, 국세 또는 지방세 강제징수 등의 사유로 과징금의 전부 또는 나머지를 징수할 수 없다고 인정되는 경우
  4. 법 제29조 각 호의 사유가 해소되어 과징금을 한꺼번에 납부할 수 있다고 인정되는 경우
  5. 그 밖에 제1호부터 제4호까지에 준하는 사유가 있는 경우
④ 과징금 납부기한 연기의 기간, 분할 납부의 횟수·간격 등 세부 사항은 대통령령, 총리령, 부령 또는 훈령·예규·고시 등 행정규칙으로 정한다. 〈신설 2022.5.24.〉

제8조(이행강제금의 부과 등)

① 법 제31조 제1항 각 호 외의 부분 단서에서 "대통령령으로 정하는 경우"란 다음 각 호의 경우를 말한다.
  1. 이행강제금 부과 금액이 합의제행정기관의 의결을 거쳐 결정되는 경우
  2. 1일당 이행강제금 부과 금액의 상한 등 법 제31조 제1항 제5호에 준하는 이행강제금 부과 상한을 이행강제금 부과의 근거가 되는 법률에서 정하는 경우
② 법 제31조 제3항에 따른 계고(戒告)에는 다음 각 호의 사항이 포함되어야 한다.
  1. 의무자의 성명 및 주소(의무자가 법인이나 단체인 경우에는 그 명칭, 주사무소의 소재지와 그 대표자의 성명)

2. 이행하지 않은 행정상 의무의 내용과 법적 근거
3. 행정상 의무의 이행 기한
4. 행정상 의무를 이행하지 않을 경우 이행강제금을 부과한다는 뜻
5. 그 밖에 이의제기 방법 등 계고의 상대방에게 알릴 필요가 있다고 인정되는 사항

③ 제2항 제3호의 이행 기한은 행정상 의무의 성질 및 내용 등을 고려하여 사회통념상 그 의무 이행에 필요한 기간이 충분히 확보될 수 있도록 정해야 한다.

제9조(직접강제의 계고)

법 제32조 제3항에 따라 준용되는 법 제31조 제3항에 따른 계고에는 다음 각 호의 사항이 포함되어야 한다.

1. 의무자의 성명 및 주소(의무자가 법인이나 단체인 경우에는 그 명칭, 주사무소의 소재지와 그 대표자의 성명)
2. 이행하지 않은 행정상 의무의 내용과 법적 근거
3. 행정상 의무의 이행 기한
4. 행정상 의무를 이행하지 않을 경우 직접강제를 실시한다는 뜻
5. 그 밖에 이의제기 방법 등 계고의 상대방에게 알릴 필요가 있다고 인정되는 사항

제10조(직접강제 또는 즉시강제 집행책임자의 증표)

법 제32조 제2항 및 제33조 제2항에 따른 증표에는 다음 각 호의 사항이 포함되어야 한다.

1. 집행책임자의 성명 및 소속
2. 직접강제 또는 즉시강제의 법적 근거
3. 그 밖에 해당 증표의 소지자가 직접강제 또는 즉시강제의 집행책임자임을 표시하기 위하여 필요한 사항

제11조(이의신청의 방법 등)

① 법 제36조 제1항에 따라 이의신청을 하려는 자는 다음 각 호의 사항을 적은 문서를 해당 행정청에 제출해야 한다.

1. 신청인의 성명·생년월일·주소(신청인이 법인이나 단체인 경우에는 그 명칭, 주사무소의 소재지와 그 대표자의 성명)와 연락처
2. 이의신청 대상이 되는 처분의 내용과 처분을 받은 날
3. 이의신청 이유

② 행정청은 법 제36조 제2항 단서에 따라 이의신청 결과의 통지 기간을 연장하려는 경우에는 연장 통지서에 연장 사유와 연장 기간 등을 구체적으로 적어야 한다.

③ 행정청은 법 제36조에 따른 이의신청에 대한 접수 및 처리 상황을 이의신청 처리대장에 기록하고 유지해야 한다.

④ 법제처장은 이의신청 제도의 개선을 위하여 필요한 경우에는 행정청에 이의신청 처리 상황 등 이의신청 제도의 운영 현황을 점검하는 데 필요한 자료의 제공을 요청할 수 있다.

부록

제12조(처분의 재심사 신청 사유)
법 제37조 제1항 제3호에서 "「민사소송법」 제451조에 따른 재심사유에 준하는 사유가 발생한 경우 등 대통령령으로 정하는 경우"란 다음 각 호의 어느 하나에 해당하는 경우를 말한다.
1. 처분 업무를 직접 또는 간접적으로 처리한 공무원이 그 처분에 관한 직무상 죄를 범한 경우
2. 처분의 근거가 된 문서나 그 밖의 자료가 위조되거나 변조된 것인 경우
3. 제3자의 거짓 진술이 처분의 근거가 된 경우
4. 처분에 영향을 미칠 중요한 사항에 관하여 판단이 누락된 경우

제13조(처분의 재심사 신청 방법 등)
① 법 제37조 제1항에 따라 처분의 재심사를 신청하려는 자는 다음 각 호의 사항을 적은 문서에 처분의 재심사 신청 사유를 증명하는 서류를 첨부하여 해당 처분을 한 행정청에 제출해야 한다.
1. 신청인의 성명・생년월일・주소(신청인이 법인이나 단체인 경우에는 그 명칭, 주사무소의 소재지와 그 대표자의 성명)와 연락처
2. 재심사 대상이 되는 처분의 내용과 처분이 있은 날
3. 재심사 신청 사유

② 제1항에 따른 신청을 받은 행정청은 그 신청 내용에 보완이 필요하면 보완해야 할 내용을 명시하고 20일 이내에서 적절한 기간을 정하여 보완을 요청할 수 있다.
③ 제2항에 따른 보완 기간은 법 제37조 제4항에 따른 재심사 결과 통지 기간에 포함하지 않는다.
④ 행정청은 법 제37조 제4항 단서에 따라 처분의 재심사 결과의 통지 기간을 연장하려는 경우에는 연장 통지서에 연장 사유와 연장 기간 등을 구체적으로 적어야 한다.

제3장 행정의 입법활동 등

제14조(국가행정법제위원회의 설치 등)
① 법 제39조 제2항에 따른 행정 분야의 법제도 개선과 법 적용 기준 마련 등에 관한 주요 사항의 자문을 위하여 법제처에 국가행정법제위원회(이하 "위원회"라 한다)를 둔다.
② 위원회는 다음 각 호의 사항에 관하여 법제처장의 자문에 응한다.
1. 법령등에 공통으로 적용되는 기준의 도입・개선에 관한 사항
2. 법령의 실태 조사 및 영향 분석에 관한 사항
3. 그 밖에 제1호 및 제2호에 준하는 사항으로서 위원회의 위원장(이하 "위원장"이라 한다)이 법제에 필요하다고 인정하는 사항

③ 법제처장은 제2항에 따라 자문한 사항에 대하여 법 제39조 제2항에 따른 개선조치가 필요하다고 인정하는 경우에는 관계 기관과의 협의를 거쳐 소관 중앙행정기관의 장에게 개선조치를 권고할 수 있다.

제15조(위원회의 구성)
① 위원회는 위원장 2명을 포함하여 50명 이내의 위원으로 성별을 고려하여 구성한다.

② 위원장 1명은 법제처장이 되고, 다른 위원장 1명은 행정 분야의 법제도 등에 관한 전문지식과 경험이 풍부한 사람 중에서 국무총리가 위촉하는 사람(이하 "위촉위원장"이라 한다)이 된다. 이 경우 법제처장인 위원장은 필요한 경우 소속 직원으로 하여금 법제처장인 위원장의 직무를 대행하게 할 수 있다.
③ 위원회의 위원은 다음 각 호의 사람이 된다.
1. 정부위원 : 다음 각 목의 중앙행정기관의 고위공무원단에 속하는 일반직공무원(이에 상당하는 특정직·별정직공무원을 포함한다) 중에서 소속 기관의 장이 지명하는 사람
가. 법무부
나. 행정안전부
다. 국무조정실
라. 인사혁신처
마. 법제처
바. 위원회에 상정된 안건과 관련되어 법제처장인 위원장이 정하는 중앙행정기관
2. 위촉위원 : 행정 분야의 법제도 등에 관한 전문지식과 경험이 풍부한 사람으로서 국무총리가 위촉하는 사람
④ 위촉위원장 및 위촉위원의 임기는 2년으로 하며, 한 차례만 연임할 수 있다.
⑤ 위촉위원의 사임 등으로 새로 위촉된 위촉위원의 임기는 전임위원 임기의 남은 기간으로 한다.

제16조(위원회의 운영 등)

① 위원장은 각자 위원회를 대표하고, 위원회의 업무를 총괄한다.
② 위원장 모두가 부득이한 사유로 직무를 수행할 수 없을 때에는 법제처장인 위원장이 미리 지명한 위원이 위원장의 직무를 대행한다.
③ 위원회의 회의는 위원장이 필요하다고 인정할 때 공동으로 소집한다.
④ 위원장은 위원회의 안건과 관련하여 필요하다고 인정하는 경우에는 관계 공무원과 민간전문가 등을 위원회에 참석하게 하거나 관계 기관의 장에게 자료의 제공을 요청할 수 있다.
⑤ 위원회의 회의는 위원장 2명을 포함하여 재적위원 과반수의 출석으로 개의(開議)하고, 출석위원 과반수의 찬성으로 의결한다.
⑥ 위원회의 업무를 효율적으로 수행하기 위하여 위원회에 분과위원회를 둘 수 있다.
⑦ 이 영에서 규정한 사항 외에 위원회 및 제6항에 따른 분과위원회의 구성과 운영에 필요한 사항은 위원회의 의결을 거쳐 위원장이 정한다.

제17조(입법영향분석의 실시)

① 법제처장은 행정 분야의 법제도 개선을 위하여 필요한 경우에는 법 제39조 제2항에 따라 현행 법령을 대상으로 입법의 효과성, 입법이 미치는 각종 영향 등에 관한 체계적인 분석(이하 "입법영향분석"이라 한다)을 실시할 수 있다.
② 입법영향분석의 세부적인 내용은 다음 각 호와 같다.
1. 법령의 규범적 적정성과 실효성 분석
2. 법령의 효과성 및 효율성 분석

3. 그 밖에 법령이 미치는 각종 영향에 관한 분석
③ 법제처장은 중앙행정기관의 장을 대상으로 입법영향분석을 실시할 현행 법령에 대한 수요를 조사할 수 있다. 〈신설 2022.5.24.〉
④ 법제처장은 입법영향분석을 위해 필요하다고 인정하는 경우에는 관계 중앙행정기관의 장에게 관련 자료의 제공을 요청할 수 있다. 이 경우 요청받은 기관의 장은 정당한 사유가 없으면 이에 따라야 한다. 〈신설 2022.5.24.〉
⑤ 법제처장은 입법영향분석 결과 해당 법령의 정비가 필요하다고 인정되는 경우에는 소관 중앙행정기관의 장과 협의하여 법령정비계획을 수립하거나 입법계획에 반영하도록 하는 등 필요한 조치를 할 수 있다. 〈개정 2022.5.24.〉
⑥ 법제처장은 「정부출연연구기관 등의 설립·운영 및 육성에 관한 법률」 별표에 따른 정부출연연구기관으로서 입법영향분석에 전문성을 가진 기관으로 하여금 제1항, 제2항 및 제5항에 따른 업무를 수행하기 위하여 필요한 조사·연구를 수행하게 할 수 있다. 〈개정 2022.5.24.〉
⑦ 법제처장은 제6항에 따른 조사·연구를 수행하는 기관에 그 조사·연구 수행에 필요한 비용의 전부 또는 일부를 예산의 범위에서 지원할 수 있다. 〈개정 2022.5.24.〉

제18조(행정의 입법활동 등)
이 영에서 규정한 사항 외에 법 제38조부터 제40조까지에서 규정한 행정의 입법활동의 절차, 정부입법계획의 수립, 행정 분야의 법제도 개선과 법령해석의 절차에 관한 사항은 「법제업무 운영규정」에서 정하는 바에 따른다.

제19조(서식)
법 또는 이 영에 따른 신청서, 통지서, 처리대장, 그 밖의 서식은 법제처장이 정하여 고시할 수 있다.

부 칙 〈대통령령 제32650호, 2022.5.24.〉

이 영은 공포한 날부터 시행한다. 다만, 제4조의 규정은 2023년 3월 24일부터 시행한다.

참고문헌

석종현・송동수, 일반행정법 총론, 박영사, 2023
홍정선, 행정기본법 해설, 박영사, 2023
정관영외4인, 분쟁해결을 위한 행정기본법 실무해설, 신조사, 2021
박균성, 행정법 강의, 박영사, 2023
정남철, 한국행정법론, 법문사, 2023
김철용, 행정법, 고시계사, 2023
홍정선, 기본행정법, 박영사, 2023
강정훈・박혜준, 감평행정법 기본서, 박문각, 2023
강정훈・박혜준, 감정평가 및 보상법규 기본서, 박문각, 2023
강정훈・박혜준, 감정평가 및 보상법규 종합문제, 박문각, 2023
강정훈・박혜준, 감정평가 및 보상법규 기출문제분석, 박문각, 2023
강정훈・박혜준, 감정평가 및 보상법규 판례분석정리, 박문각, 2023
강정훈 보상법규 암기장 시리즈, 박문각, 2023
홍정선, 행정법 특강, 박영사, 2013
류해웅, 토지법제론, 부연사, 2012
류해웅, 신수용보상법론, 부연사, 2012
김성수·이정희, 행정법연구, 법우사, 2013
박균성, 신경향행정법연습, 삼조사, 2012
박정훈, 행정법사례연습, 법문사, 2012
김연태, 행정법사례연습, 홍문사, 2012
홍정선, 행정법연습, 신조사, 2011
김남진・김연태, 행정법 I, 법문사, 2007
김성수, 일반행정법, 법문사, 2005
김철용, 행정법 I, 박영사, 2004
류지태, 행정법신론, 신영사, 2008
박균성, 행정법론(상), 박영사, 2008
박윤흔, 최신행정법강의(상), 박영사, 2004
정하중, 행정법총론, 법문사, 2004
홍정선, 행정법원론(상), 박영사, 2008
노병철, 감정평가 및 보상법규, 회경사, 2008
강구철, 국토계획법, 2006, 국민대 출판부
강구철, 도시정비법, 2006, 국민대 출판부
佐久間 晟, 用地買收, 2004, 株式會社 プログレス

日本 エネルギー 研究所, 損失補償と事業損失, 1994, 日本 エネルギー 研究所
西埜 章·田邊愛壹, 損失補償の要否と內容, 1991, 一粒社
西埜 章·田邊愛壹, 損失補償法, 2000, 一粒社
한국토지공법학회, 토지공법연구 제40집(한국학술진흥재단등재), 2008.5
한국토지보상법 연구회, 토지보상법연구 제8집, 2008.2
월간감정평가사 편집부, 감정평가사 기출문제, 부연사, 2008
임호정 · 강교식, 부동산가격공시 및 감정평가, 부연사, 2007
가람동국평가연구원, 감정평가 및 보상판례요지, 부연사, 2007
김동희, 행정법(Ⅰ)(Ⅱ), 박영사, 2009
박균성, 행정법 강의, 박영사, 2011
홍정선, 행정법 특강, 박영사, 2011
강구철·강정훈, 감정평가사를 위한 쟁점행정법, 부연사, 2009
류해웅, 신수용보상법론, 부연사, 2009
한국감정평가협회, 감정평가 관련 판례 및 질의회신(제1,2집), 2009년
임호정, 보상법전, 부연사, 2007
강정훈, 감정평가 및 보상법규 강의, 리북스, 2010
강정훈, 감정평가 및 보상법규 판례정리, 리북스, 2010
한국토지공법학회, 토지공법연구(제51집), 2010
국토연구원, 국토연구 논문집(국토연구원 연구전집), 2011
감정평가 및 보상법전, 리북스, 2019
강구철 · 강정훈, 新 감정평가 및 보상법규, 2013
감정평가 관련 판례 및 질의 회신 Ⅰ · Ⅱ(한국감정평가사협회/2016년)
한국토지보상법연구회 발표집 제1집-제19집(한국토지보상법연구회/2019년)
한국토지보상법연구회 발표집 제1집-제20집(한국토지보상법연구회/2020년)
한국토지보상법연구회 발표집 제21집(한국토지보상법연구회/2021년)
한국토지보상법연구회 발표집 제22집(한국토지보상법연구회/2022년)
토지보상법 해설(가람감정평가법인, 김원보, 2022년)
국가법령정보센터(2023년)
대법원종합법률정보서비스(2023년)
국토교통부 정보마당(2023년)

박문각
감정평가사

감평행정법

기본서 | 2차

제6판 인쇄 | 2024. 1. 10. **제6판 발행** | 2024. 1. 15. **편저** | 강정훈 **발행인** | 박 용
발행처 | (주)박문각출판 **등록** | 2015년 4월 29일 제2015-000104호
주소 | 06654 서울시 서초구 효령로 283 서경 B/D 4층
전화 | 내용 문의 (02)723-6869 **팩스** | (02)723-6870

저자와의
협의하에
인지생략

정가 38,000원 ISBN 979-11-6987-566-0

MEMO